桑夏廣告

北京市海淀区西三环北路厂洼甲四号桑夏办公楼　邮编：100081
ADD: NO.4 CHANGWA, NORTH ROAD OF THE THIRDROUND WEST, BEIJING
TEL: 8417361　8450801　8458805　　FAX: 8458804

中國廣告年鑒

（1994 年）

新 华 出 版 社

图书在版编目(CIP)数据

'95 中国广告年鉴/中国广告年鉴编辑部编
北京:新华出版社,1996.5
ISBN 7-5011-3155-4

Ⅰ.'9… Ⅱ.中… Ⅲ.广告-中国-1995-年鉴 Ⅳ.F713.8-54

中国版本图书馆 CIP 数据核字(96) 第 06009 号

新华出版社出版

开本 787×1092 毫米 16 开本 33 印张
彩色插页 88 面 字数:1000 千字
1996 年 5 月第 1 版 1996 年 5 月北京第 1 次印刷
刊号:ISBN 7-5011-3155-4/Z·388
定价:精装 160 元 平装 140 元

国家领导人为中国广告协会第四次会员代表大会题词

深化改革，加强自律，提高服务质量，推动行业发展。

中国广告协会第四次全国会员代表大会开幕

荣毅仁
94.11.30.

国家副主席荣毅仁题词

发展广告事业
繁荣市场经济

陈慕华
一九九四、十一

全国人大副委员长陈慕华题词

沟通信息，活跃市场，指导消费，促进广告事业的健康发展。

李岚清

一九九〇年十月廿日

国务院副总理李岚清题词

為發展生產，搞活流通，促進社会主义市场經濟体制造设服务

李沛瑶

一九九四、十二月五日

全国人大副委员长李沛瑶题词

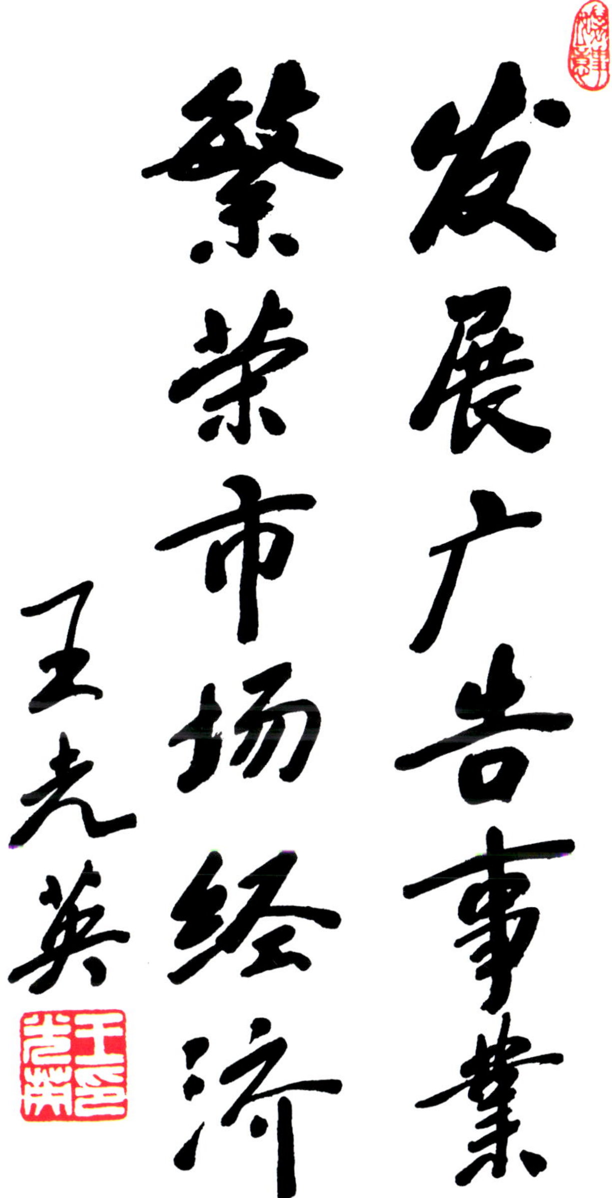

全国人大副委员长王光英题词

编 辑 说 明

一、中国广告年鉴是一部图文并茂的大型资料工具书，收编了**1994**有关广告方面的主要文献资料。

二、“政策法规”、“大事纪要”等，以日期为序。

三、本年鉴收集的资料和数据未包括台湾省和香港、澳门地区。

四、广告经营单位按国家行政区划排序，并增加香港地区广告经营单位介绍。

五、为便于读者检索，书末附有“广告经营单位目录索引”和“广告刊户索引”。

六、限于编辑水平和所掌握的资料，缺点和错误在所难免。欢迎读者批评指正。

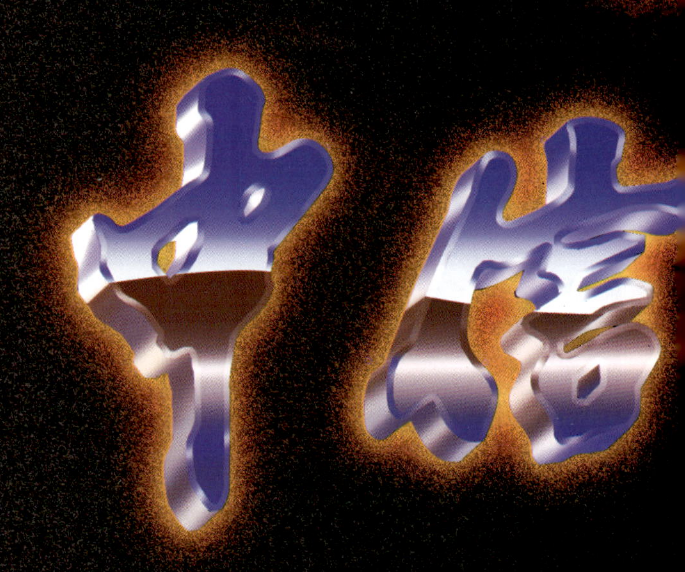

中信霓虹工程公司始建于1986年，具有一支以高级工程师、美术工艺师、技师为骨干的专业技术队伍。

我们力求同国内外广告同仁合作，把我国霓虹灯设计及制作技术提高到国际先进水平。

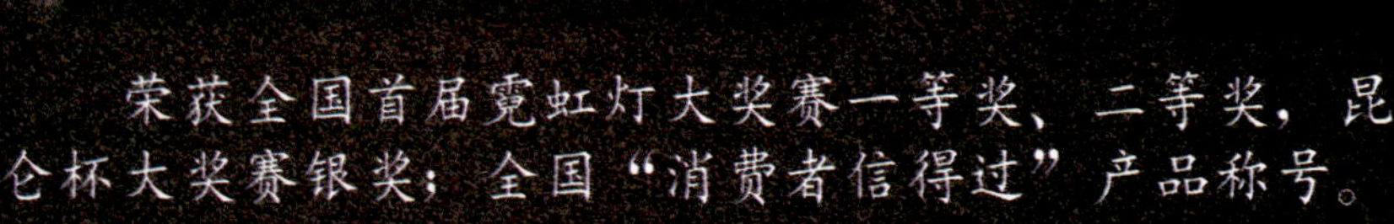

荣获全国首届霓虹灯大奖赛一等奖、二等奖，昆仑杯大奖赛银奖；全国“消费者信得过”产品称号。

北京中信

飞梦首创喷绘特区
独家拥有一米三米五米喷绘机
及强大的电脑图像制作系统
全方位推广电脑喷绘制作
批发价格，优质服务
电话：010-7646718 5055256
传真：010-7646719 5055257

微电脑世界

PC WORLD CHINA

《微电脑世界》月刊（原《计算机世界月刊》），由中美合资中国计算机世界出版服务公司编辑出版，面向购买、使用计算机的管理人员、科研开发人员和计算机爱好者，以报道计算机技术和市场为特色，兼有知识性、实用性和鉴赏性。

《微电脑世界》的报道重点是国内外计算机新产品、新软件、新技术发展动态和趋势，各界科技人员开发、应用计算机系统的技术和经验，计算机评测报告、用机报告、购机要领、市场信息等。

《微电脑世界》的报道内容具有信息快、技术精、实用朴实的特点，通过PC世界、PC应用、PC市场和PC沙龙四大版块全面反映PC领域技术、市场、应用水平和技巧，实现应用计算机提高生产、工作效率和生活质量的目的。

《微电脑世界》为月刊，采用大16开国际标准开本，精印精装，每期160页以上，每月7日出版，1996年月价3.00元，季价9元，半年价18元，全年价36元。北京市报刊发行局总发行，全国各地邮局均可订阅。

国内统一刊号：CN11-3642/TP，邮发代号：82-339
国际标准刊号：ISSN1006-8708

为了展示赛天使户外广告数字喷绘机的所有益处
我们需要特别大的海报

设备的特点：投资回报率高

印刷速度快50M²/时

应用广泛　生产成本低

批量印制色彩一致性强

图像细节清晰　六百万种色彩

可在各种不同的材料上印制

不单如此

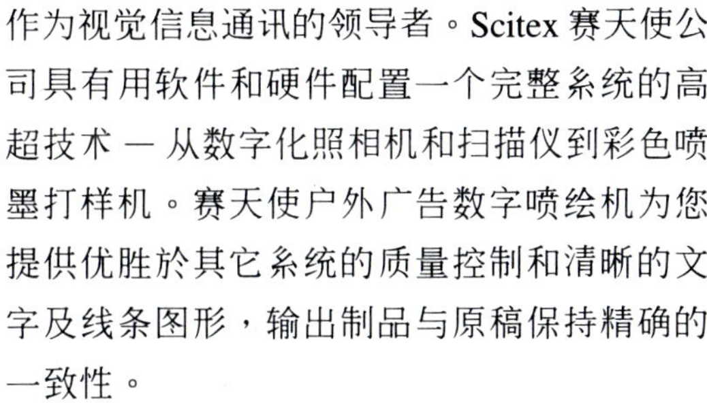

作为视觉信息通讯的领导者。Scitex 赛天使公司具有用软件和硬件配置一个完整系统的高超技术 — 从数字化照相机和扫描仪到彩色喷墨打样机。赛天使户外广告数字喷绘机为您提供优胜於其它系统的质量控制和清晰的文字及线条图形，输出制品与原稿保持精确的一致性。

同样具有柔和和精巧的浓淡色度、明亮的高光和细微的阴影，您可以很快制作出适合长期和短期张贴的户外大幅面贴画。

以上概述了主要优点，但最大的好处在於拥有一台赛天使户外广告数字喷绘机。

详情请洽宫大兵女士
电话：010-8498487　传真：010-8498158

OPEN TO A WORLD OF COLOUR　scitex

PICO

Pico in Beijing

Beijing Pico Exhibition Services Co Ltd is a US$3 million joint-venture between Pico Hong Kong and the Wali County government in Beijing.

Its new factory and warehouse was officially opened on 7 May 1993. Located just north of the Asian games village, the fully equipped facility occupies a 22,000 sqm site.

Over the past 14 years, Pico has earned a solid reputation in Beijing's exhibition industry, specialising in turnkey project management services such as design, fabrication, production and on-site logistics support.

北京笔克展览服务有限公司

北京笔克展览服务有限公司是由香港笔克与北京洼里乡政府的下属公司合资组成。总投资额达三百万美元。新厂房占地22,000平方米，位于亚运村之北，在1993年5月7日正式开幕使用。

对于国际展览会的设计及承建工程，笔克公司在北京有超过14年的专业经验，有形象塑造专家的信誉。这座新厂房的启用，将大大地加强笔克集团在北京及华北区的生产设施及一切业务上的支援能力。

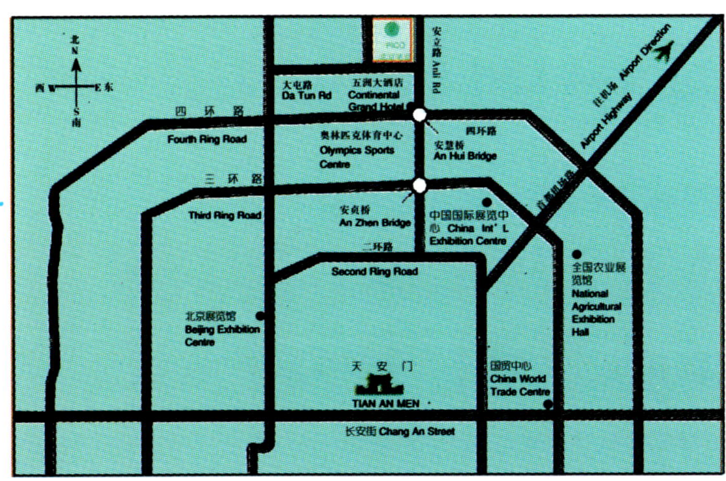

Beijing Pico Exhibition Services Co. Ltd

Pico Building,

Wa Li South, Chaoyang District

Beijing 100012, China

Tel : (86)(10) 494-0999

Fax : (86)(10) 491-6591

中国儿童画报
中国儿童画报
新学期的礼物
中国儿童画报
中国儿童画

梁艳体育广告艺术中心

北京梁艳体育广告艺术中心，是以中国女排
五连冠唯一参加者梁艳命名的以体育比赛为主要媒体的广告公司。

公司策划主办了黑龙江漂流探险活动，
并拍摄了九集电视艺术片。
公司与中央电视台共同合作了以下重大体育比赛的现场直播
并代理广告业务：
'93、'94丰田杯足球赛
'93—'94、'94—'95意大利足球甲级联赛
'94全国足球甲A联赛
'95飞利浦中国足协杯比赛
'93—'94美国NBA总决赛
'94世界杯足球赛
第43届世界乒乓球锦标赛等，共计160余场。
先后为数百家企业策划制作代理广告业务。
策划并成立了国内第一家股份制职业足球俱乐部—辽宁足球俱乐部股份有限公司，

董事长梁艳、总经理张桐坡向广大客户致意。

地址：中国·北京复兴路15号　邮编：100038　传真：8573686
电话：8573679　8573680　8573681　8573682　8573683　8573684　8573685

目　录

1　领导人讲话

2　中国广告业发展概况

3 政策、法规

4 大事记

5 广告协会

6 专论

7 广告学术论文选登

8 广告经营单位介绍

9 名词注释

10 索 引

领导人讲话

在中国广告协会第四次会员代表大会开幕式上的讲话（书面）

（一九九四年十二月六日）

陈慕华

各位代表、同志们：

我因公出，不能出席中国广告协会第四次会员代表大会，特致书向你们表示热烈祝贺，并借此机会向全国广告界的工作者致以诚挚的慰问。

广告业是市场经济的产物，是国民经济的先导型产业。十几年来，随着我国改革的深化和经济的繁荣，广告业一直以很快的速度发展，规模不断扩大，水平逐步提高，在促进生产、搞活流通、引导消费、推动市场的形成、发育与完善方面发挥了重要的作用。好的广告以生动的形式传递经济信息，塑造企业形象，宏扬民族文化，使人们在了解市场的同时得到美的享受和有益的启迪，因此，也为精神文明建设做出了贡献。

当前，我国经济形势很好，在小平同志建设有中国特色社会主义理论的指引下，国家加大了宏观调控力度，财税、金融、外贸、投资体制改革等一系列重要措施已经出台，国有大中型企业转换经营机制的工作稳步推进，法制化、规范化的市场体系正在加快建立。这一切，保证了国民经济的持续、稳定、快速增长，促进了市场的进一步活跃，也为广告业的兴旺发展注入了活力。

但是，我们也应当看到，我国广告业还是一个年轻的产业，经营行为需要规范，行业结构不够合理，广告审查还不严格，一些虚假广告给消费者带来损失，也损害了广告业的声誉。我希望全行业重视这些问题，提出改进的措施。

在推动行业改革的过程中，行业协会的力量和作用是非常重要的。在政府职能转变的同时，将赋予行业协会必要的自主权。我们要切实加强协会的自身建设，更好地发挥在政府与企业间的桥梁和纽带作用，通过开展各种活动，把国家宏观经济调控目标和政策取向贯彻到企业，把企业的意见和要求反馈给政府；根据行业特点，制定行规行约，组织行检行评，加强行业自律，认真行使“协调、指导、服务、监督”的职能，为促进行业的健康发展发挥更大的作用。

不久前,《中华人民共和国广告法》已经八届人大常委会第十次会议通过。这是我国第一部《广告法》。它的颁布实施,对于规范广告市场,保护消费者的合法权益,更好地发挥广告业在社会主义市场经济中的作用具有重要的意义。希望中国广告协会认真宣传贯彻《广告法》,引导广告行业走向法制化的轨道,为社会主义物质文明和精神文明建设做出更大的贡献。

同志们,我国广告业的发展方兴未艾;实现与国际接轨、走向世界的目标任重道远。特别是我国恢复"关贸总协定"缔约国地位后,广告业还将面临新的机遇与挑战。希望大家团结起来,以高度的社会责任感和奋斗不息的敬业精神,去开创广告业的未来,争取广告业的更大发展。

谢谢!

李沛瑶副委员长在中国广告协会第四次会员代表大会开幕式上的讲话

(一九九四年十二月六日)

首先,我祝贺中国广告协会第四次会员代表大会的召开。

这次大会的召开,有着特殊的意义。第一,人大常委会刚刚通过《广告法》。社会主义市场经济是法制经济,我们广告业也要依法办广告,所以这次大会中,大家可以好好学习《广告法》,以便依法执行,促使广告业健康发展。第二,这次大会正好是在中共中央、国务院刚刚开过经济工作会议,江总书记、李鹏总理、朱镕基副总理都做了重要讲话。这三个讲话,也应是这次会议的指导思想。大会应以贯彻经济工作会议精神为议题。

广告业是随着市场经济的发展而发展的,广告是沟通企业同消费者的桥梁。要把协会办成企业家的协会。陈慕华副委员长担任你们的名誉会长,已经发表了很好的讲话,我以前也担任过几个协会的会长,感到行业组织有很多事情要做。希望你们为发展生产,搞活流通,指导消费,促进社会主义市场经济体制建设服务。

随着政府职能的转换,许多原来由政府办的事,将转由社会团体去办。一个好的广告,能使人感到一种精神上的享受。你们要在努力提高广告的质量和广告艺术水平上多下功夫。

预祝大会取得圆满的成功。

中国广告协会第四次会员代表大会上致 开幕词

（一九九四年十二月六日）

王众孚

各位领导

各位代表，各位来宾：

中国广告协会第四次会员代表大会现在开幕。我代表国家工商行政管理局党组和全局，向出席大会的领导、来宾和各位代表表示热烈欢迎！向从事广告工作的同志们，致以深切的问候！

广告行业，在社会主义市场经济中，居于重要的地位。国务院在《全国第三产业发展规划基本思路》中，把广告业作为重要的发展行业，提出了发展要求，明确了改革方向。中国广告协会作为广告业的行业组织，在实现这些改革任务中，担当着重要角色，肩负着历史使命。因此，广告协会自身也面临着改革体制、转换职能、提高水平的严峻现实。

随着政府部门实现政企分开、政事分开、转换职能，提高效能的改革进程，广告协会的工作任务将不断加重，活动领域也会更加拓宽。许多原来由政府部门包揽的社会服务性工作，将会逐渐由国家局转给广协。新的形势和任务，对广告协会的自身建设提出了更高、更迫切的要求。希望中国广告协会在全体会员的监督、帮助和支持下，团结奋发，抓住机遇，以卓越的工作，呈现新的面貌。国家局将一如既往，充分支持你们的工作，为中国广告协会焕发新的活力创造更好的条件。

这次会议，在按照章程换届选举的同时，将着重讨论协会自身的改革。这是十分必要和适时的。因为，只有实现了这些改革的目标，协会才能更加密切同广大会员的联系，才会在建立广告行业内部的自我调节、自我发展和自我约束的新机制中，切实发挥行业组织的特殊作用。

中国广告协会成立 11 年来，在协助政府搞好行业管理、沟通政府与行业的联系，促进广告业自身水平提高和加强国际交流与合作等方面，做了许多有益的工作，取得了很大成绩，为协会的改革和广告行业的新发展，打下了一定的基础。当然，我国的广告行业起步较晚，同广告业发达的国家相比，有一定的差距，在国民经济的发展中，所占比重很低，很不协调；广告业的整体水平还不高，特别是专业人才和经营人才匮乏；在广告活动中，行业的内部及社会公众的广告法律意识不强，虚假广告时有发生等。对所面临的问题，我们必须高度重视。明年二月一日，《广告法》将正式实施。届时，国家工商局将组织力量，加大执法力度，在全社会形成查处虚假广告的声势，切实整顿广告市场秩序。中国广告协会及其会员，要在《广告法》的执行中，为全行业带一个好头，成为执法的模范，充分显示行业自律的优越性，要在社会公众面前，树立广告界的良好形象。

同志们，代表们，当前我国政治稳定，经济繁荣。改革开放给广告业的振兴，提供了难得的机遇。我相信，大家会珍惜这次广告界骨干力量的聚会，认真总结经验、分析形势、统一认识，为广告行业大展宏图、开拓进取，作出历史的贡献，为办成一个能与国际接轨的、名符其实的行业自律组织，而共同努力。

预祝大会圆满成功。

国家工商行政管理局刘敏学局长
在全国工商行政管理工作会议工作报告中
谈广告监督管理工作

国家工商局刘敏学局长在1994年1月11日全国工商行政管理工作会议工作报告回顾1993年工商行政管理工作取得明显进展时说：在大力推进各项管理制度的改革中广告管理改革开始试点。在取消广告业总量控制的基础上，开始广告改革试点，并取得了积极成效。制定了《关于加快广告业发展的规划纲要》，对我国广告业发展的指导思想、目标、重点以及采取的政策措施等作了明确的规定，形成了近期广告业发展的指导性文件。各地工商行政管理机关把广告业作为信息产业，大力促进发展。预计到去年底，全国广告经营单位超过2.5万家，广告经营额可突破100亿元，广告公司超过7000家，分别比上年增长47.4%、49%和132%。同时，加强了对广告的规范化管理，制定了食品广告、化妆品广告、医疗广告等单项广告管理法规。查处了一批重大广告违法案件，强化了对广告市场秩序的监督。

刘敏学局长在部署1994年工商行政管理工作要着重抓好六方面工作时说：要以改革企业登记制度为重点，配套进行其它管理制度改革，尽快适应建立现代企业制度的需要，强调要加强“广告监督管理工作，要全面落实《关于加快广告业发展的规划纲要》，继续抓好以代理制为重点的广告改革试点”。要加强广告立法，强化执法力度和日常监督。一方面，要把发展广告业作为改善投资环境的重要条件来抓，尽快推动广告业进入符合国际惯例和专业化分工的新轨道。另一方面，要加强并规范执法检查，改善广告质量的控制。通过引入竞争机制，促进广告的信息化、产业化。广告代理制试点要在规范和扶持公司的基础上进行，防止媒介成立翻牌公司，实行垄断。未试点的地方，继续执行有关规定。要开展药品、食品、化妆品、医疗器械等专项广告治理，重点查处虚假广告、令人误解的广告，把这项工作与制止不正当竞争结合起来。要加强对广告协会的指导，支持并指导他们制定行业规范。广告协会自身要认真组织会员贯彻落实《规划纲要》，积极配合做好广告改革方案的实施，同时，要真正发挥沟通服务和行业自律的作用。

中国广告协会工作报告

（1994年12月7日第四次会员代表大会通过）

田树千

各位代表、同志们：

我受三届理事会的委托，向代表大会做工作报告，请予以审议。

一、改革的深化促进了我国广告事业的发展

1990年12月第三次代表大会召开以来，我国社会、经济各个领域发生了深刻的变化。党的十四大确定了要进一步加快改革开放的步伐，建立社会主义市场经济体系的方针，促进了各行各业的改革和经济的蓬勃发展。1992年，中共中央国务院颁发了《关于加快发展第三产业的决定》，国务院又在《关于第三产业的发展规划基本思路》中将广告业同信息业、咨询业一起列为重点发展的行业之一。并且明确地提出了广告业的发展目标和任务，即“逐步建立结构合理，种类齐全、媒介畅通、专业化水平较高和多层次、全方位的广告信息传播和市场营销体系，提高广告制作和经营水平，加强广告的监督管理，积极推进符合广告市场运行规律和国际惯例的广告经营代理体制。”

这一切都为广告业的发展创造了良好的环境、带来了难得的机遇。实践证明，四年来，我国广告业更加蓬勃地发展起来。这主要体现在以下几个方面：

（一）观念的变化和广告意识的增强

随着改革的深化和现代企业制度的推行，广大工商企业由依赖国家的计划调节，转向依赖市场的调节。企业领导人也逐步摆脱了产品经济观念，树立了市场观念、竞争观念，越来越注意运用市场营销手段和广告宣传手段求得企业的生存和发展。进入90年代，更多的企业的广告宣传转变为自觉的、有计划的，广告费的投入也趋于高投入。如浙江省在1992年广告费投入超过100万元就有100家企业，80年代末，我国广告营业额仅占国民生产总值的1.3‰，而到1993年，比例已升至4.3‰。

由于生活水平的提高和消费者观念的变化，消费者对广告的接触态度发生很大变化，据1992年调查，北京市居民对各类广告经常接触的已占36.5%，时有接触的已占37.7%，说明消费者对广告的接触率是比较高的。很多消费者对商品选择依据已由“习惯”、“随潮流”转向更多地依据广告。

在80年代，一些广告经营者的认识，还未上升到自觉地为我国社会经济发展服务的高度，经营行为还不够规范。在国务院《关于加快发展第三产业的决定》发布后，广告业被列入重点发展的行业之一，特别是国家工商局主管领导把广告业定位为“知识密集，技术密集，人才密集的高新技术产业”之后，广大广告工作者受到极大的鼓舞，也深感责任重大，观念也随之变化。他们开始把传播信息作为市场经济发展的先导工作来做。树立对社会负责、对人民负责的指导思想，坚持经济效益和社会效益统一的原则，树立长远目标，培养超前意识，注意追踪经济发展的潮头，站在改革的前列，为推动我国广告业的发展做出了积极的贡献。

（二）行业改革逐步深化

进入90年代之后，广告行业加快了改革的步伐，特别是《关于加快广告业发展的规划纲要》(以下简称《纲要》)颁布之后,更加促进了行业改革的深化。1993 年,国家工商行政管理局推行了以代理制等为主要内容的改革试点,进一步促进了行业经营机制的调整和行业结构的变化。这种变化主要表现在:促进了行业分工,使广告公司与媒介分工更加明确,各尽其责,提高了效率和专业化程度;促进了行业结构的调整,有利于多元化经营体制的形成,即:除了广告公司和媒介之外,还应当有专门的市场调查公司、广告制作公司、技术服务公司、咨询公司等等配套服务机构;促进了广告公司改革内部机制,培养使用高素质的人才,按照"以创意为中心,策划为主导"的要求,调整经营方针,开展业务;促进了有条件的广告公司朝集团化经营转化,有利于承接国内外大客户的业务和进行跨地区的经营,也有利于广告的科学运作。

(三)广告市场迅速发育

据 1994 年上半年的统计,全国共有广告经营单位 3.69 万户,从业人员 33.37 万人,分别比 1993 年底增长 16.2%、7.43%;今年上半年广告经营额已达 73.97 亿元,比上年同期增长 72.92%。预计 1994 年经营额将达到或超过 160 亿元。与 1990 年相比,经营额将增长 5 倍。

1. 各类广告企业发展迅猛

据 94 年上半年统计,各类经营广告的企业已达 14755 户,比 1993 年底增长 33.92%,比 1990 年增长 13 倍。已占广告经营单位总数的 40%。大量广告企业进入广告市场,使广告市场迅速扩大,无疑更方便了广告主,扩大了媒介与广告主的接触面,增大了广告业务的成交量。

2. 多种经济成份参与广告经营

在广告经营单位中,国有企事业单位有 16874 户,占 45.7%,集体企业事业单位 14067 户,占 38.1%,私营企业、外商投资企业、股份制企业 4926 户,占 13.75%。

3. 加快了国际化进程

截止到 1993 年年底,我国外商合资合作广告公司已有 280 家,其中有一些是与较具规模的跨国公司合作或合资的,这些公司涉足中国广告市场将先进的技术和管理经验引进我国,对于加快我国广告业国际化进程起到促进作用。不仅如此,我国的一些广告公司大胆地跨出国界在美国、加拿大、俄罗斯等国建立了合资或合作广告公司,进一步加速了与国际广告界的沟通。

4. 媒介容量不断扩大

1993 年底,我国已有广播电台 834 个,比上年增长 26%,覆盖率达 76.3%,广告营业额 3.5 亿元,占营业总额的 3%;有电视台 1606 个,比上年增长 62%,覆盖率达 82.3%,广告营业额达到 29.4 亿元,比上年增长 43.4%,占营业总额的 22%;有各类报纸 2054 家,比上年增长 33%,广告营业额达 37.1 亿元,比上年增长 137%,占营业总额的 28%;有各类杂志 3324 种,比上年增长 23%;营业额达 1.8 亿元,比上年增长 7%,占营业总额的 1.4%。

媒介广告容量扩大的原因不仅在于媒体经营户数的增加,还在于广播、电视新频道的开发、新专题的增设,报刊扩版及新栏目的开辟。

(四)广泛采用新技术

随着改革的深入,新技术也被广告业迅速采用和推广。广播、电视的广告部门陆续更新了设备,报刊广泛采用了激光照排和新的制版印刷设备。广告公司也较为普遍地使用电脑作业。三维动画技术已较为普及,各种先进户外广告先进设备、先进工艺、先进材料被引进、开发、利用,大大改善了广告业的技术条件,提高了设计制作质量,增加了广告效果。

(五)人员素质不断提高

80 年代末,我国的广告从业人员文化水平和专业素质都不高,据当时的调查,大专以上文化程度只占 31.9%,而现在据局部地区调查,大专以上文化程度的已占到 44%。经过多年的培训和锻炼，涌现了大批有强烈的事业心，能吃苦耐劳，具有集体主义精神和奉献精神的业务骨干，他们在广告工作的第一线发挥着重要作用。

我国广告业的迅速发展刺激了社会主义市场经济的发育，在国民经济发展中发挥了重要的促进作用。但是，从总体上看，也还存在一些阻碍广告业发展的问题，如：经营体制不顺、结构不尽合理、虚假广告屡禁不止，广告公司数量发展过快，其经营方式亟待规范，服务质量也有待提高等等。这些问题应当在今后的行业改革和发展中逐步解决。

二、“三大”以来的工作回顾

根据中国广告协会第三次会员代表大会的决议和《章程》规定，在国家工商行政管理局的指导和广大会员单位的支持下，中国广告协会及其各专业委员会，地方广告协会四年来主要做了以下几个方面的工作：

（一）贯彻《纲要》推动改革

1993 年初，《关于加快广告业发展的规划纲要》颁布以后，中国广告协会立即把宣传、学习、贯彻《纲要》的内容列入当年年度工作要点，倡议各专业委员会，各地方协会工作人员深入学习《纲要》，研究制定落实措施和贯彻方案并组织本专业本地区广告经营单位领导人认真学习《纲要》。在 1993 年召开的常务理事暨地方广告协会秘书长联席会上，着重安排代表学习和讨论了《纲要》。与此同时，各地方广告协会和专业委员会也把贯彻《纲要》作为主要工作任务来抓，通过培训和各种会议把《纲要》贯彻到基层。

（二）探讨制定协会改革方案

自“三大”闭幕以来，我会即把探索改革思路，制定改革方案做为重要工作来抓，在 1991、1992、1993 年召开的常务理事会和地方广告协会秘书长会上都把这一问题作为重要内容来讨论。1993 年，协会秘书处在国家工商行政管理局关于事业单位体制改革的原则指导下起草了若干方案供讨论，1994 年，又召开了若干座谈会，今年 9 月，将方案提交会长办公会审议，最后正式报国家工商局党组审批，并获原则同意，这些改革方案的基本精神和主要内容都写进了提交到大会讨论的《中国广告协会章程》等文件中，请代表们予以审议。

（三）继续开展“重信誉、创优质服务”活动

根据“三大”决议，各地方协会各专业委员会将这一活动作为重要工作来抓。北京、上海、河北、吉林、江苏、浙江、福建、广东、河南、四川、安徽、广西、新疆、宁夏等省、自治区、直辖市协会每年都安排这一活动。并且进行了“重信誉、创优质服务”活动的先进单位和先进个人的评选。在活动中，大多数会员单位建立了各项规章制度，特别是建立了严格的广告内容审查制度，有效地减少了虚假广告，提高了服务质量和队伍素质。

（四）支持国有大中型企业走向市场

1991 年，中广协通过各种会议和文件向各地协会，各专业委员会倡议，以实际行动积极支持搞活国有大中型企业。上海、安徽、四川、湖南、湖北、辽宁、河南、甘肃、宁夏、浙江等省、自治区、直辖市协会都以实际行动支持了国有大中型企业走向市场，求得生存和发展。为便于会员单位与国有大中型企业沟通，做好服务工作，上海市协会向会员单位转发了该市 937 户国有大中型企业名单。湖北省、武汉市协会组织广告经营单位支持企业抗洪救灾，无偿播发供求救灾物资的广告，宁夏协会组织本地区最有实力的广告经营单位与 8 个亏损企业“结对子”、“对口帮”，上门为企业传递市场信息，策划广告，免费或优惠为企业进行广告宣传。合肥市广告公司为企业发展提出 24 条建议，大部分被采纳，辽宁省主要媒介为国有大中型企业义务宣传，免收广告费达 400 万元。许多经营单位还在版面、时间方面照顾国有企业。这些工作都有力地支持

了国有企业转变观念，摆脱困境，走向市场，扭亏增盈，受到企业的欢迎。

（五）开展人员培训工作

为适应广告迅猛发展的形势，中广协及其各专业委员会，地方广告协会历来重视人员培训工作并作为重点工作来抓。一是积极支持大专院校开办广告专业，或设置课程，二是采取多种形式办学，三是支持政府进行岗位资格培训。据初步统计，目前已有50多所大专院校开办了广告专业或广告课程，每年向社会输送4000—6000名受到广告专业训练的人才。中广协与北京广播学院合作先后举办了4期广告专业证书班，有近1000人受到专业的高层次培训，报纸等专业委员会也开展了对口培训。

北京、河北、辽宁、山东、天津、上海、浙江、福建、广东、湖南、河南、安徽、四川、广西、甘肃、新疆、宁夏等省、自治区直辖市协会都分别与大专院校联合举办专业证书班或大专班。据不完全统计，三年来，全国已有近2万人次接受了不同形式、不同层次的培训。

（六）开展优秀广告作品展评活动

在江西省工商行政管理局和省广告协会协助下，我会于1992年11月在江西省南昌市举办了全国第三届广告作品展览并进行了评选。全国29个省、自治区、直辖市选出了各种形式的广告作品共2023件参加了展览。有317件作品获奖。全国各地2万多人次参观了展览。在本次展览会上展出的作品和新技术、新设备、新材料反映了我国广告事业发展的最新成就，受到广告同仁的普遍注意。

1994年，我会与中央电视台、广州花都市政府及广州盛通物业发展总公司联合举办了“花都杯”首届中国电视广告大奖赛，有253件作品参赛，进行了专家评选和观众评选，评出了“公众”奖十件，“金塔奖”十件，以及15个单项奖，109个佳作奖。12月15日将在中央电视台举行现场直播发奖文艺晚会。

广播委员会坚持每年一次的广告节目评选；电视委员会已举办八次“印象杯”评选；广告公司委员会举办了三次优秀广告作品评选和一次国际海报展；报纸委员会和学术委员会于1993年10月联合举办了全国报纸广告作品评选，从524件参展作品中评选出9个等级奖，108个优秀奖。

广东、河南、四川、广西、新疆、宁夏、北京、河北、天津、辽宁、江苏、浙江、福建等省、自治区、直辖市广告协会也分别进行了不同形式的广告作品评选。

这些活动使广告工作者有机会了解广告创作和设计水平的发展情况，交流创作经验，相互学习，在提高广告设计制作水平方面发挥了作用。

（七）积极开展国际交流

我会联合贸促会机电分会和机电广告公司于1991年5月在北京举办了首届中国国际广告研讨会暨展览会。来自我国及美、日、英、前苏联等15个国家和地区的572名代表出席了会议。世界排名前10位的广告公司都派代表参加了大会。当时的国务院副总理田纪云、人大副委员长彭冲、中顾委常委荣高棠出席了大会。国际广告协会主席罗杰·尼尔，理事长诺曼·维尔也专程来京参加会议并担任名誉主席和执行主席。会上有36名代表发言。有15个国家和地区的120多个厂家参加了同期的展览会。在各专业委员会、地方广告协会鼎力支持下，会议取得圆满成功。

今年5月，以国家工商行政管理局副局长杨培青同志为团长的中国广告代表团，出席了在墨西哥召开的IAA第34届世界广告大会。会上，代表团坚持一个中国的立场，与IAA某些领导人的错误做法进行了坚决的斗争，解决了会场上出现的政治问题。并且积极向友好国家代表做宣传工作，取得了他们的理解和支持。杨培青同志在大会上做了题为《中国——亿万人的巨大市场》的发言。发言以生动的画面和资料向代表们介绍了中国改革开放取得的巨大成就，以及在市场经济条件下，中国广告业的发展情况，受到与会代表的热烈欢迎。

四年来，我会还派团出席了拉美广告大会，亚广联理事会，亚广联第18次广告大会，亚太地区分会会长会，第三届阿拉伯广告大会，第6届世界户外广告大会和IAA第33届广告大会。在这些国际会议上，我代表团都积极宣传我国改革开放的方针和“一个中国”的立场，广交朋友，团结发展中国家，使我国的国际地位得到巩固和加强。连续4届当选为IAA理事。

我会还先后接待了日本、美国、英国、法国、埃及、阿联酋、新加坡、墨西哥、香港等国家和地区的来访者，分别交流了情况，增进了了解，促进了交流与合作。一些省市协会也有针对性地组织本地的广告界与近邻国家和地区进行了交流，并且达成一些合作项目，福建省协会还举办了海峡两岸广告界的交流活动。北京市广告协会于1994年8月成功地举办了'94国际广告博览会。

（八）开展广告学术研讨

1991年10月，1993年5月，1994年6月，中国广告协会学术委员会分别在福州、广州、武汉举办全国广告学术研讨会就当前广告业发展形势，代理制问题，如何提高广告效果等问题，组织专家学者、广告工作者开展研讨。报纸、广播、电视、广告公司委员会也每年召开一次年会，就行业发展的突出问题进行交流和研讨。广东、四川、上海、陕西、广西、甘肃、宁夏、浙江、福建、山东等省、自治区、直辖市也分别进行了“企业与广告”、“户外广告大家谈”、“广告策划”、“商标、广告与营销”、“广告现状与未来”、“农村广告”等内容的专题研讨活动。这些研讨活动促进了广告理论发展，对广告实践起到指导作用，也进一步沟通了工商企业与广告界的联系。

（九）发展会员，壮大组织

为适应公交、铁路广告业务的发展，更好地发挥协会的协调、指导作用，应全国公交、铁路系统广告经营单位的要求，经会长办公会讨论决定，我会批准成立了公交委员会和铁路委员会，已在民政部备案。

按工作条例规定，广告公司、广播、电视、报纸、学术等专业委员会分别进行了换届改选，产生了新的一届委员会。在公司委员会指导下成立了霓虹电器协作会，电视委员会分别建立了省台协作会、市台协作会，使各个专业层面都有了自己的联络形式。

四年来，各地方协会抓紧组织建设，扩大会员队伍。为便于工作，各地方协会也组建了不同层次的专业委员会和工作指导小组，并指导经济发达的地级市建立了协会。使协会的组织更加壮大，联络渠道更加健全。

（十）为会员单位办实事

几年来，协会曾就行业从业人员职称问题进行了调查，向有关部门反映，探讨解决的办法；曾就行业税收问题进行调查并向有关部门写出报告，目前税收主要问题已得到解决；面临复关，我会与国家工商局广告司一起召开了座谈会，研究了复关后的广告价格调整问题，并提出了建议。

为了加强对会员单位的服务，三年来我会编辑出版了《参考资料》60期，《广告工作通讯》若干期，发行了优秀广告作品和企业广告策略录相带、编印了第三届广告作品展优秀作品集，与有关单位合作，出版发行了《企业CI战略》、《现代企业广告战略》、《94主要媒介广告价目表》等书籍。1994年，创办并公开发行了《现代广告》杂志。

各专业委员会、地方协会也都创办了《会员通讯》、《简报》、《广告工作通讯》等内部刊物，介绍国内外广告动态，学术论文、法规知识，对广告界沟通信息、开阔视野、交流经验提供了工具。

三、对今后工作的建议

中广协自成立以来，对中国广告业的发展发挥了一定的指导、协调、咨询、服务的作用。但是，在社会主义市场经济条件下，协会过去实行的体制和职能越来越不适应广告业发展的需要，也不能满足广大会员单位的要求。主要表现在：(1)由于实行的是统一组织、统一章程，分级管理的体制，因而行政色彩比较浓厚，忽视了行业组织的特点，特别是不利于地方组织独立发挥作用；(2)由地方协会吸收会员，实际上是"当然会员制"，中广协与会员单位的关系不够直接和紧密；(3)其职能过多地体现了管理和指导，而咨询、服务相对薄弱。对会员的吸引力和凝聚力不强。

为了使协会焕发新的活力，更好地发挥促进广告事业发展，服务于社会和经济发展的作用，必须改革体制，强化服务职能。改革的目标是使协会真正成为联系政府与行业的中介组织，成为组织精干、工作务实，能与国际接轨，在促进行业健康发展方面发挥实质性作用的社会团体。为此，对今后工作提出以下建议：

(一)改革协会体制

改革的目标，是改变原来的"统一组织、统一章程、分级管理"，上级协会指导下级协会的行政性体制，增强其民间性、行业性。

1. 直接吸收会员

将那些具有一定规模，较高服务水平，在广告界具有较好的信誉和有一定影响力的企事业单位吸收为会员。形成中国广告业的骨干群体，通过其规范化的经营行为和高水平的服务，带动和影响中国广告行业，不断走向新的发展阶段。

2. 地方协会作为团体会员加入中广协

地方广告协会作为团体会员加入中国广告协会，变行政性为民间性，变"一律"为"自愿"。地方广告协会加入中广协，既便于按照地方特点开展工作，又便于加强与中广协的联系，而且，这种联系不是松散了，而是业务上更紧密、更直接了，能够更加突出中介机构的功能，减少行政干预。

3. 加强专业委员会的工作

专业委员会是中广协在各个专业领域里的工作机构，按照中广协章程，在各个专业领域里工作，是中广协在各个专业领域联系会员，发挥作用的好形式。因此应当保留和加强专业委员会的工作。除了现有的专业委员会之外，还应当积极筹备成立广告主委员会和法律咨询委员会。

广告主是广告行业发展的最活跃最具影响力的因素，应当充分发挥广告主在广告行业组织中的作用，为此，应尽早建立广告主委员会，广告主委员会应当是联系工商企业会员的工作机构，其任务是协调广告主与公司、媒介的关系，保护广告主的正当权益，帮助工商企业提高广告意识，更好地进行广告宣传。

在《广告法》实施以后，法律咨询服务显得越来越重要，它将有利于《广告法》的正确贯彻执行，有利于规范广告经营单位的行为。法律咨询委员会将是中广协的法律咨询机构，联系各有关执行机构，为广告业提供法律咨询服务，解决广告纠纷，并逐步过渡成为仲裁机构。

各专业委员会应当健全工作机构，按照中广协章程制定行为规范和自律准则，积极组织包括本专业非会员单位开展活动，不断提高专业服务水平。

4. 成立执行理事会

执行理事会由会长、副会长、秘书长、各专业委员会主任或秘书长组成。是协会的执行机构。按照新的章程规定，执行理事将增加会员单位的成份。

5. 改革协会秘书处的管理体制

要改变秘书处现行的行政机关式的管理体制，在机构设置、人事管理、财务管理上进行改革，副处(含)以下实行聘任制，建立奖罚机制，充分调动工作人员积极性。

(二)强化协会职能

《中共中央关于建立社会主义市场经济体制若干问题的决定》指出要“发展市场中介组织，发挥其服务、沟通、公证、监督作用……发挥行业协会、商会等组织的作用。中介组织要依法通过资格认定，依据市场规则，建立自律性运行机制，承担相应的法律和经济责任，并接受政府有关部门的管理和监督。”

按照这一要求，中广协今后的主要职能应是“指导、协调、服务、监督”。也就是，发挥联系政府与广告行业的中介作用；发挥信息传达、技术推广、培训等方面的服务作用；发挥对各专业、各地方、各有关部门与广告业整体利益的协调作用；根据国家政策、法律和行业自律规则，通过行检、行评等手段，发挥对会员单位的监督作用，进而带动全行业的自我教育、自我约束、自我监督的自律作用，不断提高行业职业道德水准，遵守政府和行规行约，建立良好的市场秩序，具体说有以下几个方面：

1. 宣传贯彻有关广告管理法规、政策，协助政府搞好行业管理。反映会员单位的意见和要求，就有关广告管理、行业规划向政府提出建议。

2. 建立行业信息开发和服务网络，为行业提供国内外广告业的信息和市场信息。

3. 组织新技术开发，推广新技术、新设备、新材料、新工艺，为行业提供技术服务。

4. 建立培训网络，开展多种层次、多种形式的培训，不断提高从业人员的文化水平和专业素质。

5. 开展优秀作品展评活动，不断提高广告设计制作水平。

6. 开展行业资质检评活动，向社会推荐资质优秀的单位，促进会员单位不断提高经营管理水平。

7. 积极开展广告学术研讨活动，提高广告理论水平，发挥理论指导的作用。

8. 代表行业参加国际组织及其活动，促进国际交流与合作。

9. 加强行业自律，执行行业自律规则，保护正当竞争，抵制和反对不正当竞争，建立和维护广告市场的正常秩序。

10. 协调行业内各专业、各地方的关系，理顺广告经营机制，促进行业协调发展。

(三)近期内主要任务

今后任务很多，首要的是迈开改革的步子，以改革为动力，实事求是地扎扎实实地做好几件主要工作和基础性工作，为今后的深化改革和职能转变打好基础。

1. 落实协会改革方案，做好体制调整工作，健全组织机构

首先要按照新的章程吸收一批符合条件的单位会员，作为中广协基本组织成分和服务对象，按照他们的要求逐步开展起工作；按照章程规定和自愿的原则将省、自治区、直辖市、计划单列市和其他相关团体吸收为团体会员，作为中广协的基层组织，通过团体会员了解全国各地广告业情况，贯彻中广协的工作方针，实行行业自律；建立广告主委员会、法律咨询委员会，力争1995年第一季度内开始工作；加强各专业委员会的工作，配备一定在编的专职工作人员，充实工作机构，按照章程和专业委员会工作条例和自律措施积极主动地做好各项工作。

2. 宣传贯彻《广告法》

《中华人民共和国广告法》已于1994年10月27日经第八届全国人民代表大会常委会第十次会议通过，并将自1995年2月1日起施行。《广告法》的颁布，对于规范广告市场，促进广告业的发展，维护社会经济秩序，保护消费者的合法权益，发挥广告在社会主义市场经济中的积极作用具有重要意义。作为广告行业组织应当在政府有关部门指导下，积极做好宣传贯彻工作。为此，中国广告协会及其各专业委员会，各团体会员单位应当制定出宣传贯彻计划，利用各种媒介，做好宣传工作，使各广告经营单位家喻户晓。

中广协拟在《广告法》实施之前，配合国家工商行政管理局与中央电视台联合举办一次广告知识竞赛活动，通过竞赛形式，把《广告法》的主要内容做一次深入的宣传。还拟举办若干《广告法》专题讲座和如何贯彻《广告法》的研讨活动。

3. 切实抓好行业自律工作

行业自律是行业法制化的必要手段，依据《广告法》，制定出切实可行的行业自律规则，在此基础上，各专业委员会和各团体会员制定出本专业本地区的具体的自律规则。为使自律切实运行起来，中广协每年进行一次会员资格认定工作，对于违反自律规则的会员单位，分别进行批评、通报，对于情节严重或坚持不改的会员单位进行公开曝光，直至取消会员资格，通过这些措施，保证中广协的会员骨干地位，并且以其优质服务为全行业做出表率，带动全行业走上规范化经营的道路。

4. 开拓服务性工作

协会职能的转变，要点在于为会员单位提供实质性服务。在今后一、二年之内，中广协将逐步建立信息服务和技术推广服务网络，不断将有价值的市场信息、科技信息、行业信息提供给会员单位，使广告工作更加科学、有效；将国内外先进技术、设备、材料、工艺向行业推广，推动行业技术更新，提高广告设计制作质量；制定培训计划，开展多种形式多层次的培训工作和广告学术研讨活动，促进知识的更新和理论水平的提高，力争在三年内使从业人员的80%受到专业训练。使队伍素质达到一个新水平。

协会要通过自己的组织，切实维护会员单位的合法权益，与有关部门和单位合作，解决会员单位共同关心的涉及行业发展的各种问题。

5. 加强国际交流与合作，为中国广告业跻身于世界广告市场创造良好的外部条件。拟在明年与有关单位合作共同举办一次国际广告研讨会暨博览会。以扩大对外交流与合作，为广告业与国际接轨创造条件。本届代表大会期间，中国广告协会将要与中国对外经济贸易广告协会共同承办一次亚洲广告协会联合会会议，我们将和兄弟广告组织一道，早做准备，迎接这次亚洲广告界盛会。

各位代表，我国广告业自恢复以来，已走过十五个年头，过去的成绩是令人瞩目的，但那已成为过去。我们面临着改革和发展的新任务。这一任务是十分艰巨的，需要全行业形成共识，团结一致，共同努力。我希望全体会员把握时机，以崭新的面貌，更大的干劲和开拓精神迎接新的挑战，把我们协会工作做好，把我国广告业推向一个新的发展阶段，以更多更好地传播信息，为社会主义市场经济发展服务，为社会主义精神文明建设服务。

在中国广告协会第四次会员代表大会闭幕会上的讲话

（1994 年 12 月 7 日）

杨培青

各位代表、各位同志：

两天的大会即将顺利结束。请允许我向为会议作出各种贡献、付出辛劳的同志，包括各专业委员会和协会机关的同志，表示衷心的感谢。特别是为这次大会的宣传，各大媒介的领导、各大广告公司的老总，都给予了特别的支持，充分显示了我们会员单位的特色和优势，这使我们看到了，在我们这个行业蕴藏的极大潜力；大家在会议上齐心合力的精神状态，是对我们新一届理事会的巨大鼓舞和鞭策。

我们会长、副会长，要特别感谢理事们和会员们对我们的信任。虽然在前进中，会遇到许多新问题和困难，但我们一定在主管部门的领导下，在兄弟部门的关心下，依靠全体会员同舟共济，共创未来。

我下面的发言，只是表示一种投入和参与，所谓闭幕词，也不应是结束语，而是抛砖引玉，在改革的问题上，在建设协会的问题上，发表一点感想、提出一些思路，请大家发挥创意，作出各自的回答，八仙过海，各显其能。我相信，只有依靠大家的创新，才能使广告界呈现繁花似锦的新气象。

——在小组会上，在个别交谈中，大家都有这样一个共识：本届协会工作正处在我国改革与发展的重要阶段，处在新旧经济体制转轨的关键时期。在结构优化效益、规模经济效益、科技进步和精神文明等方面，中央提出了全面发展的思路，要求提高经济的整体素质和效益。这些方针，同样适用于我们广告业。相信我们各会员单位，将通过调整经营战略，切实贯彻这些方针。

——特别是，当前国家正在组织制定“九五”计划，将提出 2010 年的远景发展目标，并对抢占 21 世纪的制高点、初步建立起社会主义市场经济和实现第二步战略目标，进行统盘部署。在这样波澜壮阔的形势下，广告协会应该团结广告界，不误时机地确定自己的发展目标。

——我们要看到：在坚持邓小平同志建设有中国特色社会主义的理论和党的基本路线的改革实践中，广告业有自己的特色和优势。例如：

第一，我们这个行业起步晚，没有行业部门行政管理和旧体制的刚性掣肘，有直接按市场经济规律办事的先天条件，有运用竞争机制迈入新体制的得天独厚的便利。我们应该很好地利用这个优势，抓住机遇，寻找长足发展的突破口。当别的行业还困扰在转换机制的漩涡中的时候，我们要抢占制高点，增强自身的整体功能，增长适应市场经济的本领。

第二，唯有我们这个行业，直接坐落在物质文明和精神文明的结合点上。现代科学发展的一个理论是：在交叉科学领域，最容易有重大创新突破，最容易引发变革。我们要在这个问题上，多下功夫。在广告创意中，要“大动干戈”。譬如，党中央要求，在发展经济中，弘扬艰苦奋斗、勤俭建国、勤俭办一切事业……。我们如何运用广告作品的影响力去引导消费者，从而在社会上，使健康文明、讲究道德蔚然成风。在精神文明与物质文明的相得益彰方面，突出广告的个性。

第三，明年，经济改革的重点在国有大中型骨干企业。国家要求创造条件，在市场对资源配置的基础作用下，使企业焕发活力。广告行业要千方百计地为这一改革立汗马功劳。在为企业市场、开拓市场、创名牌等方面，做出富有特色的贡献。

总之，广告业同国民经济休戚相关，经济繁荣，广告振兴。因此，我们要开阔视野，关心改革的全局、大局，找准在改革大潮流中的位置。要避免仅仅把注意力盯在微观经济收益上，而降低我们自己的特殊社会职能和责任。

（二）

在协会的建设和转换职能方面，大家在讨论中，提出很多富有建设性的意见。特别是许多老领导、老同志，在为广告协会创业的艰苦实践中，为我们打下了一定的工作基础，尤其是为我们培育了这样一支队伍，这是最宝贵的财富，我们要更加珍惜它。对同志们提出的宝贵建议，我不一一列述，归纳起来主要是：

——加强协会办事机构的工作建设和队伍建设，因为这是协会工作效能的保证；

——要更多地发挥专业委员会的作用。专业委员会是协会的优势所在、实力所在，是协会发挥作用的支撑和根基；

——强化协会的服务功能。协会只有在为行业自律方面，增强服务、联络、咨询能力，才能焕发新的生命力。

……等等。

对大家的真知灼见，我们一定很好地消化吸收，贯彻到实际工作中。

（三）

在最近召开的中央经济工作会议上，江总书记的讲话中，有这样两段，我想向大家念一下：

——他说：实行市场经济，不仅要求有一个能够灵敏反映市场经济变化和经济规律的国家组织，而且还要求有一套社会自律的、制度健全的市场中介组织。

——他还说：市场经济是一种法制经济，必须严格规范市场主体行为，遵守市场运行法纪，崇尚商业信用原则。

可以认为，这两段话就是我们广告协会，甚至就是广告行业的改革方向和任务。我们不需要再去制造更多的口号或词句，关键在于实践，在于行动。

因此，新一届理事会的首要任务，就是要在行业自律和协会职能方面，根据会员意愿和国情，提出一套改革方案，并推动方案实施。会上，大家对“方案”提出了许多非常好的修改意见，工作班子将根据这些意见，对原稿进行修改、充实。但即使修改以后，也还带有相当大的实验性，也只能是种框架性的、方向性的、思路性的，实践起来还要不断完善。特别是各地、各单位发展环境不同，要求“齐步走”、“一刀切”都是不现实的。好在我们这次先从中国广告协会自身“革命”起，坚决从“行政”模式中走出第一步——改变对各地广告协会的行政关系。今后，大家是会员主体，这样就有利于各地协会因地制宜，开拓各具特色的发展局面。我们的指导思想是：解放思想、转换观念、大胆开拓，稳步推进，务求实效。

第二项任务是，从明年一开春，贯彻《广告法》，我们中广协的全体会员，要带头整顿广告市场秩序、抵制虚假广告，借推行《广告法》的大好时机，在社会公众面前，树立一个好的形象。这既是广告业兴旺的现实问题，也是广告界社会使命的大课题。

让我们全体会员团结起来，开拓进取，励精图治，为建立一个现代化的广告协会而共同努力。

中国广告协会会长田树千同志在部分省市广告协会联席会上的讲话

1994年5月18日

各地方协会领导同志、广告界的同仁们、同志们：

今天有幸参加在广西壮族自治区北海市召开的部分省市广告协会联席会议，同广告界的同志们欢聚一堂，共同研究问题，感到十分高兴和格外的亲切。

这次会议对加强联系，增进友谊，交流经验，积极主动的开展协会的工作，促进各地广告业的发展，繁荣市场经济，将会产生积极的影响。

我代表中国广告协会，热烈祝贺会议圆满成功。

刚才北海市领导对北海的现状和发展作了介绍，黄绍熙同志又作了一个很好的报告，使我们对广西有了一个全面的了解。

我一进北海市就看见了江总书记的题词"后起之秀，前途无量"是很鼓舞人心的，这要靠我们勤奋、开拓、实干来实现的。

会议主席要求我讲话，我想简要的讲两点：

①我国广告业的现状和发展。②中广协改革的方向

（一）我国广告业的现状和发展，当前，举国上下，在以邓小平同志提出的建设有中国特色的社会主义理论和党的基本路线指引下，全面贯彻党的十四大、十四届三中全会的精神，加快改革步伐，建立社会主义市场体系。我国国民经济已经发生了巨大的变化，有了很大的发展。

1994年是改革开放、现代化建设的关键一年，培育市场主体、完善市场体系，健全调控体系，使我国国民经济体制进入整体推进和重点突破相结合的新阶段。

这一切都为广告事业的发展带来了良好的环境和机遇，促使广告业更加蓬勃地发展起来。

事实也正是如此，随着改革开放，经济的发展，我国广告事业也获得了迅速恢复和高速的发展，已从起步阶段进入了现代广告的发展新阶段。

从1991年到1993年在这短短的十三年间，全国广告营业额从1.8亿元，增加到134亿元，平均年递增40%以上，广告营业额占国民生产总值的比重，由0.3‰上升到4.5‰，广告从业人员由1.6万人增加到31万人，形成了一支庞大的队伍，广告经营单位从2200家发展到3.1万家，从去年的统计表明，广告公司已有11044家，仅去年一年就新增加8000余家，在全国广告营业额占比重居首位，为46.2亿元，占全国广告营业额34%。

电视台兼营广告业务的1606家，为29.4亿元，占全国广告营业额22%。

报社兼营广告业务的2054家，为37.7亿元，占全国广告营业额28%。

广播电台兼营广告业务的834家，为3.5亿元，占全国广告营业额2.6%。

杂志社兼营广告业务的3324家，为1.8亿元，占全国广告营业额1.3%。

从广告同类看，生活资料类广告，在我国广告业务中是举足轻重的，去年此类广告营业额为50.4亿元，占全国广告营业额总数的40%，而生产资料的广告为35.2亿元，占总数28%。

当然，不能仅以数量作为测定我国广告业兴旺的标志，但它是我国广告业高速发展的客观事实。

近年来，广告公司、媒介单位的服务质量有了明显的提高，一些创意新颖，制作精良的广告脱颖而出，广告的经济效益和社会效益不断增强，我国广告业同发达国家和港台地区的合作，也在迅速发展，中外合资的广告公司已达280余家，一些专业广告公司、市场调查公司也相继成立，先进的技术设备越来越广泛地运用到广告业，增强了广告业的经营手段。

广大工商企业越来越自觉和广泛地运用广告手段开拓市场，使企业产品销售和税利大幅度增长，从而为国家和社会创造了明显的经济效益和社会效益。同时，广告业的发展也支持了新闻、出版、广播、影视、文化教育事业的发展，并且提高了人们的科学文化和商品知识水平，以及市场经济的认识，促进了国际经济技术合作与交流。

因此，可以说广告业已成为对国计民生有着重要影响的高新技术产业。

由于我国广告业基础差，发展时间短、行业综合水平和基础设施与发达国家相比还有不少的差距，如行业经营机制滞后，行业结构不尽合理，不少薄弱门类和共享服务系统亟待发展，还存在某些混乱现象，社会反映和强烈批评，广告作品质量不高，特别是虚假广告，骗人广告，给广告业的声誉造成严重的影响，这些都有待于在前进中克服和改进，要加强法制和监督管理工作，维护广告市场的秩序。

广告业属于知识密集、技术密集、人才密集的高新技术产业，它的发展水平是一个国家和地区，市场经济发展程度，科技进步水平，综合经济实力和社会文化质量的重要反映，对此，中共中央、国务院颁发《关于加快发展第三产业的决定》将广告业同信息咨询业一起，列为重点发展的行业之一，根据“加快广告业发展规划纲要”的要求，我们的目标和任务是：

争取十年左右或稍长一些时间，逐步建立超企业自主经营，政府依法监督管理，以代理制为基本运营制度，最大限度发挥行业协会自律和协调作用的新体制。建立以具备全面综合服务能力的广告公司为主干，以高效畅通的媒介为支撑，能够提供全方位多层次、高效益服务的广告促销体系和信息传播体系。这预示着我国广告业将步入全面提高并与市场经济相适应的新阶段，展现了广阔的前景，是大有作为的。为达此目的，这就要求我们广告界的同仁们，要团结一致，奋发图强，充满信心，共同努力来实现。

（二）关于协会改革的方向

改革在深化，事业在发展，协会不进行改革就要落后，就没有生命力，协会必须进行改革，转机、自主、开拓，充分发挥协会的行业自律和协调作用，充分发挥协会的整体优势，协会的改革，不仅是组织机构还包括工作内容和工作方法，全面的配套改革，对此我们都是共认的，问题是改什么，怎样改?经过几番讨论未确定下来，因此协会“四大”一直拖到现在未能召开，按章程规定，本应在93年底召开的。

因为，这个问题关系到协会的生存和发展的大问题，国家局也很重视，提议召开专门会议研究，只能争取早一点召开“四大”讨论和通过协会的改革，并进行换届、改造，作为协会工作的一个新的起点，把行业的发展推向一个新阶段。为适应社会主义市场经济的发展和迅速发展的广告事业的需要。

李鹏总理在八届二次人大会议政府报告中指出：各级政府都要在转变职能，提高效率上下功夫，要坚持政、企分开，把属于企业经营自主权范围的事情交给企业，把应由市场解决的问题，交给市场，充分发挥行业协会、商会等市场中介组织的作用。

在关于加快广告发展的规划纲要也指出：

划清政府部门与行业组织的职能界限，切实发挥行业组织协助政府部门贯彻产业政策，落实行业规划和组织企业实现，自我管理、自我约束，自我教育的职能。根据广告协会行业的特点，在改革中应本着积极开展建立信息网络，新技术开发网络，人才培训体系和广告业资源及共享服务体系，促进行业经营效益和水平的提高。

研究协会的改革，要以这四大基础工作为基点。实践经验告诉我们，协会必须背靠政府，面向企业，发挥协会的参谋助手作用，协调指导的作用，桥梁纽带的作用。

首先要改革协会的现行体制，统一组织、统一章程，分级管理的上级指导下级的隶属关系。

这是在广告业发展初期，协会组织还不健全，是计划经济的产物。

因此，协会要走出官办的老路子，改变行政管理的方式，充分发挥地方协会的积极性，体现协会的民间性、专业性和社会性应向自主、自治、自养的方向过渡。

中广协将直接吸收会员，中广协与地方协会的关系是平等参与，事业共赴，利益共享的关系，而不再是上下级的隶属关系了。

使协会真正成为中国四大法人领导之一的社团法人成为沟通政府与企业的中介机构，成为维护行业会员的合法利益的代表，成为促进发展和提高广告的行业组织，成为广告人之家。

第二，要强化协会的自律和服务的功能，加强队伍建设。

协会是民间性的社团组织，一没有行政职能，二没有经济实力，起码目前是如此，因此协会一靠服务功能，靠服务的质量，服务的内容和服务的效果，来推动工作，产生凝聚力，我们服务的目的，帮助会员、企业进行广告决策提供信息反馈，提高广告的经济效益和社会效益，因此，要全心全意为人民服务，为企业服务，积极主动的开展工作，凡行业需要而协会则用自身功能和优势能为的，就要大胆突破、大胆的实践。

二是靠行业纪律，要有一个共同政策共同发展的规划和措施，共同维护行业的利益，进行整体协调维护正当竞争，反对不正当竞争，推动行业的进步，树立鲜明的形象和权威。

第三，协会的体制和领导机构

体制前面已讲了，协会的领导成员，应在会员中民主选举产生，会长由国家局推荐，也要经过民主程序产生。

协会最高权力机关是会员代表大会。

协会领导机构是大会选举产生的理事会。

理事会中产生会长、副会长。

为了对重大问题及时研究决策，又能严格民主程序，发挥集体领导的作用，组成人员不多高效务实的执行委员会，主持经常工作。

根据上级规定社团组织应逐步向专职化、专业化、年轻化方向过渡这样才有生命力的。

第四，生命在于运动，协会在于活动，通过各种各样的活动，吸引联系、团结会员单位开展工作。活动就需经费，经费仅靠会费，是远远不能满足的，这是一直未能解决的难题。有的同志批评我，说：你们端着金饭碗去要饭，意思是未能发挥协会自身的优势，积极开展多种活动。

目前我看出路有三，其一靠会员单位支持和赞助，大家的事大家共同去办，特别大的有实力的会员单位，当然是自愿的互利的，在活动中增强知名度。其二开展有条件的有偿服务活动，不以盈利为目的，强调服务功能在市场经济条件下，不讲经济效益也是短命的，行不通的，问题是服务与效益如何摆法，把服务放在第一位，效益放在第二位，通过活动提高协会的社会信誉，注重社会效益，这样矛盾就统一了，目的是发展广告事业，繁荣市场经济。其三靠会员会费，解决一部分问题。最后一点也是非常重要的一点。加强法制建设宣传和实施，开展法律咨询活动和学习研究活动，理论应起主导作用，目前实际上理论落后实践，因此要提高，要上水平，保证广告的健康向前发展，就应建立和加强法律咨询机构和学习研究机构。

江总书记讲:信息服务业将会有更大规模的发展。它已成为经济信息化的重要标志,市场经济所以高效率是由于它的两个功能来实现的①激励的功能②信息传递的功能。因此,从某种意义上讲,没有信息就没有市场经济,我国广告事业要大发展、大提高,前景广阔,大有作为的,协会作为广告行业组织,要充分发挥它的应有作用,有作为才有地位,有实效才有价值,才能增强凝聚力。希望广告界同仁,广协的同志们,以解放思想、实事求是,团结勤奋,开拓进取的精神振作起来,为全面健康的发展我国的广告事业、繁荣市场经济作出新的更大的贡献。

国家工商局杨培青副局长就《广告法》答中国工商报记者问

《中华人民共和国广告法》已经八届全国人大常委会第十次会议审议通过,将于1995年2月1日起施行。日前,国家工商局副局长杨培青就我国广告的发展状况、立法背景以及有关法的力度等问题,回答了本报记者的提问。

问:请谈谈我国广告业发展现状。

答:我国广告业是改革开放以后恢复和发展起来的新兴产业。从它恢复之日起,即显示了勃勃的生机和活力,其作用日益显示出来。自1981年至1991年间,我国广告业的年增长率在40%以上。1992年以来,随着社会主义市场经济的发展,广告市场逐渐形成,进入高速发展的时期。截止1993年底,全国广告营业额134亿元;外商来华广告折合人民币3.3亿元;广告从业人员达31万人。

问:我国广告业发展中存在哪些主要问题?

答:在快速发展中,我国广告业比较突出的问题:一是社会对虚假广告的危害普遍认识不足。一些企业的法律意识十分淡薄,有的根本没有认识到发布广告应当承担相应的法律责任。有的企业,包括有的大中型企业,为了追求经济效益,广告中采用虚假、欺骗的手法误导消费者;有的贬低竞争对手,进行不正当竞争;有的广告内容有悖社会善良习俗,损害社会公德等等。二是广告活动不够规范。广告主、广告经营者、广告发布者各自的法律责任不明确,运作不合理,缺乏相应的制约机制。

问:请简要谈谈《广告法》的立法目的。

答:概括起来,主要反映在三个方面:

(一)促进广告业的健康发展。广告业属于知识密集、技术密集、人才密集的高新技术产业。在市场经济运行中,广告作为沟通生产与消费的中介,具有辅佐企业开拓市场和引导消费的重要功能,发达的广告业有助于经济资源的合理配置,所以一个国家的广告业水平,是衡量这个国家市场经济发育程度、科技进步水平、综合经济实力和社会文化质量的标志之一。

(二)保护消费者合理权益。在我国,消费者的合法权益受到法律的保护。按照《消费者权益保护法》的规定,消费者享有知情权。现实生活中,大多数消费者常常根据广告信息购买商品和选择服务。所以,广告真实与否、合法与否、健康与否,直接关系到消费者的权益。近年来,一些劣质药品、食品、化妆品,通过虚假广告得以推销,直接危害了消费者的健康,甚至生命。那些假农药、假种子广告坑农害农,对农业生产造成严重破坏。因此,确立广告法的目的之一,就是要通过广告立法起到保护消费者权益的重要作用。

(三)维护社会主义市场经济秩序。广告活动是一种广泛涉及社会经济生活和精神文明的特殊市场行为。依法进行规范,是维护社会主义市场经济秩序的重要方面。

问:请谈谈《广告法》对商品、服务广告有什么基本要求。

答:首先应当强调的是,《广告法》所规范的商品、服务广告,包括直接发布的广告,也包括以各种形式间接发布的广告。

《广告法》根据商品、服务广告的性质、特点,针对广告市场中存在的突出问题,在“总则”中,就明确规定:“广告应当真实、合法,符合社会主义精神文明建设的要求。”“广告不得含有虚假的内容,不得欺骗和误导消费者。”这就要求商品、服务广告不仅要真实传播信息,收到经济效益,还要注重社会效益。符合社会公认的道德规范。具体体现在“第二章广告准则”中。

首先,广告不得有下列情形:(一)使用中华人民共和国国旗、国徽、国歌;(二)使用国家机关和国家机关工作人员的名义;(三)使用国家级、最高级、最佳等用语;(四)妨碍社会安定和危害人身、财产安全,损害社会公共利益;(五)妨碍社会公共秩序和违背社会善良习俗;(六)含有淫秽、迷信、恐怖、暴力、丑恶的内容;(七)含有民族、种族、宗教、性别歧视的内容;(八)妨碍环境和自然资源保护;(九)法律、行政法规规定禁止的其他情形。

第二,为了切实保护消费者的合法权益,防止利用广告对消费者进行欺骗和误导,规定广告对商品的性能、产地、用途、质量、价格、生产者、有效期限允诺,或者服务的内容、形式、质量、价格、生产者、有效期限允诺或者服务的内容、形式、质量、价格、允诺有表示的,应当清楚明白。表明附带赠送礼品的,应当标明赠送的品种和数量.使用数据、统计资料、调查结果、文摘、引用语,应当真实、准确,并表明出处,涉及专利的,应当标明专利号和专利种类,禁止使用专利申请和已经终止、撤消、无效的专利做广告。

第三,为维护公平竞争秩序,专门规定,广告不得贬低其他生产经营者的商品或者服务。

第四,在广告的表现上规定,广告应当具有可识别性,能够使消费者辨明其为广告。特别规定,大众传播媒介不得以新闻报道形式发布广告,通过大众传播媒介发布的广告应当有广告标记,与其他非广告信息相区别,不得使消费者产生误解。

第五,对于药品、农药、烟酒制品、食品、化妆品等涉及人体健康和人身、财产安全的商品广告,作了更为严格的限制规定。

此外,从社会公德考虑,还规定广告不得损害未成年人和残疾人的身心健康。需要提醒广大生产者、经营者、消费者注意的是,并非所有的商品、服务都可以发布广告。《广告法》规定,法律、行政法规规定禁止生产、销售的商品或者提供的服务,以及禁止发布广告的商品或者服务,不得发布广告。

问:《广告法》如何解决消费者最关心的虚假广告问题呢?

答:广告是市场行为,是企业参与市场竞争的重要手段之一。但是,最根本的,还是要以广告商品和服务的质量取胜。凡是不真实介绍商品和服务的,除第二章广告准则中对有关商品和服务本身的广告内容作了明确的规定外,《广告法》还从以下几个方面对确保广告的真实性采取了措施。

1. 进行全面、系统的规范。《广告法》总则中规定:“广告应当真实、合法,符合社会主义精神文明建设的要求,广告不得含有虚假的内容,不得欺骗和误导消费者。”这就明确了任何造成欺骗和误导后果的广告都认定为虚假广告。

2. 明确广告活动的参与者对广告内容的义务和责任。第一,广告主对广告内容应提供多种真实、合法有效的证明，实际上明确了广告主有保证广告内容真实性的义务。第二，要求广告经营者、广告发布者办理广告业务时，要查验证明，核实广告内容，对内容不实、证明不全的广告不得办理，实际上明确广告经营者、广告发布者也要共同对广告内容的真实性承担义务和责任。

3. 对关系人身健康的商品广告实行发布前审查。为了更好地保证广告内容的真实性，对目前问题较多，又与消费者利益密切相关的药品、医疗器械等广告，规定了在发布之前，必须经有关行政主管部门对广告内容进行审查，未经审查的不得发布。

4.《广告法》对发布虚假广告的违法行为的处罚作了严格规定，分为：①停止发布，并以等额广告费用在相应的范围内消除影响；②没收广告费用；③处以罚款（广告费一倍以上、五倍以下或以金额计算，承担民事责任（有的承担连带责任）；④停止广告业务；⑤追究刑事责任，等等。

关于民事连带责任，《广告法》规定："广告经营者、广告发布者不能提供广告主的真实名称、地址的，应当承担全部民事责任。""社会团体或者其他组织，在虚假广告中向消费者推荐商品或者服务，使消费者的合法权益受到损害的，应当依法承担连带责任。

问：《广告法》如何制止以新闻、节目或报道形式做变相广告？

答：目前，我国广播、电视（报刊）等大众传播媒介变相做广告的问题比较普遍。企业只要出一点钱，就可以新闻报道的形式做广告，把表达企业主观愿望的广告混为客观报道，往往对消费者产生误导。以新闻形式变相发布广告，通常是由非广告部门违法经营，利用媒介版面、时间收费，逃避国家税收管理，甚至还会产生更加严重的后果。

因此，制止以新闻、节目或报道形式做变相广告，也是《广告法》的一个内容。《广告法》第十三条规定："广告应当具有可识别性，能够使消费者辨明其为广告。""大众传播媒介不得以新闻形式发布广告。通过大众传播媒介发布的广告应当有广告标记，与其他非广告信息相区别，不得使消费者产生误解。"

根据《广告法》的规定，大众传播媒介发布的广告必须在广告的时间、版面或画面注有"广告标记"。如果向广告主收取费用发布未注明"广告标记"的广告，广告监督管理机关不仅要依法进行处罚，还要定期在一定的新闻媒介上公开曝光。

鉴于《广告法》调整的范围集中在商业性广告，1987 年国务院颁布的《广告管理条例》及有关法律、法规凡与《广告法》不抵触的，将继续有效。

杨培青副局长在全国广告管理工作会议上的讲话

去年（编者注：1993 年），全国广告管理工作会议以来，各级广告管理机关以改革的姿态，解放思想，努力开拓，在比较困难的情况下，做了大量很有成效的工作。

1.《关于加快广告业发展的规划纲要》，已逐渐被全行业认可，广告业改革发展的思路正得到贯彻；各项目标和任务及各项配套措施正陆续推出。

2. 广告立法有了突破性进展。特别是《广告法》经过广泛征求意见，多次论证修改，已报送国务院审定，可望今年内出台。与人民生活及生命安全息息相关的《食品广告管理办法》、《化妆品广告管理办法》、《医疗广告管理办法》三个规章，已于去年下半年相继施行。这次会议上，还将研究，讨论三个规章。

3. 广告代理改革试点，取得了明显效果，为探索广告经营机制和广告管理体制改革积累了宝贵的经验，为《广告法》的制定从实践上提供了依据。

4. 相继查处了包括北京长城机电科技产业公司非法集资广告案，黑龙江大豆拌种灵广告案、交友热线广告案在内的一批重大违法案件，积极地维护广告市场秩序，保护了消费者的合法权益，同时，也锻炼了自己，提高了广告管理机关的执法力度和执法信誉。

但是，我们也要清醒地看到，随着改革的不断深化，广告管理工作同国家工商行政管理局提出的“拓宽广度、增加深度、强化力度”，建立有权威的市场执法机构的指导思想相比，还有一定的差距，广告市场还存在许多问题，主要表现在：

一是广告内容虚假夸大仍很严重，市场经济体制的逐渐形成，使企业广告意识逐步觉醒，但有的企业尚不能在市场竞争中依法正确运用广告，虚假、夸大在广告中时有出现；一些广告客户或广告经营者为经济利益所驱使，置法律于不顾，发布违法广告，不仅影响广告的信誉，还侵犯消费者的利益；一些广告客户或广告经营者为了达到自己的目的，利用不正当手段从事经营，或贬低他人，抬高自己，或利用非法有奖销售广告推销商品。

二是广告市场活动中垄断行为依然存在。广告媒介利用自身的独特地位签订独家代理合同，有的媒介甚至不支付代理费等等。特别是对广告发布质量，缺乏严格的审查，致使大量违法广告通过媒介传播，造成很坏的社会影响。

三是经营单位从业人员的素质不能适应广告业发展的需要。广告业是高新技术产业，要求从业人员具有相当的专业知识水平和业务能力。目前我国相当数量的广告从业人员并不懂广告业务，不学习掌握广告法规，不钻研设计、制作技术，整个广告水平很低。

广告业暴露的问题，在一定意义上，也反映了我们工作的一些薄弱环节，主要是：

1. 广告管理机关内部，对广告业的改革和发展，在思想认识上与《纲要》的要求还有距离。对在改革中出现的不同意见，缺乏分析和有针对性强的宣传教育，查处违法广告的效能不 2. 工商行政管理系统内部，各层次划分不够明确，缺乏执法的行为规范。各级广告管理机关职责分工不明确，影响了内部运行机制高效、协调运转。一些地方工作重点不突出，管理层次不明，不能有效地发挥各自的功能和作用，工作难以深入。管理上不够规范，缺乏一些基本的办事规章和制度，内部相互间的协调和配合不够，工作中存在推诿、扯皮的现象，形不成合力，影响整个系统总体功能的发挥。

3. 管理力量不足，机构不健全，装备差，手段落后。

在新形势下，广告监督管理工作如何适应广告业改革、发展的需要，是摆在我们面前的一个重要课题。为使我国广告业在现有基础上有一个长足发展，使广告经营秩序明显好转，我们应抓好以下几方面的工作：

1. 加强学习，改善队伍的基本素质和提高管理水平。当前，新情况、新问题层出不穷，工作难度加大。作为管理者，我们要不断丰富和拓宽自己的知识面，加强调查研究，每年要按改革的目标，解决实践中的一两个重大问题。通过实干增长才干。在加强对广告管理干部的培训的同时，还要加快对广告从业人员的培训。只偏重对广告管理人员进行培训，忽视对从业人员的培训，是片面的。实际上从业人员素质的提高，法制观念的增强，广告经营秩序从根本上好转，都与广告管理干部的素质有直接的关系。

2. 明确职责分工，搞好事权划分。合理划分各级工商行政管理机关的广告管理事权，是广告管理工作亟待落实的一项基础性工作。今年年初，国务院批准了国家工商行政管理局“三定”方案。重新确定的广告管理职能，突出了宏观决策和指导的份量，拓宽了管理范围，政府职能更加明晰,体现了职能转换和改革的思路。各级广告管理机关要抓住机构改革的良好时机,在落实“三定”方案的同时,认真搞好事权划分。国家工商行政管理局是决策层,应突出宏观决策与控制功能,工作重点放在研究和解决涉及广告业全局性、方向性、原则性等重大问题上。省级工商行政管理局是管理指导层,应根据决策层制定的方针、政策,结合当地实际,侧重对本地区的广告管理工作进行宏观指导。地(市)级工商行政管理局和县级工商行政管理局是执行层,要行使具体的监督管理职能。随着大、中城市工商行政管理体制的调整,广告行政执法力度应当相应加强。

要采取“集中时间,重点治理,分级包干”的方法,从今年下半年起至明年,以查处虚假广告为中心,展开执法的各项工作,对查实的典型案件,要公开曝光,以儆效尤。并从中积累案例,作为广告管理的“经验库”、“知识库”。

3. 为《广告法》的颁布实施,切实做好各项准备工作。

要组织好宣传和培训。1995 年,将是《广告法》实施的重要一年,我们要制定好各项配套措施,保证广告业在新的轨道上健康运行。

国家工商局杨培青副局长在广告公司发展战略研讨会上的讲话

首先,对这次评价活动和研讨会的召开表示祝贺。

可以说,这次活动对我产生了很大的鼓舞和振奋效益。对各类评价和研讨,我一向既理解又谨慎。因为,这些活动对知识、技术和方法要求很高。搞不好,不但达不到预期效果,还会造成混乱。但是,这次活动,却是一次很有意义的尝试,得到这么多广告公司的热烈响应,标志着,随着社会主义市场经济的发展,广告业已进入了注重质量、讲究实力的新阶段,体现了在竞争中上档次的趋势。

这次我们去墨西哥坎昆参加第 34 届世界广告大会,对“广告公司的实力”也有了更深的理解。看到一些有实力的广告公司,在他们自己国家的社会和经济生活中所起的独特作用,看到他们在国际组织中的影响力,真令我们感慨万分,使我们受到了启发和激励。一路上,我们无不激动地反复讨论和琢磨,如何切实推动我国的广告公司尽快增强实力,怎样使他们昂首进入国际市场,为国家的经济发展、综合国力和国威作出应有的贡献。

怎样上档次?怎样作贡献?请大家共同回答。

刘保孚司长在新闻发布会上的讲话

首届中国广告公司实力评价工作已经圆满结束了,国家工商行政管理局与中国企业评价协会联合举办的中国广告公司实力评价活动,是为了贯彻中共中央、国务院关于加快发展第三产业的指示精神,促进我国广告业的健康发展,并与国际惯例接轨而采取的一项重要措施。此次公布的评价结果,比较全面地反映了我国广告公司从 1979 年至 1992 年其间成长的历程、创造的业绩,展示了全国 50 家广告公司的整体实力水平,为广大工商企业选择广告服务企业提供了客观、可靠的依据。

广告业在我国还是一门新兴产业。加快发展广告业，对于拓宽国内、国际市场信息交换渠道，辅佐企业开拓市场和引导消费，促使我国商品在国际市场竞争上后来居上，具有重要意义。在广告行业中，广告公司一头联系着广大工商企业，一头联系着广告发布单位，它是市场信息最主要的加工制造者，它的服务质量和水平如何，直接影响和制约着广告业的整体服务质量和水平，关系到广告的作用能否得到充分有效的发挥。

据 1993 年统计，我国现有广告公司 11044 家，营业额 461746 万元，而 10 年前我国广告公司仅有 181 家，营业额为 4871 万元，也就是说，仅仅 10 年的时间，我国广告公司在发展速度、发展规模、专业技术力量、服务质量等方面都有了长足的进展，取得了可喜的成绩。但是，与世界广告发达国家相比较，我国广告公司的整体水平仍处在比较落后的状态，还不能适应经济形势发展的要求。

1992 年中共中央、国务院发出《关于加快发展第三产业的决定》，要求大力发展第三产业。1993 年 7 月，国家工商行政管理局、国家计划委员会联合发布《关于加快广告业的规划纲要》。《纲要》不但明确规定了我国广告业今后发展的方针、目标、原则、任务和主要政策措施，而且也对广告公司今后发展目标、任务及其主要政策措施作出具体规定。

开展广告公司实力评价活动是促进我国广告公司高质量发展的重要措施之一。它不但可以比较全面、准确地记录我国广告公司发展状况、取得的成就、存在的不足，而且可以从宏观上引导、规范广告公司的发展方向，经营行为，促进其提高服务质量和水平，同时又为广大工商企业选择广告服务企业，使广告作用得以更加充分有效地发挥提供了依据和保障。

此次广告公司评价活动在我国广告史上尚属首次，以后，我们将每年举办一次评价活动，并使之在实践中不断完善，更具客观性、公正性、科学性、权威性，为促进我国广告事业的发展贡献力量。

中国企业评估协会李克穆秘书长在新闻发布会上的讲话摘要

本次评价工作，历时近 8 个月，主办单位依据“科学、客观、公正、全面”的原则，以大量数据为基础，结合中国广告公司及广告业的具体情况及国际惯例采用模糊综合评价方法，对中国广告公司的各方面情况进行了分析、整理、归纳和评价。

模糊综合评价方法，是国际上普遍采用的企业评价方法，其步骤是对我们所选取的各广告公司大量的不同经济含义、不同量纲的指标先进行无量纲化处理，使其变为一个个具有相同度量的单位的值，然后采用专家调查法，经过反复论证确定该指标在同级指标中对上级指标的重要性系数，经过计算机处理得出整个排序的结果。我们认为，按以往广告销售额指标对广告公司进行评价只能反映出广告公司的经营规模，而无法反映其全面实力，广告公司实力，应该是其经济实力、技术实力、创作实力、人员实力、媒介购买实力和客户实力的综合反映。因此，在我们今天公布的两项排序结果中，“广告公司综合实力排序”更能反映中国广告公司的全面实力和整体实力，因此我要说，进入“中国广告公司综合实力排序”前 50 家的广告公司是中国广告业的杰出代表。

本次评价结果，充分揭示了新中国成立以来，特别是改革开放以来，我国广告公司的发展状况及规模水平。充分展示了在我国发展社会主义市场经济的今天，广告业作为市场经济的先导产业，在国民经济中所拥有的重要作用。

推动我国广告公司向全面化、科学化、国际化发展

刘保孚司长在广告公司发展战略研讨会上的讲话

九十年代我国广告业所处的发展环境已发生了巨大变化。国内，党的十四大确定我国经济体制改革的总目标是建立社会主义市场经济体制，提出要大力发展社会主义市场经济；国际，中国即将恢复关贸总协定缔约国地位，中国经济将与世界经济逐步接轨。作为发展市场经济先导产业的广告业面临着世纪的机遇与挑战。

年轻的中国广告业，特别是作为行业骨干力量的广告公司，如何抓住机遇，迎接挑战，并在竞争中后来居上，是摆在我们面前亟待解决的问题。

1993 年 7 月，国家工商行政管理局、国家计划委员会根据中共中央、国务院关于加快发展第三产业的战略决策和指示精神，制定颁布了《关于加快广告业发展的规划纲要》。《纲要》在准确分析把握我国广告业所面临的世纪交替期间的形势上提出，我国广告业未来的发展目标是：争取用 10 年左右或稍长一点的时间，逐步建立起企业自主经营，政府依法监督管理，以代理制为基本运营制度，广告发布前审查为基本保障，最大限度发挥行业协会自律与协调作用的新体制；建立以具备全面、综合服务能力的广告公司为主干，以实效、畅通的媒介网络为支撑，能够提供全方位、多层次、高质量、高效益的广告促销体系和信息传播体系。

在广告业发展的总目标中，广告公司发展的总目标，概括起来说，就是向全面化、科学化、国际化发展，成为带动行业发展的主干力量。

全面化是指广告公司的服务功能要向全方位发展，不但能够提供单一的专项的服务，而且能够提供高质量的综合服务。即能够为广大工商企业提供包括市场调查、总体策划、创意制作、媒介实施、效果测定和信息反馈等一系列环节组成的广告整体服务。从目前我国广告公司的服务能力看，已有为数不少的企业能够提供一种或几种已达到较高水准的专项服务，但是能够提供全面综合性服务的企业还不多，与世界经济发达国家的广告公司相比还有相当一段距离，迫切需要迎头赶上。

科学化是指广告公司的经营运作、管理方式和方法要符合广告活动本身内在的规律的要求。广告经营活动的运行，有她本身科学合理的规律，只有遵循这些规律并按规律办事，才能使包括广告公司经营活动在内的整个行业的运行实现良性循环。从我国广告公司现状看，除为数不多的企业，经过一段时间艰苦的探索实验已逐步走到科学化的运营管理轨道上来外，相当一部分企业还处在犹豫徘徊阶段。还有的迫于生计采取饮鸩止渴的办法，不但败坏自身声誉，更严重的是直接败坏了整个行业形象。

国际化是指我国广告公司的经营活动要冲出国门，走向世界，为中国产品创世界名牌，为国家创造外汇收入。据统计，1993 年我国出口约 720 亿美元，居世界 11 位。但能称得起世界名牌的产品却没有几个。近几年我国出口创汇不是靠名牌赢得高附加值，而是靠出口总量的扩大而积累，大钱都让人家赚走了。这种情况，不能不说与我国广告公司还不具备为中国出口产品

提供符合国际市场营销规律的广告服务能力有着一定的联系，这种局面应当迅速加以扭转，否则，在中国“复关”日期日愈迫近的情况下，面对外来的挑战我们必然要付出更高昂的代价。

为了加速推动我国广告公司向全面化、科学化、国际化方向发展，国家工商行政管理局作为全国最高的广告管理机关已制定出相应的政策措施(有的现已开始施行)，这些政策措施主要包括以下几个方面：

一、健全、完善广告市场准入规则。广告业是人才密集、知识密集、技术密集的高新技术产业。保证进入广告经营活动领域人员的质量是促进我国广告业向高层次、高水平发展的关键环节。为此，我们正在与人事部加紧协商，准备在广告专业技术岗位资格培训的基础上建立职业资格证书制度。从法律、法规的形式规定申请开业或从事广告专业所需学识、技术和能力的起点标准和必备标准。在这个制度实施后的一定期限内，达不到标准的，依法取消其经营和从事广告业务的资格。

二、健全、完善广告市场规则。健全、完善的广告市场规则，公平、有序的竞争环境，是广告业健康发展的重要保证。目前，我国广告市场规则还不健全，特别是涉及当事人权利义务的规则相对虚弱。为此，我们正在加紧建设以《广告法》为中心的法律、法规体系。其中为广告界和社会所关注的《广告法》，已经经国家工商行政管理局局长办公会讨论通过，报送国务院审议。根据全国人大立法计划，《广告法》预计今年可以出台。

三、改革、转换广告经营体制。理顺广告经营关系，推行国际通行的广告经营体制——广告代理制，有利于提高我国广告业整体水平，适应国际市场竞争的需要。目前，广告代理制试点工作已在全国部分城市开始，这无疑为广告公司的发展提供了有利的条件。但必须看到，代理制的施行，对广告公司的服务质量和水平提出了更高的需求。广告公司如不能以高水准的服务质量为客户媒介所认可、所承认，结果只能是自己被自己淘汰。

四、开发、扩大媒介容量。我国主要媒介广告容量过窄，供求矛盾尖锐，已成为制约广告业发展的瓶颈，不少广告公司的广告整体策划活动由于媒介的限制无法有效实施。为了解决这一问题，我们正采取措施，推动媒介广告经营进入市场的步伐，开辟商业媒介市场，尽可能的缓解媒介供求矛盾。

五、支援组建企业集团。支援具有综合实力的广告企业组建跨行业、跨地区、跨部门、跨国家的广告集团，并从政策上予以扶持、帮助。到本世纪末，全国要有一批实力雄厚、经营能力和技术水平达到国际标准的综合性广告公司参与国际广告市场竞争。

六、加强广告教育和科研。大幅度增加对广告教育的投入，建立广告人才培训中心，扩大有关高等院校广告专业招生规模，开展以岗位培训为中心的职业技术教育。到2000年，初步形成一支以高级人才为骨干，中级人才为主体、技术等级合理的广告专业技术队伍，全国广告从业人员70%以上达到中高级技术水平，10%的人员成为具有跨世纪跨国际经营能力和水平的专门高级人才，并建立起广告专业技术资格认证制度。

建立广告业自己的研究与开发基地，争取每年有一定数量的具有国际先进水平的科研成果得到推广应用。

七、鼓励国际化经营。鼓励具有较强实力的广告公司对外开拓，跨国经营，帮助中国企业产品创世界名牌，并在各个方面(如企业集团的组建、资金筹集、专业人员培训等)对外向型的广告企业给予支持。

在首届中国广告公司实力排序中位列前50名的广告公司的代表齐聚北京的今天，我们希望作为中国广告公司主要精英力量的前50家企业，能够积极进取，奋发开拓，争取早日使本企业的经营能力和水平达到国际标准，成为带动我国广告业发展的突击队、带头兵，成为国际广告市场竞争中的佼佼者。

展望广告业未来，坚冰已经打破，道路已经开通，我们坚信，只要经过长期坚持不懈的努力，中国的广告公司一定能够承担起历史赋予的重任，完成历史赋予的使命。

国家工商局广告司司长刘保孚谈
《广告法》——保护消费者的屏障

孙玉琢

在八届全国人大常委会第十次会议审议并将通过《广告法》的前夕，《中国消费者报》记者走访了国家工商局广告司司长刘保孚。

记者：早在1987年我国就制定了《广告管理条例》，为什么还要以立法的形式制定《广告法》呢？

刘司长：这可以说是我国广告业飞速发展的需要。1981年当时全国广告营业额是1亿1千万人民币，广告从业人员11000人，广告经营单位也只有1600家。而到去年为止，营业额已达134亿元，广告从业人员31万人，广告经营单位已有31000家。近几年几乎每年翻一番。我国广告市场已经形成。

由于广告在经济生活和社会生活中的作用日益重要，我们广告管理手段的滞后和力度不够的问题就显现出来了。因此，必须用更完备的法规取代旧的管理办法，来适应社会主义市场经济发展的需要。

记者：除此之外，《广告法》是不是有对虚假广告进行法律约束的针对性呢？

刘司长：是的！1988年以来，每届人大、政协会上，都有代表和委员针对广告市场的混乱、虚假广告致使消费者上当受骗等问题提出提案或议案。

有的企业不在产品质量上下功夫，而是在广告上做文章，把某一种药品说成包治百病；夸大食品作用到治癌抗癌；把化妆品说成能给你一个新面孔。还有电子增高器、视保屏等都曾使成千上万的消费者上当。有人还利用广告设集资骗局、邮购骗局等，这说明虚假广告所涉及领域已经很宽，恶劣影响也在扩大。所以说此次立法对约束和制裁虚假广告是有针对性的。

记者：《广告法》与保护消费者权益的关系是怎样的呢？

刘司长：广告的受众是广大的消费者，确保广告的真实、健康，净化商品信息，得益者自然是消费者。消费者一旦受虚假广告的欺骗，法律将保护消费者的合法权益，对虚假广告进行制裁。

记者：《广告法》中对保护消费者权益的具体体现有哪些？

刘司长：此法共6章62条，其主要特点之一就是侧重和人民切身利益相关的商业广告。再有就是《广告法》把与人民生活密切相关而又容易对人民生活造成危害的一些商品列为特殊商品。对这些特殊商品的广告，法律作了特殊要求，规定了药品、食品、医疗器械、农药、兽药等在广告发布前由有关行政主管部门审查的制度。另外，《广告法》还明确规定了对广告违法行为的行政、民事、刑事法律责任等。这些内容无疑对保护消费者的合法权益都将起到积极作用。

按照市场经济体制要求，努力把广告监督管理工作提高到一个新的水平

刘保孚司长在全国广告管理工作会议上的讲话

经国家工商局领导批准，全国广告管理工作会议在乌鲁木齐召开。这次会议的任务是，遵照国务院批准的国家工商局三定方案精神，集中解决广告监督管理职能到位，通过分析当前广告监督管理出现的新情况、新问题，积极探索市场经济条件下，加强和改善广告监督管理的新路子。

一、社会主义市场经济体制条件下，加强广告监督管理，具有十分重要的意义

党的十四大确立了社会主义市场经济体制，为我国改革开放和社会主义现代化建设指明了方向。市场经济从一定意义上讲就是法制经济。市场经济本身，一方面可以最大限度地促进资源的合理配置，促进生产力水平提高；另一方面也会导致一些经营者，为了获取利润而不择手段，扰乱社会经济秩序，破坏生产力的发展。市场经济离不开宏观调控，离不开强有力的监督管理。中央领导同志也多次强调，市场经济是使经济放活，而不是放任自流。

在新的形势下，加强对广告的监督管理，主要有以下三个理由：

(一)加强广告监督管理，是广告业高速发展的需要。从1992年以来，我国广告业步入高速发展的时期。各级广告管理机关，突破总量控制的限制，采取了适应广告业资源合理配置的有效措施，促进了广告市场的形成。截止1993年底，全国广告经营单位3.1万家，比1992年增长98%，广告从业人员31万人，比1992年增长68%，全年广告营业额134亿元，比1992年增长98%，其中外商来华广告折合人民币3.3亿元。今年上半年广告经营单位3.6万户，比去年同期增长55%；广告从业人员33万人，比去年同期增长36%；广告营业额74亿元(未加中央一级)，比去年增长73%。同时我们也看到，广告业在高速发展的同时，基础薄弱的矛盾也暴露出来，如经营机制、行业结构不合理，骨干媒介容量狭窄与企业广告增多的矛盾突出、新媒体开发滞后等。广告数量增长与广告质量提高形成了强烈的反差，已成为广告业要上新台阶的障碍。如果对这点认识不够，无条件盲目地增加广告经营单位的数量，就可能会使广告业高速发展偏离健康的轨道，最后造成知识、人才、技术的浪费。因此，适应广告高速发展的新特点，必须严格资质标准审查，加强规划、监督，同时还要注意通过年检等手段，强化宏观调控的力度。

(二)加强广告监督是维护公平竞争的需要。广告市场的形成，面临的突出问题就是公平竞争。广告竞争包括两层含义，一是行业内部，即公司之间，媒介之间，公司与媒介之间在广告业务方面的竞争；二是指企业利用广告与同类企业争夺市场的竞争。这两方面竞争都有公平和不公平之分。公平竞争促进经济发展，不公平竞争干扰经济发展。虚假广告就是企业市场竞争的不诚实表现；在广告中恶意诋毁竞争对手，标榜自己，也不符合公平竞争的原则。在广告经营中，有的经营单位互相压价，或采用提高回扣招揽业务，同样是扰乱市场秩序败坏社会风气的

不正当竞争。这些与社会主义市场经济不符合的广告手段，必须通过改善监督和规范市场行为得到解决。

（三）加强广告监督管理，是保护消费者合法权益的需要。近年来，随着经济发展，同类产品竞争日趋激烈，消费者利用广告购物明显增多，广告已经面向广大消费层。虚假不实、不健康的广告，直接影响消费者的切身利益。前几年，我们曾对虚假广告有个估计，主要是集中于小报小刊。而去年以来，虚假广告也不时出现于省级以上媒介。例如北京查处的长城机电科技产业公司广告、交友热线广告，黑龙江查处的"大豆伴种灵"广告；涉及到数十家中央级、省级的媒介，造成消费者受骗的范围广，受害程度深。因此，加强广告监督，是维护消费者合法权益的需要。

二、当前广告管理工作存在的突出问题

去年以来，国家和地方各级工商行政管理机关，本着改革的精神，集中抓了四个方面的工作，一是抓规划的制定及贯彻，充分发挥规划纲要对广告业健康发展的指导作用；二是抓立法特别是《广告法》取得重要进展，食品广告等三个规章相继出台，一些省市制定了户外广告管理办法，成效很大；三是抓两项改革的试点，一些省市政府对两项改革给予了高度重视和支持，试点城市还在积极探索，对两项改革的认识在统一和提高，为进一步推广广告经营机制转轨和宏观监督体系的进行打下基础；四是抓广告违法行为的处理，据不完全统计，1993年工商行政管理机关共查处广告违法案件6647件，其中虚假广告3092件，罚没金额1430万元。1993年广告管理工作取得了一定的成绩，但也应看到，广告市场存在的一些不容忽视的问题，无不与监督管理有关。

一是企业发布广告的法律意识还很淡薄，没有从法律的高度认识到，广告是应当负责任的。广告中向消费者的承诺，必须承担相应法律责任。一些企业，包括有的大中型企业，为了扩大产品包销，追求经济效益，不惜采取用虚假、夸大的手法，制造轰动效应，混淆视听。

二是广告经营者见利忘法，对广告内容没有按规定进行审查或审查把关不严。分析原因，主要是受经济利益驱使，放弃原则，无视法规规定，致使违法广告出笼的现象比较普遍。据天津、沈阳等地93年4季度违法广告分析，在违法广告中，由于广告经营者审查不严而造成虚假的约占90.6%。

三是有的广告审批出证机关未按法律规定进行审批或出具非法的证明。有的地方，对不符合规定的药品、食品广告，也出具了"合法"或有效的"证明"，使发布违法广告有了"依据"，还有的地方审批文号混乱，如卫药准字、卫药健字、卫药材字、卫防准字等等，广告客户回避了相应的法律，给管理工作带来极大困难。

四是《药品广告管理办法》、《食品广告管理办法》、《医疗器械广告管理办法》等单项规章未能得到很好的落实。药品广告中使用医、患者名义和形象诱导、误导、违反科学规律，表明或暗示包治百病；食品广告中宣传疗效给消费者造成混乱，把食品当作药品服用，贻误病情。广告法规有法不依，执法不严的现象，必须引起我们的重视。

三、新形势下加强广告监督管理，必须抓好几个关键环节。

根据国务院批准的国家工商局三定方案的要求，建立有权威的市场执法和监督机构，广告监督管理工作应着重抓好以下几个环节。

（一）抓规划和指导。制定广告业发展规划，是广告管理重要职责，也是指导广告业发展的体现。抓规划实质上是在总结现有情况的基础上，对广告业发展方向进行的科学超前预测和把握。它涉及了广告业改革、发展、技术进步、行业结构、法制建设等诸多重要因素，是指导行业发展的纲领。《关于加快广告业发展的规划纲要》这个指导性文件下发后，在各地引起了强烈反响，一些省市还结合本地实际制定本地区的广告规划。

今后一个时期内，我们要继续贯彻《纲要》，抓改革、抓规范、抓法制、抓培训、抓住重点，以点带面。把《纲要》确立的目标和措施落到实处。第一个层次要宣传普及，使《纲要》变成广告管理、广告经营人员、广告客户的自觉行为；第二层次要抓督促检查；第三层次要抓总结、找差距、抓验收。通过以上工作，切实发挥《纲要》对广告业指导和调控作用。

（二）抓好广告发布质量控制，广告从投入到发布，要经过若干环节，因此，对广告质量控制，也是一个系统工程。广告质量涉及到广告主、广告公司、广告媒介，也涉及到广告创意与技术标准的差别。虚假夸大广告可能是客户故意弄虚作假，也可能是广告媒介把关不严，但媒介控制是问题的关键。因为媒介是最终和最后环节。今年年初，部分省市对辖区发布的广告进行监测，发现媒介把关不严的问题相当突出。药品、食品、医疗器械广告管理办法明确规定，刊登这类广告要标明批准文号，忠告语，大多数媒介未能认真执行，广告管理法规规定的承接、复审、档案制度，多数媒介没有建立和健全。不论广告业务饱满的媒介，还是业务不饱满的媒介，基本都是来稿就登，经济利益左右着广告审查尺度的宽严。如档案保存规定保存期为一年，有的根本不建档，有的各项证明不全，有的根本没档案。

为解决这个问题，必须抓好以下三个方面，一是扩大法规宣传面，不但要使广告经营者了解法规，而且必须使广告主熟知广告法规，遵守法规，把住广告源头。第二加强对广告公司的法规培训，保证广告创意制作符合法规规范。第三加强对媒介的监督，发现问题及时纠正和处理。我们对媒介报送的各种广告样品（包括报纸、期刊），要认真审查，指定专人监测广播、电视中的广告，以便随时掌握情况，发现违法广告，立即进行处理。

我们要继续开展广告代理制试点，力求通过试点，总结经验；对广告内容的审查无论是试点地区还是非试点地区，各级广告管理机关都要把广告审查标准印发各广告经营单位，未按标准审查的，依法严肃处理。总之，我们要通过各方面积极努力，力争在较短的时间内使广告发布质量有一个较大的改观。

（三）抓好制止广告垄断和不正当竞争行为。去年国家工商局发出开展广告代理制试点的通知，允许媒介在具备条件的前提下兴办广告公司。同时，我们也发现，一些媒介成立的公司并未与原媒介脱勾，多数是一套人马、两块牌子，靠垄断本媒介广告业务维护生存，拒绝其它广告公司代理业务，由此引发不正当竞争行为，干扰了代理制推行。

广告市场必须是公平、公正、公开、机会均等。搞垄断，不仅影响业已形成合理的运营机制，从长远看，也不利于媒介在市场中的生存和发展，因此，要坚持按照规定纠正。这次拿到会上讨论的文件中，是根据《反不正当竞争法》制订的，对这三个文件，请大家提出修改意见。各地要结合实际，做一些调查研究，摸准事实，按照反不正当竞争法和广告管理法规严肃处理，坚决纠正不良现象，保证广告市场健康发展。

（四）抓强化广告执法力度，在国务院批准国家工商局三定方案中，广告司这次更名为广告监督管理司，突出了监督管理职能，监督管理是否有力，主要是通过执法权威来体现出来。如果在广告监督中遇到问题不纠正，违法行为不处理，时间一久，管理自然会失去权威。目前，广告经营单位不认真执行广告法规的情况时有发生，从一个方面反映了我们执法方面的不足。为了强化广告执法力度，今后各级广告管理机关要提高认识并在执法上投入主要精力，克服薄弱环节。国家工商局准备定期联合国务院有关部门，对几个单项规章的执法情况进行专项执法检查；同时要组织省市互查。省市县各级一级抓一级实行责任制，增强责任感。要统一执法。异地办案要加强协调与配合，坚决克服地方保护主义；典型案例，要公开曝光，通过媒介揭露丑恶现象，使其在市场行为中信誉扫地。

（五）抓提高自身素质，广告业是知识技术密集型产业，专业性比较强，广告创意制作都是高智力投入，因此，对这一行业管理，对人才素质要求比较高。刘敏学局长指出，工商行政管理部门要贯彻十四届三中全会要求，努力建设有权威的市场执法机构，有权威的市场机构需要高素质人才。杨培青副局长也多次强调，国家局、省局应该是专家队伍。这给广告管理干部提出了更高的要求，尽管近几年广告管理人员素质有较大提高，但仍不能适应形势发展需要。广告管理干部要加强自身素质提高，加强学习，要学习广告理论，学习广告法律知识，更新丰富学识，提高才干。国家局省局要拓宽渠道，分层次组织广告管理干部培训，开展智力引进，争取用尽可能短时间，使干部素质有明显提高。

要抓好第二期岗位资格培训。上半年培训 4 万人，明年持证上岗，下半年任务很重，希望安排好。要进一步加强机构建设，明确各级广告机关的职能。总的原则是，管理要分层次，明确分工。国家局属决策层，省局属指导层。这两级主要侧重于宏观；市县工商局属于执行层，侧重于微观。我们应该发挥各自优势，减少内部消耗，形成管理合力。

刘保孚司长的总结讲话（摘要）

这次会议的重点是集中研究在市场经济条件下，在广告大发展形势下，如何强化对广告的监督管理。杨培青副局长的发言是这次会议的主题。会议达到了预期目的。

一、如何贯彻会议精神。广告业作为市场经济的先导产业，随着经济的发展，必将有一个大的发展，它的地位和作用越来越显示出来。随之而来，管理任务也将越来越重。要充分认识到强化广告管理不仅是发展市场经济的迫切需要，也是加强和改善对市场监督、建立有权威的市场执法机构的需要。

二、关于增强广告监督管理力度的意见。①是加强立法、更要严格执法；②是加强广告管理干部的培训；③是关于办案程序；④是广告资质审查权不能转移，国务院 20 号文件明确规定，广告业作为高新技术产业，在市场准入上要进行严格的资质审查，国家局三定方案也明确，广告部门要对广告经营实行资质审查，广告市场准入必须要严格把关。由此可见，资质审查是我们的职能，如果放弃，势必会造成广告发展失控。⑤是做好 95 广告管理规划，配置必要的广告监测、审查设备、强化广告监督力量。⑥是关于各级广告管理机关的职能。⑦是学习贯彻《关于加快广告业发展的规划纲要》。对照纲要，提出全省广告业发展目标，从中找出我们工作中的差距，增加工作主动性，掌握工作主动权。

三、有关广告管理的几个问题。①关于外商投资企业。1991 年以来，我们多次参加关贸总协定服务贸易谈判，在双方的要约承诺中，允许建立合资合作广告公司，但必须具备三个条件：双方是有实力的广告公司；引进先进设备、技术、管理经验；遵守法律、法规。同时还明确国（地区）与国（地区）广告交流，必须由广告公司代理，以及在价格上不受歧视。按照承诺的原则，按照国家计委等部门正在制定的有关三资企业的政策中：广告属于控制的行业。对外商投资企业的审批，分别按对外贸易经济合作部和我局规定的程序办。②关于卷烟广告。这里重申，卷烟广告管理严格执行原有规定执行。四大媒介一律禁止以任何形式做卷烟广告，非四大媒介，严格履行审批手续。广告法对卷烟广告规定更加严格。对在报纸上刊登征集卷烟商标创意等变相卷烟广告要坚决制止和纠正。③关于专项检查。是对广告市场监督的有效方式，侧重于广告经营者进入市场后的监督管理,重点检查其是否有违法广告宣传,是否有垄断和不正当竞争行为,目的是有效规范市场行为。④关于食品宣传疗效问题。食品宣传疗效会使消费者误将食品为药品,因此,一切直接或间接宣传食品有治疗作用的都要禁止。⑤关于改革试点。做了大量工作,摸索了一定经验。⑥关于第二期专业技术岗位资格培训。这是国家工商局为落实《关于加快广告业发展的规划纲要》中规定的建立广告专业技术资格认证制度而采取的重要措施。对于专业性、技术性强的行业实行资格认证,是国际惯例。凡是实行资格认证的行业、取得资格认证,是申请开办企业、求职、录用、参加国际经济循环的必备条件。凡实行资格认证的行业表明了该行业在国民经济中的地位和身份,并由此决定了政府要对其实行市场准入控制。今年3月,劳动部、人事部根据国务院指示,决定在我国实行职业资格证书制度,对专业性、技术性强,与社会公共利益关系密切的行业实行职业资格认证,并实行国际承认。目前劳动部、人事部只在50个行业实行职业资格证书制度。国家工商局经过多方努力,已争取人事部同意,将广告业列入实行职业资格证书制度。国家工商局经过多方努力,已争取人事部同意,将广告业列入实行职业资格证书制度的范围。我们还要做更大努力,取得国际承认。因之我们要十分重视、抓好当前专业技术岗位资格培训工作。

学术委员会主任洪一龙在中国广告协会第四次会员代表大会上的发言

一九九四年十二月七日

各位代表:

首先请允许我代表学术委员会热烈祝贺中广协第四次代表大会的胜利召开。

现在我向大会简单汇报一下学委会的工作情况。

作为中广协的专业委员会之一的学术委员会是1987年成立的。根据学委会工作条例所规定的任务,在中广协的直接领导和各兄弟专业委员会及地方协会的支持下,我们主要做了以下几方面的工作:

一、就当前广告业发展中一些重大问题组织会员进行理论探讨,基本上每年都召开一次全国范围的综合性的学术讨论会,此外还针对广告工作中迫切需要解决的问题开展小型专题讨论,已先后举办了9次大小规模不等的学术研讨活动。讨论的题目有:我国现代广告业的发展趋势,复关对我国广告业的影响和对策、关于广告代理制问题,如何提高广告的两个效益,企业形象与CI导入,广告教学与人才培养……等等,并积极参与和支持各专业委员会及社会各界组织的广告学术活动,努力促进广告理论的发展。

二、举办广告专业人员培训班,编写广告教材,正确传播现代广告理论,为广告队伍建设服务。我们和报纸委员会联合举办多期报纸广告设计培训班,采用新的教学内容和方法,帮助学员树立正确的广告观念,掌握现代广告设计的基本技能,对提高报纸广告设计水平起了显著的作用。我们还与有关院校和地方广告协会联合举办多种广告学术讲座,都取得了良好的效果。

鉴于学委会中约有四分之一会员来自各高等院校从事广告教学的教授、副教授，我们曾在厦门大学组织有关广告教学的专题讨论，并积极参与广告学教材的编写工作，为培养广告人才做出了一定的贡献。

三、参与组织优秀广告作品的评选活动。第二届和第三届全国广告作品展的作品评选任务，大多是由学委会会员组成的评委会完成的，并由我担任评委会主任。此外，我们也多次参与报纸、广播、电视等优秀广告作品的评选工作，例如将于明天在国际饭店举行发奖大会的首届全国报纸广告作品评选，就是由学委会负责组成的评委会承担评选任务的。这些活动对我们既是很好的学习机会，也发挥了学委会应有的作用。

四、开展咨询服务，发挥理论对实践的指导作用。我们在较早时间(1988年底—1989年初)以江西共青羽绒厂为试点。组织专家为该厂进行“企业识别系统(CIS)的策划、设计及实施”，取得了初步经验。遗憾的是我们没有将这种咨询服务工作坚持下去并及时总结经验。不然，在目前的CI热潮中，学委会应该可以发挥更好的指导作用。

五、发展新会员，加强学委会的自身建设。学委会根据工作条例，积极稳定地进行新会员的发展工作，会员总数已由刚成立时的52名增加到现在的152名，其中不少人都具有高级职称。会员队伍的扩大，增强了学委会的理论研究实力，同时也使学委会和广告业界的沟通范围得以扩展。目前还有20多位同志正在申请加入学委会，我们准备年内专门召开常委讨论发展新会员工作。

与各专业委员会相比学委会的特点就在于1. 会员全部由个人组成，没有团体会员；2. 来自广告业各个方面的会员以不同的学科研究能力和不同的专业经验形成了中国广告业有代表性的智慧群体。现在的问题就在于如何发挥各会员之所长，使学委会真正成为我国广告业的学术核心，在学术研究中起带头作用。而这都是我们工作中的薄弱环节。

我认为这次中广协“四大”的召开，为我国广告业在本世纪末加快提高专业化、规范化和国际化水平，迎接复关后面临的机遇和挑战，提供了工作指导方针，学委会应根据这个指导方针，发挥会员的专业特长，在以下几方面起积极作用：

1. 尽可能活跃广告学术研究的气氛，解放思想、转换观念、贯彻“双百”方针，积极开展学术交流和研讨活动。不断引进、介绍先进的现代广告理论与实践经验，使学委会真正成为会员以至整个广告界充实新知识，掌握新动态，交流新经验的资讯基地。

2. 总结近几年来丰富的广告实践经验，努力改变理论研究相对滞后现状。针对广告业最迫切需要解决的问题组织学术讨论，集思广益，尽可能给实际工作以有力的指导和切实的帮助，并力求保证理论研究的先导性和前瞻性，更好地发挥理论的指导作用。

3. 广告人才的培养是决定我国广告业今后发展的大事，也是确保我们参与国际市场竞争的重要致胜因素，学委会应利用其优势，继续在这方面发挥积极作用，培养更多的高级广告人才。

4.《广告法》已在人大常委会上通过并将于明年二月一日正式实施。学委会应很好组织学习、讨论，为宣传、贯彻《广告法》出力。

其他如加强国际学术交流，开拓咨询服务等方面，学委会都有很多工作可做，这里不再一一说了。

“四大”以后，学委会也将进行换届选举。我相信，在新的一届学委会领导班子的带领下，在中广协的领导和各兄弟专业委员会及地方协会的支持下，学委会将坚定不移地依靠广大会员，为活跃广告理论研究，繁荣广告创作，扶植广告人才成长，推动整个广告事业的健康发展进行不懈的努力，作出更大的贡献。

广告公司委员会主任赵桂鸿在中国广告协会第四次会员代表大会上的发言

（一九九四年十二月七日）

各位代表：

受广告公司委员会的委托，向大会做工作汇报。

我的报告分两部分：

第一部分：三年来的工作回顾；

第二部分：对今后工作的建议。

现在先讲第一部分：三年来的工作回顾。

自 1991 年 6 月第三届会员代表大会以来，广告公司委员会在中国广告协会的直接领导下，在各地广告协会、会员单位的大力支持和中广协各专业委员会的紧密协作下，认真贯彻中广协第三次会员代表大会以来提出的各项工作任务，根据广告公司的具体情况和特点，积极开展工作，维护会员单位合法权益，推动了会员单位各项工作的顺利进行和稳步发展。据 1993 年底的统计，全国广告公司已发展到 11044 家，比 1990 年底的 1076 家增加了 10.3 倍；广告经营额也从 1990 年底的 4.79 亿元猛升到 46.2 亿元，约占全国广告营业额的 34%。今年 7 月由国家工商局广告司和中国企业评价协会联合举办了首届（1992 年）中国广告公司广告经营额和综合实力排序发布会。在前 50 家广告公司排序中，这次被吸收为中广协直接会员的公司，营业额排名占 31 家，综合实力排名占 32 家。这些数字充分表明，在这三年里，广告公司有了很大的发展，不仅数量大大增加，而且服务的范围不断扩大，广告作品的质量和为客户服务的水平也有了显著的提高，在我国广告业的发展进程中发挥着越来越重要的作用。

三年来，广告公司委员会主要开展了以下几个方面的工作：

（一）坚持四项基本原则，以邓小平同志建设有中国特色社会主义的理论为指导，始终坚持社会效益和经济效益并重的方针，在每年的年会上，分析研究广告公司面临的形势，总结交流会员单位先进经验，提出下一年重点工作，加强行业自律，纠正行业不正之风，使会员单位牢牢把握社会主义经营方向，健康、稳步发展。

（二）继续坚持“以策划为主导、创意为中心，为客户提供全面优质服务”的经营方向。作为广告公司，其基本职能就是要为广告客户提供广告总体策划。这几年，广告公司的数量飞速增长，互相间的业务竞争日趋激烈。这个竞争包括多个方面，但其中主要的一个方面，就是策划水平、创意水平的竞争。越来越多的广告公司认识到只有以创意为中心、策划为主导，为客户提供全面优质服务，才能巩固住老客户，发展新客户，从而使自己在激烈的竞争中立于不败之地。不少广告公司的实践已经证明了这一点。只要坚持这样做，不仅业务量持续增长，而且受到客户的信任和好评，使公司向全功能的方向迈进了一大步。他们的共同体会是：

1. 坚持以创意为中心、策划为主导，为客户提供全面优质服务的经营方向，首先必须要有较高水平的相应的专业人才，包括市场调查、广告策划、广告创意、设计制作、媒体安排、经营管理等方面的专业人才。其次是人才的合理结合，使他们能充分发挥各自的专长和创造性。我们都知道，广告活动是群体活动，广告作品是集体智慧的结晶。所以，只有充分调动每个成员的积极性，同心协力，各尽所能，才能提出好的广告总体策划，创作出好的广告作品，收到好的广告效果。

2. 必须拥有一定数量的现代化设备。

有了好的策划和创意，如果没有必要的设备作保证，那也搞不出好的广告作品。我国目前的广告作品和国外相比之所以尚有较大差距，其中一个重要原因是我们的制作设备太落后。这几年，有不少会员单位已充分认识到这一点。他们不惜重金，下大气力购置了各类设备，使广告作品的制作水平有了很大的提高，博得了客户的赞誉。

3. 必须有适应广告总体策划任务需要的机构设置和管理机制。这就要求一个公司，除了要设置客户、市场调查、策划创意、设计制作、媒介等专业部门外，还要建立科学的管理制度和工作运作程序，有权威性的协调机构和指挥者，使工作任务得以高质量地按时完成。

4. 必须密切与媒体单位的关系。任何广告总体策划，最终要通过媒体来实现。所以需要取得媒介单位的大力支持。这就要求广告公司要与媒介单位建立可靠的长期合作关系，以确保总体策划项目的落实。

（三）组织了优秀广告作品的评选工作。

为了推动会员公司广告创作设计、制作技术及艺术水平的提高，本委员会于 1991 年 9 月 24 日—10 月 4 日在成都市举办了第三届优秀广告作品评选暨学术交流会。会上，对参评的 307 件广告作品，经评审委员会认真评选，评定出一等奖 5 件，它们是中国广告联合总公司的电视广告“息斯敏”和“人身保险”、上海市广告装潢公司的路牌广告“独立凤凰自行车”、上海东艺广告公司的路牌广告“上海牌晴雨伞”和成都市美术广告公司的 POP 广告“艺术节招贴”；二等奖 10 件；三等奖 20 件；佳作奖 8 件。在 1992 年于乌鲁木齐市召开的广告公司委员会年会上，为获奖单位授了奖，并交流了广告创作经验。

1992 年 11 月份，中国广告协会在江西南昌市举办全国第三届广告作品展，同时举办广告公司、媒介单位自我宣传展览，广告公司委员会按照中广协的要求，积极组织广告公司选送参展作品，进行自我宣传，取得了较好效果。

（四）培养广告专业人才。专业人才是广告公司的第一要素，是广告事业发展的保证。所以广告公司委员会把培养广告专业人才作为为会员单位服务的一项重要任务，与有关单位配合，积极举办专业培训班、学术交流会、业务研讨会、专题讨论会及组织出国考察、参加国际广告专业会议等等，收到了较好的效果。

（五）根据有关的要求，并经中广协批准，先后有公交广告公司委员会（现已直属中广协）、华东广告公司协作会、西南广告公司协作会及霓虹技术协作会挂靠在广告公司委员会，支持了这几个团体的工作开展。

（六）编辑发行了《报刊广告文摘》

从 1992 年下半年起，《报刊广告文摘》改由中国广告联合总公司、中国广告协会秘书处和广告公司委员会联合编辑发行。日常工作由广告公司委员会负责，至今已出版 42 期。它集中了国内外广告信息,供会员单位学习参考,受到广告经营单位的欢迎。

(七)保持和加强了与地方广告协会的联系和合作。广告公司委员会与全国各省、市、自治区及计划单列市的广告协会保持着良好的关系。广告公司委员会每到一地搞活动,都得到当地广告协会的大力协助和支持。今后,应当继续保持和发展这种关系,共同努力做好会员的服务工作。

二、对今后工作的建议

1. 中广协第四次会员代表大会通过了中广协的新章程。广告公司委员会作为中广协的分支机构,应对其工作条例作相应的修改,以适应新形势的工作要求。

2. 鉴于本届会员单位均为中广协的直接会员,是我国广告公司的中坚力量,代表着我国广告公司的实力和水平。为了迎接“入关”,与国际广告业接轨,今后广告公司委员会应以提高会员单位的素质,坚持全面代理制方向,加强行业自律,维护会员单位的合法权益,坚持抵制广告界的不正之风,作为开展工作的重点,充分发挥现代广告公司的效能和作用。

3. 组织会员单位认真学习、贯彻《广告法》,为全行业带一个好头,成为执法的模范,在社会公众面前树立良好形象。

4. 根据会员单位的要求和当前广告公司普遍存在的薄弱环节,有计划地组织经验交流、人才培训和考察学习,每年至少举办一次。

5. 广告公司的广告作品评选活动,因客观原因已有三年未举行了。今后最好每两年组织一次,以利于创作设计人员互相学习观摩,促进广告作品水平的提高。有条件的话,应参加国际广告作品的评选活动。

6. 继续做好《报刊广告文摘》的编辑、发行,扩大发行范围。

7. 坚持年会制度,加强会员单位之间的联系与合作,交流经验,分析研究面临的形势,提出对策和措施,促进会员单位共同发展,为发展我国广告事业贡献力量。

8. 加强对挂靠在广告公司委员会的华东、西南、霓虹技术三个协作会的工作指导与联系,发挥这三个团体的积极作用。

第三届广告公司委员会的工作,得到了有关部门、会员单位的大力支持和合作,在此,我表示衷心的感谢。希望广告公司委员会在第四届新领导成员的领导下,进一步发挥行业组织的作用,使广告公司委员会的工作迈向一个新台阶,跻身国际广告界。

广播委员会主任张冬兴
在中国广告协会第四届会员代表
大会上的发言

一九九四年十二月七日

各位代表、同志们、朋友们:

首先我代表广播委员会,祝贺中国广告协会第四次会员代表大会胜利召开,并预祝大会圆满成功。

在我国深化改革,扩大开放,加快建立社会主义市场经济体制的关键时期,召开中广协"四大",总结协会工作,落实改革方案,明确协会任务,选举新的领导机构,对推动我国广告业改革、发展具有重要意义。它将更有力地团结广大会员和广告从业人员,为建设社会主义广告业做出新的贡献。

广播委员会在中广协的领导和各级电台,社会各界的支持、帮助下,主要在提高广告质量,加强经营管理,提高人员素质,发挥电台整体优势,开展行业自律等方面,以评比、交流、联合、培训等形式做了一些工作,但还存在相当大的差距。

随着市经济的建立,广播事业的发展改革,广播广告有了高速度的发展,取得了好的经济效益和社会效益。为广播广告的发展积累了经验,增强了实力,奠定了一个良好的发展基础。

其主要变化表现在:

(一)电台的深化改革,发挥了广播的整体优势,为广告宣传提供了极好的宣传阵地,同时也促进了广告自身的改革。系列台的出现,节目主持人的形式,直播的方法、丰富多彩的节目,增强了广播的吸引力。

(二)广告服务向全方位发展,拓宽了经营面,发展了延伸业务,综合服务能力大大增强。特别是党中央提出建立市场经济体制,发展第三产业以来,广播系统开展以广告为主,多种经营,全方位多层次的创收活动,取得了效益,增强了经济实力,积累了新的经验。

(三)改革机构,建立健全规章制度,理顺了内部关系,使管理逐步走向规范化、科学化。很多单位成立了全能的广告经营机构和广告制作发布机构,具备了较强的竞争能力。

(四)培养一批懂管理,会经营,能制作,又熟悉广播宣传业务的专业人才。近年来各广告部门,充实了一大批高文化层次的广告专业人才。很多老的广告从业人员通过学习、实践、锻炼,成了行家里手。广告队伍的素质有了很大提高。

(五)广告系统加强了横向、纵向的多种形式,不同内容的联合。省市、地市、中央和地方精诚合作,互相帮助,优势互补,友好竞争,利益均得。为发挥系统优势创造了条件。同时出现了四大媒体密切合作,发挥各自优势的可喜现象。

(六)客户、消费者和广大听众越来越认识到广播的作用、优势和好的宣传效果。广告主主动登门作广告的逐年增加,竞争也日趋激烈,开始打破广播广告"跑着吃"的被动局面。

(七)各级领导重视广告宣传和增收。深刻认识到必须宣传创收两手抓,才能有效地开展工作。现在各级领导自觉地把广告、创收,摆到重要议事日程,人、财、物向广告部门倾斜。

(八)全国广播电台已发展到 900 余家,技术设备得到了更新,并在不断的更新、改造、发展当中,为广播发展准备了技术装备。

以上情况对发展广播广告是非常有利的,我们要充分利用这些有利条件,深化改革,保持广告高速发展的势头。

近期工作考虑:

(一)贯彻中国广告协会"四大"精神,落实"四大"决议。根据"改革方案"和中广协章程要求,首先做好广播委员会换届改选的准备工作,尽快召开第四届广播委员会会员代表大会。总结委员会的工作,选举第四届广播委员会领导班子,健全新的工作机构。

(二)学习贯彻广告法,使广告从业人员熟悉广告法,执行广告法。学习"行业自律规划",使每个从业人员自觉遵守行规,提高职业道德修养水平。

(三)继续评选优秀节目,繁荣节目创作,同时要改进评比办法,提高评选水平,使每年评选工作有一个新的提高。

(四)定期交流深化改革中出现的新鲜经验。为大家提供一个互相学习借鉴的机会。

至于远期工作,需换届后由第四届委员会研究制定。

同志们,中国广告业随着市场经济的发展,改革的深化,必将出现一个更加繁荣的局面,我们要把握时机,共同努力,把广告业推向一个新的发展阶段。

电视委员会副主任谭希松在中国广告协会第四次会员代表大会上的发言

(一九九四年十二月七日)

各位代表、大家好:

首先我代表电视委员会对中广协第四次会员代表大会的胜利召开表示热烈的祝贺,并祝大会圆满成功!

电视委员会是1984年6月成立的到现在已有10个年头,10年来在中广协的领导下,在各专业委员会的大力支持下,电视委员会作了一些工作,对全国电视广告事业的发展,起了推动作用。因此,我代表电视委员会向各专业委员会的同行们表示衷心的感谢!并希望在今后的工作中继续得到大家的支持和帮助。现将我们电视委员会的组织和活动向大会作一简要汇报:

我们电视委员会现有成员145个电视台,并在北京的飞霞饭店设立办事机构,专门请两人负责日常工作。电视委员会下设三个分支机构,即:全国省级电视台广告协作会;全国省会级电视台协作会;全国城市电视台广告协作会。这三个协作会的理事成员又多是电视委员会的常委和委员,经中广协批准,三个协作会按照电视委员会的章程开展活动。

1. 为了提高电视广告的制作水平,我们从85年起举办了电视台广告的评奖活动,到目前为止已经进行了第8届,从89年起我们这个奖已纳入部级政府奖同电视剧“飞天奖”文艺节目“星光奖”同为一个级别。《印象奖》的评奖活动推动了中国电视广告的发展和电视广告制作水平的提高。

2. 开展了人才培训工作

电视委员会重视人才培训工作,先后举办了四期电视广告创意、制作培训班,培训了224名学员,这些经过培训的同志现已是各成员台创作骨干。电视委员会还与北京广播学院电视系出版了《电视广告创意与制作》一书,对提高电视广告制作人员的理论水平起了重要作用。

3. 多次组织电视广告的研讨会和交流会,如今年三月份在北京召开的电视广告和11月份在曲阜召开的公益广告的研讨会,八月份在新疆举行的广告经营管理的交流会,中央台,北京台、上海东方台等单位都在会上作重点发言,使电视广告经营工作又迈上了一个台阶。

随着我国经济的发展,电视广告将越来越发挥着它的重要作用,在今后的时期里,我们将要作以下几点:

1. 大力实施宣传广告法,全面推行代理制,广告法的出台,为广告业健康的发展起到促进作用,我们除自身学好用好外,还要利用我们这个媒体宣传好,作到家喻户晓,人人皆知。

2. 为将电视广告推向市场和实现广告的科学管理，95年4月份，我们将在河南召开电视广告价格研讨会和实现微机管理的现场演示会，以推动电视广告的市场化和经营管理上的现代化。

3. 成立公益广告交流中心，大力提倡和推动公益广告在各台的栏目化，为社会主义的精神文明建设服务，实现我们所提出的社会效益，经济效益同时并举。

4. 继续办好一年一度的广告印象奖的评比活动，使我国电视广告的制作水平走出国门、步入世界。通过这个评比活动，激励创作人员制作出高质量的高水平的广告带。

报纸委员会主任赵连宏在中国广告协会第四次会员代表大会上的发言

（一九九四年十二月七日）

各位领导、同志们、朋友们：

中国广告协会第四次代表大会在北京胜利召开，这是我国广告业的一大盛事，这次大会是改革的大会，上水平的大会，在此，我代表报纸委员会向各位代表、来宾表示亲切的问候，并祝大会取得圆满成功！

党的十一届三中全会以来，我国社会、经济各个领域发生了深刻的变化。党的十四大确定了要进一步加快改革开放的步伐，建立社会主义市场经济体系的方针，促进了各行各业的改革和经济的发展。

我国的报纸广告业随着国家改革开放和经济建设的发展，也经历了一个蓬勃发展的大好时期，尤其是党的十四大三中全会提出的逐步建立社会主义市场经济体制，给报纸广告提供了继续发展的极好机遇。回顾过去，展望未来，我们清醒地看到虽然当今报纸广告客观形势大好，但我们如何进一步改善自我，转变思想观念，增强经济意识，改革经营机制，改善经营管理，改进业务技术，提高队伍素质等一系列问题。当前主要是要解决好报纸广告内部机制的改革和广告人才的选拔培养，我们要注意总结和交流这些问题的情况和经验，力争使我国报纸广告再上一个新台阶。

十几年来，报纸广告有了迅猛的发展，每年营业额以60%以上的比例甚至成倍地长。1992年全国经营广告业务的报社有1539家，年营业额为16.2亿元，比1991年增长68.2%；1993年全国经营广告业务的报社上升到2054家，年营业额为37.7亿元，比1992年增长了133%。报纸广告又恢复了四大媒介广告之首。更令人兴奋的是，有8家报社的广告营业额突破亿元大关，这是我国报纸广告的历史性突破。这8家报社是解放日报、新民晚报、广州日报、羊城晚报、南方日报、深圳特区报、海南日报、北京日报(含北京晚报)。其中广告收入最多的是解放日报，1992年收入为8138万元，而1993年达1.7亿元。增长幅度最大的是海南日报，1992年还在20名之外，到了1993年一跃跻身八强。

但是，报纸广告发展还是不平衡的，即沿海地区好于内陆地区，经济发达地区好于经济稍差地区，城市报纸好于省以上的报纸，经济类报纸好于综合报和专业报纸。今年预计可能与去年持平，有的省市及中央报纸可能会持续增长，也有的省市可能出现一些回落。报纸广告的发展必然受着大的经济形势和国家宏观调控的影响和制约。但随着国家改革开放和经济的不断发展，随着市场经济体制的逐步完善，报纸广告潜力还是很大，大有作为。

随着报纸广告的发展，报委会的工作逐步加强，工作日益活跃。近两年来，报委会除日常工作外，我们多次召开了沿海地区、内陆地区和地区性的广告研讨会、经验交流会，省市报纸广告工作会议以及主任、副主任例会等，这对推动报纸广告工作的发展，广泛交流经验，相互传递信息，联络感情都起到了一定推动作用；为了提高报纸广告创意、设计制作水平，搞好文案工作，我们还与中广协学术委员会、报协广委会共同组织了全国优秀报纸广告作品评选；为了反映改革开放十五年来我国报纸广告发展的成就，反映报委会，报协广委会的活动情况，我们花了较大的精力编辑出版一本对内对外具有权威性的宣传画册；此外，我们还多次组团赴美国、香港进行广告业务考察，增长了见识，开阔了眼界，扩大了中国报业及其广告的影响，并与国外境外的同行增进了友谊，开展了业务往来。

我国现正进行伟大而艰巨的改革开放和社会主义现代化建设，我们面临着难得的发展机遇，也面临着严峻的考验。为此，我们要搞好本行业的体制和业务改革，加强自身建设和行业自律，坚决杜绝违法广告和虚假广告，坚持正确的经营方向，继续改善经营管理，开展全方位服务，进一步开创报纸广告工作新局面；

要组织报纸广告业务人员认真学习、积极贯彻落实全国人大通过的《广告法》及有关广告工作的方针、政策和法规；

要贯彻执行国家工商部门推行广告代理制的试点。广告代理制是市场经济发展的客观需要，是适应我国恢复关贸总协定缔约国地位的现实选择，这也是改革管理体制的战略性措施，也是促进广告高速发展，实行集约化，专业化分工的必然趋势；

要提高广告人员的政策、业务素质，注意培养专门人才，并结合广告行业改革与发展的多种实际问题，举办小型专题研究或培训班；要认真贯彻中广协的各项决定与要求，加强与中广协和全国各报社的联系，使其真正发挥报委会的领导职能作用，及时研究有关重大问题，沟通情况，做好各项工作；

要继续开展国际交流活动。在有关领导机关支持下，采取请进来走出去的办法，进行广告考察，学习国外先进经验，先进技术，进行理论探讨和学术交流，以开阔思路，扩大视野，增进与国际同行的联系和友谊。

从事广告工作的同志们，我们要进一步认清我们面临的新形势和肩负的历史使命，在邓小平同志建设有中国特色的社会主义理论指导下，团结在以江泽民同志为核心的党中央周围，勇于开拓，求实创新，为推动我国广告事业的飞速发展，繁荣报业经济，作出更大的贡献。

公交委员会主任朱小林在中国广告协会第四次会员代表大会上的发言

一九九四年十二月七日

各位领导、各位代表：

首先我代表公交委员会，热烈祝贺第四次会员代表大会的胜利召开。大会期间，各级领导的讲话，为我们广告事业的发展指出了明确方向。田会长的工作报告，对“三大”以来工作的总结是实事求是的，对今后工作的意见是客观的，必要的，特别是加强专业委员会工作的意见，对我们是一个极大的鼓舞。

我们公交委员会是94年4月成立的，到现在为止，我们有成员单位137个，遍及全国29个省市、自治区。经营收入1亿7千多万元比去年1亿2千万元增长41.6%。

为了使全国公交广告业务有一个较大发展，对公交广告的制作水平有一个较快的提高，对客户有一个较好的服务，我们在10月份成立一个公交委员会的经济实体——广州国联公共交通有限公司。由北京、上海、天津、南京、杭州、广州、武汉、长沙、成都、长春、石家庄，11个城市的公交广告公司集资。

总部设在广州，在11个城市设分部，在香港、美国设二个联络处。

这样，我们可以在最短的时间内在100多个城市同时发布公交广告，为广大国内外客户提供了极大方便。大会之后，我们要及时，准确地将大会精神和要求贯彻到成员当中去，按照中广协的章程制定我们的行为规范和自律准则，并积极组织认真学习广告法。领会广告法的精神；为发展我们公交广告事业，提高公交广告的专业水平做出新的努力。

我们深信，通过这次大会，我们的公交广告事业，一定会出现一个欣欣向荣的大好局面。

铁路委员会秘书长秦振东在中国广告协会第四次会员代表大会上的发言

（一九九四年十二月七日）

各位领导、同志们：

中国广告协会第四次代表大会的隆重召开是广告界的一件大事，标志着中国广告协会在深化改革的道路上又跨出了新的步伐，必将对我国广告业建设与发展起到积极的推动作用。我代表铁路委员会预祝大会圆满成功！并向广告界同仁致以亲切问候！大会的报告，对改革协会体制，强化协会职能方面制定了有力的措施，对近期工作任务及为会员服务方面做了切实的安排，其中还特别强调了加强专业委员会工作，这些使我们铁路委员会同志们深受鼓舞，同时也感到肩上的担子加重了。

发展中的铁路广告业，是铁路实行改革开放、开展多种经营而应势成立起来的新兴产业。受到铁道部、国家工商局和中国广告协会的关怀和支持。铁路是一个高度社会化的服务行业，线、点多、分布广，拥有适合广告信息传播的大量媒体，综合开发利用这些媒体，发展铁路广告业是铁路走向市场，服务市场的需要，是前景广阔、很有作为的事业。但目前铁路广告业仍处于分散经营，各自为战的状况，广告媒体资源和较完善的信息传播网络尚未得到综合开发，铁路广告队伍素质、广告服务水准都有待进一步提高。我们要在中广协领导下，充分发挥“指导、协调、服务、监督”职能，团结全路广告工作者，促进开展联合协作，发挥铁路广告整体优势，为提高服务水准、推进铁路广告业发展，加强行业自律，做出积极贡献。近期广铁委的基本工作任务主要有以下六个方面：

1. 开展协调、服务工作

铁路广告业经过十多年来开发，经营规模逐步扩大。广铁委要努力把成员单位组织起来，充分利用铁路的媒介手段，促进规模经营。要抓住铁路媒体丰富多样、分布覆盖面广、传播效果好的特点，加强信息服务工作；协调成员单位之间的关系，促进和改善经营管理。

2. 积极促进横向联合与协作

广铁委要利用铁路广告业的良好基础，从行业协作入手，促进广铁委成员间的联系协作。为便于落实，广铁委将根据需要增设必要的专业分支机构或协作会，推进这方面工作。

3. 加强行业自律

广铁委要采取办培训班等办法开展“广告法”培训，认真执行广告法，规范经营行为。坚持广告的真实性、思想性和艺术性的统一，杜绝虚假广告。要按照中广协的部署和要求，积极开展“重信誉、创优质服务”等活动。

4. 组织专业人员的培训

有针对性地自行开办各种形式的培训班，培训专业人才，提高广告工作者的思想水平、政策水平、艺术水平和业务能力。举办展览和各种评比活动，提高广告设计制作水平，提高整体策划的能力。

5. 组织交流活动

为提高铁路广告的制作、策划、管理水平，提高企业素质，要推广先进单位的好经验；推广先进的广告技术手段，创造条件，组织成员单位的代表到路外和国外进行业务考察，邀请国内外的广告专家讲学，以加强同路内外和国内外广告界的联系与交流。

6. 开发经济实体

广铁委要充分利用铁路有利条件和联合的优势，在可行性调研基础上积极地创办经济实体。以壮大自身实力，为广铁委开展活动积累资金。

同志们，以往，我们铁路的广告工作，曾得到各省市广协，公司、广播、电视、报刊、学术、公交等兄弟委员会热情的支持和帮助，借此机会，代表铁委会向你们表示忠心感谢！铁路委员会成立时间不长，没有经验，我们要向各兄弟委员会及广告界同仁学习，主动加强联系协作，共同为促进中国广告业的发展做出努力。

四大的召开，对我们铁委会工作是个很大的推动，会后，我们要认真抓好这次大会的贯彻，按照四大的改革要求和部署，尽职尽责地做好我们的工作。

中国广告业发展概况

国家工商行政管理局广告司1994年工作要点

1994年广告管理工作，要紧紧围绕党的十四届三中全会精神，深入贯彻国家局有关改革和加强监督管理的工作部署，以落实《关于加快广告业发展的规划纲要》为中心，具体抓好以下几项工作：

一、组织好《关于加快广告业发展的规划纲要》的宣传和落实。《纲要》是从现在起到本世纪末，指导广告业改革与发展的宏观、全局性文件。《纲要》中所确定的发展目标、发展框架和政策，是我们开展广告改革和进行各项工作的主要依据。为准确把握《纲要》的精神实质，上半年要指导各地集中力量，利用多种渠道广泛宣传，组织广告管理干部带头学习，并对辖区内广告经营单位、企业营销人员进行集中培训，争取六月底前，使绝大多数广告从业人员通过培训能够掌握《纲要》的主要内容。同时要对照《纲要》对本地区广告业改革、企业转换机制、广告业结构优化、广告市场管理等工作做一次认真检查，找出薄弱环节，有针对性地提出改革与发展的具体措施。从第三季度开始，要分阶段、分级、分层次检查《纲要》所提出任务的落实情况，重点检查省、市两级制订本地区广告业发展规划的情况和广告专业岗位技术资格培训开展的情况，发现问题及时指导。广告司要通过各种渠道，如开展专项培训、学术研讨，支持试办广告业共享的服务设施等，以点带面推动《纲要》提出的各项工作顺利开展。为总结推广经验，拟于十月底召开一次现场会或小型研讨会，促进《纲要》的进一步落实。

二、加快广告立法。主要抓三个方面：一是《广告法》。《广告法》已列为1994年人大立法项目，为确保该法如期出台，现在即着手准备，起草说明及有关材料，做好向国务院及人大的汇报，配合做好征求意见工作。为保证该法出台后顺利实施，现在即组织力量编写《广告法》条文释义、宣传提纲、宣传及培训计划，做好基础性工作。二是《广告法实施条例》和配套规章。争取在三月底前召集有关省市同志进行研讨和部署，尽快组织落实。三是单项规章。主要是涉及广告经营的《临时性广告活动管理办法》、《外商投资广告企业登记管理办法》；涉及广告管理的《加强广告监督管理的若干规定》，进一步促进广告市场的发育和规范，推进广告产业化进程。

三、深入开展广告代理制试点，促进广告经营机制的顺利转轨。**首先，试点工作要在规范广告公司资质标准的基础上进行**。要加强培训和考核，严格掌握资质标准，将广告代理权赋予确有实力、能够提供整体策划的广告公司。同时，要在实力评价的基础上，向社会公布具有代理资格的公司名单，以便客户与媒介选择和监督。**其次，要注意研究解决试点中出现的新情况、新问题**。要倡导公开、公正、公平的原则，特别防止媒介翻牌公司垄断本媒介广告业务，防范由此引发的广告不正当竞争行为，并为此制定具体的管理规定。**第三，抓指导和总结、推广经验**。有重点地开展调查研究，以简报形式不定期反映试点情况，年底前对试点情况进行一次检查。

四、加强对广告审查工作的监督和指导，加强执法力度，以净化广告市场，保证广告发布质量。已经实行试点的城市，要坚持行业自律的改革方向，改进现有审查制度，积极探索适合国情的审查模式。广告管理机关主要是监督和指导。试点中要严格按照《广告审查标准》审查广告，审查有误，必须承担责任。要通过试点注意研究新情况、新问题，及时通报和总结。对仍按原体制实行发布前审查的地区，要将《广告审查标准》印发广告经营单位，要求其按标准严格把关，广告管理机关要进行有效的监测和检查，发现问题及时纠正。同时加强广告发布后的监督、查处和规范。三月份以前，要集中一个月的时间，对媒介发布广告进行集中监测，摸清情况、找准突出问题，进行重点治理。依据《广告管理条例》及其《施行细则》，督促广告经营单位自觉遵守审查制度。对提供虚假证明，未按规定审查证明等情况，依法分别追究广告客户、出证单位和发布单位的责任；对于因审查不严造成虚假广告的，要从重惩处，坚决保护消费者和社会公共利益。

1994 年，要组织力量对专项法规的执行情况进行检查。上半年，重点检查药品、医疗器械广告；下半年重点检查食品、化妆品、医疗广告。在检查中，要注意联合卫生及技术监督等有关部门，对广告集中的大城市重点抽查，力争取得阶段性成果，有效地治理广告发布中的混乱现象。

要建立并完善违法广告举报制度和广告违法案件统计报表制度，保护和发挥社会各界对广告监督的积极性，发挥舆论监督作用，把广告执法工作提高到新的水平。

五、改善审批管理，创造良好广告投资环境。进一步打破地区、部门界线，按照市场规律，在统一规划和管理下，兴办广告业。要加强调研，制定政策规定，合理引导广告投资，使其向薄弱门类和新技术领域发展。要会同国务院有关部门，研究如何按照现代企业制度，改造和规范广告企业的具体办法，引导其产权明晰、权责明确、管理科学。对以产权关系为纽带组建跨地区、跨行业的广告企业组织结构，要做好调查，并提出管理对策。要对各地资质标准的审批工作进行分类指导；要逐步建立广告经营者进入市场后的监督机制，在审批后的一段时间内，对其人员、资金、设备落实情况进行跟踪检查，对不符合规定的要坚决纠正。

六、积极开展广告从业人员资格认证工作。在电视教学开始后，着手进行第二期函授教学的组织准备，争取 1994 年内基本完成培训、考核及发证工作。资格认证工作，一定要抓好组织领导，确保质量，争取 1995 年初广告从业人员能够持证上岗。

七、加强对广告协会工作的指导。指导广告协会贯彻《关于加快广告业发展的规划纲要》、广告业改革方案，建立广告业自律守则，组织各专业委员会制定配合广告业改革的具体措施。发挥协会自律与协调作用，发挥其在自觉遵守政府法律，接受政府指导的前提下，组织企业自我管理、自我约束和共同促进的作用。

八、加强廉政建设，提高工作效率。贯彻中纪委二次会议精神，坚持反腐败斗争，不断健全监督与防范机制，按照局党组的部署和规定，做到廉洁自律。要继续改进工作方法，提高工作效率，为促进广告业发展做出积极的贡献。

1994 年我国广告业持续全面发展

1994 年我国广告业在 1993 年的基础上，持续发展，各项指标均有大幅度增长。

截止1994年底，全国广告经营单位共有4.3万家，比1993年增加1.1万家，增长35%；全国广告从业人员共有40.8万人，比1993年增加9.8万人，增长32%；全国广告经营额达200.3亿元，比1993年增加66.2亿元，增长49.3%；在广告经营额中，外商来华广告为4.6亿元，比1993年增加1.3亿元，增长38%。

广告公司和四大媒介的发展情况是：

1. 全国共有广告公司18339家，比1993年增加7321家，增长66%；全年广告经营额58.6亿元，比1993年增加20.1亿元，增长52.2%。

2. 全国共有兼营广告业务的报社2509家，比1993年增加455家，增长22%；全年广告经营额50.5亿元，比1993年增加12.8亿元，增长34%。

3. 全国共有兼营广告业务的广播电台929家，比1993年增加95家，增长11%；全年广告经营额5亿元，比1993年增长1.5亿元，增长42%。

4. 全国共有兼营广告业务的电视台1985家，比1993年增加379家，增长24%；全年广告经营额44.8亿元，比1993年增加15.3亿元，增长52%。

5. 全国共有兼营广告业务的杂志社3774家，比1993年增加450家，增长14%；全年广告经营额3.95亿元，比1993年增加2.1亿元，增长114%。

各类广告经营的行业结构情况是：

1. 广告经营单位：广告公司占42.6%；报社占5.8%，广播电台占2.1%，电视台占4.6%，杂志社占8.8%；其他兼营单位占36.1%。

2. 广告从业人员：广告公司占53%；报社占4.5%，广播电台占1.8%，电视台占3.9%，杂志社占4.8%；其他兼营单位占32%。

3. 广告经营额：广告公司占31%；报社占27%，广播电台占2.6%，电视台占23.8%，杂志社占2.1%；其他兼营单位占13.5%。

全年广告费投入情况是：

1. 生产资料广告39.4亿元，占全年广告经营额20%，比1993年增加4.2亿元，增长12%；生活资料广告和其它广告160.9亿元，占全年广告经营额80%，比1993年增加69.7亿元，增长76%。

2. 生活资料广告经营额的主要行业分布是，食品广告20.8亿元，占13.7%；药品广告16.7亿元，占11%；家用电器广告16.2亿元，占10.7%；化妆品广告14.7亿元，占9.7%；医疗器械广告4.4亿元，占2.9%；5种广告经营额合计占48%。

各地广告经营额增长情况是：

1. 全国除6个边远地区的省份外，其余24个省、自治区、直辖市，全年广告经营额均超过1亿元，其中有一半地区的广告经营额超过4亿元。

2. 广告经营额排在前5名的是：北京(38.6亿元)、广东(32亿元)、上海(29.6亿元)、江苏(13.4亿元)、浙江(12亿元)。

1994年我国广告业发展有以下特点：

1. 广告经营额继续大幅度增加。1994年我国加快建立社会主义市场经济体制，改革力度加大，推动了经济体制转轨，也为广告市场的发育提供了良好的外部环境。全国广告经营额继1993年首次突破100亿元大关后，1994年又超过200亿元，两年内每年增加额均达66亿多元。为适应新税制，1994年下半年开始，对广告公司代理业务的经营额，只计实际收取的佣金额，其它费用不再计入。在这种情况下，达到49.3%的年增长率，比以前的统计应更加切合实际。

2. 行业结构开始趋向合理。1994 年，全国广告公司及其从业人员的增加幅度，都明显超过 1993 年，从业人员总数已占全广告行业从业人员的一半。广告公司在行业中的骨干地位和发展潜力增强。与此同时，四种兼营广告的媒介数量和经营额继续稳步增长，制约广告行业发展的骨干媒介容量狭窄的问题进一步得到改善。其中，杂志社广告经营额比 1993 年翻了一番，广告主对杂志广告的需求迅速增加。

3. 行业规模明显与市场需求的不适应进一步改善。1993 年广告经营单位和广告从业人员的增长率分别为 90.43%和 67.52%。与 1993 年相比，1994 年增长率分别为 35%和 32%。在数量增加趋缓的同时，1994 年初开始，在全国开展广告公司实力评价和广告专业技术岗位资格培训，把提高经营单位质量和从业人员素质纳入规范化管理，行业的整体素质和效益得到提高。

4. 社会对生活资料广告和其它广告的投入，高出生产资料广告。1994 年生活资料广告和其它广告经营额比 1993 年增加了 76%，占全部广告经营额的 80%。这反映出社会生活消费供应旺盛，生活资料市场活跃。在生活资料广告和其它广告中，食品等 5 种与消费者关系密切的广告，占到近一半的比例。对这些广告应作为重点，必须继续加强监督管理。

1994 年全国广告经营概况分析

1994 年，我国广告业随着经济形势的发展而持续高速发展。全年广告营业额为 200.3 亿元，比较 1993 年增加 66.2 亿元，增长 49%，其中外商来华广告为 4.6 亿元，比 1993 年增加 1.3 亿元，增长 38%。

在诸多的广告媒介中，报纸广告营业额仍居各类媒介之首。到 1994 年底全国共有 2509 家报社兼营广告业务，全年报纸广告营业额为 50.5 亿元，比 1993 年增加 12.8 亿元，增长 34%，占全国广告营业额的 25.2%；1994 年底全国共有 1985 家电视台兼营广告业务，广告营业额 44.8 亿元，比上年增加 15.3 亿元，增长 52%，占全国广告营业额的 22.3%；到 1994 年底，全国共有 929 家广播电台兼营广告业务，全年广播广告营业额为 5 亿元，比上年增加 1.5 亿元，增长 42%，占全国广告营业额的 2.4%；到 1994 年底，全国共有 3774 家杂志社兼营广告，全国杂志广告营业额为 3.95 亿元，比上年增加 2.1 亿元，增加 114%，占全国广告营业额的 2%。另外，截止到 1994 年底全国共有广告公司 18339 家，比上年增加 7321 家，增长 66%，全年广告公司营业额 58.6 亿元，比上年增加 20.1 亿元，增长 52.2%，占全国广告营业额的 29.2%。

1994 年广告行业在持续高速全面发展的同时，行业结构开始趋向合理，逐步向科学化和规范化发展，直接服务于社会主义市场经济发展的作用进一步地体现出来。但是，应当指出，行业内部发展参差不齐，服务水平和质量优劣并存，南北东西发展差距较大。就广告行业整体而言，市场潜力仍很大，但为广告主提供广告战略策划等重要服务的功能和作用还有待进一步发展和开拓。

附图表

1992 年——1994 年全国报社、电视台、广播电台、杂志社、广告公司广告营业额统计表

单位:亿元

各广告宣传媒介及广告公司	1992 年营业额	1993 年营业额	1994 年营业额
报　社	16.2	37.7	50.5
电视台	20.5	29.4	44.8
广播电台	2	3.5	5
杂志社	1.7	1.8	3.95
广告公司	13.9	46.2	58.6

1981～1994 我国广告业发展总概况

日期	全国广告营业额	广告费占国民生产总值比重	人均广告费	全国广告经营单位	全国广告从业人员	广告从业人员人均营业额
年	万元	%	元	户	人	元
1981	11800.0	0.024	0.117	1160	16160	7302
1982	15000.0	0.028	0.147	1500	18000	8333
1983	23407.4	0.040	0.227	2340	34853	6916
1984	36527.8	0.052	0.350	4077	47259	7729
1985	60522.5	0.070	0.571	6052	63819	9483
1986	84477.7	0.087	0.786	6944	81130	10412
1987	111200.3	0.098	1.017	8225	92279	12050
1988	149293.9	0.106	1.345	10677	112139	13313
1989	199899.8	0.125	1.774	11142	128203	15592
1990	250172.6	0.141	2.188	11123	131970	18957
1991	350892.6	0.162	3.030	11769	134506	26088
1992	678675.4	0.255	5.792	16683	185428	36600
1993	1340873.6	0.392	11.314	31770	311967	42981
1994	2002623.0	0.457	16.709	43046	410094	48833

我国广告业 1983～1994 年发展情况比较

	单位	1983	1990	1991	1992	1993	1994
一、全国广告营业额	万元	23407.4	250172.6	350892.6	678675.4	1340873.6	2002623.0
与上年比较	%	156.0	125.1	140.3	193.4	197.6	149.6
与 1983 年比较	%	100.0	1068.8	1449.1	2899.4	5728.4	8555.5
其中外汇人民币	万元	1896.5	2120.1	17286.3	30186.0	31380.3	45635.0
二、国民生产总值	亿元	5809.0	17681.3	21664.8	26655.5	34171.9	43798.8
广告费所占比率	%	0.040	0.141	0.162	0.255	0.392	0.457
所占比率与上年比较	%	142.8	112.8	114.9	157.4	153.7	116.6
所占比率与 83 年比较	%	100.0	352.5	405.0	639.5	980.0	1142.5
三、全国人口总数	万人	103008	114333	115823	117171	118517	119850
人均广告费	元	0.227	2.188	3.030	5.792	11.314	16.709
人均广告费与上年比较	%	154.4	123.3	138.5	191.2	195.3	147.7
人均广告费与 83 年比较	%	100.0	963.9	1334.6	2551.5	4984.1	7360.8
四、全国广告经营单位	户	2340	11123	11769	16683	31770	43046
与上年比较	%	156.1	99.8	105.8	141.7	190.4	135.5
与 1983 年比较	%	100.0	475.3	502.9	712.9	1357.7	1839.6
五、全国广告从业人员	人	34853	131970	134506	185428	311967	410094
与上年比较	%	193.6	102.9	101.9	137.8	168.2	131.5
与 1983 年比较	%	100.0	378.6	385.9	532.0	895.1	1176.6
六、全国广告从业人员人均经营额	元	6716	18957	26088	36600	42981	48833
与上年比较	%	80.9	121.6	137.6	140.3	117.4	113.6
与 1983 年比较	%	100.0	282.6	388.4	545.0	640.0	727.1

我国1990～1994年广告经营发展情况

	单位	1990	1991	1992	1993	1994
一、全国广告营业额	万元	250172.6	350892.6	678675.4	1340873.6	2002623.0
二、专业广告公司营业额	万元	47907.9	69264.0	186403.7	461745.5	706013.0
与上年比较	%	120.7	144.6	269.1	247.7	152.9
与1983年比较	%	983.6	1422.0	3826.9	9479.7	14494.5
占全国总额比率	%	19.1	19.7	27.5	34.4	35.3
三、报纸广告营业额	万元	67710.5	96187.6	161832.4	377109.9	505442.0
与上年比较	%	107.6	142.1	168.2	233.0	134.0
与1983年比较	%	923.7	1312.2	2207.7	5144.5	6895.2
占全国总额比率	%	27.1	27.4	23.9	28.1	25.2
四、杂志广告营业额	万元	8683.0	9989.3	17266.6	18447.0	39506.0
与上年比较	%	102.1	115.0	172.8	106.8	214.2
与1983年比较	%	803.1	924.0	1597.1	1706.3	3654.2
占全国总额比率	%	3.5	2.9	2.5	1.4	2.0
五、电视广告营业额	万元	56136.8	100052.1	205470.5	294390.7	447600.0
与上年比较	%	155.1	182.2	205.4	143.3	152.0
与1983年比较	%	3455.9	6159.4	12649.3	18123.4	27554.8
占全国总额比率	%	22.4	28.5	30.3	22.0	22.3
六、广播广告营业额	万元	8641.6	14049.3	19920.4	34944.3	49569.0
与上年比较	%	115.8	141.8	141.8	175.4	141.9
与1983年比较	%	478.2	1102.4	1102.4	1933.9	2743.3
占全国总额比率	%	3.5	2.9	2.9	2.6	2.5
七、其他广告营业额	万元	61092.1	61350.3	87781.4	154235.6	254493.0
与上年比较	%	135.4	100.4	143.1	175.7	165.0
与1983年比较	%	912.7	916.5	1311.4	2304.2	3802.0
占全国总额比率	%	24.4	17.5	12.9	11.5	12.7
（内含有线广播）	万元	493.8	775.0	1186.2	1801.3	4724.0

我国1983～1994年各经、兼营广告单位发展情况

	单位	1983	1990	1991	1992	1993	1994
一、全国广告经营单位	户	2340	11123	11769	16683	31770	43046
二、专业广告公司	户	181	1076	1156	3077	11044	18375
与上年比较	%	—	95.2	107.4	262.7	363.6	166.4
与1983年比较	%	100.0	594.5	638.7	1677.9	6101.7	10151.9
占全国总额比率	%	7.7	9.7	9.8	18.2	34.8	42.7
三、报纸兼营单位	户	305	1298	1387	1539	2054	2509
与上年比较	%	—	92.3	106.9	111.0	133.5	122.2
与1983年比较	%	100.0	425.6	454.8	505.0	673.4	822.6
占全国总额比率	%	13.0	11.8	11.8	9.2	6.5	5.8
四、杂志兼营单位	户	633	2197	2327	2701	3324	3374
与上年比较	%	—	86.0	105.9	116.1	123.0	101.5
与1983年比较	%	100.0	347.1	367.6	426.7	525.1	533.0
占全国总额比率	%	27.1	19.7	19.8	16.2	10.5	7.8
五、电视兼营单位	户	57	747	838	981	1606	1985
与上年比较	%	—	116.7	112.2	117.1	163.7	123.6
与1983年比较	%	100.0	1310.5	1470.2	1721.1	2817.5	3482.5
占全国总额比率	%	2.5	6.7	7.1	5.9	5.0	4.6
六、广播兼营单位	户	115	563	623	660	834	929
与上年比较	%	—	117.8	110.7	105.9	126.4	111.4
与1983年比较	%	100.0	489.6	541.7	573.9	725.2	807.8
占全国总额比率	%	4.9	5.1	5.3	4.0	2.6	2.2
七、其他经营单位	户	1049	5242	5438	7765	12908	15474
与上年比较	%	—	106.3	103.7	142.8	166.2	123.0
与1983年比较	%	100.0	499.7	518.4	740.2	1230.5	1513.3
占全国总额比率	%	44.8	47.1	46.2	46.5	40.6	36.9
（内含有线广播）	户	（436）	（648）	（702）	（792）	（671）	（519）

我国1990～1994年各媒体从业人员发展情况

	单位	1990	1991	1992	1993	1994
一、全国广告从业人员	人	131970	134506	185428	311967	410094
二、专业广告公司	人	26440	29073	56278	143184	219791
与上年比较	%	—	110.0	193.6	254.8	153.5
与1990年比较	%	100.0	110.0	212.9	541.5	831.3
占全国总额比率	%	20.0	21.6	30.4	45.9	53.6
三、报纸广告从业人员	人	7867	8454	10196	14190	18304
与上年比较	%	—	107.5	120.6	139.2	129.0
与1990年比较	%	100.0	107.5	129.6	180.4	232.7
占全国总额比率	%	6.0	6.3	5.5	4.5	4.5
四、杂志广告从业人员	人	10364	10623	13149	16924	19523
与上年比较	%	—	102.5	123.8	128.7	115.4
与1990年比较	%	100.0	102.5	126.9	163.3	188.4
占全国总额比率	%	7.8	7.9	7.1	5.4	4.7
五、电视广告从业人员	人	5256	6176	7597	11847	15956
与上年比较	%	—	117.5	123.0	155.6	134.7
与1990年比较	%	100.0	117.5	144.5	225.4	303.6
占全国总额比率	%	4.0	4.6	4.1	4.0	3.9
六、广播广告从业人员	人	2630	4318	5033	5480	7236
与上年比较	%	—	119.0	116.6	109.1	132.0
与1990年比较	%	100.0	119.0	138.7	151.0	275.1
占全国总额比率	%	2.8	3.2	2.7	1.7	1.8
七、其他广告从业人员	人	78413	75862	93175	120342	129284
与上年比较	%	—	96.7	122.8	129.1	107.4
与1990年比较	%	100.0	96.7	118.8	153.5	164.9
占全国总额比率	%	59.4	56.4	50.2	38.5	31.5

我国1990～1994年广告投入构成情况

	单位	1990	1991	1992	1993	1994
一、全国广告营业总额	万元	250172.6	350892.6	678675.4	1340873.6	2002623.0
二、生产资料广告投入	万元	64549.9	97125.3	198446.3	356112.7	370133.0
与上年比较	%	125.0	150.5	204.3	179.5	103.9
与1983年比较	%	810.9	1220.1	2492.8	4473.4	4649.5
占全国总投入比率	%	35.8	27.7	29.3	26.5	18.5
三、生活资料广告投入	万元	117299.4	169114.5	345615.1	527917.3	728891.0
与上年比较	%	121.4	144.2	204.4	152.8	138.1
与1983年比较	%	1123.1	1619.1	3309.0	5055.0	6978.6
占全国总投入比率	%	46.9	48.2	50.9	39.4	36.4
四、其他广告投入	万元	68323.3	84652.4	134614.0	456783.6	903599.0
与上年比较	%	132.0	123.9	159.0	339.3	197.8
与1983年比较	%	1365.9	1692.4	2691.2	9132.0	18064.8
占全国总投入比率	%	27.3	24.1	19.8	34.1	45.1

我国1994年生活资料广告投入分类情况

	单位	药品	食品	化妆品	医疗器械	家用电器
一、生活资料年广告投入	万元	166928.0	207653.0	147452.0	44384.0	162474.0
占全国营业总额比率	%	8.3	10.4	7.4	2.2	8.1
占生活资料金额比率	%	22.9	28.5	20.2	6.1	22.3
二、其中广告公司营业额	万元	43995.0	65914.0	34589.0	10126.0	51678.0
报社营业额	万元	62282.0	51738.0	38588.0	15785.0	47827.0
电视台营业额	万元	35695.0	56340.0	43828.0	9039.0	34408.0
广播电台营业额	万元	6030.0	7697.0	5050.0	1525.0	5630.0
杂志社营业额	万元	4521.0	3851.0	3934.0	1632.0	2283.0

我国各地区 1990～1994 年广告经营发展情况

地区	单位	1990	1991	1992	1993	1994
全国	万元	250172.6	350892.6	678675.4	1340873.6	2002623.0
北京	万元	49184.5	55074.5	163755.5	291103.6	385202.0
天津	万元	10532.9	18375.1	19727.7	37472.8	41168.0
河北	万元	5144.1	8921.4	13606.7	14232.8	24498.0
山西	万元	2772.5	4060.5	7510.8	12337.0	44329.0
内蒙古	万元	1309.8	2008.4	30067.7	5086.0	6769.0
辽宁	万元	10079.0	13867.5	26227.0	50348.7	62211.0
吉林	万元	2744.9	3528.7	6704.1	9185.0	14228.0
黑龙江	万元	3867.7	6087.0	9646.4	16314.2	18938.0
上海	万元	22788.7	40658.3	79009.0	210807.1	296250.0
江苏	万元	15005.6	20331.0	32250.0	85455.0	134056.0
浙江	万元	12325.3	18379.3	28200.0	63656.1	120276.0
安徽	万元	3981.1	4283.9	9339.6	13676.1	24529.0
福建	万元	6878.0	10142.2	21404.7	35057.2	58457.0
江西	万元	3013.0	4647.6	6214.5	9570.3	18005.0
山东	万元	11337.0	17335.4	36053.1	56585.2	94498.0
河南	万元	4391.5	7184.7	12310.1	20486.7	34554.0
湖北	万元	6076.9	7491.8	12403.9	29425.8	54150.0
湖南	万元	5106.9	6200.0	15008.7	29834.0	48134.0
广东	万元	38942.4	54288.2	106600.2	214717.3	320315.0
广西	万元	3380.4	5990.2	10233.2	18009.9	29195.0
海南	万元	1443.1	1600.0	4507.9	12651.1	19760.0
四川	万元	17401.8	21744.0	32516.2	50022.1	75052.0
贵州	万元	1846.1	2607.0	4543.0	5347.4	7336.0
云南	万元	2322.3	3429.7	5716.9	12313.0	19215.0
西藏	万元	16.7	18.2	34.0	104.5	105.0
陕西	万元	3860.9	5172.9	10399.2	19761.4	27483.0
甘肃	万元	1351.1	1448.9	2645.9	4689.5	6602.0
青海	万元	908.1	952.1	1196.4	1596.8	1732.0
宁夏	万元	603.0	822.5	1416.6	2530.0	2153.0
新疆	万元	1557.3	4241.4	4186.6	8477.0	13428.0

我国各地区 1992 年广告经营排序情况

排序	地区	1992 年 广告营业额 万元	1991 年 广告营业额 万元	1992 年 增长率 %	1992 年 增长率 排序	1991 年 排序 （ ）
1	北京	163755.5	55074.5	197.3	1	(1)
2	广东	106600.2	54288.2	96.4	8	(2)
3	上海	79009.0	40658.3	94.3	9	(3)
4	山东	36053.1	17375.4	108.0	6	(8)
5	四川	32516.2	21744.0	49.5	24	(4)
6	江苏	32250.0	20331.0	58.6	20	(5)
7	浙江	28200.0	18379.3	53.4	21	(6)
8	辽宁	26227.0	13867.5	89.1	11	(9)
9	福建	21404.7	10142.2	111.1	5	(10)
10	天津	19727.2	18375.1	7.4	28	(7)
11	湖南	15008.7	6200.1	142.1	3	(14)
12	河北	13606.7	8921.4	52.5	22	(11)
13	湖北	12403.9	7491.8	65.6	19	(12)
14	河南	12310.1	7184.7	71.3	17	(13)
15	陕西	10399.2	5172.9	101.0	7	(17)
16	广西	10273.2	5990.2	71.5	16	(16)
17	安徽	9239.6	4283.9	115.7	4	(19)
18	黑龙江	9046.4	6087.0	48.6	25	(15)
19	山西	7510.8	4060.5	85.0	14	(21)
20	吉林	6704.1	3528.7	90.0	10	(22)
21	江西	6214.5	4647.6	33.7	26	(18)
22	云南	5716.9	3424.7	66.9	18	(23)
23	海南	4507.9	1600.4	181.7	2	(26)
24	新疆	4186.6	4241.4	－1.3	29	(20)
25	内蒙古	3006.7	2008.4	49.7	23	(25)
26	甘肃	2695.7	1448.9	86.1	13	(27)
27	宁夏	1416.6	822.5	72.2	15	(29)
28	青海	1196.4	952.2	25.6	27	(28)
29	贵州	454.3	2607.0	－82.6	30	(24)
30	西藏	34.0	18.2	86.8	12	(30)

我国各地区 1993 年广告经营排序情况

排序	地区	1993 年广告营业额	1992 年广告营业额	1993 年增长率	1993 年增长率	1992 年排序
		万元	万元	%	排序	( )
1	北京	291103.6	163755.5	56.3	23	(1)
2	广东	214717.3	106600.2	101.4	10	(2)
3	上海	210807.1	79009.0	166.8	4	(3)
4	江苏	85455.0	32250.0	165.0	5	(6)
5	浙江	63656.1	28200.0	125.7	7	(7)
6	山东	56585.2	36053.1	56.9	22	(4)
7	辽宁	50348.7	26227.0	92.0	11	(8)
8	四川	50022.1	32516.2	53.8	25	(5)
9	天津	37472.8	19727.2	90.0	13	(10)
10	福建	35057.2	21404.7	63.8	21	(9)
11	湖南	29834.0	15008.7	39.4	27	(11)
12	湖北	29425.8	12403.9	137.2	6	(13)
13	河南	20486.7	12310.1	66.4	19	(14)
14	陕西	19761.4	10393.2	90.1	12	(15)
15	广西	18029.9	10273.2	75.5	16	(16)
16	黑龙江	16314.2	9046.4	80.3	14	(18)
17	河北	14232.8	13606.7	4.6	30	(12)
18	安徽	13676.1	9239.6	48.0	26	(17)
19	海南	12651.1	4507.9	180.6	3	(23)
20	山西	12337.0	75108.0	64.3	20	(19)
21	云南	12313.0	5716.9	115.4	8	(22)
22	江西	9570.3	6214.5	54.0	24	(21)
23	吉林	9125.0	6704.1	36.1	28	(20)
24	新疆	8477.0	4186.6	102.5	9	(24)
25	贵州	5347.4	454.3	1077.1	1	(29)
26	内蒙古	5086.0	3006.7	69.2	18	(25)
27	甘肃	4689.5	2695.9	73.9	17	(26)
28	宁夏	2530.0	1416.6	78.6	15	(27)
29	青海	1596.8	1196.4	33.5	29	(28)
30	西藏	104.5	34.0	207.4	2	(30)

我国各地区1994年广告营业额排序情况

排序	地区	1994年广告营业额 万元	1993年广告营业额 万元	1994年增长率 %	1994年增长率 排序	1993年排序 ( )
1	北京	385202.0	291103.6	32.3	24	(1)
2	广东	320310.0	214717.3	49.2	18	(2)
3	上海	296250.0	210807.1	40.5	20	(3)
4	江苏	134056.0	85455.0	56.9	13	(4)
5	浙江、	120276.0	63656.1	88.9	2	(5)
6	山东	94498.0	56385.2	67.6	8	(6)
7	四川	75052.0	50022.1	50.0	17	(8)
8	辽宁	62211.0	50348.7	23.6	25	(7)
9	福建	58457.0	35057.2	66.8	9	(10)
10	湖北	54150.0	29425.8	84.0	4	(12)
11	湖南	48134.0	29834.0	61.3	11	(11)
12	山西	44329.0	12337.0	259.3	1	(20)
13	天津	41168.0	37472.0	9.9	27	(9)
14	河南	34554.0	20486.7	68.7	7	(13)
15	广西	29195.0	18009.9	62.1	10	(15)
16	陕西	27483.0	19761.4	39.1	21	(14)
17	安徽	24529.0	13676.1	79.4	5	(18)
18	河北	24498.0	14232.8	72.1	6	(17)
19	海南	19760.0	12651.1	56.2	14	(19)
20	云南	19215.0	12313.0	56.1	15	(21)
21	黑龙江	18938.0	16314.2	16.1	26	(16)
22	江西	18005.0	9570.3	88.1	3	(22)
23	吉林	14228.0	9185.0	54.9	16	(23)
24	新疆	13428.0	8477.0	58.4	12	(24)
25	贵州	7336.0	5347.4	37.2	22	(25)
26	内蒙古	6769.0	5086.0	33.1	23	(26)
27	甘肃	6602.0	4689.5	40.8	19	(27)
28	宁夏	2153.0	2530.0	−14.9	30	(28)
29	青海	1732.0	1596.8	8.5	28	(29)
30	西藏	105.0	104.5	0.5	29	(30)

我国各地区 1983～1994 年广告经营单位发展情况

地区	单位	1983	1990	1991	1992	1993	1994
全国	户	2340	11123	11769	16683	31770	43046
北京	户	249	692	714	997	1879	2833
天津	户	58	539	570	750	856	1116
河北	户	101	443	511	719	1108	1309
山西	户	92	319	342	371	545	819
内蒙古	户	75	164	180	228	437	551
辽宁	户	167	567	547	890	1636	2040
吉林	户	55	244	248	407	843	815
黑龙江	户	50	324	346	433	815	1106
上海	户	152	534	547	834	1497	2217
江苏	户	102	662	660	1161	2672	3285
浙江	户	130	470	489	864	1980	2688
安徽	户	64	282	295	405	720	1040
福建	户	75	153	159	214	566	826
江西	户	53	381	361	552	730	1111
山东	户	134	489	535	829	1650	2343
河南	户	106	381	351	405	846	1288
湖北	户	96	401	403	547	962	1236
湖南	户	34	483	550	866	1723	2213
广东	户	145	1116	1226	1835	4246	5832
广西	户	29	217	235	304	698	913
海南	户	—	134	129	141	347	699
四川	户	268	1033	1012	1353	2199	3041
贵州	户	9	161	185	222	395	545
云南	户	28	136	138	212	395	551
西藏	户	—	5	5	—	21	21
陕西	户	32	335	335	497	1047	1350
甘肃	户	9	190	210	258	392	474
青海	户	6	62	69	105	104	118
宁夏	户	14	62	69	105	180	226
新疆	户	7	164	380	213	382	440

我国1990～1994年广告经营单位分类(经济类型)情况

	单位	1990	1991	1992	1993	1994
一、全国合计	户	11123	11769	16683	31770	43046
二、全民	户	8455	9197	12181	19882	18557
三、集体	户	2315	(*)	3740	9648	16415
四、个体、私营	户	336	(242)	664	1960	4785
五、外商投资	户	17	(*)	98	290	558
六、股份制企业	户	—	—	—	—	1557
七、联营企业	户	—	—	—	—	218
八、其他	户	—	—	—	—	956

我国1990～1994年广告经营单位分类(经营媒体)情况

	单位	1990	1991	1992	1993	1994
一、全国合计	户	11123	11769	16683	31770	43046
二、专业广告公司	户	1076	1156	3037	11044	18375
三、报纸	户	1298	1387	1539	2054	2509
四、杂志	户	2196	2327	2701	3324	3774
五、电视	户	345	838	981	1606	1985
六、广播	户	263	623	660	834	929
七、其他	户	5945	5438	7765	12908	15474
(内含有线广播)	户	(648)	(792)	(671)	(519)	(519)

我国各地区 1983～1994 年广告从业人口发展情况

地区	单位	1983	1990	1991	1992	1993	1994
全国	人	34853	131970	134506	185428	311967	410094
北京	人	1334	4950	5408	10372	21017	33629
天津	人	401	13464	14279	15800	13104	11394
河北	人	430	3857	4208	6947	9290	11067
山西	人	640	2813	2519	2519	3940	5832
内蒙古	人	422	1026	1198	1539	2952	4005
辽宁	人	1648	5426	5332	7896	11608	14278
吉林	人	435	1667	1300	2154	3680	4250
黑龙江	人	414	2409	2477	3430	6398	8134
上海	人	1894	6889	7269	10630	20778	28804
江苏	人	1354	7442	7399	13558	24579	30728
浙江	人	1025	4073	4233	7664	18607	23069
安徽	人	376	2384	2432	3818	5914	9358
福建	人	760	1667	1880	2817	6556	8386
江西	人	331	4801	4700	6217	8952	8687
山东	人	1365	5441	6667	9904	18851	23844
河南	人	3275	3611	3375	3720	6818	11159
湖北	人	748	4278	4410	4558	7994	11917
湖南	人	398	4783	5072	9738	16425	24299
广东	人	1295	15411	16677	21747	41351	52057
广西	人	425	1985	2333	3470	8701	11753
海南	人	—	1050	1020	1246	3559	10250
四川	人	14927	22656	19316	22286	25740	32933
贵州	人	187	1175	1459	1870	3431	5756
云南	人	109	1019	804	1697	2630	3531
西藏	人	—	65	42	18	—	—
陕西	人	324	3785	3065	4665	9236	10544
甘肃	人	109	1819	2151	2456	4235	4790
青海	人	72	412	380	411	581	719
宁夏	人	77	469	578	764	1482	1471
新疆	人	78	1145	2534	1517	2558	3450

我国广告公司1994、1993年广告营业额前20名排序

排序	经营单位	1994年营业额 万元	排序	经营单位	1993年营业额 万元
1	上海广告公司	18321	1	上海广告公司	18565
2	中国广告联合总公司	18136	2	上海市广告装潢公司	11005
3	北京国安广告公司	16000	3	新世纪广告有限公司	10500
4	广东省广告公司	15165	4	中国广告联合总公司	10048
5	麦肯·光明广告有限公司	15100	5	中国国际广告公司	10000
6	北京广告公司	15000	6	盛世长城广告有限公司	10000
7	中国国际广告公司	15000	7	广东省广告公司	9280
8	上海奥美广告有限公司	13492	8	长城国际广告有限公司	9186
9	长城国际广告有限公司	12964	9	海润国际广告有限公司	8633
10	上海市广告装潢公司	12303	10	东方广告有限公司	8300
11	海润国际广告有限公司	11826	11	白马广告有限公司	8163
12	中化国际广告展览公司	11264	12	星华国际市场开发公司	7500
13	福建省广播电视广告总公司	9687	13	电扬广告有限公司	7424
14	上海美术设计公司	9292	14	上海美术设计公司	7052
15	海南金马广告有限公司	8835	15	福建省广播电视广告总公司	6605
16	浙江省国际广告公司	8504	16	北京广告公司	6500
17	电扬广告有限公司	7029	17	(上海)金马广告有限公司	4108
18	北京北奥广告公司	5800	18	上海奥美广告有限公司	4069
19	南京市广告公司	5499	19	天联广告有限公司(北京)	4000
20	中国对外贸易广州广告公司	5146	20	麦肯·光明上海分公司	3500

我国报纸 1994、1993 年广告营业额前 10 名排序

排序	经营单位	1994 年营业额 万元	排序	经营单位	1993 年营业额 万元
1	羊城晚报(广州)	31000	1	广州日报	18500
2	广州日报	30600	2	羊城晚报	18000
3	新民晚报(上海)	262100	3	解放日报	16378
4	北京日报(包括北京晚报)	19210	4	新民晚报	15880
5	解放日报(上海)	17768	5	海南日报	13000
6	深圳特区报	16000	6	南方日报	12000
7	南方日报	15120	6	深圳特区日报	12000
8	新华日报(包括扬子晚报)	11000	8	北京日报	10255
9	人民日报	10340	9	文汇报	8520
10	成都晚报	9223	10	人民日报	7200

我国电视 1994、1993 年广告营业额前 10 名排序

排序	经营单位	1994 年营业额 万元	排序	经营单位	1993 年营业额 万元
1	中央电视台	96904	1	中央电视台	64693
2	上海电视台	22135	2	上海电视台	19326
3	北京电视台	21488	3	北京电视台	13000
4	东方电视台	20014	4	广东电视台	12400
5	广东电视台	16000	5	上海东方电视台	12070
6	天津电视台	7379	6	钱江电视台	7415
7	广州电视台	6800	7	天津电视台	6600
8	浙江电视台	6800	8	江苏电视台	4500
9	江苏电视台	6123	9	湖南电视台	4000
10	辽宁电视台	6000	9	山东电视台	4000

我国广播1994、1993年广告营业额前10名排序

排序	经营单位	1994年营业额 万元	排序	经营单位	1993年营业额 万元
1	中央人民广播电台	4150	1	中央人民广播电台	4175
2	上海人民广播电台	3300	2	上海人民广播电台	2000
3	湖北人民广播电台	2676	3	广东人民广播电台	1955
4	东方广播电台(上海)	2300	4	广州市人民广播电台	1800
5	广东人民广播电台	2150	5	东方广播电台(上海)	1505
6	广州市人民广播电台	2100	6	北京人民广播电台	1000
7	北京人民广播电台	1413	7	山东人民广播电台	650
8	南京市人民广播电台	1300	8	南京市人民广播电台	650
8	佛山市人民广播电台	1300	9	江苏人民广播电台	600
10	辽宁人民广播电台	1100	10	安徽人民广播电台	507

我国杂志1994年广告营业额前10名排序

排序	经营单位	1994年营业额 万元	排序	经营单位	1994年营业额 万元
1	《中华英才》画报	505	6	《知音》杂志	140
2	《半月谈》杂志	290	7	《电视电声》杂志	131
3	《上海电视》杂志	218	8	《电世界》杂志	129
4	《瞭望》周刊	209	9	《北京周报》	117
5	《中国金融电脑》杂志	150	10	《辽宁画报》	106

我国广告媒体覆盖面 1990～1994 年发展状况

		单位	1990	1991	1992	1993	1994
一、报纸(省市级)数量		种	774	812	875	943	972
	印数	亿份	160.50	176.59	189.05	192.60	186.70
二、杂志	数量	种	5751	6056	6486	7011	7175
	总印数	亿册	17.90	20.62	23.61	23.50	22.50
三、电视	中心台	座	509	543	586	684	764
四、电视接收机(百户拥有量)							
	城镇	黑白(台)	52.36	43.93	37.71	35.92	30.47
	城镇	彩电(台)	59.04	68.41	74.87	79.46	86.21
	农民	台	44.44	47.53	60.52	69.16	75.77
	(其中彩电)	台	(4.72)	(6.44)	(8.08)	(10.86)	(13.60)
五、广播	电台	座	635	724	812	987	1108
六、收录机(百户拥有量)							
	城镇	台	45.25	43.95	73.59	75.53	72.96
	农民	台	17.83	19.64	20.95	24.24	25.97
七、路牌(广告公司拥有量)		块	226723	89918	103330	134543	130138
八、灯箱(广告公司拥有量)		个	28606	28831	18980	72559	85394
九、橱窗(广告公司拥有量)		个	12697	20268	15353	32804	38131

我国香港地区 1989～1993 年广告经营情况比较

	单位	1989	1990	1991	1992	1993
总广告费	万元港币	554000	672000	756900	926000	1148100
占总广告费比率	%	—	121.3	112.6	122.8	124.0
一、电视广告经营额	万元	280400	329100	378000	433600	497300
占总广告费比率	%	50.6	49.0	49.0	46.8	43.3
与上年比较	%	—	117.4	114.9	114.7	114.7
二、新闻广告经营额	万元	158700	192800	213900	289800	413400
占总广告费比率	%	28.5	28.7	28.3	31.3	36.0
与上年比较	%	—	121.5	110.9	135.5	142.7
三、杂志广告经营额	万元	71500	90400	96400	109400	123600
占总广告费比率	%	12.9	13.5	12.7	11.8	10.8
与上年比较	%	—	126.4	106.6	113.5	113.0
四、广播广告经营额	万元	20800	29600	35300	56600	68700
占总广告费比率	%	3.8	4.4	4.7	6.1	6.0
与上年比较	%	—	142.3	119.3	160.3	121.4
五、电影广告经营额	万元	7500	8700	8700	8000	6600
占总广告费比率	%	1.4	1.3	1.2	0.9	0.6
与上年比较	%	—	116.0	100.0	－8.9	－17.5
六、地铁广告经营额	万元	14000	19700	22800	26000	29700
占总广告费比率	%	2.5	2.9	3.0	2.8	2.6
与上年比较	%	—	140.7	115.3	114.0	114.2
七、其他广告经营额	万元	1100	1700	1800	2600	8800
占总广告费比率	%	0.2	0.3	0.2	0.3	0.8
与上年比较	%	—	154.5	105.9	144.4	338.5

我国台湾地区 1989～1994 年广告经营情况比较

	单位	1989	1990	1991	1992	1993	1994
总广告费	万元台币	4808923	4983849	5485922	7011074	7479575	8057240
与上年比较	%	—	112.8	110.1	128.3	106.68	107.72
一、报纸广告费	万元	2083955	1975039	2125043	2773514	2774890	2813941
占总广告费比重	%	43.4	39.6	38.7	39.6	37.1	34.92
与上年比较	%	—	94.8	107.6	130.5	100.05	101.41
二、电视广告费	万元	1413989	1587879	1790030	2268163	2498379	2906247
占总广告费比重	%	27.5	31.9	32.6	32.3	33.4	36.07
与上年比较	%	—	112.3	112.7	126.7	110.15	116.33
三、杂志广告费	万元	307211	323942	355016	435575	468752	466159
占总广告费比重	%	6.4	6.5	6.5	6.2	6.27	5.79
与上年比较	%	—	105.5	109.6	106.5	107.62	99.45
四、广播广告费	万元	227594	246989	266626	271829	316432	340017
占总广告费比重	%	4.7	5.0	4.9	3.9	4.23	4.22
与上年比较	%	—	108.5	108.0	102.0	116.41	107.45
五、户外广告费	万元	100000	110000	110000	140000	160000	160000
占总广告费比重	%	3.1	2.2	2.0	2.0	2.14	1.99
与上年比较	%	—	110.0	100.0	127.3	114.29	100.00
六、邮递广告费	万元	90000	90000	100000	135000	175000	210000
占总广告费比重	%	1.9	1.8	1.8	1.9	2.34	2.61
与上年比较	%	—	100.0	111.1	135.0	129.63	120.00
七、其他广告费	万元	578144	650000	719207	986993	1086119	1160876
占总广告费比重	%	12.0	13.0	13.1	14.0	14.53	14.40
与上年比较	%	—	112.4	110.6	137.2	110.04	106.88

注：以上资料系根据有关材料综合整理(1995.5.鲁斌)

94年中国广告公司实力评价结果

国家工商行政管理局　中国企业评价协会　　共同公布

综合实力排序(1～50家)

名次	公司名称	综合得分
1	上海广告公司	97.35
2	中国广告联合总公司	90.99
3	广东省广告公司	90.38
4	长城国际广告有限公司	88.89
5	中化国际广告展览有限公司	88.14
6	北京广告公司	82.72
7	海润国际广告有限公司	82.63
8	上海市广告装潢公司	78.55
9	金马广告有限公司	78.23
10	北京国安广告公司	76.28
11	电扬广告有限公司	76.03
12	福建广播电视广告总公司	75.40
13	中国国际广告公司	74.55
14	上海奥美广告有限公司	74.47
15	浙江省国际广告公司	73.86
16	南京市广告公司	73.31
17	珠海经济特区东方广告公司	73.07
18	金马广告有限公司上海分公司	72.80
19	江苏国际广告公司	72.63
20	广东南国国际广告公司	71.54
21	上海工合广告公司	71.33
22	广州三九传播企业公司	71.26
23	浙江省广播电视广告中心	70.85
24	麦肯·光明广告有限公司	70.62
25	上海市美术设计公司	70.50
26	天津市广告公司	70.41
27	上海文化发展总公司	70.14
28	北京市广告艺术公司	69.60
29	北京北奥广告公司	69.57
30	广西南方广告公司	69.52
31	上海虹桥国际机场广告公司	69.00
32	福建日报广告总公司	68.95
33	青岛电视广告实业总公司	68.50
34	福建省广告公司	68.47
35	中国对外贸易广州广告公司	68.30
36	中国机电广告公司	68.22
37	深圳机场广告公司	67.59
38	上海新闻广告公司	67.44
39	昆明风驰广告(集团)公司	67.30
40	凤凰国际广告有限公司	66.62
41	昆明恒通广告公司	66.41
42	上海解放广告有限公司	66.40
43	上海科技广告公司	66.36
44	长沙市美术广告公司	65.98
45	深圳市美术广告公司	65.80
46	上海宝久广告有限公司	65.70
47	广东天贸集团广告公司	65.63
48	齐鲁广告公司	64.98
49	杭州市美术公司	64.96
50	长沙澳深广告公司	64.46

94 年中国广告公司实力评价结果

国家工商行政管理局　中国企业评价协会　共同公布

广告营业额排序(1～50 家)

名次	公司名称	广告营业额(万元)	名次	公司名称	广告营业额(万元)
1	上海广告公司	18321.0	26	江苏国际广告公司	3214.0
2	中国广告联合总公司	18136.9	27	福建日报广告总公司	3200.0
3	北京国安广告总公司	16000.0	28	福建省广告公司	3159.8
4	广东省广告公司	15165.0	29	广州三九传播企业公司	3086.0
5	麦肯·光明广告有限公司	15100.0	30	北京电通广告有限公司	2877.0
6	北京广告公司	15000.0	31	广东省商业广告公司	2500.0
7	中国国际广告公司	15000.0	32	凤凰国际广告有限公司	2460.0
8	上海奥美广告有限公司	13492.0	33	上海创导广告有限公司	2448.0
9	长城国际广告有限公司	12964.0	34	青岛电视广告实业总公司	2400.0
10	上海市广告装潢公司	12303.9	35	浙江省广播电视广告中心	2380.0
11	海润国际广告有限公司	11826.7	36	中国邮政广告公司	2300.0
12	中化国际广告展览有限公司	11264.6	37	上海文化发展总公司	2270.0
13	福建广播电视广告总公司	9687.9	38	上海市公共交通广告公司	2228.4
14	上海美术设计公司	9292.8	39	浙江电视广告公司	2223.0
15	金马广告有限公司	8835.1	40	上海东上海国际文化影视公司	2200.0
16	浙江省国际广告公司	8504.0	41	上海旭通广告有限公司	2000.0
17	电扬广告有限公司	7029.0	42	上海丽人广告公司	2000.0
18	北京北奥广告公司	5800.0	43	北京市公交广告公司	1994.0
19	南京市广告公司	5499.0	44	上海黄页电信广告公司	1865.0
20	中国对外贸易广州广告公司	5146.0	45	昆明风驰广告(集团)公司	1758.0
21	金马广告有限公司上海分公司	4772.6	46	珠海对外广告展览贸易公司	1655.0
22	中国机电广告公司	4340.0	47	广东南国国际广告公司	1650.0
23	北京市广告艺术公司	4123.0	48	上海市广达广告公司	1640.0
24	上海霓虹电器厂	3329.0	49	深圳机场广告公司	1608.0
25	广西南方广告公司	3280.0	50	中体广告公司	1591.1

政策、法规

中华人民共和国广告法

(1994 年 10 月 27 日第八届全国人民代表大会常务委员会第十次会议通过)

第一章 总 则

第一条 为了规范广告活动,促进广告业的健康发展,保护消费者的合法权益,维护社会经济秩序,发挥广告在社会主义市场经济中的积极作用,制定本法。

第二条 广告主、广告经营者、广告发布者在中华人民共和国境内从事广告活动,应当遵守本法。

本法所称广告,是指商品经营者或者服务提供者承担费用,通过一定媒介和形式直接或者间接地介绍自己所推销的商品或者所提供的服务的商业广告。

本法所称广告主,是指为推销商品或者提供服务,自行或者委托他人设计、制作、发布广告的法人、其他经济组织或者个人。

本法所称广告经营者,是指受委托提供广告设计、制作、代理服务的法人、其他经济组织或者个人。

本法所称广告发布者,是指为广告主或者广告主委托的广告经营者发布广告的法人或者其他经济组织。

第三条 广告应当真实、合法,符合社会主义精神文明建设的要求。

第四条 广告不得含有虚假的内容,不得欺骗和误导消费者。

第五条 广告主、广告经营者、广告发布者从事广告活动,应当遵守法律、行政法规,遵循公平、诚实信用的原则。

第六条 县级以上人民政府工商行政管理部门是广告监督管理机关。

第二章 广告准则

第七条 广告内容应当有利于人民的身心健康，促进商品和服务质量的提高，保护消费者的合法权益，遵守社会公德和职业道德，维护国家的尊严和利益。

广告不得有下列情形：

(一)使用中华人民共和国国旗、国徽、国歌；

(二)使用国家机关和国家机关工作人员的名义；

(三)使用国家级、最高级、最佳等用语；

(四)妨碍社会安定和危害人身、财产安全，损害社会公共利益；

(五)妨碍社会公共秩序和违背社会良好风尚；

(六)含有淫秽、迷信、恐怖、暴力、丑恶的内容；

(七)含有民族、种族、宗教、性别歧视的内容；

(八)妨碍环境和自然资源保护；

(九)法律、行政法规规定禁止的其他情形。

第八条 广告不得损害未成年人和残疾人的身心健康。

第九条 广告中对商品的性能、产地、用途、质量、价格、生产者、有效期限、允诺或者对服务的内容、形式、质量、价格、允诺有表示的，应当清楚、明白。

广告中表明推销商品、提供服务附带赠送礼品的，应当标明赠送的品种和数量。

第十条 广告使用数据、统计资料、调查结果、文摘、引用语，应当真实、准确，并表明出处。

第十一条 广告中涉及专利产品或者专利方法的，应当标明专利号和专利种类。

未取得专利权的，不得在广告中谎称取得专利权。

禁止使用未授予专利权的专利申请和已经终止、撤销、无效的专利做广告。

第十二条 广告不得贬低其他生产经营者的商品或者服务。

第十三条 广告应当具有可识别性，能够使消费者辩明其为广告。

大众传播媒介不得以新闻报道形式发布广告。通过大众传播媒介发布的广告应当有广告标记，与其他非广告信息相区别，不得使消费者产生误解。

第十四条 药品、医疗器械广告不得有下列内容：

(一)含有不科学的表示功效的断言或者保证的；

(二)说明治愈率或者有效率的；

(三)与其他药品、医疗器械的功效和安全性比较的；

(四)利用医药科研单位、学术机构、医疗机构或者专家、医生、患者的名义和形象作证明的；

(五)法律、行政法规规定禁止的其他内容。

第十五条 药品广告的内容必须以国务院卫生行政部门或者省、自治区、直辖市卫生行政部门批准的说明书为准。

国家规定的应当在医生指导下使用的治疗性药品广告中，必须注明“按医生处方购买和使用”。

第十六条 麻醉药品、精神药品、毒性药品、放射性药品等特殊药品，不得做广告。

第十七条 农药广告不得有下列内容：

(一)使用无毒、无害等表明安全性的绝对化断言的;

(二)含有不科学的表示功效的断言或者保证的;

(三)含有违反农药安全使用规程的文字、语言或者画面的;

(四)法律、行政法规规定禁止的其他内容。

第十八条 禁止利用广播、电影、电视、报纸、期刊发布烟草广告。

禁止在各类等候室、影剧院、会议厅堂、体育比赛场馆等公共场所设置烟草广告。

烟草广告中必须标明"吸烟有害健康"。

第十九条 食品、酒类、化妆品广告的内容必须符合卫生许可的事项,并不得使用医疗用语或者易与药品混淆的用语。

第三章 广告活动

第二十条 广告主、广告经营者、广告发布者之间在广告活动中应当依法订立书面合同,明确各方的权利和义务。

第二十一条 广告主、广告经营者、广告发布者不得在广告活动中进行任何形式的不正当竞争。

第二十二条 广告主自行或者委托他人设计、制作、发布广告,所推销的商品或者所提供的服务应当符合广告主的经营范围。

第二十三条 广告主委托设计、制作、发布广告,应当委托具有合法经营资格的广告经营者、广告发布者。

第二十四条 广告主自行或者委托他人设计、制作、发布广告,应当具有或者提供真实、合法、有效的下列证明文件:

(一)营业执照以及其他生产、经营资格的证明文件;

(二)质量检验机构对广告中有关商品质量内容出具的证明文件;

(三)确认广告内容真实性的其他证明文件。

依照本法第三十四条的规定,发布广告需要经有关行政主管部门审查的,还应当提供有关批准文件。

第二十五条 广告主或者广告经营者在广告中使用他人名义、形象的,应当事先取得他人的书面同意;使用无民事行为能力人、限制民事行为能力人的名义、形象的,应当事先取得其监护人的书面同意。

第二十六条 从事广告经营的,应当具有必要的专业技术人员、制作设备,并依法办理公司或者广告经营登记,方可从事广告活动。

广播电台、电视台、报刊出版单位的广告业务,应当由其专门从事广告业务的机构办理,并依法办理兼营广告的登记。

第二十七条 广告经营者、广告发布者依据法律、行政法规查验有关证明文件,核实广告内容。对内容不实或者证明文件不全的广告,广告经营者不得提供设计、制作、代理服务,广告发布者不得发布。

第二十八条 广告经营者、广告发布者按照国家有关规定,建立、健全广告业务的承接登记、审核、档案管理制度。

第二十九条 广告收费应当合理、公开,收费标准和收费办法应当向物价和工商行政管理部门备案。

广告经营者、广告发布者应当公布其收费标准和收费办法。

第三十条 广告发布者向广告主、广告经营者提供的媒介覆盖率、收视率、发行量等资料应当真实。

第三十一条 法律、行政法规规定禁止生产、销售的商品或者提供的服务，以及禁止发布广告的商品或者服务，不得设计、制作、发布广告。

第三十二条 有下列情形之一的，不得设置户外广告：

(一)利用交通安全设施、交通标志的；

(二)影响市政公共设施、交通安全设施、交通标志使用的；

(三)妨碍生产或者人民生活，损害市容市貌的；

(四)国家机关、文物保护单位和名胜风景点的建筑控制地带；

(五)当地县级以上地方人民政府禁止设置户外广告的区域。

第三十三条 户外广告的设置规划和管理办法，由当地县级以上地方人民政府组织广告监督管理、城市建设、环境保护、公安等有关部门制定。

第四章 广告的审查

第三十四条 利用广播、电影、电视、报纸、期刊以及其他媒介发布药品、医疗器械、农药、兽药等商品的广告和法律、行政法规规定应当进行审查的其他广告，必须在发布前依照有关法律、行政法规由有关行政主管部门(以下简称广告审查机关)对广告内容进行审查；未经审查，不得发布。

第三十五条 广告主申请广告审查，应当依照法律、行政法规向广告审查机关提交有关证明文件。广告审查机关应当依照法律、行政法规作出审查决定。

第三十六条 任何单位和个人不得伪造、变造或者转让广告审查决定文件。

第五章 法律责任

第三十七条 违反本法规定，利用广告对商品或者服务作虚假宣传的，由广告监督管理机关责令广告主停止发布、并以等额广告费用在相应范围内公开更正消除影响，并处广告费用一倍以上五倍以下的罚款；对负有责任的广告经营者、广告发布者没收广告费用，并处广告费用一倍以上五倍以下的罚款；情节严重的，依法停止其广告业务。构成犯罪的，依法追究刑事责任。

第三十八条 违反本法规定，发布虚假广告，欺骗和误导消费者，使购买商品或者接受服务的消费者的合法权益受到损害的，由广告主依法承担民事责任；广告经营者、广告发布者明知或者应知广告虚假仍设计、制作、发布的，应当依法承担连带责任。

广告经营者、广告发布者不能提供广告主的真实名称、地址的，应当承担全部民事责任。

社会团体或者其他组织，在虚假广告中向消费者推荐商品或者服务，使消费者的合法权益受到损害的，应当依法承担连带责任。

第三十九条 发布广告违反本法第七条第二款规定的，由广告监督管理机关责令负有责任的广告主、广告经营者、广告发布者停止发布、公开更正，没收广告费用，并处广告费用一倍以上五倍以下的罚款;情节严重的,依法停止其广告业务。构成犯罪的,依法追究刑事责任。

第四十条 发布广告违反本法第九条至第十二条规定的,由广告监督管理机关责令负有责任的广告主、广告经营者、广告发布者停止发布、公开更正,没收广告费用,可以并处广告费用一倍以上五倍以下的罚款。

发布广告违反本法第十三条规定的,由广告监督管理机关责令广告发布者改正,处以一千元以上一万元以下的罚款。

第四十一条 违反本法第十四条至第十七条、第十九条规定,发布药品、医疗器械、农药、食品、酒类、化妆品广告的,或者违反本法第三十一条规定发布广告的,由广告监督管理机关责令负有责任的广告主、广告经营者、广告发布者改正或者停止发布,没收广告费用,可以并处广告费用一倍以上五倍以下的罚款;情节严重的,依法停止其广告业务。

第四十二条 违反本法第十八条的规定,利用广播、电影、电视、报纸、期刊发布烟草广告,或者在公共场所设置烟草广告的,由广告监督管理机关责令负有责任的广告主、广告经营者、广告发布者停止发布,没收广告费用,可以并处广告费用一倍以上五倍以下的罚款。

第四十三条 违反本法第三十四条的规定,未经广告审查机关审查批准,发布广告的,由广告监督管理机关责令负有责任的广告主、广告经营者、广告发布者停止发布,没收广告费用,并处广告费用一倍以上五倍以下的罚款。

第四十四条 广告主提供虚假证明文件的,由广告监督管理机关处以一万元以上十万元以下的罚款。

伪造、变造或者转让广告审查决定文件的,由广告监督管理机关没收违法所得,并处一万元以上十万元以下的罚款。构成犯罪的,依法追究刑事责任。

第四十五条 广告审查机关对违法的广告内容作出审查批准决定的,对直接负责的主管人员和其他直接责任人员,由其所在单位、上级机关、行政监察部门依法给予行政处分。

第四十六条 广告监督管理机关和广告审查机关的工作人员玩忽职守、滥用职权、徇私舞弊的,给予行政处分。构成犯罪的,依法追究刑事责任。

第四十七条 广告主、广告经营者、广告发布者违反本法规定,有下列侵权行为之一的,依法承担民事责任:

(一)在广告中损害未成年人或者残疾人的身心健康的;

(二)假冒他人专利的;

(三)贬低其他生产经营者的商品或者服务的;

(四)广告中未经同意使用他人名义、形象的;

(五)其他侵犯他人合法民事权益的。

第四十八条 当事人对行政处罚决定不服的,可以在接到处罚通知之日起十五日内向作出处罚决定的机关的上一级机关申请复议;当事人也可以在接到处罚通知之日起十五日内直接向人民法院起诉。

复议机关应当在接到复议申请之日起六十日内作出复议决定。当事人对复议决定不服的,可以在接到复议决定之日起十五日内向人民法院起诉。复议机关逾期不作出复议决定的,当事人可以在复议期满之日起十五日内向人民法院起诉。

当事人逾期不申请复议也不向人民法院起诉,又不履行处罚决定的,作出处罚决定的机关可以申请人民法院强制执行。

第六章 附 则

第四十九条 本法自 1995 年 2 月 1 日起施行。本法施行前制定的其他有关广告的法律、法规的内容与本法不符的,以本法为准。

关于外商投资广告企业登记管理有关问题的通知

各省、自治区、直辖市、计划单列市工商行政管理局:

据调查,近来,有的省、市工商行政管理局,违反广告管理法规和外商投资企业授权登记管理的有关规定,未经我局核准,擅自为外商独资广告公司进行了登记注册。

我国《广告管理条例》及其施行细则,不仅是国内企业,也是外商投资企业申请经营广告业务的法律依据。《广告管理条例施行细则》第五条、第七条只规定了中外合资、中外合作企业申请经营广告业务的核准登记程序,而未规定外商独资设立的广告企业的登记程序。因此,在尚无登记程序,或者未经我局授权的情况下,对申请设立外商独资广告公司的,各地不得擅自登记注册。现就有关问题通知如下:

一、各地应严格执行《广告管理条例施行细则》的有关规定,不得擅自核发外商投资(合资或独资)广告企业的营业执照。今后凡遇此类申请,均应报我局核准。

二、请各地在近期内,对外商投资广告企业的设立情况进行一次核查,凡属未经我局核准的,务必于今年 3 月 15 日前,将有关登记材料报送我局。

一九九四年一月二十五日

关于新闻媒介刊播广告有关问题的答复

西安市工商行政管理局:

你局(94)市工商(广)字第 4 号请示收悉。经研究,答复如下:

一、《广告管理条例》第九条明确规定,新闻单位刊播广告,应当有明确的标志。因此,在新闻媒介上发布的广告,必须与新闻或其它非广告内容相区别,不得使公众产生误解。凡无标志或因标志不明显,与新闻等非广告内容混淆的,可根据《广告管理条例施行细则》第二十四条的规定,对新闻单位予以处罚。

二、广播电台、电视台、报社等媒介单位的广告业务,应由经工商行政管理机关批准经营广告业务的广告部门统一承办,并且在开展广告业务收取费用时,使用税务机关统一监制的"广告业专用发票"。对于违反《广告管理条例》第六条规定,由非广告部门经营广告,规避国家广告监督管理的,可根据《广告管理条例施行细则》第二十一条的规定予以处罚。

三、媒介单位对于广告公司代理的广告业务，应根据《广告管理条例》及《广告管理条例施行细则》的规定，与广告公司签订合同。任何一方违反合同，另一方都可根据合同约定或事后达成的协议，申请仲裁或提起民事诉讼，依法解决合同纠纷。对违反合同不付给广告公司代理费的媒介单位，可根据《广告管理条例》第十五条，《广告管理条例施行细则》第十六条、第二十九条的规定，给予行政处罚。对明文作出“不付给或少付给广告公司代理费决定”的媒介单位，应责令其限期改正。拒不改正的，可依据《广告管理条例》第四条、《广告管理条例施行细则》第二十条的规定予以处罚。

一九九四年四月二十八日

对《关于如何认定自称未收费的“广告”的请示》的答复

四川省工商行政管理局：

你局《关于如何认定自称未收费的“广告”的请示》收悉。经研究，答复如下：

一、新闻媒介介绍烟草企业的报道，经工商行政管理机关查实和审计部门审核，确实未收取任何费用或报酬的，可不作为违禁广告处理。

二、对一些新闻媒介大量进行卷烟报道的倾向，工商行政管理机关可建议当地党委宣传部门和政府新闻出版管理部门，予以研究解决。

一九九四年五月二十六日

国家工商行政管理局、国务院台湾事务办公室关于加强海峡两岸广告交流管理的通知

各省、自治区、直辖市及计划单列市工商行政管理局、台湾事务办公室：

近年来，海峡两岸的经济交往与合作有了新的进展。为了适应两岸关系发展的需要，进一步推进两岸间的广告交流，根据当前我国改革开放和经济建设的形势以及台湾的实际情况，现就两岸广告交流管理的有关问题通知如下：

一、台湾企业和个人可以在大陆发布企业广告、商品广告和寻亲广告，其它广告不得在大陆发布。

二、台湾企业发布企业广告和商品广告，应委托大陆具有外商广告代理权的广告公司代理。台湾个人发布寻亲广告，可以委托前述大陆广告公司代理，也可以直接委托大陆广告媒介单位承办。

三、对台湾企业和个人在大陆发布的广告，实行在代理、发布前集中审查。国家工商行政管理局委托海峡经济科技合作中心负责广告审查的具体事务，并对审查工作进行监督、指导。

代理或承办台湾企业和个人广告业务的大陆广告公司或广告媒介单位，应在签订广告合

同之前，向海峡经济科技合作中心申请广告审查。通过审查的，方可签订广告合同。发布的广告内容，应以审查通过的为准。

四、中央电视台（不含第四套节目，下同）、中央人民广播电台、人民日报（国内版）、解放军报、《求是》杂志，不得发布台湾企业广告和商品广告。

中央电视台转播体育比赛、文艺演出时，设置在场馆内外的台湾企业广告和商品广告，可以作为背景出现，但不得专门制作、播出台湾企业广告和商品广告。

五、台湾企业广告、商品广告和个人寻亲广告，不得出现“中华民国”等含有“两个中国”及“一中一台”含义的内容。

六、大陆企业去台湾发布广告，应委托大陆具有外商广告代理权的广告公司代理，并由代理的广告公司向海峡经济科技合作中心申请广告审查。广告内容以审查通过的为准。

七、台湾企业广告、商品广告和个人寻亲广告的收费标准，参照港、澳地区来大陆广告的收费标准执行，并以外汇结算。

八、违反上述规定的，由工商行政管理机关依据广告管理法规的规定处罚。

附件：海峡经济科技合作中心简介

一九九四年七月二十日

附件：

海峡经济科技合作中心简介

海峡经济科技合作中心是经上级机关批准，直属国务院台湾事务办公室的事业单位，在国家工商行政管理局登记注册。

海峡经济科技合作中心是以民间身份从事海峡两岸经济科技合作交流的高层次联络机构。承办海峡两岸的经贸、科技合作考察、研讨、洽谈并提供系统服务；为双方介绍合作伙伴，接受委托办理投资立项申报及项目全过程服务；组织涉台产品和技术在大陆的展览。

海峡经济科技合作中心的注册住所是北京市西城区三里河东口贵阳饭店 714 房间，邮政编码是 100045，业务联系电话是 8501724。

关于认定新闻媒介以新闻形式收取费用宣传企业形象和产品问题的答复

甘肃省工商行政管理局：

你局甘工商广字[1994]161 号请示收悉。经研究，答复如下：

新闻媒介以经济动态、经济信息版等形式宣传企业形象和产品，并向客户收取高额费用，其本身属于广告，应按照广告管理法规严格管理。

一九九四年十月二十日

国家工商行政管理局、对外贸易经济合作部关于印发《国家工商行政管理局、对外贸易经济合作部关于设立外商投资广告企业的若干规定》的通知

各省、自治区、直辖市、计划单列市、经济特区工商行政管理局、经贸委(厅)：

现将《国家工商行政管理局、对外贸易经济合作部关于设立外商投资广告企业的若干规定》印发你们，请遵照执行。

附件：国家工商行政管理局、对外贸易经济合作部关于设立外商投资广告企业的若干规定

一九九四年十一月三日

国家工商行政管理局、对外贸易经济合作部关于设立外商投资广告企业的若干规定

第一条　为了更好地推动我国广告业为对外开放服务，保证外商投资广告企业的质量，促进我国广告业健康发展，制定本规定。

第二条　本规定所称外商投资广告企业，是指中外合资、合作经营广告业务的企业。

第三条　设立外商投资广告企业，应当遵循《中华人民共和国中外合资经营企业法》、《中华人民共和国中外合作经营企业法》、《中华人民共和国广告法》、《广告管理条例》、《广告经营者资质标准及广告经营范围核定用语规范》等有关法律、法规、规章。

第四条　外商投资广告企业的项目建议书和可行性研究报告，由国家工商行政管理局审定。外商投资广告企业的经营范围，由国家工商行政管理局依据《广告经营者资质标准及广告经营范围核定用语规范》，根据外商投资广告企业的类型，按设计、制作、发布、代理国内外广告业务的不同范围，分别予以核定。外商投资广告企业的合同和章程，由对外贸易经济合作部审查批准。

第五条　设立外商投资广告企业，按下列程序办理：

(一)外商投资广告企业的中方合营(含合作，下同)者，向所在地有外商投资企业核准登记

权的工商行政管理局呈报设立外商投资广告企业的项目建议书和可行性研究报告，由其提出初审意见，经省、自治区、直辖市及计划单列市工商行政管理局核转，报国家工商行政管理局审定。

中方合营者为国务院部、委、局直属企业的，中方合营者向其主管部门呈报设立外商投资广告企业的项目建议书和可行性研究报告，经审核同意后，转报国家工商行政管理局审定。

国家工商行政管理局自收到全部呈报文件之日起三十天内，作出同意或不同意的决定。

（二）国家工商行政管理局颁发《外商投资广告企业项目审定意见书》后，由中方合营者向所在地外经贸部门呈报设立外商投资广告企业的合同和章程，经省、自治区、直辖市、计划单列市外经贸部门核转，报对外贸易经济合作部审批。

中方合营者为国务院部、委、局直属企业的，中方合营者向其主管部门呈报设立外商投资广告企业的合同、章程。主管部门审核同意后，转报对外贸易经济合作部审批。

对外贸易经济合作部依照国家有关外商投资的法律、法规，在规定的期限内决定批准或不批准。

（三）中方合营者持国家工商行政管理局颁发的《外商投资广告企业项目审定意见书》和对外贸易经济合作部颁发的批准证书及法律、法规规定的其他文件，按企业登记注册的有关规定，向国家工商行政管理局或有外商投资企业核准登记权的地方工商行政管理局办理企业法人登记注册手续。

外商投资广告企业申请设立分支机构，由省、自治区、直辖市、计划单列市外经贸部门或国务院部、委、局审核同意后，转报对外贸易经济合作部，对外贸易经济合作部在征求国家工商行政管理局意见后，决定批准或不批准。

第六条 设立外商投资广告企业，除符合有关法律、法规规定的条件外，还应具备以下条件：

（一）合营各方必须是具有一定规模的以经营广告业务为主的企业法人；

（二）能够引进国际先进的广告制作技术和设备；

（三）具有市场调查、广告策划和广告效果测定等能力；

（四）能够在广告策划、创意、设计、制作和经营管理等方面培训中国职员；

（五）注册资本不低于 30 万美元。

第七条 申请设立分支机构的外商投资广告企业，应具备以下基本条件：

（一）注册资本全部缴清；

（二）年营业额不低于 2000 万元人民币；

（三）分支机构所在地须有 3 个以上相对固定的广告客户。

第八条 申请设立外商投资广告企业，由中方合营者按本规定第五条规定的程序，向国家工商行政管理局报送下列文件：

（一）申请设立外商投资广告企业的报告；

（二）中方合营者所属主管部门的批准文件；

（三）设立外商投资广告企业的项目建议书；

（四）合营各方共同编制的可行性研究报告；

（五）合营各方的登记注册证明；

（六）合营各方的资信证明；

（七）采用的主要制作设备、技术及其来源证明；

（八）广告管理制度；

（九）地方工商行政管理局的初审意见。

第九条 申请设立外商投资广告企业，应按本规定第五条规定的程序，向对外贸易经济合作部报送下列文件：

（一）地方外经贸部门或国务院部、委、局的报送文件；

（二）国家工商行政管理局颁发的《外商投资广告企业项目审定意见书》；

（三）设立外商投资广告企业的合同、章程；

（四）项目建议书及可行性研究报告；

（五）合营各方的登记注册证明；

（六）合营各方的资信证明；

（七）工商行政管理部门出具的名称核准书；

（八）合营企业的董事会名单及各方董事委派书。

第十条 外商投资广告企业通过审查取得批准证书后，如出现下列情况之一的，应按本规定第五条规定的程序另行报批：

（一）更换合营方；

（二）变更经营范围。

第十一条 外商投资企业申请增加广告经营业务的，参照本规定办理。

第十二条 本规定自一九九五年一月一日起施行。

关于禁止在广播、电视、报刊上变相为卷烟做广告的通知

各省、自治区、直辖市及计划单列市工商行政管理局：

最近以来，一些外国烟草商将其卷烟商标在我国其他类商品上注册，以为其他类商品做广告为名，在广播、电视、报刊上变相为卷烟做广告。这种行为，违反了广告管理法规的有关规定，应当依法制止。现通知如下：

一、各级工商行政管理机关应当采取切实措施，立即制止利用广播、电视、报刊，以介绍其他商品为名，变相为卷烟做广告的行为，违者，从严查处；在其它媒介上发布上述广告，亦应按照卷烟广告管理的有关规定，严格履行审批手续。

二、对确已成批生产、销售与烟草制品同一商标的商品，必须持本国生产、销售证明、产品样品及商标注册证（原本），经省级以上广告监督管理机关审查确认，方可刊播，但必须在广告中显著标明产品内容。违者，以变相刊播烟草广告论处。

三、上述规定，同时适用于对国内烟草广告的管理。

四、各省级以上广告监督管理机关，必须按规定从严审查，掌握标准，防止各地尺度不一，使烟草广告的监督管理工作出现漏洞。

一九九四年十一月十五日

关于卷烟广告宣传保健作用管理问题的答复

陕西省工商行政管理局：

你局《关于新混合型卷烟广告能否宣传保健作用问题的请示》(陕工商广函字[94]09 号)收悉。经研究，答复如下：

新混合型卷烟属于烟草制品，其广告不得宣传医疗保健作用。对这类卷烟广告，应依照《广告管理条例》及其它现行有关广告管理法规严格管理。《广告法》施行后，依照《广告法》进行管理。

一九九四年十二月二十日

关于认定“广告涉及他人名义”问题的答复

河南省工商行政管理局：

你局《关于应如何认定“广告涉及他人名义”的请示》[豫工商字(1994)第 239 号]收悉。经研究，答复如下：

我局工商广字[1993]第 214 号文件颁布的《广告审查标准》(试行)，只适用于经我局批复开展试点工作的地区。

其他地区认定广告使用他人名义问题，仍适用我局工商广字[1989]第 345 号和工商广字[1992]第 34 号文件的有关规定。

自 1995 年 2 月 1 日起，各地均应依据《中华人民共和国广告法》第七条、第二十五条的有关规定，认定此类问题。

一九九四年十二月三十一日

新闻出版署、国家工商行政管理局关于禁止以报纸形式印送广告宣传品及对印刷品广告加强管理的通知

各省、自治区、直辖市、计划单列市新闻出版局，工商行政管理局：

去年以来，在一些城市的公共场所，经常有人向群众免费发送以报纸形式印刷的广告宣传

品，有的则通过邮局随报（邮件）附送和委托报刊零售网点发送。这类印刷品大都以非新闻内容为主，采用报纸的编排形式，具有明显的报头标志，定期或不定期连续印制、发送，印制和发行量也较大。为了加强对这类印刷品的管理，特作如下通知：

一、任何单位（包括新闻出版单位）或个人，未经新闻出版管理部门批准，均不得以报纸形式编印出版物。报纸是有固定名称、刊期、开版，以新闻报道为主要内容，每周至少出版一期的散页连续出版物，也包括以非新闻性内容为主或出版周期超过一周的、以报纸形式（有固定名称、刊期、开版）出版的散页连续出版物。未经批准，擅自以报纸形式印制、发送的上述出版物，应视为非法出版物，由新闻出版管理部门予以查禁；情节严重的，依法给予行政处罚。

二、广告经营单位散发、邮送印刷品广告，必须具有工商行政管理机关核准的广告发布经营资格。

广告经营单位连续发送某种固定形式的印刷品广告，须经所在地工商行政管理机关批准。跨省、自治区、直辖市发送的，由所在地工商行政管理机关初审后，报国家工商行政管理局核准。

违反本条规定的，由工商行政管理机关依据《广告管理条例施行细则》第二十二条予以处罚。

三、印刷品广告不得出现任何非广告内容，必须标明承办单位名称、地址、印制时间、工商登记号。散页印刷品广告，各页均须标注“广告”字样。有固定名称的印刷品广告，名称中必须含有“广告”字样。

违反本条规定的，由工商行政管理机关依据《广告管理条例施行细则》，第十九条予以处罚。

四、新闻出版单位不得借出版非广告内容出版物（包括增刊、副刊等）的形式或以其他名义，变相发布广告，刊登“有偿新闻”。不得刊载内容与广告相混淆的文章。

违反本条规定的，由工商行政管理机关依据《广告管理条例施行细则》第二十四条予以处罚。

五、印刷厂承接新闻或非新闻性内容与广告同期编排的出版物，须查验新闻出版管理部门核发的准印证。各地新闻出版管理部门在核发准印证时，应对广告印刷品的稿样进行严格审查，不允许其使用报纸形式。违反本条规定的，由新闻出版管理部门予以处罚。

一九九四年八月十五日

中共中央宣传部、新闻出版署、中华人民共和国邮电部、国家工商行政管理局关于加强内部报刊管理的通知

各省、自治区、直辖市党委宣传部，新闻出版局，邮电管理局，工商行政管理局：

近几年来，一些单位公开征订、摆卖、定价销售内部报刊，利用内部报刊从事广告等经营活动或组织公开的社会活动，有的甚至将内部报刊发往海外，把不该泄露的情况泄露出去，造成对国家不利的后果。这种情况必须迅速加以纠正。现就内部报刊管理的有关问题通知如下：

一、内部报刊是指持“准印证”，在本系统、本行业、本单位内用于指导工作、交流经验、交换信息的非商品性连续出版物(登记的标志是不带有“国内统一刊号CN××——××××”，而只标明内部报刊准印证号)。出版内部报刊应严格遵守新闻出版署《内部报刊管理原则》的各项规定，有关部门特别是领导同志，应高度认识改革开放形势下内外不分的危害，切实加强对内部报刊的管理。新闻出版单位不得刊播内部报刊出版的消息、广告，不得刊登和播发内部报刊组织公开社会活动的消息，不得转载、播发内部报刊的消息、文章。

二、各地宣传部门、新闻出版管理部门，应共同把好内部报刊的审批、登记关。不得批准以内部报刊为名实际上公开发行的报刊。已批准登记的，应进行清理；有必要继续办的，严格按《内部报刊管理原则》管理，其发放和交换范围不得超越本行业、本系统，不得公开陈列，不准刊印定价，不得公开销售，更不准传播到国外和港澳台地区及境内的涉外单位，不得进行或参与任何经营活动(包括经营广告)和公开的社会活动。对仍进行各类公开活动的内部报刊，撤销其登记；进入市场的，予以收缴。对新闻出版单位继续发布和转载内部报刊消息和内容的，严格按报刊管理有关规定处理。

三、各地工商行政管理部门，对报刊出版单位申请从事广告及其它经营活动的，要严格审核报刊登记证明，凡属内部报刊，一律不予批准；已批准、发放给内部报刊的“广告经营许可证”、“临时性广告经营许可证”及开展其它经营活动的“营业执照”，自文到之日起，应即进行清理，予以注销。注销之后仍进行广告及其他经营活动的内部报刊，除按工商行政管理法规处罚外，还应通知所在地新闻出版局注销其出版登记。

四、各地邮电部门接受报刊邮发、零售或印制邮发报刊目录、报刊征订广告，应严格审核报刊登记证明，凡属内部报刊，均不得接受其发行、零售。

五、各地党委宣传部、新闻出版局、工商行政管理局、邮电管理局，要在当地党委和政府领导下，按各自的分工，认真负责，相互协调，相互配合，妥善做好内部报刊的清理工作，并将清理的结果于10月31日前报送中央宣传部和新闻出版署。

一九九四年七月二十日

1994年广告业大事记

▲1994年1月1日，广告行业开始全面贯彻落实《关于加快广告业发展的规划纲要》。《纲要》是在本世纪末之前指导广告业改革与发展的宏观、全局性文件，对我国广告业发展的指导思想、目标、重点以及采取的政策、措施等作了明确的规定，是开展广告业改革、企业转换机制、广告业结构优化、广告市场管理等工作的主要依据。

▲1月3日，国家工商行政管理局广告司同意在广东省的广州、深圳、珠海、汕头、佛山、湛江六城市进行广告代理制试点。这是继1993年国家工商行政管理局颁布《关于进行广告代理试点工作若干规定》开始在北京、天津、上海等城市进行试点之后的又一批城市。

▲1月5日，国务院办公厅关于印发国家工商行政管理局职能配置、内设机构和人员编制方案的通知，明确了广告司改名为广告监督管理司。

▲1月13日至14日，中国对外经济贸易广告协会第六届二次理事会在京召开，何长林副会长作工作报告，赵仁杰会长介绍了日本东京第18届亚洲广告大会情况，通报了北京获得1997年举办第20届亚洲广告大会承办权的消息，外经贸部部长助理刘向东到会介绍了全国外经贸形势，并对如何加强出口广告宣传工作作了重要指示。

▲1月20日，国家工商局广告监督管理司印发《广告监督管理司1994年工作要点》。

▲1月25日，国家工商局下发《关于外商投资广告企业登记管理有关问题的通知》。规定各地工商行政管理部门不得擅自核发外商投资(合资或独资)广告企业的营业执照。今后凡遇此类申请，均应报国家工商局核准。

▲1月28日，解放日报、上海广告装潢公司联合举行，纪念恢复广告15年、刊出第一条广告的活动。上海出版局、解放日报、市委宣传部、上装广公司、市工商局、市广协等有关领导出席会议，当年参与恢复广告刊播的报界、广告界老同志也参加了纪念活动。

▲2月18日，国家工商局广告监督管理司召开广告收费问题第二次研讨会。

▲2月间，20集大型系列电视节目《现代广告》在中央电视台开播。这是迄今为止在我国广告史上最大型的广告人员培训。是国家工商行政管理局与中央电视台合作，为了适应广告业发展需要组织知名专家、学者，在全国范围内通过函授和电视讲座相结合而进行的，旨在为我国培训更多广告专业人才。从此启动了94年第一期培训。

▲2月25日国家工商行政管理局信息中心与广告监督管理司公布综合统计资料，显示了我国广告业继续保持高速发展。初步统计，年经营额超134亿元人民币，比上年约增长97.6%；广告经营单位达3.1万家增长96.4%；从业人员达31万人，增长68.2%；广告费占亿元国民生产总值为0.45%；人均广告费达到16.7元。

▲3月2日，海南省广告协会在海口市召开成立大会。经民主选举郑先育(海南省工商局副局长)任协会会长。刘启瑜(海南省工商局广告处科长)任秘书长。

▲3月4日，中国广告协会电视委员会三届四次常委会在京召开，中央电视台陈汉元、谭希松、刘谨如，北京、上海、陕西、辽宁、沈阳、苏州、西安、广东、重庆等电视台担任常委的同志全部到会。这次会议：总结93年工

作，讨论94年工作要点；选举中央电视台副台长于广华担任委员会主任；会议还讨论了94年6月5日委员会成立十周年纪念事宜。

▲3月22日，国家工商局副局长杨培青、广告监督管理司司长刘保孚等人会见了美国乔治·华盛顿大学教授菲利普·格鲁布先生，并就华盛顿大学为中国培训广告人才以及广告如何为中国商品进入国际市场服务交换了意见。

▲3月间，北京广播学院成立了我国大陆第一个广告专业学系。这是该校继1988年9月经国家教委批准成立新闻系广告专业班，1989年夏正式向全国招生之后，在加强广告专业教育方面的又一重大举措。

▲4月6日，中广协铁路委员会在北京成立。原铁道部副部长石希玉、中广协会长田树千、国家工商局广告司副司长郑和平、中广协副秘书长贾玉斌同志到会。聂风竹同志（中国铁路对外服务公司总经理）任主任。秦振东（中国铁路对外服务公司处长）任秘书长。

▲4月7日到9日，由中国对外经济贸易广告协会、广东锦华贸易开发公司和番禺市政府联合主办的全国广告印刷业务洽谈会在番禺市举行，外广协何长林副会长、锦华公司李泮怡董事长和番禺市经委主任周文斌等出席了会议。

▲4月11日，中广协公交委员会在天津召开成立会。中国广告协会会长田树千、国家工商局广告监督管理司副司长安树坤同志出席了会议。朱小林（上海市公交广告公司经理）任委员会主任，冯有志（石家庄市公交广告公司经理）任执行主任，李娟（石家庄市公交广告公司副经理）任秘书长。截至1994年底委员会已有成员单位137个，遍及全国29省、市、自治区。

▲4月间，由中国广告协会主办的广告杂志《现代广告》经国家新闻出版署批准，正式创刊出版发行。它的任务是“传播现代广告知识、研究现代广告理论、推广先进技术和现代技法、反映广告行业发展和市场走势、介绍营销案例”。以便使工商企业、广告行业、新闻传播媒介以及社会公众对迅速发展的现代广告业形成共识，以促进中国广告事业在建设社会主义市场体系的伟大进程中更加规范、科学地向前发展。该杂志为双月刊，94年按原计划刊出6期。

▲4月28日，国家工商行政管理局在《关于新闻媒介刊播广告有关问题的答复》中明确指出：一、新闻单位刊播广告应当有明确标志；二、广播电台、电视台、报社等媒介单位的广告业务，应由经工商行政管理机关批准经营广告业务的广告部门承办，并使用税务机关统一监制的“广告业专用发票”；三、媒介单位对于广告公司代理广告业务应签订合同。

▲5月3日，广东省广协第四次会员代表大会在广州召开。广东省刘雅明副省长、工商局黄绪荣局长、省广协会长李兰田出席了大会并作了重要讲话。大会审议了郑明同志所做的理事会工作报告、通过了新的章程和改选了新的协会领导机构。

▲5月4日至5日，宁夏广协第二次代表大会在银川市召开。出席大会的代表112人，自治区党委书记马启智、副书记刘仲、工商局杨忠厚局长等到会发表了重要讲话。会议通过了新的协会章程，改选了新的协会组织机构。

▲5月5日，国家工商局局务会议原则通过《中华人民共和国广告法（送审稿）》及其说明。5月12日，国家工商局正式向国务院报送《中华人民共和国广告法（送审稿）》。至此自1991年着手起草的《广告法》正式完稿。

▲5月9日，正在广州上空飞行的一架“万宝”广告飞行船突然失控坠落，幸未造成人员伤亡。

据了解该飞行船是用40万美金从日本引进的，坠落时210立方米氮气飘至白云机场上空致使机场航班起落中断10分钟。

▲5月13日，中国广告协会代表团抵坎昆参加IAA第34届世界广告大会。会前，代

表团团长杨培青等人就执行1986年协议问题，同IAA领导人反复磋商与交涉，申明了中国广告界的原则立场。5月16日，杨培青在大会上做了题为《中国——亿万人的巨大市场》的发言。

▲5月18日到21日，全国部分省、市广告协会第五届联席会议在北海市召开。中国广告协会会长田树千到会，就“我国广告业的现状和发展、中广协改革的方向”等问题作了重要讲话。

▲5月18日泉城济南爆出“冷门”，“莱州特曲”独家买断省电台经济台全天广告权，这一首开新闻媒体广告先河的“新闻”事件，在社会上和新闻界以及全国广告界引起强烈震动。

▲5月26日，国家工商行政管理局对《关于如何认定自称未收费的“广告”的请示》答复：一、新闻媒介介绍烟草企业的报道，经工商行政管理机关查实和审计部门审核，确实未收取任何费用或报酬的可不作为违禁广告处理。二、对一些新闻媒介大量进行卷烟报道的倾向，工商行政管理机关可建议当地党委宣传部门和政府、新闻出版管理部门予以研究解决。

▲5月27日，正广和饮料厂买下“中华第一街(上海南京路)”的20路无轨车全天营业和乘车权，将60辆无轨车系上“真情难忘正广和”和“跨世纪饮料正广和”蓝字白底广告“围裙”行驶在十里长街，让乘客免费乘坐，以塑造“跨世纪饮料正广和”的品牌声誉和回报社会的企业形象，同时举办“我为儿童献爱心”活动，向500名市优秀少先队员赠送“纪念书”，借以用文化重新“包装”正广和，轰动整个上海。这一广告策划，产生巨大影响，不失为94年成功导入“CI”典型之一。

▲6月4日至8日，中广协广播委员会第三届第四次会议在丹东市召开。

▲6月7日，国家工商局答复政协八届全国委员会第二次会议代表提出的“关于尽快制止破坏三峡景物的广告大战”、“关于取缔虚假广告”、“关于加强广告宣传监督管理”、“关于立即停止在报刊上对医院进行广告宣传”等提案。

国家工商局答复八届全国人大常委会第二次全体会议代表提出的“关于应禁止在医药卫生报刊以外的报刊、电视、广播中作药品广告”、“关于坚决制止仪器类口服液疗效宣传”、“关于保健食品广告亟待管理”、“关于加强广告管理，依法追究虚假广告发布者法律责任”、“关于加强药品广告管理”、“关于制定《广告法》的议案”的建议。

▲6月7日至11日，第二届'94中国国际广告技术展在上海商城展览厅举行。本届展览会由上海现代国际展览公司、上海商城(海岸有限公司)主办，并得到香港贸易发展局、香港广告商会等单位赞助。来自海内外的80多家厂商参加了本届展览会。会上展示了国内外最新广告制作技术、印刷技术、影视音响技术和设备以及广告专用材料等。全国17个省、市、自治区的近两万名广告专业人士参观了展览。展出期间，现场交流订货、洽谈合作意向非常活跃。概括统计，本届展览会总成交额约二百万美元。展览会期间还举办了由香港广告商会成员主讲的'94现代国际广告技术研讨会和多场小型专业厂商产品介绍会。

▲6月8日至9日，国家工商局在京召开“中国广告公司实力评价”结果揭晓新闻发布会暨“中国广告公司发展战略研讨会”。由国家工商行政管理局和中国企业评价协会联合进行的首届中国广告公司实力评价(即综合实力排序50强和广告营业额排序前50名)在北京揭晓。全国政协万国权副主席、国务院发展研究中心孙尚清主任、国家工商局刘敏学局长、著名经济学家于光远等出席发布会，国家工商局副局长杨培青宣布了全国广告综合排序前50名名单并颁发了证书，中国企业评价协会李克穆秘书长出席并作了书面发言，国家工商局广告监督管理司刘保孚司长发表讲话。会议由广告司郑和平副司长

主持。这次排序是以1992年的数据为基础，参照国际惯例和我国广告公司及广告业的实际情况进行的。它不仅反映了92年我国主要广告公司广告经营规模，而且结合广告公司的经济实力、人员实力、创作实力、媒体购买力以及客户实力进行综合评价。

实力50强第一名为上海广告公司，广告经营额排序榜首为珠海经济特区东方广告公司(9600万元)。杨培青副局长和刘保孚司长在广告公司发展战略研讨会上发表讲话，同时有15家广告公司的代表先后发言，就广告面临的挑战、广告公司发展战略进行研讨。

▲6月14日至16日，'94全国广告学术研讨会在武汉召开。本届研讨会由中广协学术委员会和武汉大学新闻系共同主办。来自全国大专院校、广告经营单位、工商企业、广告管理机关和行业组织等59个单位的专家、学者、广告专业人员的代表86人出席了会议。会议在武汉大学珞珈山庄举行。代表们就广告业的发展趋势及相应对策、企业形象与CI导入、广告教育和人才培养三个专题进行了分组讨论。部分代表在全体会议上做了专题发言。本次会议共收到书面论文24篇。

▲6月20日我国最大桥梁—南京长江大桥把中国扬子集团的十条广告的二十六块巨幅广告牌全部安装到北桥头堡上。在南京长江大桥上做广告，曾在南京市民中引起轩然大波。《扬子晚报》也以"长江大桥能不能做广告"为题，开展了为期半个月的市民讨论。经有关部门统计约有四分之三的市民赞成支持大桥"下海"。为此有关部门正式于5月15日批准扬子集团在大桥北堡做广告，大桥日通车量3.5万辆次，年观光的中外游客超过百万人次，其广告效果不言而喻。

▲6月21日，武汉龟山电视塔上的"KENT"洋烟广告，在有关部门与领导要求下按广告合同付出10%违约金，提前11个月中止了所签定的3年合同走下龟山。油脂化学厂以每年170万元广告费签定了三年合同，以"一枝花"品牌广告于7月8日推上龟山电视塔。

6月间，中国人民大学成立了现代广告研究中心。该机构拥有广告学术研究、教育基地和综合广告联谊组织。一方面广泛邀请专家学者参与教材编撰，以各类办学形式推动国内高校广告专业教育，提高国内广告学术理论水平；另一方面组织部分高品质的广告公司积极研究并倡导广告业的行业规范、协助保障广告业合法权益，向社会普及广告及市场营销知识。

▲6月间厦门大学新闻传播系获国家教委批准，于94年正式招收首批广告硕士研究生。

▲7月11日至14日，'94西北广告理论研讨会在甘肃省嘉峪关市召开。会议由甘肃省广协副会长兼秘书长王平主持，甘肃省工商局副局长、省广协副会长王治民，青海省工商局副局长王鸿之等参加会议，会议共收到论文13篇。

▲7月18日国家税务总局发出《国家税务总局关于营业税若干征税问题的通知》(国税发(1994)159号)。其中第十项，明确广告代理业营业税的规定如下："广告代理业的营业额为代理者向委托方收取的全部价款和价外费用减去付给广告发布者的广告发布费后的余额。"

▲7月20日，中共中央宣传部、新闻出版署、邮电部、国家工商局联合发出《关于加强内部报刊管理的通知》，对内部报刊的经营管理做出规定。

▲7月20日，国家工商局、国务院台湾事务办公室联合发出《关于加强海峡两岸广告交流管理的通知》就两岸广告交流管理问题作出了八项规定。

▲7月26日，安徽省广告协会电视委员会在合肥召开委员会会议，并进行"优秀电视广告"、"优秀电视广告工作者"评选活动。省广协电视委员会主任、省电视台副台长段水延同志主持会议及评选活动。省广协秘书长章荣鑫同志到会讲话。安徽、合肥、蚌埠、淮

南、马鞍山、滁州、安庆、黄山、阜阳等电视台的分管台长、广告部主任参加了会议。

省广协电视委员会分别对一、二、三等奖及优秀作品以及优秀电视广告工作者予以奖励。

▲8月2日至5日，全国广告管理工作会议在乌鲁木齐市举行。各省、自治区、直辖市、计划单列市工商行政管理局广告处的负责同志参加了会议。国家工商局广告监督管理司司长刘保孚、商标局副局长刘配智、中国广告协会代秘书长吴德裕，以及江苏、江西、云南、厦门、宁波、武汉、南京等省、市工商局主管广告工作的局长等领导同志出席了会议。会议的中心议题是，遵照国务院批准的国家工商局"三定"方案精神，集中解决广告监督管理职能到位问题，通过分析当前广告监督管理出现的新情况、新问题，积极探索市场经济条件下如何加强广告监督管理的力度，以保证广告业健康发展。会上，刘保孚司长宣读了杨培青副局长的讲话提纲；刘保孚司长以"按照市场经济体制要求，努力把广告监督管理工作提高到一个新的水平"为题作了重要讲话。

▲8月8日中国对外经济贸易广告协会与美国西方传播集团有限公司联合在美国纽约召开了首届美中广告与CI战略研讨会，中国驻纽约总领事馆吴鸿桥副总领事到会并讲话。这次研讨会得到美国AA广告协会，美国广告主协会，美国独立制作协会的协助和合作。中国对外经贸广告协会派出的副秘书长程春和中化国际广告展览公司总经理义正为副团长的20人代表团出席会议并进行研讨、考察，促进了美中广告界之间的友谊和交流。

▲8月8日到10日，在喀什市召开全国省级电视台年会。来自全国33个省、自治区、直辖市36家电视台及中央电视台、厦门、宁波等部分计划单列市电视台的代表共126人出席了会议。其中，厅、台长26人，有9个广告公司派代表列席会议。会议交流了做好财务统一管理工作的经验。中央台、上海东方台、北京台的代表在大会上发言，介绍了各自的做法和经验，受到大家的一致赞赏。会议选举了新一届电视委员会省级台常务委员，代表们还学习了《广告法》(草案)，并就有关条款展开了讨论。会议决定，明年省级台协作会年会将在山东济南举行。

▲8月9日，李岚清副总理在北戴河听取了国务院法制局、国家工商局及有关部门关于《广告法》起草、论证等情况的汇报。国家工商局杨培青副局长、刘保孚司长、郑和平副司长及有关同志参加了汇报。

▲8月初，中国广告协会在《现代广告》杂志第三期上公布了1993年我国广告公司前50名与三大媒体(报纸、电视、广播)前20名广告经营额排序。广告公司位居榜首的是上海广告公司18565万元，中央电视台为广告经营最大户，经营额达到64693万元，报纸位居榜首的是广州日报18500万元，广播电台其榜首为中央人民广播电台4175万元。

▲8月12日，李鹏总理主持国务院第23次常务会议，会议通过《中华人民共和国广告法(草案)》。同日，李鹏总理签发国务院《关于提请全国人大常委会审议〔中华人民共和国广告法(草案)〕的议案》。

▲8月15日，新闻出版署、国家工商局联合印发《关于禁止以报纸形式印送广告宣传品及对印刷品广告加强管理的通知》，通知作了五条规定。

▲8月20日至25日，"北京广告博览会暨'94国际广告研讨会"在京举行，博览会展示了与广告业有关的新技术、新产品、新工艺、新媒体的研制、开发，国内外248家国营、集体、合资、独资和国外广告经营单位以及80家著名商标企业、大专院校及时装表演团汇集北京参加了博览会展示自身实力水平，烘托广告的魅力，吸引了5万余观众。在北京音乐厅同时举办广告研讨会，来自美、日、韩等国及港台地区专家就创意、CI、营销、企划、交流五个部分进行研讨。

▲8月24日，国务院向八届全国人大常

委会第9次会议第一次全体会议提交《广告法》议案，李鹏总理在提请审议广告法草案的议案中说：为了加强对广告活动的监督管理，保护广告活动各方面和社会公众的合法利益，促进广告业的健康发展，国家工商局草拟了广告法草案。这个草案已经国务院常委会议通过。

受国务院委托国家工商行政管理局局长刘敏学向会议作了《广告法》的说明。

▲8月26日—27日，八届全国人大常委会第九次会议分组审议《中华人民共和国广告法(草案)》。

▲8月29日，国家工商局广告监督管理司印发《关于缴纳广告代理营业税有关问题的通知》。

▲9月1日至9月7日，河北省广告协会举办的“河北省第五届优秀广告作品评比”在石家庄举行。484件作品参评。经过省广协第五届广告作品评比委员会认真评选，共有137件作品获奖，其中一等奖12件，二等奖35件，三等奖89件。这些获奖作品立意新颖，主题鲜明突出，创意新奇，构思独特，定位准确，广告文稿简明生动，具有较强的思想性、艺术性和高度的说服性、劝诱性。

▲9月8日，中国广告协会在北京召开了会长办公会。12名会长、副会长出席了会议(二名因公请假)。国家工商局局长刘敏学、办公室主任胡修干、广告监督管理司司长刘保孚等领导同志出席了会议。会上，协会秘书长向会长们汇报了协会近期开展的几项重要工作和协会体制改革方案；刘保孚司长向会长们汇报了中国广告代表团出席第34届世界广告大会的情况。会长们就协会体制改革方案和召开“四大”的准备方案展开了讨论。最后刘敏学局长作了重要讲话，他指出协会体制改革一定要符合市场经济体制的要求，要增强民间性，加强自律能力，增强凝聚力，当好政府的参谋。

▲9月9日，江苏省广协第三次会员代表大会在南京举行，会议审议上届理事会工作报告，修改江苏省广协章程，选举新一届理事会。江苏省委副书记曾克明作了重要讲话。江苏省工商局周桂根局长到会祝贺讲话。中广协与国家工商局广告监督管理司发了贺电。省政协副 主席段绪申、省人大财经委员会主任白云出席了大会。

▲9月10日至13日由中国丝网印刷协会和(新加坡)展览咨询公司合作举办的’94中国国际网印及牌业展在上海国际展览中心举办。展览会展出了各式广告、标牌的制作设备、材料和工艺技术，如喷墨印刷机，大幅面招贴画及广告印刷机，户外广告印刷材料、霓虹灯、灯箱，三维标志牌、电子控制标志牌、发光二极管及发光二极管面板、磁性标贴材料及柔性标贴材料，计算机图形设计、绘图，雕刻系统等，都是第一次在中国展出。

▲9月16日，北京市人民政府1994年9号令发布《北京市人民政府关于对广告业征收教育事业发展费的规定》自1994年7月1日起施行。规定共八条。教育事业发展费计征标准：广告媒介单位按广告刊播费金额的5%计征；户外广告经营单位按户外广告营业收入的2%计征。

▲9月16日至18日，由中国广告协会与中央电视台联合举办，广州(花都)市政府协办，广州盛通超越传播公司承办的“花都杯”首届全国电视广告大奖赛”专家评选工作在北京进行。经过历时三天的紧张评审，从来自全国各地的253件参赛作品中评出“金塔奖”大奖10件；“金塔奖”最佳创意奖3件；“金塔奖”最佳摄影奖3件；“金塔奖”最佳广告用语奖3件；“金塔奖”最佳音乐奖3件；“金塔奖”最佳动画奖3件。另外，还产生出“金塔奖”佳作奖109件。评委与专家们认为，这次参赛的作品基本上反映了中国电视广告的现状。电视广告制作水平有了较大幅度的提高。但创意杰出的电视广告不多，个别作品反映了创作人员基本功尚待进一步提高。

▲10月2日，受国家工商行政管理局广告监督管理司委托中国人民大学现代广告研

究中心，北京新大陆广告公司，南通大众广告公司设计并组织的一次“我与广告”——公众广告意识调查。通过《中国广播电视报》进行刊登问卷调查。这一调查是为了配合广告法的实施，旨在了解广大公众对广告的认识，对我国广告业评价和要求。

▲10月8日至12日，’94全国省级以上报纸广告工作会议在天津市召开。来自全国57家报社近100名代表出席了会议。新闻出版署报纸司俞敏司长、国家工商行政管理局广告监督管理司副司长郑和平、中国广告协会代秘书长吴德裕、全国报业协会秘书长连福寅、中国广告协会报委会主任赵连宏、报协广告委员会秘书长崔继清、天津市委常委、宣传部长罗远鹏等同志出席了会议并讲话。参加开幕式的还有市委宣传部副部长、天津日报社社长李锦坤、天津市工商局副局长卢世贤、天津市广告协会会长周英余等领导同志。会议总结了报委会一年来的工作，分析了当前报纸广告工作形势和发展趋势。会上还交流了做好报纸广告工作的经验，天津日报社介绍了开展多种经营、优势共享、利益互补的成功做法；陕西日报社论述解决广告稿源的几点尝试；在大会上发言的还有解放日报社、大众日报社的代表。

▲10月12日至14日，中央电视台广告部在山东曲阜召开全国首届电视公益广告研讨会，全国15个省、市电视台代表和部分学术界、企业界63人参加了会议。

▲10月13日至15日，第三届沿海城市及部分省会城市广告协会工作研讨会在天津召开，来自全国22个省、市的32名代表出席了会议。天津市原人大副主任、天津市广告协会名誉会长刘曾坤、天津市工商局副局长刘树清、中国广告协会副秘书长贾玉斌、天津市广告协会会长周英余、深圳工商局副局长、深圳广告协会会长彭曙曦、广州广告协会会长尹继隆、青岛广告协会会长盛逢春等领导同志到会并讲话。中国广告协会副秘书长贾玉斌同志通报了中国广告协会体制改革方案和第四次会员代表大会筹备情况，特别是对广告协会的任务和近期开展的工作发表了意见。与会代表紧紧围绕“新形势下如何更好地发挥行业组织的作用，促进我国广告事业的发展”这一中心议题开展了激烈讨论。深圳、河南、厦门、广东、上海等地的代表作了大会发言；山东、河北、青岛、平顶山等省、市代表作了书面发言。其中厦门市广告协会范寿春同志介绍的如何主动发挥行业组织职能，协调行业与政府间关系，有效地为会员单位办实事的成功经验引起代表们的兴趣。

▲10月13日至18日，西安市广告协会，陕西电视台，《中国广告》杂志社，西安邦达广告有限公司在西安联合举办’94中华民族文化与广告国际研讨会，会议就中华民族文化实质与广告传播、中国受众心理分析等方面问题进行了研讨和交流。

▲10月18日，金融广告高级研讨会在京召开。为了分析、研究金融广告的现状及特点，探讨金融广告的前景及趋势，开拓金融广告的市场，介绍国外金融广告的情况，加强各方面的沟通与合作，金融时报社和中国广告协会《现代广告》杂志联合举办了此次研讨会。

▲10月20日，国家工商行政管理局在给甘肃省工商行政管理局《关于认定新闻媒介以新闻形式收取费用宣传企业形象和产品问题的答复》中明确指出：“新闻媒介以经济动态、经济信息版等形式宣传企业形象和产品，并向客户收取高额费用，其本身属于广告，应按照广告管理法规严格管理。”

▲10月21日，第8届全国电视广告“印象”奖颁奖大会在重庆举行。国家广播电视部刘习良副部长出席了大会并作了重要讲话，中广协电视委员会主任、中央电视台副台长于广华向获奖者颁发了奖杯，中广协电视委员会副主任、中央电视台广告部主任谭希松主持会议。《口子酒》、《文君酒》等15件作品获一等奖。

▲10月27日，《中华人民共和国广告

法》经第八届全国人大第二次会议审议，以124票赞成、2票弃权、1票反对获得通过。这是一部规范我国广告活动，促进广告业健康发展，保护消费者合法权益，维护社会主义经济秩序的重要法律。它对于法律的调整范围、广告主、广告经营者、广告发布者进行了科学界定，为加强广告管理提供了法律依据，标志着我国社会主义市场经济法律体系的建设又跨出了重要的一步，是我国有史以来第一部广告大法。

▲10月27日，江泽民主席签发第34号主席令，正式公布《中华人民共和国广告法》，全文如下：“《中华人民共和国广告法》已由中华人民共和国第八届全国人民代表大会常务委员会第十次会议于1994年10月27日通过，现予公布。自1995年2月1日施行。”

▲10月27日至28日，中国广告协会第三届常务理事会第三次(扩大)会议在宁波召开，出席会议的有中广协常务理事，省、自治区、直辖市、计划单列市广告协会秘书长共66人，会议还邀请了有关单位的部分同志列席了会议。会议听取了吴德裕同志传达的国家工商局刘敏学局长、杨培青副局长关于协会改革和机构改革的指示精神及中广协第四次代表大会筹备情况的汇报，中广协副秘书长贾玉斌关于协会工作的汇报，与会同志对《中国广告协会工作报告》、《中国广告协会章程》、《中国广告协会会员接纳与管理办法》、《中国广告协会会费缴纳与管理办法》、《中国广告协会自律规则》等拟提交中广协“四大”讨论的文件进行了认真的讨论和修改，并原则通过了中广协“四大”各项文件草案，同时对中广协秘书处近期所做的工作以及筹备召开“四大”的方案表示肯定和支持。常务理事和秘书长们原则同意中广协改革方案和机构改革方案，认为中广协的改革方案方向是正确的，步骤是积极的，是建立符合中国实际的广告行业组织新体制、新模式的大胆探索和有益尝试，应当坚定不移地把这一改革推行下去。与会同志还对中广协的改革方案提出了许多好的建议。会议还根据会长提名，通过了由吴德裕同志担任中广协秘书长的决定。

▲10月29日，《中国工商报》为《广告法》的颁布发表题为“加强广告活动管理的法律武器”的社论指出：广告业在我国社会主义市场经济中的作用和地位越来越重要。这部法律的产生，使我们对加强广告活动的管理有了重要的法律依据。并号召各级工商行政管理机关和广大干部职工，一定要认真学习广告法，广泛宣传广告法，坚决施行广告法，切实负起加强广告活动监管管理的责任。

▲11月1日《中国工商报》发表国家工商行政管理局副局长杨培青就《广告法》答该报记者的长篇报导。杨培青同志就我国广告业发展现状；我国广告业发展中存在的主要问题；《广告法》立法目的；《广告法》对商品、服务广告基本要求；《广告法》如何解决消费者最关心的虚假广告问题；《广告法》如何制止以新闻、节目或报导形式做变相广告等诸多提问作了详细回答。

▲11月2日中央电视台举办广告黄金段二十个5秒广告标牌招标活动。招标按大行业分类进行，以电器电脑类和酒类竞争最为激烈。电器电脑类中新飞集团以1818万元、美菱集团以1828万元、江门洗衣机厂以1866万元中标。酒类中孔府宴酒以最高价3099万元中标。

▲11月3日，国家工商局、对外贸易经济合作部联合印发了《关于设立外商投资广告企业的若干规定》的通知。规定将于1995年1月1日起施行。“规定”明确了办理外商投资广告企业立项审批手续的必要程序，明确了境外投资者进入我国广告市场应具备的基本条件。

▲11月4日至8日，由中国对外经贸广告协会和中国电子国际展览广告公司联合主办的《’94国际广告新媒体、新技术、新设备、新材料、展示交易会暨’94广告现代化研讨会》在北京民族文化宫举行，有中、美、英、日、瑞士、加拿大、以色列以及香港、台湾等十几

个国家和地区的近百家厂商参展，展期五天。全国人大王光英副委员长、外经贸部部长助理刘向东，为开幕式剪彩，齐中堂、赵仁杰、何长林、钱本源等出席了开幕式。

▲11月5日，由外广协、《国际广告》杂志社和中电广展公司主办的《'94国际广告现代化研讨会》在中国贸促会礼堂举行，刘保孚、熊景华、吴晓波以及台湾广告界的梁开明、庄淑蓊和沈吕百等作了讲演，来自全国各地的广告公司、媒体和外经贸企业代表一百五十多人出席了会议。

▲11月14日，国家工商局广告监督管理司和宣传教育与国际合作司在江西省九江市举办全国工商行政管理系统《广告法》培训班。此次学习班为期9天，全国各省、市、自治区工商局以商广处处长等100多人参加了学习。培训班上，广告监督管理司司长刘保孚同志就宣传、贯彻《广告法》问题作了重要讲话，广告监督管理司的同志分别讲述了"《广告法》总论"、"广告活动"、"广告准则"、"广告总则"、"《广告法》与有关法律法规的关系"、"广告违法行为的法律责任"等课程。

▲11月15日，国家工商局发出《关于禁止在广播、电视、报刊上变相为卷烟做广告的通知》。指出："最近以来，一些外国烟草商将卷烟商标在我国其他类商品上注册，以为其他商品做广告名义，在广播、电视、报刊上变相为卷烟做广告。这种行为违反了广告管理法规的有关规定，应当依法制止。"

▲12月6日至8日中国广告协会第四次会员代表大会在北京举行。出席会议的有全国主要广告公司、广告主、媒介及地方广告协会的代表300余人。这次会议的主要议题是贯彻《广告法》；改革协会体制，强化协会职能，加强行业自律，按照改革思路审议修改《中国广告协会章程》和自律规则等有关文件；选举中国广告协会新的领导机构。会议决定增设法律咨询委员会和广告主委员会，并第一次采取了直接吸收会员的办法。全国人大副委员长陈幕华因公在外地，作了书面发言，全国人大副委员长李沛瑶出席会议并讲了话；国家工商局局长王众孚致开幕词；中广协三届会长田树千作了工作报告；国家工商局副局长杨培青致闭幕词。人大副委员长陈慕华连任名誉会长。杨培青当选为新一届中广协会长，副会长吴德裕兼任专职秘书长。

▲12月13日，国家工商行政管理局召开《广告法》新闻发布会，在会上杨培青副局长、刘保孚司长强调指出，将于明年2月1日实施的《广告法》是我国社会主义市场经济法律体系不断完善的直接成果之一，标志着我国广告业将在更加规范的轨道上长足发展。发布会公布了贯彻执行《广告法》措施：一是应该深入宣传《广告法》的意义及主要内容，使之深入人心，家喻户晓；二是依法换发新的《广告经营许可证》，要结合换证工作，对现有广告经营单位进行摸底调查和验收，严格资质标准，进一步规范广告市场准入和广告经营活动；三是制定完善的配套规章，加快清理现有广告法规、规章、并将清理结果发文公布，单独或会同有关部门制定药品、医疗器械、农药、兽药的广告发布前审查标准以及各类广告的审查标准；四是加大广告执法力度。各级工商行政管理机关要协调配合，狠抓大案要案的查处，对影响大的案件，要公开曝光。

▲12月15日，由中国广告协会和中央电视台联合主办的"花都杯"全国电视广告大奖赛在中央电视台举行现场直播颁奖晚会。人大常委会副委员长王光英，政协副主席程思远、国家工商局副局长杨培青、工商联副主席胡德平等领导同志出席了晚会并给获奖者颁奖。

▲12月20日至22日，"IAA中国分会九四年会"在桂林召开，受杨培青会长委托，何长林副会长作工作报告。刘保孚副团长汇报出席IAA第34届世界广告大会情况。分会秘书长李鑫就分会'95年工作安排的意见作了汇报。大会根据会长提名推荐，增选吴德裕同志为IAA中国分会副会长。

▲12月20日，国家工商局发出《关于卷烟广告宣传保健作用管理问题的答复》。《答复》明确：新混合型卷烟属于烟草制品，其广告不得宣传医疗保健作用。对这类广告，应依照有关广告管理法规严格管理。

▲12月24日，国家工商局与中央电视台联合举办综艺大观广告法专题文艺晚会。国家工商行政管理局杨培青副局长，广告监督管理司刘保孚司长等光临晚会演播现场。

▲12月31日，国家工商局发出《关于认定"广告涉及他人名义"问题的答复》。

▲12月31日，由国家工商行政管理局广告监督管理司主持编辑的《1983—1993年中国广告统计资料》一书由中国科学技术出版社出版发行。

这一本资料对我国1983—1993年广告经营额，广告费占及国民经济比重、广告费投入、广告经营单位、广告从业人员一一作出统计和分析。还附有世界一些主要广告发达国家和地区经营情况，既有全国情况，也有分省情况。并对我国十年来广告公司前十名和世界前30名广告公司排序作了介绍，是我国广告发展历程的缩影。

广告协会

中国广告协会组织机构
会员代表大会
理事会
执行理事会
会长
秘书长
常设工作机构
团体委员会
省(区)、直辖市、计划单列市广告协会
"现代广告"编辑部
学术培训部
信息咨询部
对外联络部
会员管理部
综合事务部
专业委员会
法律咨询委员会
学术委员会
广告主委员会
公司委员会
电视委员会
广播委员会
报纸委员会
公交委员会
铁路委员会

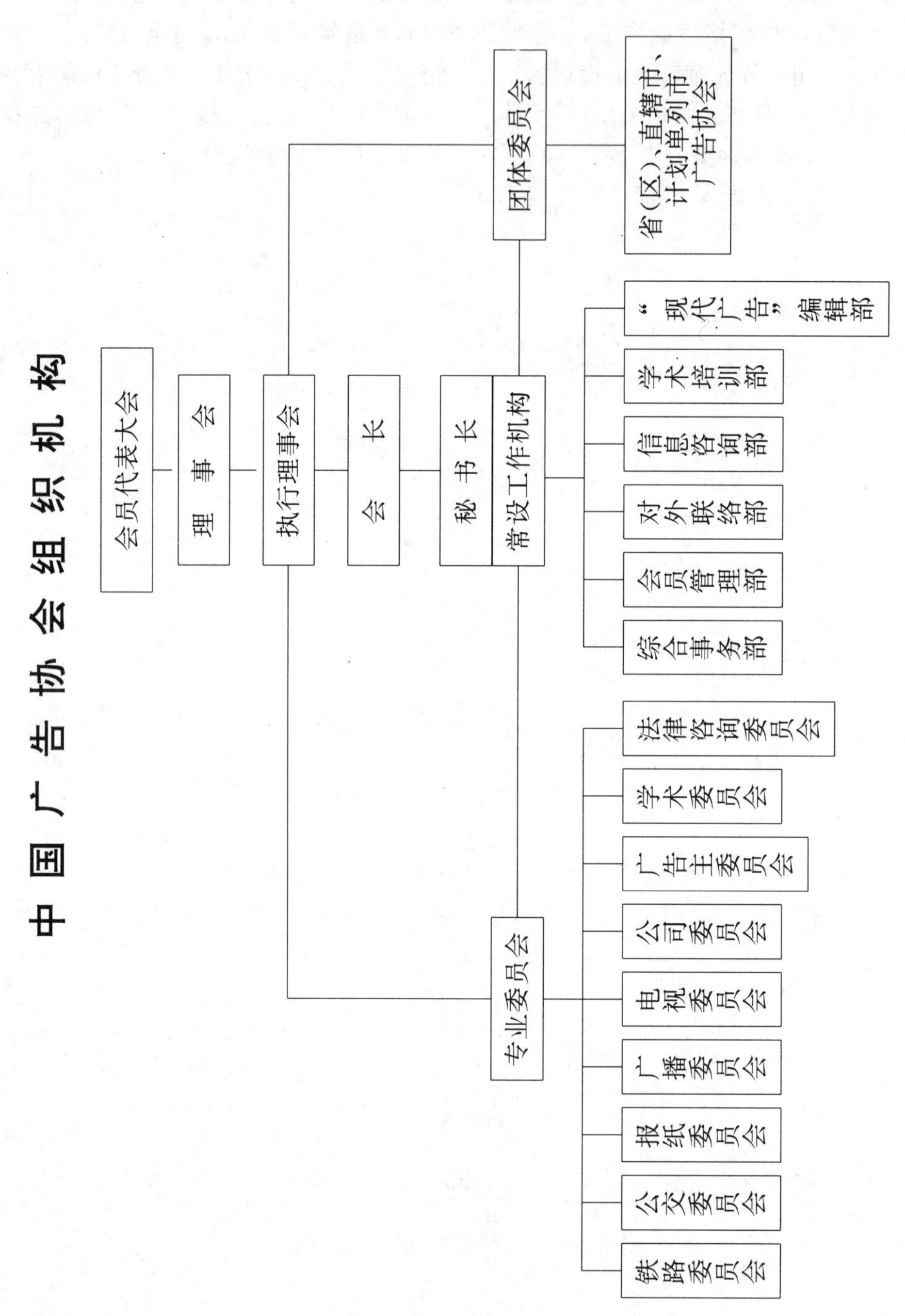

中国广告协会名誉会长、顾问名单

名誉会长：陈慕华　全国人大副委员长
顾　　问：王众孚　国家工商行政管理局局长
　　　　　张宝顺　新华通讯社副社长
　　　　　何栋材　广播电影电视部副部长
　　　　　梁　衡　国家新闻出版署副署长
　　　　　解建群　中国国际贸易促进会原副会长
　　　　　田树千　中国广告协会第三届会长

中国广告协会会长、副会长、秘书长、副秘书长名单

会　　长：杨培青　国家工商行政管理局副局长
副 会 长：(以姓氏笔划为序)
　　　　　于广华　中央电视台常务副台长
　　　　　王正在　北京市工商行政管理局副局长
　　　　　仇学忠　中国广告联合总公司总经理
　　　　　朱新民　人民日报社秘书长
　　　　　刘保孚　国家工商行政管理局广告监督管理司司长
　　　　　安景林　中央人民广播电台副台长
　　　　　吴德裕　中国广告协会秘书长
　　　　　赵晨好　中共中央宣传部新闻局副局级调研员
　　　　　南昌明　中国国际广告公司总裁
秘 书 长：吴德裕　(兼)
副秘书长：贾玉斌

中国广告协会第四届理事会理事名单

以姓氏笔划为序

于广华　中央电视台常务副台长
卫荣良　上海市广告装璜公司总经理
王正在　北京广告协会会长
王世明　成都市广告公司总经理
王庆宗　河南省广告协会会长
王建琪　北京市广告艺术公司总经理
王根发　上海东方电视台党委书记
尤士成　北京人民广播电台副台长
仇学忠　中国广告联合总公司总经理
冯有志　石家庄公交广告公司总经理
朱小林　上海公共交通总公司总经理
朱新民　人民日报社秘书长
刘国熙　四川日报广告处处长
刘凤歧　辽宁电视台副台长
刘　励　厦门市广告协会会长
刘保孚　国家工商行政管理局广告司司长

孙立国 辽宁人民广播电台广告信息部主任
李沛均 中广协公司委员会秘书长
李兰田 广东省广告协会会长
李亚平 河北省广告协会会长
李经伟 广东健力宝集团有限公司总经理
安景林 中央人民广播电台常务副台长
杨月萍 石家庄铁路分局广告总公司总经理
杨培青 国家工商行政管理局副局长
吴 江 中央人民广播电台广告部副主任
吴德裕 中国广告协会秘书长
宋瑞波 北京市公交广告总公司总经理
张 彬 海尔集团公司广告艺术中心常务副经理
张丹宁 四川人民广播电台副台长
迟 锋 湖南电视台副台长
陈少陵 江苏省广告协会会长
陈文炳 上海人民广播电台台长
陈新民 湖北日报社广告处处长
来江铭 《半月谈》杂志社广告部经理
苗淑宝 中体广告公司总经理
周小新 广东人民广播电台广告部副总经理
周英余 天津广告协会会长
金国强 陕西电视台副台长
房隆德 经济日报社副秘书长
封晓川 北京日报广告处处长
赵晨妤 中宣部新闻局副局级调研员
胡世英 黑龙江省广告协会会长
胡纪平 北京广告公司总经理
南昌明 中国国际广告公司总裁
俞观山 浙江省广告协会会长
聂凤竹 中国铁路对外服务公司总经理
贾玉斌 中国广告协会副秘书长
徐道礼 北京电视台副台长
秦振东 中广协铁路委员会秘书长
唐冠中 中美天津史克制药有限公司市场服务经理
崔广韬 陕西日报社广告处处长
崔中文 辽宁日报社副秘书长
崔积坤 陕西省广告协会会长
崔登东 中广协报纸委员会秘书长
崔善江 上海市广告协会会长
章 立 四川省广告协会会长
彭寿龙 解放日报广告部副经理
温卫平 广东省广告公司副总经理
鄢 纲 国安广告公司总经理
董木森 春兰(集团)公司副总经理
筱 毅 南京市广告公司常务副总经理
谭希松 中央电视台广告部主任
熊景华 上海广告公司总经理
潘庆宗 广东太阳神集团有限公司文案策划部主任
魏铭祥 人民日报社广告部主任
(待定) 新闻出版署报纸司司长

中国广告协会执行理事会名单

(以姓氏笔划为序)

于广华 王正在 仇学忠 朱小林 朱新民 刘保孚 李沛钧 安景林 杨培青 吴 江
吴德裕 赵晨妤 南昌明 聂凤竹 贾玉斌 徐道礼 崔登东 魏铭祥

中国广告协会会员名单

荣誉会员(按姓氏笔划为序)：

丁士中 王永义 王根田 刘永清 庄凯勋 汪家桦 张冬兴 张惠兰 陈汉元 陈重信、杨润杰 赵桂鸿 保育钧 洪一龙

团体会员(排名不分先后)：

北京广告协会
天津市广告协会
山西省广告协会
辽宁省广告协会
黑龙江省广告协会
安徽省广告协会
浙江省广告协会
福建省广告协会
湖北省广告协会
广东省广告协会
海南省广告协会
四川省广告协会
陕西省广告协会
宁夏回族自治区广告协会
新疆维吾尔族自治区广告协会
沈阳市广告协会
长春市广告协会
武汉市广告协会
重庆市广告协会
成都市广告协会
南京市广告协会
深圳市广告协会
上海市广告协会
河北省广告协会
内蒙古自治区广告协会
吉林省广告协会
江苏省广告协会
山东省广告协会
江西省广告协会
湖南省广告协会
河南省广告协会
广西壮族自治区广告协会
贵州省广告协会
云南省广告协会
甘肃省广告协会
青海省广告协会
哈尔滨市广告协会
大连市广告协会
西安市广告协会
广州市广告协会
青岛市广告协会
宁波市广告协会
厦门市广告协会
珠海市广告协会

单位会员(排名不分先后)：

人民日报社广告部
光明日报社广告部
法制日报社广告部
中国妇女报社广告部
中国体育报社广告部
解放军报社广告部
参考消息报社广告部
金融时报社广告部
中国日报社广告部
北京青年报社广告部
今晚报社广告部
文汇报社广告部
黑龙江日报社广告部
沈阳日报社广告部
河北日报社广告部
内蒙古日报社广告部
湖北日报社广告部
湖南日报社广告部
羊城晚报社广告部
珠海特区报社广告部
广州日报社广告部
大众日报社广告部
安徽日报社广告部
浙江日报社广告部
厦门日报社广告部
陕西日报社广告部
甘肃日报社广告部
新疆日报社广告部
成都晚报社广告部
云南日报社广告部
西藏日报社广告部
香港经济导报社
《人民画报》社
经济日报社广告部
中国青年报社广告部
农民日报社广告部
健康报社广告部
北京日报社广告部
工人日报社广告部
科技日报社广告部
中国商报社广告部
中国工商报社广告部
天津日报社广告部
解放日报社广告部
新民晚报社广告部
辽宁日报社广告部
大连日报社广告部
山西日报社广告部
河南日报社广告部

长江日报社广告部
南方日报社广告部
深圳特区报社广告部
汕头日报社广告部
海南日报社广告部
青岛日报社广告部
新华日报社广告部
福建日报社广告部
江西日报社广告部
西安晚报社广告部
青海日报社广告部
四川日报社广告部
重庆日报社广告部
贵州日报社广告部
香港文汇报社
无锡日报社广告部
《半月谈》杂志社
中国化工报广告部

电台：
中央人民广播电台广告部
天津经济广播电台信息公关部
上海东方广播电台广告部
辽宁人民广播电台广告部
河北人民广播电台广告部
内蒙古人民广播电台广告部
湖北人民广播电台广告部
湖南人民广播电台广告部
广州人民广播电台广告部
海南人民广播电台广告部
南京人民广播电台广告部
温州人民广播电台广告部
江西人民广播电台广告部
甘肃人民广播电台广告部
新疆人民广播电台广告部
云南人民广播电台广告部
西藏人民广播电台广告部
北京人民广播电台广告部
上海人民广播电台广告部
黑龙江人民广播电台广告部
丹东人民广播电台广告部
山西人民广播电台广告部
河南人民广播电台广告部
武汉人民广播电台广告部
广东人民广播电台广告部
佛山人民广播电台广告部
山东人民广播电台广告部
江苏人民广播电台广告部
浙江人民广播电台广告部
海峡之声广播电台广告部
陕西人民广播电台广告部
青海人民广播电台广告部
四川人民广播电台广告部
贵州人民广播电台广告部

电视台：
中央电视台广告部
天津电视台广告部
上海东方电视台广告部
辽宁电视台广告部
大连电视台广告部
山西电视台广告部
河南电视台广告部
湖南电视台广告部
广州电视台广告部
海南电视台广告部
江苏电视台广告部
北京电视台广告部
上海电视台广告部
黑龙江电视台广告部
沈阳电视台广告部
河北电视台广告部
内蒙古电视台广告部
湖北电视台广告部
广东电视台广告部
深圳电视台广告部
山东电视台广告部
苏州电视台广告部
浙江电视台广告部
江苏电视台广告部
甘肃电视台广告部
四川电视台广告部
贵州电视台广告部
厦门电视台广告部
陕西电视台广告部
青海电视台广告部
云南电视台广告部
西藏电视台广告部

广告公司：
中国广告联合总公司
中国机电广告公司
中体广告公司
中化国际广告展览有限公司
北京国安广告公司
新世纪广告有限公司
北京市公交广告公司
盛世长城广告有限公司
中国民航宣传广告公司
凤凰国际广告公司
天津市广告公司
上海广告公司
上海美术设计公司
上海奥美广告公司
上海铁路局广告美术中心
哈尔滨铁路局广告美术中心
沈阳市广告公司
河北省广告公司
石家庄市公交广告公司
河南省广告公司
湖北省宜昌市广告集团公司
武汉市公交汽车广告装璜公司
湖南省国际贸易广告展览公司
长沙市公交广告公司
广东省广告公司
广州铁路文化广告总公司
广州市电车广告公司

中国国际广告公司
北京广告公司
北京市广告艺术公司
电扬广告有限公司
时运国际广告有限公司
北京地下铁道广告公司
中国铁路对外服务公司
长城国际广告有限公司
天联广告有限公司
天津市公交广告总公司
天津市美术广告公司
上海市广告装璜公司
上海市东艺广告公司
上海市公交广告公司
上海文化发展总公司
哈尔滨市广告公司
长春市公交广告公司
辽宁省外贸广告公司
石家庄市广告总公司
石家庄铁路广告总公司
郑州市广告公司
武汉铁路广告艺术装饰工程公司
湖北省国际广告公司
长沙铁路分局广告公司
广州市广告公司
广州天艺广告公司
广西(桂林)梅高广告策划公司
齐鲁广告公司
安徽省广告公司
徐州市广告公司
南京市公交广告公司
杭州市广告公司
厦门市广告公司
福建广播电视广告总公司
厦门商业广告公司
西安市美术广告公司
重庆市美术广告公司
成都铁路分局广告公司
云南广告联合总公司
贵阳市美术广告公司
柳州铁路局广告公司
青岛广告公司
山东太阳国际广告有限公司
南京市广告公司
江苏国际广告公司
浙江省国际广告公司
杭州市公交广告公司
福建省广告公司
福建铁路广告公司
西安正远广告公司
兰州铁路广告美术公司
成都市美术广告公司
成都市公交广告公司
贵州省广告公司

广告主:

北京日用化学三厂
上海梅林食品集团公司
广东太阳神集团有限公司
海尔集团公司
南京熊猫电子股份有限公司
杭州西湖电子集团公司
江中制药厂
上海家用化学品厂
中美天津史克制药有限公司
郑州亚细亚商场
广东健力宝集团有限公司
山东鱼台酒厂
春兰(集团)公司
活力 28 集团
海口罐头总厂

广告教学、研究机构:

中国人民大学新闻学院
厦门大学新闻传播系
北京广播学院广告学系
辽宁省广告研究会

中国广告协会章程

(1994 年 12 月 7 日第四次会员代表大会修订)

第一章 总 则

第一条 本会名称:中国广告协会。

第二条 中国广告协会是中国广告界的行业组织,是具有法人资格的社会团体。其法定代表人是会长。

第三条 中国广告协会的宗旨是:坚持党的四项基本原则,贯彻执行改革、开放的方针,代表和维护会员的正当权益,团结全国广告工作者,推动广告事业的发展,为建设社会主义物质文明和精神文明服务。

第四条 中国广告协会在国家工商行政管理局的指导下,按照国家有关方针、政策和法规，发挥其对行业的指导、协调、服务、监督职能。

第二章　任　　务

第五条　中国广告协会的主要任务是：

(一)宣传贯彻有关广告管理法规、政策，协助政府搞好行业管理。反映会员单位的意见和要求，就有关广告管理、行业规划向政府提出建议。

(二)开发信息资源、建立信息网络，为会员单位和工商企业提供经济、技术、市场、行业等方面的信息服务。

(三)开展国内外人员培训和学术理论研究，提高广告从业队伍的思想水平、理论水平、政策水平和业务能力。

(四)组织开发、引进和推广国内外先进技术、设备、材料和工艺，举办本行业的全国性和国际性展览会、展销会。提高广告设计、制作、发布水平。

(五)建立广告发展基金会，为促进广告行业健康发展提供资金支持。

(六)开展国际交流合作，吸收引进先进技术、设备和管理经验，代表和统一组织中国广告界参加国际广告组织及活动。

(七)开展行业资质检评活动，向社会推荐资质优秀的单位，促进会员单位不断提高经营管理水平。

(八)加强行业自律，建立和维护良好的广告经营秩序，反对不正当竞争，坚持广告的真实性，提高广告的思想性、科学性和艺术性；向社会提供广告行业法律咨询服务，调解行业内、外部纠纷。

第三章　会　　员

第六条　中国广告协会会员分团体会员、单位会员和荣誉会员。

(一)团体会员

具有社团法人资格的省、自治区、直辖市、计划单列市、经济特区广告协会和其它相关团体。

(二)单位会员

具有一定经营规模、较高的管理水平和较强的服务能力、合法经营三年以上并基本符合下列条件之一的广告经营单位。

1. 年广告营业收入在200万元以上，能为客户提供总体策划，具有综合服务能力的广告公司；

2. 年广告营业收入在3000万元以上，设有专门的广告部门的报社、电视台；

3. 年广告营业收入在300万元以上，设有专门的广告部门的广播电台；

4. 年广告营业收入在100万元以上的广告信息服务机构、杂志社，以及机构健全、有经营性研究工作的广告研究机构；

5. 年广告费投入500万元以上，设有广告宣传机构的大、中型工商企业。

(三)荣誉会员：曾为中国广告业发展做出突出贡献的中外人士。

第七条　符合第六条规定条件，承认本会章程的团体、单位均可自愿申请入会，经批准，即成为本会会员。

(一)团体会员经执行理事会批准；

(二)单位会员经相关专业委员会推荐，报执行理事会审批；

(三)荣誉会员由办事机构提名，执行理事会批准授予。

第八条　会员的权利

(一)有选举权，被选举权；

(二)对协会工作有批评、建议、监督权；

(三)参加协会举办的各项活动；

(四)优先、优惠获取协会提供的信息服务；

(五)优先参加协会举办的专业培训；

(六)有退会自由；

(七)荣誉会员享有上述(二)至(六项)权利。

第九条　会员的义务

(一)遵守协会章程，执行协会决议；

(二)承担协会委托的任务,提供有关情况和资料;

(三)积极参加协会组织的各项活动,反映各方面的意见和要求;

(四)按规定缴纳会费。

第十条 会员有下列情况之一者,经执行理事会批准,注销其会员资格。

(一)自愿申请退会者(按规定时间逾期8个月不缴纳会费者,亦视为自动退会);

(二)违反协会章程,拒不改正者;

(三)被政府吊销营业执照或广告经营许可证的经(兼)营单位;

(四)被政府注销或取缔的团体;

(五)每年第一季度由办事机构对会员资格进行综合性复审,对不符合会员资格者,报请执行理事会批准后,取消其会员资格(理事单位亦同时取消),并通报全体会员。

第四章 组织机构

第十一条 中国广告协会的组织原则是民主集中制,协会的最高权力机构是会员代表大会。会员代表大会每三年召开一次,须有半数以上的会员代表出席方能召开。理事会认为有必要或二分之一以上理事提出要求,可以提前或延期召开。

第十二条 会员代表由会员协商选举产生。特邀代表由办事机构提名,会长批准后邀请。

第十三条 会员代表大会的职责:

(一)确定协会的工作方针、任务;

(二)审查理事会的工作报告;

(三)制定和修改协会章程;

(四)选举理事会。

第十四条 在会员代表大会闭会期间,由理事会行使代表大会的职权。理事会每年召开一次,必要时提前或延期召开。

第十五条 由于工作变动或其他原因,理事在任期内不能继续担任理事工作时,由理事单位提出新的人选,报执行理事会批准更换。

第十六条 理事单位违反协会章程不能尽理事职责时,由执行理事会予以更换,并交下次会员代表大会追认。

第十七条 理事会的职责

(一)执行会员代表大会决议;

(二)审查执行理事会工作报告;

(三)讨论、决定协会的重大问题;

(四)审查协会的财务预、决算;

(五)筹备召开会员代表大会;

(六)选举产生会长、副会长,邀请名誉会长、顾问。

第十八条 执行理事会职责

执行理事会由会长、副会长、秘书长、专业委员会主任或秘书长组成,在理事会闭会期间,行使理事会的职责。

第十九条 执行理事会设立办事机构,在秘书长领导下处理日常工作。秘书长、副秘书长由会长提名,执行理事会批准。

第五章 专业委员会

第二十条 中国广告协会设立报纸、广播、电视、广告公司、公交、铁路、广告主,以及执行理事会认为有必要设立的其他专业委员会。

第二十一条 中国广告协会设立学术委员会和法律委员会,分别从事广告学术研究和法律咨询服务、调解行业内外部纠纷及诉讼代理工作。学术和法律委员会吸收个人委员。

第二十二条 法律、学术等各专业委员会是中国广告协会的专业工作机构,受执行理事会的领导,日常工作由执行理事会授权秘书长领导和协调。

第二十三条 各专业委员会设立常务委员会,由主任委员、副主任委员、常委若干人组成。常务委员由委员会协商提名,报中国广告协会执行理事会批准;主任、副主任由常务委员会选举,报执行理事会批准;秘书长由委员会主任提名，报执行理事会备案。

第二十四条 各专业委员会职责：

（一）根据本章程的有关规定，制定各委员会规章制度和自律措施；

（二）按本章程第二章第五条规定的任务，在本专业范围内开展活动；

（三）反映本专业会员单位的意见和要求；

（四）向中国广告协会提供本专业广告经营情况和其他有关资料；

（五）完成中国广告协会交办的任务。

第六章 团体会员

第二十五条 各级地方广告协会是各地广告行业组织，可根据自愿原则，申请加入中国广告协会，作为团体会员。

第二十六条 中国广告协会团体会员接受当地同级工商行政管理局和中国广告协会的指导和监督。

第二十七条 中国广告协会团体会员负责向中国广告协会推荐单位会员，协助中国广告协会为会员单位提供服务；受中国广告协会委托，对本地区的单位会员进行日常管理和年度复审。

第二十八条 团体会员秘书长工作会议，是中国广告协会同各地会员联络的重要渠道，正常情况下每年召开一次，特殊情况，可提前或延期。

第七章 经　　费

第二十九条 中国广告协会的经费来源：

（一）会费；

（二）协会从事技术开发转让、信息咨询、服务等收入；

（三）主管部门及有关单位拨款；

（四）海内外有关组织和个人捐助；

（五）其他合法收入。

第八章 附　　则

第三十条 本章程经会员代表大会讨论通过后生效。在执行中，有三分之一会员提出修改，经理事会讨论同意，可提交会员代表大会审议决定并报国家工商行政管理局、民政部备案。

第三十一条 本会经会员代表大会决议解散，或因违法、破产等被迫解散时，报请国家工商行政管理局审核并对协会资产、债务进行清算处理后，向民政部办理注销登记。

第三十二条 会员接纳与管理、会费缴纳与管理等办法由理事会制定。

第三十三条 本会提倡民主参与、高效、节俭作风。根据实际情况，有时可采用通讯方式举行会议。

第三十四条 本章程的解释权属执行理事会。

关于《中国广告协会章程》等文件修改的几点说明

随着我国社会主义市场经济体制的逐步形成和广告行业的迅速发展，特别是各级广告协会的体制的日渐完善和改革逐步深化，中国广告协会原有章程中某些条款已经明显不适应形势发展的需要。为此，在广泛征求意见，认真调查研究，反复讨论以后，提出了《中国广告协会章程》修改意见（讨论稿），经会长办公会议审议和原则批准后，提交到今年十月下旬在宁波召开的中广协三届三次常务理事（扩大）会议上讨论。根据提出的意见，我们作了进一步补充和修改，形成了现在提交本次大会的讨论稿。同原《章程》比较，修改、补充要点大致如下：

（一）关于总则及协会的任务

修改后的《中国广告协会章程》将中广协的任务概括为八个字：指导、协调、服务、监督。即将原《章程》中的“咨询”改为了“监督”。这是基于两点考虑：一是与《中共中央关于建立社会主义市场经济体制若干问题的决定》中的提法相一致：《决定》的第（14）条明确规定，中介组织应“发挥其服务、沟通、公证、监督作用”，二是避免意思的重复，因为“咨询”是“服务”的一种形式，“服务”已涵盖了“咨询”的内容。在八字任务中，“服务”是关键，因此，在审定章程中关于协会的任务时，对“服务”的内容作了一系列的修改补充，具体地说，体现在：人员培训、信息咨询、技术推广和建立基金会四个方面，也就是国家工商局领导提出的中广协工作的四大支柱。与此同时，还着重强调了加强行业自律，加强对外交往，开展行业资质检评，以及为行业提供法律咨询和调解行业内外纠纷等服务性内容。

（二）关于会员及其权利和义务

修改的要点包括：

（1）直接吸收会员，并对会员标准作了明确规定。今后，中广协将按照自愿的原则将具有一定的经营规模、较高管理水平、较强服务能力和守法经营的广告经营者、广告发布者和广告主的龙头和骨干单位吸收为会员，形成中国广告业的骨干群体。中国广告协会拟吸收的会员数可能只占全国广告经营单位的1%左右，但它反映了中国广告业的80%以上的实力，代表了中国广告业的现状、发展方向和未来。

（2）地方广告协会以团体会员身份加入中广协，这样做使中广协与地方协会的关系更加体现社团性质，也使二者之间的关系更紧密、更明确。

（3）不设个人会员（学术研究委员会和法律咨询委员会吸收个人委员，参加协会有关机构工作和活动）。

（4）会员权利比过去明确具体，并增加了：“优先、优惠（有的将是免费的）获取协会提供的信息服务”以及“优先参加协会举办的专业培训”两项条款。

（5）增加了协会办事机构对会员进行年度复审内容及对不具备资格或不按时缴纳会费者予以除名条款。这不仅有利于密切中广协与会员之间的关系，保证会员权利与义务的统一，而且有利于维护协会会员的荣誉。

（三）关于组织机构

将原来的常务理事会改为执行理事会，实际上是将常务理事会与会长办公会议的职能合并，以减少层次，并与类似的国际组织习惯名称相一致。同时拟减少理事、执行理事单位及副会长的职数，并增加会员单位在领导机构中的比例，以体现协会的民间性、专业性，真正代表和维护会员单位的权益。理事单位拟由原来的185个减少到60多个，执行理事单位拟由原来的50个常务理事单位减少到20个左右，副会长由原来的13名减少到10名左右。

（四）关于专业委员会

（1）强调各专业委员会是中广协的工作机构，受执行理事会的领导，日常工作由秘书长领导下的办事机构进行协调。为加强工作和便于沟通协调，中广协计划批给各专业委员会1至2个编制，力争尽快物色场地集中办公，并拨给法律咨询和学术研究两个委员会一定的活动经费。

（2）强调了各专业委员会必须制定具体明确的职责范围和阶段性的工作计划，以及切实可行的自律条款和确保实施的措施。

（3）增设广告主委员会和法律咨询委员会。

（五）关于“团体会员”

原《章程》中“地方广告协会”一章，改为“团体会员”，并对原来的内容作了较大修改。这些修改体现了改革的精神，符合市场经济规范。因为各地广告协会和中广协同是独立的社会团体法人，具有同等的法律地位，只是覆盖地域和服务对象有所不同。

根据修改后的中广协的章程规定，各地广协可以在自愿的原则下，以团体会员的身份加入中国广告协会。中广协的团体会员在遵守中广协章程的同时，必须接受当地工商局的指导、监督，团体会员可在中广协委托和指导下，向中广协推荐单位会员，以及对当地的单位会员进行检查、监督等工作。

（六）关于经费

在新章程中，中广协的经费来源增加了“其他合法收入”一项，意在运用各种形式（如：建立经济实体），通过合法手段，开展经营活动，积累更多的资金，以达到既能减轻会员负担，又能有效地向会员单位提供服务的目的。

（七）关于附则

为体现章程的规范化和完整性，附则作了三个方面的补充，即：如三分之一的会员对章程提出修改动议，则应按照民主程序进行认真处理；协会解散程序及善后处理工作内容；章程的解释权属执行理事会。

根据修改后的协会章程和“明确、简化、适用”的原则，我们还对《中国广告协会会员接纳与管理办法》、《中国广告协会会费缴纳与管理办法》和《中国广告协会自律规则》进行了修改补充，这次一并提交给大会审议。

由于调研工作尚不够深入全面和我们认识上的局限，对上述四个文件的说明难免存在疏漏和片面之处，请代表们结合各自的实践予以认真讨论、补充和修改。

中国广告协会自律规则

（1994年12月7日第四次会员代表大会通过）

为树立良好的行业风气，维护正当竞争，抵制不正当竞争，建立良好的广告经营秩序，提高广告业道德水准和整体服务水平，特制定本规则，会员须共同遵守。

第一条 一切广告活动均应建立在为社会主义服务、为人民服务、为经济建设服务的原则基础上，力求广告的经营效益和社会效益的统一，并以此原则检验广告效果。

第二条 广告经营单位要建立严格的广告承接、验证、内容审查、合同、财务等各项管理制度，特别是应当认真查验证明、审查广告内容，以保证广告内容的真实性，提高工作效率。

第三条 实施广告，应进行市场调查、消费者研究及相关法规许可范围的研究，以保证广告的科学性和合法性，避免盲目性。

第四条 广告创作要坚持创新、尊重版权，不得抄袭他人的创意，不得侵犯公民的肖像权。

第五条 广告经营单位的竞争应体现在优质服务方面，不得采取贿赂或竟相压价等不正当手段拉广告。要按规定支付国内外广告代理费用，不得随意压低或抬高代理费标准。

第六条 广告发布价格标准应根据媒介的收视率、收听率、读者范围、媒介权威性、以及服务水平来制定。各经营单位需按媒介价格标准统一、公开报价，不得随意抬高或压低广告价格。

第七条 广告经营单位之间应友好合作，密切配合。对于广告公司经过认真策划，设计创作的广告，各媒介单位应予支持。广告公司应按媒介特点和技术要求代理广告，保证广告质量。

第八条 会员单位以广告协会及其成员名义组织的有关广告涉外活动应报中国广告协会备案，接受中国广告协会的协调和指导。

第九条 中国广告协会各专业委员会可根据此规则和专业特点制定本专业的自律规则和实施办法。

第十条 对于违犯规则的会员单位，根据情节轻重分别采取批评、内部通报和公开曝光的措施，对于影响特别恶劣，或坚持不改的，将解除其会员资格。

第十一条 各专业委员会、各团体会员单位应分别按照专业和层次对违反规则的会员形成舆论压力，对其不正当行为进行公开抵制。

第十二条 协会通过开展“重信誉、创优质服务”等活动促进行业自律的实施和逐步深化。

中国广告协会会员接纳与管理办法

（1994 年 12 月 7 日第四届一次理事会通过）

第一条 根据《中国广告协会章程》第三章及第七章的有关规定，特制定本办法。

第二条 申请入会的团体会员，须填写入会申请书（见附件一）一式两份，报中国广告协会执行理事会审核、批准。

第三条 申请入会的单位会员，须填写入会申请书（见附件二）一式两份，经中国广告协会各相关专业委员会审核，报中国广告协会执行理事会批准。

第四条 经中国广告协会执行理事会审核、批准的团体会员和单位会员，由中国广告协会颁发会员证书（见附件三）。

第五条 管理

一、中国广告协会对会员采取统一组织、统一管理的办法。会费由中国广告协会直接收取和管理。

二、各专业委员会负责组织本专业会员的活动。可以吸收本专业内非会员单位参加活动。

三、团体会员、单位会员入会申请表及会员证书由中国广告协会统一印制、发放。

第六条　本办法自经中国广告协会理事会通过之日起生效,原办法作废。

中国广告协会会费缴纳与管理办法

(1994年12月7日四届一次理事会通过)

第一条　根据中国广告协会章程第三章、第六章、第七章的有关规定,特制定本办法。

第二条　会费

一、会费标准

团体会员和单位会员每年均缴纳2000元人民币。

二、缴纳办法

1. 会员办理入会手续后,即按本规定缴纳当年会费。

2. 每年四月底前,会员应自动向中国广告协会办事机构缴纳当年会费。

第三条　会费用于开展协会工作,为会员提供信息服务。

第四条　逾期八个月(以每年五月一日为计算起点)不缴纳会费的会员,视为自动退会,由中国广告协会会员管理部审核报执行理事会批准后宣布除名,收回会员证,是理事单位的,同时取消理事资格并通报全体会员。

第五条　中国广告协会每年4月底之前将上年度会费收缴和使用情况向理事会报告并通报全体会员。

第六条　本办法自中国广告协会理事会通过之日起生效。原"办法"作废。

中国广告协会1994年工作要点

1994年要按照中共中央关于建立社会主义市场经济体制若干问题决定的精神,积极推动行业改革。中国广告协会在国家工商行政管理局领导下,以贯彻《关于加快广告业发展的规划纲要》为主线,以协助广告管理部门搞好行业改革为重点,以改革协会体制,加强协会组织建设,强化协会沟通、服务的职能为手段,促进行业自律、提高服务质量,全面发展。主要抓以下几项工作:

一、宣传贯彻《关于加快广告业发展的规划纲要》。今年,协会的工作重点是组织协会各专业委员会、地方广告协会工作人员深入学习《纲要》,研究制定落实措施和贯彻方案。首先用《纲要》的精神,开好中国广告协会第四次会员代表大会,以从指导思想上转变协会的职能,为落实广告行业改革打好基础;其次,各地方广告协会要组织本地区广告经营单位的领导人贯彻落实"四大"精神;再次,组织学术委员会委员学习研究《纲要》精神,撰写文章,在报刊上广为宣传。上述三项工作要在年底之前抓出成效。

配合《广告法》和单项法规的出台,大力开展宣传普及工作。今年国家工商局每颁布一个广告法规，协会配合组织一次广泛宣传、咨询活动，年内再组织一次群众性的广告知识竞赛，以宣传广告法规为中心，普及广告基本知识。

协助广告管理部门推行改革试点工作。着重探讨如何通过行业自律途径，维护广告市场秩序。协会要积极配合政府在试点地区开展调查研究，了解各界反映，积极宣传试点的成功经验。对存在问题以及解决问题的建议等，提出报告，供管理部门参考。

二、改革协会现行的体制，发挥行业协会的自律作用。改革协会现行体制、转换协会的职能。目标是改变原来的“统一组织、统一章程、分级管理”，上级协会指导下级协会的行政性体制，使之逐步向民间性、专业性和中介性过渡。要强化协会自律和服务职能，使协会更具活力，更适应社会主义市场经济的要求，更便于联系会员和为会员服务。

用《纲要》精神改革和转变协会职能，修改好章程，拟定和完善行业自律规则及其实施办法。召开第四次会员代表大会，关键是总结三大以来的工作，修订章程，尽快拿出切实可行的改革方案，报会长办公会讨论。

三、扎实开展各项服务工作。主要抓三方面的工作：一是抓好培训服务。配合广告管理部门，组织、发动各地广告从业人员参加资格认证培训；开展不同层次、不同类型的广告专业培训工作，年内要办好 CI 电视讲座，广告基本知识训练班、广告设计制作培训班等。

二是开展广告经营单位的资质认定工作。根据广告管理部门制定的资质标准，积极扶持广告公司的成长，通过调查，向社会推荐一批实力强，服务质量高、信誉好的广告公司和媒介单位，为行业树立榜样。

三是与有关单位合作开拓广告监测服务工作。监测的主要内容是：广告发布内容是否合法，是否履行发布合同，是否符合客户要求，发布质量如何等，并定期汇总情况向广告管理部门和广告经营单位，广告主提供服务。开展媒介受众调查，价格调查，收集广告经营单位资料和市场信息，为广告客户和广告经营单位提供有偿服务。

此外，还拟定期举办会员俱乐部广告沙龙活动，向会员介绍广告界新动态，新技术，新材料，进行动画制作演示，电视广告剪辑演示等。还拟与有关单位合作，举办“广告新材料、新技术、新设备展览会”，引进和推广广告新技术、新材料；与有关单位合作，利用“MTV”形式开展社会公益宣传；与有关单位合作举办广告专题研讨会，电视广告大奖赛等活动。通过这些活动，为全行业提高整体业务水平服务。

四、加强理论研究和国内外交流。为促进行业的改革与发展，就有关行业改革与发展的重要课题积极开展学术研讨和交流。要组织好我国代表出席第 34 届世界广告大会，作好出席 IAA 理事会，亚广联理事会的准备工作。组织广告界业务骨干到国外进行专业对口培训和业务交流。通过交流与合作，积极引进先进的管理经验和技术，拓展国际广告业务。

部分省、市广告协会第五届联席会议纪要

（一）

全国部分省市广告协会第五届联席会议于 1994 年 5 月 18 日至 21 日在广西壮族自治区北海市召开。参加这次会议的有：宁夏、陕西、浙江、湖北、安徽、山东、四川、福建、海南、广西、贵

州、新疆、广州、珠海、湛江、昆明、成都、重庆、杭州、青岛、烟台、乌鲁木齐、太原、银川、西安等省、自治区、市的代表，参加会议的还有北海、桂林、柳州、南宁、梧州广告协会和广告经营单位的代表共90多人。

中国广告协会会长田树千同志，广西壮族自治区工商行政管理局副局长、广西广告协会会长黄绍熙等领导同志出席了会议。会议由广西广告协会副会长符兴同志主持，广西壮族自治区工商行政管理局副局长、广西广告协会会长黄绍熙同志致开幕词，并介绍了广西概况和广西广告工作情况。中国广告协会会长田树千同志就当前广告协会工作动态和发展方向作了重要讲话。北海市副市长周广能同志，北海市工商局、北海市广告协会的领导出席会议并讲了话。

参加会议的各省、市、自治区广告协会为这次会议做了充分的准备，会议收到了交流材料16份，联席会议通过大会发言，书面材料交流，会后互相交流和实地参观考察等形式，使与会者开阔了视野，达到了互相学习，取长补短，互相促进，共同提高的目的。

本届联席会着重探讨交流了下列议题：转变协会职能，强化协会的自律功能，使之真正成为政府和会员单位之间的桥梁；协助政府搞好行业管理，切实维护会员单位的利益，使协会逐步向民间性、行业性和中介性过渡，逐步向国际通行的广告经营机制过渡；试行广告代理制的必要性和可行性；如何维护广告行业的良好秩序以及开展有偿咨询服务等。

本届联席会议是在全国进一步扩大改革开放，加快发展，保持稳定的大局以及全国部分城市进行广告"两制"试点的大好形势下召开的，这次会议对于促进广告业改革，拓宽广告协会工作，推动广告事业的发展，具有十分重要的意义。

（二）

会议认为，在当前广告经营、广告宣传和广告管理工作中，广告协会应该充分发挥作用，力争在工作中得到管理机关的支持。同时，努力提高广告协会的群众性、民主性和权威性。

会议认为，改革开放以来，我国广告业发展迅速，实行广告"两制"条件已基本成熟，应该在建设有中国特色的社会主义和发展市场经济理论的指导下，加快广告业改革，逐步向国际通行的广告经营机制迈进。

会议认为，为适应建立社会主义市场经济体制，加快广告行业的改革与发展，加强行业自律，达到使广告协会逐步向民间性过渡，广告协会应积极开展有偿服务工作。

（三）

与会代表一致肯定广西壮族自治区广告协会、北海市广告协会为本届会议所作的准备工作。

与会代表认为定期或不定期地召开联席会议是增强协会生命力，开展协会工作的有效办法，与会代表经过充分协商，一致同意今后联席会议的主办单位按下列顺序轮流做东，即：宁夏、云南、广东、陕西、浙江、湖北、福建、贵州、海南、四川、山东、重庆、青岛、新疆、安徽、广西，轮流主办的省、市因故不能承办，可与下一个省市协商替换。为了提高会议效率，减少主办单位的工作量，今后每个省市参加会议的人数限在五人以内。部分省、市、自治区广告协会第六届联席会议将于1995年适当时间在宁夏回族自治区举行。

中国广告协会会长办公会议纪要

中国广告协会会长办公会议于1994年9月8日在国家工商行政管理局召开。12名会长，副会长参加会议。国家工商局刘敏学局长、局办胡修干主任、广告司刘保孚司长等出席了会议。田树千会长主持了会议。贾玉斌副秘书长汇报了协会近期工作：华都杯电视大奖赛进展情况；《现代广告》杂志的编辑、出版、发行情况；协会同中国国际广告公司合建广告大厦的意向等事项。刘保孚司长介绍了中国广告代表团于今年5月份出席第34届世界广告大会的背景及出访情况，特别着重介绍了在大会前后，中国广告代表团针对关于“中国台湾分会”在国际广告协会的名称问题，为维护我国的严正立场，所进行的复杂而艰苦的斗争，最后取得胜利的过程。吴德裕秘书长汇报了《中国广告协会改革方案》和《中国广告协会办事机构改革方案》的修改情况和召开中国广告协会第四次会员代表大会的筹备方案。

会长们针对协会体制改革问题和筹备召开“四大”问题进行了认真讨论，一致认为：①中国广告协会改革方案的方向是明确的，路子是正确的；②中国广告协会作为行业组织，要努力维护行业的整体利益，真正成为行业和政府间的桥梁和纽带；③中国广告协会应该逐步改变具有行政色彩的管理体制，向专业化、民间化、社会化方向发展；④中国广告协会直接吸收会员的做法可行，但要掌握好会员接纳的条件及发展数量，标准既要严格，又要照顾到地区与专业；⑤要把加强行业自律作为协会的重要工作来抓，同时要加强各专业委员会的工作。⑥抓好协会新、旧体制转换中的工作衔接，做好充分的思想准备和组织准备召开“四大”。

刘敏学局长作了重要讲话，他说，这次会议所讨论的两个改革方案和中国广告协会“四大”筹备意见，局党组已原则通过。这几年来，中国广告协会做了大量工作，促进了广告业的发展，给政府部门当了参谋，感谢大家。刘局长指出：协会的改革要适应社会主义市场经济体制的要求，市场经济要求我们在加强中介机构建设的同时，要特别注意规范其行为，要尽力减少行政色彩，增加民间性。协会要加强自律能力，自我发展的能力和自我约束的能力。要逐步做到相对独立，通过自我完善，增强凝聚力，当好政府的参谋，对政府起到支持作用。刘局长希望新一届协会工作要体现出改革的精神。

田树千会长总结发言中指出，中国广告协会要抓好召开“四大”的筹备工作，使之成为协会改革工作的转折点。会后要抓好四项工作：代表的产生的衔接；领导班子的选择；协会章程的修改；准备一个好的工作报告。

中国广告协会第三届三次常务理事会(扩大)会议纪要

(一九九四年十月二十八日)

中国广告协会第三届三次常务理事(扩大)会议，于1994年10月27日至28日在宁波召开。出席会议的有中广协常务理事，省、自治区、直辖市、计划单列市广告协会秘书长共66人。会议还邀请了有关单位的部分同志列席了会议。中广协会长田树千同志主持了会议，副会长张冬兴、洪一龙出席了会议。宁波市市委、副市长章猛进，原宁波市委副书记、宁波市广告协会名誉会长伏庆祥，浙江省工商局副局长、省广告协会会长俞观山到会祝贺并讲话。

会议期间，适逢《广告法》颁布，与会同志认为，《广告法》是我国第一部关于广告的根本大法，一致表示要积极组织学习和认真贯彻执行。

会议听取了吴德裕同志传达了国家工商局刘敏学局长、杨培青副局长关于协会改革和机构改革的指示精神及中广协第四次代表大会筹备情况的汇报和贾玉斌同志关于协会工作的汇报。与会同志对《中国广告协会工作报告》、《中国广告协会章程》、《中国广告协会会员接纳与管理办法》、《中国广告协会会费缴纳与管理办法》、《中国广告协会自律规则》等拟提交中广协“四大”的文件进行了认真的讨论和修改。

与会同志认为国家工商行政管理局的领导同志对中广协的工作是非常支持的，赋予了中广协几项重要职能，对中广协的改革方案寄予了厚望，使与会同志深受鼓舞。

常务理事和秘书长们原则同意中广协改革方案和机构改革方案，认为中广协的改革方案方向是正确的，步骤是积极的，是建立符合中国实际的广告行业组织新体制、新模式的大胆探索和有益尝试，应当坚定不移地把这一改革推行下去。同时，对中广协的改革方案提出了许多好的建议。主要是：(1)国家工商局领导赋予中广协的几项职能能真正得到落实；(2)中广协应继续对地方广告协会的工作加强指导；(3)希望在中广协章程中明确团体会员的地位、作用、权利、义务，以及与单位会员的关系；(4)在会费的收取方面制定出能使中广协与地方广协之间进一步协调便于操作的方法。(5)加强行业自律是中广协组织建设和促进我国广告业健康发展的重要保障，应在中广协章程中加以明确。

会议原则通过了中广协“四大”各项文件，责成中广协秘书处做进一步修改后提交“四大”审议通过。常务理事们对筹备召开“四大”的方案表示同意，要求中广协秘书处认真落实各项准备工作。会议对中广协秘书处近期所做的工作表示满意并给以热情的鼓励和肯定。

由会长提名，常务理事鼓掌通过了由吴德裕同志担任中广协秘书长的决定。

此次会议的召开，得到了浙江省工商局、浙江省广告协会、宁波市委、市政府、宁波市工商局、宁波市广告协会以及宁波地区工商企业、广告经营单位和新闻单位大力支持，使会议得以顺利进行并取得圆满成功。代表们对此表示衷心的感谢。

与会同志希望通过中国广告协会的改革，进一步密切中广协与各地方广告协会的联系，加强相互间的协调配合，充分发挥单位会员在全行业的带头作用，进一步加强服务工作，把我国广告业推向一个加速发展的新阶段。

中国广告协会广告公司委员会
霓虹技术协作会会议纪要

中国广告协会广告公司委员会霓虹技术协作会于1994年11月15日至17日在四川省成都市召开成立大会。来自四川、辽宁、广西、江苏、湖南和京、津、沪、粤等20个省市及香港地区126家霓虹灯同行180多位代表出席了大会。

应邀参加大会的有中国广告协会副会长兼广告公司委员会主任委员赵桂鸿，他在大会上宣读中广协和广告公司委员会批准成立霓虹技术协作会的两个批文，并作了指示；国家电光源质量监督检验中心副主任沈明阳和四川省、成都市工商局、广告协会的领导也到会致词。大连市霓虹技术协作会分会、湖南省霓虹灯行业协会也专程派员到会祝贺，当地新闻媒介的记者到会采访报导。会议在充满团结协作、热烈欢乐、务实创新的气氛中进行。

这次会议是在我国深入发展社会主义市场经济的形势下，广告业又面临着大开放、大改革、大发展、大前进的重要历史时期召开，它无疑是我国霓虹灯行业团结、兴旺、发展的象征。会议认为改革开放十多年来，全国霓虹灯行业在各地党和政府重视、关心和支持下，提供机遇、投入资金、开拓项目、培训人才、引进开发、更新技术，使霓虹灯在品种、质量、品位等方面都有了新的发展和提高，不少城市出现了灯光夜市的霓虹灯一条街，从而促进了经济的繁荣和城市的美化。因此霓虹灯作为户外广告它为市场经济的发展和城市的美化，作出了一定的贡献，并得到社会各界的好评。

会议分析了全国霓虹灯行业现状后认为：随着改革开放霓虹灯行业发展很快，目前全国有3000多家生产、经营霓虹灯的单位，且集中在沿海和中原经济比较繁荣城市，而西北、东北霓虹灯发展较慢，需要扶植、支持、协作。而对霓虹灯生产、经营较集中的城市和地区也需要整顿管理、规划和提高，促使霓虹灯行业依法规范市场行为，创造公平竞争的环境，提高产品质量，开发新的品种，为此，与会代表迫切要求霓虹技术协作会增强综合服务能力和自律职能，协助广告管理部门以行业改革为重点，以沟通、服务为手段，促进行业健康的发展。

为了提高霓虹灯行业整体素质，会议向全国同行推荐霓虹灯变压器、霓虹灯、霓虹灯安装、霓虹灯电极四项技术标准，与会代表认为当前霓虹产品更新技术，提高质量，维护经营信誉已是燃眉之急，制定的标准应是起点高，要求严、操作性强作为全国同行生产制作的规范标准。国家电光源质量监督检验中心副主任沈明阳同志对霓虹产品质量的分析和要求作了发言，北京中信霓虹工程公司、南京市广告公司霓虹灯厂和上海霓虹电器厂等单位在会上作了访问日本等国霓虹行业及产品科研的体会。这些交流都使代表们受到很大的启发。

会员代表对霓虹技术协作会章程草案开展认真讨论，经修改后一致通过。全体会员根据章程，选举了霓虹技术协作会领导机构。上海霓虹电器厂、上海美术设计公司、南京市广告公司霓虹灯厂、宁波市霓虹电器装璜厂、北京中信霓虹工程公司、北京京伦霓虹灯厂、厦门市广告公司、大连日兴霓虹灯装饰有限公司、广州市广告公司、成都市霓虹灯厂、成都市美术广告公司、武汉供电霓虹灯电器厂、深圳电光有限公司、郑州霓虹灯电器厂等十四家为委员单位。经过委员单位的协商，推选了上海霓虹电器厂温伯安为主任委员、成都市霓虹灯厂王家诚、北京京伦霓虹灯厂丁万立、广州市广告公司霓虹灯厂梁銮永为副主任委员，并由主任委员提名，经委员会通过聘任褚玉鸣为秘书长、杨志成为名誉副主任委员兼副秘书长、邱华昌为副秘书长，大会热情邀请赵桂鸿同志为霓虹技术协作会名誉主任委员。

全体委员会议还决定第二次大会于95年7—8月份在辽宁省大连市召开。

最后温伯安同志代表委员会作了工作报告。并对主办这次大会的成都霓虹电器厂，为会务投入大量精力，保证大会圆满完成表示衷心感谢。大会在团结协作充满信心之中结束。

广告公司委员会

（第四届） 1994 **年** 12 **月**

主　　　任　仇学忠　　中国广告联合总公司

第一副主任　南昌明　中国国际广告公司
副　主　任　胡纪平　北京广告公司
韩文丰　北京市广告艺术公司
潘锦富　上海市广告装潢公司
熊景华　上海广告公司
秘　书　长　李沛钧　中国广告联合总公司
副秘书长　筱　毅　南京市广告公司
王世明　成都市美术广告公司
苗淑宝　中体广告公司

铁路委员会

（1）领导机构名单

名誉主任委员：

鄄炳军（原铁道部政治部主任、党组成员，现全国政协委员、全国铁路关心下一代工作委员会主任）

庞志明（中国铁道企业管理协会副会长）

李家钧（中国铁道企业管理协会副会长）

檀鹤铨（中国铁道企业管理协会副会长）

孔庆祯（中国铁道企业管理协会副会长）

张虹村（中国铁道企业管理协会副会长）

赵　椿（全国铁路关心下一代工作委员会常务副主任）

高宝安（全国铁路关心下一代工作委员会常务副主任）

张彭龄（中国铁路青少年事业发展基金会秘书长）

主任委员：

聂凤竹（中国铁路对外服务公司）

副主任委员：

周振庆（铁道部运输局）

宋凤书（铁道部车辆局）

郭洁人（铁道部体改法规局）

锁　斌（铁道部政治部宣传部）

秘书长：

秦振东（中国铁路对外服务公司）

副秘书长：

周　侠（京铁广告艺术公司）

石希玉（原铁道部副部长、党组成员，现全国政协委员、中国铁道企业管理协会会长）

顾　　问：

徐世良（天列广告公司）

刘　平（铁道出版社）

常务委员：

聂凤竹（中国铁路对外服务公司）

周振庆（铁道部运输局）

宋凤书（铁道部车辆局）

郭洁人（铁道部体改法规司）

锁　斌（铁道部政治部宣传部）

秦振东（中国铁路对外服务公司）

周　侠（京铁广告艺术公司）

徐世良（天列广告公司）

刘　平（铁道出版社）

杨月萍（石家庄分局广告公司）

吴海强（上海局广告公司）

陈漠武（福建铁路广告公司）

张万生（柳州铁路局广告公司）

徐学光（哈尔滨铁路局广告美术中心）

鲍振川（兰州铁路局广告公司）
夏侯尚武（武汉铁路广告装饰艺术公司）
王良玉（青岛分局广告公司）
谭俊荣（人民铁道报）
颜田生（长沙铁路广告公司）
彭建军（成都局多经广告公司）
王仁生（沈阳分局多经处）
谭湘赣（广州铁路文化广告总公司）

（2）铁路委员会工作（试行）条例

第一条 中国广告协会铁路委员会(以下简称广铁委)，是在铁道部和中国广告协会的领导下，根据铁路的特点和实际情况，对全路广告工作进行指导、协调、咨询、服务的行业组织。

第二条 广铁委坚持党的四项基本原则，贯彻改革开放的方针，围绕开发信息资源，服务四化建设的根本任务，充分发挥铁路整体优势，团结全路的广告工作者，为促进广告事业的发展和建设社会主义物质文明、精神文明服务。

第三条 广铁委的任务

1. 贯彻执行中国广告协会的章程、决议和铁道部有关广告管理规定、要求；
2. 了解掌握铁路广告经营情况，反映成员单位的意见和要求；
3. 加强广告同行业之间的联系，协调成员间的关系，促进企业联合、经营联网；
4. 研究制订铁路广告业的发展规划、行业规范、职业道德，促进铁路广告业的健康发展；
5. 组织广告理论的学习、学术研究和广告从业人员的培训；
6. 举办广告经营和广告宣传的各项评比交流活动，组织广告新经验的总结和新技术的推广；
7. 开展国内外广告业的调查研究工作和交流活动，有计划组织铁路广告工作者到国外进行业务考察、访问或邀请国外广告专家来华讲学，进行国内外广告学术交流；
8. 维护铁路广告和广告从业人员的合法权益。

第四条 凡在当地工商局已办理登记注册的铁路广告经营单位，均可申请参加广铁委。

第五条 广铁委成员代表大会两年召开一次，根据需要可提前或推迟召开。主要任务是总结工作，制定工作计划，商议和决定有关重大事宜。

第六条 广铁委设常务委员会，常务委员会由成员代表大会协商选举产生，常务委员会协商确定主任、副主任、秘书长的人选，并报铁道部、中国广告协会审批。在成员代表大会闭会期间，常务委员会行使成员代表大会的职权。

常务委员会下设秘书处，在秘书长领导下处理日常工作。配备专职工作人员1～2名，秘书处设在中国铁路对外服务公司内办公。

广铁委根据需要设立专业分会，由常务委员会研究确定。常务委员会每半年召开一次，必要时可提前或推迟召开。

第七条 广铁委成员权利：

1. 在本会组织内部有选举权、被选举权和表决权；
2. 对本会各项工作有批评、建议权；
3. 优先参加本会举办的各项活动；优先取得有关信息和资料；

4. 有申请退会的自由。

广铁委成员义务：

1. 遵守本会工作条例和广告行业自律规则；
2. 执行本会决议；
3. 承担和完成本会委托的任务；
4. 交纳入会基金和活动基金。各成员单位应自觉执行本条例，对不执行本条例者，常务委员会有权注销其成员资格，并通报除名。

第八条 广铁委经费来源：成员单位交纳的入会基金和活动基金，有偿服务的收入。

第九条 本条例的修改补充，须经成员代表大会通过。

（3）广告行业自律规则

为切实贯彻执行《广告管理条例》，纠正行业不正之风，保护正当竞争，抵制不正当竞争，建立良好的广告经营秩序，提高广告业道德水准和整体服务水平，特制定本规则，会员须共同遵守。

第一条 一切广告活动均应建立在为人民服务、对人民负责的原则基础上，力求广告的经济效益和社会效益的统一，并以此原则检验广告效果。

第二条 广告经营单位应建立广告验证、广告内容审查、合同、档案制度以及各项经营管理制度，以保证广告工作的正常运转和工作的高质量、高效率。

第三条 在接受广告时，必须认真查验《广告管理条例》所规定的有关证明，审查广告内容。凡有虚假、夸大内容的，须商广告主修改。坚持不改的，应拒绝发布，以保证广告内容真实。

第四条 凡在广告中有“独家”、“首创”、“独创”、“第一”、“最好”、“最多”、“最大”等一类绝对声明的，均需查验有关部门或权威机构的鉴定证明。如不能充分证明其声明的可靠性，则须删去这类声明。

第五条 广告内容所体现的情操、趣味及思想倾向要健康、向上，符合社会主义精神文明建设的要求。

第六条 在实施广告之前，应认真进行市场调查、消费者研究以及相关法规许可范围的研究，以保证广告的科学性、合法性，避免盲目性。

第七条 广告创作要坚持创新，尊重版权，力戒抄袭和模仿他人的创意。不得侵犯公民肖像权。

第八条 在广告中不得歪曲专家、权威或知名人士的论断，不得引用党政高级官员的言论。

第九条 不得在广告中诽谤和贬低他人或竞争者的产品、服务。

第十条 广告经营单位之间的竞争应体现在服务方面，不得采取垄断、行贿、贬低、诽谤同行等不正当手段。

第十一条 严格按照《广告管理条例》的规定支付国内外广告代理费用，不得随意压低或抬高代理费标准。

第十二条 广告发布价格标准应根据媒介的收视率、收听率的高低，读者范围的大小，媒介的权威性及服务水平来制定，不得随意抬高或降低广告价格。

第十三条 广告经营单位之间应当友好合作，密切配合，在提高广告服务质量方面共同努力。对于经广告公司认真策划、设计制作的广告，各媒介单位应予以支持，不得无故拒绝发布。广告公司应按媒介的特点和技术要求代理广告，保证广告质量。

第十四条 对违反上述规则，造成不良后果的，轻则进行批评教育，重则向政府提出

处理建议，直至取消会员资格。

学术委员会

（第二届） 1991 年 11 月

主任	洪一龙	中宣部新闻局
副主任	王世明	成都市美术广告公司
	尚恒德	北京广告公司
	唐仁承	上海梅林食品(集团)公司
	唐忠朴	国际广告杂志主编
	傅汉章	暨南大学经济学院
	潘大钧	北京商学院
秘书长	王大鹏	中国广告协会
副秘书长	程庄庄	中国广告协会

中国广告协会地方广告协会

北京市广告协会

1987 年 7 月 2 日成立

领导成员（一届）

名誉会长	孙孚凌	北京市副市长
顾问	王立行	北京市委宣传部部长
	刘殿臣	北京市人大财经委主任
	高森	北京市经贸委副主任
	王志良	北京市经委副主任
	张恩澍	北京市计委
	张锡林	北京市商委
	朱乃正	中央美术学院副院长
会长	王昶	北京市工商行政管理局副局长
副会长	刘金铭	北京市工商行政管理局原副局长
	赵晨	北京市委宣传部副处长
	周一男	中央电视台广告部副经理
	王增一	北京日报经营管理处副处长
	王大林	北京广告公司党委书记
	韩文丰	北京市广告艺术公司总经理
秘书长	蔡昂	北京市工商行政管理局广告处原处长
副秘书长	裘自强	首都经济信息报副社长

河北省广告协会

1984 年 12 月 4 日成立

领导成员（三届）

职务	姓名	职务
名誉会长	郜永堂	河北省人大常委会副主任
	郭洪岐	河北省政府副省长
	王树森	河北省政协副主席
顾　　问	韩丰聚	省委宣传部常务副部长
	龚焕文	省计经委主任
	周治华	省教委常务副主任
	徐　征	省新闻出版局局长
	徐光耀	省文联主席
会　　长	李亚平	河北省工商局原副局长
副 会 长	王根旺	河北省电视台台长
	韩丙寅	河北省广播电台台长
	倖万恒	河北日报社副社长
	杨月萍	石家庄铁路广告总公司总经理
	张华清	石家庄市广告总公司总经理
	蔡　英	河北省工商局商标广告处处长
	张振东	石家庄市工商局局长
	关计祥	河北省广告总公司总经理
秘 书 长	蔡　英（兼）	
副秘书长	陈宝全	河北省工商局商标广告处副处长
	阎树纯	河北省电视台广告信息部主任
	曹洪跃	河北省广播电台广告科科长
	石银平	河北日报信息广告科科长
	李胜志	石家庄市广告协会秘书长
	王振忠	唐山市广告协会秘书长

山西省广告协会

1984 年 12 月 2 日成立

领导成员（一届）

职务	姓名	职务
名誉会长	阎武宏	山西省人大副主任
顾　　问	王森林	山西省贸促会会长
	彭致圭	山西省机械电子厅厅长
会　　长	张文玉	山西省工商行政管理局副局长
副 会 长	张　宁	山西日报社社长助理
	张连有	山西省国际广告公司经理
	朱世林	山西电视台台长助理
	翟志曼	山西省广告装潢公司经理

贾玉瑞 山西省委宣传部新闻处处长
范春敬 山西省财贸办公室处长
王守桢 山西省经济委员会生产处副处长
刘宏俊 太原市工商行政管理局副局长
秘书长 祝燕惠 山西省工商行政管理局商标广告处原副处长

内蒙古自治区广告协会

1991年9月16日成立

领导成员（一届）

名誉会长 刘震乙 内蒙古自治区人大常委会副主任
会　　长 冯　义 内蒙古自治区工商行政管理局副局长
副 会 长 那日苏 内蒙古自治区工商行政管理局商标广告处处长
赵培廉 内蒙古电视台广告部主任
副秘书长 宝　音 内蒙古自治区消费者协会
王　杰 内蒙古人民广播电台广告部副主任
马崇仁 内蒙古日报社广告部主任
马汝孝 内蒙古广告公司经理
贺　宝 内蒙古国际广告展览公司副经理
秘 书 长 那日苏（兼）

辽宁省广告协会

1981年12月10日成立

领导成员（二届）

名誉会长 谈立人 辽宁省原副省长
顾　　问 马景明 辽宁省经济计划委员会委员
会　　长 陈国华 辽宁省工商行政管理局副局长
副 会 长 寇万治（专职） 辽宁省工商行政管理局
孔繁文 辽宁日报社副总编
姚居顺 辽宁电视台副台长
吴永安 大连市工商行政管理局副局长
魏玉书 沈阳市工商行政管理局原副局长
秘 书 长 董棟材（专职） 辽宁省工商行政管理局
副秘书长 曲振发 辽宁省工商行政管理

局商标广告处处长
刘凤岐 辽宁电视台广告部主任
周玉林 辽宁日报社广告部主任
赵　凯 辽宁人民广播电台原广告部主任

吉林省广告协会

1984年10月11日成立
领导成员（四届）

名誉会长 尚振令 吉林省人大副主任
会　　长 于收成 吉林省工商行政管理局副局长
副 会 长 刘玉昌 吉林电视台经济广告部
张守志 吉林人民广播电台广告部
王秀林 吉林德大公司董事长
廖永亮 长春思特国际广告有限公司总经理
杨立忠 东方广告有限公司长春分公司经理
刘宝玺 吉林日报社广告部
秘 书 长 徐松柏 吉林省广告协会
副秘书长 曲贵忠 吉林省广告协会
冯长春 吉林省广告公司经理
张　昕 吉林省冠艺国际广告发展有限责任公司经理
纪小华 吉林省华远广告发展有限责任公司经理

黑龙江省广告协会

1988年4月20日成立
领导成员（一届）

顾　　问 杜显忠 黑龙江省副省长
会　　长 张兴五 黑龙江省工商行政管理局副局长
副 会 长 张桂芳 哈尔滨市工商行政管理局副局长
秘 书 长 唐　复 黑龙江省工商行政管理局商标广告处处长
副秘书长 刘德甫 黑龙江省广告协会
张其卿 黑龙江日报社广告处处长
李　斌 黑龙江电视台广告信息部主任

上海市广告协会

1986年3月27日成立

领导成员（三届）

名誉会长：孟建柱　上海市副市长
　　　　　龚学平　上海市副市长
名誉顾问：毛经权　上海市政协副主席
　　　　　蔡北华　上海市人大原副秘书长
　　　　　陈正兴　上海市人民政府副秘书长
　　　　　尹继佐　中共上海市委宣传部副部长
　　　　　朱崇彬　上海市人大财经委副主任
　　　　　沈言洪　上海市工商局原副局长
顾　　问：徐百益　蔡振华　丁浩　陈锡周
会　　长：崔善江　上海市工商局局长
副 会 长：邓家治　上海市工商局商标广告处处长
　　　　　景　晨　上海市市政管理委员会副主任
　　　　　熊景华　上海广告公司总经理
　　　　　王濂洪　上海美术设计公司总经理
　　　　　潘锦富　上海市广告装潢公司总经理
　　　　　丁锡满　解放日报总编
　　　　　钟祥瑞　文汇报社党委副书记
　　　　　周宪法　新民晚报副总编
　　　　　陈文炳　上海人民广播电台台长
　　　　　盛重庆　上海电视台台长
　　　　　王根发　上海有线电视台书记
　　　　　唐仁承　上海梅林食品（集团）公司总经理
　　　　　胡宪雄　上海市浦东新区工商局副局长
秘 书 长：张大镇　上海市工商局商标广告处副处长
常务副秘书长：梁健　上海市工商局（专职）

上海市浦东新区广告协会

名誉会长　李佳能
会　　长　胡宪雄
秘 书 长　钟　民

上海市黄浦区广告协会

名誉会长　王宗南
会　　长　吴　敏
秘 书 长　刘荫良

上海市南市区广告协会

名誉会长　徐少伯
会　　长　朱启芳
秘 书 长　张忠松

上海市卢湾区广告协会

名誉会长　王柏林
会　　长　汤根鑫
秘 书 长　郁泉裕

上海市徐汇区广告协会

名誉会长　王亮祖
会　　长　朱东海
秘 书 长　李国梁

上海市长宁区广告协会

名誉会长　潘介生
会　　长　石　骏
秘 书 长　郑秀兰

上海市静安区广告协会

名誉会长　范希平　孙国华
会　　长　周国胜
秘 书 长　王　端

上海市普陀区广告协会

名誉会长　张克明

会　　长　杨静华
秘 书 长　励永伟

上海市闸北区广告协会

名誉会长　陈克瀛
会　　长　汪成林
秘 书 长　倪　嵎

上海市虹口区广告协会

名誉会长　薛全荣
会　　长　胡良华
秘 书 长　乔和庆

上海市扬浦区广告协会

名誉会长　朱铮宸
会　　长　茅家瑞
秘 书 长　沙治民

上海市闵行区广告协会

名誉会长　陆富林
会　　长　陈友昌
秘 书 长　乔根祥

上海市嘉定区广告协会

名誉会长　朱元旦　陆明华
会　　长　韩正兴
秘 书 长　肖国兴

江苏省广告协会

1987 年 12 月 29 日成立
领导成员（三届）

会　　长　陈少陵　江苏省工商行政管理局副局长
副 会 长　马嘉益　江苏电视台广告部主任
　　　　　周秀英　江苏省国际广告公司副总经理
　　　　　王　雷　新华日报社广告处处长
　　　　　黄凌云　江苏人民广播电台经济信息部主任
　　　　　筱　毅　南京市广告公司副总经理
秘 书 长　张香琴　江苏省工商行政管理局商标广告处处长
副秘书长　汪　伦　新华日报社广告处副处长
　　　　　张海宁　江苏人民广播电台经济信息部副主任
　　　　　居苏生　江苏省广告事务所副所长

浙江省广告协会

1986 年 9 月 23 日成立
领导成员（二届）

顾　　问　翟翕武　浙江省老龄委员会主任
会　　长　俞观山　浙江省工商行政管理局副局长
副 会 长　邓东旺　浙江省计划经济委员会科技处处长

沈　森　浙江省新闻出版局报刊管理处处长

韩明东　浙江省国际广告公司总经理

秘 书 长　解立发　浙江省工商行政管理局商标广告处副处长

安徽省广告协会

1985年6月25日成立

领导成员

会　　长:李国鹏　安徽省工商局

副 会 长:章荣鑫　安徽省工商局

李贤祥　安徽省工商局

张秋保　安徽省政府四办

段永延　安徽电视台

蒋连如　安徽人民广播电台

温　琪　安徽日报社广告处

张　磊　安徽省广告公司

秘 书 长:章荣鑫（兼）　安徽省工商局

副秘书长:张昌源　安徽省工商局

吴　涛　安徽电视台广告部

马璧玲　安徽日报社广告处

牛求群　安徽人民广播电台经济部

胡玉堂　合肥晚报社广告部

福建省广告协会

1986年4月28日成立

领导成员（三届）

名誉会长　苏昌培　福建省人大常委会副主任

方忠炳　福建省高级人民法院院长

顾　　问　苍震华　福建省工商行政管理局局长

林鼎富　福建省人大常委会财政经济委员会主任

李升亮　福建省广告协会第二届会长

会　　长　黄应寿　福建省广告协会

副 会 长　方金尧　福建省广告公司总经理

冯志农　福建工商报社社长

陈谟武　福建铁路广告公司经理

林　凡　福建日报社广告处处长

林信卿　福建广播电视广告总公司总经理

林　榕　福建广电广告有限公司经理

蔡克功　福建省广告协会

秘 书 长　赵公霖　福建省广告协会

副秘书长　吴　峤　福建省广告协会

孙焕成　福建省广告协会

江西省广告协会

1986 年 12 月 12 日成立

领导成员（二届）

名誉会长　钱家铭　江西省人大副主任
顾　　问　蒋仲平　南昌市市长
会　　长　胡菊芬　江西省工商行政管理局副局长
副 会 长　黄鹤林　江西省广播电视厅副厅长
　　　　　滕俊强　江西省工商行政管理局商标广告处处长
　　　　　李汝泉　南昌市工商行政管理局副局长
　　　　　巫宗琪　江西省外贸广告公司经理
　　　　　万策水　江西日报社副处长
　　　　　唐新华　九江市广告公司经理
秘 书 长　滕俊强　江西省工商行政管理局商标广告处处长
副秘书长　卫苏久　江西省工商行政管理局商标广告处
　　　　　居丽莎　江西省工商行政管理局商标广告处

山东省广告协会

1985 年 12 月 10 日成立

领导成员（三届）

名誉会长:苗枫林　省人大常委会副主任
　　　　　王玉玺　省政府副省长
　　　　　王裕晏　省政协副主席
顾　　问:林　萍　原省人大常委会副主任
　　　　　宋一民　原省政府特邀顾问
　　　　　郑伟民　原省政协副主席
　　　　　李　瑜　原省顾委常委
会　　长:孙凤山　省工商局副局长
副 会 长:孙友海　省新闻出版局副局长
　　　　　宫本欣　大众日报社副社长
　　　　　武云芳　省电视台党委书记兼副台长
　　　　　胡维周　山东人民广播电台党委书记兼副台长
　　　　　王道刚　原省工商局商标广告处处长
　　　　　韩　杰　省经委国内贸易一处处长
　　　　　朱　铭　省工艺美院副院长、教授
　　　　　高四龙　青岛广告公司经理
　　　　　江廷华　鱼台酒厂厂长
　　　　　高　杰　原山东省广告公司经理
　　　　　苏惠泉　原山东省国际广告公司经理
秘 书 长:史衍评　省工商局商标广告处

副处长

副秘书长：任玲华 省报纸行业经营管理协会副会长兼秘书长

文风纯 大众日报社广告处处长

康延敏 原省电台广告信息部主任

李吉瑞 省电视台广告信息部副主任

于　刚 省新闻出版局报刊处处长

张传坦 省工商局商标广告处副处长

公培献 省卫生厅药政处副处长

吴英(女) 省建委市政处副处长

田相东 淄博市广告装潢总公司经理

童　年 山东太阳国际广告有限公司董事长

丁晓奎 省广协秘书处科长

河南省广告协会

1984年9月1日成立

领导成员（三届）

名誉会长：胡悌云 河南省政协副主席

胡廷积 河南省人大常委副主任

顾　　问：胡　涌 河南省委宣传部副部长

杨显明 河南省计委主任

宋光华 郑州大学经济系主任、教授

王敬贤 郑州轻工学院教授

石广学 河南省工商行政管理局

会　　长：王庆宗 河南省工商行政管理局

副 会 长：王清玉 河南省工商行政管理局商标广告处处长

韩一凡 河南日报社广告处处长

李庆海 河南省外贸广告公司经理

魏喜昌 河南金象电视广告公司经理

韩廉洁 河南信息广播电台广告部主任

朱景星 郑州晚报社副社长

秘 书 长：田鸿滨 河南省工商行政管理局

副秘书长：陈伊娜 河南日报社广告处副处长

张天水 郑州市广告装璜公司经理

李巧兰 郑州晚报社广告处处长

湖北省广告协会

1985年6月7日成立

领导成员（三届）

名誉会长 陈水文 原省政府副省长
韩宏树 原省政府副省长
林少南 原省政协副主席
顾　　问 宋育英 省工商局局长
李家启 省经贸委科技处处长
丁同成 湖北美术学院教授
杨育军 原省工商局纪检组长
彭星间 中南财大贸经系教授
会　　长 王淑芳 省工商局副局长
副 会 长 艾贵文 湖北日报社副社长
曹贤火 省广播电视厅副厅长
李杏元 武汉市广播电视局副局长
唐源涛 省委宣传部新闻处处长
孙义良 省体委副主任
李友华 武汉市工商局副局长
邵力平 武汉铁路分局副局长
秘 书 长 杨枝贵 省广告协会
副秘书长 张锦妙 省广告协会
杨小松 湖北经济电视台广告部主任
李忠臣 省广播电台广告部主任
夏侯尚武 武汉铁路广告艺术装饰工程公司经理
张　焰 武汉市光明广告公司经理
雷一大 《知音》杂志社副主编
姜仁华 活力28集团市场战略开发中心主任
陈新民 湖北日报社广告部主任
胡裕森 湖北电视台广告部主任
杨汉康 武汉市工商局商广处副处长
谈海洲 省体育广告服务公司经理

湖南省广告协会

1984年12月28日成立

领导成员（三届）

名誉会长 周时昌 湖南省人民政府副省长
会　　长 李豪则 湖南省工商局副局长
副会长兼秘书长 朱茂昌 湖南省工商局商标广告处处长
副 会 长（排名不分先后）
楚天舒 湖南人民广播电台副台长
康象贤 湖南省新闻出版局处长
陈向红 湖南日报社广告发行

处处长

伍远华 衡阳市工商局局长
衡阳市广告协会会长

龙秋云 湖南广播电视广告总公司总经理

杨时音 湖南省国际广告展览公司总经理

罗新国 湖南省广告美术公司经理

赵聚才 长沙市工商局副局长
长沙市广告协会会长

谭云龙 长沙晚报社副总编

周新太 湖南湘报广告公司总经理

周新民 湖南得乐广告公司总经理

何满宗 湖南广播电视报社副社长

左胜利 长沙市美术广告公司总经理

颜田生 长沙铁路广告装饰总公司总经理

副秘书长 （排名不分先后）

刘小成 湖南省工商局科长

陈约礼 湖南省工商局科长

罗　健 湖南省工商局副科长

朱晓阳 长沙市广告协会秘书长

陈伟伟 株州市工商局商标广告科科长　株州市广告协会秘书长

施福生 长沙电视台广告部主任

江　异 长沙楚天广告策划中心经理

熊　彪 长沙市公交广告总公司经理

李德军 长沙市广告公司经理

沈力平 长沙卷烟厂 CI 策划部主任

陈明珍 衡阳市广告装潢总公司经理

广东省广告协会

1984 年 12 月 18 日成立

领导成员（四届）

名誉会长 刘维明 广东省副省长

于幼军 中共广东省委宣传部部长

黄绪荣 广东省工商行政管理局局长

顾　　问 傅汉章 暨南大学经济学院院长

尹定邦 广州美术学院副院长

卢泰宏 中山大学管理学院教授

会　　长 李蓝田 广东省工商行政管理局副局长

副 会 长 张　炜 广东省工商局广告管理处处长

温卫平 广东省广告公司总经理

刘福文 广州市广告协会会长

何日丹 广东电视台广告部主任

陈大海 广东人民广播电台广告部总经理

李迪生 南方日报社广告科科

		长	秘书长	谢诗景	广东省工商行政管理局副处级
	唐小洛	羊城晚报社广告部副主任	副秘书长	吴树荣	广东省工商行政管理局副处级
	邢　珍	广州日报社广告处处长			

广西壮族自治区广告协会

1987年4月22日成立

领导成员（一届）

名誉会长	黄　嘉	广西壮族自治区人大常委副主任		黎富荣	广西日报社经理部副经理
顾　问	刘思炳	广西壮族自治区经委会副主任		覃　忠	广西电视台经济信息部副主任
会　长	黄绍熙	广西壮族自治区工商行政管理局副局长	秘书长	陈广德	广西壮族自治区工商行政管理局商标广告处副处长
副会长	王　彤（专职）				
	巫文广	桂林市广告装潢美术公司经理	副秘书长	麦筱莹	南宁晚报社广告科科长
	覃理爱	广西人民广播电台经济信息部副主任			

四川省广告协会

1987年12月17日成立

领导成员（二届）

名誉会长	王彦立	省人大副主任		张文沛	省工商局原副局长
	姜泽亭	省政协副主席		晏仁章	川大经济管理学院院长
顾　问	李维嘉	省政协原副主席		崔　炎	四川教育学院系主任
	张文彬	重庆市政府常务副市长	会　长	章　立	省工商局副局长
	乔梓荣	省人大财经委副主任	副会长	方国宏	省委宣传部处长
	华文江	省人大常委		周烈京	省新闻出版局副处长
	陈忠良	省工商局局长		黄德知	省计经委副厅级巡视

员
廖 伶 重庆市工商局副局长
王 斌 成都市广协会长
刘福荣 省长江企业(集团)公司副总经理
秦育聪 四川人民广播电台副台长
杨乃富 四川电视台副台长
刘国熙 四川日报社经理部副总经理
艻代辉 省工商局商标广告处处长
秘书长 艻代辉 省工商局商标广告(兼) 处处长
副秘书长 肖 扬(专) 省广告协会副秘书长
吴遵郷(兼) 省广告协会副秘书长
黄兆礼 成都市工商局副处长
王声段 重庆市工商局副处长
杜支泮 四川日报广告科科长
邹素清 四川人民广播电台副主任
唐松泉 四川省对外广告公司副经理
杨云根 四川电视台主任

贵州省广告协会

1988年3月31日成立

领导成员(二届)

名誉会长 张树魁 贵州省政府副省长
肖英伟 贵州省工商行政管理局局长
顾 问 石 争 贵州省社会科学院顾问
穆 昆 贵州省哲学社会科学联合会党组副书记
魏立政 原贵州省经委主任
陈昭轩 贵州日报社副社长
饶观圣 贵州电视台台长
蒋金林 贵州人民广播电台副台长
会 长 刘祖刚 贵州省工商行政管理局副局长
副会长 贺永丰 贵州省广告协会
郑药如 贵州广告公司经理
姚世权 贵州人民广播电台广告科科长
田幼生 贵阳市工商行政管理局副局长
任新民 贵阳市美术广告公司经理
任明发 贵州电视台广告部副主任
尹鲁筑 贵州日报社广告处处长
秘书长 兰 平 贵州省工商行政管理局商标广告处副处长
副秘书长 郑药如 贵州广告公司经理
姚世权 贵州人民广播电台广告科科长
任新民 贵阳市美术广告公司经理
尹鲁筑 贵州日报社广告处处长
任明发 贵州电视台广告部副主任
彭学军 贵州中亚广告公司经

		理		龚章云	贵阳市工商行政管理局商标广告科科长
	彭明端	贵阳晚报社广告部主任		李玉书	贵阳电视台副台长

云南省广告协会

1987 年 9 月 14 日成立

领导成员（二届）

名誉会长	高治国	云南省委原副书记		蔡洪根	云南电视台广告部主任
会　　长	吴家闪	云南省工商行政管理局副局长		范希胜	云南画报社副社长
副 会 长	阳贻栋	云南省工商行政管理局商标广告处副处长	秘 书 长	阳贻栋（兼）	
	梁振昌	昆明市工商行政管理局副局长	副秘书长	李秀华	昆明市工商行政管理局广告处处长
	刘加保	云南日报社广告部主任		胡　杰	云南省工商行政管理局商标广告处
	童启华	云南人民广播电台广告部主任		刘宗琪	昆明市广告公司副经理
	徐帮明	云南省对外广告公司副总经理		瞿光致	云南经济信息报广告部主任

陕西省广告协会

1985 年 3 月 29 日成立

领导成员（三届）

名誉会长	余　明	陕西省人大副主任	会　　长	崔积坤	陕西省工商行政管理局副局长
顾　　问	樊之江	西安美院教授			
	马爱民	陕西省工商行政管理局原局长	秘 书 长	刘　炜（兼）	
	霍绍业	陕西省工商行政管理局原副局长	副秘书长	赵　恒	陕西日报社广告处副处长
	赵晓民	陕西省工商行政管理局商标广告处原处长		王　琪	陕西电视台广告部副经理

副会长	刘　炜	陕西省工商行政管理局商标广告处处长
	崔广韬	陕西日报社广告处处长
	金国强	陕西电视台广告经理处主任
	周怀谔	西安市美术广告公司总经理
	韩志宏	陕西人民广播电台广告信息部副主任
	霍建荣	陕西省对外经济贸易广告公司经理
	林安令	西安市美术广告总公司副总经理
	刘　智	西安晚报社广告科科长

甘肃省广告协会

1984年11月20日成立

领导成员（三届）

名誉会长	李文辉	甘肃省人大常委会副主任
顾　　问	王福增	西北师范学院美术系主任
	张振中	甘肃省商标设计研究所所长
	朱　冰	甘肃省美术家协会主席
	宋顺清	原兰州商学院企管系主任
	何　鄂	甘肃省工艺美术研究所所长
	窦　实	甘肃省摄影家协会副秘书长
会　　长	王治民	甘肃省工商行政管理局副局长
副会长	王　平	甘肃省广告协会
	赵　玺	甘肃省广告协会
	赵　新	甘肃省工商行政管理局商标广告处处长
	孙广生	甘肃省广告协会原秘书长
	杨重一	甘肃日报社发行广告处处长
	杜　信	甘肃省广告美术公司经理
	于　江	国营兰州广告公司经理
	殷　晟	甘肃电视台广告部经理
	边　城	甘肃人民广播电台经济信息部主任
	赵正汉	甘肃经济报社经营部主任
	张耀祖	兰州日报、兰州晚报社广告处处长
秘书长	王　平	（兼）
副秘书长	赵　玺	（兼）
	谷振良	甘肃省广告协会
	张克丽	甘肃省工商行政管理局商标广告处调研员

青海省广告协会

1985年10月22日成立

领导成员（三届）

会　　长　王鸿之　青海省工商行政管理局副局长

副 会 长　陈秉智　青海省广播电视厅副厅长

仇玉平　青海省委宣传部新闻处副处长

赵得录　青海日报社副总编

王大范　青海省工商行政管理局商标广告处副处长

张永谦　西宁市工商行政管理局副局长

杨志春　西宁市包装装潢广告公司副经理

秘 书 长　于芳芝　青海省工商行政管理局商标广告处副处长

副秘书长　严尔信　青海经济报广告科科长

许德库　青海省外贸广告公司经理助理

宁夏回族自治区广告协会

1985年8月14日成立

领导成员（二届）

名誉会长：马启智　自治区党委副书记

会　　长：杨忠厚　自治区工商局局长

常务副会长：丁国民　自治区工商局副局长

副 会 长：丁思俭　宁夏日报社副总编辑

王邦秀　自治区党委宣传部副部长

徐志健　宁夏电视台台长

陶　源　自治区人民政府办公厅副主任

孙彦明　银川市副市长

秘 书 长：顾在华　自治区工商局商广处处长

副秘书长：马春波　宁夏电视台广告部经理

马晓华　宁夏广告公司经理

姜爱丽　宁夏日报广告部经理

胡鑫德　自治区工商局商广处副处长

新疆维吾尔自治区广告协会

1986年8月25日成立

领导成员（二届）

职务	姓名	职务
名誉会长	张思学	原自治区人大常委会副主任
顾　　问	白平治	自治区人民政府副秘书长
	努尔买买提·克里木	自治区工商行政管理局局长
	赵吉桢	自治区工商行政管理局党组书记、副局长
会　　长	钱西夫	自治区工商行政管理局副局长
副 会 长	于尧宾	新疆人民广播电台副台长
	田玉棉	新疆日报社副总编
	刘先赀	自治区党委宣传部副部级调研员
	邢松真	自治区新闻出版局党组书记
	罗真权	自治区经委副主任
	赵庆忠	新疆电视台台长
	彭金权	乌鲁木齐市工商行政管理局副局长
秘 书 长	（缺）	
副秘书长	池爱凤	自治区工商行政管理局副处级干部
	李　军	乌鲁木齐市工商行政管理局商标广告科副科长
	杨荣山	新疆日报社广告部主任
	于济义	新疆电视台广告部主任
	白　山	新疆人民广播电台广告部主任

哈尔滨市广告协会

1983年6月10日成立

领导成员（三届）

职务	姓名	职务
名誉会长	洪企鹏	哈尔滨市政府副市长
顾　　问	曲更非	哈尔滨市商学院教授
	曹铭勋	黑龙江包装装潢公司副总经理
会　　长	张桂芳	哈尔滨市工商行政管理局副局长
秘 书 长	刘树森	哈尔滨市工商行政管理局
副 会 长	王永才	哈尔滨日报广告部主任
	叶茂森	哈尔滨电视台广告部主任
	阴元贵	哈尔滨市装潢广告公司经理
副秘书长	陈一虹	哈尔滨市工商行政管理局

沈阳市广告协会

1982年6月成立

领导成员（三届）

名誉会长 孙明山 沈阳市工商行政管理局原督导员

顾　　问 盖世林 沈阳市工商行政管理局局长

薛世哲 鲁迅美术学院教授

高东晓 沈阳市委宣传部副部长

刘明周 沈阳日报原副总编

谢恒谦 沈阳财经学院院长

满红宇 沈阳市工商行政管理局监察组组长

陈　列 沈阳市工商行政管理局法制处处长

赵　凯 辽宁人民广播电台电教部主任

会　　长 富恩礼 沈阳市工商行政管理局副局长

副 会 长 刘久富 沈阳日报副总编

吕海斌 沈阳市精神文明办公室主任

姚启斌 沈阳市广告公司总经理

王贵祥 沈阳北方航空公司副总经理

李　力 辽宁人民广播电台副台长

秘 书 长 商玉生 沈阳市工商行政管理局广告处处长

副秘书长 申杰铭 浓阳市广告协会

郭一夫 沈阳市美术展览公司经理

大连市广告协会

1983年12月22日成立

领导成员（四届）

名誉会长 于学祥 大连市委副书记

顾　　问 张洪太 大连市广告公司原经理

张树善 辽宁省外贸广告公司原经理

王绪令 大连市广告包装装潢公司经理

王立友 辽宁省外贸广告公司经理

秘 书 长 王德涵（兼）

会　　长 吴永安 大连市工商行政管理局副局长

副 会 长 周连福 大连日报原秘书长

王德涵 大连市工商行政管理局商标广告处副处长

副秘书长 孙　力 大连日报社广告发行处处长

杨庆典 大连电视台广告部主任

郑永瑾 大连北洋广告设计公司经理

长春市广告协会

1989 年 3 月 22 日成立

领导成员（一届）

名誉会长 李春芳 长春市副市长

会　　长 李兴福 长春市工商行政管理局原局长

副 会 长 李万增 长春市工商行政管理局书记

马格明 长春市委宣传部新闻处处长

李治国 长春市城建局管理处处长

张连科 长春市经委质量管理处处长

秘 书 长 孙　革 长春市工商行政管理局商标广告处处长

西安市广告协会

1985 年 6 月 5 日成立

领导成员（四届）

名誉会长：张　凡 西安市副市长

特邀顾问：卢剑国 西安市人大常委会副主任

高醒民 西安市人大常委会副主任

顾　　问：晏　朝 西安市委宣传部副部长

杨　森 西安市工商局局长

王照民 原市广告协会会长

学术顾问：樊文江 西安美术学院教授

金国强 陕西电视台副台长

周怀谔 西安美术广告总公司董事长

党　晟 西安大学教授

仵志忠 陕西省财经学院教授

会　　长：党俊才

副 会 长：黄生荣　李向东　王　琪　赵　恒　韩志宏　黄继才　林安令　侯冠荣

秘 书 长：黄生荣（兼）

副秘书长：杨明松

武汉市广告协会

1985 年 3 月 20 日成立

领导成员（二届）

名誉会长　张雪涛　武汉市原副市长
顾　　问　李少云　天津市政协常委学习委员会主任
　　　　　傅鸣皋　武汉市商业管理委员会原党委书记
　　　　　杨士毅　武汉市对外经济贸易委员会原主任
　　　　　李杏元　武汉市广播电视局副局长
会　　长　李友华　武汉市工商行政管理局副局长
副 会 长　赵素珍　武汉市供销合作总社副主任
　　　　　张安涛　武汉市经济委员会委员、生产调度室主任
　　　　　唐惠虎　中共武汉市委对外宣传办公室主任
　　　　　高国焜　武汉市工商行政管理局商标广告处处长
　　　　　孔昭藩　武汉人民广播电台经济信息部主任
　　　　　姜金奎　湖北洪山体育馆馆长
　　　　　方　丽　湖北人民广播电台广告信息部副主任
　　　　　刘永葆　湖北农民报广告部主任
　　　　　姚　苏　长江日报经理部原副主任
　　　　　胡裕森　湖北电视台广告信息部副主任
　　　　　高光华　武汉市对外贸易广告公司副总经理
　　　　　沈小春　武汉市美术广告公司经理
秘 书 长　高国焜　（兼）
副秘书长　杨汉康　武汉市工商行政管理局商标广告处副处长

重庆市广告协会

1984 年 10 月 9 日成立

领导成员（三届）

名誉会长　黄　梅　重庆市人大常委会副主任
　　　　　章必果　重庆市人大副主任
顾　　问　刘崑水　重庆市民建会主任
　　　　　雷　勃　重庆市新闻工作者协会名誉主席
　　　　　贾培基　重庆市人民政府副秘书长
　　　　　李　巍　四川美术学院教授
　　　　　易昌蓉　原重庆市人民政府财贸办公室处长
　　　　　贺光明　原重庆日报社发行部经理
　　　　　吴孝文　原重庆市人民广播电

		台台长
	蔡成龙	原重庆市美术广告公司经理
	吴大俊	重庆市美术广告公司高级设计师
	谭洪昌	原重庆市广告协会秘书长
会　　长	廖　伶	重庆市工商行政管理局副局长
副 会 长	黄尧放	重庆市美术广告公司经理
	李力哲	重庆对外广告公司经理
	贺炳昆	华西包装集团装饰装潢公司经理
	兰小莉	《重庆日报》社经宣部副主任
	宋　林	重庆电视台广告部主任
	罗树荣	重庆人民广播电台经宣部主任
	毛　华	重庆市委宣传部调研员
	王彦英	重庆市人民政府财贸办公室副处长
	林　军	重庆经济委员会生产局副局长
	魏明新	重庆市工商行政管理局副处长
秘 书 长	刘清明	重庆市工商局
副秘书长	翁炳权	重庆市工商局
	林仕华	（兼）
	宋　林	（兼）

青岛市广告协会

1988年12月28日

领导成员（二届）

名誉会长	胡延森	青岛市组织部长
	张先平	青岛市副市长
	施稼声	青岛市人大副主任
	王玉成	青岛市政协副主席
顾　　问	毕兴华	青岛市工商行政管理局原局长
	李荣吾	青岛美术设计公司原经理
	王奎卓	青岛电视台总编室主任
	张秉山	《信息画报》原主编
会　　长	盛逢春	青岛市工商行政管理局副局长
副 会 长	王正林	青岛市经济委员会副主任
	王绪生	青岛市土地局、规划局副局长
	李世义	山东外贸齐鲁广告公司副总经理
	高四龙	青岛广告公司经理
	李同兴	青岛日报广告处处长
	高乃智	青岛电视台经济信息部副主任
秘 书 长	王文志	青岛市广告协会
副秘书长	毛黎平	青岛市工商行政管理局商标广告处
	张同春	青岛市广告协会
	李德义	青岛市市南区经济计划委员会主任
	郑建华	《信息画报》社副主编

郭富群 青岛美术广告公司经理

郭效增 青岛市美术设计公司经理

王良玉 青岛市铁路广告公司经理

黄奉刚 齐鲁广告公司经理

成都市广告协会

1985年9月23日成立

领导成员（二届）

名誉会长 张晋宝 成都市政府顾问

顾　问 王世德 四川大学中文系教授

何继笃 成都画院副院长

邵文库 成都市工商行政管理局局长

杜开宗 成都市工商行政管理局广告处处长

刘维桂 成都市委对外新闻处处长

王朝荣 成都市出版局副局长

莫仕麟 成都市技术监督局副局长

王世明 成都市美术广告公司总经理

刘世荣 四川人民广播电台经济部主任

杨云根 四川电视台经济部主任

刘国熙 四川日报经济处处长

罗正莲 成都晚报广告部主任

会　长 王　斌 成都市工商行政管理局原局长

副会长 陆智珠 成都市工商行政管理局原副局长

王晓东 成都市工商行政管理局广告处原处长

杨海康 四川新华印刷厂厂长

吕根旭 成都市人民商场总经理

秘书长 王晓东（兼）

副秘书长 黄兆礼 成都市工商行政管理局广告处副处长

黄　峰 成都市工商行政管理局广告处

罗志杰 四川工人报经济部主任

谭蜀新 四川新华印刷厂厂长助理

马鲁渝 成都市美术广告公司原客户部经理

宁波市广告协会

1987 年 5 月 15 日成立

领导成员（二届）

名誉会长	伏庆祥	宁波市政府顾问
顾　　问	丁海涛	宁波市工商行政管理局原副局长
会　　长	徐荷英	宁波市工商行政管理局副局长
副 会 长	程金布	宁波市新闻出版局局长
	陈冠榕	宁波日报社副主编
	张可第	宁波广告公司经理
	王唯南	宁波电视台广告部主任
秘 书 长	王时敏	宁波市工商行政管理局商标广告处处长
副秘书长	朱祥甫	宁波市工商行政管理局商标广告处

南京市广告协会

1987 年 7 月 25 日成立

领导成员（一届）

名誉会长	虞煜星	南京市委宣传部部长
	张树城	南京市政府副秘书长
	姚国瑞	南京市经委主任
	张连发	南京市教育局局长
	马国征	江苏省委新闻出版处处长
	保　彬	南京艺术学院教授
会　　长	孙建章	南京市工商行政管理局副局长
副 会 长	筱　毅	南京市广告公司副总经理
	孙为公	江苏国际广告公司副总经理
	黄铁男	新华日报广告部主任
	李　浩	南京时报广告部副主任
	于健康	南京电视台经济信息部主任
顾　　问	孙更生	南京市委财贸部副部长
	马嘉益	江苏电视台广告部主任
	尹开国	江苏人民广播电台办公室副主任
	汤永坚	南京人民广播电台经济信息部副主任
	戴兆广	南京市工商行政管理局商标广告处副处长
秘 书 长	戴兆广（兼）	
副秘书长	曹效仁	南京市工商行政管理局商标广告处
	陈世表	江苏国际广告公司出口部经理
	高丕烈	南京市广告公司研究所所长

厦门市广告协会

1983 年 7 月 19 日成立

领导成员（三届）

名誉会长 何立峰 厦门市副市长

顾　　问 张可同 蔡模楷 洪进益 潘文梓

王　滨 张南舟 陈扬明 朱月昌

郭建尧 林严心 谢清华 叶春林

胡昆辉 范寿春 黄鹏举

会　　长 刘　励 厦门市工商行政管理局局长

副 会 长 吴连城 厦门市广告公司总经理

陈茂盛 厦门市商业广告公司总经理

章肇益 厦门日报广告科科长

刘晓光 厦门电视台广告部主任

秘 书 长 黄志毅 厦门市工商局商标广告处处长

深圳市广告协会

1988 年 8 月 28 日成立

领导成员（一届）

顾　　问 郑　明 广东省工商行政管理局副局长

郑　松 深圳市工商行政管理局党组书记

徐百益 上海广告协会顾问

会　　长 洪禹平 深圳大学副教授

副 会 长 刘叶城 深圳特区报副总经理

黄　鹏 深圳美术广告公司经理

林玉珍 深圳市工商行政管理局商标广告处处长

赵新先 深圳南方制药厂厂长

陶炎民 深圳赛格集团总经理

叶正臻 深大电话有限公司总经理

副秘书长 杨润屏 深圳市广告协会

孙增华 《广告世界》杂志社副社长

广州市广告协会

1986年11月15日成立

领导成员（三届）

名誉会长：郭向阳　广州市副市长
顾　　问：崔瑞驹　广州市委宣传部常务副部长
　　　　　阮思源　广州市工商局党委书记
　　　　　周伟球　广州市工商局局长
　　　　　尹继隆　广州市广协原任会长
　　　　　王　华　广州市工商局老领导
　　　　　任忠祥　广州市工商局老领导
　　　　　傅汉章　暨南大学教授
　　　　　雷　强　中山大学教授
　　　　　刘达銮　广州美术学院副教授
　　　　　卢泰宏　中山大学教授
会　　长：刘福文　广州市工商局副局长
副 会 长：连　达　广州市广告公司总经理
　　　　　邢　珍　广州日报社广告处处长
　　　　　黄本坚　广州美晨股份有限公司总经理
　　　　　温卫平　广东省广告公司总经理
　　　　　张小平　广州黑马广告公司总经理
秘 书 长：刘　勇　广州市工商局商标广告处处长

中国对外经济贸易广告协会会长、常务理事、理事名单

会　　长：赵仁杰
副 会 长：何长林
秘 书 长：何长林（兼）
副秘书长：程　春　史国明

第六届理事名单（52名）

南昌明　中国国际广告公司
胡纪平　北京广告公司
熊景华　上海广告公司
温卫平　广东省广告公司
陈朝仁　中国对外贸易广州广告公司
卫世衡　中国广告有限公司（香港）
孙宝成　天津市广告公司
朱孔义　江苏国际广告公司
韩明东　浙江省国际广告公司
徐浩然　湖北省国际广告公司
杨时音　湖南省国际贸易广告展览公司
方金尧　福建省广告公司
郑药如　贵州广告公司
霍建荣　陕西省外贸广告公司
邢为群　四川省对外广告公司
李力哲　重庆对外广告公司

牟乃理　齐鲁广告公司
王立友　辽宁省外贸广告公司
焦兰香　山西省国际广告公司
张援朝　安徽省外贸广告公司
王　欣　电扬广告有限公司
屠玉华　上海奥美广告有限公司
包　方　北京新世纪广告公司
陈茂盛　厦门商业广告公司
陈博文　深圳罗湖商业广告公司
刘　鹰　河北省外贸广告公司
韩子定　广东省白马广告有限公司
冼见东　海南省对外贸易广告公司
李世义　山东对外经贸信息传播公司
童南垓　南光展览广告有限公司（澳门）
彭湘衷　中国粮油进出口总公司
阐文青　中国轻工进出口总公司
冯德明　中国丝绸进出口总公司
王明科　中国化工进出口总公司
杨林宗　中国五矿进出口总公司
钱本源　中国电子进出口总公司
郝军朋　中国机械设备进出口总公司
张　宇　中国长城工业总公司
鲁东勇　深圳国际企业服务公司
王寿增　中国纺织进出口总公司
梅洁林　中国机械进出口总公司
徐文嫦　中国土畜产进出口总公司
刘毅峰　中国国际企业合作公司
李贵森　天津药材集团公司
刘均安　扬子石化公司
王保荣　国际商报
王玉茹　国际贸易杂志
张华锦　中国对外经贸出版社
王刚毅　中国日报
刘立宾　国际广告杂志社
赵仁杰　中国对外经济贸易广告协会
何长林　中国对外经济贸易广告协会

第六届常务理事名单
（23 名）

南昌明　中国国际广告公司
胡纪平　北京广告公司
陈朝仁　中国外贸中心(集团)广告公司
卫世衡　中国广告有限公司（香港）
孙宝成　天津市广告公司
朱孔义　江苏国际广告公司
徐浩然　湖北省国际广告公司
杨时音　湖南省国际贸易广告展览公司
屠玉华　上海奥美广告有限公司
温卫平　广东省广告公司
王明科　中国化工进出口总公司
熊景华　上海广告公司
彭湘衷　中国粮油进出口总公司
阐文青　中国轻工进出口总公司
杨林宗　中国五矿进出口总公司
钱本源　中国电子进出口总公司
郝军朋　中国机械设备进出口总公司
张　宇　中国长城工业总公司
王寿增　中国纺织进出口总公司
梅洁林　中国机械进出口总公司
王保荣　国际商报
赵仁杰　中国对外经济贸易广告协会
何长林　中国对外经济贸易广告协会

中国对外经济贸易广告协会会员关于出口广告工作的自律守则

（第五届二次理事会讨论通过）

为保障出口广告业务和经营活动的正常开展，促进出口广告工作健康科学的发展，制定本守则。

本守则经协会理事会讨论通过后予以实施，会员均应自觉遵守。会员违反守则，协会有权依据协会章程，视其情节作出处理。

一、贯彻执行党和国家的政策规定

坚持党的四项基本原则，遵守国家的政策、法规，贯彻对外经贸工作的方针，执行国务院《广告管理条例》和经贸部《关于出口广告经营和管理工作的规定》。

二、坚持广告为出口贸易服务的宗旨

增强广告意识，自觉地把出口广告做为出口贸易的重要组成部分和有效投资。不断提高出口广告的有效性，为我国商品开拓国际市场，增加出口创汇守职尽责。

三、遵守社会主义广告的经营道德

坚持出口广告的真实性、科学性和计划性。建立广告主、广告公司、广告媒介之间的良好伙伴关系，自觉遵守广告工作者的职业道德，努力提高中国出口商品广告的整体水平。

四、维护出口广告经营的合法性

经营出口广告应在国内依法取得营业执照或经营许可证。经营者都应严格按照批准的经营范围从事经营，未经批准的单位或未经批准的经营范围，保证不从事经营活动。

五、坚持出口广告经营的代理制

出口广告业务应委托境内取得出口广告经营权的单位代理进行。无出口广告经营权的单位不对境外媒介自行发布出口广告；兼营出口广告的单位，不为自办媒介以外的其他媒介代理广告业务。

六、反对以不正当手段从事经营

广告经营单位之间，团结协作，相互支持，以向广告主提供优质服务为条件，开展广告经营活动。任何单位都不以垄断、给回扣、压低佣金或其他不正当方式在同业之间进行竞争。

七、自觉抵制“人情”、“关系”广告

广告主和广告经营单位均应自觉抵制“人情广告”、“关系广告”；严格执行广告计划和广告预算，杜绝广告经费的流失，确保出口广告的促销效果和广告经费的有效使用。

八、严格履行广告业务合同

在出口广告业务活动中，广告主、广告代理、广告媒介之间，均应签订书面广告合同。广告合同一经签订，合同双方应严格执行合同条款，按期、按质、按量发稿、刊播、发行，并做到按时付款。坚持重合同守信用。

九、严禁在广告业务活动中谋取私利

在广告业务活动中应廉洁奉公，自觉维护国家和集体的利益，抵制不正之风。对在广告业务活动中，弄虚作假提出非分要求，从境内或境外获取私利的单位或个人，应依据行

政的、法律的规定，予以查处。

中国对外经济贸易广告协会 1994年大事记

1月5日，赵仁杰、何长林主持召开外经贸部各进出口总公司广告宣传工作座谈会，提出外经贸企业应重视广告费的投入，外经贸广告要进一步提高总体水平，为扩大我国外贸出口，增加创汇服务。

1月13日至14日，中国对外经济贸易广告协会第六届二次理事会在京召开，何长林副会长作工作报告，赵仁杰会长介绍了日本东京第18届亚洲广告大会及北京获得了1997年举办第20届亚洲广告大会承办权等情况，外经贸部部长助理刘向东到会介绍了全国外经贸形势，并对如何加强出口广告宣传工作作了重要指示。

2月19日至21日，中国化工进出口系统广告宣传会议在京召开，中化广展公司王明科总经理作工作报告，中化集团副总裁石小元和外广协副会长何长林到会讲话，充分肯定了中化系统广告宣传工作为我国外贸出口所做的突出贡献，鼓励中化广展公司创造条件，向集团化、国际化、实业化方向发展。

2月22日，北京通力达广告公司创作总监松永生先生的《小松创意作品集》首发式在北京举行，刘保孚、何长林等出席。

3月16日由国际广告杂志社、北京广播学院和经贸大学联合主办的《首届广告创意高级强化培训班》结业，学员主要来自全国各地的广告公司、部分媒体和高校，刘保孚、何长林、刘立宾等看望了学员，并就虚假广告、广告业现状及发展趋势，广告业培训工作等发表了意见。

3月22日，中国轻工业品进出口系统广告宣传会议在杭州举行，阚文清作工作报告，何长林就全国外经贸广告形势和任务作了讲话，浙江省经贸委副主任胡贵生到会祝贺。

4月7日至9日，由中国对外经贸广告协会、广东锦华贸易开发公司和番禺市联合主办的全国广告印刷业务洽谈会在番禺市举行，外广协何长林副会长、锦华公司李泮怡董事长和番禺市经委主任周文斌等出席了活动。

5月15日至18日，以IAA中国分会会长杨培青为团长，以国家工商局广告司刘保孚司长和IAA中国分会副会长何长林为副团长的中国广告代表团出席了在墨西哥坎昆召开的IAA第34届世界广告大会。杨培青在大会上作了题为《中国——亿万人的巨大市场》的发言，受到了全场热烈欢迎。

7月28日，何长林会见英国蒂姆.哈达克公司总裁，就中英广告方面的合作问题进行了探讨。

9月16日，何长林、史国明会见了日本美能达株式会社驻上海事务所所长城野宜臣先生和四方.美智子小姐。

11月4日，由中国对外经贸广告协会和中国电子国际展览广告公司联合主办的《国际广告新媒体、新技术、新设备、新材料展示交易会》在北京民族文化宫举行开幕式，有中、美、英、日、瑞士、加拿大、以色列以及香港、台湾等十几个国家和地区的近百家厂商参展，展期五天。王光英副委员长、外经贸部部长助理刘向东，为开幕式剪彩，齐中堂、赵仁杰、何长林、钱本源等出席了开幕式。

11 月 5 日，由外广协、《国际广告》杂志社和中电广展公司主办的《九四国际广告现代化研讨会》在中国贸促会礼堂举行，刘保孚、熊景华、吴晓波以及台湾广告界的梁开明、庄淑芬和沈吕等作了讲演，来自全国各地的广告公司、媒体和外经贸企业代表一百五十多人出席了会议。

12 月 20 日至 22 日，“IAA 中国分会九四年会”在桂林召开，受杨培青会长委托，何长林副会长作工作报告，刘保孚副团长汇报出席 IAA 第 34 届世界广告大会情况，李鑫秘书长就分会九五年工作安排的意见讲话，大会根据会长提名推荐，增选吴德裕同志为 IAA 中国分会副会长。

生花妙“笔”巧夺天工

——′95 第二届国际广告四新产品展示交易会观感

王宝钧

在今天的生活空间里，计算机正在向社会的各个角落渗透，日益成为主导生产与生活方式的主角，创造着一个个新的神话，尤其是计算机的可视化计算，在显示屏上制造出一幅幅美妙的画面和图形，令人眼花缭乱，而且随着各种新软件的不断推出，使其在广告创意的表现技巧和手法方面更成为前卫一族。

10 月 24 日至 28 日，在北京国际展览中心，由中国对外经济贸易广告协会和中国电子国际展览广告公司联合举办的“′95 第二届国际广告新媒体、新技术、新设备、新材料展示交易会”，使广大参观者充分领略了计算机在广告设计领域的风采。

本届展交会荟萃了国内外 130 余家公司的各种电脑设计、雕刻、喷绘、影视广告器材、商业摄影器材、装璜及美术绘制材料，各种新型广告媒体和现代办公及轻印刷系统等产品。电脑设计和电脑喷绘系统在本届展交会大出风头，受到与会者的青睐。

电脑彩色喷绘系统是集电子技术与广告艺术于一身，作为当今广告制作业的时尚潮流，以其逼真、实效的形象吸引着众多的消费者，同时也为经营者带来了可观的经济效益。北京立冠科技发展公司自行研制的御笔 8/33 彩色喷绘系统，采用计算机控制、智能化校色、调色软件，可喷绘 3.3 米幅宽，无接缝无限长户内、户外装饰画和广告画，最大幅面可达 3.3×2.1 米，最小像素 1 毫米，喷绘速度每小时可达 8 平方米。该系统首次亮相，打破了国外产品长期垄断国内市场的局面，且以优良的性价比与国外产品相媲美(价格仅为进口机的 1/6－1/8)，受到与会者的青睐。

四川省科创卫星电视设备厂推出的科创牌 QMC－256 型彩色电子大屏幕，由于采用微机控制，多画面、多色彩显示和组件形式，具有室内和室外应用广泛的特点，其清晰度优于圆形显示单元组成点阵的显示面，红、绿、蓝、白四色，使画面色彩可达 110 种以上，受到与会者的关注。此外，南京洛普公司的室外 LED 大屏幕显示系统，吉林省吉保电子实业公司的 EFD 彩色超大屏幕视频显示系统，作为电子显示广告的媒体，与国外产品相媲美，充分展示了我国在这一技术领域的成就。

北京科莱印刷技术有限公司，作为专业印刷公司，针对 DTP 印前钝、慢、贵等系列难题，推出了解决这三大印前难题的 VIVA 维瓦软件;具有 Native Power MAC 版的中文彩排软件、包含 Imposition 功能;Panther 潘瑟/ECRM－VR 系列输出机,可配 Power MAC 版 RIP 并兼容所有苹果机。该公司还代理美国、英国和德国等公司的系列产品。清华紫光三艾彩稿设计系统、3 艾灯箱底片制作系统、汉仪金字等突出了以技术和服务为主导,推动我国印刷业的“电脑化”。

各种广告媒体在本届展会上也引起人们的极大兴趣,北京京民展示技术有限公司的专利产品三面翻灯箱 JM－D 系列广告牌,是国际上流行的“POP”广告形式,在广告展示上给人一种强烈的动感,引起不少商家和厂家的重视。

本次展会在“新”字确有不少产品吸引众多的厂商,同时国内在广告新技术的开发上也有较大的进展,开幕式当天,记者从一位武汉来的参观者处了解到,本次会确实给人一种“新”的感觉,特别是产品方面。有些确实有很大提高,如立冠公司的御笔 8/33 电脑彩喷系统,作为性价比较优的产品,确实有竞争力;但在印前系统中,还是国外的产品占主导,特别是在技术上。他说,他总的感觉是,本次会比上一次在产品和技术上都有提高,档次也高,而且计算机目前在广告设计中应用得越来越普遍。以他所在的公司来说,以前只做一些文字输出,如今已用计算机来设计图形。另外一位观众告诉记者,目前在北京,绝大部分的广告公司都使用了计算机,而且现在各种图形设计的软件极丰富,使广告业的竞争更趋激烈。他是北京某大广告公司的设计人员,此次参会,主要是了解软件方面的信息。目前,在各大广告公司,利用高技术手段设计广告普遍受到客户的喜爱。据了解,本次展交会的参观人员大部分为广告公司的设计人员,由此可以看出,计算机不但使广告设计巧夺天工,而这“支”生花妙“笔”也为广告业带来了巨大的利润,在巨大的利润后面,是广告业更加残酷的竞争,其实也是计算机业的残酷竞争。在计算机日益成为主导科技和生活的今天,谁先开发出新产品,掌握了这项新技术,谁就拥有更雄厚的竞争资本。

专 论

中国广告业发展的新起点

刘保孚

1994年，在中国广告历史上是极不平凡的一年。同年10月27日第八届全国人民代表大会常务委员会第十次会议审议通过江泽民主席发布命令，正式颁布了《中华人民共和国广告法》。从此，一部规范广泛市场行为的法律诞生了。《广告法》的颁布实施，是我国改革开放的结果，是广告业发展的结果，是社会主义市场经济体制日臻完善的结果，也是依法维护广告市场行为的法律依据和广告从业人员遵法守法的准则。

广告是市场行为，是社会主义市场经济体制中的重要组成部分。改革开放以来，我国广告业的地位、作用，随着国民经济的发展，日益显示出它的生机和活力。广告业的发展要依托于国民经济的发展，但同时它为国民经济的发展传递信息，从一个方面为国民经济发展服务。这个辩证关系完全体现在广告为企业占领市场、参与竞争、扩大销售服务；为广大消费者选购商品、指导消费服务。

我国广告业在短短十几年中，不仅从质量上，从艺术表现形式上已经初具规模，而且各种服务手段也在不断完善，1986年，全国广告经营额只有1亿1千万元，从业人员1万1千人，广告经营单位1600家。到1994年底，全国广告营业额已达200.3亿元，相当于1981年的200倍；从业人员超过40万人，相当于1981年的40倍。这个数字说明，广告在我们国家生产、生活中的地位和作用日益显著。中国广告业呈现出强劲的发展势头，最根本的原因在于，改革开放的基本国策为广告业的发展提供了良好的环境，法制建设则为广告业发展给予了保障。

一、广告法立法背景及宗旨

从我国广告恢复之日起，就逐步纳入法制轨道。1982年2月，国务院颁布《广告管理暂行条例》；1987年10月，国务院颁布《广告管理条例》。这两部法规的颁布实施，从宏观上，初步确立了依法经营、依法管理、依法追究法律责任，为制定《广告法》打下了基础。针对我国广告业在快速发展中存在一些问题，诸如有的企业不在产品质量、花色品种等上下功夫，而在广告上做文章，花力气，利用广告美化产品，欺骗消费者；有的企业利用广告抬高自己、贬低竞争对手，进行不正当竞争，有的广告内容格调低下，有悖社会善良习俗，有的直接利用广告推销假冒伪劣产品，甚至有的直接骗取钱财。

另外，广告活动中，广告的主体不够明确，广告主、广告经营者、广告发布者的权利、义务、责任分得不清楚，虚假违法广告出现以后，谁应当承担主要责任？当然应当是广告主，但《广告管理条例》则把广告经营者、广告发布者放在主体地位，而广告主则在承担连带责任的位置，这显然是广告主逃避了应当承担的主要责任。

《广告法》是从1990年开始酝酿，1991年正式组织《广告法》起草班子，三年来，在调查研究的基础上，经过广泛征求社会各界的意见，包括广告主、广告经营者、广告发布者，经过反复修改，其中包括征求经济界、法律界专家的多次论证，反复修改，于1994年5月12日报送国务院审议，国务院审议通过以后，于8月10日报请全国人大常委审议，10月27日全国人大常委会10次会议审议通过，1995年2月1日起实施。

二、《广告法》的调整范围及主要特点

《广告法》第二条规定："广告主、广告经营者，广告发布者在中华人民共和国境内从事广告活动，应当遵守本法"。这是《广告法》调整范围的总原则。但是，在广告经营活动中，对消费者危害最大、欺骗最大的是直接或间接推销商品服务的广告。因此，为了集中制止并打击虚假违法广告，《广告法》明确规定："本法所称广告，是指商品经营者或者服务提供者承担费用，通过一定媒介和形式直接或间接地介绍自已所推销商品或者所提供的服务的商业广告"。这主要考虑，在市场经济活动中，最常见、最可能给消费者和社会大众造成损害的，主要是商业服务性广告。对于其他类广告，依据《广告法》第四十九条："本法施行前制定的其他有关广告的法律、法规的内容与本法不符的，以本法为准。"这就意味着《广告管理条例》及一系列有关广告管理的法律、法规，规章将继续有效。可以这样讲，这是全国人大法律委员会针对第二条的调整范围既有总的原则，又有局限性的规定所采取的果断措施。当然，对已经颁布实施的广告管理法律、法规还要逐条进行清理，但以《广告法》为核心的广告法律体系，对广告市场整体的监督，管理力度是大大加强了。

需要指出的是，虽然《广告法》的调整对象侧重点在商业、服务性广告，但是，它的力度、它的涵盖面，却是其他广告法律、法规所不能相比拟的。

《广告法》集中体现了以下特点：

首先，《广告法》立法指导思想具有超前性，它对广告经营作出明确的解释，并从不同的角度规定各自承担不同的责任，为广告主、广告经营者、广告发布者分别下了定义，从而为广告业的发展与国际广告业接轨明确了方向，为广告业资源合理配置打下了良好的基础。目前广告业发达国家早已实行代理制，即广告主委托广告公司进行综合性服务，包括总体策划、调研、制作、代理；广告发布者不直接与广告主接触，由广告公司代理，本身只从事广告发布业务。本法同样在广告经营机制中作了科学的、合理的分工。

其次，本法在总则部分，集中三条规范广告内容及广告活动，《广告法》第三条规定："广告应当真实、合法，符合社会主义精神文明建设的要求"；第四条规定："广告不得含有虚假的内容，不得欺骗和误导消费者"；第五条规定："广告主、广告经营者、广告发布者从事广告活动，应当遵守法律、行政法规，遵循公平、诚实、信用的原则。"在一部法律中，集中三条分别从不同角度规范同一内容是本法的一大特色。

第三、本法在广告内容中增加了禁止性的条款，如第七条二款、三款、八款增加了广告中不得有“使用国家机关和国家机关工作人员”，不得有“使用国家级、最高级、最佳等用语”，不得有“妨碍环境和自然资源保护”；第八条“广告中不得损害未成年人和残疾人的身心健康”；第十六条“麻醉药品、精神药品、毒性药品、放射性药品等特殊药品不得做广告。”

第四、《广告法》对“新闻广告”作了禁止性规定，广告是通过一种媒体在企业和消费者之间传递商品信息，它与新闻同样同在一个版面、一个画面、一个空间和时间，但属性不同，广告属市场行为，新闻属意识形态。为了使读者（消费者）能够在阅读或欣赏节目时分辨广告与文艺节目与区别，本法第十三条规定，“广告应当具有可识别性，能够使消费者辨明其为广告”，“大众传播媒介不得以新闻报道形式发布广告。通过大众传播媒介发布的广告，应当有广告标记，与其他非广告信息相区别，不得使消费者产生误解。”

在第十三条规定当中，除去新闻媒介以外，各种文艺节目，也不能完全与广告混淆起来，因为它这里讲，“与其他非广告信息相区别”。这“非广告信息”既包括新闻也包括文艺节目和其它的一些。

第五、对烟草广告的控制更加严格了。我国是世界上最大的烟草生产和消费国（根据统计，消费量占世界消费总量的 33%），有三亿多烟民占世界吸烟人数的四分之一，而且吸烟率还在逐年上升，我国烟民不仅增多，而且烟民年龄偏低。世界各地都在广泛开展禁烟活动，烟民数量正在逐年减少，而我国烟民却在增加。国外烟草商把推销烟草的目标瞄准中国市场，这一情况不能不引起我们的担忧。为此，本法第十八条在原来禁止在四种媒介上作烟草广告以外，又增加禁止利用电影发布烟草广告，和禁止在各类候车室、影剧院、会议厅堂、体育比赛场馆等公共场所设置烟草广告。允许作的烟草广告，也必须标明“吸烟有害健康”。

烟草广告在《条例》正式颁布以后，四种媒介是被禁止做广告的。四种媒介以外要到当地省一级工商局批准。因此，在《广告法》施行前，在四种媒介上刊播广告也是违法的。

第六、强化对药品、医疗器械、农药等广告的管理，因为这类广告直接关系人的生命安危，而且在已经刊播的这类广告中，虚假不实广告的比重偏大，因此，本法加强了对药品等特殊商品广告的监督管理，除此以外，还专门设一章对利用广播、电影、电视、报纸、期刊以及其他媒介发布药品、医疗器械、农药、兽药等商品的广告和法律、行政法规规定应当进行审查的其他广告，必须在发布前依照有关法律、行政法规由有关行政主管部门对广告内容进行审查，未经审查，不得发布。

三、《广告法》以保护消费者利益为最终目的

针对现行法律、法规对广告违法行为制裁偏轻，对有些违法行为没有处罚措施的现状，《广告法》加大了对广告违法行为的处罚力度，规定了较为完整的法律责任承担方式。

在现实生活中，大多数消费者的广告意识不断增强，往往听了或看了广告以后才下决心购买商品，因此，广告就要健康、真实。但很多消费者反映，听了或看了广告的介绍选购的商品，总是对不上号，产品的质量、外观总不如广告介绍的好。还有一些商品，诸如劣质家用电器、药品、食品、化妆品等，通过虚假广告诱导消费者上当，直接危害消费者的健康，甚至生命。一些假农药、假种子广告坑农害农，对农业广告造成严重的破坏。

《广告法》对各种违法广告的处罚共规定了七种方式，即：

1、责令停止发布广告；

2、处以等额广告费用在相应范围内公开更正；

3、处以广告费一至五倍或一万元以上十万元以下罚款；

4、没收广告费用；

5、停止广告业务；

6、承担民事责任、承担连带责任；

7、构成犯罪的依法追究刑事责任。

以上七种处罚方式，除第7种构成犯罪的以外，其余六种都从不同的角度加重了处罚的力度。其中尤以第2、5种对广告主、广告经营者、广告发布者的威慑力最大。因为处以等额广告费用在相应范围内公开更正，就是在何种媒介上发布的违法广告占用了多大版面、时间、还要自己承担同样的费用自我曝光。至于依法承担连带责任或承担全部民事责任，更意味着承担虚假广告造成的一切恶果，包括承担受害人精神上、物质上的一切损失。所以采取这样严厉措施的目的，是为了提醒广告主、广告经营者、广告发布者从思想上重视发布违法广告的危害和后果。此外，对社会上各类组织利用广告采用多种名义的所谓推荐商品，消费者上当后又无处追究责任的状况，本法第三十八条规定："社会团体或其他组织，在虚假广告中向消费者推荐商品或者服务，使消费者的合法权益受到损害时，应当依法承担连带责任。"

此外，《广告法》对广告审查机关和广告监督管理机关主管人员和工作人员玩忽职守、滥用职权、徇私舞弊等违法行为，同样针对不同情况给予行政处分，情节严重的，依法追究刑事责任。

四、关于依法改造监督管理职能

《广告法》第六条规定："县级以上人民政府工商行政管理部门是广告监督管理机关。"工商行政管理机关对广告的监督管理包括以下几个部分。

一是市场准入。广告属于知识密集、技术密集、人才密集的高新技术产业，也属于投资小、见效快、利润高的行业。国务院关于第三产业发展规划基本思路指出："工商行政管理机关针对第三产业的特点和实际需要，简化登记审查程序，提高工作效率。""现行的企业登记前置性审批，除对国家法律规定的，涉及国家垄断、社会安全、人民健康的行业，以及知识技术密集度较高的行业，需要进行严格的审查。"根据这一原则，本法第二十六条规定："从事广告经营的，应当具有必要的专业技术人员、制作设备，并依法办理公司或者广告经营登记方可从事广告活动。"对兼营广告发布的"广播电台、电视台、报刊出版单位的广告业务，应当由其专门从事广告业务的机构办理，并依法办理兼营广告的登记。"根据本条规定，申请设立广告公司，应当首先向广告监督管理机关申请立项，经过资质审查，核定经营范围，应向企业注册部门领取营业执照，媒介单位申请发布广告，应当向广告监督管理机关申请经审查合格发给《广告经营许可证》，方可从事广告发布业务。

二是日常监督管理。广告监督管理机关依法对本法中广告准则、广告活动进行日常监督管理。这是监督管理的重要环节，是有法必依，还是有法不依；是执法必严，还是执法不严；是违法必究，还是违法不究？

三是依法制定特种商品广告及各类广告的发布标准。

四是依法查处虚假广告及广告违法行为。

《广告法》是促进广告业健康发展的保证，是保护消费者切身利益的武器，也是中国广告业发展的新起点,它的颁布实施,标志着我国广告业完全进入法制化的轨道。我们应当以高度的责任感,认真学习理解和掌握它,更好地规范广告活动,维护广告市场秩序,保护消费者合法权益和社会公共利益,为促进社会主义市场经济发展发挥其应有的作用。

坚持不懈抓好《广告法》的贯彻落实

郑和平

1995年2月1日,《中华人民共和国广告法》正式施行。各级广告监督管理机关抓住时机,一方面建章立制,做好完善广告法制体系的工作,一方面积极开展执法检查,查处广告违法案件,取得了比较明显的工作成效。与此同时,在依法规范广告市场的实践中,我们也深刻体会到,由于我国市场经济体制确立不久,广告市场还很不发育,监督管理工作面临许多新情况,新问题,贯彻落实《广告法》的工作不可能一蹴而就,而是一项长期任务,必须坚持不懈地抓下去。

当前,贯彻《广告法》面临的突出问题主要有以下几个方面。

一、对某些内容不实的广告,监督管理措施不到位

广告的真实性原则,是《广告法》对广告内容的基本要求。《广告法》施行后,广告中各种漫无边际的夸大性语言被严格禁止,一些虚假广告,误导消费者的广告被及时查处。但对有些比较特殊的广告,保证其内容真实性的监督管理措施还没有完全到位。

一是某些加工订货广告。广告主往往是一些专营信息咨询业的中介公司,为订货方和加工方牵线搭桥。而其在广告中的承诺往往在收取了中介费后,订货方也收取了订金后不能兑现,使加工方蒙受重大经济损失。订货方、中介方取消承诺的理由都是加工方加工出的样品不合格,而实际上,是订货方在加工合同中做了手脚,提出的某些技术标准是不合理的,有些是根本不可能达到的。订货方伙同中介方,利用加工方寻求业务心切,对产品技术标准不熟悉等弱点,先后利用广告与合同进行欺骗活动。

二是某些致富信息广告。广告有的称售出的种禽、种畜、种苗、种籽,可以高价回收成熟的畜禽或作物。但往往是售出后,捞一把钱,便逃之夭夭,或寻找种种借口,拒绝回收。也有的广告称出售技术并代售设备,该技术经济效益如何高,并负责包销产品,等等。结果是买方购回一堆废铁,或产品质量低劣,遭受了严重的经济损失。而广告主却往往以买方经营不善为借口,不承担任何责任。

三是某些保健品广告,对产品的质量、效能做出某些目前国内尚无质量标准的夸大宣传。这些广告往往使用一些消费者难以识别的专业术语,使用一些学术机构、专家学者的名义,使用一些学术界、理论界尚未认可的实验结果,误导消费者购买。

四是某些产品和服务通过第三者的评选、推荐,取得某种荣誉后,大肆进行广告宣传。而实际上,其中大量评选和推荐活动缺乏必要的客观公正性。这些评选、推荐活动本身就是一种商业行为,不是公益性活动。其结果往往是搞评选的借此捞了钱,花钱的人出了名,而消费者受到了误导和欺骗。

对上述四类广告中的问题,当前消费者反映十分强烈,都是违反了《广告法》中有关广告内

容真实性的基本要求。但由于这些广告有的发布程序比较复杂，责任主体比较分散。查处工作中的协调任务重，有些问题法律适用意见各地不尽一致，使监督管理工作有空子可钻。由于对一些出证机关和推荐单位的资格缺乏必要的管理和限制，配套法规不完善，相应的管理措施往往不能到位。

二、对广告经营中的不正当竞争行为查处力度不够

近年来，广告界同仁对广告经营活动中的不正当竞争问题，反映十分强烈。代理业务中的垄断行为，服务收费中的各种不合理现象，各种公开、变相的客户回扣，某些公司事业单位利用行政手段垄断某些媒介的发布业务，等等。这些问题的存在，严重影响了广告市场的健康发育，同市场经济体制的基本要求格格不入。同时，这个问题伴生的是对党风和廉政建设造成很大消极影响，一些国家机关工作人员、某些公用事业单位的工作人员被腐蚀，社会风气被搞坏。

《广告法》颁布实行以后，各级广告监督管理机关以主要精力用于规范广告内容，使其符合《广告法》的基本要求，以维护消费者的合法权益。对广告经营中的不正当竞争问题，也开展了调查研究，着手予以解决。调查中发现，广告市场中的不正当竞争行为，同其他服务市场的不正当竞争行为有一个基本的共同点，就是同我国行政管理体制中的某些弊端有着明显的内在联系，有些行政行为同企业的经营行为混在一起，某些不合理的行政命令和行政措施加剧了不正当竞争。同时，由于广告业与大众传播媒介的特殊关系，目前国家对大众传播媒介比较严格的管理政策，被一些单位和个人搞不正当竞争所利用，钻了广告管理法规与传媒政策不配套的空子，从事违法活动。

上述广告市场中存在的不正当竞争行为与其他市场中的不正当竞争行为的共性和特殊性，决定了解决这一问题，需要做大量的协调工作，有关法规的出台，也要充分考虑到与改革整体方案的衔接与配套关系。总之，要在大量艰苦、细致的前期工作基础上，才能采取强有力的行政措施，有效地解决广告市场中的不正当竞争问题。

三、户外广告管理工作发展不平衡，有些地方差距较大

《广告法》中虽然明确了县以上工商局是广告监督管理机关，对户外广告有一些原则性的规定。但有些地方，政府部门之间在职能问题上长期扯皮，政府协调困难，地方户外广告的规划和管理办法迟迟不能出台，广告监督管理机关对户外广告的管理职能不能顺利到位。这种情况，致使当地户外广告设置缺乏统一规则，广告制作材料、规格缺乏必要的标准，使广告制作质量难以保证。再加上同时存在日常监督管理工作流于形式等问题，在户外广告的设置、内容等方面，存在许多不符合《广告法》规定的情况。

产生上述问题的主要原因，是某些政府部门对户外广告重审批，轻管理，或是只收费不管理。工商部门虽然依法负有监督管理职能，但由于这些地方户外广告的设置审批权分散在政府若干部门。这些部门注重审批权，除了旧体制自身的惯性外，也包括收取审批费、管理费等经济上的因素，甚至包括在审批中授予本部门下属单位某项户外广告专营权，而间接得到的经济利益。由于利益机制的驱动，造成了户外广告管理涉及的部门多，职能分叉现象严重，办事效率低下，监督管理工作薄弱。

四、公益广告的管理亟待规范

近年来，随着广告业的迅速发展。区别于一般政治口号宣传的公益广告应运而生。这些公益广告创意出新，制作精巧，深得广大人民群众的喜爱和欢迎，在社会主义精神文明建设和民主与法制建设中，以其特殊的角度，日益显示出其不可取代的积极作用。与此同时，随着公益广告形式、内容的多样化倾向的发展，加强管理与规范的问题，也越来越突出。

一是由于广告主、广告经营者、广告发布者在广告活动中占据着他人不可取代的特殊地位，使他们在相关的社会环境中取得各自的效益。也正由于他们在广告活动中的特殊地位，他们也应当为公益广告承担一定的社会义务。但目前有关这方面的规范还不明确，有些很好的公益广告，设计、制作经费得不到保证，发布时间和媒介空间得不到合理的安排，公益广告对社会的重要作用得不到充分发挥。

二是对公益广告的商业化倾向缺乏必要的引导和限制。一些公益广告的赞助企业，为了宣传企业和产品，在公益广告创意中喧宾夺主，模糊了公益广告同商业广告的界限，使公益广告的社会教育、舆论功能不能有效发挥。

三是对公益广告的宣传内容缺乏必要的审稿制度。公益广告的政治性、政策性很强，但很多地方对公益广告内容的审查不严格，甚至比审查商业广告更松泛。这种管理上的掉以轻心，很可能会因个别公益广告的错误，造成不良的社会影响和严重的政治后果。

综上所述，就目前来看，对公益广告的规范和管理，还没有摆上各级广告监督管理机关的重要工作日程。公益广告的性质不同于商业广告，但表现形式又与商业广告基本相同，一些商业广告的表现手法，越来越多地运用到公益广告当中去。加强对公益广告的管理，对发挥广告在社会主义物质文明建设和精神文明建设中的积极作用，有着重要意义。

为了切实贯彻执行好《广告法》，加强广告监督管理工作的薄弱环节，解决广告监督管理工作面临的突出问题。在近一两年的时间里，各级广告监督管理机关应着重做好如下工作：

一、继续抓好与《广告法》配套的法规制定工作

《广告法》的贯彻执行，必须有相应的法规配套体系予以支持和保证，以补充《广告法》调整范围的缺陷和不足，加强一些原则性规定在实际工作中的操作性。这就要求进一步完善、修改现有的行政法规；要求制订各类广告的发布标准，对《广告法》中有关的禁止性、限制性条款做法律适用的必要解释；要求制订一批有中国特色的广告行业自律规则，充分发挥广告行业自律对规范广告市场，维护广告市场竞争秩序的积极作用。

在这项工作中，必须充分发挥各级广告监督管理机关的积极性、主动性。有些从全国范围内考虑，酝酿准备还不成熟，还不能马上出台的政策、规定。省、市、县工商局却可以针对本地的实际情况，先搞地方性的规范性文件，积极实践，加强管理。各级广告监督管理机关，都可以积极指导本地的广告行业组织，制订一些探索性的自律程序、自律标准。

二、坚持开展执法检查

《广告法》的出台，和相应配套法规的制订，使规范广告市场有法可依，但这只是第一步。真

正做到有法必依，才能真正实现《广告法》的立法目的。《广告法》施行后，各级广告监督管理机关开展的电视、户外、报纸广告检查，为开展专项执法检查工作积累了经验。在近一两年内，这项工作仍绝对不能放松。

在继续完善广告法制体系的同时，要坚持通过多种形式，对已出台的法律、法规、标准的执行情况进行检查，对有法不依、执法不严、违法不究的情况要坚决予以纠正。同时，也要根据实际情况，对某些在管理上已过时，难以操作和应用的旧规章予以清理。要根据《广告法》的有关规定，对广告监督管理干部的勤政、廉政建设提出具体标准和要求，树立广告监督管理机关依法行政、廉洁、高效的工作形象。

三、构造系统的广告质量管理体系

广告作为一种社会产品，也有质量问题。质量的基本标准是真实、合法、符合社会主义精神文明建设的要求。为了使每一则广告作品都能符合这一质量要求，就必须构造一个有中国特色的广告质量管理体系。这个体系主要包括两个部分，即广告发布前审查的管理和广告发布以后的监测工作。

就广告发布前审查而言，目前法律仅规定了几种特殊商品和服务由行政机关予以审查，绝大多数的广告是由广告经营者、广告发布者自行审查。根据国家工商局的规定，广告经营单位都应设有专门的广告审查人员。这样，对这支广告审查人员队伍的资格管理，就成为抓好广告质量管理的一个重要环节。当前的迫切任务就是要培养一支知法、守法、依法办事的广告审查员队伍。有关的培训、认证等工作要及时到位，有关的管理办法和措施要尽快出台。

就广告监测工作而言，各地发展不够平衡，全国还未建立起网络化的监测体系。突击性检查的办法，能够发现和解决一些问题，但也确实存在时间、空间上的局限性。为了使依法规范广告市场的工作持之以恒，必须把广告发布情况的监测作为一项工作制度长期坚持下去。各级广告监督管理机关在监测职责上要有明确分工，要加强对重点城市、重点媒介广告发布情况的监测管理，要尽快建立起全国性的监测网络。使违法广告一经发布，就会被及时发现和纠正，有效地维护国家法律、法规的严肃性，树立起广告监督管理机关的执法权威。

四、用好改革开放的各项政策，促进广告业健康发展

《广告法》的立法目的之一，是促进广告业健康发展，发挥广告在社会主义市场经济中的积极作用。这条立法目的，也是广告监督管理工作的重要原则，同党中央关于改革开放、发展国民经济的总方针、总政策是完全一致的。为了达到这一目的，就要认真学习、领会，并在工作实践中用好中央有关改革、开放的重要方针和政策，促进广告业的繁荣和发展。

要认真学习和运用中央有关继续发展第三产业的精神，深刻理解广告业发展对整个国民经济的促进作用，放手抓好广告业的繁荣，扶植广告业上水平、上档次，缩小同发达国家在管理、技术上的差距，全面落实《关于加快广告业发展的规划纲要》，为我国企业和商品开拓国际市场，当好先锋。

要认真学习和运用中央有关引进国外先进管理经验，引进国外先进技术，发展我国经济的政策，搞好智力引进，开发和管好有关的中外合资、中外合作项目，积极开展与国外广告业同行的交流与合作，使我国广告业在对外开放中不断增强实力和活力，更好地为我国现代化建设服

务。

要认真学习和运用中央有关经济体制改革的方针、政策，不断推进广告业改革进程，有步骤地革除广告经营机制中的某些弊端，推行广告代理制，与国际经营规范接轨。要采取有效的行政措施，促进广告经营单位内部改革的进程，解决政企不分、事企不分等影响广告业正常发展的种种问题。使我国广告经营机制的运行，进一步纳入社会主义市场经济体制的轨道。

要认真学习和运用中央有关建立和发展市场中介组织的精神和政策，充分发挥行业组织的自律协调职能，调动全行业改革、开放的积极性。要制订有关的行政规章，采取有效的行政措施，积极指导，推动行业协会工作的开展，使其在规范和繁荣两个方面，都对我国广告市场的发展做出积极的贡献。

我国广告业是在改革、开放进程中，迅速发展起来的新兴产业，《广告法》的颁布与施行，标志着我国广告业步入了法制化管理的新阶段。坚持抓好《广告法》的贯彻落实工作，是各级广告监督管理机关的基本职责，也是一项长期而艰巨的任务。通过我们的不懈努力，广告业必将在我国社会主义现代化建设事业中发挥出更大的作用，为国家的文明和昌盛做出更大的贡献。

中广协副秘书长贾玉斌谈广告行业自律

我国自改革开放以来，相继出台了一些经济法规，如《商标法》、《合同法》、《专利法》、《企业登记条例》、《广告管理条例》等等。这些经济法规对于规范市场经济主体的经营、贸易、广告宣传等行为、建立良好的经济秩序加强宏观调控起到了重要的作用。但是，毋容勿视，无法可依，有法不依，知法犯法的现象仍严重存在。假冒伪劣产品到处可见，商标侵权，专利侵权屡见不鲜，虚假广告也禁而不止，不正当竞争行为也似乎令人束手无策。这一方面是由于法律、法规还不健全，仍须继续完善；另一方面则是由于参与经济活动的单位和个人法制观念淡薄，为了个人和小团体的利益而忽视甚至侵害他人、消费者和国家的利益。这种现象的普遍存在，势必殃及市场秩序和经济的健康发展。克服这些混乱现象，杜绝违法行为，使经济活动法制化，仅靠法律的约束是不够的，还要靠经济行为主体从自身解决问题，即要很好地运用教育和自律的手段。

自律，就是在一定的社会道德的水准上进行自我约束的管理方式。包括行为主体的自我约束和所在行业及其组织的自我约束。这种自我管理的方式在发达国家都有一些成功的经验。比如广告业的自我管理和约束形式，在美国有政府支持的电视审查委员会，在法国有广告审查委员会，在澳大利亚、新加坡有媒介的审查机构。这些机构建立的目的是维护广告的真实性和科学性，保护消费者的利益和广告业的整体和长远的利益。不光如此，一些行业组织还就广告的代理费用、标准、广告价格进行协调，使竞争保持在公平的水准上；还有些组织制订了广告的职业道德标准，如日本广告业则有《伦理纲领》。这些都是他们进行自律的制度和措施。实践证明是行之有效的。

我国广告行业组织为此作过不少努力。比如，中国广告协会就制定了《广告业自律规则》，也广泛开展了“重信誉创优质服务”活动。通过此类活动，促进广告经营单位建立了广告验证，广告内容审查，合同、档案等规章，使自律制度化、规范化。在杜绝虚假广告，提高服务质量方面发挥了积极的作用。但在经营秩序公平竞争、合理定价方面还未能有效地实施自律。其主要原因是行业组织对不遵守自律规则的单位尚无约束的机制和办法，行业联合起来共同抵制不正之风和不公平的竞争以达到自我保护共同发展的意识尚不够强烈，因此尚无明显的有组织的行动。

我们认为，当前即应尽早按照法律、法规的规定和行业整体和长远利益的要求以及所应承担的社会责任建立自我约束机制。自律的内容应包括：使广告的发布合法、真实、健康，使广告业的竞争公平、合理，使广告经营秩序良好。为了做到这一点，首先在未来的广告法里应确立行业自律的法律地位，使自律具有法律依据；其次，行业内要逐步建立和完善自律机制。比如，建立广告发布前审查机构，广告经营单位的评估机构，广告价格、佣金的协调机构等。这些机构在政府指导下和行业组织协调下，进行工作并建立有机的联系；第三，要制定和完善行业自律规则，对有关自律的内容和自律机制的运用措施。

如果我们能建立起这样的自律机制，有效地行使行业自律职能，就能有力地配合法制，使我们广告行业的许多问题得到解决，行业改革顺利进行，从而逐步建立广告业的良好秩序，更好地发挥广告业在国民经济发展中的作用。

改革是国有广告公司生存和发展的必由之路

仇学忠

各位同行、朋友，大家好！首先，请允许我代表中国广告联合总公司并以我个人的名义，热烈祝贺’94北京广告博览会暨’94国际广告研讨会的胜利召开。作为博览会的协办单位和研讨会的承办单位的负责人，我对远道前来参加会议的各位专家、同仁及热心的听众表示热烈的欢迎和衷心的感谢；向为本次会议付出辛勤劳动的工作人员致以亲切的慰问。

一、改革是当今中国社会的主旋律

(一)改革开放是我国的基本国策

在当今中国社会的政治词汇中，恐怕没有哪个词汇能够有比“改革”两个字使用频率更高、对社会发展和人们生活影响更大的了。不管你是拥护也好，反对也罢，“改革”就发生在你的周围，影响着你的工作、学习、生活的各个方面，任谁也无法回避得了。在马克思主义的经典著作中，对“改革”论述最多的当首推中国改革的总设计师邓小平同志。在《邓小平文选》第三卷中，“改革”两个字共出现了一千多次，高居各政治词汇之首。《邓选》第三卷共119篇讲话、谈话，不仅自始至终贯穿“改革”这个主题思想，而且有19篇直接选用“改革”这个词作标题用语。其中，更有两个标题把“改革”和“革命”相提并论，如“我们把改革当作一种革命”，“改革是中国的第二次革命”。“改革”在中国社会政治经济生活中的作用、地位，由此可见一斑。

大家还清楚地记得，我国的“改革”是以党的十一届三中全会为标志、以农村改革作起点、历经十五年而取得举世瞩目成就的。1978年底召开的党的十一届三中全会，确定了把党和国家的工作重心转移到经济工作上来的方针，在全国农村开展以联产承包责任制为主要内容的经济体制改革。从此,农民有了经营管理的自主权,农村的面貌发生了巨大的变化。党的农村经济政策,不仅是解决农民温饱问题的灵丹妙药,也是使农村迅速走向富裕的济世良方。

1984 年 10 月 20 日召开的党的十二届三中全会,是中国改革历史上又一个里程碑。全会通过了《中共中央关于经济体制改革的决定》,将改革推进到城市。城市的经济体制改革是全面的改革,既包括工业、商业、服务业,又包括科技、文化、教育等领域。改革的目的,是为了冲破旧的计划经济体制,建立起充满活力的新经济体制。在城市经济改革过程中,曾出现曲折、复杂的过程。直到 1992 年初,邓小平同志发表了著名的南巡讲话,这个探索过程才有了一个明确的结论。邓小平同志说:"计划经济不 等于社会主义,资本主义也有计划;市场经济不等于资本主义,社会主义也有市场,计划和市场都是经济手段。"邓小平同志的这次讲话,冲破了多年来人们不敢涉足的理论禁区,不仅为市场经济正了名,而且为中国经济体制改革指明了方向。同年底,召开了中国共产党十四届三中全会,通过了《中共中央关于建立社会主义市场经济体制若干问题的决定》,明确了我国经济体制改革的最终目标是建立社会主义市场经济体系。这是中国共产党人的伟大创举。

我国的对外开放首先是从沿海地区开始的。中国的改革以及 12 亿人口的巨大市场,引起一阵阵外商投资的热潮,不仅东南沿海由于得天独厚的地理条件成为投资的热点地区,就连一些交通不很便利的内陆地区,也形成了成片的外商开发区。截至 1993 年底,我国已有三资企业 16.7 万多户,已投产开业的 8 万多户外资企业,当年创工业产值 3020 亿元,占国内总产值的 9.6%。进出口总额达 670.7 亿美元,占当年全国进出口总额的 27.5%,为我国进入世界贸易大国行列作出了贡献。

我国的改革开放政策历经 15 年的考验,硕果累累,证明是适合中国国情的,已经深入人心,不可逆转。正如邓小平所说:"对内经济搞活,对外经济开放,这不是短期的政策,是个长期的政策,最少五十年到七十年不会变"。这一番话,高瞻远瞩,掷地有声,充分表达了全党和全国人民的共同心愿。

(二)改革为我国广告业的发展创造了良好的环境

改革是当前中国社会的大潮流,冲破了束缚生产力发展的旧体制,促使我国经济持续稳定高速发展,大大提高了城乡人民的生活水平。尤其是近两年,国民生产总值年递增率高达 13% 左右,我国成为亚洲乃至全球经济发展最快的国家之一,引起国外企业界、新闻界的广泛关注。未来学家约翰·奈斯比特在一本新著中对中国经济发展及趋势作了这样的评价:中国已成为全球第三大经济体。他认为,"15 年来,中国大陆进步之神速为历史所少见。实际国民生产总值平均每年增长近 9%,相当于 8 年增长一倍。1992 年中国大陆的经济增长率高达 13%,居全球之冠,1993 年上半年又增长了近 15%。"他预测:"倘若中国大陆目前的经济活力得以持续,而且目前看来大势如此,那么到公元 2000 年,全球第一大经济体非它莫属,美、日两国都将瞠乎其后。有一天,中国大陆的经济力量,甚至可能超过今天所有富裕工业国的总和。"另据一则消息称,一项对全球跨国企业领袖做的问卷调查显示,在竞争力方面,中国将成为"2010 年之星"。这是在《1994 年全球竞争力报告》中,通过对全球 1747 名跨国企业领袖所做的问卷调查显示的结果。1747 人中,748 名认为中国将是 2010 年全球最具竞争力的国家,名列榜首;美国得 673 票,位居第二;其它名单依次为:日本(578 票)、德国(392 票)、韩国(312 票)、新加坡(204 票)。在最具竞争力的 6 个国家中,亚洲即占了 4 个。

国外对中国经济实力的评论虽然有他们不同的动机和目的,但有一点是举世公认的,那就是中国大步赶上来了 。

15年的经济建设，我国的消费品市场繁花似锦，绝大部分消费品已呈买方市场，排队购物、凭票供应的情景在人们的记忆中逐渐淡薄和遗忘了。

随着中国经济的迅速发展，商品的日渐丰富，城乡人民的生活水平有了显著的提高，去年底的城乡存款已达14764亿元。消费观念和消费结构也发生了很大的变化。一部分富裕起来的人求新、求美、求知、求乐、求舒适，特别是年轻人追求的档次更高。日本商业顾问公司《崛事物所》对居住在北京的年龄在16—30岁的年轻人进行了购物调查，结果表示想要的商品中，依次为轿车、公寓、摄录放机、大型音响、个人电脑、电话机、摩托车、外国品牌服饰等等，其中轿车、公寓的比例分别高达57%、53.3%，即有一半以上的人想要拥有这些高价商品。这些年轻人中每月花钱在500元以上1000元以下的比例高达46.9%，而月花钱在1000元以上的也已达17.4%。他们的商品资讯来源，电视广告和电视新闻，合占50%。尽管北京市这100名年轻人的消费需求和消费水平并不能代表当今中国社会的全貌，但改革给中国人带来了比过去高得多的购买力和日益丰富的消费品市场，却是无可辩驳的事实。

我国经济的高速增长，以及人们消费水平的提高和消费观念的变化，为广告业的发展提供了客观条件和现实可能，经济体制改革的不断深化和市场竞争的无情法则，又将中国成千上万个企业从政府的附属物变成独立的商品生产和经营者推向了市场。市场经济是一座大学校。面对优胜劣汰的竞争法则，尤其是面对外商企业和洋货咄咄逼人的广告攻势，企业的经营者如不运用先进的营销观念和手段推销自己的产品，就有可能在竞争中被淘汰。于是，越来越多的厂长、经理逐渐学会运用广告促销挤占市场。据有关部门1989年对我国21个省区市112家企业广告费用支出情况的调查，这些企业当年共投入广告费1.33784亿元，其中广告费投入在10万元以上的96家；广告费投入50万元以上的62家；广告费投入在200万元以上的21家；广告费投入在500万元以上的有3家。这三家是：中美史克900万元，万宝电器800万元，广州宝洁1590万元。112家企业广告费占销售额比例平均为1.73%。据报道，1990年全国广告费投入超过50万元的企业已超过1000家，而这几年，每年投入数千万元广告费的客户已不鲜见。从1981年到1991年的十一年间，广告营业额年递增40%以上。1992年，我国的广告营业额达67.87亿元，比上一年增长93.4%；而1993年广告营业额猛增到134亿元，又比上年增长97.6%。

(三)我国广告业的“两制”改革势在必行

今年，是我国争取恢复在关税贸易总协定中的缔约国地位的关键一年。我国政府为此做出了巨大的努力，在外贸体制改革的基础上，今年又实行了汇率并轨、降低关税等一系列重大的改革措施。随着“复关”或者说加入世界贸易组织日期的日益临近，中国市场的国际化进程大大加快了。近两年来，新闻媒介对“复关”的议论大多集中在货物贸易上，诸如对中国家电、汽车、纺织品出口及民族工业的影响一类，但对服务贸易的注意是很不够的。事实上，我国作为“乌拉圭回合”的全面参加国，直接参与了服务贸易的谈判。并于1991年7月19日向关税贸易总协定递交了中国服务贸易初步开价单，这个开价单提出六个首先对外开放的市场之一就是广告业。此后，根据这个开价单以及其他国家对我国提出的开价单的要求，我国又分别与美国、欧共体、加拿大等国家举行了多次谈判。我国广告业也于1992年底向关贸总协定递交了修改后的初步承诺开价单。服务贸易总协定的主要原则包括逐步自由化原则、透明度原则、最惠国待遇原则、增进发展中国家参与原则、国内规章原则、例外和保障原则等等。尽管广告业的初步承诺开价单并没有全部一下子开放中国的广告市场，但服务贸易总协定的原则还是必须遵循的。例如，市场准入原则和国民待遇原则都是服务贸易总协定的核心原则，根据这些原则，国内广告业的某些做法将要做相应的改革。例如，广告收费和税赋负担的不一致，就违反了国民待遇平等的原则。目前，中央电视台已取消了合资企业和境内外商独资企业加价的规定，并准备明年按15%支付广告公司代理费，一步一步地为“复关”做准备。

为迎接“复关”和适应与国际广告业接轨的需要，去年7月15日，国家工商局下发了《关于在部分城市进行广告代理制和广告发布前审查试点工作的意见》。《意见》对推行“两制”的意义、范围、步骤作了明确的规定。这是国家工商局对广告业实行的两个重大的改革举措。代理制的试行受到广告公司的欢迎，同时也引起一些不同的意见。无论“两制”在推行过程中遇到什么样的阻力和困难，但是，代理制作为国际通行的广告经营机制，随着中国市场的进一步开放和广告市场的逐步成熟，必将由点到面、由弱到强，在广告全行业推开。这将有利于我国广告业策划、创意、制作、发布的整体水平的提高，更好地为企业利用广告树立良好形象、参与公平竞争、进而为我国产品占领国内国际市场服务。

二、日趋激烈的广告市场竞争

十五年的改革，我国虽然已初步形成了商品市场、资金市场、劳务市场、信息市场、房地产市场、金融证券市场等专业市场体系，但就整体而言，市场发育还很不成熟。广告是市场经济的产儿和宠儿，它是随市场经济而存在而发展的。没有发达的市场经济，就不可能有发达的广告业。

据有关报道，1993年美国的广告主共投入广告费1340亿美元，日本接近400亿美元，德国为180亿美元，英国为140亿美元。而中国只有134亿人民币，是美国的1.16%。另据统计，这134亿元的广告营业额中，广告公司的经营额为46.17455亿元，占总额的34.4%；电视广告经营额为29.43907亿元，占总额的22%；报纸广告经营额为37.71099亿元，占总额的28.1%；广播广告的经营额为3.49443亿元，占总额的2.6%；杂志广告的经营额为1.8447亿元，占总额的1.4%；其它广告的经营额为15.42356亿元，占总额的11.5%。如果剔除广告公司和媒体重复计算的部分，我国广告业的广告费投入约在百亿元左右，和六、七百万人口的香港1992年的广告营业额差不多，还不及美国一个企业如宝碱公司花的广告费。据报道，1990年美国宝碱公司的广告费支出为22.845亿美元，如按现在的汇率8.6∶1计算，折合人民币196.5亿人民币。也不如美国一家媒体的广告收入多，《纽约时报》1991年广告费收入70亿美元。如果按人平均广告费，还不及美、日的千分之一。就是这点有限的广告费，引发出被新闻界称之为“广告大战”的无序竞争。

先说广告主。广告界有一句顺口溜，叫做：“客户是上帝、媒介是皇帝、广告公司是奴婢。”目前，客户即广告主在广告业的地位确实很显要，他们是广告业其余两要素媒介和广告公司的“衣食父母”，掌握着选择广告公司和媒介的主动权。但现在少数客户选择广告公司，往往不是看广告公司有无代理的能力，而是看给多少“回扣”。他们货比三家、待价而沽。至于广告创意制作的质量如何，媒介能力怎样，广告费投入后有无回报，那是次要的。这种情况，几乎天天都可以遇到。不过，由于是当面谈，买卖不成情义在，还比较好办，不接就是了。现在有的广告主并不是真心找广告公司做代理。他们或者自己有一个小广告公司，或者准备成立广告公司，但自己又不会或不想花人力物力财力去搞市场调查、创意、策划、制作，于是就假借比稿的名义，声称企业有上百、上千万元的广告费，邀请一些大广告公司去比稿。待到把各家的策划报告等整套方案拿到手，从此就杳无音讯。找上门去，不是说创意不好，就是说选定了别的广告公司，可时过数月,广告公司比稿时的作品竟原封不动地搬上了电视屏幕和报纸版面。这种无偿占有广告人劳动成果和知识产权的事例,虽然不能说比比皆是,却也屡见不鲜了。原本对广告主十分有利的选择广告公司的好方式——比稿,在中国广告市场刚刚露面,就走了调、变了味。过去,当客户提出比稿时,业务人员都跃跃欲试,全力投入;现在都有点望而却步了。

当然,上述事例在众多的广告客户中只有极少数,但此风不可长,以后一经发现,应该受到广告同仁的一致谴责和抵制。

我们再来看看媒体的情况。中国的广告媒体,业内人士一般归为五大类:即电视、报纸、广播电台、杂志以及户外媒介(SP)。据统计,到1993年底,我国已有电视台1606家、报纸2054种、电台834家、杂志3324家,就其数量和种类来说,应该说不算少。但从目前的情况看,媒体的时间和版面仍然适应不了广告业发展的需要,尤其是一些受大众欢迎、发行量大、覆盖面广的媒介,显得尤为紧俏。例如中央电视台,尽管这些年来作了很大的努力,但广告时间仍超不过50分钟,黄金时间段则更少。在报纸这一媒体中受欢迎的省级、中央级报纸也不过几十家。尤其象《人民日报》、《经济日报》等党和政府主办的报纸,主要任务是宣传党和政府的方针、政策,反映改革、开放中各地的新做法、新进展、新经验,讴歌人民群众的创造性劳动,反映他们的呼声,不可能登很多广告。每天只有8个版面,过去曾规定广告不超过12.5%,后来虽然取消了这一限制,但广告版面仍不是很多。中国的广告费投入量虽然不是很大,但如果都往中央电视台二频道挤,往几家大报挤,那也受不了。有的媒体排好几个月的队才能安排上,有的干脆就无法安排。以后这些媒体即使是时间和版面再增加一些,恐怕也难以全部满足需求。于是,就引来广告公司、广告客户间对媒体的竞争。

最后,我们来看看广告公司的情况。

从1992年初邓小平同志南巡讲话后,在发展第三产业的过程中,工农兵学商,党政群个体,全民办广告,行行办广告,广告公司如雨后春笋,每天都在诞生。1991年底,全国共有广告公司1156家,1992年即达3037家,增长了162.7%;1993年全国广告公司高达11044家,又比上年增长了2.6倍,仅北京地区,就有一千几百家广告公司。即使全国的业务都交给公司做,这11044家广告公司,每户只平均到122万元的代理,如果按1993年广告公司的营业额46亿元平均计算,每个公司才40多万元,僧多粥少,是很难生存的。但成立了公司就得做业务。于是,各广告公司的竞争在所难免。我们说广告市场的竞争,当然有广告主之间为争夺市场份额的竞争,也存在媒体之间争夺客户的竞争,但据我观察,都远不如广告公司之间的竞争来得激烈。无论是国有的、集体的、中外合资的、私营、个体的,还是政府及行业主管部门、新闻媒体办的,为了生存和发展,无一不是八仙过海,各显神通。有时为了得到一家客户,几乎是蜂拥而上。我看过一则报道,说的是杭州有一家企业,计划拿出100万元广告费,消费传出后,竟有省内外101家广告公司前往投标,成功率有多大可想而知。

面对广告公司的发展和日趋激烈的市场竞争,广告界和社会舆论对此褒贬不一。有的说现在广告公司太多了,太滥了,有关部门不该批那么多公司;有的则说现在的广告公司不是多了,而是不够,应该让市场去选择广告公司,优胜劣汰、适者生存。记得去年5月15日《人民日报》经济版还专门对此展开讨论,发表了截然相反的两种意见,编辑做的标题也很有意思:"大公司:打破垄断靠创意竞争,广告才有灿烂的明天","小公司:不怕优胜劣汰,我们需要的是公平竞争的环境"。别的报刊对此也多有评说。我认为当前广告公司的确是太多、太滥了;但用发展的眼光看,目前广告业的这种发展势头不是坏事,而是好事。

首先,没有一定的数量就没有一定的质量。一个12亿人口的大国,截止去年底才有31万多人从事广告业，人数太少了。新广告公司的成立，尽管也存在从老公司挖人的问题，但人员毕竟仍在广告业内流动，大量吸收的却是从非广告行业来的新鲜血液。大批年轻知识分子的加入，使广告从业人员的队伍不断壮大，素质大为提高，广告人在社会上的地位也随之上升。

其次，激烈的竞争也带动了技术进步，使得一些公司重视以先进的设备制作出高质量的作品以求在竞争中获胜。“回扣”这些手段只能对小客户有吸收力，在短期内有用，真正能长久起作用的，还得靠广告公司的整体实力，靠优质服务。

最后，中国的广告公司在经历竞争之后，必将走上联合之路，向集团化规模经营发展，势单力薄的小公司将有相当一批被淘汰，关于这一点，已经和正在被事实所证明。

三、国有广告公司的出路和对策

我国的国有广告公司大多是在改革开放初恢复和成立起来的老公司，过去曾为广告业的起步和发展发挥过主力军的作用。在11044家广告公司中，国有公司5384家，占广告公司总数的48.6%，个体、私营、合资公司加起来717家，只占广告公司总数的6.5%。现在有的人一提国有广告公司，就把它和“土”联系在一起，一说合资公司，就将它同“洋”相提并论。这是一种偏见。我认为看一个广告公司的“土”和“洋”，不能只看现象，不看本质，只看形式，不看内容，不能以所有制划线，而要作具体分析。一般地说，合资广告公司租用大饭店，显得气派些；国有广告公司驻在机关、事业单位院子里，确实有点寒酸。但“土”公司里也有“洋”设备，有的办公条件不亚于“洋”公司，“洋”公司中也有假合资，在里面工作的是清一色中国人。因此，评判一个公司的“土”和“洋”，“优”和“劣”，主要看这个公司为客户服务的实力，即能否按照市场经济的客观规律，运用先进的营销观念和手段，为客户提供包括市场调查、总体策划、创意制作、媒体实施、效果测定和信息反馈等全面、优质的服务。

诚然，同其他经济成份的广告公司相比，国有广告公司虽然有信誉、媒体、人才等方面的优势，但也有自身的弱点。人们常说的计划体制下公有制企业的经营机制不顺、不活，在用人制度上，干部能上不能下、职工能进不能出，分配上的平均主义大锅饭等等，还在许多国有广告公司中普遍存在。但是在改革开放的今天，这些弊病是可以也是不难解决的，出路只有两个字：“改革”。

我以为，当前国有广告公司在不触动所有制关系的情况下，至少应在以下五个方面进行大刀阔斧的改革：

第一、在领导体制上，要改变企业作为机关、事业单位附属物的地位，真正实行经理负责制。

我国目前这五千多家国有广告公司，一般都隶属于新闻、文化、艺术、宣传、工业、商业等政府、企事业主管部门。企业领导干部一般由主管部门任免、对主管部门负责。这种领导体制使国有广告公司的领导人往往从上级领导的意图而不是从企业的实际出发考虑和解决问题。国有广告公司不是一个独立的法人实体，而往往成为主管部门的附属物、小金库。解决这个问题的根本出路当然是要使企业真正成为企业，实行现代企业制度的改造，但作为第一步，我认为实行经理负责制或者说企业法人代表负责制则是可行的。在确定了任期目标责任后，企业的法人代表即经理享有充分的经营自主权，即《全民所有制工业企业转换经营机制条例》规定的十四项权力。也就是说，主管部门只管一个领导班子，一个上缴指标，其余的权力全部下放企业。这种办法，在目前比较容易行得通。即既要有婆婆，但婆婆和媳妇又分居。我们中广联目前实行的就是这种领导体制。作为新华社直属的一个企业单位,除我们主动找主管部门汇报外,总社主管部门从不干预总公司的日常经营活动。在中广联内部,实行总经理负责制,副总经理协助总经理工作。重大问题由总经理办公会议决定,平时领导成员按分工各司其职。这种体制既保证了决策的民主化,又便于企业法人代表履行职责。

第二、在干部和用工制度上,要破除论资排辈的老观念,搬掉铁交椅,做到干部能上能下,职工能进能出。

国有公司在干部使用上存在两个问题,一是论资排辈,即使是贤者能者,由于年龄小资历浅也不敢提拔;二是能上不能下,即使是平庸之辈,由于已经占了职位,也不把他换下来。在用工制度上,则是一次定终身,似乎只要进了国有企业,就可以高枕无忧,只许职工炒公司鱿鱼,而公司不能炒职工鱿鱼,形成有用人才留不住,无用之人出不去的局面。在竞争日趋激烈的今天,国有广告公司面对的不是"官场",而是"市场",不能培养"官人",而要造就"商人",公司是经济实体,不是福利院和收容所,不能养懒人和闲人。基于这一认识,这几年中,中广联在干部使用和用工制度上,进行了一些改革,取得了较好的成效。

在干部任用上,我们对中层干部实行一年一聘的聘任制,对专业技术干部实行定岗定责的聘任制。干部受聘后,有职有权,并享受相应的职务补贴,年终写出述职报告并进行业绩考核,称职的续聘或高聘;不称职的不聘或低聘,专业干部如不称职也不续聘,资格可保留,但不与职务津贴挂钩。逐步做到干部能上能下。

此外,在聘用干部时,大胆起用和提拔有真才实学的年轻干部。目前在中广联副总经理岗位上有三十多岁的;在部门经理岗位上有许多二十多岁的。这些年轻干部走上领导岗位后,精力充沛,事业心强,勤奋、进取、锐意开拓,较好地完成了交给他们的工作任务。

在用工制度上,今年总公司实行将点兵,兵点将的双向选择和优化组合。总公司在确定机构、编制、任务以及部门负责人后,部门经理有用人的自由,即将点兵;职工也有选择顶头上司的自由,即兵点将。当然,这种双向选择最后还要经总经理办公会议确认,不是无政府主义的。公司内部哪个部门也不接收的职工,交公司人教部安排,发三个月的工资,自谋出路。这一改革实行八个多月来,收到了较好的效果。例如,有一位职工,过去靠关系进公司,本职工作活不多,但本职外的活却宁肯闲着也不愿帮一下手。年初安排工作时哪个部门也不肯要。在他承认了错误、表示改进后,重新上岗,除负责原先工作外,加上打扫楼道卫生这一项,现在也乐意接受了。另有一位职工,由于不能胜任本职工作,被部门经理辞回公司人教部待业,待业期间只发工资不发奖金,直至有了部门经理接收才重新上岗。还有的职工由于不能遵守公司的规定或不能完成任务,有的被辞退,有的主动提出不适合在广告公司工作而另谋职业。人事制度上的改革破除了进了国有企业就是进了保险箱的老观念,人们开始有了危机感,激发了干好本职工作的积极性。

第三、在分配制度上,要打破干与不干、干好干坏一个样的平均主义大锅饭,按照"效率优先、兼顾公平"的原则,上不封顶、下不保底,合理拉开分配档次,并且努力搞好职工的集体福利,增强职工队伍的凝聚力。

分配问题,历来是公有制企业不太好解决的老大难问题,这个问题解决不好,效益上不去,队伍也稳不住。大家知道,生产决定分配,分配反作用于生产。公有制经济不是按资分配的,只能按劳、按效益分配。同时,广告公司又是集体作业,有明确的分工,需要上下道工序的协作,而在哪个岗位工作,既有自身的客观条件和努力程度,又有服从工作需要的成份,所以必须兼顾公平。只讲效益不讲公平,人心不平,效益上不去;只讲公平不讲效益,也难有分配上的公平。我们反对在国有广告公司内部搞个人承包，因为这种承包违反广告行业群体优势的发挥，影响上下道工序的配合，影响对客户的服务质量，是饮鸩止渴的短期行为。我们也反对不讲经济效益的“大呼隆”，那样也会坐吃山空。中广联这几年来，按照各部门原有业务量的大小、部门人数的多少、开发业务的难易程度，下达相应的利润考核指标，并确定完成任务、完不成任务、超额完成任务后的奖罚比例，相应规定为完成任务必须开支的各项费用的控制比例。公司规定节约的费用，大部分留给部门，超额的费用，以奖金抵补。实践证明，这一分配政策，透明度高，可操作性强，完成任务后可得到多少奖金年初就可以知道，因而极大地调动了各部门创收的积极性。没有创收任务的业务部门，如果与创收部门是上下道工序的协作关系，则奖金与业务部门的平均奖挂钩，水涨船高，利益与共。行政后勤部门实行岗位责任制，并与全公司各业务部门的平均奖挂钩，公司效益好，全公司的平均奖就高。树立起后方支持前方、全局一盘棋的思想。奖金发给各部门后，也不是平均发放，部门经理要根据各人贡献大小、有没有完成任务合理拉开分配档次。去年年终奖金分配时，我们坚持按制订的分配政策兑现。有的人可拿几万元，照给不误，不抽肥；有的人分文没有，说声抱歉，不补瘦。分配兑现后，总公司上下基本上接受了这一改革，只有一、二个人找到公司领导说自己拿少了。公司领导支持部门经理行使职权，维护了政策的严肃性。例如，有一个业务部门，去年只完成 11 万元利润，年终连公司行政人员的平均奖都未拿到。今年以来，这个部门发奋图强，上半年已实现毛利 110 万元，是去年全年的 10 倍。

关于分配问题，我认为它还包含着眼前利益和长远利益、有形和无形以及医疗住房保险等多方面，不仅仅是当月工资口袋和年终奖金那一部分货币收入。从劳保福利制度讲，国有广告公司既背有包袱，但有时也是集体福利，是国有广告公司的优势。

例如，公司业务发展了，效益好了，给职工分配了住房，算不算是一种分配呢？我认为是。因为一般的非国有公司不给职工买住房，个别高级人才例外。业务员干得好，公费派到香港学习，派到美国、日本考察，换一个角度看，算不算是一种福利待遇呢？ 再比如，国有公司给每个人投伍万元的保险，每天提供一顿午饭的补贴，算不算是一种分配呢？我认为所有这些，叫集体福利也好，叫第二次分配也好，叫再分配也行，反正是公司出钱，职工得实惠，都应该是广义的分配。据我了解，目前即使是狭义的货币收入，我们也不比“洋”公司差到哪儿去，今年以来，中广联人人缴纳了个人所得税；从广义的分配讲，我们比一些合资公司毫不逊色。现在，我们每登一次招聘启事，就有几百人应聘。

第四、在经营管理上，要反对大手大脚的败家子作风，建立起一套科学的行之有效的管理制度。

在国有广告公司，对公有财产的不爱惜，花公款的大手大脚几乎是通病，这方面的浪费以及跑冒滴漏十分惊人。此外，在业务流程的各个环节，尤其是在合同的签约和执行上，粗枝大叶，互相扯皮，不负责任，因而造成损失的事例也时有发生。解决这个问题既要抓思想教育，更要抓制度建设，要治表，更要治里。近两年来，我们在抓好职工职业道德教育的同时，狠抓对国有资产、对业务合同的管理。通过修订、新订财务制度，对支票的领用、现金支出、代理费的审批连同各级干部的审批权限都作了明确的规定。并运用计算机财务软件系统，进行财务核算和管理。结合国有资产的评估登记，我们对公司物资的购进及出入库手续也制订了一套严格的制度。在律师的指导下，我们还设计了一套比较规范的广告业务合同单，并强化了对合同的管理。管理出效益。强化财务管理以后，不仅大大减少了跑冒滴漏，而且还为公司创造了可观的利息收入。

第五、在生产力的配置上，要反对见物不见人和见人不见物的两种倾向，在增加物力投入的同时，努力增加智力投入，全面提高广告从业人员的整体素质。

在国家工商局下发的《关于在部分城市进行广告代理制和广告发布前审查试点工作的意见》中，十分明确地将广告业定位为“知识密集、技术密集、人才密集的高新技术产业”。这一表述，现在已被越来越多的人所理解和接受。

广告市场的竞争，说到底是人才之间的竞争，谁拥有数量多、素质高的广告人才，谁就能在竞争中占优势。所谓素质高，一是要会动脑，即能为客户出好创意、好点子；二是要会动手，当然不是赤手空拳，而是借助人脑器官的延长——电脑设备，制作出好的广告平面、影视作品。同国外广告同行相比，我们许多国有广告公司在活的生产力——“人”，和死的生产力——“物”这两个方面，就其数量和质量比都有差距。很多广告公司的平面广告作品仍然是手工绘制，更不要说影视作品了。落后了就要被动挨打。想生存，要发展就必须舍得在设备上增加投入。近几年来一些有实力的国有广告公司已经认识到这一点，已经或正在加速配置先进的电脑设备。如南京市广告公司，他们在已有设备的基础上，计划在“八・五”期末之前再添置一批平面设计、刻字及其它微机，以适应市场调研、广告设计、制作等方面的需要。中广联一贯重视设备投资，随着经济实力的不断增强，先后配置了激光照排系统、平面和影视摄制设备、倍他康姆后期编辑系统、彩色打印系统以及用于市场调查、效果测定、财务管理等多个环节的数十台电脑设备，价值已达数百万元。实践证明，这些技术装备大大提高了公司的工作效率和质量，对巩固和发展大客户、提高公司的综合服务能力起到了十分明显的作用。

先进的设备必须有高素质的人操作才能出好的产品。这就要求广告公司一方面广开招才门路，广泛吸纳社会各类优秀人才，并在人员配置上坚持专业的多样化，保持人才结构的合理比例。最近，我们登广告向社会招聘 12 名业务人员，就有不同的专业要求。另一方面，要通过各种途径和办法，加强对在职员工的专业培训，进行知识更新和技能培训，提高队伍的整体素质。近年来，我们采取“请进来、送出去”的办法，请海外广告专家来公司上课，将有前途的业务人员送到海外培训，深受职工的欢迎。同时，从经济政策上鼓励职工自学成才，在职职工只要取得国家承认的高等学历，即使原来是合同制工人，也和原是干部身份的人一样晋升工资，提拔使用。经批准参加的各种学习，成绩合格者公司报销学费。最近，公司内部的小青年还自发组织英语学习小组，形成一股奋发向上的学习风气。

以上，我从改革生产关系和发展生产力的角度，并结合中广联自身的实践，讲了国有广告公司的出路在改革，只能算是一家之言，旨在抛砖引玉，共商改革大计。不过从中广联这两年的改革实践看，效果是好的。以下数据可以说明问题：从 1981 年到 1991 年，中广联总部共创税利 748.6 万元，累计留利 257.8 万元，而 1992 年一年，税利就上升至 179 万元。到 1993 年营业额超过亿元，税利猛增到 1538.7 万元，上缴税利 444.3 万元，企业留利超过千万元。今年以来，业务发展势头也不错，到今年 7 月底，已超额完成全年利润指标，预计全年利润过千万元已成定局。到年底，总公司的固定和流动资产将超过三千万元。

当然，仅仅从生产关系的后两个方面及生产力上做改革的文章是不够的，中国共产党第十四届三中全会把建立现代企业制度的课题提到了所有企业、尤其是国有企业面前，我国所要建立的现代企业制度，是适应社会主义市场经济的要求，以规范和完善的企业法人制度为主体，以有限责任制度为核心的新型制度。这是一篇大文章。国家准备经过试点，积累经验，大约用六七年的时间逐步推进。从今年七月一日起《中华人民共和国公司法》和《中华人民共和国公司管理登记条例》正式施行，为在我国实行现代企业制度——公司制奠定了法律基础。国有广告公司一定要抓住机遇，探索出一条公有制与市场经济相结合的有效途径，进一步解放和发展生产力，为繁荣社会主义广告市场多作贡献。我们相信，国有广告公司既然有过辉煌的过去，也一定会在深化改革中创造更加灿烂的未来。

不 须 喝 彩

刘立宾

十年前读到两段话，印象颇深，记忆犹新。

一句是所谓已故美国总统富兰克林·罗斯福说的："宁当广告人，不当总统。"

一句是日本广告奇才松山登志讲的："我不快乐，但别人要求我快乐；我不美丽，但别人要求我美丽；我不富有，但别人要求我富有。"

对总统的话，起初当真，后来却悟到此语不过戏言，因为终未见他下放自己去当广告人。于是我就改讲：当不上总统，就当广告人。实际这也是自欺欺人。

可我压根儿对松山君的话从未琢磨透过。起初认为世上奇才必多怪癖，大概松山君貌似"横路敬二"，却又极善良，极渴望爱和温情，而又始终得不到，沮丧之极患了忧郁症。后对广告人涉入渐深，又悟到松山君可能整日奉命为客户策划创意、殚思竭虑，呕心沥血，反反复复为人作嫁衣苦不堪言，而渐生的一种精神苦闷。但仍觉肤浅，道不出真谛来，直至前日偶见作家肖复兴的《并非游戏》的短文，才猛然震悟。

肖君在文中讲到他读初一的小儿，可让他随意命题而典化刘禹锡《陋室铭》中的原名："山不在高，有仙则名；水不再深，有龙则灵。"肖君不信小儿有些能耐，结果他的命题一一为其子破解。

其子曰："货不在假，回扣则灵；钱不在多，美元就行"；"饭不在贵，公款就行；酒不怕醉，请客就灵"；"爱不在深，有钱就行；人不在大，有权就灵"……

这些近似荒唐，可事事有鉴，积重难反，其恶果恶名早已深入人心。更可悲的是社会的弊端竟然让孩儿看个透明，以致可信口拈来随意变化。幸而其子未顺口溜到广告业上，否则也难免尴尬。

广告业的生存与发展离不开社会大环境，且不去谈那些路人皆知的事情，只说广告与小儿顺口溜的反差。

打开电视，在广告中太多的是姹紫嫣红，雕梁画栋，冰肌玉骨，珍馐美味。这一切都太灿烂，太辉煌，太甜蜜，在目前与现实生活距离甚远，是一个广告人创造的欢迎和喜剧的王国(除少数广告外)。消费者在看这些广告时，怕是不会想起还有希望工程中的那许许多多渴求返回课堂，饱含泪水的目光；怕是不会想到全国还有几千万人没有脱贫，仍在温饱线上挣扎……也暂时不会想到小儿顺口溜中的那许多弊端。

这种反差使人悟到松山君的愁苦是由于他太了解生活，太富情感，太多思虑。他在创作中生活，在生活中创作，即使他的目光盯在广告上时，即使他的作品得到喝彩时，他的心依然与现实生活共同搏动。但他又不能象作家那样在作品中愤世嫉俗、仗义执言、喜笑怒骂皆成文章，去爆发自己真实的情感和信念。他只能去为客户的商品和服务歌功颂德，在作品中强打笑颜制造快乐、美丽和富有，于是他感到他从来不是作品的主人，而是奴隶。松山君的苦闷实际上是广告的梦幻和生活的现实矛盾，在心灵碰撞的不平衡，或者说是一种社会责任感与灵魂被束缚的压抑的困惑和自责。这样才使他感到自己的悲哀、丑陋和贫困。他的心太沉重。

创意的博大精深，需要生活上的土壤和营养。创意人没有辛酸、痛苦和坎坷的生活磨难和思想升华，是难得创造出独到、深刻的甜蜜、幸福和希望的广告作品。这就是残酷的对立统一规律。温柔乡中的广告才子难有石破惊天之举，作品也会多媚态俗骨，少变化和力度。

我这样评说，决非学道学先生去说教，让广告人去悲天悯人、单枪匹马去拯救灵魂，去铲除邪恶，这些更需要法制与全社会的努力。平心而论，广告人毕竟不同于作家，他不能脱离自己的职业特点和规律去劳作。他常常要为客户创造一个又一个符合销售策略的理想境界，让人们去向往，去追求。无人喝彩他就无法去实现商业行为和自身价值。我只想说，广告人，或者一部分广告人在求功利时，能多求点学问，多心系生活，多些社会责任感，如能得到几分真知灼见、时有顿悟，都是自己真正的拥有，不须喝彩。这些日积月累会助你在创意时点铁成金、顺理成章。另外，广告人要作得堂正，自律，多点松山君的深沉、少点总统先生的潇洒，才不会为小儿的顺口溜面赤。

北京人最喜欢和最讨厌的电视广告

杨红玲　王　冰

据统计，一个美国人平均每天通过视觉接触的广告约560个，但只有约75个能记住。那么中国人呢？虽然没有答案，这方面的监测工作却已起步。

北京，一个个性鲜明的城市，代表着中国大都市风格一种，北京人对广告的喜恶又是怎样呢？

1993年1月20日—22日，我们在北京市区进行了一次电视媒体的入户广告调查。这次调查，为保证既能体现时效性，又具有涵盖面，经过统计专家计算，采用多级混合抽样方法，抽取了600户居民，分布在5个城区，具体情况是：

朝阳区、**海淀区各占**27.7％，**东城区占**11.5％，**宣武区占**10.8％，**崇文区为**7.8％。

由调查员根据随机抽样表入户进行访谈。调查结果经过统计整理发现，北京市民1993年下半年最讨厌的电视广告是：统一方便面（道士篇）15％，营多面（古装篇）8.7％，碧浪洗衣粉3％，燕舞收录机2.3％，镇脑宁1.7％。（注：百分比分母不含缺失值）

市场竞争的白热化，燃起了方便面电视广告的战火。各路好手，出尽奇术高招。统一方便面与营多方便面以其广告与众不同引起了大家注意。但调查中，受访者反映统一方便面广告中的大汉连翻带唱，“太激烈了”，使人“情绪紧张”。至于营多面广告中抽刀动作以及片尾广告口号“营多营多，吃了再说”亦成为众矢之的。带有浓郁南方风味的碧浪广告，在腔调上、表现上，可能因初入京城，一些北京市民心理上与它有点隔阂，因此也跻身于厌恶之列。

那么，北京人又喜欢哪些广告呢？调查的结果是：飘柔12.6％，力士8.2％，潘婷4.4％，碧浪洗衣粉4％，雀巢咖啡3％，营多面2.6％，海飞丝，铁达时1.9％（注：百分比分母不含缺失

值)

飘柔名列榜首,人们对它的制作、解说词、模特赞不绝口,尤其是一肩美丽亮泽的头发飞散的镜头,不少人为之改变了洗发水的牌子。力士依旧用灿烂的星光,迷倒了观众。由此看来,明星拍广告仍有吸引力,只是有了明星不等于就有好的广告,创意制作不得体,会导致事与愿违。碧浪尽管细软软的上海腔,令一些北京人心理上有点隔阂,但其淳朴的生活气息和切实的词语引起不少人买袋试试,用了之后发现“一点没错”,于是在这儿也就毫不吝惜投了一票。许多调查对象对“真真正正,干干净净”一语佩服之至。浓浓的怀旧情绪,周润发的号召力,以及明明白白道出现代人心理的“不在乎天长地久,只在乎曾经拥有”,使北京人品足了过去与现在交融的感怀的美丽。在调查中,多次听到反映“这样题材百看不厌”。看来苦中有甜,甜中带苦的梦幻回忆十分打动人,只是越被注意受到欢迎,人们的期望值就越高,要求也就越挑剔。

从上面的各项百分比中我们发现一些有趣的现象。在喜欢的广告中,碧浪名列第四;在讨厌的广告中又榜上有名,排在第三。经过统计分析发现,喜欢碧浪广告的人中,男女比例几乎各占一半,但在讨厌该广告的人中,女性是男性的2倍。喜欢碧浪的广告的女性,整体讲年龄比讨厌它的女性偏低,文化程度则高一些,本身所具有的地方差异的影响已不太明显,趋于开放化。

由人们对广告的评价,我们可以发现北京人既讲究又实惠。他们喜欢广告的原因,依次是:1、广告的产品经过使用感觉货真价实;2、广告制作精美,构思巧妙,意思明确,一看就明白;3、模特表演自然真实,有人情味;4、画面色彩讲究,情调高雅,视觉效果好;5、广告语打动人;6、模特长的漂亮,招人喜欢(许多人特别强调了飘柔甩头发的动作);7、模特是自己喜欢的明星;8、广告中的孩子可爱。

调查结果显示:抽取样本的男女比例,年龄分布,职业分布,学历分布与北京市第4次人口普查的比例差异很小。

我们在调查监测活动中,由统计专家科学计算,进行样本精选,保证调查的时效性、全面性和精确度。

今后,我们将继续向广告界公布有关监测结果。

走出就CI论CI的误区

傅慧芬

前一时期,中国由南向北,掀起了“CI”热潮。传说这种有关企业或团体标识的理论发源于美国,在日本得到深化。也有人以铁路、邮政为例说明中国早有“CI”的实践。不管它是什么来龙去脉,讲究实际的人们认定它是个建立企业形象的好办法。于是乎,一些人又以包括理念识别、行为识别和视觉识别的日本式“CI”为由,将“CI”捧为包治企业百病的灵丹妙药。于是乎,“CI”的设计被“炒”到了几十万,甚至上百万。

细想一下,事情好象没有那么简单。红极一时的“CI”原本是一种企业或集团的战略行为,它极需连贯和长效;它最容不得让人捧到天上后又被遗忘。而当厂长经理们的职责只是在短暂的任期内实现一定价值和利税的时候,他们“导入”“CI”战略的动机从何而来?即使是那些产权已很明晰,政企已经分开的企业,难道仅靠周全的“CI”战略而无适销对路的产品和营销技巧就能成功吗?“CI”(包括日本管理式“CI”)充其量是企业形象战略,它是企业管理的一部分,而不能代替企业管理的全部。况且,如将这一事关企业内外面貌的战略任务交付几个仅有美工背景的人员去办,结果能否如愿?

所以,现在该给“CI”热泼点儿凉水了。这并不是说不要搞“CI”,而是应降低过高的期望值,减少盲目性。当许多企业还不具备搞管理式“CI”的条件时,他们应先创造条件,而不是一哄而上。再说,时髦的东西不一定是每个企业的当务之急。

实际上,企业形象无不和企业的经营行为息息相关;“CI”的建树应和市场营销有机地结合起来。市场经济中的优秀企业必然是研究和迎合消费者的好手。这类企业在我国一些供过于求的产品市场上正与日俱增。小天鹅洗衣机、上菱冰箱、好孩子童车、关东店百货商场等无不把研究消费者和竞争对手放在经营活动的首位。富魄力床垫的制造者还将用户细分成中年、老年、习于坐床沿者等多个子市场,然后为各子市场研制出需要的产品,加之广告和公关的推动,赢得了消费者称赞和竞争的主动权。老字号梅林成为集团后竞争意识更强,在充分研究消费需求动态的基础上,为自己重新定位。梅林称该集团 90 年代的社会角色为“第一厨房”,以求将各种各样的粗加工食品、半成品送进家庭的“第二厨房”。这一形象何等鲜明,何等亲切!

中国的广告公司在经济体制转轨的过程中大有可为。他们中的强者已在积极地参与客户企业的整体营销活动。正是在市场调研、目标确定、产品定位、包装和名牌设计、广告创作、媒体安排、广告发布、整体促销、效果检验的全过程中,广告公司的创意、谋划和“CI”的设计能力得以充分的施展。山东某一广告公司为了贴近市场,直接承担了从广告到销售的一条龙服务,颇为得心应手,不失为一种有益的尝试。

“CI”并不神秘。不必把“CI”孤立于营销和广告之外,更不应将它拿来标新立异,谋不义之财。

’94 中国广告业

范鲁斌

’94 年我国广告业运行,一派新气象,广告经营继续保持了良好发展势头。广告营业额至年底突破了 200 亿元人民币大关,各项指标再创历史最好水平。广告业的体制改革,正朝着健全与完善,符合市场经济要求,符合国际惯例的方向迈进,成为旧体制向新体制转换的关键一年。

一

’94 年我国改革开放迈出重大步伐,国民经济取得显著成效。良好的经济环境为广告业发展提供了充分而必要的条件。广告业保持了持续发展势头。

1. ’94 年全国广告营业额达到 2002623 万元,较上年的 1340873.6 万元增长 49.4%,为

1990年的8倍，广告营业额较上年净增66亿多元。广告营业额占国民生产总值比重，由1983年0.04%，1990年0.14%，上升至0.457%，比上年的0.392%增长了0.06%。广告营业额中的外汇人民币为45635万元人民币，比上年的31380.3万元上升45.4%。人均广告费由1983年0.227元，1990年2.188元，上升为16.709元，较上年的11.314元上升46.7%，广告从业人员人均年营业额达到48833元，较上年42981元上升13.6%。

专业广告公司与四大媒体的广告营业额均有大幅度增长，其中专业广告公司广告营业额继去年之后，再度名列榜首，达到706013万元，较上年461745.5万元增长52.9%，占年营业总额35.2%。

兼营广告单位广告营业额中，报纸达到505442万元，较上年增长34%，继续保持排名第二；电视达到447600万元，较上年增长52%，名列第三；广播达到49569万元，较上年增长41.8%，排名第四；杂志达到39506万元，较上年增长114.2%，虽名列第五，但却是90年代以来营业额增幅最高的一年。

其它如民航、铁路、体育、文化等广告经、兼营单位广告营业额总和为254493万元，较上年增长65%，是改革以来上升最快的一年。

纵观全国各地，除西藏、青海、宁夏等6个省区之外，全国有24个省、市(直辖)、自治区广告营业额超亿万人民币，其中10个地区超5亿元。北京、广东、上海三省市继续超20亿元人民币，分别达到385202万元、320310万元与296250万元，前10名地区还包括(依序)江苏、浙江、山东、四川、辽宁、福建、湖北7个地区。

2.'94年我国工业保持了高速增长，特别是轻工业增长快于重工业，人民生活得到改善，国内消费品市场繁荣活跃，所有这些既促进广告投入的增长，也构成了广告投入的新格局。'94年生产资料广告投入达370133万元，与上年相比，仅上升3.9%，占年总广告投入的18.5%，是十年来上升幅度最低的一年，与'93年比重26.5%相比下降8%。而生活资料广告投入，由于生活消费品货源充足，购销两旺，市场竞争日趋激烈，工商企业的促销手段多样化，推动了生活资料广告投入与其它广告投入的大幅度上升。生活资料广告投入达到728891万元，较上年增加58.1%，占年广告投入总额36.4%，比'93年上升3%。生活资料广告中食品、药品、家用电器、化妆品广告投入引人注目，分别在年广告投入总额中占10.4%、8.3%、8.1%、7.4%。其它广告投入达903599万元，较上年增长97.8%，占年广告投入总额的45.1%。生活资料与其它广告投入占如此大的比重，为80年代以来之最。

3.'94年在国家产业政策指导下，广告业继续保持比较宽松的环境，不同所有制、不同成份的广告组织进入广告市场，参与经营，各类广告专、兼营单位都有不同程度的发展。兴办广告的热潮，仍然十分红火，致使全国广告经营单位突破4万大关，达到43046家，较上年增长35.5%，净增数11276家，较'93年略低，但仍然不小。全国平均每天有30家广告经营单位开业，而这些新增户，又多集中于广东、北京、上海和一些省市以及专业广告公司方面，使得竞争更趋激化。

'94年专业广告公司达到18375家，较上年增长66.4%，兼营单位中报纸2509家，增长22.1%；杂志3774家，增长13.5%；电视1985家，增长23.6%；广播929家，增长11.4%；其它民航、铁路、文体等单位综合为15474家(包括有线广播519家)，增长19.9%。从上述情况看，兼营广告单位增长幅度平稳，而专业广告公司增幅迅猛，这也是推行广告代理制后的新气象。

随着广告经营单位的增加，也带动了广告从业人员的增加，到'94年底，全国广告从业人员达到410094人，比上年净增98127人，增长31.5%，尤以专业广告公司为人员增幅之冠，人数达 219791，比上年增加 76607 人，增幅为 53.5%。

从全国各地区看，广告经营单位与从业人员最多的属广东省，达 5832 家，52057 人。综上所述，近两年来是我国广告经营单位和从业人员发展最迅猛的两年，这股热潮主要还是源于我国的巨大市场，因此它也必然吸收着海外广告公司接踵而来，涉足中国广告市场。'92 年合资企业仅 98 家，'93 年达到 280 家，而'94 年又上升为 558 家，它预示着我国的广告业将面临一种新的挑战，未来广告市场的竞争将越趋激烈，而竞争的结果必将加速促进我国广告业水平的提高。据萨奇公司估计，以美元计算：'93 年将上升到第 13 位。活尔特·汤普林公司中国业务负责人罗思·克罗米认为中国已经是世界第二、第三广告大市场。因此国际广告业对中国广告市场的关注也就不足为怪了。

二

'94 年我国广告业的发展，不仅表现在量的增长上，而且也表现在质的变化与提高上。当今的电视、广播、报刊、招贴、路牌、橱窗、霓虹灯及灯箱等各种广告宣传，在树立企业形象和拓展品牌地位上都有了新的创意，充分显示了我国广告业正在向深层次方面迈进。纵观'94 年广告市场竞争激烈非凡，千姿百态，概括最显著的热点有：

1.'94 年广告大战铺天盖地异常激烈，追新求异，以轰动效应去广揽受众成为一大热点。现在，形形色色广告开始转换时空，扩大载体，不再仅限于常规的报刊、电视，而以更新的形式向受众渗透。"春兰"在南京长江大桥南堡西侧高层建筑上立起我国最大的霓虹灯广告；重庆也在嘉陵江与长江的交汇处，树起了一块面积达 $1300m^2$ 的巨型广告牌；"莱州特曲"独家买断山东省广播电台经济台 95 年 5 月 18 日全天广告权，成为舆论热点；等等。

'94 年这种不惜巨资进行广告投入，追求轰动效应的广告活动在各地频频出现，形成'94 年一大热点。这类广告当然是以企业经济实力为基础的，不是一般中小企业所能做到，但确已成为我国企业发展变化的写照。

2.'94 年广告业可说是在竞争中学习竞争，而其热点则是策划，以智谋取胜成为一种诀窍，把广告推向一个新境界。成功的策划、全新的创意，往往花费不大，却取得事半功倍的效果，而且比较符合中小企业的经济状况，由于各个企业都在寻求新创意，新点子上下功夫，而形成一个以创新为热点的高潮。

3.'94 年有越来越多的企业用企业文化包装自己与品牌。导入"CI"已经成为一种时尚，在广告行业形成一个新热点。这既来源于许多导入"CI"的企业实践硕果的推动，也是市场经济发展的必然产物。'94 年已有上百家的"CI"设计机构，形成多姿多彩，水平日益提高的"CI"服务领域，不少企业通过导入"CI"而赢得效益，造就了一批名牌和明星企业，而最值得一提的就是上海正广和饮料厂导入"CI"重新包装自己，重塑企业形象，并开展的一系列营销活动，此一活动产生了巨大的社会影响，成为'94 年"CI"导入典型之一。随着我国经济不断发展，商品差异正在逐步缩小，精明的企业家已认识到，必须全方位地推销企业和品牌的形象，以强化企业之间的差异，以赢得更多"上帝"的偏爱。

4.'94 年广告市场的拓展，面向农村乡镇辐射，乡镇广告进入媒体，是广告业的一大新热点。目前我国农村非农业产值已经超过农业总产值，农村工业产值已占全国工业总产值三分之一左右。农民收入相应提高，需求不断增长，我国有 8 亿以上人口的农村乡镇消费市场，给广告业发展带来宽阔的天地。同时，随着农业科技的推广，农副业的生产发生了深刻的变革，农副业的增长成果要扩散，乡镇企业产品也要找市场。因此，广告宣传进入农村市场，乡镇企业广告进入媒体，也是客观形势发展的必然。

5.'94 年最大的热点，是行业实施前所未有的，规模巨大的培训广告人工程。'93 和'94 两年，差不多每年增加的广告经营单位和从业人员就相当于广告业恢复以来前 10 年的总和。大量非专业人员涌入广告行业，致使行业管理、经营和专业素质水平的下降，特别是广告策划、创意人员的匮乏的矛盾更加突出，已成为行业正常发展的"瓶颈"，广告行业专业化、现代化受到制约。而要将广告业发展成为真正的高新技术服务行业，广告人的素质是第 1 位的，虽然国家教育部门已把为广告业培养输送正规化专业人材列入日程，全国已有 18 所院校开办了广告专业，今后将每年为广告业输送一定数量的专业人员。但是，与庞大的行业需求相比，仍然是微乎其微。'94 年，一个由国家工商行政管理局与中央电视台合作，经过'93 年的统筹安排，组织了有专家、学者、教授、广告界老前辈担任讲授辅导，函授与电视播出相结合的"广告专业技术岗位培训班"，于'94 年初在全国范围内进行，学员学习合格结业后，将由国家工商行政管理局人事教育司颁发结业证，今后凡要获得广告经营许可的单位，都必须有 50%人员通过这项专业学习和考核，这一举措，不仅使我国现有广告经营单位素质水平明显提高，也使我国广告业今后发展保持在一定的技术水平上，这项工程将于'95 年初完成，成为我国广告史上最大一次投资。

三

'94 年我国的广告体制改革，正朝着建立与完善符合市场经济，走向法制化、专业化，向符合国际惯例的经营、管理体制迈进，成为旧体制向新体制转换，并向国际化靠拢的一年。

1.'94 年 10 月 27 日第八届全国人大第十次会议上审议通过《中华人民共和国广告法》，并于'95 年 2 月 1 日实施，这是一部规范我国广告活动，加强广告管理的重要法律武器，是我国有史以来第一部广告大法，它的颁布实施，标志着我国社会主义市场经济法律体系的建设又跨出了重要一步，我国的广告活动将进一步迈向法制管理的轨道。

自《广告法》公布之日起，为了依法规范广告活动，净化广告环境，作好实施前的准备工作，整个广告行业都在积极行动，利用实施前短暂的三个月，以高昂的热情，进行边学习，边联系实际，对现有广告进行审查、审议，我国的广告业将以一个新的面貌展现在人们面前。

2.'94 年我国广告业趋向成熟，最重要的标志是广告代理制自'93 年 10 月开始试点以后，至'94 年逐步在全国范围内铺开，广告客户、广告媒体、广告公司之间的关系得到调整，开始理顺，向国际化靠拢。广告事先审查制也在顺利推行。两制的实施，是我国广告业发展到新的历史阶段的必然，也是市场经济的客观需要，但实施两制在我国广告界毕竟是一件新事物，对过去习惯了的作法要有重大变革，由此所带来的机遇、阵痛、挑战，对广告客户、媒体、广告公司都是相同的。

推行广告代理制，无疑给广告公司创造了有利外部条件，受到广告公司普遍欢迎，但是赋予广告公司的并非全是机遇与收益，更沉重的则是责任，最大的挑战也在广告公司自身。一年来实施证明，广告公司的机遇，还是在公司内部自我能力的完善与提高，开展深入调查，进行全面策划和精湛的设计制作，提供全面优质服务，理应是广告公司的强项。但由于体制与历史原因，大部分广告公司是强项不强，力不从心，两制的实施，就迫使广告公司加速经营机制的调整与改革，尽快完善自己的代理能力，有效地推动了广告公司素质的提高。当然也有一些公司面临优胜劣汰的巨痛，这是市场经济发展的规律，不以人的意志为转移。

广告代理制的实施，最大受益者应是广告客户。一年来的实施，使许多广告客户广告意识得到增强，素质得到提高。

过去，我国的广告媒体，凭借自身独特的优势，顺理成章的长期统占了广告经营承揽和发布的垄断地位。既制约了广告公司的中枢作用，也不利于与国际接轨。'94 年代理制实行初期，不少媒介产生一些疑虑，经过一段时间的实践，两制逐步得到广大媒体单位的理解和认同，代理制的实施也使媒体单位可以腾出手来，改进广告发布效果和有关工作。据了解目前中央电视台、北京电视台已有 80%左右的广告是通过代理的，人民日报也达到 50—60%，其它地区媒体所播发的广告通过代理的也日益增加，而一些有市场调研与策划能力的广告公司代理业务显著增长。广告客户、广告媒介、广告公司的协作关系得到了改善。

3.'94 年还有两项大工程开始启动，一项是由国家工商行政管理局与中国企业评价协会联合进行的首届中国广告公司评价（即综合实力排序和广告营业额排序），经过 8 个多月的工作，于'94 年 6 月 8 日在北京揭晓。这是以'92 年的数据为基础，参照国际惯例和我国广告公司及广告业实际情况进行的，据悉今后将继续评价。上海广告公司和珠海经济特区东方广告公司分别名列中国广告公司 50 家实力排序和 50 家营业额排序的首位。此次评价，不仅反映了'92 年我国主要广告公司的规模，而且综合了广告公司的经济实力、人员实力、媒介购买力以及客户实力进行的，勾划了广告公司的规模水平，揭示了我国广告公司的发展状况，也为企事业单位、广告客户、媒体提供选择的参谋，有利于广告代理制的进一步铺开和推行。

另一项则是由国家工商行政管理局广告监督管理司委托中国人民大学现代广告研究中心，北京新大陆、南通大众两家广告公司设计组织，得到江苏东台宏达毛线总厂协助，通过《中国广播报》进行"我与广告——公众广告意识调查"。调查项目包括：对广告感受与关注程度以及评说，对媒体兴趣，对广告人的态度……等等。在所列举的十类广告中，信息程度最高者为医疗器械 89%，其次家用电器 85.7%，加工服务 74%，而'94 年广告投入最多的，与人民群众身心健康有直接关联的食品、药品、化妆品广告，信任程度却不尽理想，只分别为 67.3%、54%、42.5%，反映出广告内容虚假夸大情况仍然存在，很值得我们广告界高度重视。从这次调查情况看，被调查公众对广告业寄予厚望，认为广告行业需要知识、技术、人材，并认为不是人人都能搞广告，广告从业人员需要具备扎实的专业知识，富有想象力与创造性以及艺术方面素质，特别是应具有良好的职业道德和法律意识，这就给广告从业人员提出了较高的要求和标准。

以上两项工作，连同由国家工商行政管理局广告监督管理司主持编辑的《1983—1993 年中国广告统计资料》，一并成为推行两制的依据，它也从侧面反映国家广告管理机构通过机制改革，不仅广告管理监督工作得到进一步加强，而且面向基层的服务性工作也在逐步改善。

4.'94 年 11 月召开了中国广告协会第四届全国会员代表大会，应时代要求，中广协经过三年的酝酿，向大会提出了一系列改革方案，经大会 300 余名代表讨论通过，迈出了具有历史意义的一步。会议修改了协会章程，改选了新的一届理事会和新的领导机构及成员，中国广告协会将在新一届理事会领导下，进一步加强行业自律，提高行业的职业道德，配合政府大力宣传《广告法》，加强行业的监督和管理，最大程度的遏制虚假广告和不正当竞争行为，推动中国广告业沿着健康有序的方向发展。会后将按照改革方案，加强协会办事机构与改进队伍建设，强化行业组织职能与行业自律规范，逐步建立起一整套共享服务体系，为广告行业的发展提供人员培训、信息咨询、技术推广等服务性保障，给会员单位以实质性帮助。从而使中国广告协会成为一个在中国广告业中真正具有权威性和凝聚力的、适应社会主义市场经济和政府职能转变要求的现代化行业组织。同时，还要直接吸收一批有规模、有经验的单位为中广协会员，以便通过他们规范化的经验、高质量的服务，带动整个广告业走向新的发展阶段。这次中广协代表大会，结合政府职能转变，在改革方面作出积极的探索，朝着真正把市场中介组织办成为市场主体服务的自律民间机构方向迈出一大步，它必将把中广协工作推向一个新的阶段。

总之，'94 年过去了，这一年是我国广告业乘胜前进，加速改革，加快发展的一年，为了适应改革、开放、搞活的需要，继续发展，我们这一代广告人，必将在新的一年锐意进取，再创辉煌。

广告学术论文选登

跨世纪广告的发展趋势及对应的关键词

傅汉章

跨世纪，已不是遥远的未来。此处所指的跨世纪，是指未来的10年，特别是90年代后半期的5年。当今，世界政治、经济、社会形势处在一个大变动、大改革时期，广告与这些变化具有连动性，它既对社会经济发展起润滑剂作用，也受经济变化的影响。与其被动适应，不如未雨绸缪。

一、广告业的集团化、国际化的兴起

80年代以来，世界经济结构产生重大变化，世界市场上发达国家跨国兼并浪潮有新的发展，世界资本在争夺世界商品市场和投资市场，争夺世界物资和人力资源，世界经济结构出现了投资分散化与经营全球化的明显特点。传统的企业兼并观念也不断被冲击，在当今的企业兼并浪潮中，虽然仍有传统的"大鱼吃小鱼"、"小鱼吃小虾"的现象，但更具特点的是"大鱼吃大鱼"、甚或是"小鱼吃大鱼"的兼并，只要甲企业较乙企业为优，便有兼并乙企业的可能。

世界广告业也在经历着一场剧烈的变革。麦迪逊大街(MADISON AVENUE)的衰败，反映出当今广告业的变化特点。许多广告公司目前或是亏损，或是负债累累，萨特奇广告公司的股票1991年每股售价17.38美元，近年曾跌至7美元；WPP广告公司的股票3年前每股售价24美元，也曾一度跌至3美元(注1)。据ADAGE公司调查统计，1991年广告公司营业额，东京居首位，第一次超过纽约。在世界大型广告代理公司的排序上，从90年代初起发生不断变化，许多名不见经传的公司跻身前10名之中。这种变化意味着什么？日本广告学者植田正也认为：这意味着一个国际广告业超级垄断集团时代的到来。其特点：一是整个欧美广告市场为6个超级集团所瓜分；二是许多老牌广告公司被吸收进垄断集团之中。此外，还意味着在大变革中，优胜劣汰在急速发展。正如梅斯纳广告公司资深创始人鲍勃·施梅特雷所说："广告公司的传统结构是个极大的错误，广告业偏离了客户最需要的东西——提供创造性销售方式"。不适应时代的变化，不为客户所需服务，任何企业都会在变革中被淘汰。

我国广告业起点低、发展快。近二年的广告营业额在成倍增长，广告经营户数直线上升，京、津、沪、穗等大城市几乎每天都有一至二家广告企业在开张营业，其中私营企业增长尤快。

这种百舸竞航局面，有利于我国广告业向成熟阶段的过渡。但是，这种“小型化”、“分散化”倾向，是不适应市场经济发展要求的，也不适应“经济全球化”的形势，而在进入90年代中期的今天，外国广告商已接踵而至，目前已有50多家外国代理商在市场上展开竞争，而我们整个产业还处于“群龙无首”的状态，没有产生具有集中人才、资本、规模优势并能提供整体服务的大型的代理公司，这对参与国际市场竞争，促进市场经济的发展是相当不利的。

竞争激烈，优胜劣汰加速，群星要有月亮，发展集团化、国际化的广告代理公司，是跨世纪广告的趋势与要求。

二、跨世纪广告新观念的革命

随着市场经济的发展，企业广告意识的加强，消费观念的变化，广告业经营理念应有新的突破，这是时代发展的要求，而不是某个人臆想出来的。

1. 广告是为消费者的需要服务而存在的

传统的观念是，广告的第一目的就是推销商品，塑造企业与品牌形象。从这一理念出发，广告必然起“硬着陆”作用，即对消费者运用高压式的硬推销手法，广告人与广告主携手对消费人施加影响，而现代企业营销哲学则强调：“企业是地球的公民”，“企业是社会一员，是社会的组成部分”，将企业与社会紧密结合起来。广告应反映企业的这一经营理念，具有对社会负责，对消费者负责的精神。美国通用信用卡公司负责广告宣传的副总裁詹姆斯·德罗齐埃认为：广告公司不要忘记，“它们首先是为用户服务的”。为用户（消费者）服务，也就是为你的客户服务。

广告，是企业与社会沟通的一种手段，是为消费者的需要服务而存在的。

2. 广告是对人生有益的信息传递

传统的广告诉求，早期是为消费大众提供有益的商品情报，80年代进而为消费大众提供有益的生活情报。长期以来，广告诉求强调的是，提供信息，诱发需求，刺激购买。总的说，强调的是生活，如何满足人的生活需要。未来广告诉求强调的是人生。此处所说的“人生”，其含义比“生活”更广、更深，它既包括生活、生活方式，也包括人生价值观念、社会责任、处事原则等。市场营销观念已向前发展，广告诉求观念不应原地不动。著名市场学家菲力普·科特勒教授在其《市场营销管理》第8版最新修订本中，强调了营销者按道德和社会责任心开展经营活动的极端重要性。并对关系营销、社会责任营销、口碑营销、价值追加营销等，提出新的要求。

与上述相关，传统的广告热衷于创牌子，似乎牌子知名度高了，商品就能卖出去。这种号子式的创牌宣传，其实给受众只是一个模糊的、笼统的概念。实际上厂牌是一个复杂的符号，按科特勒新著所说：厂牌具有6层意思，即产品的属性、产品的利益、产品的价值、产品代表的文化、产品代表的性格和产品的使用者。当消费者能想象到所有这6个方面意思时，才是真实的、具有深意的厂牌，否则就是浅薄的厂牌。过去一般广告所宣传的厂牌，多是一些浅薄的厂牌。当然，深意的厂牌，不可能在一则广告中都能包括的。

广告，焦点在人，人比物更能感动人。人是有思维的，具有人格化的人。

3. 分众化的生产与经销，冲击着广告业的陈旧结构

美国未来学家托夫勒在其新著中提出了第三次浪潮的冲击理论。他认为，第二次浪潮经济体系最大特点是大批量生产；第三次浪潮的革命性特点是，大批量生产已越来越过时，未来将是市场区隔越来越小的世纪。生产的分众化，产品的多样化，经销与传播多头化，这一切将会使经济体系发生大的革命。广告作为整体经济体系一个组成部分，也会受到巨大冲击。剧变中的

美国广告业反映了时代变化，许多大广告公司过去行之有效的作法已趋于陈旧，公司的传统结构已不适应，而一些具有创新精神，精干灵活，能满足客户各种需求的公司，则呈现生机。

长期以来，在欧美广告业中作为广告代理制经营基础的“一对一”原则和“AE 制”的崩溃，也可说明这一浪潮的冲击。所谓“一对一”(one company one agency system)，是指广告公司在代理业务时，在一个行业中只能为一个客户作代理，而不能作多头代理。所谓“AE”制(Account Executive)，是指广告公司执行广告业务的具体负责人，多数实行一个商品一个 AE。AE 既是这一商品广告组织实施的负责人，也是广告主企业的代表。这种代理制度在近几年已受到严重挑战，在经济形势变革的大潮下，已逐渐走向崩溃。

广告经营企业，死守原来的做法，不创新，不进取，最终会为变革浪潮所淹没。

三、广告“均质化”“一体化”的衰落，“地方化”“个性化”充满活力

广告，特别是国际性广告，实行统一的广告宣传是否可行，有近 30 年的争论。肯定者认为，广告的“均质化”与“一体化”，不仅有利于节约经费，统一形象，有利于跨国、跨地贸易的联贯性，同时还由于消费者口味一致性的提高，宣传工具相似性增加，统一的广告手段是可能的；否定者认为，各地贫富差异，文化不同，各国政府政策制度不同，使用统一化手段进行广告诉求是不可取的。

广告是适应市场的需要而存在和发展的，市场的变化也必然影响广告。近年来，由于消费需求逐步由共性向个性发展，产品生命周期的缩短，新产品日新月异，客观上要求广告宣传要适应这一变化，广告表现应是越来越细腻，面向不同消费阶层心理需求。日本《广告》杂志载文指出：无论从价值观、还是从经济状态，或是从地域差上来看，均质化、一体化的时代要结束了。广告传播的使用方式、广告的表现应是越加细腻，没有独创性将难以产生真正的活力。这是 90 年代广告关键之一。欧美的一些广告学专家也认为：广告的统一性，只适合于在经济、文化、法律相近的国家，但这只是指广告内容的统一，而广告形式是很难统一的。不论是否实行统一化广告策略，统一化的前提条件是一致性，即消费者口味一致，广告传播工具一致，各地经济特征一致，消费习惯一致，广告管理法令一致，否则，统一化广告的风险极大。

广告要个性化，这对大多数广告人来说是没有异议的。但什么是个性化？如何个性化？这里误区不少。一是产品个性，理应来自产品本身，可是一些广告作品并不如此，而是看潮流与消费者的喜爱，硬将产品套上去，把产品个性变成随机应变的虚无东西；另一是反映在当前热点 CI 上，CI 设计在本质上是企业理念的一种外在表现，个性化是企业识别的生命源。但现在不少 CI 设计只注意了 CI 系统中各要素的统一性与规范性，而忽视 CI 的个性化，这就使企业缺乏识别力与个性传达力。如果误导 CI，扭曲企业形象，其后果就不可收拾了。

广告，应是着眼世界，因地制宜，个性化最能吸引消费者，创造时代将为战略竞争时代所代替。

四、多元媒介的应用，非传统媒介迅速发展

进入 90 年代以后，在通货膨胀的影响下，企业经营成本日益增加，资金周转困难，而传统媒介费用越来越高，往往在通胀之上，这就给公司或企业造成难以应付的压力。解决办法无非是开源与节流，这就使广告主更多地考虑选择费用低、形式新颖、见效快、口碑好、易于与各种

战略性手段结合的促销手段，非传统媒介也就应运而生。目前运用较多的如直销广告、策略性推广、零售点促销活动、购买陈列宣传橱窗或位置、赞助各种公益或群众性活动、电话或电视订购、免费提供广告录音或录象带等等。据美国近来调查，企业所花的广告宣传费中，每100元，就有62元用在非传统媒介上。我国情况类似，传统媒介的营业额绝对数是增长的，但与非传统媒介或非媒介相对增长率是下降的。此种趋势在跨世纪广告中还会有所发展。

从多媒介运用的特点看出，企业对广告的认识已趋向成熟，从要不要登广告，发展到我要登广告，再进一步要求广告要有效果。那么，当前广告效果究竟如何，受众对广告的认同如何，近期广州地区的一次抽样调查(注2)，其结果是值得注意的。

1. 在影响购买商品的信息源调查中，其结果按顺序是(%)：

电视广告 56.4　　货比三家 48.5

口碑影响 42.9　　报纸广告 33.4

广播广告 11.2　　模仿别人 10.2

路牌广告 8.4　　杂志广告 6.9

2. 在对7大类商品购买时受广告影响度(含有影响和一般影响)调查中，其结果按顺序是(%)：

家电类 50.5　　药品类 44.9

日用品类 33.7　　首饰类 32.4

饮料类 28.6　　食品类 28.6

服装类 23.2

以上商品的平均影响度为34.5%

3. 在对5种媒体的接触度(含经常接触与较多接触)、好感度(含好感与比较好感)的调查(均与1988年对比)其结果如下表：

项目＼媒体		电视广告	报纸广告	杂志广告	广播广告	路牌广告
接触度	88年	42.5	19.5	1.0	6.8	2.5
	93年	50.6	48.2	18.9	27.0	35.2
好感度	88年	78.3	14.8	1.5	1.5	4.3
	93年	28.0	31.4	18.4	13.5	18.6

从调查结果看出，有以下3点值得注意的：

1. 广州消费者因受广告影响而购买的7类商品平均影响度不到35%，比其他广告发达国家和地区的影响度低。其中电视广告影响为最大，消费者到购买现场比较选择以及受口碑影响，分别占第二和第三位。以上可见，消费者对广告的有效信息传递认为是不够的，信任度是不高的。

2. 在7大类商品中，受广告影响而购买的以家电类和药品类最高，其原因是这两类商品新产品多、功能与效用复杂，选择性强，消费者要通过广告了解更多的产品信息。

3. 电视广告在5类媒体中接触度最高，但对其好感度则下跌很多(1993年与1988年比较)，并低于报纸广告。究其原因，反应较多的是：①杂乱无章，不知所云；②华而不实，印象浅薄;③不知我心,所想不同。从总体看,5 种媒体的好感度都不高,最高的报纸广告也不过是 31.4%而已。

广告,多媒介的出现,是市场经济发展的必然。广告的信任度与认同度将是广告效果测定的头等重要指标。

五、高科技发展给广告产生巨大冲击

70 年代末 80 年代初,广告只要能强调产品的特色,说明其优异之处,便是有效广告;80 年代末及 90 年代初,由于市场竞争更激烈,产品趋向同质化,情感性消费突出,广告要为企业导入 CI,实施战略性竞争宣传。90 年代后期及跨世纪,在面对高科技和信息高速发展时代,广告将怎么办?

高科技的发展,特别是信息高速公路的建设和多媒体产品生产,将对全球形成一个难以预测的巨大市场。到 2007 年,美国的国内生产总值将因信息高速公路通车而增加 3210 亿美元;西欧国家正在研究将各国的光纤及卫星网络连在一起;亚洲及拉美各国也想方设法登上这趟车,日本正在加紧建设光纤网络,新加坡已宣布在 2000 年初步建成信息高速公路,我国也在研究和注视其发展。这些变化,将会充分调动人类各种资源,增加国际交流效率,使生产、销售、以及人们的工作、生活方式的传统观念带来巨大冲击,对广告业将产生直接的、明显的影响。

信息高速公路会给人们带来更多方便的多媒体技术,只要有需要,就可在办公室或家庭通过屏幕调出所需要的资料,了解来龙去脉。目前过渡性使用的有线电视广播,最终将可接收或发送彩色活动图象的综合服务通讯网,这是一种无商店销售,具有灵活的广告宣传特点,在家庭的显示终端上就可以很容易接收电影、录象或广告宣传片。多媒体时代的出现,会大大冲击当前的媒体结构。

未来的市场,将是大批量生产时代的结束,市场区隔愈来愈小、促成产品多样化,销售灵活化,各类专卖店、精品店、超级商场、家庭电视采购系统、电话采购系统、以及其他的系统,为生产者提供越来越多的销售渠道,广告宣传费用支出必然呈现分散化状态。

企业将会运用高科技与策略性推广结合以进行市场促销。如在百货公司、超级市场的每个柜台前、购物手推车上、装上电脑及荧光屏,不断显示商品的形状、特点、功能、价格,提示选购什么商品。旅游与餐饮业可以通过电子功能,不断显示旅游路线风景,在餐桌上可以了解各种菜肴的形状、份量、价格、营养价值,点菜方便,迅速准确。后者目前在我国珠海市已在试用。

在目前情况下,现代科技的进步,也已促使我国广告业不断变革。现代彩色胶印技术,使得印制广告美仑美奂;大屏幕液晶显示技术使广告设计更鲜艳动人,效果更佳;广告路牌采用不粘胶贴大幅照片,使路牌更清晰、耐久。

新技术必将促进广告企业的科学管理。对外可储存和处理客户资料、市场资料等;对内用于财务、合同、人事、媒介等项管理工作。

广告,在高科技推动下,将会是媒介更多,容量更大,速度更快,形式更新颖,内容更具体,对象更细分,管理更科学。

六、广告经营管理人员的跨世纪交替

未来学家托夫勒新近认为:今天,由于市场、科技及消费者需求都变动迅速,企业承受着来自四面八方的压力，大统一的、层次分明的组织模式已面临淘汰，企业需要一个全新的再造工程。未来广告经营管理人才的素质、要求和结构也将会发生变化。

跨世纪交替过程，也正是许多大型跨国广告企业上层管理新老交替的过程。许多广告公司的老总裁，是公司的创建者，创业艰难，多视公司为己命，对广告业具有深厚的感情，是纯粹的广告人。新任总裁多数不是纯粹广告人，他们毕业于名牌大学，获得经济类或管理类硕士学位，具有市场营销与财务管理等高等专业知识，在经营运作上比较重视投资收益的回报，是一个处于“战略竞争时代”舞台的角色，更具应变能力与竞争能力，能着力推行全新创意。

多面手的广告人，将会受到广告主企业和广告企业的欢迎。广告企业的经营管理人员、设计制作人员，都应具有现代广告理论的基础知识，市场调查与专题研究的能力，善于运用媒介，善于制订广告策略和了解形象设计。当然，内部分工依然存在，但分工界线已不那么严格，层次不再那么分明。

由于企业中的基层人员专业水平的提高，高科技与企业经营运作的结合，企业中的中层管理人员将会减少，金字塔式的管理结构将会发生变化。

广告市场的竞争是日趋激烈的，竞争的焦点是什么？如果说，5 年前的竞争焦点是“拉客户”，谁拉得多，谁就发展；近 5 年的竞争焦点是“创意”，谁的创意新、有突破，谁就得到客户好评；明天——跨世纪的时期，竞争的焦点是什么？明天的竞争焦点将是战略设计的竞争，谁能为广告客户提供最高的市场推广意念，从政治的、社会的、技术的综合处理上为客户提供全方位服务，谁就是明天出色的广告代理公司。

广告市场竞争，归根到底是人才竞争。兵要精，薪酬要高，知识要扎实，技能要全面。

迎接广告为市场营销服务的新时代

傅慧芬

改革开放 16 年来，中国的广告业蓬勃发展，成绩斐然。1993 年，广告费较前年又成倍增长，达 134 亿元；从业人员已过 30 万①。由于改革的深入、经济体制的逐步转换和经济高速增长，90 年代的中国广告在数量和质量上较 80 年代初有了飞跃。要使它持续健康地发展，还有待于企业界和广告界不断更新对环境和市场的认识。

一、广告和市场营销观念

作为商品经济的产物，广告是由一个个企业发起的促销活动，因此它是以企业为本位，以市场为导向的，最适用于以竞争为发展动力的成熟的市场经济。发达国家的经验告诉我们，每当广告主企业采取“市场营销观念”这一经营宗旨的时候，广告就会受到足够的重视。如果其代理广告公司同样坚持这一宗旨，广告的成功就有了基本保障。但是市场营销观念不是一朝一夕形成的。

时下，建设社会主义市场经济体制的宏伟工程已经在全国铺开，“营销”一词几乎家喻户晓。不过，许多人把销售或促销当作了营销。例如，报上常有类似这样的标题或词句："赞科技人员跑营销"，"……开展以产品质量、服务、包装、价格、营销为内容的全方位的竞争"，等等。而市场营销指的是企业对产品或服务的设计、定价、分销及促销诸方面的统筹策划和实施过程；促销只是其中的一方面。市场营销也是通过交换满足人们需求和欲望的过程，因而它的起点是市场，而不是工厂。在市场营销观念指导下的企业以顾客为中心，致力于通过满足买方需要而赢利。

这一观念听起来象道德说教，而事实上却是历史沿革的必然。市场营销学的发源地美国经过几十年的变化才产生这一观念和学说。美国在本世纪20年代以前是一个产品种类不多，供不应求的卖方市场。谁能大量生产，降低成本，从而使价格吻合消费者购买力，谁就客户盈门，订单不断。所以当时盛行以生产为中心的"生产观念"。以后，随着需求的多样化，产品种类逐渐丰富。一些厂商注重产品质量和特性，但一时的成功使他们误认为"好酒不怕巷子深"，形成了"产品观念"。他们不注意和消费者沟通，忽视需求变化。30年代以产品过剩为特征的经济危机迫使企业千方百计地将积压的产品推销出去，"推销观念"风行一时，但仍然不能挽救众多企业的命运。二次大战刺激了美国的经济，50年代的美国市场，产品极大地丰富起来。尽管消费者的购买力大大增强，仍然接纳不了过多的供应，造成了买方市场。当时的制造商吸取了30年代的教训，认识到及时辨认需求，以销定产的重要性。只到此时，"市场营销观念"才应运而生。四十年来，许许多多的企业在这一观念的指导下狭路逢生，在市场之海乘风破浪。

市场营销观念也流传到五湖四海，流传到实行市场经济体制的国家。但是由于这一观念是特定市场经济水平的产物，不到"火候"还不易被人接受。我国自70年代末、80年代初起就开始引进市场营销学。可在过去的很多年里，营销观念仅仅停留在课堂教学中；对企业来说，它简直是"天方夜谈"

80年代初、中期，处于改革开放之初的中国，所有制成份单一，计划经济仍占主导地位。产品供不应求，人们的注意力自然还在扩大生产和增加生产上。80年代末，改革向纵深发展。大量引进外资，乡镇企业异军突起，所有制成份多元化，经济实体大量增加。这些变化促进了商品经济迅速发展，产品种类和花色大大增加。有的企业满足于产品的某些优点及一时的成功，不搞调研，不改进产品，不作宣传，坚持"皇帝的女儿不怕嫁"的"产品观念"。还有的企业奉行"生产观念"，一哄而上生产热门产品（如白酒、电子琴、彩色电视机等），导致供过于求。当它们因产品不符需求碰了壁后，转而捡起"推销观念"，千方百计使现有产品脱手。于是营业推广等促销手段受到空前的重视。尤其是到了91、92年，有奖销售成风。然而，夹杂着欺骗和愚弄的种种物质刺激最终以消费者的怨恨、耻笑和一些企业的惨败而告终。事实上，也有相当一些企业已经在实践中逐渐体验到了"市场营销观念"是唯一的出路。

二、市场营销时代正在到来

1992年，党的十四大确定建立社会主义市场经济的目标以来，改革步伐加快。随着价格、工资、财税、外汇并轨等重大改革的实行，经济建设突飞猛进。可以说，市场经济机制正在形成，市场营销观念普及的市场营销时代正在到来。

1. 宏观环境

首先，我国经济繁荣，人民生活水平迅速提高，正在形成一个购买力较强的市场。理由是：1. 我国经济增长连续两年世界第一，1993年国内生产总值比上年增长13.4%。1994年计划增长 9%②。 2. 城乡居民收入来源已呈多元化的格局。扣除物价上涨因素，93 年我国城镇居民人均生活费收入增长 10.2%，农村居民人均纯收入增加 3.2%③。根据国家统计局的新近调查，94 年一季度全国城乡居民月人均生活费收入 261 元。扣除涨价因素，比上年同期实际增长 7.7%；农村居民人均季度现金收入 311 元，比去年同期实际增长 14%④。93 年年末工资改革之后，职工收入大幅上升。以北京地区为例，据说工资上涨后职工收入增加 51%，职工人均年收入可能已从 92 年的 3,100 元⑤增至 4,681 元。3. 截止 93 年年末，全国城乡居民储蓄存款余额 14764 亿元，增长 28%⑥。4. 93 年全国社会消费品零售总额扣除价格因素增长 11.6%⑦。

城乡居民消费模式变化加快，趋向高层化，多元化。生活费支出的恩格尔系数(即购买食品的支出比例)正在缩小；衣着、仪表、教育、居室装修、购房基金、旅游娱乐、社交支出等花费正在迅速增加。同时，许多人参与股票、债券等投资活动。这说明，基本生活以外的个人可支配收入明显增加。不少工薪家庭已经购买或将要购买国家政策规定的优惠房；高薪阶层家庭纷纷购买高价商品房。由中国服装协会、中国社会调查事务所在 74 个城市进行的调查表明，93 年城市商品成衣率已达 75.5%，服装在消费者选择个人收入投放顺序上位列第三，仅次于存款和投资。城市居民的消费观念变化较快，对服装的需求已从实用化转向个性化、多层次的阶段⑧。外出旅游的人数也年年增加。92 年仅出境旅游人数就达 293 万，93 年估计已突破 300 万。除香港、新加坡、泰国等东南亚地区外，中国旅游团已开始向澳洲、欧美国家挺进⑨。

随着购买力的快速增强，消费热点也不断变化。经过 1979—1984 年以日用消费品为热点的第一次消费热潮、1984—1991 年以耐用消费品为热点的第二次热潮后，日用消费品不再出现集中购买的高潮，城镇居民的主要家电商品(如彩电、冰箱、洗衣机等)的拥有量已达饱和程度。消费热点正逐步转移到购买录像机、空调器以及安装电话上。

我国居民的生活基本设施大大改善，有利于消费者增加购买。1978 年时，城镇居民人均居住面积为 3.6 平方米，91 年增加到 6.9 平方米⑩，93 年已达 7.2 平方米⑪。北京市计划到 97 年末，全市人均居住使用面积将由目前的 8.3 平方米增加到 14 平方米⑫。此外，城乡住宅电话迅速增加，为商品信息的流通、促销的发展、购物之便利提供了重要的条件。由于电话门数的增加，91 年以来全国已有近 1400 个电话网升位。至今已有 24 个城市的电话网升至七位；大多数发达县市已升至六位⑬。

居民收入和消费档次正在拉开，高消费的出现有利于引导和带动各层次的消费，给细分市场和目标营销创造了条件。据“零点调查”93 年所做的调查，京、津、沪三市家庭月收入低于、相当于和高于 800 元的分别为 50%、24.8%和 23%。与此相应的家庭月支出最高的达 5000 元，最低的不到 200 元。⑭1991 年时，银行储蓄的 40%集中在 5—6%的家庭⑮。据说到了 1992 年 6 月，占全国人口 3%的高收入户的储蓄存款为 2932 亿元，占储蓄总额的 28%⑯。国家有关部门曾保守地估计，我国百万富翁(婆)约有 500 多人⑰，而且，富裕阶层仍在不断增加。因此，截止 1992 年底，全国私人拥有轿车为 37000 辆。同时，新富阶层对轿车品级的要求愈来愈高，价值 80 万的凯迪拉克轿车也有人购买⑱。“贵族消费”在中国已非罕事。在上海曼克顿广场名表城开张的头 10 天里，40 余万元的“满天星劳力士”颇受青睐，连 100 多万元的“伯爵表”也被人毫不犹豫地“订下终身”⑲。93 年春，广州某大商场标价 9888 元的人头马路易十三白兰地在 24 小时内被买走 24 瓶⑳。

当然，广大工薪阶层尚处于中、低档消费水平，农村居民消费水平处于较低档次。国家计委经济研究所学者在最近的一份研究报告中指出，我国农民现有消费水平同城市居民相比落后

12年，绝大多数因收入增长缓慢仍徘徊在百元消费级㉑，形成了一个城乡之间的消费断层。难怪“零点调查”估计国内消费者可分为四种人：富豪型、小康型、温饱型和贫困型㉒。国家应通过宏观调控手段，企业可通过自己的经营活动帮助农民富起来，缩小贫困型和其它类型的差距。同时，从社会和经济发展的角度来看，只要贫富两级悬殊不是过大，保持适当的消费层次有利于推动产销，给企业提供更多的目标营销的机会。

再看市场供求关系。经济学家孙尚清曾在94年年初时指出，尽管全社会总供给与总需求还存在负6%的差率；总体上还是一个供不应求的市场，但这种卖方市场的格局正在发生着根本性的变化㉓。很多产品品种和价格放开之后，企业被推入了市场竞争的漩涡，从而使这些产品的市场转变为局部的买方市场。有关方面对今年上半年的726种商品的供求情况进行了排队，发现其中的11.6%供不应求，供求基本平衡的占58.7%，供过于求的占29.7%，可见它们总体上呈现了供略过求的格局㉔。例如，牙膏、席梦思床垫、彩电、冰箱、空调器等产品都是产大于销。处在增长期的空调器93年就已积压百万台，94年预计市场潜量到不了400万台，可是国内生产能力约达400—500万台，加上进口货，将有700万台进入市场㉕。所以，一场短兵相接的激战已在眼前。中国会在不远的将来恢复关贸总协定缔约国地位，复关必然带来更激烈的市场竞争，从而使更多的行业转变成有利于消费者、推动经济进步的买方市场。

2. 企业的表现

应该说，最先适应市场经济的是那些处于行业竞争激烈的企业。走了92年促销年的弯路之后，许多企业已经把竞争的焦点移到产品开发、质量、包装、服务、广告、定价、渠道多方面，即搞整体营销。为了在供过于求的市场上赢得买者的青睐，一些企业已经开始把研究和迎合消费者需求作为经营的法宝。小天鹅洗衣机、西冷空调等厂家都纷纷尝到了甜头。还有一些企业不再把国内市场当作铁板一块的大市场，而是将它细分成多块小市场区别对待，搞差异性营销或目标营销。这些作法已明显地表现了市场营销观念。例如，江苏昆山“好孩子”儿童用品有限公司通过市场细分一开始就将童车的目标市场定为生儿育儿的母亲。他们认定产品必须同时照顾享用者幼童和使用者母亲的生理和心理需求，研制出可推、可摇、可骑、可坐的“好孩子”童车，击败了大上海的老牌产品。他们还持续不断地研究新需求，主动“打倒自己”，三年里更新产品9代㉖。郑州豫港家具公司在席梦思床垫供过于求150%的困境中，视“上帝”的需求为企业的产品方向，赢得主动权。他们按用户追求的不同利益把市场细分为中、老年人，习于坐床沿者等数个子市场，然后针对各种需求研制出相应的产品。六年里，他们推出5代新产品，冠之以“富魄力”的牌名，开展了大量的广告和公关活动。结果其销售额在全国同行中遥遥领先㉗。

随着大中型零售商店股份制化的改革进程，零售商的经营活动越来越多地表现了市场营销观念。以北京的百货商场为例，赛特、燕莎、蓝岛、城乡贸易中心、西单商场、关东店百货等商家纷纷在竞争中瞄准自己的目标市场，通过商品质量、价格、服务等各方面的表现为商场定位。无论是高档还是中、低档商场都能受到各自目标市场的欢迎，各得其所。

如今，越来越多的企业认识到名牌的非凡效应。首先，境外的投资者到中国大陆开办企业时带来了竞争实践中所得的国际惯例和品牌意识。从剃须刀、方便面到高级音响和小轿车，他们大量施以广告宣传和公关活动，积累品牌的无形资产。在他们的影响下，国内企业也纷纷打擂台，创名牌。娃哈哈、太阳神、春兰、容声、海尔、健力宝、杉杉、康赛等各类产品的名牌之家喻户晓是和这些企业持久大量的广告、公关投入分不开的。随着现代企业制度的建立，越来越多的企业会加大广告的投入以建造品牌形象。

三、广告业如何服务于市场营销

随着市场的变迁和企业的进步，中国广告业也取得了举世瞩目的成绩。如今电视、报纸、广播等主要大众媒介上的广告多是消费品广告，一改70年代末，80年代初以生产资料广告为主的现象。自称“最佳产品”，“誉满全球”，罗列奖牌的吹嘘性广告已经逐渐被想消费者所想的理性、情感诉求广告所代替。越来越多的服务于营销或推销的广告正在取代为艺术而艺术的娱乐性广告。在这些表面现象后面的是广告业人才资源质和量的变化。跨国广告公司纷纷在中国建立合资公司，带来了一些国际惯例，培训了一批广告人才，为三资企业的市场开拓起了重要的作用。本国的一些广告公司经过十多年的磨练，其中的优胜者已经初步掌握了市场调研、广告策划、创意制作、媒介代理实施、效果测量等全套广告技艺。加之公司经营机制的改革和设备的科技进步，使这类广告公司如虎添翼。但是这类公司的数量毕竟还是少数。许多广告公司依靠自己在创意方面或制作方面的一技之长协助企业开拓市场。

90年代初，随着中国经济再次高速增长，广告这貌似“无本万利”的行业又一次吸引了成千上万的“淘金者”。广告公司激增，使得广告市场分外拥挤。但这样的局面不会长久，优胜劣汰是必然。听说在93年里，北京已有一百多家在册的广告公司自行消亡。要使自己在竞争中立于不败之地，广告公司必须紧跟形势找准努力方向。

在商品经济走向初步繁荣的80年代里，中国的广告界比较强调创意的重要性，把具有杰出的创意能力作为现代广告公司的标志。这比起以往的纯粹媒介“掮客”来说的确是一大进步。当中国迈进了建立市场经济的90年代，企业间的市场竞争可能将转移到营销组合的各个方面；一则动人、奇特的广告不一定能有效地影响顾客的购买行为。广告公司应该在保持自己创意优势的同时，对上文所述的市场现状有一个清醒的认识，努力使自己的服务适应企业市场营销的需要。

广告公司应积极地聘用营销人才，组织现有员工学习营销学的基本知识，引导员工把研究产品的自觉性扩展到研究消费者和企业的竞争对手上来。创造条件让员工在业务实践中学习和掌握调查消费者，细分市场、确定目标市场及了解竞争者的方法技巧，进而能够主动地为广告主企业出谋划策，进行出色的市场定位，开展有效的整体营销和整体促销。

要真正发挥谋士的作用，帮助企业实施整体营销和整体促销，广告公司内部运作体系必须与之匹配。无论你搞部门制还是小组制，每项业务的运作过程都应是既有专业分工又有集体协作，而不应是谁都在那儿拳打脚踢。客户经理应特别擅长营销谋略，创作人员必须具有杰出的创意能力，媒介人员应该有能力作出合理的媒介计划，而不仅仅是购买时间版面，实施刊播。要使各类专业人员各行其职，团结协作，广告公司必须在用人制度上引入竞争机制，建立合理的分配制度。

目前中国的广告市场尚不规范，不利于公平竞争和广告公司的健康成长。其主要症结可能还是媒介与广告主、广告公司的关系尚未理顺。政府有关负责机构曾经试图以行政命令阻止媒介开办广告公司，但看来“道”高不如“魔”高，收效甚微。恐怕出路还在于进一步扩大媒介容量、调节供求关系上。国家还应鼓励广告主、媒介、广告公司三方组成一个中性的权威机构，专门调查和审计报刊发行量和电波媒体的收视率，以此便利媒介使用者作出合理的媒介决策，同时引导媒体互相间开展公平竞争，集中精力组织受众喜闻乐见的节目和文章，办好媒体，吸引高质量的广告。

上述这类工作需要广告协会的参与和推动。在市场经济的体制下，国家应该鼓励广告主、广告公司，甚至广告媒介组织分别成立能够代表各自利益的行业协会。这些协会才能以各自会员共同的利益为出发点，开展各种有益于会员增强竞争能力的活动，为会员服务，为会员谋利。假设我们有了广告主协会，这个协会就可能通过自己的刊物向会员提供各种广告市场的信息，消费者需求动态调查结果，媒介价格动态，等等。广告主协会也可通过组织形式向会员收集他们的广告活动情况和广告支出数额等，并向会员及时通报，以此促进各行各业企业间的竞争。

注释：

① 《1993 年广告事业继续全年快速增长》，国家工商行政管理局广告司，1994 年 1 月 29 日

②、③、⑥、⑦ 《数字与事实——摘自李鹏总理的政府工作报告》，1994 年 3 月 14 日《市场报》头版

④ 《经济要闻》，1994 年 5 月 31 日《市场报》头版

⑤ 《大家都来支持房改》，里夫，1994 年 2 月 3 日《市场报》头版

⑧ 《城里人穿着成衣率达 75.5%》，文·申，1994 年 4 月 5 日《市场报》头版

⑨ 《我国外出旅游人数年达三百万》，力工　荐自《市场报》，1993 年 12 月 2 日《新民晚报》第 12 版

⑩ 《城市居民住房十年增长近一倍》，成　摘自《中国信息报》，1993 年 4 月 29 日《新民晚报》第 12 版

⑪ 《不但要多建房还要建好房管好房》，丛亚平，1994 年 3 月 14 日《市场报》头版

⑫ 《北京:住宅新目标》，潘善堂，1994 年 3 月 14 日《市场报》头版

⑬ 《今年有七百个电话网升位》，北川　荐自《人民邮电》，卞桂　文 1994 年 2 月 10 日《新民晚报》第 10 版

⑭、⑯、⑰、㉒ 《你是哪种消费者》，马旗戟，《中国贸易报》，1994 年 1 月 15 日头版、1 月 22 日第 2 版

⑮、⑱ 《全国已有‘私家车’37000 辆》，贵方　摘自《上海供销信息报》，1993 年 1 月 11 日《新民晚报》第 12 版

⑲ 《曼克顿广场名表城引人注目》，曾详，1993 年 5 月 2 日《新民晚报》第 2 版

⑳ 《看不懂的路易十三销售》，杜启荣　摘，1993 年 5 月 3 日《新民晚报》第 12 版

㉑ 《警惕:城乡消费出现断层》，摘自《中国信息报》，1994 年 4 月 5 日《市场报》第 4 版

㉓ 《有限度的买方市场利于经济发展》，章子，1994 年 4 月 22 日《市场报》头版

㉔ 《经济要闻》，1994 年 5 月 26 日《市场报》

㉕ 《去岁空调大战互不相让　今年市场争夺方式有变》，程小琪　罗文锦，1994 年 6 月 3 日《市场报》头版

㉖ 《‘好孩子’的追求》，胡果，1994 年 2 月 16 日《市场报》头版

㉗ 《在床具大战中创名牌》，李茜，1994 年 5 月 10 日《市场报》第 3 版

参考文献：

Principles of Marketing, 5th. ed.
by Philip Kotler & Gary Armstrong
Prentice Hall, 1991

文化定位与广告"入关"

祁聿民

(一)

我们面临加入国际关贸总协定的局势。这既是机遇,也是挑战。作为市场经济巨轮运行润滑剂的我国广告业也面临这种机遇和挑战。

发达国家成熟的广告巨人雄踞国门,虎视眈眈,至少在四个方面对发育着的中国广告形成了挑战:(**一是经济力的挑战**。)广告是无烟的工业,经过漫长发展阶段的成熟广告以它开辟和占有市场的巨大魔力推动了发达国家的经济飞跃,奠定了它的经济实力。这种强大的经济实力又翻转使它的广告武装到了牙齿。以 1990 年为例,世界广告总支出为 2800 亿美元,美国占 1264 美元,日、英等两国均在百亿美元以上,而我国尽管广告业发展很快,1990 年广告费支出也只有 25 亿人民币。这种巨大差距形成了广告业发展的不同的物质基础。(**二是现代科学技术的挑战**。)发达国家高度发展的现代科学技术不但大大开拓了传播媒介,而且显著提高了传播效率。现在无线电广播、电视的传播范围已跨越了国界,超级频道促使着广告信息不断"外溢"。特别是通讯卫星的发射成功,通过有线电视将卫星节目带给无数家庭。这种传播方式已将地球进行了大面积的分割,高科技的巨大统摄力才使美国有线电视新闻联播(CNN)等得以成为全球性电视网络和世界性广告媒体。有它们的存在,其他媒体不得不处于一个狭小的范围。(**三,经营经验的挑战**。)广告是广告主与受众,卖和买之间的中介环节,是这一对矛盾两个方面冲突的聚焦点,竞争十分激烈。广告业无固定合作伙伴,在竞争中不断分化组合,瞬息万变,极易沉浮。这种特点决定了经营水平在广告业中的极端重要性。而经营的关键在于策划,可以说,策划是广告经营的灵魂。策划必须对市场,对消费者行为和心理,对产品定位,对广告目标等了如指掌。这一切经营经验的取得最根本来源于高度发展市场经济的实践。市场经济发达国家广告人的经营经验绝非信手偶得,而是在实践中牢固形成的经济文化积淀,在具体操作中,简直近乎一种趋于稳定的思维和行为的"本能"。这一点,对于市场经济并不十分发达的国家的广告经营者来说无论如何都是不可企及的。(**四,创意运作的挑战**。)这关涉到广告创造性思维和艺术表现及其操作程序。在艺术创作中,不只是个艺术方法问题,艺术创造者人的素质,如思维的开拓创新性,表现技艺的高超水平等是至关重要的。艺术素质不仅是个人的教养,同时也是成熟广告业所提供的博大的艺术文化氛围潜移默化的结果。因为在人的本质力量对象化过程中,人不仅生产对象,而对象也生产人,改变人的感觉能力。艺术创造也是这样,艺术家创造艺术品,艺术品也创造艺术家。这便使发达国家成熟广告业养成了无数成熟的广告艺术家,在发育着的广告业面前,他们往往显得居高临下。

上述四个方面的挑战使我国广告业处于全方位的严峻局势。尤其在"入关"形势下,这种局势到了直接抉择的关头。我们的优势在哪里,我们如何扬长避短,寻找自己的突破口,变挑战为机遇，利用“入关”机会迅速发展具有中国特色的广告业，进而促进我国社会主义市场经济飞速发展，并跻身于世界市场竞争强手行列？这无疑应成为我们的重要研究课题。

（二）

发达国家广告业的强大是客观事实。这种强大主要表现为雄厚的物质基础。经验虽属精神“软件”因素，但主要表现为广告业经营者本身的能力，在很大程度上，受广告物质基础和经营目的的制约。然而，广告还应受社会精神文化和受众需求心理的制约，而且这一点更为重要，也更易于被人们忽略。这是因为它是一种潜在的因素，是一种看不见，摸不着，却是每时每刻在起作用的因素。法国传播学家贝尔纳·卡特拉(Bernard CATHELAT)和罗贝尔·埃贝居伊(Robert EBGUY)概括的大众传播的“综合系统”是“信息发出者/传播者——指称对象——接收公众(受众)”，表明接收公众才是包括广告在内的传播过程的目的和归宿。我们必须重视对受众进行认真研究。

研究受众，要着重研究受众接收传播信息的感觉认知能力，心理需求，审美趣味，感觉方式等等，即文化心理特征。这一点，已经引起了一些精明广告业者的重视。例如优秀的航空公司广告。美国和日本都从受众出发，却有着明显的差异。美国泛美航空公司使用喷气式飞机后，大大加快了飞行速度，越过大西洋飞往伦敦的时间缩短了20%，该公司广告标题就抓住这一飞行速度加快的特征，突出功效：“自12月23日起，大西洋将缩小20%”。泛美航空公司过去几十年居众之首，乘坐飞机者多为富家阔佬、工商巨子、政界大员、专家名流等等上层人士。因此，广告力求风格高，气派大，稳重华贵，庄重严肃，突出乘坐者的高层次，高地位，对上层人士诱力极大。但是，近几年来世界上年轻人乘坐飞机成为普遍现象，许多航空公司采用分期付款的办法。泛美面对这种现象，为了抓住年轻人的心，一反过去广告特色，画面竟采用卡通漫画形式，标题常是妙趣横生的美国俚语；内容上多宣传喷气式，多引擎(四引擎大客机)，高通讯设备等高功效特征；突出飞机上免费服务的优惠；强调“最安全”这一敏感问题，如“经验丰富，允冠全球”“搭乘泛美，一帆风顺”等等。日本航空公司则不然，它的广告突出表现服务周到舒适，创造一个很可爱很动人的服务形象。“她身着和服，仪态优雅，笑态可掬，双手托着茶盘向你而来。指导旅客如何用筷进餐，纤手半掩樱唇低声答问，细心斟酒分菜”等等。充分表现了日本女性的柔美温馨之情和彬彬有礼之态，对旅客诱惑力极大。日航的广告代理BKI公司将此广告名曰“由美的秘密”、“道子的魔力”，许多旅客都想一睹“由美”、“道子”小姐的真面目。台湾航空公司的广告却是另一种风格。广告代理联艺广告公司被广告主指定为新加坡、马来西亚、菲律宾和泰国等地区做广告。联艺抓住了此四地华侨多的特点，广告突出表现飞机上华语服务，中文菜单，以及地道的华夏文化：满面春风，笑口常开的笑面佛招手致意，古香古色的中国古代庭院仕女画和飞龙舞凤等，甚是古朴典雅。美国广告突出指称对象的功能效率，突出卡通漫画俚语，突出服务和安全，这绝非随意之举，而是充分表现了美国受众的民族文化心理特征：工业国家的快节奏，高效率；殷富生活带来的轻松幽默感；对人的价值的普遍重视。日本美女战术广告也是日本受众民族文化心理特征的表现。日本是一个在历史上受中国文化影响极深的国家。所谓男尊女卑，男为天，女为地等一整套礼教观念在日本根深蒂固。女子从来都是附属男子，为男子带来享受和美感的工具。另外，中国古代的含蓄中和，外柔内刚，温柔敦厚等儒家审美观早已传入日本，成为日本民族文化心理一种重要因素，常常被做为某种行为的工具。在中国，由于长期与道、释两教文化观念对峙与消长，并由于历史几次对儒家文化的革命，儒家传统观得到一定程度的遏制，然而在日本，它与现在工业文化一起几乎势均力敌地保留下来，自然也会在广告中表现出这种文化心理特征来。“华航”广告更是直接表现了东南亚国家华侨特有的民族文化心态：龙的传人对故国的眷恋之情。

文化是一种民族的烙印，它是一个整体，既是外在的又是内在的，包括物质的，精神的和制度的三个层面，是浑然一体的，不可截然割裂。例如西方拉丁民族穿戴行头来演京剧，不论下了多么大的功夫，其语言唱腔其相貌动作总是让人有很不得体的感觉。同样，中国人化妆成英国人来表演《哈姆雷特》，也会使人产生同样的感觉。尽管艺术有一个学习和借鉴的问题，但只有当中国演员穿戴京剧行头，唱着京字京韵，才会给京剧爱好者一种地道的民族文化艺术享受。这充分说明，文化或信息传播一定要从受众民族文化心理特征出发。受众的接收效率也依在多大程度上符合了他们民族文化心理而定。

广告是一种文化现象，是一种包括物质、精神、制度三个层面在内的综合文化现象，又是一种极为重要的传播方式。它的传播和接收，更是充分地体现出受众文化心理的重要，尤其对于一个民族传统性极强的文明古国，由于它历史悠久，民族文化已在人们心理形成了非常深厚的积淀层，这个积淀层，使他们好象戴上了变色镜来观察、认识、理解、感受他们接收到的感官刺激和文化信息，不同的趣味爱好，性格气质，理解能力，思维定势必然会形成不同的认知和感受，也必然会形成不同情感和态度。这就迫使我们不得不对我国这样一个文明古国受众的民族文化心理进行深入的研究。在我们面临“入关”的时候，这种研究更加重要。它可以使我们认识到这种对受众文化心理把握是我国广告业的优长处和制高点。而对我国这个世界上广告受众最多的国家，只有我们自己才可能对其文化心理特征把握得最准确，只有我们自己才能对这种民族文化心理在广告上表现得最充分。在这一点上，任何其他民族是不可企及的。因此，在恢复我国关贸总协定地位的时候，在面对发达国家广告巨人的时候，我国的广告业不能盲目自卑，不能自惭形秽，不能自甘落后。我们应该看到，人有长，我有短；但更应该看到，人有短，我有长。而我之长，恰恰在于广告有服务和传播对象方面，在于广告的上帝方面；并且这种优长与我粘着得非常牢固，它是一种最易于为我掌握，被我所用的武器，我们必须牢牢地掌握这个武器，在与国外广告巨人的竞争中以我之长，攻子之短，从而以弱敌强，以少胜多，立于不败之地。

（三）

所谓研究和把握民族文化心理，在这里，主要是指根据我国国情和人情以及传统文化研究确定广告受众的文化定位。

每一个人都是一种文化细胞，他们总是存在于特定的时空中，创造了特质相同或相近的文化丛乃至大到一定的文化圈，进行着具有统一定势性的文化活动，从而形成了此文化与他文化的显著区别。在一定文化圈中对具有明显性的文化现象进行位置“扫描”叫文化定位。有了这种文化定位，才能把握这一文化现象的特殊情况的来龙去脉，采取有效策略，以便广告传播获得最佳效益。

我国是具有几千年悠久历史的龙的故乡，处于一个以村落文化为基础，儒家文化为精神支柱的幅员辽阔的东方，处于以“中和”为中心，以“变”“易”为思维方式，“天人合一”为目标的哲学氛围中，处于背着历史重负又幡然励精图新，以无比的热情发展社会主义市场经济的新时代。这种特定的时空位置决定了我国广告受众特有的民族文化心态以及由这种文化心态引起的对新广告形式的诉求，主要表现在：

第一，中和的天人观。中国人不象西方那样以客观世界为对象，主张物竞天择，崇尚人的创造性的对自然的改造精神。而是认为天为上，人为下，客观世界（天）主宰人，人应该顺应于天，才能达到天遂人愿，最后达到天人合一。所谓天时、地利、人和才是最佳状态。追求人与客观世界之间一种相统一的平衡态，一种相克相容，相对相依的辩证关系。在这种认识的基础上，“中和”被看做一种行为和处世的最高理想和准则。融合两极，不尚出格，在适应客观世界的条件下做出较为有效的创造和发展，否定极端逆反，过犹不及的行为。广告发展和创意，也会受这种“中和”原则的影响。今天，铺天盖地，充盈视野，无处不在的西方广告世界已形成了非常严重的后工业病，如果说西方受众在这种令人窒息的商业信号巨大压力面前尚可生息的话，骨子里渗透村落田园文化因子的中国受众恐怕会产生强烈的精神失衡，乃至强烈的逆反心理。显然，西方密不透风的“地毯式”广告战在中国市场是行不通的。而疏密相间，“删繁就简”的策略可能容易与中国受众文化心理相合拍，可能是一种比较好的选择。在广告设计方面，西方多追求刺激，极端，荒诞，惊异。这种画面、情节和语言往往会引起中国受众心理障碍，甚至会引起各种误解和反感。对于我国受众，一定的刺激是十分必要的，但必须在一定的心理接受阈限内，使其既可引起注意，又可最终理解。在心理环境中，既可引起波澜，又会平伏熨贴，达到心与物的统一，主体与客体的和谐。

第二，尚义的价值观。中国传统文化在义与利的价值取向方面，从来是偏重尚义的。不要说儒家的“小人喻利”“君子喻义”等正统观念，就是古代的那些著名的理财家在主张发展经济和商业的时候都突出了以义制利，生财有道的原则。“义所以生利也，………不义则利不阜”（《国语》）“德义，利之本也”（《左传》）。只有在讲求商业道德，坚持以信为本的时候，才能取得消费者的信任，从而广开财路。如果一个商业弃义求利，那就不能获得市场和社会的长久认可，也就不可能最终赢利。而且，从社会总体观讲，在义与利取舍上，若二者不可兼，必然是舍其利而求其义的。一个重义而寡利的人，社会上也是有他的地位的。这一点西方则不同，特别在一些资本主义国家，金钱财富高于一切，人的社会地位唯财是定。这种文化导向，必然形成人们唯利是求，鄙义重利的价值观。许多不治的社会顽症，其源盖出于此。表现在广告方面，突出了唯利的原则。这种唯利广告是以迎和受众心理诱发受众欲望为目标，根本不去计较社会文明效应。致使许多低级、丑恶、庸俗的广告泛滥。这类广告在中国，也可能一时迎合一些小市民心理，但是不会持久。只有那些既讲财利，又兼顾社会文明的广告艺术品才会受到青睐，经久不衰。

第三，重情的道德观。中国的村落文化和宗法观念使中国人特别注重人与人之间的关系及其协调。小自宗族血缘，大至国家民族，牢固的内聚力来自较强的情感纽带。孔子学说的核心“仁”的实质是“爱人”，是“泛爱众”。墨子也主张“兼爱”，都是要用人情味来调节人之间的关系。中国古代科学较发达，“格物穷理”，加上孔孟之道的“礼”的观念（礼者，理也），也使传统文化十分重于理性。但中国的“理”，不是纯逻辑式的理性主义，而是有着浓厚的情感浸润，所谓理在情中。在文学作品中更是如此。根为情，花为声，有些作品甚至为了达情，几乎悖理，这便是所谓“无理而妙”（清・贺裳语）。中国重情的道德观与西方迥异。西方悠久的海洋文化航旅生活以及近世发展起来的科学技术使其突出了人与自然的矛盾，在这矛盾中不重于情，而究于理。于是逻辑、理性成为西方的思维方式和生活行为的重要特点。在广告方面，突出传播指称对象的科技特点和功用效果，甚或运用视觉刺激，却很缺乏浓郁的人情味和深厚得多的由近及远的等差式的爱。这一点是我国广告入关所应特别引起重视的。我们不但要突出情感，而且要用中国方式突出中国式的情感。

第四，含蓄而规整的审美观。中国的艺术创造和审美观有两个显著特点：1. 含蓄。中国民族经受了世界上最长期的奴隶时代和封建时代，精神承受力形成了委曲求全的性格和寄寓含蓄的审美观念。《诗经》的引譬连类，婉而成章的特色，古代绘画的气韵，境界格调，都是这种审美观的滥觞。西方审美观与其率直性格一致，讲求显、直、露，西方非韵体的自由诗，非写意的油画，其特征在于直抒胸臆，再现实体。这种风格的广告，很难适应中国人的审美心理，那种幽远、深沉，以小见大，具有符号性形式制导巨大内含的广告才会为中国受众带来美感。2. 规整。中和、统一的哲学思想必然形成完美、规整的美学观。中国的诗文讲求建筑美，建筑讲求对称美，服装讲求端庄美，绘画讲求均衡美等都是规整美学法则的表现，这与西方反差、变化、对比的美学观是大相径庭的。这种表现法则在广告设计上反应很灵敏，是我们应该认真分析和把握的。

第五、凝重的文化观。中国是世界上最古老的民族之一，它历史悠久，具有极其灿烂的古代文化。在这种举世瞩目的民族文化熏陶感染下，中国人的文化观表现得特别执著和凝重，其内涵也特别丰富和深沉。这一点无论在物质形式的创造上，还是精神和艺术的创造上，都体现得十分明显。龙、凤、夔，松、鹤、梅，山、水、月，鼎、剑、旗，汉与唐，《易》与《诗》，道、儒、释，塔、城、寺等等，无数象征民族文化的形象被作为一种骄傲本能地烙印在自己的创造物上，昭示于全世界。尤其是那种韵味、精神、气质和神采，栩栩如生，活灵活现地渗透在了骨子里，感染到人的心灵里。这些特点和风格也顽强地表现在广告艺术中。博大精深的民族文化象一个宝库一样成为广告和其他一切艺术创作的极其重要的源泉之一，这一点也是我国这样庞大的市场和广告受众对于现代广告信息传播所特有的接受心理。

第六，变易的发展观，中国人讲"天人合一"讲"中和""中庸"，但绝不一味信奉一成不变的形而上学。相反，却执着一种求变求易的发展观。中国土生土长的道家教义和老庄思想，在很大程度上表现出辩证思维。作为具有中国特色的奇书《易经》，其实质也是在讲变讲易。从中国历史的发展看，求变求易，不满现状，要求改革，不尚固守，愿与其他民族相互交通往来的史实屡见不鲜，成为社会发展的重要动力之一。现代改革大潮使中国又一次处于变易中。人们要求革新，要求打开国门，吸收外国长处，尤其吸收西方发达国家的科学技术及其管理经验是那样的强烈。表现在广告艺术上，迫切希望学习发达国家的经验和方法，使自己耳目一新，发展自己的广告业。在学习和接收方法上中国人也是讲思辩的。当着打开国门开始阶段，人们是极为渴求而迫切的。但当着进入纵深阶段，中国人便会进行比较和"过滤"，择取其长，摒弃其短，中西融合，创造出适合自己的新广告来。而这种"过滤"器，就是中国民族文化厚厚的沉淀层。这是我们研究广告入关的文化定位问题时所要特别注意的。

国内国际广告市场的融合

欧阳在三

一、国内市场国际市场正在加速趋向融合

国内市场国际市场的划分不取决于交易当事人(买方、卖方、中介方)国籍是否相同，而取

决于交易标的在交换过程中是否移出国境。交易标的不移出国境的交换关系属国内市场，交易标的移出国境的交换关系属国际市场。交易标的指商品或商品所有权或商品使用权。国内市场上的交易活动在一国政府管理下进行。国际市场上的交易活动在多国政府管理下进行。在市场经济不甚发达的时代，国内市场、国际市场二者之间是差别显著，界线分明。随着市场经济向前发展，国内市场国际市场相互联系越来越紧密，相互影响越来越增大。借助资金这一粘合剂，国内市场国际市场相互介入相互渗透混合生长，你中有我，我中有你的情况越来越多。于是，国内市场国际市场差别逐渐缩小，界线日趋模糊。从 20 世纪 50 年代起，人们已经可以明显地感觉到，国内市场国际市场最终合而为一，融合成一个不再有国内市场国际市场之分的全球统一市场的前景已经在望。实践经验已经表明，国界消亡是从国内市场国际市场趋向融合开始，而不是从别的什么方面开始。当然，由于发展不平衡，融合是以多种方式在进行。在同一时期，各国卷入融合进程的速度和深浅也不相同。区域性共同市场与关税及贸易总协定都是过渡性办法，都是要通过逐步过渡，最终形成一个不再有国内市场国际市场之分的自由开放的全球统一市场。

国内市场国际市场必然融合的原因在于：(一)国内市场国际市场融为一体是不断扩大的商品生产与商品交换的内在需要。(二)现代科技进步使各国商品生产经营者有能力去冲破国界限制。(三)在对国内市场国际市场进行管理和干预方面，各国政府已经不可能再象从前那样各自为政自行其是。各国政府已经越来越难于对本国商品和外国商品，对这个外国的商品和那个外国的商品实行差别待遇。

如果对上述问题的详细论证感兴趣，就请读者参阅我写的《国内市场国际市场融合趋向试析》一文(载《世界经济研究》杂志 1993 年第 5 期，中国人民大学复印报刊资料《国民经济管理与计划》1994 年第 1 期全文转载。)

二、国内广告市场与国际广告市场的融合

在市场体系这个大系统中，信息市场是一个子系统，广告市场则是信息市场的一部分。在广告市场上，买方是广告主，卖方是广告公司或广告媒体，交易标的是广告公司提供的劳务或广告媒体让渡的一定时空范围内的广告媒体占用权。跟其他市场一样，广告市场也已经开始了国内市场国际市场趋向融合的进程。国内广告市场国际广告市场正在加速趋向融合的迹象很多，人们可以从五个方面去观察：

(一)广告主方面。国籍难以认定的既多国合资又跨国经营的企业越来越多，这种企业在经济生活中的影响越来越大。作为广告主，这种企业无论在哪里做广告，都要求广告活动为它开拓国内、国际两个市场服务，为它实施其全球战略服务。

(二)广告公司方面。能量和影响巨大的广告公司是多国合资、跨国经营、员工由多国国民组成，内贸广告外贸广告兼营的广告公司。这种广告公司的国籍难以认定。这种广告公司向广告主提供的劳务往往是它位于几个国家内的多个分支机构分工协作的结果。人们很难说作为交易标的的劳务是否移出了国境。

(三)广告媒体方面。信息传播范围越出本国国境的广告媒体越来越多。通过卫星转播和改进接收装置，电视也象广播一样，成了国际性传媒。报纸杂志纷纷由国内发行改为国内外发行和同时出版国内版、海外版。信息传播范围仅限于国内的广告媒体，例如路牌等虽然仍在使用，但它们的作用在相对下降，并且，由于国际旅游者日益增多，它们发布的信息也可以间接地

传播到国外。对本国人民发布广告和对外国人民发布广告，使用同一广告媒体的情况日益增多。广告媒体无论是在国内广告市场上活动还是在国际广告市场上活动，都要同时与国外的和国内的广告媒体展开竞争。竞争内容一是争夺视听众，二是通过广告公司争夺广告客户（包括跨国公司）。广告媒体易于感受到国内广告市场国际广告市场差别日趋缩小，界线日趋模糊。人们越来越难以认定，传媒占用权是否移出了国境。

（四）广告受众方面。国内广告市场上的广告受众与国际广告市场上的广告受众，二者差别日趋缩小。这是因为：第一，人员、信息交流增多，相互影响增强，各国人民生活习惯上的差别在逐渐缩小。第二，有越来越多的广告受众明白，国货洋货界线模糊，本国企业外国企业界线模糊，这些受众在视听商品广告企业广告时，对于广告中推荐介绍的东西是本国的还是外国的，心态上并没有多大差别。第三，有越来越多的广告受众能够正确看待国际化与民族化的关系问题，人们懂得：国际化不是被洋人化掉，而是双向交流，相互影响，相互融合。民族化不是固步自封，满足于文明古国几千年前的辉煌成就。而是要在日益扩大的对外开放中不断吸收消化外国的好东西，不断创造出有民族特色的新成果，去为世界民族之林增添新光彩。国际化民族化相辅相成，都趋向于世界大同。第四、无论是国际广告市场上的广告受众还是国内广告市场上的广告受众，都喜欢土洋结合的广告作品，都喜欢本国之土和世界各国之洋的结合，这必然导致国内广告市场上的广告作品与国际广告市场上的广告作品在艺术形式上没有明显区别。

（五）广告管理方面。世界各国广告管理法规内容上的差别日趋缩小。广告主、广告公司、广告媒体无论是在国内广告市场上活动还是在国际广告市场上活动，必须遵守的行为规范都差不多。国际的、区域的、国内的广告协会都已经出现，三者之间的联系与合作在加强。

三、广告业的改革与发展必须顺应国内国际市场融合的潮流

中国过去的计划经济体制是人为隔离国内市场国际市场，现在要建立的市场经济体制则要实现国内市场国际市场相互衔接。人们必须转变观念，明白市场经济发展的必然结果不仅是国内市场国际市场互接互补，而且是国内市场国际市场相融合。虽然目前中国尚未加入任何一个区域性共同市场，复关的谈判也还在继续，但中国各行各业包括广告业在制订改革方案与发展规划时，都必须高瞻远瞩，主动顺应国内市场国际市场加速趋向融合的大潮流。中国广告业的改革与发展如何顺应国内市场国际市场加速趋向融合的大潮流？牵涉的问题很多，限于篇幅，本文只讲六点意见。

（一）所有制改革。广告业虽然重要，但毕竟不是经济命脉。在广告公司的所有制结构中，国有制不一定要在数量上占优势。国有经济的主导作用，可以表现为：水平较高、规模较大的广告公司是中外合资，跨国经营的广告公司。国家掌握这些起骨干作用领头作用的广告公司的股票控制额。国家鼓励基础较好的国有制广告公司去海外创办分支机构，这些分支机构要欢迎世界著名广告公司参股，要借用外国广告公司和外国广告媒体的力量去参与国际广告市场上的竞争。

（二）价格改革。作为商品的广告价格已经放开，但广告活动中投入的生产要素的价格仍未放开。下一步改革要放开生产要素价格。对稀缺的高水平的本国广告专业人才应该实行高薪制，使之逐步接近外国同类人员工资水平。现在，对来华做广告的外商收取内外的广告费，要比对本国广告客户收取的广告费高许多，这种过时的有别的双重收费标准，应该尽快废除，因为它违反国际社会公认的市场交易准则，妨碍国内市场国际市场的融合。

（三）广告协会的改革。建议顺应国内市场国际市场融合的大潮流，将中国广告协会与中国对外经贸广告协会合并为一个统一的广告协会。

（四）广告教育的改革。广告业最重要的资源是人才，要增强中国人在国内广告市场与国际广告市场两个市场上同外国人竞争的能力，就是要尽快培养面向两个广告市场的高水平的广告专业人员。要提倡中外联合办学。请外国专家来华讲学，不是要他们来普及广告学常识，而是要他们讲授广告科学最新成果和世界广告业最新动态。要创造条件，让广告专业的教师有机会去海外实地见识一下国际广告市场。为了速见成效，当前，要抓紧时间，兴办研究生层次的广告专业教育，开办广告公司、广告媒体高级职员短期聚会的广告问题的研讨班。

（五）广告公司的发展。为了增强整个中国广告业在国内广告市场和国际广告市场上的竞争力，要对现有的广告公司分类排队，进行调整。要冲破所有制、部门、地区界限，将少数高水平广告公司改组为中外合资，广告公司和广告媒体都持股，跨国经营，内贸广告外贸广告兼营，分支机构可遍布全国各大城市和海内外的大型综合性广告公司。对中等水平的广告公司，可将目前的小而全改变为实行专业化协作，达到适度规模经营要求。对水平很低的广告公司，要在广告协会的组织和协调下，由高水平和中等水平的广告公司给予经常性业务指导，要这些公司把主要活动范围从大中城市转移到小城市和集镇去。要这些公司充当高、中水平的公司的助手。复关后，外国广告公司会大量涌入中国广告市场，为了迎接这一挑战，当务之急是要相对集中本国优秀人才，办好三至五家广告公司，这几家以中资为主的广告公司要能够在国内外与国际著名广告公司竞争，要能够对国内的其他广告公司起示范作用。

（六）广告媒体的发展。中国的广告媒体也应该有忧患意识。目前的主要媒介垄断中国广告市场的局面还能维持多久？这个问题需要认真考虑。为什么？第一，技术进步，多种新媒体出现，现有主要媒体作用必然相对下降。第二，乌拉圭回合已经说了，相互开放基础通信市场也是今后要谈判的议题。第三，发达国家已在开始筹建国际联网的信息高速公路，信息高速公路一旦建成或者第一期工程完工，都必然会对全世界的广告业产生巨大的难以估量的影响。很可能，现有主要媒介在广告市场上的垄断地位会突然消失。面对即将到来的国际联网的信息高速公路的挑战，中国传媒怎么办？现在就要开始深入研究，从长计议。

对我国广告与受众相互作用情况的考察

马谋超　陈毅文　尚恒德　马宇宏

摘　要

本文从广告开放系统出发，在引用现存有关的调查资料基础上，试图对我国广告与受众相互作用的情况作初步考察：(1)我国广告活动对受众实际所起的作用和存在的突出问题；(2)现阶段我国大众的消费观念和行为的变化及其对企业的意义。

引　言

广告活动是一个系统。该系统受外界诸多因素制约，比如，经济体制、政策法规、广告主的广告意识、消费大众的价值观及行为特点等。一句话，广告活动受大环境影响。因此，它的活动特点与物质的物理和化学运动迥然不同：前者具有开放性；后者具有封闭性。依据这一特性，在探讨广告系统中的结构、功能、特性与规律时，应该避免就广告谈广告。

本文从开放系统的特点出发，利用现有调查资料试图对我国广告与受众相互作用的情况作初步考察，进而探讨我国广告业如何更有效地为企业服务。

一、关于我国广告活动对受众作用的初步考察与分析

我国广告业的发展，人们只要从专业公司、广告营业额和从业人员等方面的数量增长上，便一目了然。但是，广告事业的飞速发展是否带来同步的效应呢？或者说，广告实际所产生的作用有多大呢？这必须依据科学的调研才能作出评估。

广告的经济现象是一种宏观现象，可是，它与个体的消费行为确有密切的关系。如果说广告引起消费者有关的心理与行为的变化，诸如，对特定商标的注意、认知和好感等，自然也就为促销提供了极其有利的变化。正因为如此，国外把广告对受众消费心理与行为的作用进行考察，看作是分析广告经济效果的途径之一[1]。

沿着这一思路，本文的分析建立在现存有关调查数据的基础上。

表 1　消费大众对广告接触度（%）

广告	经常	有时	很少	从不
香波类	38.7	35.2	16.5	9.6
饮料类	33.2	39.7	18.8	8.4
彩　电	37.5	38.1	18.8	5.6
平　均	36.5	27.7	18.0	7.9

从表 1 中可以看出，当今大众接触广告的比例是相当高的，尽管其中会有不少是被动接触广告的。如此高的接触率为广告起作用创造了必要条件，然而，仅此并不充分。若要评估广告作用，必须考察接触广告状况不同的受众，在消费心理和行为可能存在的差异，如商标意识，购买愿望、拥有量和消费量等。

表 2　广告接触度与对商标的注视度关系(%)

广　告	广告接触度			
	经常	有时	很少	从不
香波类	46.2	36.5	12.1	5.2
饮料类	38.3	40.7	16.1	4.9
彩　电	40.2	37.6	17.8	4.4
平　均	41.6	38.3	15.3	4.8

表 2 列出的人数百分比数据表明,大众接触广告的程度不同,其商标的注视度存在着差异,即频繁接触比不频繁接触的相应人数比高出许多。

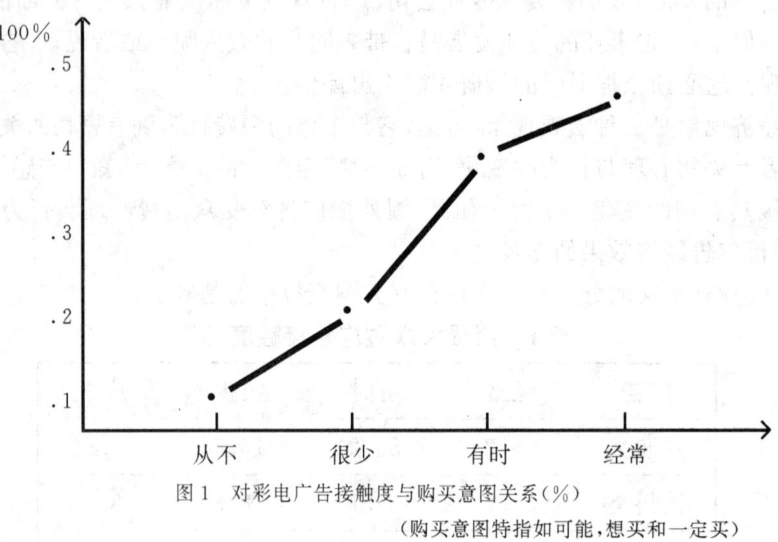

图 1　对彩电广告接触度与购买意图关系(%)

(购买意图特指如可能,想买和一定买)

图 1 反映出广告接触度与购买意向呈正向且近似于线性的关系。它意味着接触广告越频繁,购买意向越趋增强。

表 3　广告接触度与该商品拥有量的关系

		接触度			
		经常	有时	很少	从不
拥有量(香波类)	无至 1 瓶	18.4	35.1	51.1	78.2
	2 瓶以上	81.6	64.9	48.9	21.8

从表 3 中可清楚看出如下趋势:2 瓶以上拥有量的比例,随接触该广告的次数增多而上升;1 瓶以下拥有量的比例,则依接触次数减少而增高。

表 4 接触度与消费度的关系(%)

		接触度			
		经常	有时	很少	从不
饮用情况(饮料类)	经常	55.1	18.3	11.5	11.7
	有时	32.5	59.5	28.3	19.4
	很少	10.4	19.2	52.5	26.2
	从不	2.1	3.0	7.8	42.7

表 4 似乎揭示了这样的对应关系,即接触饮料类广告频繁的大众,其饮用行为经常;反之,接触少,饮用行为也少。

综上所述,这些图表显示出一个基本趋向:在商标注视度、购买意向、拥有量和消费量诸方面,接触广告不同状况的受众都存在着一定的差异,具体说,接触者比不接触者,接触多的比接触少的,上述方面都高(将四类接触度并成两大类进行统计检验,其差异都在 0.0014 水平上显著,即统计意义上非常显著)[2]。由此可以推论,我国广告界经过多年的努力,在消费大众的上述方面均产生了积极的作用。

但是,另一方面,人们对广告的抱怨是有目共睹的。一项关于现阶段广告亟待解决的首要问题是什么的调查资料表明,66%的受访者把广告的失实性推到了首位。与此紧密相关,在大众评价广告作品的诸要素中,可信度成了首要的因素[3,4]。

为了估计这里的失信度,特与海外的相应资料作一比较,见表 5。

表 5 大陆、香港、台湾、美国公众对广告的失信度(%)

地区		大陆	香港	台湾	美国
命*题	1	85	68	81	72
	2	80	69	75	73

* 命题 1:“大部分的产品并不象广告上所宣传的那么好用”
命题 2:“大部分的广告都不展现事实,它们只是在制造一种气氛”

表 5 清楚地显示出:对广告持怀疑态度的比例,大陆的明显高于其他地区和国家。这一事实意味着,失实广告严重地污染了正常的广告环境,导致广告作用赖以实现的心理基础受到了损害和动摇。这无疑抑制了广告活动的效果,增加了广告作用的难度。

二、“以消费者为中心”,促进广告业的发展

现代广告区别于传统广告的一个基本点是,注重广告与受众的双向作用[5]。

1. 受众对广告作品优劣的认定

从广告人的眼光认定广告作品的优劣,在较大程度上依从它同该系统内部特性的符合程度。而大众的认定,则更多地依赖于自身的主观感受和体验。尽管由此形成的主观评价标准有

可能不一定同广告内在特性相吻合，但却在现实中起作用。这是消费者心理反应的一个特性[6]。

为了解说，让我们引用关于“广告作品评价系统的心理学研究”中一份数据。

表 6 各评价因素的重视度

	可信度	吸引力	适合性	感染力	认知力	必要信息
电视广告	.27	.20	.18	.16	.15	/
报纸广告	.22	.21	.17	.16	.16	.11
	.25	.24	.19	.18	.15	

注：报纸广告栏中第二行数据是省略了“必要信息”的规范值，为的是便于与电视广告的权数作相应的对照

从表 6 中可以看出，消费者对“可信度”和“吸引力”最看重，而“认知力”和“必要信息”相对地被弱化了。依据广告活动系统的内在特性，无疑，后两个因素是广告传播中本质的东西。揭示这一点有着更一般的意义：a. 与可信度反义的失实感不仅会出自于虚假广告，而且在一定程度上也可能会由通常的广告所引起；b. 受众对信息失实的反应，远比对信息的必要性认识敏感的多。鉴于受众对广告优劣的依据并不完全遵从该系统内部的特性，所以有必要对前者进行研究。两年前，由中科院心理所、中广协和潍坊日报社共同开展的“广告作品评价体系的研制”正是沿着这一路线展开的。所幸，该项研究成果已于今年初通过了科学鉴定。

2. 从消费观念与行为的变化，看企业形象的再塑造

当我国步入社会主义市场经济轨道之际，随之，企业识别系统（CIS）也在各地悄然兴起。一夜功夫，几乎所有广告公司都将它列入业务范围。自然，以原有广告业务为基点，CIS 只能停留在视觉识别（VI）的设计上。但是，立足于广告文化的内涵，它必须注重企业形象的内在塑造。由此，对一个以 CIS 中国化为内容的科研项目，国家自然科学基金委员会正式立项资助，为期三年。这里，仅限于从大众消费观念与行为的变化，看企业形象再塑造的必要性与迫切性。

北京有一家著名的皮鞋制造厂。几十年来，它本着“薄利多销、质量第一”的经营方针，在大众心目中留下了鲜明的品牌形象：用料讲究、做工精细、经久耐穿和价格便宜，如图 2（标号 1）所示。

在过去的计划经济体制的年代里，固定的低工资收入导致大众消费长期停留在起码的生活必需品上，并且主要关心商品的价格和使用价值。以皮鞋而言，最好既便宜而且十年八载又穿不坏。由于该厂的产品特色符合当时消费大众这种价值观，该产品很受欢迎，在整个北方地区的皮鞋市场上占有很大的份额。可是，今日市场经济的竞争态势，把原本属于它的市场一块块地挤走。原因何在？通过周密的调查发现，时下，大众的消费观念与行为特点发生了明显的变化，主要表现在如下几个方面：

a. 对产品属性价值观的变化

皮鞋诸属性的因素分析显示，该产品基本要素有四：美观、舒适、耐穿、价格。其注重的序关系，见表 7 所示[7]。

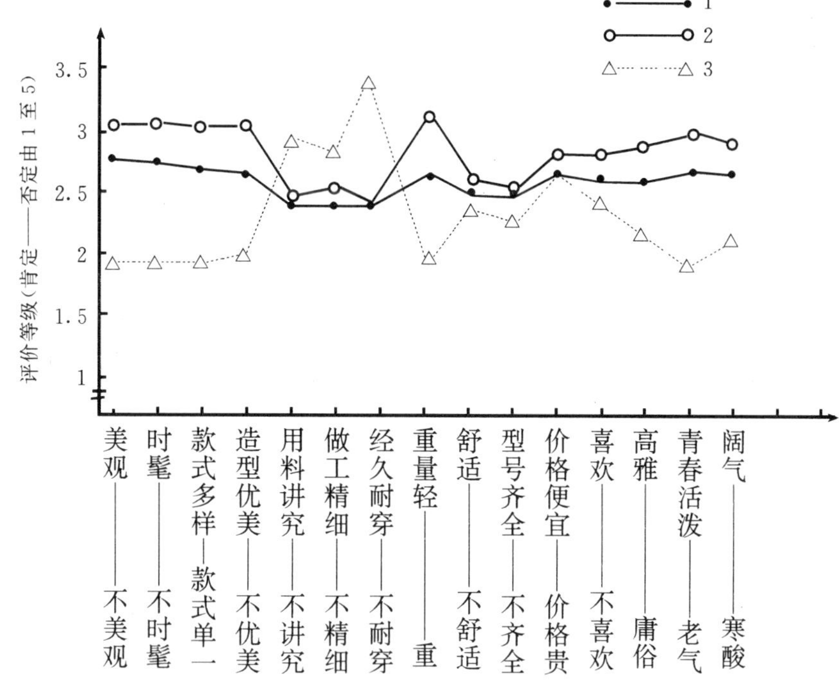

图 2　对三种同类产品(皮鞋)的商标意象
评价等级(肯定—否定由 1 至 5)

表 7　不同年龄受众对皮鞋要素的序关系

	排	序		
20 岁以下	耐穿	美观	舒适	价格
20—40 岁	美观	舒适	耐穿	价格
40 岁以上	舒适	耐穿	美观	价格

皮鞋要素序关系反映了受众对该类产品属性的价值观。以 20—40 岁的消费群体作为目标对象为例。在他们看来,“耐穿”与“价格”要素已不那么重要了,如今,最为关注的则是“美观”与“舒适”。

由于这样的价值观变化,提升和调整业已过时的经营理念成了该企业重塑自身形象的核心。

b. 大众对不同档次商品态度的变化

在计划经济年代里,从该企业的销售情况看,低档和中低档的皮鞋卖得很火,说明大众对它们的态度是积极的。可是,如今的情形已有了新变化,如图 3 所示。

考察大众对不同档次“不买”和“购买”的态度,对企业组织生产提供了有用的提示:生产中档和中高档符合大众购买皮鞋的行为倾向。

c. 需求概念内涵的发展

人的需求有物质方面的和精神方面的。前者层次低,后者层次高。依需求层次理论的观点,

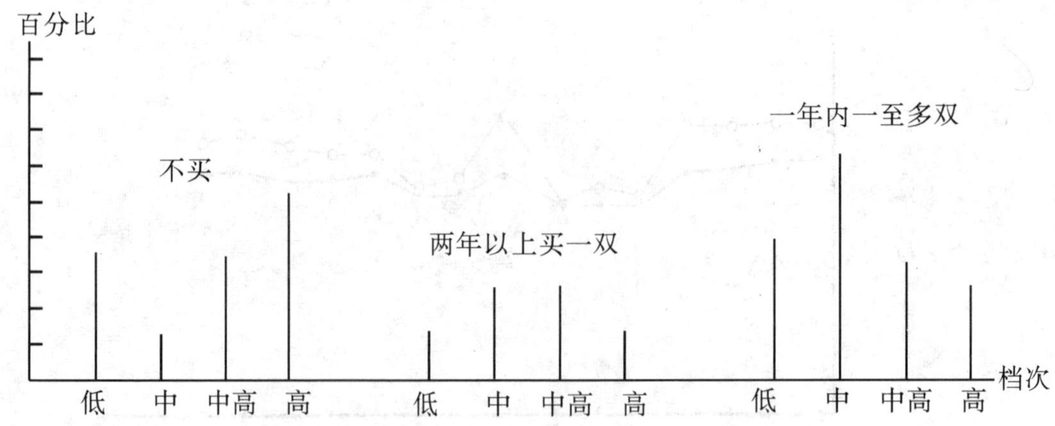

图3　对不同档次皮鞋的购买倾向

只有生理性需求得到基本满足之后，才能出现精神层次的需求。

一项有关的调查收集了消费者"在什么情况下购买皮鞋的"反映。结果显示，"旧鞋穿破了再买新的"人数比例占 47.0%；"见到合适的就买"占 49.8%。这一事实说明：需求的内涵正在由满足物质上的缺乏，上升到对心理上的追求。

d.需求模式的变化趋势

如果把满足物质上的缺乏和精神上的追求，分别看作两种需求模式，那么，对其变化趋向的预测就必须了解有关的规律性，首先是它与收入之间的依赖关系。

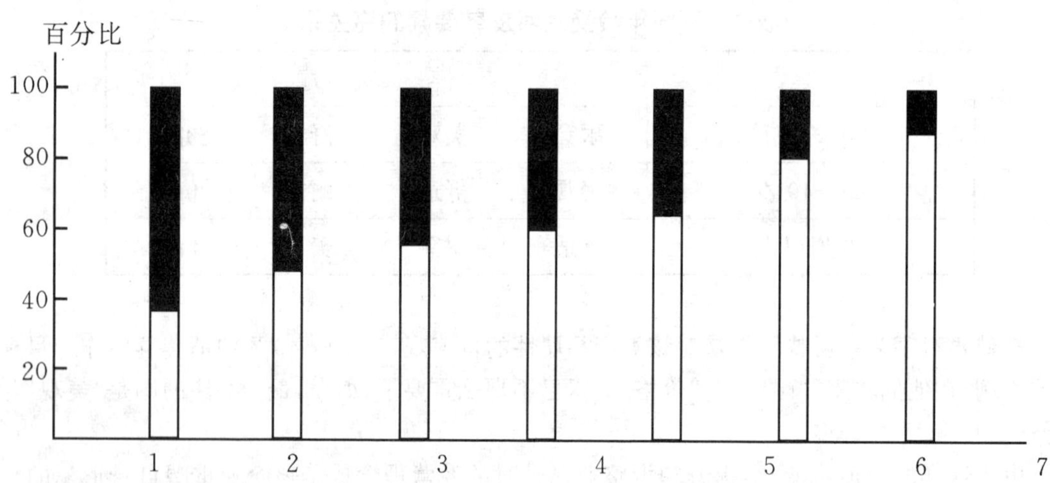

图4　不同收入群体的购买鞋需求模式（□"见到合适就买"；■"旧的穿破再买"）

注：收入(元)　1(0—100)，2(101—200)，3(201—300)，4(301—400)，5(401—500)，6(501—800)，7(800以上)

图4显示，随着消费者收入的增加，反映"精神追求"模式的人数比例呈递增趋向；而"满足物质缺乏"模式的比例呈递减趋向。由此可以推论，进一步开发该产品应当朝着有关"精神"属性：美观、大方、时髦、高雅等方面下功夫，才可能不断地给消费者以新的满足，从而受到欢迎。

上述消费大众的新变化说明，该皮鞋厂几十年来所奉行的"薄利多销、质量第一"的经营方针业已过时，原有留在消费大众心目中形成的那种"经久耐穿"、"价格便宜"为特征的品牌形象，不再起到促销的作用。因此，重塑品牌形象顺应潮流，成了该企业形象战略的重要任务。

通过这个实例的解说，一些很有价值的揭示是：当今消费大众的观念和行为特征发生了变化。了解这些新变化，对帮助企业有效地组织生产和塑造它的自身形象都具有现实意义。由此可见，把消费者作为广告的研究中心是实现广告更有效地为企业服务之本。它既符合现代营销观和广告开放系统的基本特性，又具有现实性。

让广告走出封闭状态，顺应时代潮流吧！

参考文献

[1] [日]饱户弘等著：经济心理学——销售与广告心理学，中国商业出版社，1987

[2] 马谋超、陈毅文："对我国广告效果的消费心理学探讨"，现代广告，1994，创刊号

[3] 马谋超等："广告作品评价系统的心理学研究"，心理学报，1992，N. 4，p. 422—428

[4] Ma Mou－chao et. al.，"Behavior Study of the Evaluation System for Newspaper Advertising Copy"，International Conference on Information and Systems'92，Edited by Zhang Shangkai，Zou Kaiqi，P. 744，Dalian Maritime University Publishing House.

[5] 国家工商行政管理局广告司、人事教育司编：
现代广告专业基础知识，经济管理出版社，1994

[6] [原联邦德国]彼得·萨尔曼著：市场心理学，经济管理出版社，1986年

[7] 马谋超著，消费者行为学，经济管理出版社，1994

Consideration on Circumstances of Interaction between AD and Consumer in China

Ma Mouchao　Chen Yiwen

(Research Centre of AD，　Consumer & Maketing Psychology
Institute of Psychology，Academia Sinica)

Shang Hengde　Ma Yuhong

(G. S. P. Advertising LTD.)

Abstract

According to the scientific principle that advertisting is a open system，this paper attempts to make a Consideration on circumstances of interaction between advertising and consumer in China. It is mainly examined to the relation of contact ad to such psychological variables as desire of purchase，consciousness of brand，quantity consumption，quantity buying. It is concluded from these results obtained that ad in China playes a positive role in consumpting behavior for late years，however，there is a problem awaiting solution associated with ad，that is less credible. Also，it illustrates by a real example that people's concept of value and consuming behavior have been changed，it is important for corporate to take cognizance of the point.

广告创意的理解定位

高凯征

广告定位理论的提出者杰克·陶特和阿勒·莱斯大概没有想到他们的理论会给世界广告业带来革命般的影响。不过,不能苛求他们的是,他们的定位理论对于后来的广告策略只是提供了一个大体的理论框架。当代广告战略的丰富与发展,已经实践地充实了定位理论框架,而且还要求这一理论框架的进一步充实。也正是出于这样的理解,本论文决意根据我国广告创意的实践,对创意的理解定位问题作以探索和阐述,以便提高创意广告传播水平。

一、广告创意的多层次境况

毫无疑问,任何广告宣传都是以销售为目的。已故当代广告最伟大的创意人物彭巴克曾就此说过一句名言:"广告世界中的任何人如不说他的目的是销售,则他不是无知就是骗子。"①彭巴克以他一流的广告创意实践了这句名言。

那么,广告创意如何达到它的销售目的呢?这几乎是所有广告创意者都着力解答的问题。然而远非都解答的很好。就我国目前的广告创意情况说,精美者不在少数,新奇者也不在少数,创意形象的联想正日渐丰富。然而,如1993年西方的一名广告专家看了我国部分广告后所评价的那样,总的说,是有新意,但还缺乏转化为消费者购买行为的推动力。为什么会出现这种情况?国内的一些广告研究者已经对此形成关注。这方面的文章已经时有所见。多数研究者的共识在于,总体说目前国内的广告创意还没有把力量充分集中在对于消费者利益的承诺上。这一共识自然是合于广告创意目的的。消费者为广告所动,不仅是止于广告欣赏,而是形成对于广告产品的购买冲动。其中一个基本原因,在于他们经由广告而确认,广告产品带给消费者的利益值得他们为购买产品而付款。美国广告理论家舒尔茨曾概括出一个消费者购买方程式:$\frac{B}{P}=V$。其中B=利益,P=价格,V=价值。用他的话说:"当利益大于价格时,价值则超过一,这时人可能就会购买。而当价格大于利益时,价值则小于一,这时人可能就不会购买。此一方程式虽然简单,但为商业销售及广告整个的基础。"②

因此可以说,不以消费者利益为广告创意智慧运用和广告创意实施的根据,而另外地追求什么审美效果,告知效果或关注效果,对于广告创意目的的实现都将是徒劳。有学者将广告创意范式概括为消费者的利益承诺及承诺理由,这真是有识之见。

不过困难的是,对于广告创意来说,广告产品提供消费者利益的情况,并非在消费者利益需求获得满足之后,而是在这种需求满足之前。这便不是证实而是预测。任何预测都离不开预测主体的条件,如立足点问题,产品市场状况的了解问题,潜在消费者的认定与评估问题等。这里任何一点主体条件的偏差,都会影响广告创意目的的实现,就目前情况说,创意预测主体的条件偏差已成为很突出的问题。比如创意预测主体往往是从产品或产品厂家的角度而非消费者角度来确定利益，一厢情愿地说自己的产品如何好，如何精，说自己的产品有什么独特之处。说产品的好和精，并不等于对消费者的利益承诺，说产品的独特也不等于消费者的利益获得，据此进行的广告创意，常常就是那种自吹自擂式的肤浅创意。

消费者的利益达成情况是多元的，具体说，对某些消费者有利益的产品，对另一消费者可能就没有利益；对某些消费者利益较大，对另一些消费者则可能利益甚微。即使是同一支消费者，在不同的时间或境况下，其利益达成情况也会有所不同。这就要求广告创意者进行准确的消费者利益定位，并进而进行准确的消费者利益承诺。以某种洗发香波为例，它给予消费者的利益承诺，主要在于消除头皮屑，而这一利益承诺对于多数体力劳动者并没有更大的意义，他们的工作环境与工作条件，使这一承诺暂时构不成他们购买行为动力。所以广告创意者如果无力根据消费者利益的多元情况进行准确的利益承诺定位，广告创意便难以成功。

纠正了广告创意预测的偏颇，准确地进行了消费者利益承诺定位，这还只是广告创意定位的第一步。接下来，广告创意者便面临着广告创意多元性。即是说，广告创意者可以在不同的接受层次上形成创意。

广告创意，倘若解释得通俗些，便是为并非艺术的产品或劳务信息创造出一件艺术的外衣。艺术的吸引力、震撼力、渗透力与广传力，既是人类史的产物，又为人类史所不断证明。广告求助于艺术，与艺术联姻，则使广告目的的实现得到了充分的保证。世界上大量优秀广告，如彭巴克为金龟子轿车进行的情节创意，李奥·贝纳公司进行的万宝路品牌形象创意，尼哈史广告公司为帕凯人造奶油进行的“自擂”包装创意等，都是借助于艺术而征服消费者的。这也就是当前众多广告创意都千方百计地走艺术化之路的原因。

广告创意的多元性主要体现在广告创意艺术化的多元性上。于是，艺术的众多方法、原则、风格、趣味等，也便成为广告创意者关注的热点。如艺术的象征手法，成为万宝路香烟广告的拿手好戏，没有象征的引入，也便没有万宝路的品牌形象。再如艺术的对比手段，常被广告创意用来强调产品的功能，艺术的表现手段，常被创意用来充满人情味地强调产品的使用效果。至于风靡世界的可口可乐广告，如果离开艺术的移情与体验手段，也将一筹莫展。

总之，艺术的丰富性，为广告创意传达其消费者的利益承诺，并进而实现广告创意目的，无疑是提供了广阔的天地。我国目前的广告创意问题，或者出在消费者的利益承诺及承诺定位上，或者出在为其消费者利益承诺定位确定恰当的艺术表现手段上。广告创意的利益承诺及利益承诺的艺术表现的多层次状况，要求每一个广告创意人员都必须充分地了解市场、了解产品、了解消费，同时，也要充分地了解艺术。

二、广告创意理解定位的多重根据

广告创意需要借助艺术，但借助于艺术的广告创意又毕竟不同于艺术。当广告创意真正地成为艺术的时候，也便是广告创意目的的取消或广告价值的丧失。

1. 广告创意借助于艺术又并非艺术

广告创意有别于艺术之处，可以概括为如下几点：

(1)目的差异。广告创意目的，如前所述在于销售。为此目的，广告创意只能以产品信息为根基，以消费者利益的承诺为依据，至于产品的功用、特性、工艺水平、原料、外型等，都是为支持创意的利益承诺而进入广告的。离开了利益承诺的任何产品信息的广告表述，都是无根之木。艺术对于广告，仅是其手段和穿着的外衣。艺术则不同，艺术的目的在于有机整体地展示人和人的生活，展示人的现实生存状态和人生价值。与广告的直接销售目的相比，艺术的目的性实现于它没有直接的功利目的。在艺术中，艺术既是表现的手段，又是它本身，除此之外，艺术再没有复加的有用性。

(2)接受差异。广告接受者是消费者，而且不是一般的购买群体，而是有与产品对应需求并有对应购买力的人们。广告创意就是要在人群中确定这些人们，吸引这些人们，并形成他们的产品购买行为。这样，接受群体对于广告创意的接受，也只是得鱼而忘筌，得兔而忘蹄，他们总是倾向于穿越广告创意的艺术手段而接受广告产品信息，接受创意的利益承诺。艺术并不谋求如此具体的接受群体，它甚至不着意地谋求接受群体。而艺术从性质上说，并非为人们的需要而作，它即使应和了某些人的需要，那也是一种暗合。不少艺术家都公然宣布，他们的艺术之所以是艺术，就在于这艺术超越了人们的现实需求。人们把那类应和某些人现实需求的艺术品称为媚俗的、平庸的艺术品，说这是艺术的沉沦。人们接受艺术也不是为得到艺术之外的什么利益或信息，他们接受的，就是这艺术本身。

(3)途径差异。广告是通过大众传播媒介而面向大众的，因此它便必然受大众传播媒介的制约，在大众传播媒介中形成、确定自己的艺术形式。艺术的传播途径主要的不是大众传播媒介，即使它偶然被大众传播媒介所传播，它也仍然要保持自身规定性，亦即艺术的自全自足性。

广告创意与艺术的差异性还可以举出一些，主要的则在于上述三点。

本文接下来谈的广告创意理解及理解定位，就是以广告创意与艺术的差异性为前提的。

2. 广告创意理解——识辩性理解与转译性理解

广告创意唯有在消费者那里达成理解，才谈得上广告创意目的的实现。

如前所述的广告创意与艺术的差异，决定了广告创意理解与艺术理解的差异。艺术理解主要在于对艺术所展示的人及人生状况的理解，这种理解要求接受者必须以自己的人性状况与人生体验为根据，这是全身心的投入，是人的整体性实现。广告创意理解则不要求接受者的人性整体投入，理解的达成也并不是接受主体的整体性实现。广告创意的利益承诺目的，决定着广告创意理解主要是某种产品或劳务需求能否被满足和能在多大程度上被满足的理解。理解主体在广告创意理解中只是获得了某种现实需求的承诺性实现。所以对比之下，艺术理解是人性的、人性状态的，广告创意理解是功利的、功利阶段性的，艺术理解是身心整体的，广告创意理解是局部需求性的。

广告创意理解可以分为两种类型：

(1)识辩性理解

识辩性理解，即消费者对广告创意所传达的利益承诺信息得以认知与明确，利益承诺的既定性规定了在识辩性理解中，理解主体处于被告知的被动地位，他的潜在需求由此被唤起，他的既有需求由此被定向。

识辩性理解主要指向告知性广告创意。如低泡沫高效洗衣粉、防晒润肤露、速效止泻药、变速自行车等。这类产品都以某种新开发的独特功能投入市场，告知性广告创意旨在把这类信息生动、形象地传达给消费者，以引起消费者的购买冲动。

识辩性理解的达成需要如下条件，即：

a. 形象理解。理解主体一定要对广告的创意形象及形象内涵形成确定理解，并且这一理解要与创意主体的形象意向及形象内涵强调尽可能地一致，不能含混不清，也不能有歧意。做不到这一点,则或是理解主体不具备形象理解的条件(如必要的知识、经验、需求等);或是形象创意的不成功,没有做到形象意向或形象内涵强调与欲传达信息的对应与切合。

b.创意形象与创意信息的关系理解。这种理解主要是一种直觉理解。如某家广告公司所作的寻求合作的广告:两手握在一起的手。

直觉理解的依据是经验。是经验积累形成的经验结构对于对象的瞬间把握。因此,这种关系理解以理解主体的经验差异性而异。对于广告经验丰富的西方消费者轻易便形成直觉的创意形象,对于广告经验较少的我国消费者则未必能形成直觉。一个具体的创意形象如果不能使理解主体对形象与信息的关系达成直觉理解,则或者是理解主体不具备接受条件,或者是创意主体没有在形象与信息间成功地建立起直觉关系。

c.创意目的信息与消费需求的关系理解。需求是一种待动状态,潜在需求则是一种待启状态。创意目的信息获得消费需求反响——无论是需求还是潜在需求,都必须以二者关系理解为条件。这种关系理解分为一拍即合式与诱导式两种情形。不过哪一种情形都需要一定的经验条件和期待条件。日本的家用机器人创意广告之所以目前在我国多数消费者这里还达不成需求关系理解,就是因为后者还不具备对这类产品的期待条件。

(2)转译性理解

转译性理解是理解主体对广告创意形象形成一定的解释,这种解释以创意目的信息为根据,又融入理解主体的某些主观因素,从而使解释成为解释主体对创意目的信息的个性化理解。所以,这不是识辩性理解的那种既有信息的被告知,理解主体不再是被动地接受,而是有了接受的能动性。紧张竞赛中的自行车运动者急切地伸手去按罐装饮料的可口可乐创意形象,在消费者那里所达成的理解,显然就不是可口可乐能够喝这类识辩性的。不同的理解主体会对这一创意形象作出不同的解释,如清新、清爽、解渴、快感、刺激等。但不管解释得如何富有个性,也都是以可口可乐是生活必需饮料这一创意目的信息为根据。这就是转译性理解。

转译性理解更适合于品牌形象创意或利益承诺状况创意。

转译性理解的达成也有其理解主体的条件要求:

a.形象定向理解。提供转译性理解的创意形象往往具有多重信息的形象整体性,同时由于这类创意形象与产品自身信息之间往往不具有告知的直接对应性,所以,能否对这类创意形象所提供的整体性信息进行定向选择,从而保证创意目的信息的能动接受,就成为转译或解释的前提。还以那幅可口可乐的招贴广告为例,如果理解主体把更大的关注投放在那辆轻便赛车,或运动员的体魄,或那身运动服上,广告形象的解释便都会出现偏差,甚至可能风马牛不相及。要保证解释的广告效果,离开创意形象的定向理解是不行的。而定向理解的根据则在于理解主体对创意形象作整体性把握的经验(既有一定的广告接受经验,又有一定的生活经验)。

b.形象体验。转译性理解既然是主体融入其中的能动理解,主体能否对创意形象融入就显得非常重要,融入即物我融一即体验。体验是一种忘我的身心投入,体验的形态是情感的积极活动。面对万宝路香烟广告,如果理解者不能从马背上的牛仔体验到男性的崇高感,进而把这种崇高感与万宝路香烟形象地联系起来,这幅广告便充其量也不过是一幅艺术摄影。面对那幅可口可乐广告,如果体验不到燥热,焦渴的运动员骤然见到可口可乐饮料时那种喜悦,这一创意形象也就不会有广告意义。而体验,如心理学家所说,是必须建立在经验的基础上的。孩子面对万宝路香烟广告不会作出香烟的解释,是因为他们还没有男子汉的经验以供他们的形象体验。

c.需求唤起。转译的解释是主体融入性的。是什么保证着理解主体融入形象后不止于形象体验本身，如艺术欣赏那样，而是及时地把体验引导到创意目的信息的关注上去呢？这便是创意目的信息所唤起的需求。这种需求被创意形象唤起，并立刻由创意形象而指向满足需求的产品或劳务对象。倘若创意形象无力作这种唤起和引导，创意形象便失去了广告意义，而理解主体被唤起需求，并把需求指向广告目的信息，首先要求主体确有这种需求或潜在需求，同时也要主体有在需求与广告产品或劳务间建立起满足关系的经验。二者缺一不可。

以上便是广告创意理解的两种基本情形。这两种基本情形有着共同的理解主体要求，即理解的经验与需求。

三、定位理解与理解定位

任何广告创意都需要理解，而任何理解都要依据于经验。

理解广告创意的经验也好，需求也好，在作为理解主体的消费者那里，总免不了差异性。换言之，不同的消费者因其经验与需求状况不同，对于某一具体的广告创意达成的理解也不同。任何成功的广告创意，只有在它对应的消费者那里，才能充分地实现其创意目的。这便涉及到广告创意的定位理解与理解定位问题。

1. 广告创意的定位理解

广告创意的定位理解体现在两个方面：一是广告创意通常是见之于创意形象的，形象的一个基本属性在于它的多义性。广告创意形象虽然比艺术形象要单一和意义确定，但多义性仍然不难排除。这就使广告创意形象有了一个条件限定，即在其多义性中必然有一种意义是最切近广告创意目的的。我把这种最切近于广告创意目的的意义称为意义定位。广告创意的意义定位与创意目的不是同一个概念。意义定位见于完成了的广告创意形象，而创意目的则先于创意形象而提出并实现于创意形象。意义定位概念的提出具有广告创意的实践意义。首先在于它要求创意者更注意追求创意形象的意义集中性与明确性。“最好的广告策略，通常是由对单一目标市场的一种清晰、实用的利益，或者是一个解决问题的方法所构成。……就一些广告策略而论，通常更多不见得会更好，它只能使人困惑。”[③]其次它要求创意者形成一种自觉，即调动各种手段把最切近于广告创意目的的意义强调或突出出来。

二是意义定位的实现还要有消费者的理解限制。即是说，对于具体创意形象的意义定位不同的消费者会有不同意义的理解或对同一个意义的不同程度的理解。而在这多种理解和理解程度中，应该有一种理解是最切近于广告创意目的。我把消费者群体的众多理解中，最切近于这一理解者，称为定位理解。定位理解是一个接受学概念，即是说，定位理解既不是创意主体的单方确定，也不是理解主体的单方确定，它是二者经由具体的广告创意形象而达成的协调与共识。创意追求与创意效果统一于其中了。一幅以飞机为衬的女鞋广告，创意者的意图或者说意义定位在于指出这种女鞋的驰名四海。而接受效果调查表明，多数消费者将之理解为名贵身份的象征。这种初衷与效果的矛盾，在接受学意义的定位理解就可以统一起来。

2. 广告创意的理解定位

定位理解是从理解切近于目的角度设定的概念，这是就理解而言。但在广告行为中，广告理解只能是消费者的理解，定位理解也只能见诸于特定的消费者群。我把消费者中对某一广告创意的理解最切近于定位理解的消费者群，称为理解定位。

理解定位是创意主体在创意之初就该确定的，这是预先设定的创意接受对象。具体说，这是首先要解决为哪些消费者创意的问题。至此，我在上一个题中所论述的理解主体的条件规定性在这里就派上用场了。

如前所述，任何创意理解都离不开理解主体的经验与需求。从这个角度来要求理解定位，就是设定具有相应经验、状况与需求的消费者群体。这一步实现，创意的定位理解才能实现。对此，日本仁科贞文先生曾从广告心理的角度作过一定阐述。“不同的电视、广播节目、杂志的报道内容，所到达的消费者层的可能性是不同的。如记录片的节目，适合于教育程度比较高，收入水平较高的人们，而答问比赛节目则适合于老年人。此外，根据时间带的不同，观众的构成也有所不同。”接着，他又例举了一些广告实例：“奥林匹斯光学公司OM1型相机所采取恒常不变的出稿一事，很是著称，据说它是配合目标在电视上专搞西方电影节目来提供节目；华视尔内衣公司则是适合女性视听者的爱好，选用适合于她们的剧和西方电影节目；清酒制造商的‘松竹梅’，品牌为适合男性需要则选择职业棒球队比赛节目；‘高级厨师’（即电子烤箱）则采取在节目中插入品牌特征，提供了‘到处转的烹调术’一类的烹饪节目等等。”[④]由这类例证可以看到，广告创意策略的确定及创意形象的形成并非先于理解定位，而恰恰是依据理解定位的。理解定位是形象创意的先在依据。由此足以见出理解定位的创意重要性。

创意理解定位又可细分为如下方面：

①理解的空间定位，毫无疑问，不同消费者生存空间的差异性难免要影响他们的经验差异性，空间是任何经验的基本形态也是基本限定，并且，经验是否活跃也受空间条件的影响。此外，构成理解心理动力的需求，也并非泛化的心理冲动，它总是发生于特定空间的需求。因此，设定创意的理解定位，不能不考虑空间因素，如地域、区域、城乡等。

②理解的时间定位。需求发生及需求强度的时间性是不言而喻的。昨天的需求受到各方面的影响与作用，未必再是今天的需求。而且，经验的时间性特点尤其是经验活跃程度的时间性特点也同样地不容置疑。经验及经验运用只能是一定时间中的经验及经验运用。此外，理解的时间定位还表现为理解的时间长度定位与理解的重复度或节奏定位。创意的月理解程度与周理解程度往往具有明显的差异。一般认为，保留时间较长的路牌广告与招贴广告，其理解难度可以偏高一些。

③理解的生态定位。生态定位，主要包括年龄、性别、身体状况。这是主体经验形态和经验广度及活跃度的自然根据或机体根据，它更具有直接体验的性质。百事可乐如果不是成功地运用了年龄的理解因素，把理解重点定位于青年一代，它便很难有今天的市场优势。

④理解的文化定位。文化规定着人的现实生存状态，当然也具体地规定着人的现实经验。根据文化结构理论，文化可以进行纵与横的层位划分。横向文化层位，可分国度文化、民族文化、宗教文化、地域文化等；纵向文化层位，又可分为低层位，中间层位与高层位。在不同的文化层位上，分布着不同的文化群体，这些文化群体有属于自己的文化交往、文化符号、文化习俗、文化需求等，这决定着他们对广告创意的不同理解。

⑤理解的职业定位。应该肯定，作为社会分工的职业在市场面前，并不构成更大的限制，人们并非以职业的身份投入市场，而是以生活消费者的身份投入市场。市场的职业界限并不分明。不过，同样应该肯定的是，职业的差异毕竟影响着创意理解。这是因为不同职业的人有受其职业制约的人生经验和生活需求，职业构成他们的生存状态，因此也规定着他们的理解，更何况，有些产品与劳务又确与职业相关，创意理解定位顾及职业因素，实在是必要的。

⑥理解的心理定位。心理定位是对创意达成理解的内在根据。它包括需求强度、联想广度、感觉敏度、体验深度等。同时，理解的心理定位又是一种见之于心理活动的综合定位，即是说，理解主体的文化状况、生态状况等，必然对心理活动形成规定，并在心理活动中具体化。有经验

的创意者在创意之前总是要分析相应的消费心理,实际就是在求得理解的心理定位。

⑦理解的趣味定位。不同的文化群体与生态群体往往在审美趣味上形成差异。如男性对创意整体性的关注,女性对创意细节的关注,青年人对时尚的热衷,中老年人对自己青春时代的回顾等,都与审美趣味相关。在理解定位中充分考虑不同消费群体的审美趣味,对于创意形象的形成、创意形式的安排、色彩的运用、模特的选择、节奏的安排等,都有直接的意义。

上述七个方面在任何一次具体的广告创意中都不是选择关系,而是综合运用,整体把握关系。经由这些方面的理解定位分析,广告创意将更为生动,也更容易实现其创意目的。

①引自舒尔茨等著《广告运动策略新论》(下),中国友谊出版公司,1993年版,第8页。

②同上,第9页。

③同上,第26—27页。

④(日)仁科贞文著《广告心理》,中国友谊出版公司,1993年版,第128页。

企业实施CIS中的制约因素与对策

陈志宏

CIS于八十年代中期导入中国,到了九十年代日益被我国的大多数企业所重视和采用。近年来,全国的一些沿海地区、大中城市掀起了一阵阵的CIS热,企业纷纷导入CIS。

在市场经济的发展过程中,企业间竞争的基本方式大致有以下三种:一是产品竞争,主要是质量、价格、品种、款式的竞争;二是促销手段的竞争,主要是广告宣传、销售策略、售前、售中、售后服务等方面的竞争;三是企业形象竞争,这是企业综合实力的竞争,是现代市场经济条件下高层次的竞争。据有关资料显示,企业时下投入形象竞争的费用日趋上升,在发达国家已进入形象竞争的时代。

国际企业界已经把"形象力"同人力、物力、财力相提并论,称之为企业经营的第四种资源。"形象力"被公认为是二十一世纪企业新动力。"形象力",或者说企业形象的力量,何以成为企业经营与发展的新动力?这是因为市场经济的高度发展有力地促成了消费者消费行为的变化。当今消费者对产品及其生产企业的认识与选择,日益超脱于物的层面而注重价值层面,且越来越独立和有主见。在物质匮乏或消费能力有限的年代,消费者不可能有充分选择产品的自由,谈不上独立、无所谓主见,也难以"超然物外",一般都注重产品是否经久耐用;但随着市场经济的发展,商品日益丰富,生活水平和受教育程度的不断提高,消费者有了充分选择自己喜欢产品的自由,企业面对的是越来越有主见和个性的消费者。企业开始采用二个基本对策:其一是产品差别化,在质量、功能、外观等"物的方面"营造特色;其二是举办以"诱导消费者"为特征的促销、广告活动。然而产品差别化竞争的最终结果是趋同化;各种硬行促销手段则越来越招致消费者的反感。于是,企业形象设计即CIS的理论和实践应运而生、日臻成熟。企业导入CIS,是为塑造并向社会公众传播企业形象,并不断增强"形象力"。它以"美好感"首先赢得消费者的心，进而赢得他们对企业产品的选择，在这里，“攻心为上”替代了硬销的下策；它又以“夺目感”抓住消费者的视线，让消费者熟知和审记产品及企业，具体而言，即是以品牌价值的差别化来克服产品本身“物的趋同化”所造成的识别特征模糊或丧失。

改革开放使中国企业逐步摆脱了计划经济的束缚，走向了市场经济发展之路。企业在参与市场经济的经历中，逐渐地发现了外国的可口可乐、IBM、皮尔卡丹等，中国的健力宝、太阳神、娃哈哈等中外名牌产品、名牌企业、良好形象等会给企业带来引人注目的可观效益与价值，带来了强有力的市场竞争力，同时也深深地了解到社会公众对名牌的崇拜与消费欲求强烈。这些都使中国的企业家渐渐地领悟到了，名牌产品、名牌企业、良好形象对企业具有非常重要的作用。当今的中国企业在逐鹿市场的激烈竞争中已开始做战略性的举措了。

CIS 的目的在于全方位设计和树立一个独具鲜明的良好的企业形象。这是一种企业形象战略，也是企业发展提出的一个战略目标。问题是这战略目标的提出源于企业之外的一种被迫要求，而非生于企业之内的一种客观审视后的积极主动要求。从目前中国企业实施 CIS 的情况来看，战略与现实脱节现象十分严重。它的实施受许多条件的综合制约。

1. 市场环境的制约。我国的市场经济体制刚确立，还很不健全，在市场竞争中，讲人情，拉关系，凭权势，区域性、行业性封闭，地方保护主义等陋规恶习还很严重，公平竞争环境氛围还未形成。不完善的市场竞争环境，制约了 CIS 的健康发展。从 CIS 的发展历程来看，真正显示出巨大效果，更多的普遍反映在市场经济发达和成熟的国家和地区。CIS 的成功运用，在某种程度上标志着市场竞争规则的完善。然而，我国尽管已逐步颁布了《反不正当竞争法》等法规条文，但要形成完善的市场竞争规则，还要有一个艰难的过程，市场上的不公平竞争是使 CIS 健康发展的主要障碍。

2. 人才的制约。目前，我国 CIS 人才十分紧缺，面对众多的企业，CIS 人才远远供不应求即使已经从事 CIS 的人员，大都也没有经过专业理论的系统教育，而是从搞广告策划、设计转过来的，有的甚至仅仅懂些广告理论而已。其次，我国目前还没有专门培养 CIS 人才的院校，某些院校虽然有时也请专家办 CIS 讲座，某些地方也举办了 CIS 人员培训班，但大都不系统，不规范，难以构成灵活多变的 CIS 战略。

3. 企业内部条件的制约。首先，鉴于我国的经济体制已进入了一个大变革时期，许多企业尤其是那些国有大中型企业也相应地步入了战略转型和调整期。在这一时期中引起的产业、产品的调整及市场的重新定位等相对“动荡”，使许多企业导入 CIS 还不具备基础。其次，我国许多企业由于产权关系不明，经营管理体制落后等原因，而直接影响了企业决策层的地位及其稳固性与长期性，进而形成了一些企业领导人只求短期效益、对短期业绩期望过高的实用主义经营管理思想与行为，缺乏促进企业长期兴旺发达的责任感与使命感。再次，我国许多企业管理基础薄弱和管理水平不高，没有自己有特色的经营价值观，以及运转自如的组织体系及优良的企业文化，这些都制约着 CIS 的导入。第四，不少企业对有无必要导入 CIS，采用模棱两可的做法。自然态度影响行为，CIS 是否能付诸实施，实施的效果如何等必受制于企业对 CIS 的态度。

4. 策划公司水准的制约。目前，各种以 CIS 招揽生意的设计策划公司蜂涌而起，良莠难分，以我国南方的一城市就有 300 多家自称具备 CIS 设计能力的企业策划机构。目前全国这类公司不但分布极不平衡，而且构成也日趋多样化。从规模上看，大中小俱备；从性质上看，国有、集体、合资、独资、私营应有尽有；从设计水准和服务取向上看，有以全面代理为目标，代表着中国企业策划业未来发展方向的综合性公司；有侧重某一创意、某一制作环节的专业性公司；也有既无综合实力，又缺乏独特创意及专业人才的皮包公司。正是这些皮包公司给刚刚起步的中国CIS策划业带来了混乱，致使企业不敢贸然行动。

策划公司的水准是企业实施CIS的重要的辅助推动力量。企业CIS作为一项系统工程，其策划与实施必须有一个高水平的专业策划公司来辅助配合。而目前的CIS专业策划公司由于人力、物力、财力等的限制，策划、制作CIS的水平与能力尚很低。因此策划出来的方案不切企业客户的实际，可操作性差，这自然影响了企业对导入CIS的认识、情感与行动。

5. 思想认识的制约。我国的大众传播媒介、教育培训机构等对CIS思想的传播还有些偏差，缺乏一定的准确性与完整性。CIS的运用在发达国家已有半个多世纪的历史，而CIS的理论传入中国不过十年的时间，因而我国有关CIS的理论和实践都还处于起步和探索阶段，无论企业还是策划公司，对CIS的运作还说不上达到成熟的程度，更谈不上形成适合我国国情的CIS理论。

由于缺乏系统的CIS理论的指导，一些企业对CIS的性质、运作和作用都缺乏全面的了解和掌握，还存在着不少错误的认识，主要有以下几方面：

①认为CIS是花拳绣腿，中看不中用，没有必要引入CIS。不少企业法人代表不具备现代经营管理素质，认为过去没有使用CIS，甚至听都没有听说过CIS，不是也取得了成功吗？所以没有必要引进CIS。还认为舍弃原有的企业品牌、办公用具更新是浪费，加之引入CIS的效益短期内难以直观体现，不如产品让利促销来得实在。所以对科技、理财、人事等硬件舍得投资，而对具有极高附加值的CIS战略的投资却十分吝啬。

②认为CIS是解决企业一切问题的灵丹妙药，对CIS期望值过高。有些企业认为，只要导入了CIS，企业存在的管理水平低下，经济效益不高等问题便可迎刃而解了，一夜之间企业就能成为赢利大户。事实上，CIS作为企业经营管理的一种理论和策略，具有软性投资的长期性，不可能立竿见影，并且它有着自己特殊的作用范围，而不能取代企业管理的各个方面。

③认为建立视觉识别系统(VI)就是CIS的全部。将CIS仅仅当作一种“包装纸”，停留在企业标志、标识的设计、塑造上，而抽掉了CIS最本质的“灵魂”，即企业精神、经营理念，客观上造成了企业形象的扭曲和误导。其实CIS是一个系统工程，包括理念识别、行为识别和视觉识别三大部分。其核心和基础是企业的素质，包括产品质量、经营信誉、名牌意识、产品创新、服务水准、员工素质、管理水平等。因此，塑造良好的企业形象，不能只把希望寄托在视觉识别系统上。

④认为企业导入了CIS就可坐享其成。事实上，CIS的导入本身就是一个长期的综合积累过程，需要长期投资，进行不断完善，并且要根据变化了的经营环境及时进行更新。否则，原来一套成功有效的CIS就会蜕变为不能适应市场和社会公众的CIS，这样不但不能塑造良好的企业形象，反而会损坏企业形象。

为使我国的CIS事业得以健康的发展，使企业的CIS得以顺利地实施，取得良好的社会效益和经济效益，提高我国企业的市场竞争力，需从改善制约CIS发展的各种内外部条件入手，为此提出以下对策：

1. 从市场环境方面，需要继续深化改革，完善市场经济体制，健全市场竞争机制，制定各项市场竞争法则，创造一个公平、公正、公开的有序的市场竞争环境，从而为企业导入CIS提供一个良好的社会环境。

2. 大众传播媒介和教育培训机构应以发展中国CIS事业的责任感与使命感，科学地、准确地、完整地传播CIS思想，消除社会各界对CIS种种不正确的认识和误解，给企业实施CIS提供良好的舆论环境和正确的导向作用。

3. 从企业内部来讲，要改革企业内部经营管理体制，加强企业决策层的稳定性和连续性，避免其短期行为。企业领导者要从企业长远发展的利益出发，通过各方面的努力，排除保守和自满情绪，深入了解CIS的意义和价值，充分把握导入CIS的时机，慎重地选择合适的策划公司，与此同时，由于企业全体员工是企业CIS表现的主体，所以企业要重视和培养全体员工的素养，使其充分体现企业主人翁意识与责任感。

4. CIS策划公司应运用各种方法全面掌握公共关系、市场营销、企业经营管理、工艺美术设计、大众传播、创造性思维等方面的知识、经验、技能，积极网罗各方面人才，以改变目前许多公司偏重工艺美术设计的结构。努力探索CIS的各种要素，提高策划水准，适应企业现实与发展的需要，以真诚合作的态度，协助企业成功地导入CIS。

从目前情况看，在我国的一些大城市的CIS策划已出现了一些引人注目的新变化，主要表现在以下三方面：第一，CIS的策划设计队伍开始由"美术人才主导型"向"综合型"发展。早先的CIS设计者多是美工出身，对企业的价值观念、营销策略等涉及不深，也难以进行高品位的提炼。新起的策划者则可能是营销、中文、经济背景出身，他们在把握企业形象的诉求点时更切合实际，也更有深度。第二，CIS客户的全国化趋向，原来我国的CIS客户主要偏重于南方，现在全国各地的企业都越来越重视CIS在市场竞争中的地位和作用。第三，CIS的内涵和外延正在实践过程中变得"中国化"。也就是说，CIS这个舶来品，正在被中国的策划公司消化、吸收，结合中国的国情，创造出越来越多的有中国特色的CIS作品。这也为建立有中国特色的CIS理论体系打下了良好的基础。另外，CIS策划的对象不仅限于企业，而且还扩展到了一个镇、县、市、地区、省乃至一个国家；除了经济领域外，其他领域如政治、文化、社会、教育、体育等各行各业也可进行CIS策划。

5. 提高对CIS地位、作用、含义的准确认识。创名牌、塑形象，导入CIS已成了当今中国企业走向大市场，参与激烈角逐的迫切需要与选择。提高对CIS的准确认识，有助于企业更好地运用CIS战略。

①CIS具有战略性、系统性、独特性等基本特征。企业导入或实施CIS，首先必须从企业全局和发展的长远目标上考虑，即坚持从战略上着眼，密切注重长期的效益。因此，企业的CIS必须持久开展，并且从各方面、各阶段表现出CIS的整体思想；其次，企业要从CIS构成的三部分有机联系上系统把握。即CIS各部分都必须在企业统一的目标、宗旨、精神、文化等指导下规范化、标准化地表达出一个系统整一的形象。这是CIS的灵魂；再次，企业实施CIS时，除了注意战略性和系统性外，还要注意形象识别的独特性，这是CIS策划与实施的关键，即无论从理念精神到行为规范到视觉识别，都要刻意表现出与众不同的让人易于识别的良好形象。

②注意把握好MI、BI、VI三者之间的关系。CIS是由三个子系统组成的，这三个子系统是支撑CIS的三个支柱，在具体实施CIS设计时，应把握好这三者的关系。首先，企业应确立并明确其主体性。它包括企业员工对企业共同理想、发展观、价值观等一致性，以及对外界言论的一致性等。CIS的实施程序，就是先确立企业的主体性，再展开企业形象的识别设计。因此，应首先确定自我的企业精神，规划出经营信条、经营策略等。其次，企业要不懈努力地塑造良好的形象。企业形象的范围很广，它可以是企业的标志，企业的业绩，也可以是企业的行为等等。总之，它是指对企业的整体评价。良好的企业形象能博得大众的好感，得到社会的承认，加强企业的综合竞争力，并在失误或困难时减轻损失或影响。因此，通过CIS的持久推行，强化企业形象，增加社会认同，是企业生存与发展的理想途径。再次，传达企业经营管理信息，应具有视觉上的统一性。在信息社会中，企业是一个基本的信息源，它所传达出来的信息主要诉诸人的视

觉。标志是代表企业的主要符号，它和企业的标准色彩、标准文字等构成了VI系统的基本要素。作为核心，它们贯穿于企业的视觉识别系统，并将林林总总的识别要素，从广告、包装到内外环境，熔铸为一个统一而有变化，结构严密并富有层次的系统。这种经过精心设计的VI系统，能科学而艺术地传达企业理念，表现企业生产、经营及产品、服务的品质，满足消费者内在心理需求，使他们迅速地辨识和接受。面对现代市场的激烈竞争，各种广告、包装等构成的信息洪流充斥着消费者的每一视听空间，企业在信息传递中会遇到十分复杂的情况，如果缺乏完善的识别系统，容易造成企业形象分裂、混乱，甚至发生相互抵触的情况，既浪费宣传经费，又引起消费者困惑，造成无法弥补的损失。反之，如果通过CIS方法的整理和展示，系统、规范地传达企业经营管理信息，便可增加信息的可信度，从而形成独特的企业形象。

③更新竞争观念，更自觉地把CIS导入企业。首先，CIS集现代管理思想、营销策略和设计方法，构造出企业形象的崭新面貌，给社会和消费者以强烈的冲击力，普遍可以达到促销的预期目标。其次，CIS在发挥其促销作用的同时，也为企业营造了规范员工行为、强化内部管理的条件和环境。国内有些企业提出了以建立CIS为轴心的管理模式的设想并作了行之有效的实践。可见，CIS本身是一个设计系统和传播工具，它的目的和功能是促进销售和强化管理。如果忽视CIS，无疑会大大削弱企业的竞争能力。再次，导入CIS，有助于加速我国企业同国际接轨。CIS在国际社会已是成熟的、流行的做法，我国有条件的企业导入CIS，实际上是借鉴国际通行的经营管理方式。从这个高度来认识CIS是丝毫都不过份的。导入CIS，还可以进一步改善商业与投资环境，美化城市形象。企业形象是城市形象，乃至国家形象的重要组成部分。通过CIS设计，确立与展示出一个个风格各异、系统规范的企业形象，将使商业环境更加优美，投资环境更加宜人，也使城市形象的总体水平得以提高。第四，企业制定了BI计划后，还将为社会作出更多自愿的(不同于那种摊派的)贡献。企业作为社会的一部分，理应为社会作贡献，企业一方面为了提高自己的知名度，升华自身的形象，应自觉地回馈、反哺社会，参与社会公益事业、文化教育事业等；另一方面，这本身就是易于为广大消费者认同的营销策略。第五，企业导入CIS时，必须充分认识到，CIS最终是企业实态的外化，所以，企业在导入CIS的同时，要不断地注重内在素质的提高。没有良好的企业素质，再高明的策划者、设计者也难以做出高质量的CIS。因此，一个组织健全、制度完善的企业，对于CIS的开发与导入，应该均衡发展、考虑周全，只有这样，才能策划、设计出一幅美好的企业形象。若是一味作装饰门面的包装工作，如大量的广告、夸张的报导以及美丽、动人的视觉形式，而企业精神匮乏、经营混乱，则错误地传达企业信息，终究会被消费者揭穿，对企业经营与市场销售造成更大的伤害，这是短期的蝇头小利所无法弥补的。

企业要强化“导入意识”。尤其是上市公司、集团企业、超级市场、跨国企业、服务业等，导入CIS更显得迫切。企业一定要把握好导入的时机，导入的质量，切不可为导入而导入，追求短期效应，CIS对于企业来说是一项基础性的，以长期效应为主的战略谋划。CIS一经形成，绝不朝令夕改，所以要采取积极慎重的态度。导入CIS和导入后的管理，是高度综合的系统工程，是管理、营销和设计理论与方法的综合运用。一个成功的CIS实例，必定是管理者、策划者和设计者携手合作、共同努力的结果。

中国CI发展误区及其文化结(提要)

熊源伟

CI(企业形象)或CIS(企业形象识别系统)被国人所认知和应用是近几年的事。特别是去年一年(1993年),先在深圳、广州、北京,继而推向内陆省份,呈现出一派舆论热、机构热、研讨热、导入热的CI热潮。

舆论热:从中央到地方各大报刊辟出专版推介CI,中央电视台开办CI电视讲座;

机构热:形象设计公司、形象策划公司蜂起,各广告公司大力拓展CI业务。据不完全统计,仅广东省从事及兼营CI策划设计的公司多达1800余家;

研讨热:北京、深圳多次举办CI研讨会、CI作品展示会,并延请日本、台湾、香港和国内的专家学者讲学演示;

导入热:据有关资料显示,浙江农民陈某投资42万导入CI,无锡乡镇企业加里安集团投资200万导入CI,CI导人之热,可见一斑。今天,形象资产每投入1美元,回收277美元的论断已被普遍接受。

任何事物一热,总会有所偏颇。七十年代,中国人经历过"甩手"热、"红茶菌"热、"鸡血针"热……在一阵大轰大嗡之后,一个个无疾而终;八十年代以来,气功热、函授热、经商热、股票热……遍布华夏,至今方兴未艾,让人可圈可点。台湾形象策划专家杨夏蕙先生曾经说过:人人都谈CI,没有真正的CI;人人不谈CI,出现真正的CI。借用此话来观照中国大陆的CI现状,我们不得不忧虑地看到,就在中国CI初始阶段,在"CI热"的掩盖下,CI步入了一些误区。不警惕这种倾向,会使刚刚兴起的中国CI事业遭受挫折,使一个注重"形象"的事业自身形象难保,黯然失色。

中国CI发展的误区主要表现为:认识的误区和运作的误区。

认识的误区:

1. 以VI代替CI。众所周知,CIS(企业形象识别系统)由MI、BI及VI即理念系统、行为系统和识别系统所构成,是由理念系统为基础、行为系统为主导、识别系统为表现的整合工程。这里,所有的视觉表现必须以内在的企业经营管理理念为依托。日本企业形象的举鼎人物、被誉为"亚洲CI之神"的中西元男先生强调要对CIS有个科学的认识。他指出,企业导入CIS,绝不仅仅是设计上的变更,设计也不仅仅是形状的东西;导入CIS,是企业意识的改革,是体质的改善,是设计的延续和升华。他认为,中国的CI,应该提升到企业存亡、经济兴衰的高度上来。我国这几年的CI探索,主要的功夫放在了VI设计上,以VI代替CI,缺乏对CI全面、科学的认识。中西元男先生有句名言:CIS的要点就是要创造企业个性。可以说,企业形象是企业的个性定位与其符号表现的有机统一,一个不表现意义的符号有什么存在价值呢?

2. 以观赏价值代替适用价值。我国的VI设计,往往以纯美学的角度从事艺术制作,不懂得识别标志本质上是一种企业行为,忽略了企业识别标志的实用价值和适用原则,受众只能从艺术欣赏的角度获取视觉的美感,无法感悟到企业精神的个性与内涵。这样的VI设计,对企业发展起不到应有效用，如若泛滥，只会使企业对CI失去信心。

运作的误区：

1. 忽视市场调查。企业形象要顺应市场需要，要在市场中寻找自身的坐标，只有充分掌握了市场发展的前景，才能认定企业的市场定位和产品方向，才能做出切实可行的企业发展的宏观规划，从而确定企业的个性。简言之，要以市场导引CI。目前我国CI运作往往忽视市场调查，因循现有的经营思路，依靠主观的市场估计，这样凭空构造出来的企业形象，经不起时间的考验，随着市场变化，企业经营方针变更，必然要作相应的变动，于是，CI必不可少的稳定性荡然无存。

2. 忽视多元整合。CI是一个复杂的系统工程，有赖于经济学、社会学、心理学、市场学、管理学、统计学、运筹学、传播学、广告学、公共关系学、实用美学、计算机科学、美术设计等多种专业知识的融汇与贯通，需要各类专家和高手的通力合作。在社会分工日益精细的今天，单靠一家广告公司、设计公司的自身力量实难完成CI多元整合的全程操作。更要注意的是，CI的运作与实施，离不开企业的决策人。台湾CI专家林磐耸先生说过：导入CI，是企业的主体行为，如何塑造形象，企业应该最有发言权。为企业导入CI，首先是学习，是沟通；然后才是建设、说明、指导。林先生这席话，对于CI运用的良性发展提出了十分中肯的意见。

产生误区的原因很多，但是，CI作为企业文化的凝聚与升华，中国CI运作必然受到中国文化深层的影响，这种中国CI发展中的文化结，具体表现为文化的制约与文化的超越。

文化的制约：

1. 千百年来中国文化的一统观念导致中国人盲目从众、盲目从上的习惯模式，其结果必然是抹杀个性。在CI的理念规范(MI)策划中，人们不约而同地选择那些通用、流行的概念作为企业精神用语，形成“新八股”。例如“团结、创新、开拓、进取”之类词语的泛滥。有资料表明，当前我国企业口号中，“团结”的使用率高达41%，“创新”与“开拓”的使用率超过20%，“进取”的使用率也有10%。人们在构思选择这些口号时，恰恰忘了“CIS就是要创造企业个性”这个最基本的信条。至于有人把思想工作等同于企业文化、等同于CIS也就不足为怪了。

2. 千百年来人情道德化倾向使我们至今尚不习惯向人情契约化的转变。我们喜欢“工人是企业的主人”这种具有道德化倾向但实际无法操作的口号。须知，现代社会是以社会契约化为标志的。在企业CI的行为规范(BI)策划中，人情契约化正是企业推行与整合行为规范不可或缺的社会基础。

3. 千百年来小农经济造成了我们这个民族注重实惠、平均主义的人文特征。明白于此，我们就不难看出“以VI代替CI”的功利性根源；而“人怕出名猪怕壮”的中庸之道中的消极因素又与CI策划的竞争机制——“就是要出头”的追求多么的水火不容。

说到底，文化，是一个民族、一个群体长期形成的共同价值判断和生存方式，它必然从深层、从本质上制约着这个民族、这个群体的行为模式。不实现文化的超越，人的行为很难有根本性的变化。

文化的超越：

二十世纪下半叶，人类出现了两件大事。一是通讯卫星上天，世界成了“地球村”，各民族的文化心理距离大大缩小，不同文化的融通性大大加强，“环球同此凉热”，已成为不争的事实；二是电子计算机问世，人类信息大爆炸，人类知识频频更新，人类文化滞缓流变的格局被急速变化的动态结构所取代。这两件大事从根本上改变了人类的文化形态。在这种大背景下，短短几十年间，中国文化的格局经历了由全位空间→区位空间→个位空间的嬗变。打破旧文化的制约，实现现代文化的超越，在这一嬗变中有了水到渠成的突破口。

因此，我们完全有理由相信，中国 CI 走出误区步入良性发展的坦途是有基础的；而中国 CI 的健康发展，不仅推动着中国现代企业的发展，推动着现代企业文化的建树，还将从根本上参与重塑中国人现代文化的整体工程。

CI 战略：系统化的整体形象战略

万后芬

80 年代以后，随着企业市场化程度的不断提高，市场竞争的日趋激化，传统竞争手段的效用逐渐降低：竞相降价的价格战，杀得两败俱伤；真真假假的广告战，搞得消费者眼花缭乱、无所适从；一呼百应的促销战，使得销售费用剧增，利润率大幅度下降……。一些洞烛先机的企业开始采用现代化的竞争手段：导入“CI”战略，塑造良好的企业形象来赢得竞争的胜利。为了适应企业策划和设计“CI”战略的需要，一些广告公司、信息公司纷纷增设了“CI”策划部，开展企业形象策划业务；有的广告公司则干脆更名为企业形象策划公司；同时，一批批新的形象策划公司在各大中型城市如雨后春笋般发展起来。然而，从目前的实际情况来看，无论是导入“CI”战略的企业还是承担“CI”战略策划业务的公司，大多数都陷入了只重标识、不重理念和行为，只重外部宣传、不重内部教育和实施的误区。“CI”战略的导入流于形式，大大影响了“CI”战略的实施效果，也无法实现“导入 CI，塑造良好的企业形象，赢得竞争胜利”的目的。提高对“CI”战略的系统性、整体性、计划性的认识，是走出误区，正确导入“CI”战略，提高“CI”战略的实施效果，从而促进“CI”战略的推广应用的关键所在。

一、战略内容的系统性

“CI”（corporate Identity）战略，亦称企业识别战略或企业形象战略，是在调研和分析基础上，通过策划和设计“CIS”（企业识别系统），来体现企业区别于其他企业的标志和特征，塑造企业在社会公众心目中特定位置和形象的战略。它具有系统化、整体化的特征。“CIS”（企业识别系统）由三个子系统组成：

1.“MIS”（Mind Identity System），即理念识别系统。它体现了企业的经营观念及文化精神，是企业最高决策层的思想、文化、意识的具体反映。“MIS”由以下要素组成：

基本要素系统：企业的经营哲学及观念；企业的精神、文化；企业的经营风格；企业的发展目标；企业的营销策略等。

应用要素系统：企业的行动纲领；经营信条；精神标语、口号；企业歌曲；警语及座右铭等。

2.“BIS”（Behavior Identity System），即行为识别系统。它规划出企业对内和对外的各项企业活动的行为规范，促使全体员工形成共识，共同塑造良好的企业形象。它是企业经营观念及企业精神文化的具体落实。“BIS”（行为识别系统）由以下要素组成：

基本要素系统：企业对内的组织、教育、管理、开发研究、员工福利、工作环境及气氛等；企业对外的市场调研、经营推广、公共关系及沟通对策、社会公益及文化活动等。

应用要素系统:企业对内对外的各项活动及其行为规范、管理制度、岗位责任、考核指标体系等。

3."VIS"(Visual Identity System),即视觉识别系统。它通过具体可见的视觉符号对外界传达企业的理念精神和经营行为特征等有关信息,以便社会公众了解,接受企业所塑造的良好形象。它是企业的理念精神和行为规范的外在表现,是企业形象的直接展示。"VIS"(视觉识别系统)由以下要素组成;

基本要素系统:企业名称、企业造型、企业及品牌标志(标准字、标准色、象征图案及其组合)、宣传标语和口号等。

应用要素系统:办公用品系列(公文纸、文件夹、笔记本、钢笔、圆珠笔、信封、名片、信纸、职员工作证等);广告媒体系列(报纸、杂志、广播、电视、直邮、日历、礼品、社会公益建筑及各类户外广告);交通工具系列(交通车、工具车、送货车的造型、色彩、广告标志等);服饰系列(各类工作服、徽章、领带及领带夹、皮带、鞋、袜、钥匙链、手表、公事包等);办公室内设计(办公设备及空间设计、部门牌、记事牌、计时钟、茶具、烟具及办公桌上用品等);包装系列(包装纸、包装盒、包装箱、手提袋等);外部标识(招牌、旗帜、建筑物外观等);"CIS"手册等。

CIS(企业识别系统)的三个子系统之间相互联系、层层递进,形成一个完整的形象识别系统。MIS(理念识别系统)是CIS的核心和原动力,是其他子系统建立的基础和依据;然而,MIS又是一个较为抽象的系统,其内涵和实质必须通过BIS和VIS体现出来。BIS(行为识别系统)是CIS的动态识别形式,它以MIS作为核心和依据;然而,社会公众对于企业的行为规范也不可能轻而易举地全面掌握,还必须通过VIS传达给社会公众。VIS(视觉识别系统)是CIS的静态识别系统,是企业理念精神和行为规范的具体反映,它是最直观、最具体、最富传播力和感染力的子系统。因此,CIS是三个子系统的有机统一体,只有通过对三个子系统的策划和设计,制定系统化的CI战略,才能有效地塑造企业的良好形象。

二、战略实施的整体性

第一,"CI"战略的策划,必须内外结合。

CI战略不是单纯的企业标识等外部表象的塑造,它涉及到企业高层决策者的理念精神和各部门的行为规范。因此,"CI"战略内涵的系统性,必然导致"CI"战略导入和实施的复杂性和整体性。"CI"战略的策划,决不能仅仅依赖于企业外部的广告公司或企业形象策划公司,而必须以企业内部力量为主,组成"CIS"策划小组,借助企业外部的专业策划公司、咨询公司、大专院校等力量,共同搞好策划工作。企业内部的"CIS"策划小组是在企业高层主管的领导下,由广告部门、公共关系部门以及各职能部门所抽调的人员组成的非常设的组织机构。它肩负着为外部专业策划部门提供企业的有关资料;与外部专业策划部门共同分析和策划;进行员工教育和培训;组织和控制"CI"战略的实施等任务。企业外部的专业策划部门的职责,首先是根据企业的高层领导的特性及企业的原有形象的调查,帮助企业确认或确立企业独特的理念精神。然后,在企业理念精神指导下,确定企业的社会定位、市场定位及产品定位,并制定相应的战略和制度。最后,帮助企业制定培训和导入计划,一方面,对企业内部员工进行"CIS"培训与教育,使全体员工达成共识,共同为塑造企业良好形象而努力;另一方面,帮助企业设计能代表企业形象,突出企业风格的企业标识,并通过大众媒体和非大众媒体进行传播。

第二，"CI"战略的实施，必须全体员工共同努力

"CI"战略的实施和落实、企业良好形象的塑造和树立，不能仅靠企业高层领导的意志和行为，更不能仅仅依靠企业的广告部门和公共关系部门的对外宣传活动，而必须通过全体员工的共同努力，才能取得成功。首先，企业的经营哲学、精神文化、传统风格等，决不是一句空洞的口号所能表现的。它必须通过企业的高层领导贯串到全体员工中去，通过全体员工的行为来加以体现。例如，美国 IBM 公司的"尊重个人、服务顾客、追求完美"的理念精神，我国海南港澳实业公司的"团结、求实、开拓、创新"的标语口号，只有成为全体员工的行为准则，才可能使公司真正达到如此的境界。不然的话，就只能成为一句华而不实、自我标榜的辞藻。其次，规范化的内部管理制度，只有变为全体员工的自觉行动，才能得以合理的贯彻和落实。如果只有系统、完备的管理制度，而不能在全体员工中加以执行和实施，制度订得再好，也只是一纸空文。另外，企业的良好形象的塑造，是全体员工共同努力的结果。员工的工作责任感、精神风貌、仪表态度等都会影响企业的形象。例如，由于员工工作上的失误而造成的产品质量的下降、服务质量的低劣；由于员工的懒散作风而给公众留下的不良印象；甚至由于员工的服饰不整、态度冷漠而引起的公众的不满等，都会影响企业的形象。因此，"CI"战略的实施，必须通过教育和训练，调动全体员工的积极性，使系统化的战略变为全体员工的整体行为。

第三，"CI"信息的传递，必须借助一切传媒，面对全体公众。

有关企业的理念精神、行为规范及企业标识等信息的传播，不仅仅要借助报纸、杂志、广播、电视、户外广告栏等大众广告宣传媒体；而且也可以通过企业的办公用品、交通工具、服饰、办公室内的设计、包装系列、企业建筑物、企业公益活动等非大众媒体进行传播。企业"CI"信息的传播对象，不仅包括企业的目标顾客；而且还包括企业的内部员工和企业外部的供应商、经销商、新闻部门、金融部门、投资者、政府部门及其他社会公众，是面向全社会来树立企业的良好形象。

第四，"CI"战略的导入，必须抓住有利时机，与企业其他活动结合起来。

"CI"战略的导入，可与营销观念的转换结合起来。通过"CI"战略的导入，改变传统的生产观念和产品观念，修正单纯的市场观念，树立现代的、标志着企业成熟化的"形象观念"，从总体上塑造良好企业形象。

"CI"战略的导入，可与企业的发展战略结合起来。当企业扩展经营领域，实施多角化经营时；当企业走集团化道路成立新的公司之时；当企业开辟新的目标市场，或向国际市场推进时；当企业的新产品上市时；……；企业都可抓住时机，适时地导入"CI"战略，塑造新的企业形象。

"CI"战略的导入，可与建立现代企业制度，转换企业经营机制结合起来。在建立新的企业产权制度、建立新的企业责任制度、建立新的企业组织制度、建立新的企业管理制度时，导入"CI"战略，有利于企业以新的形象展现在公众面前。特别是将"CI"战略的导入与新的企业内部管理制度的建立结合起来，互为依托，相互促进，更有利于企业经营机制的转换，增强企业的活力。

此外，"CI"战略的导入，还可与企业的各种纪念活动、公共关系活动等结合起来，抓住一切有利时机，争取"CI"战略的最大功效。

三、战略导入的组织性和计划性

"CI"战略的导入，不是一个短期行为，而是一个有组织、有计划的整体过程。"CI"战略的

导入，须经过准备、调研、策划、设计、实施与控制等5个阶段，各阶段之间相互衔接、不可分割，形成一个整体过程。

1. 准备阶段。抽调人员组成“CIS”策划小组；选择和确定外部的专业策划、设计部门；走出去、请进来，学习有关“CI”战略的知识，研讨实施“CI”战略的意义、目标及重点；初步确定导入“CI”战略所需的经费和时间。

2. 调研阶段。通过查阅有关资料，通过对企业内部的高层主管人员、内部员工的调查，对企业外部的顾客、经销商、供应商、投资者及其他社会公众的调查，了解企业的历史及经营状况：企业的组织结构，经营产品的类型，各类产品的销售额、利润、市场占有率及其增长情况，企业的优、劣势等；了解企业的发展战略：企业的战略发展阶段及其效果、近期主要战略策略等；了解企业的精神文化：企业高层领导的经营风格、主要业绩、处理问题的态度及个性，企业员工的素质、精神风貌、对企业的内部管理及福利条件的态度及看法，企业的特色、口号等；了解企业的竞争状况：企业的知名度及市场地位等。

通过调查，分析企业原有的形象。(1)经营者形象：是否有魄力、有干劲、有水平、懂政策、勇于开拓、关心员工等。(2)市场形象：是否重视顾客、服务周到、产品信得过、价格合理、善于宣传、网点完善、竞争力强等。(3)社会形象：是否做到社会责任感强，积极防治公害、热心公益活动，努力为社会作贡献。(4)内部形象：是否达到技术优良、研究开发能力强；环境优美、现代感强；员工亲和一致、具有优良传统；工作井井有条，行为规范有序。(5)综合形象：是否合乎时代潮流，值得信赖，具有积极性、稳定性、发展性。

在调研分析的基础上，进行企业形象的评价和诊断。评价企业形象的合理性：企业的理念精神及行为准则是否合适？基本形象是否符合企业的精神理念、经营目标和特色？有哪些突出的正面形象或负面形象等。评价企业形象的认知性：企业内部员工及外部的社会公众对企业形象及品牌形象的认知程度；企业形象的传播媒体是否有助于企业形象的识别和传递？企业形象的识别系统之间是否一致等等。评价企业形象的竞争性：企业名称及其标识的设计是否合理？企业的营销战略是否有利于树立良好的企业形象，具有竞争性；企业现有形象对企业的损益状况、企业的市场地位的影响等。

3. 策划阶段。企业形象的策划，以调研分析的结论为依据。首先，确定企业形象策划的目标。是巩固现有的企业形象、还是改善消极的企业形象或重新塑造新的企业形象。然后，确定企业形象的社会定位、市场定位和风格定位。根据企业的经营特色、社会公众对企业的某些特征的重视程度、以及同行业竞争者的现有定位，选择突出自身特色、独辟蹊径的“避强定位”方式；或者与主要竞争对手进行“结对竞争”的“迎头定位”方式；或改变自我形象的“重新定位”方式；来确定企业在社会公众心目中的特定位置和印象。再后，选择和确定企业形象的表现战略。策划表现良好的经营者形象、市场形象、社会形象、内部形象和综合形象的企业战略的内、外部活动计划。最后，制定企业形象计划的实施方案和管理办法。确定各项活动的具体活动方式，所需时间及日程表，所需经费，各项活动的负责人及主办、协办单位等。

4. 设计阶段。“CIS”设计主要是根据其内容，设计企业的“MI”(理念精神)、“BI”(行为规范)、“VI”(视觉传递)等子系统的基本要素系统和应用要素系统，并在企业内部员工及企业外部公众中进行实验和检测，经过反复修改、调整后，确定下来。

在此基础上，设计企业的“CIS”手册。“CIS”手册的内容主要包括：(1)引进介绍。上级领导、有关专家、企业主要负责人致词；企业理念精神及未来发展状况展望；引进“CIS”的目的及动机；“CIS”手册的使用说明。(2)基本要素系统组合及说明。(3)应用要素系统。(4)企业标识及“VI”应用要素系统的样本照片。

5. 实施与控制阶段。首先，调整和落实企业形象管理组织机构。为了便于“CI”战略的实施，对原有的“CIS”策划小组进行调整，成立“CI”战略管理机构。然后，进行沟通和培训。召开企业形象方案发布会，散发企业的“CIS”手册；举办高层管理者、部门经理的“CIS”研讨班，并有计划地对全体员工进行“CIS”知识培训及规范行为训练。再后，落实和实施“CI”战略活动计划。改善公司环境；规范员工行为；落实公益性活动、公共关系活动及广告促销活动计划。最后，监督和控制“CI”战略的实施。监督和管理“CI”战略计划的执行；对各项活动的实施绩效进行测定；定期检查、评估“CI”战略的实施情况及实施效果；对“CIS”进行调整和修正。

综上所述，“CI”战略是一个系统化的整体形象战略，在导入和实施过程中，必须从战略内容的系统性、战略实施的组织性和计划性、战略导入的整体性等方面进行把握，不断提高战略水准，促进“CI”战略的推广应用。

论CIS与广告整合战略

吴德江

导言　一个新课题开始了！

纵观当今中国市场经济态势与广告业界的迅猛发展，已经标志着中国已进入高度成长期，在未来的五年里，也就是二十一新世纪到来之前，中国的经济将面临一个深刻的变革，每一个企业都将在这一场变革中决定自身的存在价值，发展价值，以至失去存在价值而走向消亡。

中国的企业以何种形象姿态进入二十一世纪，以何种形象对策，面临中国复关的到来，这将关系到中国的企业是否有能力参与国际竞争，能否形成跨国企业发展趋势，归结于一点，就是中国能否成为世界瞩目的成熟化的经济强国。

广告作为有效的传播策略，在中国企业界已受到普遍重视与运用。但整个广告市场的落差还比较大，从沿海发达城市来看，广告水准开始向成熟化发展。随CIS的引进导入，一部分企业已经产生相当的效应，以至CI成为企业界、广告界追逐的热点。有人说，94年是中国CI年，我看并不过分，至少说明一点，沿海发达城市企业竞相导入CI已经势在必行。

我认为，今天的时代，单用广告手法想达成占领市场、创造市场之目的已经不够了！也是不可能的！或者单是帮助企业开发CI（事实上许多广告公司和CI设计公司为企业设计的仅仅为VI视觉识别系统，而不制定与之企业理念相对应的广告行销策略），也是不够的，也不可能帮助企业全面提升形象力！

由此可见，如何运用CI与广告的整体战略，在未来的五年里，将是我们九十年代广告人需要大力推广实践的新课题。可以自信地说，这一整套战略的推行，将大大提升企业形象力，商品的促销力，市场的竞争力，从而加快中国经济进入成熟化社会的发展时期。

现状　市场活跃背后的危机

从中国市场经济的整体运作来看,已经相当活跃。其主要表现:商品物资十分丰富。流通领域显示其应有活力,高新技术产品不断涌现,消费者购买欲旺盛,追求时尚的满足型消费心理开始形成。但我们仍需清醒地看到市场活跃背后的危机,这种潜伏危机在相当一部分企业中存在,用CI的观点看,这些企业只有表象,而无内在的信赖形象,其主要表现为:

1. 自恃资金实力雄厚,自命不凡,面对变幻的市场不屑一顾,把一时的成功当成经典,有"小富却步"的自满感。

2. 片面理解多元化经营,主导产品反而一蹶不振。

3. 缺乏科学性决策,只要是市场热销产品,匆匆上马,市场疲软,包袱沉重,形成恶性循环。

4. 技术上是先进的,产品却是粗糙低劣的,淹没了应有的技术形象。

5. 质量是好的,商标及包装形象极其粗劣陈旧,毫无规范。

6. 只讲求强行促销,不顾消费者利益,忽视企业社会责任与社会公益形象。

7. 企业员工自我管理意识低下,损公利己现象严重。

8. 人才流失,招聘困难。

诸如此类,不一而足。所有这些现象的出现,是不是都归咎于经营机制没有转换呢?机制转轨是外部政策因素,倘若经营理念不端正,有再好的政策配套,也不会成功。

这种危机不仅仅是反映在企业业绩低落,更主要的是企业决策者固有的传统守旧的经营意识,这种意识与"复关"、"接轨"的形势很不合拍。这种潜在的危机综合起来,可称之为"形象危机",当然,企业界、经济界可能会不以为然,长期以来,企业的广告,企业的形象,这是广告公司干的事,或者是本单位广告部门管的事,这些事太小,不值得经济界、传媒界去研究,或者关心一下。

美国一位旅美华人写了一封信给上海市政府领导,反映上海一些服务性企业形象不好的情况,才在报章上大篇转载,又加评论,又组织展开"改善企业形象,提高人的素质"的讨论,一时哗然舆论界。并冠之以"精神文明建设的一个重要任务"。诚然,这是一种非常令人吃惊又是司空见惯的现象,如果就现象去减少或制止这种现象的做法,还只是个解决现象问题。一个服务生,并不是独立存在某种商业形态中,她背后有一个企业,有一个灌输她什么思想的企业。她的言语、行为、态度为什么没有规范?为什么不为自己的企业声誉负责?为什么不为自己的尊严负责?我认为,她有一部分个人素质上的问题,而大部分的错误在企业的领导层,为什么你的下属员工没有一种归属感、荣誉感、责任感?你的企业行为规范在哪里?你的企业凝聚力在哪里?你的企业文化在哪里?归到一点,你的经营理念、企业理念在哪里?这才是形象危机的根子,也正是CI导入所要解决的问题。

态势　企业(产品)的附加值在哪里?中国企业开始进入形象竞争时期

中国的企业发展从整体上分析,是一种混合的,不均衡的发展,落差悬殊比较大,落后的近似于原始生产国,先进的竟可与国际企业并驾齐驱。所有制性质的不同,企业制度的不同,带来较大的企业文化差异,甚至没有企业文化。从业绩增长线上看,亏损的另一头却是几十亿元的资本积累。

市场方面:从追求生产力到追求附加值。中国的企业从改革开放到今天,大致经历了两个竞争时期:

第一次竞争:以生产为导向。即80年代以计划经济为主导的市场调节,它的本质仍是以产定销,生产多少,推销多少,盲目性很大。以后又发展以市场为导向,即80年代中期,市场成份加大,开始走向以销定产为满足市场需求而生产。

第二次竞争:以竞争者为导向,一部分较优秀的企业开始寻找对手的弱点来发展产品策略。另一部分急功近利的企业则开始仿效同类产品,甚至伪劣假冒。也有一部分市场意识强烈的企业开始寻找市场产品空缺,即以市场空档为导向、力图引导并创造一种市场,来占据市场位置。第二次竞争的主要特征,是差异化产品策略的有效运用,产品自身的价值也开始凸显。正如美国一位营销专家预言:"未来竞争的关键,不是生产、销售,而是在于产品能带来多少附加值。"

当今中国的产品究竟有多少附加值?从哪一个角度讲,都不会有满意的答案。比如,中国的出口创汇历来是借助地大物博、自然资源丰富、以及低廉的劳动力。偌大中国为什么没有一个世界级的名牌?青岛啤酒在国际上享有盛誉(这是我们自己说的),在一定程度上是由于外国人太注意环保与健康,所以会偏爱崂山天然泉水制成的啤酒,它的附加值究竟有多少,在 国际啤酒品牌排行榜上算老几?更有甚者,中国许多出口商品最终都流入廉价商品市场,中国产品太缺乏形象了!

消费者方面:从需求型到满足型的新价值观

九十年代中国的消费观相对过去有了较大的转型,无论衣食住行,还是精神文化取向,都在追求一种初级阶段的满足感。消费形态也出现了美感消费、感情消费、休闲消费、保健消费、差别化消费等。总之消费者现在是越来越不听话了,每天接受的广告信息太多,不可能逐一去作一番理性判断,自然也不会轻易认同一个新的品牌,特别是同类商品,以及耐用家庭器具,通常会把商品力与企业形象力综合起来加以判断,为什么进口商品、三资企业商品相对比国有企业产品好销?缘由就在于这些商品基本迎合消费者的个性化倾向,满足温饱的时代已经过去了,现在应该追求一下时尚,那怕是超越一点点,在自我感觉上也是一种满足。

这种新的价值的改变,同时也影响到每个人的职业选择,跳槽的现象现在已经司空见惯、习以为常。薪金的高低是重要因素外,恐怕公司形象以及个人能力发挥已经占据更重要的心理位置。

从市场和消费者二方面综合起来看,企业的形象力提高,势必会增加企业商品的附加值,应该说,许多有较好市场意识的企业已经洞察到这一趋势,并已作出相应的努力。

由此可见,中国的企业发展到第二次竞争时期的成熟阶段,必定会很快接受另一个全新的概念——形象竞争。

困惑　广告主与广告人的责任?

面临上述这些市场状况与势态,许多企业都已认清广告在整个营销行为中的重要位置,但也不免会产生一些令人困惑的现象,主要反映在一种心态,我的产品好与不好,无关紧要,只要利用广告,就能促销,这种促销应换一个名称:叫"硬销"似乎比较合适。另一种困惑是:投入这么多广告费，销售业绩仍很低，我们的产品明明比人家先进，却卖不过竞争对手。销售者对一些抽奖、有奖销售活动开始产生知觉疲劳，并无太大兴趣。

作为广告人，也常常会有一些困惑：

你能为一个没有活力的企业去编造一套出色的形象企划吗？

你能为一个没有市场前景的产品去侃一套行销策划吗？

你能为一个没有竞争力，质量低下的产品去发展一个创意策划吗？

这些问题，对另一些广告公司来说，也许能，因为拉住客户最要紧，有没有市场是另一码事。对一些广告公司则很难，因为要对消费者负责，为企业建立好品牌形象，是广告人最基本的责任。

思考　单一的广告促销够不够？要研究“牛”，还要研究“牛”喝的水

根据上述种种现象及分析，充分表明：中国企业的问题很多，而且根深蒂固，就广告传播来说，根子问题不解决，单去做广告创意策划，恐怕还是停留在表面文章，不能帮助企业在根本上提升企业与品牌形象。我们把消费者比作牛，广告公司是牵牛人，商品品牌是河水，是不是把牛牵到河边，就算完成创意，至于牛为什么到了河边不喝水，或者喝了少量的水马上就停止喝，甚至再也不喝这条河的水，广告公司很少去探索这些缘由，也不会在牛喝水之前先研究一下水质，是否含有不良成份和异味，这水是从哪里流出来的，水的源头是否已经被污染等等。换言之，企业的发展方向、产品开发方向、经营方针理念存在问题，或者在企业识别，视觉识别系统中存在严重问题，就很难建立完美可信的品牌印象。

既已经找到问题点，不妨探讨一下解决问题的办法。

我认为CI与广告的整合战略，对存在众多问题的中国企业不失为是一项良策。但是我们必须首先搞清楚三个问题：

1. CI是什么？

2. 广告是什么？

3. CI与广告的关系

当我们把CI与广告的功能关系理顺后，一个整合战略也就脱颖而出。

当今的CI热，无论从广告公司和广告主方面，在理解上有不同程度的误区。CI的核心是理念问题，从另一个角度讲，CI是解决问题学，倘若这家企业非常低落，肯定会有理念上的问题，把问题整理出来，重新作检讨修正、定位，制定一系列实施措施，并以此明确企业方针引出行销广告策略，才能达成企业目标。

CI的功能，用形象语言表达则是“有病治病，无病强身”，对多病的企业可以对症下药，改善企业体质，增强企业力，对无病的优秀企业则可增强企业体魄，更具竞争力，以应付未来的时代变化。

如果用CI的观点来评价广告的功能，则广告不应是单一传播产品信息，其前期应该是充分评估产品的前景，建立与企业理念相适应的市场营销策略，付诸广告之手段，亦代表了企业一种行为规范，这种规范（包括产品情报、品牌商标、企业色彩、广告策略、广告口号、广告文案，以至规范化广告版式）必须体现并充分表达企业理念。

广告是什么？广告本身亦是一种解决问题的手段，只是它在企业理念支配下，为企业的市场营销解决问题。从CI架构上，广告策略是CI衍生部分。

由此可见,CI与广告的策略基础,目标设定上有它们的同一性。即CI与广告都不能成为独立的传播体系,必须相辅相成,构成完整的形象传播体系。

CI **与广告的关系构架图示:**

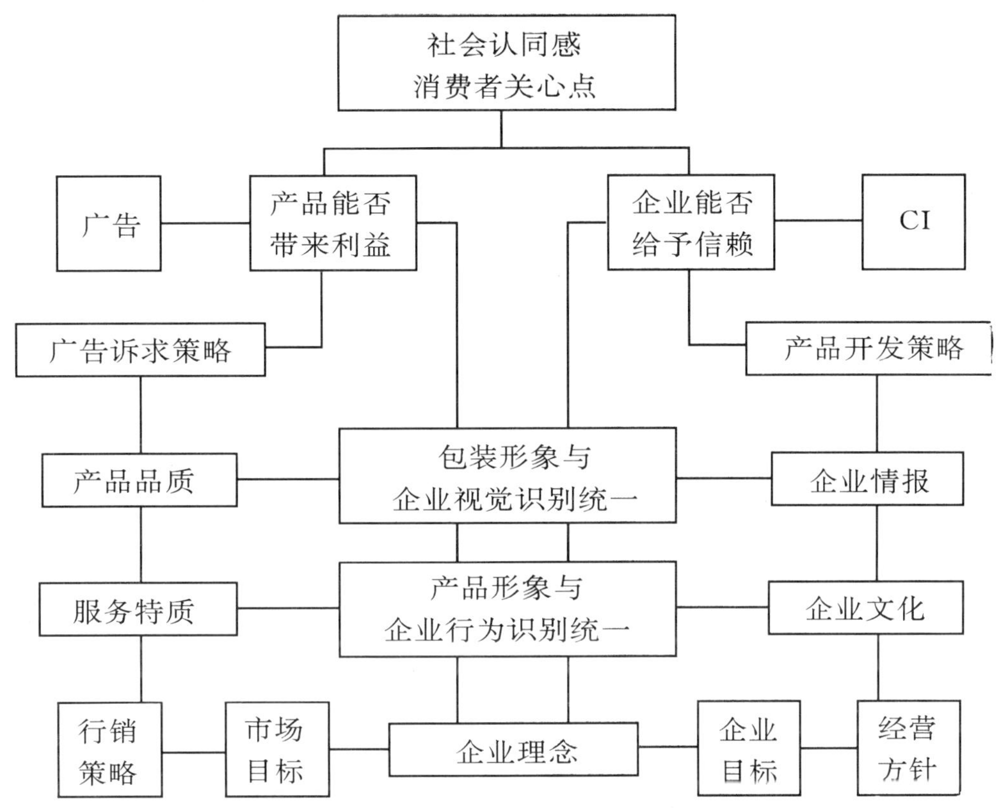

对策　把解决问题的整合战略提到首位

当我们探讨了CI与广告的关系时,我们就能清醒地分析对待企业所面临种种问题症结,然后制定出一套有效的整合策略。掌握这些概念的基本点,剩下的仅仅是方法问题。

通常一些有经验的专业公司在面对企业主时,会提出下列问题:

一、你想解决什么问题?

二、你是否已经找到了问题的症结?

三、你如果对暴露的问题点还不清楚,我们会通过调查提出所有的问题,哪些问题是最主要的,哪些是次要的?

四、然后我们会告诉你一个如何逐条解决问题的提案。

这份提案会用“一分为二”的方法来剖析问题点,哪些是广告方面的,哪些是CI方面的?如果一个品牌销售发生困难,首先从CI方面开始检讨:

1. 产品前景有问题,即应及时调整产品开发策略。

2. 如果前景是好的,品牌商标与企业标志不相符有分歧现象,视觉传播有障碍,即应开发导入 VI 视觉系统。

3. 如果产品没有问题，企业标志包装形态陈腐老旧、无规范视觉系统。则应从企业理念着手，开发 VI 系统。

4. 如果企业形象、员工士气低落，则应重新修正导入 MI。

5. 如果产品进入国际市场困难，则 VI 系统开发必须符合国际化形象。

总之，上述问题不从 CI 方面着手解决，任何广告创意都会没有意义。

假如这些问题得到有效解决，那末一个好的广告创意策略会增加成功程度。但是现在的企业往往把问题看的非常现实，眼前的销售利益，在企业决策者心中占据很大位置，对未来的形象会觉得朦胧，也许他能接受这种观念，但觉得自己的企业还相当不错，没有必要投入一大笔资金去做这件事。如此的心态，在大部分企业领导层中存在，这也是非常现实的事。

如何把 CI 与广告的整合战略提到首位，我认为有下列问题：

1. 舆论导向应该充分作出配合；

2. 广告公司与广告人首先在观念上确立这种意识；

3. 广告公司与广告人要掌握说明引导的沟通技巧；

4. 小处先入手，让企业逐渐体会到整合战略能体现的利益是“好吃看得见”的；

5. 有意识、有条件的广告公司、广告主应联手合作导入整合战略、树立良好典型。

6. 这种整合战略的成功运用案例，应当成为协会推广的重点，今后的优秀广告展评，要重成功案例，而不是单一的广告作品。

总之，CI 与广告的整合战略所能达到的整体效应，肯定会在不久的将来引起企业界的重视。

我们作一个比喻，CI 与广告整合战略就好比二合一加酶洗衣液，经过洗涤，把企业身上的顽污去除，再经过柔顺、去除企业僵化的遗传因子，使企业的肌体素质更富有柔软性、更富朝气、更贴近消费者。但达到这二个功能，必须加酶，提高酶的活力，这个酶就是 CI 广告整合战略的新观念。

时机　回应变幻的未来市场　今天和明天都没有后悔的权力

谁都知道，关贸总协定对中国的某些企业，无疑是一把无情的‘杀手锏’，许多企业将失去贸易保护而遭受厄运，国际品牌大肆进军大陆，一些“中国名牌”将四面楚歌，一般品牌将经受不起冲击而会偃旗息鼓，这是非常现实的预言，广告主与广告人都有什么心理准备？

如果说，我们现在还没有什么心理准备的话，那末就等于放弃自己的市场，把自己的市场拱手相让，所有的企业家会于心不忍。因此，中国的企业加快建立自己的国际品牌形象策略，提高品牌附加值，才能立于不败之地。CI 与广告的整合战略恰好是企业致胜的利器。

当前的 CI 热，广告市场的繁荣，企业经营机制即将全面转轨以及来自企业方面意识逐步的提高，给我们带来了契机，作为广告人，我们没有理由虚度这关键的五年，因为今天和明天都没有后悔的权力。

我们能与企业沟通吗？

我们能与企业达成共识吗？

我们广告人的理念是什么？

未来的五年，中国的广告业将面临一个深刻的变革，每个广告人将在这场变革中找到自己的定位。

市场经济与企业形象塑造

陈培爱

搞社会主义市场经济，企业的信誉和知名度是无形的资产。响当当的招牌，当然主要靠企业过得硬的产品和上好的经营，而巧妙的广告宣传也是不可少的。香港八佰伴集体借助组织世界明星女排对抗赛，巧妙地推广自己的商业形象。八佰伴集团虽然为此次活动耗资数百万美元，但是就提高企业的知名度而言，她这次是高效益的投入。由于借助广告宣传的创新意念，使亿万中国电视观众在不知不觉中记住了“八佰伴”这个陌生的名字。

一位经济学家曾经预言：未来的经济竞争，实质上是一场文化的竞争。它包括了企业之间、国家之间的带有深遂文化底蕴的竞争。的确，随着人类社会的不断进步，每一个企业将绝对不仅仅是一部挣钱的“机器”，它所创造的也绝对不仅仅是物质财富，而应着眼于整个社会的进步和人类文明程度的提高，不断培育自己的文化和经营理念，为社会平添一份精神的财富。

我国向市场经济的转轨，促使企业在高起点的文化底蕴上进行竞争，企业良好的信誉和知名度是创造竞争优势的重要手段。1993 年 6 月，在北京举行的“中国首届企业形象战略研讨会”，正式拉开了中国企业形象大革命时代的帷幕。研讨会发表的《形象宣言》指出：中国企业“正以前所未有的成熟、自信和热忱迎接着新世纪的来临。在这梦想与艰辛并存，机遇与挑战共生的时刻，企业形象革命的新时代到来了”。

中国企业面对着国际市场的强大竞争，已深深地感到自己原有的一套经营策略在强大的对手面前显得那么苍白无力。随着国内经济体制改革的不断深入，一些企业面对自身的迅速发展和多角化扩张的经营战略，急需有一套连贯、明晰、综合的企业形象和一套符合市场竞争要求的经济体制，以适应当前的国内竞争和未来的国际大市场的需要。

这样，发展中的中国企业几乎同时面临着几个迫切的问题，即如何通过营造企业文化与理念，全方位导入 CI 策略，运用广告战略树立企业整体形象，创出走向国际市场的名牌。

广 告 创 牌

企业的竞争力在很大程度上取决于产品的知名度和资信度。我国尽管已经产生一批名牌产品，但真正享有世界声誉的国际型名牌极少。没有过硬的国际名牌就不能占有国际市场。名牌商标能给企业带来信誉价值，它对企业经济效益起着重要作用。企业要获得比较好的经济效益，除了提高劳动生产率，降低生产成本，以商品质量优良为物质基础等措施之外，还要运用广告开创名牌。

旧时唱戏的名旦除了具备良好的自身素质外，还常常需要“捧角”的助威方能誉满京城。名牌亦是如此。一个设计优秀的牌号，一个质量优良的牌子都恰似金陵安乐寺的白龙，若欲雷电破壁，腾云九霄，则“画龙点睛”才是关键，广告便是这一牌子之点睛妙笔。产品通过广告的一连串塑造，消费者才会对产品归纳出一个整体的印象或感觉。作为广告创作人员，要先确定策略，为产品创造和建立事实、诉求，使牌号形象在一个巩固的基础上得到有力的支持，使产品不仅在市场上取得竞争优势，更可在消费者的心目中产生难忘的具有说服力的印象。事实很清楚，牌号形象并非自然存在，是需要广告人努力创造的。

在当今商品繁多，牌号林立的品牌销售时代，如何运用广告才能使牌子如点睛之龙，脱颖而出呢？"产品优势"与"牌子个性"正是这条白龙的双目，只要从这两点下笔，我们就能建立牌子独树一帜且又亲切感人的风格。

"产品优势"就是站在消费者的立场，找出自己的产品与众不同的独特性，可以是产品的功能、特性，也可以是外观、服务等，然后通过戏剧性的、令人兴奋的、清晰的方式，在广告中结合你的牌号，反复突出地强调，形成一种强烈的诉求，强化牌号竞争能力。如 1991 年 5 月，"太阳神"打入香港市场时，迅速在各大媒介上掀起了一场"平衡"概念的宣传，他们选取生活中最常见、最能表现平衡的小品——体操之平衡木、小丑走钢丝、马戏小狗翘翘板，从而强调"太阳神"注重调节人体机能平衡这一产品(功能)优势，推出"平衡、健康、太阳神"的口号，使挑剔的香港人接受了这个简明的概念，创出"太阳神"的牌号。1990 年 4 月，麦当劳汉堡包推出一项"麦克美国再生"计划。耗费大量资金采购"再生材料"制成产品包装。其全国广告代理商李奥·贝纳利用这个产品优势(包装)，以麦当劳放弃使用树脂化学物制成的发泡胶餐盒，而改用由循环再用的纸张制成的纸巾、纸袋作包装物为广告诉求。一时间受到环保人士的大力支持，生意兴隆。

随着商品经济的发展，科学技术的不断飞跃，市场的区隔渐渐地越来越少，产品的差异也越来越小，要在不同牌号的同类产品中找到人无我有的"产品优势"愈来愈难。这时就需要替牌子挖掘其"非实质感性分别"，替品牌营造独特的性格，使之人性化。使"牌子"成为有血有肉的人，这就是"牌子个性"。一个完整的品牌个性是建立在对产品深入分析和产品定位研究的基础上，是一个创造演化出来的性格。我们谈到牌子个性就忘不了"万宝路"。李奥·贝纳为万宝路创造了美国西部牛仔的性格，这群粗犷豪迈、纵横驰骋、自由奔放、四海为家的牛仔，代表了在美国开拓事业中不屈不挠的男子汉精神。正是这个对创业狂热追求的牛仔形象激动了多少人，使他们从万宝路香烟找到了真正的美国精神，造就了"世界销量第一"。1990 年夏季，铁达石手表在港、台、新三地同时推出，展开区域形象广告攻势。它通过营造中国乱世儿女时代情侣离愁别恨的煽情场面，借当红女星梅艳芳倾诉心曲："每一点回忆，每一个片断，都惹得千回思、百回想，辗辗转转，是你，仍旧在我心里迴旋……不在乎天长地久，只在乎曾经拥有"，替商品建立了动人的牌子个性——乱世儿女乱世情。据说，当年离乡负芨的莘莘学子中许多人都戴上了一块"铁达石"。

值得欣慰的是，中国企业的名牌意识已在崛起。杭州西泠电器集团公司曾经花 90 万元在《文汇报》上做一个整版的广告。90 万元的广告费，不仅换来一个响亮的"西泠"品牌，而且还树立了良好的企业形象，同时还反弹市场，获取了源源丰厚的商业利润。这一招巧借中国大报门面的广告策划，堪称一绝！从发展的角度看，如果一个企业要想获得长期稳定的发展，提高自己的地位，参与国际市场竞争，非创立自己的名牌不可。据统计，中国有九个厂家引进意大利梅洛尼公司的电冰箱生产线，其中 8 家在自己的名字后面加上了"阿里斯顿"的后缀，如"美菱阿里斯顿"、"长岭阿里斯顿"等，但唯独湖南的中意没有加。中意为创自己的牌子，在引进技术的基础上，又独立地进行了技术改造，他们相信自己的产品早晚会超过梅洛尼公司，所以不打别人的牌子。中意人的"名牌意识"体现了一种民族自强不息的精神。名牌，不仅是物质文明的结晶，也包含着精神文明的精华。

文化"包装"

文化现象与经济现象的联姻，产生了"边缘型"的企业文化。企业文化指的是整体的企业人生，它包含了信念、价值观、理想、最高目标、行业准则、传统、风气等内容的复合体。它是一种精神力量，在这种力量的感召下，能激发人们作出不同凡响的贡献。

竞争是企业文化发展的源泉，市场经济产生的企业文化是竞争文化。在社会主义市场经济新体制下，当企业的经营不再受计划支配，而是经市场检验时，企业在生产、销售它的产品的过程中，则需要注重企业、产品形象的宣传与建设。企业文化要与竞争相适应，企业应注重从满足一般需求的表层到满足用户潜在需求的深层形象建设，需要研究企业的价值观、发展目标如何与公关目标相一致。从今后的发展趋势看，企业之间的竞争是文化的竞争，特别是产品和服务中凝聚的文化，经常有着制胜的作用。因此，所有成功的企业都要根据自身产品、市场的特点，建立具有特色的良好公关形象。

许多世界知名企业不惜花费大量金钱，推广自己的企业理念和形象。可口可乐大力赞助高雅艺术演出，IBM 在 50 年代最早导入 CI(企业形象识别系统)塑造，吉列刀片声称"我们的武器就是广告费"，麦当劳的总裁费雷德·特纳被评为 80 年代全美国最优秀的广告人士。世界名牌的成功经验启发我们在产品开发中注重文化的"含金量"，即产品的文化附加值，会使商品身价倍增。如绍兴咸亨酒厂，为了在黄酒云集的会稽打响牌子，脱颖而出，便借助人们对鲁迅小说《阿 Q 正传》、《孔乙己》等作品中咸亨酒店的熟稔和喜爱，开发了"咸亨"牌绍兴佳酿，并在广告上精心策划，突出了鲁迅笔下的鉴湖水、黑毡帽、乌篷船、八字桥、石板纤道等山阴特色，使这些直观的艺术形象与"咸亨"酒很快走俏海内外。

不同的企业具有不同的企业文化，任何企业在文化建设中都不能照搬其他企业的文化，要在研究自身内外部环境条件下建立起适合自己特点的文化。如"悦华餐厅秀"对不少厦门人来说，已不再是个陌生的名词。这一旅游文化项目自推出以来，演出的节目逐步从早期单一的民族歌舞发展到集歌舞、时装表演、曲艺、杂技、民间戏曲于一台。"餐厅秀"为宾客提供了一个融艺术于美食、传统和现代为一体的享受，丰富了住店客人的夜生活，吸引了更多的宾客。悦华酒店通过开辟"餐厅秀"这一文化项目，拓展了酒店服务范围，提高了酒店的经营格调，为悦华酒店树立了良好的文化形象。同样是酒店文化，古色古香的浙江绍兴咸亨酒店则大不一样，店堂内的黑漆方桌及其四周的黑漆长板凳，壁上悬挂着孔乙己于酒店门口站立饮酒的图画，画两旁书有一副对子："小店名气大，老酒醉人多。"站在咸亨酒店那曲尺形的黑色大柜台前，鲁迅先生笔下那位站着喝酒吃茴香豆的落魄文人孔乙己的形象便立刻浮现在我们眼前，咸亨酒店独有的怀旧情调令人难忘。

任何一个企业文化都不可能自发产生，都离不开一定的社会文化背景。1993 年是毛泽东诞辰 100 周年，又是他老人家关于"知识青年到农村去，接受贫下中农再教育"的指示发表 25 周年。这一年在京城突然冒出了许多"老插酒家"、"黑土地酒家"、"老三届食乐城"等，这些餐馆生意日益红火。走进这些酒家、食城，都有墙上挂的绿背包、旧挎包、红辣椒、老玉米，桌上摆着煤油灯，以及"广阔天地，大有作为"的条幅，还有当年的旧报纸、老歌曲，让人感受着时代的变迁和历史的沧桑，有人把这称之为"知青情结"。打着"老三届"、"知识青年"旗号的餐饮文化，交汇着往昔与今天，融合着经济与文化，无疑也可视作一种商战手段，利用他们的怀旧心理，瞄准这一代已进入不惑之年的人已经拥有的地位和实力，借助饮食文化中返朴归真的趋势，在激烈竞争的餐饮业中独辟自己的一席之地。

当代消费者追求的价值观念中包含了实在的或潜意识的文化心理、文化品位，以显示自身的身价、档次，这就提醒企业经营者，应充分重视人们这种新的社会心理，提高产品的文化附加值。现代企业竞争的重点，正从产品竞争上升为企业形象的竞争。经过文化“包装”的企业形象，给人们带来了全新的价值观念和良好的口碑效应，并在更高的层次上展开市场竞争。

CI 导 入

CI 战略也是创名牌、塑造企业形象的锐利武器。可口可乐、万宝路、柯达、松下、索尼、富士、太阳神、健力宝等牌子出名，无一不是靠企业导入 CI 的结果。

在向市场经济的转轨过程中，企业之间面临强有力的竞争和挑战，依照公平竞争优胜劣汰的自然法则。有的企业很快发展壮大了，成为中国自己的明星企业，产品也成了名牌产品，企业走向了良性循环的道路。而有的企业则逐渐亏损、破产或被兼并。

如何才能使企业走向健康发展的轨道呢？成功的经验之一就是全方位导入 CI 战略。CI 由三部分组成，一是企业经营理念识别，二是企业经营活动识别，三是企业整体视觉识别。通过以上三者的互动，企业采用系统、统一和极富个性的特征，塑造企业的整体形象，达到占领市场的目的。

已成功地进行了股份制改造的四川天歌集团正逐步导入 CI 战略，加强了企业的凝聚力和竞争力。他们塑造的企业精神是：“艰苦创业，励精图治，团结拼搏，开拓进取。”并提出了“让‘天歌’走向全世界，让世界处处有‘天歌’”的口号。一首唐代诗人骆宾王的：“鹅、鹅、鹅，曲项向天歌，白毛浮绿水，红掌拨清波”的千古佳作，引发了“天歌”名称的诞生。她体现了天歌的事业是从羽绒业起步发展的这一行业特点，寓意他们开创的事业，捷报频传，永远在蓝天高歌。“天歌”标志根据这个含义构思创意，取其汉语拼音天、歌的第一个字母“TG”为基本元素。T 象征张开双臂的天歌人，G 象征地球，圆圈寓意围绕着天歌人的事业，团结拼搏，开拓进取，托起一个共同的太阳。天歌集团通过 CI 创意和策划，一步步地把企业推向一个新境界，为创造中国的世界名牌而努力。

法国马爹利酒厂为了推出最新极品干邑“金王马爹利”，于 1994 年初在上海举办了一场颇具匠心的促销活动，简直令人叹为观止。他们精心策划了品尝金王马爹利的“王者之宴”晚会，场所布置突出了企业识别色，以海蓝色为主色调，配以金黄色。晚会门外，书有“金王马爹利——王者之宴”金字的几面蓝色旗帜猎猎飘扬。宴会厅里，一个金色支座高高托起一瓶金王马爹利，似乎是在欢迎宾客的到来。宴会厅里桌布和椅套是海蓝色的，与地毯、窗幔等一致，而餐巾等是金黄色。菜单、筷套、烟缸是海蓝作基调，缀以金黄色。每桌一瓶金王马爹利开瓶后，由服务小姐为客人一一斟上，用托盘送来，托盘里还衬上一支法国玫瑰花，情趣盎然。美酒在鲜花、灯光、音响、色彩的映衬下，似乎已人格化了。在晚宴开始之后，还有娱乐节目助兴，充满异国情调的舞蹈、演唱，给人带来充分的艺术享受。

金王马爹利的促销术，使我们看到经过 CI 导入，文化“包装”商品交易增添了不可阻挡的艺术魅力。国内企业尽管目前已逐渐重视营销，纷纷导入 CI，但大多数还停留在较浅的层次上。九十年代的市场是国际性的市场，企业间的竞争是企业整体性竞争——企业形象竞争。过去在计划经济的环境下，企业形象如何无关大局。转入社会主义市场经济的轨道后，再不重视“推销自己”，将难有作为。而 CI 战略制定的完整性、系统性，以及广告创意天地的广阔独特，都被事实证明是零零碎碎地做广告所无法比拟的。因此,CI 成了目前最时髦的竞争战略,创名牌的利器,导入 CI 塑造企业新形象是现代企业经营的发展方向。

综上所述,文化经商是九十年代企业直接面临的新课题、新挑战,具有鲜明的时代特征和内容。而广告创牌、文化"包装"、CI 导入的企业形象塑造法,是在市场经济条件下提高企业竞争能力,并走向国际市场的杀手锏。

CIS 的内涵与发展趋势(提纲)

欧阳康

企业形象(CI)或企业形象塑造系统(CIS)传入我国后,成为企业界和广告界近年来最热门的话题。许多企业为提高其知名度以最终达到促销目的,先后导入 CI。值得注意的是,有些企业和广告人只是片面理解了 CI,把 CI 等同于企业的视觉识别系统,即 VI;因此只在企业符号,企业识别色,企业广告语上下功夫。实际上,CI 应是 CIS,它是一个系统。无论是日本还是美国运用 CIS 成功的企业,无不是将 CIS 作为企业战略而系统地加以操作的。CIS 作为一个系统,绝大多数广告人和 CI 行家又认为它只包括 VI、BI、MI。从目前国外 CI 发展的最新趋势来看,CIS 还包括 SI 和 PI,即满意识别和个人识别系统。

VIS:视觉识别系统,它包括企业符号、企业识别色。企业标志语、企业广告语等一系列具体而明确并能通过视觉给人以深刻印象和强烈刺激的视听信号。象麦当劳的红色和黄色,巨大的 M,活泼可爱的迎宾小丑和不断推新的麦当劳广告口号;再比如,富士胶卷独具特色的 Fuji 符号,鲜艳的颜色等。VIS 可以使人们对企业及产品品牌一目了然,建立深刻而持久的印象。

PIS:个人形象识别系统。企业员工特别是管理者阶层的言语,修养及穿着风度对企业形象、人员信心甚至企业士气都会产生极大影响。穿着、气质风度对于企业管理者来说,这就是你或你所代表的企业留给他人的第一印象,这是 CI 的一个重要基础。心理学告诉我们,人际交往中最多信息的获得是来自视觉通道,因此人的精神风貌,服饰穿戴就成为人们判断个人专业、个人品味乃至个人所代表的企业品味、企业生产及管理的重要参照系。随着商品经济的发展,服饰穿着逐渐成为职业、身份和地位的一种象征。但是如果不懂穿着与环境,穿着与举止行为和言语的协调,充其量只不过给人以堆砌"名牌"的木偶,低档次"暴发户"的印象。蛇口三洋电气公司,从日方总经理直到级别最低的打工者,上班时间一律是统一的工作服,这种一致的 PI 所体现的是企业的组织性和纪律性,它表现着整个公司没有特殊员工的平等,意味着高效率和敬业精神。

服饰与穿着不仅代表身份、地位,它还代表你的审美情趣和品味,展现出你的个人风格;甚至还标示着你的专业风范,你所代表的企业精神。

MIS:市场识别系统。有人认为 MI 应为理念识别,理念识别的首创是日本人。但由于近年来日本经济处地连续衰退,作为日本企业成功的一些理念信条已受到严重打击,如终身雇佣制、忠诚工薪提升等已不再成为其理念。因此理念识别已为另一 MI 所替代,这就是市场识别系统。这一概念的使用在我国还是比较陌生的,而对这一概念的操作,我国的企业大都为不自觉和不系统的。市场识别系统主要指企业及其产品的诞生，推广和促销的市场战术和战略。我国一些企业在产品推广上往往只考虑到导入期或某一具体时期的具体战术，如新产品推出时的庆典，新闻发布会或展销时的即时促销等，缺乏系统的战略思考。MIS 操作最为成功的企业之一麦当劳，它一年之中不同季节，不同月份的市场促销的整体战略是精心策划的。从儿童娱乐玩具到家用电器送大礼，从新口味汉堡包到超值早晨套餐。这种食品、礼品与多种媒体的广告及厅堂 POP 的配合，形成立体的营销攻势，花样不断推新，建构了一目了然的市场识别体系。

BIS：行为识别系统。这主要指企业人员以自己独特的行为修养来建立其企业形象。百货公司售货员待人接客的方式，公共汽车司乘人员的态度，航空小姐的服务水平及精神面貌，政府官员的脸色举止和口吻等等，这些人员虽然都以个人出面，殊不知他们代表着一个群体；人们对他们的认识，实际上是对他们那个群体某个层面的认识。因此一个人的行为与群体或整个企业的形象的联系是非常密切的。

SIS：满意识别系统。这一概念对我国大多数企业来说也是比较陌生的。它指的是：企业所提供的无论在产品或服务等一切方面，都应该做到使消费者满意。奔驰汽车由于它异常苛刻的质量标准要求，使消费者无可挑剔；日本商店的热情接待和百拿不厌，有时竟使得顾客诚惶诚恐；万佳百货的不满意便退钱等等均属满意识别。总之，企业要提供一种使人满意的服务方式并不是一件容易的事情，而要使消费者在一切方面都满意则更难上加难。但随着社会发展，人们的要求不断提高，买方市场竞争的加剧，企业的满意识别将显得越来越重要。

当我们了解 CIS 的基本内涵之后，再来看一下今天世界发达国家的 CIS 发展趋势。自八十年代起始日本而风行亚洲、欧美的 CIS 之风，到了九十年代有逐渐被顾客满意度(CS)取代之势。进入八十年代后期，据国外的一些市场调查表明，众多消费者的目光已由对企业形象的外在形式的重视转而向对企业实质性内涵的期待。如日经广告研究所的《企业形象调查》显示，八十年代中期以前的序列排为(1)企业名称(2)广告(3)商品，而九零年则变为(1)商品(2)品质(3)广告。这说明以 VIS 为代表的 CIS 曾发挥过重大作用，但今天消费者价值取向的转变也是客观存在的。究其原因大约有以下几点：一是 CIS 过度泛滥，使得其效果降低。据 1991 年日本《广告白皮书》记录，日本主要企业中有 CI 手册高达百分之五十，而有类似手册的更是高达百分之七十八。有调查显示，八十年代后期导入 CIS 的企业在经营上明显不如八十年代中期之前导入 CIS 的企业。二是消费者从 CIS 的感性认同阶段跨到理性认识阶段，他们越来越认识到企业产品，服务乃至商品意义的重要；所追求的是更大的实用价值和精神满足的统一。一叶知秋，从目前国外 CIS 的发展趋势反观我国现在 CIS 的建构，无疑具有较大的借鉴意义，有利于减少别人走过的弯路和有助于缩短与先进国家的差距。

发挥自身优势　不断探索前进
浅谈广告策划,全面代理与市场营销的结合

王鼎

社会经济的高速发展也同时促进了广告业的空间发展,成为国民经济运行中不可缺少的一个有机组成部分,并以其勃勃生机在经济运转、社会生活、推动精神文明建设以及国际贸易中发挥着应有的积极作用。

广告,以它广博丰富的内容,多彩的形式,特有的魅力在生产者与消费者之间,架起一座沟通的彩桥,连接的纽带。

近年来各大、中城市众多的专业广告公司的相继问世,带来了广告事业的兴旺和繁荣。与此同时也导致了广告行业的激烈竞争局面,作为专业广告公司如何发挥自身优势,在当今市场经济大潮中以策划为主导,以创意为中心,为客户提供全面服务势当必行。专业广告公司不仅在信息反映和市场竞争反映两方面为客户提供服务,更需要积极配合客户把新产品推向市场,在用户和消费者心中树立良好的品牌形象,扩展销路,建立有效的销售网络。从而在市场竞争中致胜不败。

在产品投向市场运行中专业广告公司与客户之间形成利益共享,风险同担的合作伙伴。沈阳国际广告贸易公司在广告策划,全面代理及市场营销方面做了一次成功的探索。实践证明专业广告公司自身素质的提高,是赢得客户信赖的关键。

公司94年为长春吉星保健食品有限公司生产的"吉星"系列蛋白乳粉,进行一次广告全面策划和实施,取得了可喜的效果。

在当今快节奏的现代化都市里,随着人们生活和消费水平的不断提高,营养结构也在发生变化,高植物蛋白,低脂肪,低糖,低热量食品成为人们对饮食结构的新追求。为了使"吉星"系列蛋白乳粉首次在沈阳地区以及周边城市投放市场一举成功,首先进行了多方位的市场调查,为广告策划提供科学依据,在抽样调查问卷中,对不同家庭成员性别、年龄段、职业、月平均收入、饮食习惯做了统计和分析。在宏观调查中重点对鲜奶、奶粉和其它乳制品与蛋白乳粉做了对比,购买大豆蛋白乳粉的消费者尚未形成消费习惯。奶粉是主要竞争对象,在社会调查中多数人认为高蛋白、低糖对健康有益,其食用对象以婴儿、老年人居多,食用时间主要用于早餐,对蛋白乳粉消费的需求将高于高档饮品。针对产品投放市场的导入期、热点销售期、年平均销售量做了客观的具体阐述。消费对象目标儿童、老年人、知识分子为主体,其他消费群为辅,在总体广告宣传内容上,产品定位"最佳早餐饮品"突出吉星蛋白乳粉富含动物蛋白,植物蛋白,两种蛋白互补及多种辅料(人参、咖啡、蜂蜜、低糖型四个品种)的天然滋补饮品的主题上。

在广告媒体方面选择了覆盖面广、收视率高的电视、广播广告,传递面宽、具有数十万读者的报纸媒体。

下面是公司策划部创作班子创意的电视广告文字脚本、报纸广告部分广告词:

吉星蛋白乳粉30秒电视广告

1. 温馨的氛围

[近景/摇]妈妈:“早餐要吃好,午餐要吃饱,晚餐要吃少”。

孩子仰头问:“妈妈,早餐吃什么?”

妈妈:“你说呢?”

2.[特写]孩子:“早餐新秘方!”

3.[特写]产品形象、字幕叠入“吉星蛋白乳粉”

[入画]一只手打开外包装,随后取出“吉星蛋白乳粉”袋装。

(旁白:“吉星蛋白乳粉,即含动物蛋白,又含植物蛋白,还有可溶性植物纤维……,)

4.[大特写]乳粉充调演示,杯中乳粉醇厚。

(旁白)接前:“营养丰富又有助消化,每天一杯,使您精力充沛”。

5.[近景]一家三人围坐在桌边共进早餐。

6.[特写]父亲喝一口:“真不错!”

7.[特写]母亲举杯向镜头:“吉星蛋白乳粉——早餐新秘方!”

8.[资料]品牌标志,字幕飞出“早餐新秘方”

报纸广告广告词

吉星问您早安

从现在起,每天冲一杯“吉星蛋白乳粉”,让每一天过得更精神,更轻松,更有意义。

经过一夜的新陈代谢,早起的您急需补充足够的营养,以保证一天工作的高效率和愉快的心情,吉星蛋白乳粉正可以方便迅速地满足您身体的需求。

世间最真儿女心

父母年纪大了,最让儿女挂心,他们一点点小灾小难,就足以让我们挂念。今天,我们送上一份吉星蛋白乳粉,每天冲上一杯,就可以马上补充身体可需的大部分营养,使他们焕发生机和活力,每天过的更轻松。

妈妈说的

“吉星蛋白乳粉”使我们长大,更高、更聪明!

吉星蛋白乳粉,它豆香纯纯的,奶香浓浓的,再加上蜂蜜、蛋黄、果脯糖浆,啊!喝一口香香甜甜,味道好极了,每次都喝不够。

宝宝喝“吉星”,长大成明星!

从清晨的广播广告,晚间黄金时间段电视广告的连续播出,“开心一小时”文艺专题现场直接参预,地方日报、晚报,荧屏周报,广播电视报等多方位的报刊配合市场不同阶段的促销活动即时刊登各类广告,形成立体宣传攻势。

在总体策划中为“吉星蛋白乳粉”设计了一组 POP 系列广告,其中包括:礼品袋、礼品卡、海报、广告旗、传单等,增强售点广告气氛,使更多的消费者在接受广告内容的同时产生强烈的购买欲望。另外就“吉星蛋白乳粉”产品在沈阳地区总代理,建立销售网络、经营策略做了详实论述。总体策划方案顺利地得到了客户的认同,并获得在沈阳地区的广告总代理和产品总经销权。为了体现利益和风险共担的原则,在沈阳市场产品投入期广告宣传费用双方共同承担,广告公司在推销产品总代理中获得经济利益。市场销售额越大,其经济效益则越大。

公司市场部在短时间内建立了 56 个销售网点(其中有著名的大型商场,副食商场和遍布各繁华街区的零售商店),相继又在周边城市大型商场建立了分销网络。

各种媒体广告的有力配合、商业部门的通力合作,在众多的消费者中,已树立了“吉星蛋白乳粉"的品牌形象，取得了预期效果，可观的经济效益。从广告的总代理到产品营销一条龙。在广告与商战的竞争中，把两家企业的切身利益拴在一个战车上，成为在市场竞争中真正的合作伙伴。

随着市场经济的不断向前发展，越来越多的企业，不仅把自身的产品推向国内市场，并努力创造条件跻身于国际大市场，在竞争中求生存，求发展。为了顺应这一形势的需要，专业广告公司提高自身素质，为客户提供全面的广告服务与客户的有效合作，是推动广告事业发展，增强广告活力的关键所在。令人可喜的是各地的一些大、中型企业的营销战略、广告宣传已迈向正规日程，他们委托信得过的具有广告策划实力的专业广告公司全面代理。

我国的广告业逐步实行广告代理制是发展的大方向，目前在国内部分有条件的城市试行广告代理制，无疑对我国的广告业迈向新台阶是一项具有发展意义的举措。我们的广告业正面临着一个伟大的变革时期，科学有效的发展广告事业，促进国民经济的腾飞是专业广告公司及所有广告人的神圣职责，让我们共同去奋斗，不断地去探索，却创新，去迎接二十一世纪的新挑战。

略论广告的销售推动力

吴士元

· 问题的提起

广告公司骤然增加，然而真正能为客户赢得可观效益者，实如凤毛麟角；广告费大幅度增长，然而与企业效益的增长尚不成理想的比例；广告作品比比皆是，然而能打动人心并能完成促销使命者仍廖若晨星；广告大军浩浩荡荡，然而其中真能魂系客户和消费者，相比之下还屈指可数……。

当然，就发达地区而言，上述看法不见得确切，但在尚不发达地区，表现尤甚。笔者身处北方，感慨颇多，再三思忖，不吐不快。

广告的使命，恐已众所周知。各种专著、论文、演讲已有颇多论述。然而广告本是一个复杂的多面体，其使命也有多重内容，因而其说也纷芸。但就根本而论，促销应是主旨，广告如无这一条，即成无根之木。

我国是艺术与工艺美术大国，其影响源远流长，现代设计发展起步晚，市场经济体制正在形成和完善中。近年来，营销、竞争意识与技巧虽大有加强，但尚未达到得心应手的高度，为此，大声疾呼广告的促销功能并究其方法论确有必要。从促销这条根上顺势认识这个复杂的多面体，或许能顺理成章。

广告之于促销，决非一厢情愿、一蹴而就之易事。人们从广告作品上认知其携带的信息，并在其焕发的销售力的推动下采取行动，完全是一个知晓、确认、理解、萌动新需求，直到响应的复杂心理过程，是一种处在特定时空条件下的消费者"自治"的决策过程。在市场竞争日趋激烈的条件下，促成购买行动的原因是多种多样的，广告是其中一个要素。即使是一个成功的广告，其在营销组合中有效的机率也不是100%，那么不成功的广告就可想而知了。因而，广告的销售推动力的有无和强弱就是一个十分紧要的问题。

· 销售推动力简析

从字面理解，销售推动力就是指广告具有的促销能力。然而仔细想想，又很复杂。它是无形的，既不是一个广告口号，也不是一个动人的形象或具有艺术感染力的画面或音乐。它存在于具体的广告作品中，却又不是仅仅着眼于画面的经营就能实现。看似一个充满深邃意境，形式结构十分完美的广告作品，但消费者对它却无动于衷；看似一个极其普通的广告，消费者在它的影响下却能产生购买行动……。说它是唯利是图的叫卖，但这种叫卖式广告失败的例子屡见不鲜。说它仅仅是一种强力的、持续不断的灌输，而那些花掉大量经费，不惜 搞所谓"地毯式轰炸"的做法，到头来仍收获甚微。

销售推动力是一种"软件"，是蕴含在可感的广告形式中促进信息传通并诱发行动的催化剂。是一种包括广告人的敬业精神、运作观念、运作方式、运作技巧、创造力的综合效应，是广告作品中看不到却能感觉到的，能在目标对象心灵中引起"爆炸"的神奇力量。

仅从商品广告角度讲，它是一种有效占有目标对象心理空间的促销力。

从广义的广告角度讲，是有效地促进目标对象认知、理解并促进其给予心理及行为支持的一种感召力。

销售推动力是广告生命力的根本原因；是广告运作全过程的落脚点；是打动目标对象心灵并产生态度改变，对其决策给予巨大影响的力量；是目标对象从中看到需求并萌动新需求，形成新的价值观的诱因。

上面几种表述存在二个要点，其一，即"目标对象"。目标对象不明确，就没有特定的表现策略，也就没有推动他们的力量；其二是信息传播过程中的一种"感召力"。广告是一种传播过程，是一种在特定环境和时机内的说服艺术。在很多情况下，是使目标对象由消极（对你传播的信息没有心理准备或未知以及在选择的困惑中持怀疑态度）变为积极（理解、认同、感情沟通、积极响应）的一个过程。在这个过程中，紧紧针对目标对象，创造性地进行创意、构筑传播形式、形成特定风貌，才有可能产生感召力。

今天，广告象汹涌的潮水，时时冲击着人们。它象一张大网，处处都在包围着人们，使你无法回避。加之虚假的、不负责任的广告和假冒伪劣商品给人们心灵上蒙受的阴影，使人们本来就有的对广告的戒备心理如雪上加霜。

在这种情况下，如果不以营销目标为依据，不针对目标对象接受信息的过程、心态，以及选择、购买、使用等情况，按信息传受规律去运作，是不可能达到目标的。

· 信息传递和销售推动力

广告是人类信息传播活动的重要组成部分，从广告的传播学性质看，包含基本过程如下：

企业、产品
市场、消费者（信源）→从这二个信源获取可供利用的情报→并加以整理，分析出可使目标对象接受，可理解、有价值的信息（语义）→确定目标对象并针对他们的需求、好恶及活动规律→确定说什么（定位）→选择特定的媒介及确定媒介组合（信道）→进行特定的创意及形式结构（编码）→形成可感并有推动力的表现（怎么说）→在一定时机及空间阈限内发出信息→目标对象接触并将传播形式转换为期待信息（译码）→并理解信息（解码）→做出反应（发出行为的或态度的信息）→传播者主动搜集这些信息（反馈调查）→调整广告策略→再传播……。

上述基本过程有三个要点：其一、传播者在把信息传出去之前，需根据目标对象及媒介特点（媒介选择也根据目标对象确定）进行编码，以便创造出一种适合媒介发送，又适于受众接受的传播方式及样式。销售推动力便溶入其中;其二,在受众接受信息过程中,“译码”、“解码”两个过程完全由自身需求及广告效果决定,如果作品具有销售推动力,不仅会缩短这个过程,而且使受众会不自觉地产生态度趋同,调动出新的欲求乃至产生行动;其三、如果传通,目标对象反应则是积极的,不通(不理解或误导)以及出现干扰,反应则是消极的(不注意、忘却或目标转移),传者只有进行反馈调查才会确认自己的决策是否正确。

传播活动是无限循环的传——受过程,按照情报→计划→抉择→审查这一基本决策过程去运行,广告才会不断向高级阶段发展。

问题的复杂性不仅在于传通需要做大量科学性运作和巧妙的创造性运作相溶合,而更令人棘手的是,即使传通,信息的确信率及发生行动的机率也不会是100%,传播不是孤立的、在真空中进行的活动,在大量对抗性信息交叉中,在受众不同的接受心理作用下,干扰是必然的。

所谓干扰,包括前所未料的某些不利因素,竞争对手的攻势以及在这些因素作用下受众有意无意的心理抗拒,使传出的信息发生损耗,现引用罗杰斯—休梅克关于创新一决策过程模式来说明这个问题:

这个模式对广告运用策略及销售推动力的形成有极大的启示作用。其要点有四:其一,将受众及传播的信息放在社会环境中考察,揭示了受众对新信息接受是动态的和具有系统的整体性,这取决于二个因素:①个人特征、社会特征,以及由这二者化合而成的需求特征(对创新的态度),我们可以称之“社会中的个人变量”,②取决全社会体系变量,即社会规范、社会对异常(反约定俗成、反规范)的宽容程度,就此可引伸出广告销售推动力形成因素与目标对象所处社会环境的关系,处在某种环境下的受众被感召,而另一环境中的受众完全可能无动于衷或产生逆反心理。同时也反映出广告是被管理的信息传播行为。创新不是盲目的,必须针对特定环境下的受众需求(显在的、有意识的和潜在的、下意识的)与社会变量(社会体系规范,对异常的宽容、传播的整体性及其他社会因素);其二,揭示了受众接受信息的四个基本过程及相互关系;其三,指出劝服的重要因素——受众能否意识创新特征及所包含的五个方面的特点,从而揭示了广告销售推动力即具体劝服的力量发生作用的需求心理。基础及“着迷”形成的基本条件,完成这一使命即有可能促成“采纳”;其四,揭示了信息损耗问题以及损耗的原因。

借助于上述这一传播模式,使我们认识到销售推动力的形成是广告信息传播整体过程及广告创意、设计、制作的产物,是广告人抛开个人的好恶及思维定势,完全从目标对象的需求及具体特征中吸取灵感的结晶,是一项有条件的广告策略及具体操作者才华和高度表现力的化合。

现以上述模式为基础,再探讨一下劝服实现的基本规律。

·接受心理与销售推动力

广告销售推动力是对受众的劝服,是对创造新需求的一种加速度,销售力的形成必然要以受众接受心理的一般规律为参照系,再根据具体目标对象的特征来制定具体策略,才有可能实现。

AIDMA 模式几乎众所周知,现以这一“注意(A)——兴趣(I)——欲望(D)——记忆(M)——行动(A)的接受基本规律为依据进行下述分析:

这五个要素是一个相互联系、相互渗透、相互促进的一个整体。一般来说,这五个过程并不是单独演进的机械递进过程,但在认识心理过程中又具有相对独立的意义。

“注意”是认识的前层次,是销售推动力发生作用的第一步,然而仅仅致力于引起注意,则不一定具有销售力。注意本来就具有浅层次与深层次之分,仅仅引起注意,是浅层次的,不持久

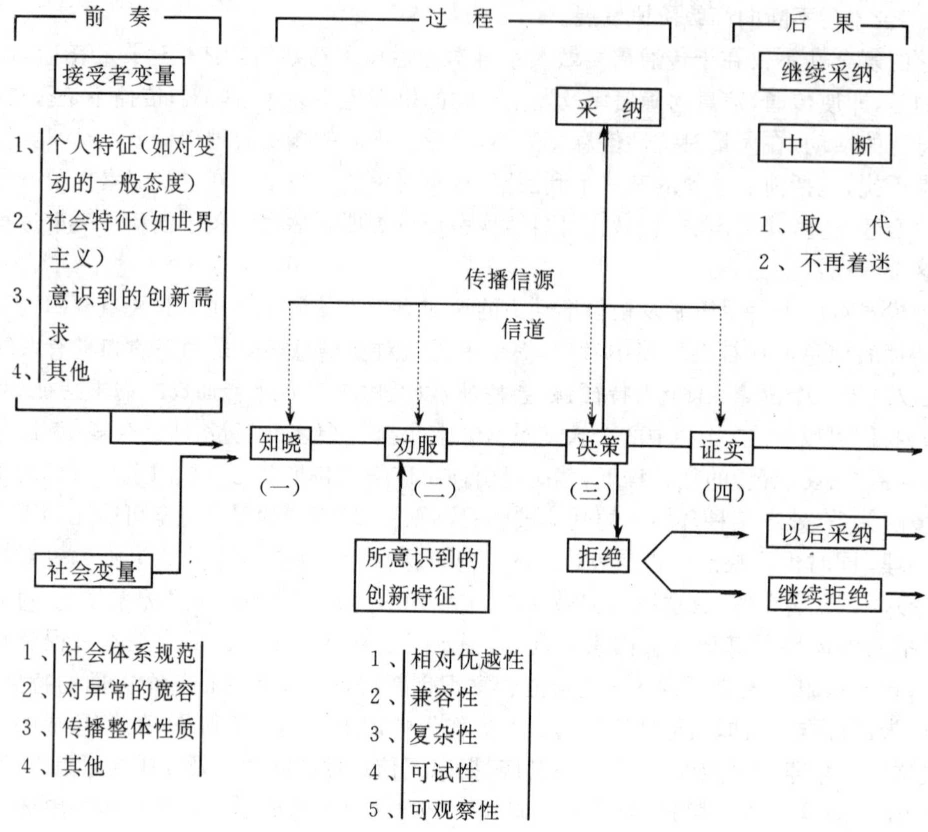

的。比如某种异质刺激出现时,必会引起注意,但一经意识到这种刺激的原因、动机及携带的情报及自己的愿望、需要、理解及评价标准不相一致或无关时,便产生中断。广告表现的"新、奇、特"必然引起注意,而不从营销目标出发,不考虑注意——兴趣——欲望——记忆等形成的内在关系,受众便在戒备心理的作用下产生反感,迅速中断注意,销售推动力也就无从谈起。

兴趣是达成促销的临界点,是销售推动力引发的第二层次,是注意的深层次表现,是高质量的注意,也是形成记忆的要因之一。兴趣是评价标准、求新欲和趋利心理的化合。求新需求虽然因人而异,但却是人类的共同特征。当人们面对某种新形式,新信息、新的价值取向的诱导时,一旦是可理解,可操作,可观察(视觉评价)并与他们的理想及利益兼容时(即罗杰斯——休梅克模式中劝服的基本条件),再反常规、再奇特,也会马上认同,并形成记忆。一般情况下,兴趣与欲望有着十分紧密的联系,其中的纽带是显在或潜在的生理的、心理的需求。

欲望是受众在原有欲求基础上由恰当的传播媒介调动起来的新欲求，这种新欲求是与过去经验比较后发生的价值观的更新，这正是广告促销力应达到的目标，是产生购买行动的起点。

人们的购买行动分为两种，一是即时的（显在的），一是未来的（潜在的）。被唤起的新欲望与眼前的或现实的需要相一致或被鼓动得心血来潮或受从众心理的驱动，可能会立即构成购买行动（购买行动又与营销组合、产品质量、售前售后服务、零售点分布、售中服务、价格因素等有关，但这不是本文重点所在）。当新的欲望与现有条件（经济上的、心理准备上的、选择的保留态度、目前的生存条件等）暂时不相吻合时，有可能形成潜在购买行为。但其基本条件必须是态度、情感上形成共鸣并形成确信，即使如此，由于存在各种干扰，这种暂时的保留态度极容易分化，即"以后采纳"和"继续拒绝"乃至被"取代"。因而对广告销售推动力的支持必须是各种促销和公关活动的有机配合以及有计划地"传播——反馈——再传播"过程的不断循环，不断深化地进行。

上述五个过程的"联合效应"，往往来源于目标对象自愿和以"自治参与"心理为基础进行决策。在市场经济机制运行中，任何一个企业、任何一个广告公司均无权强制消费者按他们的意志行事，传播者唯有善解人意，真诚而巧妙地推广自己的主张才有可能秦效，这也正是"受众中心"传播理论的价值所在，也是优秀的广告人的行为准则，我国古代贤哲曾指出："古之人之所以大过于人者，无他焉，善推其所为而已矣"（《孟子》梁惠王·上）。中外广告界的强者也莫不是善于以目标对象为出发点和落脚点，致力于推广自己的策略。

·销售动力评价

如前所述，销售推动力是一种令目标对象着迷的魅力，然而这个魅力绝不能简单地等同于艺术作品的魅力，而是使目标对象透过知觉形式很快找到并确认其根源——产品、服务及企业——对他所提供的好处而深深打动他并使他自愿地付诸行动的"促销魅力"。尽管这其中包含着打动心灵的艺术因素，但广告的评价与艺术作品的评价无论其出发点还是落脚点都是根本不同的。

这样说，完全不是从急功近利、唯促销是图的观念出发，有意否定广告的艺术和文化性质。广告的这二种性质是影响深远、感人至深，有利于人类身心健全的重要途径之一，然而如果仅仅着眼于这二种性质而忽略经济及传播学性质，听起来娓娓动听，实质上是空中楼阁。如果广告不能使受众产生新的消费或接受某种服务，其文化和艺术价值也就荡然无存。正如生命一旦停止，再健美的躯体也不会有任何魅力。因此，广告的促销功能是艺术及文化性质的内在根据，其经济、传播、文化和艺术性质是不可分割的一个整体。从这个意义来认识销售推力，可以说它是时间、空间、物与人的综合效应，是一种随上述四要素不断运动和变化的感召心灵的推动力。

就一般情况而言，对销售推动力的具体衡量表述如下：

1. 广告概念是否确切并具有冲击力和启迪性

概念是广告的核心，是统帅全局的要素，是产生强烈影响力的主导因素。

概念可以通过文案表述，也可通过视觉语言来揭示，无论怎样，都应使目标对象迅速解码，并产生触动欲求的力量。

2. 信息是否明晰并与目标对象的期望与利益相关

正如前面所说，如果受众发现与他的期望与利益无关，信息不可能传通。既不会引起注意，也不会使注意深化为兴趣，于是接受活动便中断，因而广告中的信息必须有主次，信息的可解性与价值共存，其效果则强烈。

1. 形象或其他视觉语言是否能揭示信息并富有感染目标对象的魅力。

形象或其它视觉语言必须具有感染力，产生强烈的感情效果和深厚的审美意象，但这只是手段，而不是目的。如果它不能促成受众兴趣向商品或服务的转换，就不会产生销售推动力。

4. 定位及表现语言是否独特

广告是一个随机应变、引人入胜、充满智慧的策略，“有多少个代理公司，就有多少种发展策略的不同方法”。(〔美〕丹·E·舒尔茨等《广告运动策略新论》)也可以说，有多少家企业和产品，就有多少种策略和表现风貌，即使是同一产品，由于其市场寿命周期不同，也会有不同的表现策略。因而独特的、机智的表现，只要和营销目标相一致，就会产生销售力。

这四点并不是孤立的，而是互相贯穿的一个整体。

这只是从一些优秀的广告中分析出的一些粗浅的看法，广告销售推动力是动态的，绝不是几条干巴巴的条文所能包容的，只要是能打中目标对象的心理期望并形成强震动，就具有推动力，在今天，那种盲目的“机关枪打鸟”的时代已经过去了，必须有“一颗子弹打一颗心”的本领，才是真正的广告人(引号中的话为台湾博上广告公司自身广告中的概念)。

广告人的职业道德是高尚的，他们不以自己赢利为唯一目的，他们把客户的利益及消费者的需求看得高于一切，在客户的感谢及消费者价值观更新及不断走向新的生活方式的时代发展中体现了自己的价值，从而也赢得了自己理想的效益。

广告人的作风及工作态度是严谨的，科学的，在方方面面专家共同合作中，从周详的情报分析中撞击出创造的灵感；他们最善解人意，最善精诚合作，并以自己的才华完成时代的使命。

这也许就是从传播者角度看广告销售推动力形成的心理基础。

大市场营销系统与新产品推广策略

韩永夫

当今世界，平均每年约有一万多种新产品问世，但有八成左右被无情的淘汰。这些出师未捷的新产品，十有八九都是因为企业未能树立大市场营销系统观念和没能掌握新行销策略所致。因此，对新产品而言，虽然在开发阶段付出了艰辛的劳动和巨大的代价，然而这只是万里长征的第一步。更重要的是如何将开发出来的新产品，采用何种手段和策略楔入市场，不断提高经济效益，实现企业整体战略目标，这是一个亟待解决的新课题。

一、市场营销组合与大市场营销系统

市场营销组合是指综合运用产品(Product)、定价(Price)、分销(Place)、推广(Promotion)即 4P 等可能的手段和策略，根据市场环境的变化，使其进行有机组合，借以实现企业经营战略目标。这里的产品包括高、中、低档的产品；定价可分为高、中、低价；分销主要可分为企业自销和他销(经销、代理、批发、零售，国营、集体、个体、现货、期货)等渠道；推广可分为人员推销、宣传、销售促进活动，公共关系和广告、CI 设计等。

大市场营销系统则是指企业为提高其市场应变能力，综合运用“4P”行销再加上消费者(Consumer)、成本(Cost)、便利(Convenience)、沟通(Communication)即4C服务进行优化组合，使整体营销系统的经济效益达到动态最佳化状态。

对于“4C”服务中的消费者是指商品和劳务的买主(或买方)，可分为现实消费者和潜在消费者。前者是指正在进行或已经完成购买行为的买方，而后者是指有某种欲求和支付能力，但未完成购买行为的人。消费者按其收入(高、中、低)，职业(脑力、体力劳动)，阶层(蓝领、白领阶层)，文化程度、年龄、性别、家庭人口、宗教、种族、国别、风俗习惯、价值观等不同，又可分为不同层次的消费者。4C观念的核心是企业要把消费者视为上帝(或皇帝)，消费者至上，他们是企业真正的“老板”。因此，企业应以消费者需求为导向，根据他们的欲求与偏好，开发适销对路的新产品，最大限度地分别满足不同层次消费者群的需要，不但要使他们得到满足，更重要的是使他们达到满意；成本主要包括开发新产品的生产成本(投入的固定成本和变动成本)，买方的进货成本(进价和进货费用)和投资的机会成本等。这些成本中，不能单纯只考虑生产成本而更重要的是消费者购买有形或无形商品的购买成本，它既包括进价、进货费用还应包括购买过程中所耗费的时间长短和距离的远近，以满足消费者偏好，所愿意支付的价格即买方递盘(Bid)，以及还要考虑到消费者承受能力，这些都应作为成本的组成部分，便利是指为客户在购买过程中创造良好的舒适优雅的购买环境，提供购买商品的方便条件。包括方便顾客接触，方便顾客停车、休恬、娱乐，方便顾客付款和给顾客舒适的感觉以及最少的“噪声”干扰并提供高效优质服务等；沟通是指企业不能只做单向促销，要进行供求信息的双向沟通，要及时传递买卖双方的购销信息并加强信息反馈，及时满足消费者新的需求。

大市场营销系统作为一个总系统，它包括两个子系统即4P和4C。它们之间的关系是：4P作为初级行销组合手段和策略，基本上是企业营销管理者，站在本企业立场上来看待市场的一种本位主义的行销理论和方法。而4C则是企业营销管理者站到市场消费者一边，回过头来看企业如何为消费者提供优质服务，最大限度地满足他们的需求与欲望的一种市场消费者导向论。这种4C服务的新行销组合是在4P基础上发展而来的。4P和4C作为两个子系统，它们既相互独立、相互联系、相互制约又相互依存，共同组成大市场营销系统。因此，在市场经济条件下，企业要求生存、求发展，必须通过市场细分化(market Segmentation)根据不同市场面消费者群的需求选择好目标市场，开发优质名牌“拳头”产品打入该市场，使产品准确地定向或定位。还要预测产品的生命周期的各个不同阶段的市场消费者的需求潜量以及市场商品供求发展趋势和状态是处于卖方市场或是买方市场，将4P和4C中的各个变量进行交叉优化组合，据此来制定新产品的市场开发策略。大市场营销系统既是一种多因素的动态组合，又是一种多层次、多功能的优化组合，可以将这些因素进行分解，产生出多种多样新的组合形式。例如，将产品按其质量可分解成高、中、低档，按价格可分为高、中、低价，按消费者的收入状况，可分为高、中、低的不同层次的收入和购买力等等。这样一来，就可以根据市场商品供求状况(买方市场或卖方市场)将其中两个或若干个因素(高档、高价对高收入阶层；高档、中价对中收入阶层；高档、低价对低收入阶层；中档、高价对高收入阶层；……低档、低价对低收入阶层)重新进行交互组合又构成了不同的新策略，以便随行就市，灵活选用，提高企业的适应性。据此，制订出整体市场发展战略最优方案，发挥其整体系统动态最优化功能和效用。

二、新产品开拓市场的推销策略

新产品是指与老产品在结构上、工艺技术、性能参数和外观上等指标基本上不同的产品。从广义概念上来说，新产品可分为：1. 全新产品 2. 换代产品 3. 改进产品。

新产品的开发是一项艰巨的任务。投资高，市场风险大，成功率低。这就要求建立健全新产品开发的组织机构，如新产品技术研究开发部和供销公司，专门负责新产品的开发和推销工作。开发新产品的程序是由市场调研、构思、创意、设计、筛选、可行性研究、试销等六个步骤才能完成。一项新产品的推出市场能否取得成功，主要取决于该产品的质量、品种、价格以及信息、时机和服务。市场如同战场，新产品上市初期必须采取一系列的市场竞争策略，才能打开市场销路。

(一)新产品开拓市场竞争策略

新产品的市场竞争与取胜策略主要有以下几种：

1. 靠优质取胜。这是竞争的首要问题，产品质量包括内在质量(即产品的耐久性、先进性、精密性和实用性等)，外部质量(造型、款式、表面光洁度、包装、装潢等)，以质量求生存，质量是竞争力的核心。

2. 靠品种取胜。创造出花色品种多种多样，功能齐全，适销对路的新产品，使产品不断地更新换代。要做到五新：品种新、设计新、工艺新、款式新和装潢新。以品种求发展，品种是竞争力的源泉。

3. 靠信息取胜。要进行市场需求信息的调研并加强信息反馈，以信息为依据，信息是竞争力的基础。

4. 靠廉价取胜。要做到薄利多销。以价格争市场，价格是竞争力的条件。

5. 靠快速取胜。要抢时间争速度，抓住机遇，当机立断。要做到五快：研制快、投产快、交货快、上市快、销售快，以快速争时间，快速是竞争力的关键。

6. 靠服务取胜。做好售前、售中和售后服务(这是4C的具体运用)，以服务争用户，服务是竞争的保证。

(二)人员推销策略

人员推销是指企业直接委派推销员与广大消费者进行联系，开展推销业务活动的一种销售方式和推销手段。

在市场经济发达国家中，通常人员推销的费用支出平均占销售总额的比重为8—15%，而广告费用支出占1—3%，人员推销往往是企业成败的关键之一。尤其是对新产品的推销难度更大。这就要招聘、培训、考核、甄选具有一定文化水准、智商高、素质高的人担任推销员，到市场第一线开展推销业务活动。推销员应具备的素质和条件如下：

1. 具有自信心、责任感、事业心强，主动、热情、机智、多谋，反应灵敏，能随机应变。

2. 性格与修养好。仪表大方，口才流利、说服力强，具有幽默感和良好的礼仪与风度，不卑不亢，注意小节，耐心、友善，能助人为乐。

3. 知识面广。懂得商品学、销售心理学、行为科学、市场营销学、市场调研等。掌握产品的特点、功能、价格、使用和保养、维修知识等。

4. 具有充沛的精力，不畏艰苦。能任劳任怨和具有克服困难，勇往直前的精神。具有进 取心和富有创造机会的能力。

5. 熟悉推销技巧。对目标市场客户需求信息了如指掌，潜在客户的需求量，用户知识及购买习惯和购买动机、购买时间、地点和购买的决策者是谁，善于选择适当的推销对象与时间，对不同消费者能灵活运用不同手段引导或说服他们购买。

对于新产品来说，作为推销员，首先，必须事先进行市场调研，通过市场细分化，准确选择好目标市场。然后，再深入新产品的用户进行推销业务。推销员采取佣金制，按推销业绩(销售量或销售额)提取一定比例作为佣金。为调动推销员的积极性,企业可制订定额标准,对超定额者予以高奖励。

(三)宣传与销售促进活动

由于新产品刚投入市场,知名度低。因此,在新产品试销期间,可以通过抽样调查,对用户(子样)进行访问,征求用户对该产品使用后的感受以及效果评价,将其结果选择影响面广的媒介进行宣传,其效果有时比单纯作广告更好些。

新产品的销售促进活动,主要是以下几种形式;

1. 开展销售竞赛活动 2. 举办商品博览会展销会 3. 示范表演 4. 有奖销售或买一送一 5. 信用结算,分期付款 6. 先用后买 7. 开展咨询和售后服务活动 8. 让利优惠。

(四)开展公共关系活动。提高新产品和企业的影响力与知名度。公共关系是指建立人际之间的良好协调关系,从而辅助企业取得成功的一种促销手段。主要包括对内和对外关系,企业在所有决策与行动上,都应以公众利益为宗旨,向社会公开宣传,以取得信任、谅解和支持。开展公关活动的途径是:1. 建立健全公关机构和制度;2. 发动全体员工开展公关活动。争取社会公众和政府对本企业支持和重视;3. 编印本企业概况,经营方针、政策,产品品种,经营规模等宣传材料,向公众散发,扩大企业的影响力;4. 广泛收集公众对本企业和服务的意见和批评并做到及时妥善处理;5. 建立同消费者、中间商、新闻界和社会团体之间的经常联系制度,以提高企业和新产品的知名度。

三、新产品开拓市场的广告策划与CI设计

(一)广告策划原理及其应用

广告策划是对广告的筹划和谋略。它是指为实现广告的预期目标,运用系统观念,事先对广告的对象、主题、时空、媒体、内容、策略、定位和效果等进行全局性的市场调研,构思创意,设计制作的筹划活动过程。亦即广告主或其委托办理广告业务的广告经营者,通过市场信息调查,对广告宣传的全过程及其涉及各方面所做的全面的、科学的谋划和安排。通常包括:市场调研,优选媒体,确定广告目标,创意构思,设计制作,定时定位,测定广告效果并加强信息反馈等内容。

一项新产品首次投放市场的同时应做广告宣传,以提高其知名度。如果企业资本雄厚可采取多元化媒体策略,通过电视、广播、报纸、杂志和邮寄印刷品、招贴画、户外媒体等进行广泛宣传。应当注意在做广告的同时必须使新产品事前到位,否则无处可买就影响广告效果。在选择媒体时注意媒体的覆盖面大小,到达率(有效范围和辐射面以及受众接触频率(次数),信息传递的时空定位等,因时、因地制宜进行优化组合并加以优选。还要根据企业财力状况,广告费用高低,产品的性能,消费对象以及购买决策者的特点进行广告筹划,以争取投入较少的广告费用,获得较大的传播效果,开始做广告的频率(次数)应加大,在目标市场中可采用"地毯式轰炸",借以传播信息,给大众留下深刻印象,以便创造需求。所用时间至少7天至1个月,以后根据需要可间隔一段时间做间歇性广告,加以强化性记忆。新产品投放市场初期可采取"以广告为主,推销为辅"的策略。当知名度提高后,再实施以"推销为主,广告为辅"的策略;还可采取"先国内,后国外"的策略,开展推广业务活动。

对于新产品广告策划具体运作方法与步骤如下:

1. 市场调研阶段。开展产品和目标市场调查、研究,要掌握新产品的特性、特点,如质量、

型号、数量、用途、成份、包装、款式效用等以及目标市场中的销售对象的潜在需求状况。

2. 选择最佳媒体。

3. 确立广告预期目标。要求达到及时准确把商品和劳务信息传播给大众，引起注意，激发兴趣并产生深刻印象，唤起消费者购买欲望，创造需求，起到促进销售，指导消费，丰富精神和文化生活的作用。实现树立企业良好形象，提高产品的知名度，并能提高企业经济效益和社会效益的预期目标。

4. 创意构思，设计制作。首先广告经营者(代理广告公司)，要根据客户提出的广告对象及要求，对准备传播的广告信息确定表现手法。要进行构思、创意和方案设计，编排优化组合广告表现次序。勾画广告制作样板进行编辑和初步制做广告作品。然后，进行试播，征询广告主和有关方面专家的意见和建议，再进行修改、筛选和剪辑，最后定案。设计制作广告的原则是：要求具有真实性、艺术性、联想性、科学性、美感性和效益性相统一。要求具备广告的基本要素，构思新颖，主题明确，定位恰当，诉求准确，创意独特，逻辑性强，富有想象力。信息传递清晰，语言或图文简洁流畅，自然贴切，有说服力、感染力，画面或音、色配置协调，视、听效果好。(以上对不同媒体分别有不同具体要求，可灵活选择)。

5. 定时定位。选择最佳时间和空间向受众传播广告信息，如电视广告可选择“黄金时间”(晚上7:00—9:00)，报纸广告可选择报眼位置或头版位置等。

6. 测定广告效果和信息反馈。在做广告前、做广告当中和做广告之后通过市场调研，运用定性分析即凭直觉和经验分析、判断做广告是否有效，寻求影响产品销售的主要因素，借以决定取舍的一种测定广告效果的方法；广告的定量分析测定法，即根据做广告前后的有关统计数据，运用计量数学模型来进行测算广告效果，加以分析评价的一种方法。

主要有①简单估算法，其测定模式是：

$$E=\frac{Q_1-Q_0}{F}$$

式中：E为广告效果E>0表示有效，E≤0则表示无效。

Q_0、Q_1分别代表做广告前、后的平均销量(或销售额)；F为广告费用

②弹性系数分析法，其测定模式为：

$$E=\frac{\Delta Q}{Q}/\frac{\Delta F}{F}$$

式中：E为弹性系数，若E>1时表示广告效果好，E<1时表示广告效果差，不应再做广告；Δ表示增量

③相关分析法。根据企业过去支出的广告费用(X为自变量)与预测目标(Y为因素变量，它代表产品的销售量或销售额)之间的因果关系来分析、判断广告效果。

其测定模式为：

$$r=\frac{N\Sigma XY-\Sigma X\Sigma Y}{\sqrt{[N\Sigma X^2-(\Sigma X)^2][N\Sigma Y^2-(\Sigma Y)^2]}}$$

式中：r—相关系数；

N—数据项数

首先求出相关系数r的值，分析两者之间呈何种关系。若呈高相关系($r\geq\pm80\%$)且判定系数$r^2\geq60\%$即可确定广告有效，否则广告无效。

广告策划个案研究：

国家级新药奕达滴眼液

1. 问题的提出：

假性近视是真性近视眼疾的前期，发病原因主要是看书姿势、光线、距离、特别是无节制地玩电子游戏机，看电视时间过长等不良习惯引起睫状肌疲劳，过度紧张，长期收缩，由于眼球血液循环障碍而引起视力下降(≤1.0)所致。据报载，我国有1亿多青少年患假性近视。其中，中小学生占57%，高中生占28%，若不及时治疗很快就会变成真性近视。这对他们的学习、升学、就业等有很大影响，将遗憾终身……。奕达滴眼液经过临床观察论证，通过部级签定，国家卫生部批准，93年已投入市场。本品具有见效快、疗效高、不散瞳、巩固效果好，能立即增视，使用安全方便等特点。安阳兴华制药厂独家生产。

2. 背景：

厂方曾委托广告公司设计制作电视广告，已通过电视台播放并举办了一次新产品新闻发布会，效果不够理想。究其原因，主要是没有深入市场进行调查研究，对假性近视概念模糊不清，销售渠道过于狭窄(只供应医院)，网点设置不均匀，产品没全面到位及心理障碍等因素所致，后来该企业邀请有关方面的专家进行市场调研分析论证，对该新产品进行策划和广告设计，开始打开了销路。

3. 目标市场分析

该产品的目标市场集中在中小学生。中小学生假性近视患者发病率高，市场容量大，销售潜量也很高。由于该企业资金有限不能选大媒体做大广告，只能边推广边积累资金，由小到大循序渐进，扩大广告投入。因此，市场营销推广策略应是先由沿海开始后再扩展到内地，由经济文化发达地区的中小城市再面向大城市进军，由国内市场再转向国际市场，打开海外市场销路。

在多元化媒体中，应以电视广告为主，辅以报刊广告、招贴画广告、户外条幅文字广告。企业还要建立一支经过培训、考核、甄选素质较高的推销队伍，深入到目标市场第一线开展推销业务。在做广告之前，产品必须到位，要集中全力做好广大青少年患者，特别是他们的家长(购买该药品的真正决策者)的销售服务工作。

4. 广告创意与设计方案

以电视广告为例(整个时间为30秒)

第1画面：教室、黑板、老师、中学生

最后一排一位学生(表情犹豫，眼睛迷离，眼神呆板)一面举手报告，一面指向黑板上的字对老师说："我看不清！"紧接着又有两位后排学生同时站起来说："我也看不清……"(反射回音，颤音，渐弱)

老师："到前面来，调换一下座位！"

(调整座位后)

学生："还是看不清！"(特写镜头)这时黑板上的字迹模糊不清。

第2画面：打印字幕、内容如下：

提请各位青少年家长注意：

我国有1亿多青少年患有假性近视，若不及时治疗，就会变成真性近视，将追悔莫及……

(画外男配音与以上广告词同步进行)

第3画面：教室、老师、学生

老师："你们患的是假性近视，用奕达滴眼液有效！"

(老师给患者滴眼药水。配乐：歌曲《我们是太阳，我们是月亮》)

第4画面:奕达滴眼液、实物(内外包装及带有商标眼药水瓶)展示镜头。

第5画面:(患者被治愈后表情喜悦情景)宁静、明亮的教室。学生复位,黑板上的字非常清晰,教师在继续上课……

第6画面:三维彩色动画字幕

奕达滴眼液

第7画面:字幕加配音同步进行

国家级新药

奕达滴眼液

假性近视的克星!

安阳　　兴华

第8画面:字幕

各大医院、医药公司、新特药商店均有销售

开始播放时,因为多数受众不了解什么是假性近视,可多播放几次以强化记忆和理解,以后可只选第七个画面播放即可。

(二)CI设计及其应用

CI设计:CI(Corporete Identity)即企业形象识别和企业形象的整体化、统一化的设计。将企业的个性、理念、企业文化和企业精神等特性传播给社会公众,使公众产生深刻的共识(即认同感),从而达到双向信息沟通,促进销售和树立企业美好形象的目标。

60年代中期,CI作为专门以塑造美好企业形象,便于迅速传递企业个性、先进性、存在意义和品牌的一门崭新科学。CI设计能为企业创造无形资产和价值,也是企业参与市场竞争中的自身地位的识别。过去,通常只限于产品质量作为评价企业好坏的唯一的标准,往往把CI设计放在“有空才搞”的可有可无次要地位。随着市场经济的发展,产品的高科技含量和附加值不断提高,大多数企业都会运用4P来进行经营管理,其结果是各个企业生产出来的产品的质量都过关,性能与价格比差别也不太大,在其他条件基本相同情况下,消费者愿意购买哪一种产品呢?可以得出这样的结论:极可能根据你所获得的信息来选择你最需要并为之动心的那种商品。亦即在质量保证前提条件下,价格也合理,那么引起消费者作出购买决策的主要动因是由企业美好的形象设计,所制造出来的“印象”来决定的。而企业形象在消费者心目中的地位和占有份额是来自大市场营销系统中的4C(尤其是消费者和沟通)行销服务运作的结果。因此,做好4C服务,搞好CI设计,突出本公司的形象及商品的特点、个性、美感,却关系到企业形象的影响力和“文化度”,它如今已成为商战中决定胜负的分水岭。

CI设计要做到以下几个方面:

1. 战略目标要明确　2. 创意要有特色　3. 国际化、面向世界市场、高起点　4. 设计整体化(策略创造的突破)　5. 理论共识化(双向沟通的理解)

案例分析Ⅰ. 摩托罗拉公司(MOTO ROLA CORP.)

该公司的电视广告CI设计非常成功。首先出现的第1个画面是以打高尔夫球滚动到洞穴入口处擦边而过,让观众心情紧张并表示非常遗憾。切换镜头后,画面出现一位稳健、成熟的中年男子(老手)将球准确无误地打入洞穴中来作为诉求的重点,烘托摩托罗拉公司企业形象和产品追求的是完美无缺;既塑造了美好的企业形象,又显示产品已达到傲视同群的水准,一箭双雕。

案例分析Ⅱ. 德国大众汽车公司

1. 问题的提出：

德国大众汽车公司，运用密集型市场细分化策略，为大众设计了新产品形如甲虫的小轿车，取名为“小金龟”。该车具有引擎质地优良、性能可靠、省油、防噪音等特点，准备打入美国市场。

2. 背景：“小金龟”于49年进入美国市场，当时大型豪华车作为显派露富的抢手货，而使“小金龟”受到冷落，十年之后，风向开始逆转，“小金龟”东山再起。

3. 解决方法(推出设计方案)：当时大众公司作出一个英明决策，请来一新建的小广告公司DDB为他们做广告策划和CI设计。DDB广告公司敏锐地觉察到美国市场对小型轿车的潜在需求，而该车具有物美价廉的优势，便创作了一系列令人耳目一新的广告，以颂扬小型车，广告以奇特简洁的画面夺人眼目。其中，一则广告画面的左上方是一辆“小金龟”车图案，下方写有“Think Small”它奉劝人们：“想想小的好处”，有效的将该产品的特点嵌入消费者的心目中去，来进行恰当的“市场定位”，被誉为“逆反性定位”的典范；在另一则广告中，“小金龟”画面之下的一行字的英文标题“Lemon”(柠檬)抓住了人们的好奇心。Lemon也有“次品”的意思。广告正文解释说，这辆车因仪表板镀铬层有一道划伤被列为次品，不准出厂。大众设有数千名质量检查员，在每一道生产环节严格把关。正文结束语：“我们挑出次品。让您得到精品”，朴实无华，却引人入胜，恰到好处的传递了“金龟车的可靠，大公司诚实”的信息。70年小金龟车在美国市场上销售量达569万辆，达到了鼎盛时期，楔入了市场缝隙占据了小型车目标市场的最佳位置，改变了汽车商战的格局，脱颖而出。

总之，CI设计是出自设计者的心灵创作，其中心工作是对企业的商徽和产品的商标以真、善、美来“包装”企业，“包装”产品，以达到重塑企业形象，提高产品的知名度，借以提高在消费者心目中的地位，使企业在激烈复杂的市场竞争中立于不败之地。

大宝SOD化妆品成功探密

尹春雨

在改革开放的大潮中，随着社会主义商品经济的迅猛发展，我国广告事业大幅度地向前推进，广告在商品经济流通中的作用日趋重要，广告的功能和价值业已被各种领域所认同。只要企业能具备超前的广告意识和运用现代广告，企业就能在竞争的海洋中得以生存。北京市三露厂“大宝”牌化妆品就是一个切实的例子。

八十年代末期，“大宝”化妆品厂在国内化妆品市场上面对的是市场疲软的形势，当时各种外企合资化妆品充斥着市场，国内化妆品严重滑坡，在竞争的海洋中，不少化妆品企业处于十分困难的境地，三露厂不可避免地受大气候的波及，加之领导班子大幅度调整，三露厂本身又是一个一千一百多人的残疾人福利工厂，真是雪上加霜。然而此时三露厂能够在逆境中脱颖而出立于不败之地，关键的关键就是有一套广告意识超前的领导班子。他们运用现代广告的本质特征及基本原则和技巧，将企业发展壮大，成功的秘诀就是根据市场情况制定科学的广告策略和经营策略。包括：

1. 改变消费者的消费观念和习惯。

2. 更新产品开拓市场。

3. 经营战略与广告推广密切结合,两者不可分割。

4. 引导消费者变习惯消费为科学消费,即由传统的遮盖型→营养型向将传统的中国医药学与现代生物工程相结合的科学型方向引导。

以我厂开发的SOD系列化妆品为例,我们共做了七版电视广告,表现了:

1. 现代生物工程的高科技发展。

2. 让人们认识人体自身产生SOD,你有、我有、他也有。

3. 名人做广告。

4. 大宝天天见(定位非常好,男女老少皆宜)。

5. 皮肤好用大宝。

由此我们得出:

一、更新观念、开拓市场是关键

企业要想立于不败之地就要有一种精神,这种精神就是我们企业的信条,正如我们的广告语"走遍天涯海角,人间处处有大宝",我们靠着这一宏亮的广告语,宣传了企业的形象,打开了知名度,搞出了一个明星福利企业,生产并向市场推出了"大宝"牌减肥霜、生发灵、速消眼角皱纹蜜、增白香粉蜜、丰乳霜、浓眉灵等六十多个品种的产品,这些产品多次荣获世界金奖、国家金奖,深受广大消费者的欢迎。八十年代末"大宝"确实走遍了天涯海角,产品不仅行销全国二十几个省市,还销往十几个国家和地区,其中日本、美国市场看好。在一片胜利的鼓乐声中,一些人的广告意识不是有增无减,相反倒淡化了,甚至一度出现"好酒不怕巷子深"的想法。进入九十年代,化妆品市场竞争异常激烈,三露厂的主要领导敏锐地看到,要想使企业的产品牢固地占领市场,唯一的出路就是加大广告宣传攻势,以使一度经营形势出现滑坡的三露厂重新崛起。三露厂年仅三十八岁的厂长杜斌想到,振我厂威的先决条件就是要不惜一切地加大企业广告宣传攻势。我们采用了孙子兵法谋略库中的"借冕播誉"的方法,即借助新闻媒体来传播自己的名誉。成功的宣传在市场上迅速引起反映,北京、上海、哈尔滨、河南、河北、广东、四川等百货批发站纷纷来厂定货,一度滑坡了的经济又繁荣了起来,年销售额达到七千万元,经济效益的提高保证了社会效益,三露厂这个明星福利企业的大旗又重新高高飘扬。

二、若让人们接受,先让人们认识,靠广告疏导改变消费者的习惯意识

推陈出新、开发高科技产品是企业生存的必由之路。在多如牛毛的化妆品中大都是遮盖型和营养型,三露厂经过长达一年半的时间,研制出一种将传统的中国医药学与现代生物工程相结合的高科技产品——SOD系列化妆品,然而要想让广大消费者认可,不在广告策划上下功夫是没有出路的。当"大宝"SOD系列化妆品研制成功之时,三露厂便召开了包括电视、广播、报纸等主要宣传媒介的新闻发布会,由三露厂杜斌厂长挂帅,组建了SOD化妆品广告文稿的写作班子和电视广告创作班子,由此一方面在社会各界打出这种新产品的知名度,一方面则向社会各界宣传这种新产品的特性。从90年代至91年底,我们在广播、电视、报刊发布刊登了大量的软性广告,有"什么是SOD"、"SOD与抗衰老"、"化妆品中的SOD代表什么"、"SOD与皮肤"等等。同时我们还利用报刊半版的版面连载了八讲"大宝"牌植物型化妆品使用知识讲座,加上各新闻媒体采访发表的软性广告多达九十余篇。为了使这一传统的中国医药学与现代生物工程相结合的SOD产品上市,我们组织了强有力的影视广告创作班子,先后制作了五版广告。

一版表现现代生物工程的高科技广告。一个学者从SOD即超氧化物歧化酶开始讲述每个人都有自身产生SOD的作用，随着年龄的增长这种酶逐年减少，为延缓衰老就要补充SOD，食品中添加SOD可延缓人的新陈代谢功能的衰老，化妆品中添加SOD就可延缓皮肤衰老。

二版采用比喻拟人的方法。用土地比喻人的皮肤，若失去了营养就会干裂，注入了营养大地就会复苏，皮肤同样如此，同时交待了SOD你有、我有、他也有。

三版发挥明显效应的作用，利用名人王馥荔的影响制作了一版广告。

四版在广大消费者认可的情况下做了“大宝天天见”的广告，目前又做了一版“皮肤好用大宝”的广告。

“大宝”SOD系列化妆品从90年投入市场以来，年销售额逐年成倍地递增，90年“大宝”SOD销售30万瓶，91年销售200万瓶，比90年提高6.7倍；92年销售1500万瓶，比91年提高7.5倍。由于广告策划周密，由浅入深阶段性好，使得产品牢固地占领了市场，各种媒体纷纷刊登风靡京城的有关SOD化妆品的宣传报导，有些媒体还主动找上门来要求为我厂无偿进行宣传，一时间全国众多电台、电视台主动追踪报道，一改过去我们上门求媒体的现象。最感人的是我们于92年在哈尔滨参加订货会的情景，当时经济日报在头版刊登的题为“哈尔滨市的广告大战”一文中特意赞扬了“大宝”的广告攻势。我们仅用了23万元便一炮轰响了哈尔滨，当时很多企业租用了飞机作宣传，而我厂租了二十部出租车，由业务人员乘车向沿途市民发送印有SOD字样的钥匙链，哈尔滨的市民几乎人人皆有，家喻户晓。哈尔滨太阳岛广告公司的经理拿着从女儿手里要来的钥匙链主动找上门来要求为我们做宣传。新产品靠广告打开了知名度，而知名度又吸引了众多的媒体。

三、经营战略与广告战略是相辅相成两者不可分割的。

笔者认为，新产品打进市场要具备三个基本条件：第一，新产品的品质确有独特的功效；第二，新产品的销售确有广阔的市场；第三，广告的诉求内容确能表现出新产品与众不同的特性，三者缺一不可。

有了好产品，打出了知名度，搞好推销工作便成了关键。北京三露厂拥有一支近百人的销售队伍，平均年龄28岁，这些年青的销售人员都具有大专以上文化水准，他们不仅对厂里产品的性能讲得头头是道，还每天坚持使用，以便观察效果。他们先后在东三省、新疆、甘肃等二十几个省市办起了长达一个月时间的展销，所到之处SOD系列产品都掀起热潮，就连河南一向被商家认为贫穷的地区月回款额都高达五、六十万元。特别是在北京各大商场开设的三十二个“大宝”专柜，销售员全部是本厂自行培训的美容“专家”，她们训练有素，宣传本厂产品得心应手，产品销售量在同行业中始终名列前茅。北京西单商场和百货大楼专柜月销售额最高达到上万元。

市场机制的改革去掉了市二级、三级批发站的繁琐的销售方法，变以往的代销为直销。为加大我厂产品的覆盖面，我们不仅将产品直接销往商家，还销入大中型工矿企业，我们将这一举措称为“渗透工程”，即借助于企业的福利部门给职工发化妆品，以取代诸如肥皂、洗衣粉劳保用品。这种新型的供求关系拓宽了产品销路，沟通了企业与消费者的感情。

“大宝”SOD系列化妆品走向市场三年来始终经久不衰，屡获殊荣。1993年以来继被消费者协会推举为“首都消费者信得过产品”和“首都用户最满意的产品”之后，又被国内贸易部推举为全国名优产品。成功之路自有产品具备的高质量、高品位、高科技的特点，但不能不看到三露厂成功的广告战略起着至关重要的作用，这就是“大宝”SOD系列化妆品成功的秘诀。

广告业如何健康地发展
——从杭州一场讨论引出的几点思考

王兴华

党的十四大和八届全国人大一次会议提出了要进一步加快改革开放的步伐，建立社会主义市场经济体系，全国形成了改革开放的新高潮。企业转换经营机制条例和其它有关经济法规的颁布和执行，保证了加快改革开放的步伐，企业自主地进行经营管理、进入市场和开拓市场。尤其是中共中央、国务院关于加快发展第三产业的目标和任务。这一切都为广告业的发展带来良好的环境和机遇。促使广告业更加蓬勃的发展。在1992年发展的基础上，广告业1993年的发展更呈现出一种迅猛的态势。例如浙江省1993年底有广告经营单位近2000家，杭州市从1992年的50家发展到600多家。企业主要做广告，媒介纷纷扩大版面或增加广告播出的时间段，各种广告经营单位穿梭于广告客户与广告媒介之间，广告业的发展呈现出从未有过的热气腾腾的局面。

讨论是免不了的

杭州市在一年时间内，广告经营单位从1992年的50家发展到1993年的600多家，是发展得太快了还是正常的？是多了还是少了？广告经营单位的运作是健康的还是亟须整治？广告的质量如何？效果如何？广大消费者、媒介广告受众的反应又如何？这些问题必然会引起社会各界的重视和注目，引起新闻舆论界的关注，一场讨论是避免不了的。

讨论的公开化，缘起于《钱江晚报》于1994年2月16日头版头条发表的一篇“问题新闻”。该文在引题中明确说：“一年中从五十家扩展到六百余家，滥了”。主标题明确提出“杭城广告亟须整治”的意见和要求，并且在导语中尖锐地指出：“曾几何时，杭州突然冒出了大批的广告公司，貌似繁荣，但有管理失控之忧。”该新闻报道文章列举了一些事实，归纳提出了杭城广告业发展中存在的四个方面的问题：

一、人员素质、业务能力差是不少广告公司的通病。指出那些不具备广告策划能力的广告公司可分成四类：一类公司总策划，混水摸鱼饱私囊；二类公司搞代理，轻轻松松赚大钱；三类公司搞设计，粗制滥造，漫天要价；四类公司跑龙套，拉广告，卖广告。

二、滥竽充数的广告公司，让许多企业蒙受了莫大损失。

三、广告公司失控带来的最大忧患是一些虚假广告的出笼。

四、一些广告公司实际已成了以权谋私的“媒介体”。

《钱江晚报》在2月17日披露了杭州蓝鸟广告企划事务所蒙骗坑害杭州花港太子宫酒店有限公司的事实，然后接连几天的连续报道，引起了省市工商管理部门的注意。

浙江省工商局负责人约见记者，表明了保优汰劣、依法整治广告业的态度；杭州市工商局迅速查明蓝鸟广告企划事务所坑害太子宫酒店的事实真相，作出对该事务所停业整顿的决定。随后，省工商局发出通知，要求全省各地结合广告年检，开展专项整治。

与此同时，杭州许多报刊、电台、电视台等媒介单位，也纷纷发表有关广告业现状及整治广告业的情况的新闻报道，内容、角度各有不同，基本认识和态度也稍有不同。浙江电视台制作和播放了一组专题报道，比较客观、全面地报道了广告业的现状和发展，专题采访了省工商局负责人，指出了广告业正在发展之中，广告业将随着市场经济的发展，仍将积极支持、全面发展广告业的意见。

广告公司的回馈

虽然媒介报道说杭州有600余家广告公司是不确切的，应该说杭州广告经营单位有600余家，其中专营的广告公司不到三分之一，而大多数属于媒介单位和企业内部的广告兼营单位，但引起反响最大的却是专营的广告公司。

3月4日，杭州市工商局、杭州市广告协会联合召开广告经营单位的经理、负责人座谈会，就如何健康地发展杭州广告事业问题进行恳谈交流。参加座谈会的十六家单位23人，其中有大型的老的广告公司，也有新办的比较小的广告公司负责人。座谈会认为，随着第三产业的发展，杭州市与全国各大中城市一样，广告行业发展迅速，方兴未艾。浙江省1993年广告营业额超过7亿元，杭州市的广告营业额达3亿2千万。这反映了社会广告意识的增强，新崛起的广告经营单位，对促进、发展杭州的广告市场，发展杭州经济起着推波助澜的作用。

广告公司负责人的座谈会，就以下四个方面的问题，交换了看法：

一、如何看待杭州广告经营单位众多问题。大家一致认为，广告经营单位的迅速增加发展，是符合经济发展规律，是适应市场经济发展的需要。在市场经济发展中，广告业的迅速发展，是经济发展的必然趋势。同时，广告经营单位的增多，有利于促进广告界的相互竞争，有利于提高广告经营单位的经营水平和业务素质，为广告客户和广大消费者提供优质服务。在市场经济的大潮中，优胜劣汰，是市场竞争的基本规律。因此，人们毋须担忧广告经营单位的众多。

二、广告经营单位如何提高自身素质问题。这涉及两个方面的问题，座谈会认为，广告经营单位一方面要认识到，只有高品位、高层次、高素质的广告公司，才能在市场经济竞争中立于不败之地，才能为广告客户提供优质服务，才能真正帮助企业树立良好的信誉和形象，才能取信于广告客户和广大消费者。另方面是广告公司必须加强行业自律，讲究广告职业道德，端正经营作风，全心全意为广告客户、为广告媒介和广大消费者服务。

三、如何看待广告业的发展趋向问题。座谈会认为，广告经营单位的众多，在市场竞争中必然会引起广告经营单位的重新组合，重新合作，重新分类。在市场竞争中，广告公司也必然需要同行的互补互助、取长补短，甚至于走向联合或兼并。

四、广告经营单位与广告客户如何履行合同的问题。这一方面涉及到广告经营单位正规化、法规化的运作，以及广告客户的广告意识的增强、正确合理地使用广告经费，追求广告的效果和影响等，同时也涉及到广告经营作风和职业道德，大家都要遵守广告法规和其他一切经济法规等问题。

引出的几点思考

1993年，是中国广告业发展不平常的一年，是中国广告业发展速度创历史纪录的一年，全国广告经营单位3.1万家(其中有广告公司1.1万家)，比上年增长90%；广告从业人员31万多人，比上年增长68%；全年广告营业额达134亿元，比上年增长98%。

在市场经济大潮中，在大办第三产业的热潮中，工农兵商学，各行各业、男女老少，全民办广告；各种创意、策划、头脑、形象企划等公司、中心、事务所等，如雨后春笋般地纷纷成立，真如有人所说的是一下子冒了出来，真是一派兴旺景象。不少人埋怨，这些广告公司的人员，许多是临时改行的，一些识字不多的大妈、大嫂也成了“广告业务员”；埋怨工商管理部门失控，广告公司批多了，滥了。

究竟应该怎样正确地看待广告业发展的现状和趋势？应该作一个怎样的基本评价呢？我认为在理论的层面上应该把握这样三个问题：

一、广告业发展的最大机遇与基础，是社会主义市场经济的建立与发展，是广告市场的广阔天地。广告业发展的快与慢、多与少，首先应该把它放在市场经济的大背景下去考察。

国务院在《全国第三产业的发展规划基本思路》中，明确了广告业的发展目标和任务是：逐步建立结构合理、门类齐全、媒介畅通、专业化水平较高和多层次、全方位的广告信息传播和市场营销服务体系。提高广告制作和经营水平，加强广告的监督和管理，积极推进符合广告市场运行规律和国际惯例的广告经营代理制。

广告业属于知识密集、技术密集、人才密集的高新技术产业，它有辅助企业开拓国内外市场和引导消费的特殊功能，要把广告作为市场经济发展的先导行业来对待。要把广告宣传和广告事业的发展作为国民经济的一项重要事业来对待。只有从这样的高度来看待广告业发展的现状，才能准确地判断广告业发展的主流和支流，判断广告业发展的成绩和存在的问题。

市场经济的逐步建立和不断完善，是广告业发展的机遇和基础，而广告业的发展又必然会推动和促进市场经济的发展。广告业既然作为市场经济发展的先导行业，那么我们必须要树立超前意识，要看到今后五年、十年以至更长时间以后的市场发展趋向及其对广告业提出的要求。考虑到我国正面临“复关”的形势，要迎接“复关”以后对国民经济的新要求，我国经济与国际经济接轨的形势。国内市场目前正经历着前所未有的转轨考验，展望未来，国内市场将逐步成为统一的大市场，条块分割的状态终将会被打破；中国市场逐步变成国际大市场的一个组成部分；而国内市场本身也正成为大的企业集团之间、巨人集团之间的搏斗和竞技场。国际上许多大的广告公司纷纷在我国北京、上海、广州、深圳等大都市，设立分公司，或建立合资公司，正在与我们争夺广告市场。在这种情况下，我国的广告事业如果不作长远打算，不从数量和质量上作有计划地储备，将会陷入十分被动的局面。因此，目前的广告经营单位，质量上差距很大，而数量也不是多了滥了的问题。这些广告经营单位正是适应市场经济形势应运而生，从而促进和推动了市场经济的发展。广告事业的迅速发展，正是市场经济迅速发展的必然产物，并不存在失控的问题。如果我们因为广告业发展中出现的这样那样的问题，就裹足不前，这是十分不利于广告业发展的。

二、广告业发展中的问题只能因势利导，靠引导和疏导，根本的办法是把广告业本身推向市场。广告经营单位，也只能在市场竞争中优胜劣汰。

广告本是市场经济条件下的产物，又会反过来推动和促进市场经济的发展。因此，广告业本身必须参预市场竞争，在竞争中求生存，在竞争中求发展。须知我国广告业发展起步很晚，目前在总体上还处于初级阶段，由于市场经济的涌动，才出现1993年广告业发展的蓬勃局面。这是一件大好事。万事万物在它发展的初始阶段，都会出现泥沙俱下、鱼目混珠、良莠不齐的情况，广告业在发展中出现的一些不尽如人意的情况和现象，并不奇怪，也并不可怕。即使在广告业发展到比较成熟的阶段，也可能避免不了良莠不齐的情况。况且在广告业大发展的潮流中(可以说潮流的话)，吸引了各行各业的千千万万人涌向广告业，其中有不少是有识之士，其中不乏一些有真才实学、高层次、具备广告素质的知识精英，这说明了广告业有强大的吸引力和凝聚力，即使是一些大嫂、大妈也拉起广告来，这也是反映了全社会对广告的认可，对广告观念的转变，对广告事业的支持。我们广告界应该欢迎他们，热情地帮助他们，而决不能拒之于千里之外。

广告经营单位的多与少、数量与质量是辩证的统一。我国广告经营单位，几十年中从无到有，从少到多，发展到一定的程度，自然就会趋向于少而精，从少到多，又从多到少而精，这应该是一个发展规律。但开始时没有一定的数量，哪来的质量？我们只有让那些老公司、新公司、大公司、小公司、专营公司、兼营公司一齐抛向市场，让他们在广告市场中，经过平等的又激烈的竞争优胜劣汰，就会促进广告业的健康发展。在广告业自身的竞争中，那些信誉高、基础稳、经营好的广告公司，就会不断地讲求质量、永葆青春活力；同时也可能以他们为龙头，组织合作伙伴，组成新的广告经营联合体，以提高整体经营能力，为广告客户提供全方位、高层次、高品位的优化服务。无经营能力或粗制滥造或蒙骗客户的广告经营单位适应不了市场竞争，也就自然离开了广告行业。适者生存，这是自然的规律。目前只要条件具备，符合质量要求，新的广告经营单位仍然要积极发展，审批核准的。

三、广告业的发展，人是第一位的要素。人员素质不高，真正具有全方位策划、代理和制作能力的广告公司很少，这并不仅仅是管理部门和舆论机构所关心的，广大广告经营单位早就认识到这个问题的严重性。如何提高人员的素质，是广告经营单位一个十分迫切的问题。我国广告界，要适应与国际经济接轨的形势，能够经得起国际广告界打入我国市场的挑战，能够迎接21世纪世界经济发展的新格局，关键是人才。要有一大批高层次、高水平的广告创意、设计和制作人才。要适应实行广告的全面代理制的需要，能为企业进行全方位策划和代理的广告经营单位，没有高层次、高水平的广告人才，是万万不能的。

广告市场的竞争，会造就一代优秀的广告人，广告公司之间的人才流动，有利于锻炼和培养高水平的广告人才。但这还不够，还必须在有条件的大专院校开设广告专业，进行系统的学习和培养；也可以开办短期培训班或业余学习，以现有的广告从业人员进行在岗培训。目前全国已有几十所院校已经或即将开办广告学专业。这些广告学专业，必须着眼于21世纪培养高层次的广告人才，为适应我国的市场经济发展需要，为适应“复关”以后我国经济与国际经济接轨的需要，也为了迎接国际广告业进入我国的挑战，使我国的广告业能立于不败之地。必须要有大批的真正懂策划、会管理、既懂广告信息传播，又懂市场营销的高水平的广告人才。要真正认识到广告行业是知识密集、技术密集、人才密集的高新技术产业，从事广告行业的人员，必须是跨世纪的高层次、学有专长、文武兼备的“广告人”。

广告的价值控制模式及其在社会生活中的双面作用（论　纲）

屠忠俊

从价值论的角度，可以把广告活动视为一种价值对象，人类社会则是价值主体。价值是价值对象满足价值主体需要的属性。价值主体和价值对象，同时也是认识主体和认识对象。主体认识对象的基本方式是：运用思维、意志和情感，进行认知、评价和审美；与此相应，主体藉对象满足的需要分别是：求真、求善、求美。只有在真、善、美之统一中，主体和对象的关系才能达到完善的和谐。真、善、美是广告活动价值控制模式的“元价值”。

价值控制模式将元价值区分为规定价值、建构价值与补全价值。规定价值是决定价值对象的质的规定性的元价值；价值对象只有在具有规定价值时才能成为就同价值主体的关系而言符合规定性的存在。建构价值是在规定价值的基础上，使价值对象成为具有相对独立地位的价值实体的元价值。只要具有了规定价值和建构价值，价值对象就可在社会生活中发挥其特定作用，即对外输出某种功能。补合价值则是使价值对象成为真善美的统一体，从而全面满足价值主体对价值对象的需求的元价值。在价值主体的心目中，规定价值、建构价值、补全价值的“权”重是依次递减的。规定价值是“安身立命”的根本。建构价值对规定价值的作用，就使价值对象可以独立实现功能输出而言，有如“雪中送炭”；而补全价值对规定价值的作用，因为并不具有对价值对象作为价值实体输出特定功能的“否决性”，所以只是“锦上添花”。

广告活动以说服、诱导受众对广告所宣传的商品或服务采取购买行动为目的。对于广告主来说，通过诸如广告宣传之类的营销手段，将商品或服务推销出去，实现其交换价值，既能为社会公众提供使用价值，满足他们的某种物质的或精神的需要；又能为自己带来利润，保证“销—供—产”的经营运作机制正常进行；这正是市场经济社会中的“善”的体现。这种“善”，是广告的规定价值。没有这种规定价值，广告主就不会冒着一定的风险进行广告投资，花下大笔大笔的钱向社会公众传送广告讯息，并且用制作精美的广告作品以及出于广告目的而赞助的文艺体育等类节目去“免费地”（表面上看来是这样）娱乐社会公众。

在广告学中，通常把广告“传播”称为广告“诉求”，以突出这种传播是因为有“求”于受众才向受众告“诉”有关商品或服务的讯息的。新闻传播是一种“大众”传播，面向全体社会公众传送新闻信息。广告传播，虽然也采取大众传播的方式，广告作品通常要由大众传播媒介予以刊播，但其实是一种“小众”传播。因为广告主的诉求对象总是市场对象，市场对象的确定程序是：分析市场上某种商品或服务的预想消费者的范围，从中选出当前应重点做工作的积极消费者，再加上对购买行为特点的分析定下广告所要说服、诱导的对象。

广告的诉求方式有两种，一种是感性诉求，一种是理性诉求。从价值控制模式的观点来分析，感性诉求广告与理性诉求广告，虽然同样要以善为规定价值，但是却各自具有不同的建构价值与补全价值。

理性诉求广告的作用机制，在于向受众传送有关商品或服务的理性信息（诸如成份、功能、参数、价格、质量、信誉……），引导受众的理性思维，劝说其改变态度，采取购买行动。如果说，消费者购买生产者、经销者所提供的商品或服务是一种市场经济社会中人与人、社会集团与社会集团之间的关系协调（即“善”），那么，理性诉求的广告的特点在于通过对观念的解释和规定来实现这种协调。

理性诉求广告以真为建构价值。理性诉求广告向受众灌输关于商品或服务的某种观念，这种观念必须借助有关商品和服务的真实信息作为形成的基础。只有从实际的商品或服务中抽绎出来，又可以由消费者在实际的商品或服务中加以验证的观念才会有持久地深入消费者之心的力量；只有传送商品或服务的真实信息的广告才能在受众中建立起商品或服务的知名度、美誉度，并进而获得高的指名购买率。

当然，理性诉求广告也要十分注意广告技巧的运用，或者说，也要十分注意增加作为补全价值的美的价值。

美的存在离不开审美主体的感知和体验。只有被主体感知和体验到的美，才是审美主体所现实把握的美。因此，讲究美，就要讲究美的感知和体验，就要讲究作为这种感知和体验的物质基础的感性刺激。如果对美的讲究被提高到凌驾于对事实的运用的地步，那么，相应的价值控制模式就要发生变化，理性诉求广告就会转化为感性诉求广告。

感性诉求广告的作用机制，在于向受众施加有关商品或服务的感性刺激（诸如形状、色彩、光亮、质地、气派、风度……），使受众产生审美愉悦感，诱导他们为追求这份美感而对商品或服务采取购买行动。这种购买，同样体现了生产者、经销者与消费者之间在市场经济中的协调关系（即“善”）。不过，在这里，这种协调是通过唤起广告受众的美的感知、强化广告受众美的体验而实现的。因此，对于感性诉求广告来说，美是建构价值。黑格尔说过：“美是理念的感性显示。”美的建构价值使得感性诉求的广告也能起到对某种有关商品或服务的观念的解释和规定作用，从而起到建立商品或服务的知名度、美誉度，使其获得高的指名购买率的作用。

当然，对消费者负责的商品或服务的生产者或经销者，或者说，以严肃、正当的经营哲学来运用广告手段的广告主，还要顾及作为补全价值的真。在运用种种广告作品的创意手法和表现技巧唤起、强化受众对美的感知与体验的时候，广告主、广告的创意制作人员，发布广告的传播媒介的工作人员，都要注意向受众施加的感性刺激的真实性。在感性诉求广告中，可以按照美学规律，运用心理学的研究成果，对作用于受众感官的刺激因素加以技巧性的操作，以影响、控制受众的意识状态，乃至影响、控制受众的潜意识与无意识行为，但是不能进行格调低下的、以煽情撩意为目的的刺激。政府机构对广告的法规监督，广告业的自律条例，都有针对感性诉求广告作为补全价值的真的方面的要求。这种对于补全价值的要求，通过价值控制模式的作用机制，也最终反映了对于作为规定价值的善的方面的要求。

感性诉求广告与理性诉求广告之间的区别是很微妙的，在实际广告活动中，感性诉求手段与理性诉求手段经常结合起来运用。纯理性诉求的广告，一般见之于推销生产资料与高科技产品的场合；而纯感性诉求的广告，一般则见之于推销妇女化妆用品及青年服饰运动用品的场合。

人们曾经以几乎是礼赞式的语言，论述广告活动在人类社会生活中的正面作用。丘吉尔说：“广告充实了人类的消费能力，也创造了追求较好生活水准的欲望。它为我们及我们的家人建立了一个改善衣食住行的目标，也促进了个人向上奋发的意志和更努力的生产。广告使这极丰硕的成果同时实现，没有一种活动能有这种神奇的力量。”迪罗贝迪·冯·德鲁特说：“是谁创造了今天的文化？不是广告师们那又是谁呢？难道在广告以外的地方，还能找到更加忙忙碌碌，更加生机勃勃的文化创造活动吗？这里是文化的圣殿，在这圣殿的屋檐下，共同生活着艺术家、工艺师、商人和技术人员。有时他们各显其能，更多的是别别扭扭地相互交错在一起，以同一面目出现。……广告这个奇特的当代混血儿——好也罢，歹也罢——既是文化的创造者，也是文化的传播者。"

事物总是具有两面性的，广告也不例外。"正复为奇，善复为妖"，广告活动在人类社会生活中发挥正面作用的同时，也发挥着负面作用。我们不妨循着价值控制模式的框架来对这一问题加以考察。

在说明广告活动的价值控制模式时，我们把"善"说成是"既能为社会公众提供使用价值，满足他们的某种物质的或精神的需要；又能实现商品或服务的交换价值，为自己带来利润，保证'销—供—产'的经营运作机制正常进行"，说成是由购买行动体现的生产者、经销者、消费者之间，从而也是"市场经济社会中人与人、社会集团与社会集团之间的关系协调。"根据唯物史观的基本原理，人们总是从自己的生产和交换关系中汲取道德观念的。人们要从市场经济的内涵和运作中引导出道德价值；社会则认可：只要在法律许可的范围内，有效的经济行为本身就具有伦理性。广告活动的正面作用、负面作用，都可以从这种对作为其规定价值的"善"的说明中引发出来。

西方管理心理学曾对人性提出过诸如经济人、社会人、自动人、复杂人之类的种种假设。其实，在市场经济体制下，人首先是"经济人"，他在个人利益的驱使下从事经济活动，并对经济问题加以理性的权衡，按照市场法则调整自身行为以争取经济上的成功；他的生活是一种市场化的生活，需要不断地推销商品，实际上也是推销自己。现代人所必须具备的现代观念之一就是"广告观念"，亦即自我宣传、自我推销的观念。一个现代人，只有在确保"你要"(you want)之后，才会确信"我是"(I am)。每一则广告，都是广告者对购买者的保证书，对竞争对手的挑战书。在发起挑战、兑现保证的过程中，既促使人们最大限度地开发自身潜能、去创造财富、去改造世界，又刺激着人性的负面，导致尔虞我诈、见利忘义、崇拜金权、贪得无厌等畸形、邪恶的反道德的行为及心态。

广告致力于确保"你要"，就要致力于刺激消费者的欲望，往往难以对自己的手法有所节制，也难以对自己的效果有所调控。德国社会学家韦伯(Weber，Max)曾论述过新教伦理准则对资本主义发展所起的重大作用。资本主义市场经济发育充分成熟后，反对节俭，提倡大肆挥霍，反对禁欲，崇尚铺张炫耀的广告却泛滥成灾，把新教伦理准则冲击得即使不能说是荡然无存，也可说是残缺不全。美国社会学家贝尔(Bell，Daniel)指出："到50年代，美国文化已变得主要是享乐主义的了，关注于玩乐、乐趣、炫耀和快活——并且是以一种典型美国式的强迫性方式。"所谓"强迫性"，指的是文化背景中的价值观念在人的心理上造成的压迫感及对人的行为的内在强制性。广告活动正是通过制造流行、时尚，通过影响人们的消费观念和生活方式来造成这种压迫感和强制性的巨大机器。

理性诉求广告以真为建构价值，注重向受众传送有关商品和服务的真实信息，以向受众灌输关于商品和服务的某种观念。由于一则广告所占据的媒介的版面或时间总是有限的，所以它对所传送的信息必须精心加以提炼、选择。在"产品广告"时期，广告人讲究"独具的销售说辞"(USP)，向受众就"买本产品，你将得到的明确利益"倾诉独具特色的说服之辞。在"形象广告"时期，广告人着意塑造品牌形象，用广告对品牌形象进行长程投资。在"定位广告"时期，广告人潜心调查市场，开发产品，锲而不舍地谋求在受众心理上占据一个特定的位置。这些策略都曾对广告主所推销的商品或服务在市场上的成功作出过巨大的贡献，也都曾对受众学习关于商品或服务的知识，从而适应市场经济体制下的社会生活，完成其持续社会化的过程作出过巨大的贡献。

但是，广告往往不能使受众通过它所传送的、经过提炼与选择的信息达到对商品或服务的整体的、全面的知觉和了解，不能帮助受众对商品或服务作出正确的、得体的判断。实际情况是，广告的制作者倒往往私心期盼乃至有意制造广告的暗示效果，让受众不加批判地相信，不加斟酌地行动。传播学的研究指出，受众对媒介传播的内容，有选择性地注意，有选择性的认识，有选择性地记忆，有选择性地行动。这四个选择性，本来是受众有"理性"地接收信息传播的表现。理性诉求的广告在驾驭了受众四个方面的选择性的规律之后，反而可以因势利导，操纵受众对商品或服务的判断和行动。在评价广告的"真"的品格时，我们很难找到纯然客观、毫无掩饰与回避的例证。

感性诉求的广告以美为建构价值。广告艺术的"美"的品格，有很强的功利性色彩。美国著名广告人欧吉沛(Ogilvy，David)曾直截了当地声称："广告是推销技术，不是抚慰，不是纯粹美术，不是文学，不要自我陶醉，不要热衷于欣赏，推销是真枪实弹的工作。"关于广告的"美"，他是从这个角度考虑的："广告必须富有魅力，我们不会向态度恶劣的推销员购买商品。"为了取得魅力，感性诉求广告必须以"美"为建构价值；理性诉求广告也应该注意以"美"为补全价值。这种美，是功利性的，而不是超脱性的。这种美，是企图说服你、驾驭你的魅惑的美，而不是奉献于你、融合于你的清纯的美。

艺术立意贵在独创，广告创意"拒绝平庸"(Resist The Usual——这是威雅广告公司的创作口号)。在艺术作品中，表达的是艺术家个人的感受、体验、情绪、思想、气质、个性……；在广告作品中，表达的却是商品的形状、色彩、光亮、质地、气派、风度……。艺术的独创是个人的创造性行为。广告的创意却是广告策划、制作机构人员集体智慧的结晶，虽然不乏灵感的喷涌，但具体操作却难免带有作坊格调的匠气。欣赏艺术作品，人们实现的是人与人的交流；观看广告作品，人们实现的却是人与物的交流。

广告在社会生活中的作用是双面的，广告价值在社会生活中的表现也是双面的。我们不能指望市场经济体制中的商业广告成为真、善、美的统一体；相反地，倒是应该对其"恶"的方面有清醒的认识和估计。历史唯物主义者并不讳言"恶是历史发展的动力借以表现出来的形式"。发达资本主义国家中广告活动的发展进程向我们提供了这方面的充分证明。

我国处于社会主义初级阶段，正在大力发展社会主义的市场经济。社会主义市场经济的发展，要求为其服务的广告事业有相应的大发展。在当前的历史阶段，发展中国的广告事业，首先要着重在使其充满活力、壮大规模、提高水平等方面下功夫、做文章；其次也要注意其"真善美"与"假恶丑"的辨析、鉴别、评判、监控等环节上的理论研究与实际操作。在讨论广告的价值控制模式及其在社会生活中的双面作用的时候，让我们重温赫胥黎(Huxley，T. H.)的这段名言："我们是成人了，必须有成人的气概；要意志坚强，要勤奋，要探索，要发现，并且永不屈服，珍惜在我们前进道路上降临的善，忍受我们之中和周围的恶，并下决心消除它。"

跨世纪的中国媒介

田剑云

世界已进入20世纪末，21世纪即将来临。在这世纪交替的关键时期，中国媒介正经历着深刻而巨大的变化。下面就中国媒介变化的特点及跨世纪的发展趋势分述如下。

一、中国媒介改变的特点

1. 走向国际化

中国目前有报纸近2000种、杂志7000余种，电台(含电视台)近800家。如果包括香港、澳门、台湾等地区则报纸有2300余种、杂志11500余种、电台800余家。这四大媒介在中华大地上组成了相互交叉的传播网络体系，遍及每个角落。

近年来，中国媒介向国际化方向变化，具体表现在：

报纸：增加版面，提高印刷质量，注意海外发行。变化最突出的应数香港、台湾和大陆的经济类报纸。如《中国工商时报》不仅版面设计优良、商业信息快捷，而且印刷也很精美，除了每期出八版外，有时还增加到20版，并印有彩色版面，1993年大部分报纸均增加到每天出八版，以适应市场和读者的需要。

杂志：除了有与报纸一样的增加版面的变化外，还扩大了杂志的版面，改正16开本为大16开本(即$297\times215mm^2$)，一般的杂志都由原来的48页增加到现在的64页。而且印刷精美、内容丰富、水平接近国际水平。变化较快的是科技类杂志，如《科技导报》、《中国机械工程》杂志等。

报刊变化的总特点是“报纸杂志化，杂志图书化”。这一变化不仅增加了信息量，也加快了大众传播媒介的传播速度。

电台：包括广播电台和电视台，近年来的变化是报道及时，现场直播多。如中国中央电视台对巴塞罗那奥运会的报道和两次澳星发射的现场报道。香港亚洲电视台在杨朔空难的当天就报道这一新闻的事例说明中国新闻媒介的速度在国际上也是领先的。

中国四大媒介的一万多媒介单位，开展了市场竞争，打破了过去单一媒介一统天下沉闷局面。各媒介不仅在国内竞争，同时也进入了国际竞争的行列。

2. 立足民族性

中国媒介一方面向国际化变化，另一方面也鲜明地向民族性变化。中国在世界的东方，中华民族具有东方那种朴实、稳健的风格。反应在媒介上则是重传统求稳步的发展变化。媒介发展到今天已历经了三个发展阶段，即：语言媒介阶段，文字媒介阶段和电子媒介阶段。在中国，媒介发展的第一阶段都会出现许多新的媒体。面对新媒体，中国都有一个不轻易接受，到接受后，又不轻易放弃的过程。即使要放弃，也要把旧媒体中的优点保存下来用新的形式继续发挥其传播功能，被称为“推陈出新”。这一民族心态，造成了媒介三个发展阶段的各个媒体形式至今在中国并存的局面，及不平衡的发展现象。如：叫卖是一种古老的语言媒介形式，在中国有三千年的历史，在今天的中国小商品市场上，叫卖这种传播形式仍然发挥着重要的促销作用。只不过人们变口头叫卖为麦克风叫卖、录音机叫卖而已。人们用新的传播设备赋予古老的媒体以新的威力，使媒介传播具有强烈的民族特性。

3. 向立体化变化

当今世界仍以报纸、杂志、电视、广播四大媒介为主要的大众传播媒介。在中国，报纸居四大媒介之首的地位从未变。但是历史不长的电视在中国发展神速，其传播效应仅次于报纸。特别是近几年，随着电视在中国家庭中的普及，电视的各项指数已和报纸不相上下，并大有超过报纸之势。相形之下广播这种传播媒介已显得古老些。尽管广播媒介曾有过辐射全中国的光荣历史，但毕竟不能与声像齐全的电视媒体相比拟。尽管广播在中国城乡仍占有很大市场，但这些市场却是在一天天地减少了。杂志近10年在中国发展也很快，平均每年以10%的速度增长。变化特点是种类多，但每种杂志的发行量，一般都在1万至10万之间，发行最多的《半月谈》杂志达到700万余册，发行量居亚洲首位。

由于各媒介都有各自的优劣，因此各媒介单位又在各自发展的基础上开拓其他媒介，形成自身的立体传播效应，以弥补自己媒介的不足。如中央电视台利用其电视节目预告和电视剧播放的优势，分别办起了《中国电视报》和《电视连环画》杂志，形成了自己的立体传播效果。

另外，媒介之间的互相渗透、交叉、联手形成立体传播效果的好势头也在中国出现了。如：广播电台开办长篇小说连续广播，既加强了图书的传播功能，又因节目引人而争得了大批听众。又如：杂志与电视的联手。《少年科学画报》杂志与武汉电视台，以该刊近十年的100期杂志为脚本，将原来杂志的画面进行电子特技处理，再搬上荧屏，形成了一种电视与杂志相结合的新形式—电视连续画。使《少年科学画报》这种杂志在读者圈中传播了10年后又通过电视媒介向更大范围传播。产生了新的，更大的效应。媒介之间的联手现象是立体化发展的主流。

4. 向多元化变化

中国实行改革开放十多年来，中国经济出现了较快的增长势头，形势要求企业走向市场，都市生活形态已发生了改变，受众走向户外，交际、流通速度日益加快，这一切要求媒介向多元化发展。因此，在中国，除了四大媒介发挥主要传播作用外，第五大媒介也应运而生。第五大媒介是指户外及公共场所的媒介物如：壁画、霓虹、交通、展示、看板、立体广告、SP. EVENT，巨无霸、灯箱、直接信函及新兴的电子多媒体等。这些媒体在人们的经济生活中正发挥着巨大的作用，弥补了四大媒介的空白，已倍受人们的青睐。

中国在改革、在前进。中国的媒体也在改变、在发展。旧的媒介焕发出新的传播功能，新的媒体又不断涌现。新旧媒体之间，不断交叉、渗透，朝着系列化、立体化、多元化方向发展，这就是今天中国媒介的变化特点。

二、中国媒介在跨世纪时期的发展趋势

从1993年到2000年，只剩下不足7年的时间了，称这段时间为“跨世纪的时期”，在这段时间内中国媒介将以什么样的姿态跨入21世纪呢？我以为中国媒介会有如下的发展和变化：

1. 以东南亚为中心的世界华语媒介传播圈逐步形成，在推动中国媒介的华语国际传播中正起着主角作用。

中国有11亿多人，占世界人口的四分之一。而使用华语、华文和正在学习华语的外国人加

在一起，远不止这“四分之一”了。随着中国经济的发展和国力的增强，华语成为国际通用语言的日子已为期不远了。因此中国媒介应率先在国际上建立华语传播网，首先在亚洲传播。近年来中国媒介正是这样做的：一些报刊向亚洲一些国家发行和交流华文版，广播电视建立对外华语广播节目；香港电视台每日开辟说普通话专栏等等。这一切都促进了华语的传播。同时，由于亚洲大部分地区的媒介都深受中华传播文化的影响，思想、民俗、宗教、生活都有相似之处。因此在中国、新加坡、韩国、日本等国建立华语媒介传播网是有基础的，而且建立以亚洲为中心的华语传播网必将对世界的媒介传播产生更大的影响。

2. 媒介有向大众媒介由大众主动传播和接受的趋势发展。在中国原来那种由单一媒体组织向全国受众传播同一种内容的局面已被打破，大众传播媒介与新起媒介之间的界限逐渐消失，电话、摄像机和电脑已广泛进入中国家庭，家庭自摄生活电视片，个人通过电脑多媒体系统发布和接受经济、文化信息，企业办报刊、个人出版图书、单位自办电视节目通过有线电视台定向传播等媒介丰富多彩，这些媒介通过大众又传播给大众，丰富和完善了四大媒介，到21世纪个人电话、电视、电脑三结合的立体媒介，通过众多信息服务站网络系统主动传播和接受信息的方式，必将成为媒介世界的主体。

3. 中国媒介的机构模式向多元化发展，中国媒介原来大都是国家机关和政府各部门主办，按条块部门设立媒介机构。近几年，随着中国市场经济的不断完善，以“满足受众需求”为标准设立或取消媒介单位的竞争局面已逐步形成。从媒介控制向媒介市场机制转换的势头已经出现。到21世纪中国大部分媒介都将进入市场机制。自我发展，自生自灭。媒介单位能否生存完全要看是否能选好各自的受众圈，并为其服好务，满足受众不断变化的需要。当然这一切要在中国政治和经济的制约中。到21世纪时，官办的、民办的、政府办的，民间的甚至私人办的媒介并存于中国的媒介市场中，互相竞争、互相促进传播业的发展。以满足各层次受众的各种需要，形成了中国媒介机构的多元化模式。

4. 电子多功能媒介将得到大范围推广。现在的中国家庭基本普及了电视和电话，电脑也有80多万台，而且每年以20%的速度递增。电视和电脑集声、像于一体，有其他媒介不可替代的全面传播功能。其中电视的普及带动了录相机、OK机、学习机、激光唱盘、激光影蝶等媒体物的发展。而电脑的广泛应用则带动了电子出版物，多媒体电脑技术、软盘等电子媒体物的发展。到21世纪，电视和电脑不仅在各媒介中占有统治地位，而且能改变受众的被动接受局面。以最近在中国兴起的多媒体电脑技术为例，“多媒体”就是集文字、图像、动画、声音、影视、音乐、语言为一体。使电脑与人之间的传播不仅是全方位的传播，而且是人主动地与电脑进行“交流”，目前，多媒体电脑技术已在中国的北京、深圳、武汉等城市出现。电脑与电视媒介在21世纪的中国将会得到大范围的推广应用。

5. 中国的图形和影视媒介将在全球有长足的发展。

人类虽有语言、肤色、习俗的区别。国家也有国情、社会、政治、经济等不同。但各民族之间，全人类毕竟有共同的地方，如人与人之间的感情，人对图形的认同，人类的体态语言，人类的七情六欲等都是相通的。中国的媒介传播者近年来正是应用了人类许多相通的地方，避免了语言障碍，成功地传播着中国的各种媒介。中国电影导演张艺谋就是这方面的先行者，他导演的三部电影不仅被亚洲国家的观众接受，而且也深受西方一些国家观众的喜爱，并因此获得国际电影节大奖。特别是《秋菊打官司》这部电影，生动地传达了现代生活人与人之间的关系，改变了过去外国人对中国影片中民俗人物一出场就是长袍马褂之类的印象，通过电影媒介促进全球及各民族之间的相互理解与沟通。到21世纪中国媒介将会通过图形，影视等形式进一步加强与世界各国人民的思想沟通和相互了解,实现图形,影像的全球对话。

媒介是人类传播信息、发展社会文明的工具。人类通过改变媒介的传播方式和功能来推动人类进步,取得高科技成果的人类又创造出更先进的媒介以加速人类的传播步伐。媒介推动人类前进,人类促进媒介发展,这就是当今世界媒介与人的相互关系,中国媒介虽然也遵循这一规律发展,但仍有自己的特点。"起步晚,速度快"是中国媒介目前发展最突出的特点,中国媒介虽然起步很晚,但发展前景很大,相信到 21 世纪中国媒介与国际先进媒介齐头并进的局面一定会实现。

提高广播广告传播效益的几点思考

张继红　高文娟

中国发展市场经济的大趋势,不仅把中国的企业推上了竞技台,也使大众传播媒介之间的广告争夺战愈演愈烈。广告客户都期望以最少的费用投入获得最大的传播效益,因此,哪一媒体贴近他的期望值,他就选择哪一媒体。同报刊广告和电视广告相比广播广告自身的形式特点决定了它有不如人之处,但也具有人不如我的优势,广播广告怎样扬长避短,最大限度地实现传播效益?总结个人近年来较为成功的广告文案与节目,我认为也是有规律可循的。

一、发挥说服功效,在商品与受众之间搭起沟通的桥梁

广播广告是以一种近在耳畔的说服方式,求得受众的想法朝我们所希望的方向发展。同其他媒介相比,广播与受众距离更近,便于交流,实现说服。但说服也必须遵循规律。广告心理学的 AIDMA 法则告诉我们,广播广告的受众从听到广告到发生购物行为,也有一个动态式的心理发展过程:注意到该广告——感兴趣而听下去——产生想买来试一试的欲望——记住该广告内容——产生购买行为,并指认购买。作为广播广告节目编辑,必须了解受众的这个心理过程,摸清受众在心理发展的各个阶段都想什么,然后恰当而准确地扮演"说客"角色,诚实地与受众对话,针对性地释惑解疑,不夸张也不虚套,言之凿凿,话出有据,使受众得到信息的满足,由需求兴趣激起认同动机,进而发生认购行为。这就是最大限度地实现了广播广告的说服功效。

如我为河北的"洁神"牌地毯清洗机作宣传,既然是作为致富门路介绍给人,那么,进行这种单吸泵机 18,000 元、双吸泵机 23,000 元的投资,到底能不能挣到钱?就成了受众心中最大的疑团。我做这个节目时便侧重与受众一起算细帐:一算地毯进入居民家庭,有清洗业的广阔市场;二算现实地毯清洗的收费与成本;三算"洁神"怎样省工省时,有利可图;四讲有机器也得加强业务联系和管理,才能实现致富的梦想。这样实实在在算帐对比,科学态度加上负责精神让人心悦诚服,不但增进了受众对"洁神"的全面认识,也易于激发他们的购买欲望乃至行动。

二、发展定位功效，为商品开辟最广阔的目标市场

为任何一个商品设计广告文案，都必须首先考虑到，这种商品适用于何时何地哪一层次的消费者？是去满足消费者怎样的需求？广告宣传其实就是去为商品寻找社会消费心理需求的最佳位置，开辟属于它的最广阔的目标市场。定位越是准确，广告的宣传效益越是突出。所以说，为所宣传商品准确定位，是制作高效益广告的一个关键。

我为商品广告做创意构思时，一是着意为商品选择一个或几个最佳目标市场，然后有计划地向指定目标展开广告攻势；二是注意收集社会对广告的反馈，一旦发现原来的定位造成社会接受的错觉，就及时转换调整，唯求最佳目标市场的实现。

丹东海华速效治疗仪是一默默无闻小厂的产品，因为其治疗运动性损伤的神奇疗效，厂方以礼物赠与我国出征巴塞罗那奥运会的体育健儿。我便抓住社会“奥运热”之机为该产品大作宣传，并用我披金挂银体育健儿对海华治疗仪的赞誉作为广告素材，造成“明星夸名品”的轰动效应，海华治疗仪因此家喻户晓，妇孺皆知。但“热”后从反馈的信息发现，受众对海华治疗仪也形成了一种错觉，好象它只限于治疗运动性疾患。这样认识，海华治疗仪的市场就显得狭窄多了。为给商品确定一个最佳的市场位置，我及时转换调整了对海华治疗仪的宣传角度。第一步，搞了个专家学术报告会的宣传，以丹东医疗界临床应用海华治疗仪医治骨质增生、中风偏瘫、肩周炎、软组织扭挫伤等常见多发疾病的详实记录为依据，对治疗仪的治病原理进行科学阐述，从而使我们对海华治疗仪神奇疗效的宣传更具有了科学性和权威性。第二步我采取连续报道形式“患者夸海华”，选用社会各方面的病案说明海华治疗仪的广泛适用性，进而让“买台海华治疗仪，家庭必备保健医”的主体创意在受众心中扎根。这样一调整，“海华”终于找到了它最广阔的目标市场，其广告效益便可想而知了。

三、发挥情感功效，催化指认购买的市场行为

从受众认知心理过程来看，广告对其感染作用是由两方面显示出来的：一是引起其情绪反应上的波动与泛化；二是在意识的参与下引起情绪上的共鸣，产生情感上的变化。作为广告人所期望的受众购买冲动，都赖于受众的情感激发。所以，现代广告在创意构思中多采用情感诉求手法，贴近人的心灵，以饱含情感冲击力的语言去鼓动、诱导，让人听来舒服，心领神会，乐于传颂，从而产生指认购买的市场行为，广播广告多点人情味，不仅可以增强广告文稿的感染力量，对广告目标的实现也有潜移默化的作用。

我为友谊搬家公司做宣传广告时，就着眼于公司员工在搬家业务工作中的人情味，宣传他们象珍惜自家的财物一样珍惜客户的财物，象对待自己的亲人一样为客户周到服务，他们是以良好的社会效益来换取企业的经济效益。这个充满浓郁人情味的劳务服务广告，很快就被社会广为传颂。我制作的创意标题广告：“献上诚挚的祝福，伸出友谊的双手，帮助你、我、他！”在1993年全国城市电台优秀广告节目评选中还荣获二等奖。

四、发挥广播的特长与优势，最大限度地满足受众的审美需求

现代人要求每时每刻都要有美的满足。广播作为听的艺术，通过声音传达信息，表情达意。

尤其在表情上，因为声音所具有的情绪意义、色彩意义和意象感，所以，从审美价值创造的客观条件看，广播比其它大众传播媒介，也有一定优越性。充分发挥广播的这些优势与特长，办好广告节目，满足受众日益增长的审美需求，就能极有效地提高广播广告的传播效益。

广播广告也是广告人审美意识的物态化产品。虽然我们工作的对象是企业是商品，但在为其进行社会形象创造的过程中，我们自己的审美意识、审美理想和审美趣味也融注凝聚于具体形象之中，使形象“物我一体”、“主客交融”，刻板单调的企业、商品才有了意味、神韵。这样具有审美价值的信息传递给受众，才会使他们在欣赏中激起惊奇、热爱、喜悦、认同的情感，并对其购买行为产生影响和作用。因此，为了提高广播广告的审美价值，在形式上也不应该拘泥于播读单一的形式，而应尽可能利用和调动广播的一切手段，为我所用。

我组办的广播广告节目，先后应用过配乐通讯、录音报道、连续跟踪报道、配乐散文、配乐诗歌、广播小曲、歌曲等多种形式、多种体裁，也用过抒情写实，夸张变形等多种表现手法来写作组织广告节目，充分发挥广播的优势和特长，来增强广告的宣传效果。

如我为丹东海华公司厂庆设计编辑了专题节目——“海华在我心中”。我把工厂收集编纂的大江南北、国内国外海华用户对海华治疗仪和海华人的赞美诗词、抒情文章作为基本素材，配之以海华主题音乐和厂歌等，声情并茂，意蕴丰厚。受众在美的欣赏享受当中，对海华公司也有了全新的认识——他们不仅生产高质量的产品，也创造高品味的精神财富，是有相当实力的现代企业。

户外广告媒体运用之浅见

高呈德

户外广告媒体，(OUT DOOR)简称为OD广告。顾名思义，户外广告是指在露天或公共场所运用一些室外传播手段向消费者传递商业信息的广告样式。是区别于电波广告、印刷广告等广告样式的一个实用广告门类。户外广告亦有多种实用形式，如：路牌、霓虹灯、招贴、路旗、交通工具等等。在广告运动中，户外广告具有其他广告样式不可替代的特点：

1. **反复诉求性强**。户外广告长期树立在一定位置，其所载负的信息连续不断地处于发散状态，构成了某种企业或商品长期、固定、连续的，面向不定向受众的诉求，因而，户外广告媒体与其他广告媒体比较而言，最显著的优点就是其强烈的反复诉求性。

2. **传播主题鲜明，传真度高，因而给受众造成的刺激性很强**。一则经过精心策划、设计的户外广告，应当是图面简洁、说明文字少而精，对你的诉求目的受众可以一目了然。户外广告逼真的画面或具体的实物陈列具有很高的传真度，造成受众深刻的印象以及长时间的记忆。

3. **可以较好地利用消费者在户外活动时的心理空白**。所谓言者有心，听者无意，就在有意无意之间渗透着潜移默化的冲击力。

4. **有较好的促销作用**。户外广告大多设立在闹市区或购物点相对集中的地区，对消费者的购物意图形成了良好的指向。特别是购物点广告(POP)的促销作用更为明显。

近年来，户外广告在传统形式之外，又出现了一些新的运作方式，比如：在户外举办的一系列活动，在活动中出现了宣传物、宣传牌、实物造型等，是否也可纳入户外广告的范畴，已经引起了广告业界的讨论。这些问题既涉及广告管理也涉及广告样式分类研究课题。

户外广告也存在着不易克服的缺点，主要是：

1. **受众的不确定性**。户外广告媒体树立在一定的位置，但途经该处的人员是流动的、复杂的。由受众的不确定性带来的问题就是户外广告媒体对信息的传播效率不高，对受众的诉求针对性差。只是以不变应万变。

2. **受众注视的短暂性**。有资料表明，一般过往行人对户外广告其视觉器官停留的时间不会超过5秒钟。注视时间短暂，其感觉、知觉的程度也就相应肤浅。

3. **信息传播具有区域性**。户外广告媒体树立在相应固定的位置，户外广告媒体载负的信息只是就受众的视线所及而进行传递，他又是以相对固定的点状方式传播，因而户外广告媒体的一次传播效率在各种广告媒体中是较低的。

以上所谈及的户外广告媒体的优与劣仅就一般情况而言。我们应当充分认识广告媒体的优点与欠缺之处，在开发和运用广告媒体时应当扬长避短，发挥其综合效率。

户外广告媒体运用的实践经验证明：户外广告物，户外广告作品设置位置的固定性，是其主要特点。众多广告信息凝缩在画面之中，持续不断地发散而形成固定的信息发射源。以过往人员为受众，达到 其强迫诉求目的。户外广告主要是以色彩、文字、造型为信息载体，以受众的视觉感受为主要的信息接收方式。

广告物或者说是广告信息载体的静止与受众个体的过往，形成了二者之间的物理运动，有研究资料表明，受众个体在一处广告物的视觉停留时间一般不超过5秒钟。也就是说，受众是在一瞥之间甚至是“在有意与无意之间”感受视觉刺激，从而接受广告信息的。用通俗的语言解释，就是广告画面等着受众看。这种情况，恰恰与观众收看电视或者观看电影时的作用方式不同。收看电视和观看电影时，是受众等着看。“等着受众看”与“受众等着看”这两种作用方式也是户外广告与电视广告样式信息传达方式的区别之所在。所以，户外广告一般是把客户所需要表达的内容组织在一个画面中，而电视或者电影必须由若干个画面组成，并且按照时间顺序向受众播放。一则30秒的电视广告画面即可达7、8个之多。由此看来，户外广告媒体存在着与其他传播媒体传播信息的作用方式的不同，因此，在运用和开发户外广告媒体时，必须考虑到这种作用方式不同带来的影响。

科学技术的发展深深地影响着各行各业，也必然给广告业带来新的活力。电子技术使得影视广告的表现力大为丰富，使创作人员的思维发挥得淋漓尽致；电子技术使户外广告在一定程度上解放了原始的手工劳作，新材料、新工艺、新技术的运用也一改户外广告千篇一律的老面孔。户外广告也相继出现了一些新的实用形式，比如，高强度发光二极管组成的大屏幕显示器、电视墙、磁翻转牌等，另外还有电子与机械结合的产品如三面翻转牌等。目前在北京街头上，类似的广告形式已经在10块以上，并且占据的都是户外广告的要冲位置。这些新型的户外广告媒体（为了叙述方便，我们姑且称之为电子路牌）投资大、形式新鲜，一时间也颇有吸引力。但是，投资于电子路牌的广告经营单位却感到了在经营上的压力，所谓“客户不认”。广告界素以接受新生事物快、思维不拘一格而自豪，那么，在技术上如此领先的电子路牌，在推广中怎会遭遇到困难呢？问题的提出使我们不能不从户外广告这种古老的广告样式的特点进行考察。

正如我们在前面已经提及的，户外广告在向受众传递信息的作用方式是“等着受众看”，而电子路牌利用了电子技术的优势，使得广告画面“动”了起来，把作用方式变成了“受众等着看”，这就在一定程度上，冲击了户外广告媒体的优点。虽然，在户外广告媒体的运用上引进了先进技术揉进了电视广告的特点，使画面连续地“动”了起来，但是，户外广告媒体毕竟是在“户外”，它与电视广告的受众身处的场合不同，对广告信息的接收状况也不同。首先，相对于广告媒体所处的位置，户外广告的受众是过往的、流动的，而电视广告的受众是静止的；其次，户外广告的受众在一般情况下不会面对广告媒体停止运动凝目注视；（假想如果能够出现这种情况，那么整个城市的运动就会被打扰了节奏，因为户外广告媒体一般要设立在交通要冲地段，要选择人流量大的地方。）因此，户外广告只要画面“动”起来，其结果是，受众接受的信息大部分的是不完整的、片面的甚至于是支离破碎的，笔者认为，这是所谓“客户不认”的本质原因。

怎样才能在户外广告中更好地运用先进技术呢？电子技术的发展对人类社会的一大贡献就是加快了整个社会的运转步伐，而社会运转节奏的提高，另外还要依赖于一些其它社会因素。笔者认为：先进的技术产品必须与先进的经营方式结合起来才能发挥出其内在潜质。

首先，目前电子路牌是由某一家或者几家广告经营单位联合投资设立，并在广告经营中取得投资回报。每一块电子路牌分属于不同的经营单位，使得电子路牌的经营者都承受着不同的投资压力，而“客户不认”的情况更是加长了投资回收期。投资单位的经营者，也都在探寻更好的经营方法。

其次，电子路牌既然已经运用了电子技术，就要充分发挥电子技术“快”的优势。这里所说的“快”主要指的是电子信息在传输线路的传导速度快。

再次，户外广告的一次传播效率较低，可以运用二次传播进行适当弥补。所谓一次传播指的是信息载体与受众之间直接进行的信息传递，它具有传递的单向性。二次传播指的接受一次传播的受众与另外的受众之间就同一则信息造成的印象进行的交流，二次传播是信息对人脑的作用后在人脑中经过再加工的升华。它具有传递的双向性。一次传播和二次传播的相互交织，使广告信息趋于完整，成为真正的信息。

可见，重新构造电子路牌的经营方式，使其潜质得到发挥还是有着其客观基础及实际经营的客观需要的。笔者认为，电子路牌联网经营，应当是一条比较好的出路。当然，由于目前电子路牌使用的技术不同，在联网的过程中又会遭遇到很多技术难题，关于技术问题，只好留给技术专家去处理了。我们的任务只在于创造一条对事物“扬其长而避其短”的思路。这里所说的联网是指，在多于一面的电子路牌上，同时、异地发布同一条广告。联网的电子路牌数量越多，也就是说密度越大，广告效果会越好。当然，联网经营是否会引起其他社会问题，是实际运作中必须考虑的因素。相信联网经营会使电子路牌这种户外广告的新类型迈上一个新的台阶。

公交广告浅说

葛　永　明

公交广告是以公共交通车辆、设施为广告载体，进行信息传递的广告类种。公交广告的信息传播形式可分为公车广告和设施广告两大类。公车广告包括：车身广告、车厢广告。设施广告包括：始末站路牌广告、灯箱广告、霓虹灯广告和中途站站台广告、站牌广告等等。

公车广告可称之为流动性广告，设施广告则是固定性广告，两类广告各具特色，可为不同的广告传播目标服务。

公车广告在许多国家和地区都已成为市容一景。香港、台湾、泰国及大陆的许多大中型城市,依其繁荣经济,扬企业、产品之名,为消费者导向。香港的双层巴士广告设计巧妙、工艺精湛,广告版面大而活,色彩斑斓使人们目不暇接。泰国、台湾及大陆的公车广告一般采用附挂式,也就是说利用车体两侧的部分面积,展示绘于装饰材料上的广告版面,使广告与车体有机地结合,形成两个层次的色彩、风格的分割与融合。公车车厢内广告,是利用乘客乘车时间对其进行广告信息传播的一种形式。它以广告版面镶嵌于金属框内悬挂在车厢内壁为表现方式,内容简单明了。乘客乘车时间长短兼有,车厢广告的信息足以使其在较短的时间内阅读完。由于乘客处于不断地流动状态,一条信息被不同的受众所接受。它的信息传播速度虽远不及公车车身广告,但价格低廉却易被一部分广告主所接受。

在我国各大城市的公车广告的设计制作工艺不尽相同,有待于向高层次发展。

第二类是设施广告。它利用始末站建筑物、停车场以及中途站台、站牌等客运设施进行广告传播活动。

公交车辆始末站遍及城市的主要交通要道,具有客流量大,传播范围广的特性。位于公车始末站的大型路牌广告、霓虹广告以及灯箱广告极为引人注目,使流动的受众不断地获取广告信息,而且具有重读性。

公交中途站台、站牌广告是许多大城市开发的新型广告载体。在北京、上海、广州、深圳等城市的公交企业创建出千姿百态的候车站台,它具有遮风避雨和传播广告信息的双重功能。在北京、上海等城市街头出现了夜明站台,广告自然溶在其中,为夜晚添光增彩。站牌广告则是利用每个站位的行车路线牌的附属部分,进行广告传播的广告形式。在北京,单板面站牌被改化为双箱立体式,在增加的牌面部分进行社会公德宣传和广告信息传播。新闻界称之为多功能站牌,在0.3平方米广告版面上图文并茂,十分精巧美观。这种广告载体的广告传播对象除了候车的乘客还包括乘车、骑车的广大消费者,由于每个站位广告的重复出现,数十点连成一线,较好地树立企业与产品形象,得到诸多广告主的青睐。

公交广告在众多企业的支持下兴旺发达,标志着我国的经济的繁荣,它的发展是社会发展的必然。愿它健康发展,日臻完善。

论体育中介的作用

苗淑宝

随着社会主义市场经济的深入与发展,我国体育战线也面临着深化改革的繁重任务。体育改革的目标应该是由过去计划经济体制下长期形成的供给制的高度集中的国家办体育,逐步走向由国家宏观调控,依托社会,自我发展的体制。逐步实现“管体育”与“办体育”的分离,使体育走向社会化。

体育走向社会化,不仅减轻了国家对体育所承担的沉重包袱,而且使体育在市场经济中充分发挥其功能作用,真正得益于社会,服务于社会。十几年来,我们大家都有同样的体会,那就是靠政府拨款的体育比赛，随着市场经济的不断发展，已逐步过渡到主要由社会出资，由企业赞助的带有某种商业性质的比赛。这是在市场经济条件下体育发展的必然趋势。

体育要发展，就需要资金的投入。而政府不可能统包统揽，就必须走向社会。而作为市场经济条件下的社会主体就是企业。企业在激烈的市场竞争中要立足、要发展，就必须利用各种媒体进行自身的或其产品的宣传。而随着我国体育水平的迅速提高，它在国际体育舞台的知名度日益扩大的情况下，利用体育这一媒体进行企业的促销与宣传，也越来越多地被接受。目前，人们在议论体育在市场促销及扩大企业知名度的作用时，已习惯将它排在四大媒介，即：电视、广播、报刊、户外之后的第五大媒介。

正是由于体育在经济社会中所处的地位，应运而生的各类中介机构，也纷纷踏入体育领地，体育赛事的策划、体育比赛的集资代理、体育信息、体育咨询服务、体育经纪人、体育的公关等等。中介机构在体育上要作文章，而且确实也大有文章可作。问题在于文章能否做的好，所采取的经营手段是否得当。否则，在日益膨胀建中介公司热的情况下，难保出现“僧多粥少”的激烈竞争，要想在中介机构如林之中获得生存与发展的空间，不是一件容易的事。中介公司本身是一种智能性专业机构，以智取胜固然是中介公司的看家本事。人们还以新的眼光审视着中介公司在体育领域内所能扮演的角色。

体育中介的文章到底怎么做呢？以下仅就我工作中的一些体会，与大家共同探讨。

一、赛事的策划

在改革开放的十几年里，我国举办的国际体育比赛大大小小数以百计。在国际体坛创出了不少的名气。综合性的国际赛事有：亚运会、东亚运动会、远南伤残人运动会、冬季亚运会、争办2000年奥运会等，重大的国际单项赛事有：北京国际马拉松、世界杯体育赛、巴黎—莫斯科—北京汽车越野赛、香港—北京汽车拉力赛、世界武术锦标赛、连续五届国际台球赛、国际职业拳击赛、国际铁人三项赛以及四国女排赛等一系列邀请赛。

这么多的活动从构思到举办完毕的全过程都离不开一个先决条件那就是策划。也就是俗话说要对整个事儿要琢磨透了。比赛的规模、档次、影响力、季节与地点的选择，收视率、门票收入、媒体宣传的选择，商业与广告价值、赞助的条件，经费的预算、政府批准的可能性等等，都要一一进行踏实的，实事求是的可行性的研究与调查。策划做的好坏，会直接影响到整个赛事的效益。当然，人为的因素也很重要，选择承办单位与实施各项工作的人选是否称职，也会直接影响到比赛的效益。

目前的赛事大致可分为两种类型。一种类型是计划内赛事，也就是每年列入国家体委外事计划书的，这类大多为正式的锦标赛、杯赛、邀请赛或大奖赛。其经费来源一般为国家拨款与寻求国内外赞助相结合。这类比赛由于项目、规模、档次的差异，所产生的效益也不尽一致。一些项目不够普及、规模不大、档次不高的赛事，如果没有足够的拨款，单靠赞助难度是相当大的。因此，我认为，在列入计划的项目与赛事选择上应事先做好调查研究，不宜强行上马，更不能采取先列上再说的做法，以致造成搞也搞不好，下马又下不了的被动局面。比赛的经济价值因素必须在考虑之列，这是市场经济的要求。我举两个例子，一个是1986年世界杯体操赛，赛事是四年前确定的，已列入国际体操联合会的日程表。美国的一家公司应允25万美元买断比赛。三年半过去，由于未签任何书面协议，面临举办无经费却又不能推给国际体联的窘境。我们接受体委领导的指示，被迫上马，四面出击，全力以赴，日以继夜，仅电传三个月往来一千余份。通过销售广告和电视权，总算筹措了80万人民币。比赛顺利完成，而我们却被吓出一身冷汗。也就是从那时开始，我也开始体会到中介机构在体育赛事中的作用。另一个例子是1989年国际体育电影节，应允给予策划赞助的是国际一家知名公司——国际体育与娱乐公司(ISL)，由于这家公司当时不甚了解中国的国情，作出的策划不符合实际，难免不碰钉子，到最后一分钱也没有给找到，只好由体委的几家企业分摊了举办费用。也就是从那时开始，我也开始体会到外国的中介机构未必就那么神通广大，它的智能未必就比国内的同行强。客户关系可能比较广泛，但要落实到一个赛事，还必须就整个赛事做好精心的策划。

另一种类型是新开发或开创的，一般都是有史以来第一次。这类比赛一般规模大、档次高、影响力比较大，当然耗资也是惊人的。这类比赛政府不会拨款，一般也未列入外事计划书中，是属于商业性比赛之列。中体广告公司的前身中国体育服务公司在开创新项目方面，做了不少工作，在开拓商业体育上功不可没。它配合各协会曾成功地举办了十三届北京国际马拉松赛，创出世界第三最好成绩，已被国际田联列为世界马拉松赛事之一；三届香港—北京汽车拉力赛弥补了汽车赛在中国的空白，五届国际职业台球赛，使全国人民亲身共睹世界级选手的精彩表演，台球运动在我国得到前所未有的普及；巴黎—莫斯科—北京汽车越野赛，这是继世界著名的巴黎—达卡尔汽车赛之后的又一重大赛事，职业篮球、职业网球、职业足球、职业滑冰表演等，根据我们多年经办这类比赛的实践经验，我们觉得，对赛事的整体策划至关重要。组成精干的办事班子和选择有才干的人员定岗定位独立负责一方面的工作是赛事成功的重要因素。可喜的是，十几年来，在实践这些活动的同时，国家体委培养造就了一批既懂政策又有专业，还能实干的体育商业和体育中介的骨干人才。

二、赛事的计划制定、资金的落实和合约的签定

比赛策划成型后，就是制定赛事计划和实施方案。这里包括项目的报批、赛事机构、竞赛、宣传、接待、公关、保卫等逐一制定详细计划。这对实施起着非常重要的作用。我们的体会是上述各项工作应逐一落实，以书面签约为准，避免口头的各种协议，以防止赛事临近而产生某一环节的滞后。

资金的落实工作是与赛事策划相辅相成而进行的。尤其是商业性的赛事活动，资金的到位是赛事能否实现的生命线。因此，在与合作者谈判时，要充分讨论好资金的落实问题，经费的预算要做的天衣无缝，恰如其分；同时要留有余地，但又决不是漫天要价，更不是搞欺诈。因为赛事动议提出方一般比我们更精明，更富有商业比赛的经验，而我们的落脚点是创出新的项目，实现比赛的成功举行，并合理地得到应得的收入。

上述两项工作完成后，即可进行合约的签定工作。签约中应该重视合约的法律效力和严肃性，任何一个条款都要清楚明白，责任清晰，尤其要重视违约的条款，要做到平等互利。如果是外方起草的合约草案，根据我们的体验，多数是有利于对方的，因此要认真审核，逐一按我方要求修订，直至双方都可接受为止。有的台湾、香港客商，在谈判时总在口头上讲这个好说，那个就按我们的的谅解去做，可落实到条文上，往往是非常严谨的，并且总是有这样一个条款：本合约之双方承诺替代过去所有的口头承诺或协议。如果我们这方面不重视合约的条法工作，真到了出现纠纷，以法律诉讼时，就悔之晚矣。

三、赛事中的几项重点工作

(一)集资工作:

集资工作已成为各种赛事一项不可缺少而且是至关重要的工作。俗话说,金钱不是万能的,但没有钱也不成。尤其我们的体育比赛,没有比赛经费是最令人头痛的大事。因此,要选择一批懂比赛、懂广告、懂客户心理、懂市场行情的人员集中目标,集中做比赛所急需进行的高效联系工作。在做联系工作时,很重要的一点就是要事先做好一份图文并茂、具有较强吸引力的广告征集函(或策划书)交给你要去谈的客户。并随时准备好以令人满意的答复应对客户的提问。这是提高集资成功率的关键。以 1993 年青岛啤酒厂赞助四国女排赛为例。我们事先调查得到了打动企业的三项有利条件,一是 1993 年正值该厂建厂九十周年纪念;二是 1993 年经国务院批准同意成立青岛啤酒集团;三是集团股票在深圳、香港上市。而比赛就议定在青岛。一份完善的宣传广告策划书放在了厂长刘正德的办公桌上。他一口气读完,当即拍板出资 90 万(与周年纪念同数,也是我们预算所定)来举办四国女排赛。

(二)广告宣传工作:

赞助商花钱来办某项比赛,不是一种施舍或慷慨的捐献,而是要通过比赛得到宣传企业或其产品的反馈。因此,利用一切可利用的媒介,设法使赞助商与比赛的宣传融为一体。常规的做法一般包括:电视转播、现场采访、报纸报道、场地、场外广告、秩序册、海报、贴片、纪念品、新闻发布会、门票、抽奖等。宣传与广告在资金上一般占相当大的比例,因此预算应做得详细,宣传广告要选择侧重点。对于经常性举办赛事的中介机构,为保持每次赛事宣传的畅通,应建立与有关单位的联系网络,保持经常性的联系,最好不要采取临时"抱佛脚"或"病急乱投医"的办法。随着物价的上涨,广告宣传的收费变化也很快,因此,不能拿老黄历去核定预算,应注意及时了解价格变化情况。

(三)协调工作:

在举办一项赛事时,最耗时间的、最费口舌的恐怕是赛事各个口的协调工作。尤其在目前社会上讲关系学、讲经济效益的情况下,为赛事的协调工作增加了不少的难度。要办好赛事就要经过强有力的内部公关工作才能完成。在协调工作中,一是依托当地政府的各主管部门,把比赛办成官方性赛事,以便防止由于经济上的纠纷,而造成政治上或外事上的不良影响;二是要与各有关协作单位以书面协议形式确定各自的责任及费用,以防止因临时性的扯皮而影响大赛的全局。目前在赛事的服务性工作上没有价格尺度,因此,每事必议,双方商定,"拍板"成交。

四、对当前体育广告的几点看法

体育广告的合理开发与利用,不仅为使用这一媒体的企业带来知名度和企业形象的扩大和产品的促销以及难以估价的经济效益(要视体育广告利用率予以确定),同时也为体育事业的更大发展提供了可靠的经济后盾和良性循环的必要条件。因此,加强对目前体育广告中所存在的问题进行及时的科学的分析与研究是非常必要的。

(一)要重视比赛的商业价值

一个比赛项目的好坏,它的档次的高低,观赏性是否很大,是否具有广告价值,这是任何一个广告主(即赞助商)和从事这方面工作的广告经营者在作出决策前都必须首先要提出的问题,即:比赛的商业价值。

纵观世界体育走向商业化之趋势,盈利性、观赏性、社会性和可开发性,是确定比赛商业价值的必要条件,也是体育在市场经济中的必然走向。

一个体育项目的比赛能否与市场经济需求挂上钩,能否在一定程度上开发其商业用途,是这个项目能否在市场经济中找到自己合适位置的关键所在。商业化的体育,体育商业化,已经成为发展的必然,不论你是否承认,是否愿意。

一个体育项目的比赛能否创造很高票房价值,关键在于这个比赛能否适合观众的口味,能否使观众通过看比赛得到娱乐与享受。体育比赛本身就是为社会服务并给人以欣赏、消遣为宗旨的,是属于社会主义精神文明范畴的。今后的比赛可以考虑与文化活动和文艺活动相结合,以增强体育比赛的观赏性,例如,在比赛的间隙搞文艺表演,搞抽奖,搞观众能参与的趣味性活动。这种与文化艺术相结合的艺术体育要比单纯的体育比赛更有观赏性,更有一种享受的感觉。

一个体育项目的比赛,之所以有那么多的观众去看,有时票价再高也可以接受,这是由于这样的比赛本身有了社会的基础,得到了广大观众的认同。当然,必要的"轰炸式"的广告宣传,也是在短时间内将比赛炒红,以吸引观众的一种必不可少的手段。我们体委的同志可能都有这种感觉,就是不敢轻易将比赛放在北京,为什么?怕卖不出票,怕赔钱。北京人的口味很高,什么样的比赛都看过,除非是国际高水平新奇的项目,而且要作好赛前的调查研究和对赛事的足够的广告宣传,否则费了心,得不偿失,又是一次"不该在北京搞"的教训。因此,社会上不承认的,市场不需要的比赛,无论如何是不能硬着头皮去搞的。足球率先在国内搞职业化,在体育市场经济中无疑是一种大胆的尝试。由于足球已存在着深厚的社会基础,得到了广大群众的认同,又采取了新的赛制和允许引进外籍球员,这必定增加了观赏性,也同时会带来前所未有的盈利性。勿容置疑,中国的足球水平在新的管理体制下,也必定会出现一个崭新的局面。

一个体育项目比赛可开发性,不仅在于项目本身的基础,而且在于采取一种什么手段去培养它。任何体育项目都有一个发展过程。这个项目在其自身发展中除了具备了客观的社会条件,需要人为的培养与开发。我们所说的可开发性,就是说一个项目发展到一定程度,能否抓住时机去促成它的发展,所采取的手段不单单是行政的,而这一手段更主要的是管理体制的和经营手段的改革创新。我们在连续三年承办国际四国女排邀请赛的实践中,亲身体验到开发手段的重要性。如果按常规作法,把比赛交办给一个城市,协会收取一定的批准费,这种作法虽然在一定时期缓解了协会缺少比赛经费的窘境,同时也在一定程度上发挥了地方积极性,但从长远看,它无助于该比赛项目的开发。首先是各接办城市缺乏具有引资能力的人才和手段,往往是从零开始。我们在93青岛比赛和94海口比赛中做了大胆的尝试。青岛的做法是,整个比赛由我们承办,整个比赛经费由我方事先筹措好,地方体委主要承担赛事和与当地有关部门的协调工作。实践证明,协会可以在减轻很大的工作量情况下,收入反而可以增加;地方体委又不会因经费而伤脑筋,反而轻装上阵,赛事和协调工作做得很出色,并且还能取得一定的收益。而我们虽然在整个比赛下来后很艰苦,但各方面能得到实处,除支付协会和地方的经费外,还可有可观的收益,更重要的是起到了把比赛作为该地区打开知名度和经济腾飞的催化剂的作用。按价值规律分析比赛市场,按该比赛的价值事先作好市场策划工作,这就是青岛比赛的经验所在,海口的做法,在上述基本做法之外,加强了对赛事的广告宣传并在门票销售方面及早作出详细计划和庞大的门票销售网络。结果起到了事半功倍的作用,整个比赛收到了比较理想的社会效益和经济效益。

(二)要重视比赛的"买断"趋势。

随着我国体育健儿在国际赛场上成绩不断地提高,中国在国际体育舞台上已成为一个不可忽视的竞争者。随着我国的经济改革不断深入和日趋完善的法律建设,越来越多的国际企业踏入中国的土地,开发潜在的市场。正是上述所提供的机遇,世界上的中介公司也源源不断地涌入中国,开始在买断中国体育赛事上做文章了。美国国际管理集团花了640万美元买断了中国足球协会五年的全国甲级俱乐部联赛的商业开发专利权,并对其他项目专利权的购买上有优先权。香港精英公司用300万美元买断了网球协会五年的比赛商业开发的专利权,用每年120万人民币的价格买断了五年的"中国杯"体操赛专利权,每年用300万人民币买断了中国乒乓球协会的10个比赛合同,有效期五年。据了解,由国际奥委会和日本电通共同投资成立的国际体育娱乐集团均也准备以每年40万美元买断全国田径锦标赛的商业权。目前还有几家国际性公司也正在考虑中国各大赛事的电视权的专利买断问题。这种情况的发生或许在解决我国举办赛事的经费上解了燃眉之急,但国际性集团在合同的签定上条件很苛刻,多数条款不利于我方,动辄就罚款或拒付款,甚至走法律程序,这对于我国目前协会体制尚未健全,法律观念还比较薄弱的情况下,一旦出现法律上的争执,恐对我方不利。因此,各协会应该加强这方面的咨询和安排正式的广告代理;认真研究合同条款,争取在签字前就要把一切不利的条件因素降低到零。此外,根据我国已经出台的广告法,外国的商业单位或中介公司、介入中国赛事的商业广告事宜,应该有一家国内的广告公司作为代理,以防止违法经营的情况发生。

(三)建立代理资格审查制度。

目前我国国内国际体育赛事不断增多,水平也日趋提高,定会吸引越来越多的国内国际中介公司前来洽谈广告买卖、订合同、介入比赛商业活动。这是件好事,对我国体育集资提供了挑选的余地。与此同时,由于目前中介市场比较乱,各类公司鱼目混珠,有相当数量公司并不具备代理资格,也无承接比赛实力,他们之中的不少公司只是作比赛的买与卖,低价进、高价出,就象二级批发站那样,赚取批发与零售的差价。至于卖方是否具备承办比赛的实力,这些公司全然不管。还有一些公司,他们大多是无办公地址,一般租用高档饭店,无固定注册名称的,印的名片也是××组委会集资部主任等等的官衔,帐号也是临时的,他们的做法往往是短平快,不是送礼就是宴请,一旦赞助费拿到手,大肆挥霍,仅用很少的经费用在比赛上,甚至有的索性携款逃跑,连人影都找不到。几年前"横渡琼洲海峡"的案例,就是个很好的反面教训。要防止这种骗局的再次发生,有必要在体委内部建立代理资格审查制度,从资格的审查上堵塞漏洞,并在合同签订上要求规范化、法律化,从而避免中介公司、体育部门和企业三方在合同上的纠纷。就是发生了纠纷也完全可以"照章办事",不行就求助于法律的解决。

以上是我在十几年广告工作中的一些体会,如有不妥之处,望给予指教。

广告道德问题刍议

符国群

广告恐怕是最容易引起道德争议的一个商业领域。常常听到有关广告太多、广告内容低级庸俗、广告言辞过于夸张等方面的议论;利用广告进行欺骗引诱,从事不实交易活动的报道也时常见诸报章。可以预见:随着我国广告业的不断发展,广告道德将日益为社会所关注和瞩目,对广告道德问题的研究必将备受重视。本文拟从广告道德角度对广告活动的若干方面谈点粗浅看法,以期对广告理论和实际工作者进行广告道德研究和广告道德思考时有所启发。

一

时下议论最多,批评最为激烈的,莫过于对虚假广告的抨击。虚假广告或称不实广告,实际上是用不实广告内容,欺骗顾客和用户,进而达到牟利目的。显而易见,虚假广告违反了商业中的诚实信用原则,从道德角度看,应遭遣责和禁止。我国颁布的《广告管理条例》第三条明确规定,广告内容必须真实、健康、清晰、明白,不得以任何形式欺骗用户和消费者。这似乎从立法上宣判了虚假广告的违法性,使虚假广告成为一个纯粹的法律问题。

仔细推敲,问题其实并不如此简单。一则广告是否违法,除了要看广告内容是否真实外,还要看广告是否会产生欺骗性后果。缺乏后一要件的广告,即使其内容不实,法律是不会也很难干预的。比如,某一著名演员为一痔疮药作广告,宣称服用此药后,效益极佳。如果该演员确实患有痔疮病,而且在较长时间里服用该痔疮药,并收到了疗效,那么,该广告就内容而言是真实的,否则就是不实的或虚假的,至于该广告是否违法和应当遭到禁止,则取决于该广告是否会产生欺骗性后果。就上面的例子来说,由于消费者可能把该广告作为一种纯粹的宣传,对演员是否患有痔疮病,或是否服用该种痔疮药等问题并不在意,或者明知该广告内容有不实的地方,也是一笑了之,并不会为此上当受骗。如果是这样,即使该广告内容的真实性方面存在问题,也不能作为欺骗性广告予以查处,但广告的道德问题却依然存在。

所以,从更普遍的意义上说,虚假广告首先是一个道德问题,只有当虚假广告带来欺骗性后果后,它才转化为法律问题。

广告作为一种促销工具,具有劝导功能,它要用情感性语言影响消费者的偏好与行动,因此,广告言辞难免会有夸张,甚至带有明显的“谎言”性质或虚假成分。要求广告都象报纸分类广告那样,只含告知性内容,不仅会扼杀广告的创意,使广告失去可读性和欣赏性,在实际中也很难办到。这就是说,夸张和一定程度谎言,是广告创作的润滑剂,不可缺少。但夸张和谎言必须有一定的限度,从道德意义上,广告经营单位或广告创作人员应怎样把握这个“度”呢?对这个问题当然不可能提供一套任何情况下都可适应的现成答案。因为道德判断本身是很复杂的,即使社会公认的一些道德准则,如公正、感恩、行善等彼此之间也存在适应上的冲突,更何况不同的企业和个人对这些道德准则的信奉还存在着先后次序和强弱程度的差别。不过,以下几点或许能对这一问题提供一些思考线索。

首先,不能以广告给广告主带来的直接效益作为广告谎言或广告虚假成分的开脱理由。这一原则在广告受众的利益没有受到损害的情况下也同样适用。比如,某一企业因经营不善,濒临倒闭,为摆脱困境,决定开发一个很有前途的产品,但鉴于过去的业绩,无法从银行得到贷款,企业领导“灵机一动”在报纸上刊载广告声称已生产出该种产品,望消费者速汇款邮购云云。拿到大批购货款后,企业上下日夜奋战,很快就开发出这种产品,并以最快速度将产品发送给消费者,但仍比正常邮购情况下推迟三个月发货。为消除广告的欺骗后果,企业在给消费者公开道歉的基础上,按比银行利率略高的优惠利率赔偿因推迟发货给消费者造成的损失,这样,绝大多数消费者并无怨言,企业也得以起死回生。但从道德角度看,该广告行为的不道德性昭然若揭,决不因该广告的巨大效果而有丝毫改变。

其次,不能以广告欺骗后果轻微或不易为消费者觉察,为广告内容的不实和不道德进行开脱。比如,在为复印机所作的电视广告中,为证明复印效果的清晰,示范人员事先将拍摄好的图片放进复印机内,然后冒称复印材料取出,显示给观众。不管欺骗后果如何轻微,该广告从道德意义上是不能容忍的。

再次,应在不产生欺骗后果的前提下,为广告内容的不实或为广告谎言找到“正当理由”。例如,在拍摄冰琪淋广告时,为避免因强光照射使冰琪淋融化而产生不好的效果,用土豆模型进行替代,这一广告虽然具有不实成分,但因它不会产生欺骗后果,而且又有正当理由,故该广告应视为合乎道德的。相反,前述复印机广告,姑且不论是否会产生欺编性后果,仅从没有正当理由这一点,就应视为是不道德的。

二

儿童电视广告(以下简称儿童广告)或以儿童为受众的电视广告是引起道德争议的又一个重要领域。近年来,随着儿童用品市场的发展,各种面向儿童的食品广告、玩具广告在荧屏大量出现,不少家长已对此表示关注和忧虑。虽然现在要求限制或禁止儿童广告的呼声还不是十分强烈,但随着儿童广告的进一步增多,儿童广告的道德性问题必然会引起社会的更大关切。

从广告主的角度,可能有很多理由为儿童广告的正当性、合法性进行辩护。也许,儿童广告在相当长的一段时间里还会继续合法地存在下去,但这里要指出的是,儿童广告的合法性,只是意味着企业可以去这样做,并不意味着这种行为具有道德上的合理性。因为,接受法律约束,只是社会对企业提出的最起码要求,除此之外,作为一个经济组织,企业还负有不可推卸的社会道德义务。

就儿童广告而言,引发的道德问题是不容否认的事实。为什么?这首先是由儿童作为消费者的不成熟性所决定的。儿童不象成人,其理性思维和内省能力处于起步和发展阶段,对时间和金钱的概念也很不全面。这就决定了:①儿童对自己的需要,偏好不能作出合乎理性的评价,对哪些偏好应当培养,哪些偏好应当调整和压制,缺乏甄别能力和自我控制能力。②儿童理解、规划未来的能力非常有限,因此,在现在需要和未来需要之间,很难作出理性比较和判断。③儿童对金钱的价值缺乏认识,对广告主的目的,对广告信息的真伪鉴别能力很差,因此,对广告内容很容易轻信和盲从。所有这些特点,决定了儿童应被视为一种特殊消费者受到照顾和保护。那种视儿童为“理性”消费者,任其自己来决定其偏好和进行选择的观点显然是站不住脚的,而利用儿童弱点进行劝导、说服更是不道德和应受到谴责。

其次,儿童广告与社会公认的诚实、公平和不作恶的道德准则相抵触。我们知道,道德意义上的诚实,远比不欺诈、不欺骗的含义广泛得多。儿童广告极可能导致孩子们的错误信念和对产品的不合理预期,从而产生类似于欺骗性广告的后果,而利用儿童不能作出理性判断和轻信的弱点,达成推销产品的目的,是对儿童不成熟性消费行为的漠视和不尊重,有失道德公平。另外，从儿童广告产生的后果看，它一方面可能造成儿童与父母在产品选择上的冲突，另一方面会导致儿童对广告所描述的富裕生活方式的向往和对现实生活的不满，不安和不快，影响儿童的健康发展。

儿童用品购买的最后决定权不在儿童，而在儿童的父母，这似乎意味着应当是儿童的父母而不是儿童广告承担购买不当的后果。应当指出，父母选择儿童用品一方面要考虑与产品相关的因素，即产品是否适合小孩的需要、是否有益于智力、体力的开发，以及产品在经济上是否合算等，另一方面还要考虑小孩的即时要求与现时满足。对于大多数父母来说，孩子们现时要求与满足与前述产品因素同样甚至更为重要。儿童广告正是通过创造和强化儿童对某一特定产品的现时要求，来影响成人的购买选择。这也是为什么儿童产品生产厂家将广告诉求目标放在儿童而不是成人身上的原因。因此引发的道德问题是不言自明的。

最后，儿童广告与合理配置资源的社会总体福利要求也是不一致的。儿童的易受劝导性，极可能使某些不合儿童实际需要和利益的产品在广告的呐喊声中得到发展，从而使社会资源不能合理转移到那些更适合社会需要的行业和产品上去。近年来，一些价高利大的儿童食品在市场风靡，而与此同时，许多大中城市的儿童在大量消费这些"营养物质"之后，营养素质指标反而呈下降趋势，恐怕就反映了这种情况。

对儿童广告不能用简单的法律禁止作为解决办法。但儿童产品生产、经销厂家，以及与儿童产品有关的广告经营与媒体单位决不应无视儿童广告的实际和潜在社会影响，而应未雨绸缪，本着对儿童负责，对社会负责的道德责任感，自觉行动起来，用实际行动抵制和减少儿童广告的不良影响，以避免可能的法律干预。从广告经营和广告媒体单位看，除了要把维护儿童利益作为一条自律守则外，还可考虑采取诸如限制儿童广告播出时间；把诉求目标更多地转向成人；对儿童广告内容进行更为严格审查，拒绝对有问题，有争议的儿童产品作广告等措施，以尽量减少儿童广告的负面影响和危害。

三

同广告道德密切相关的另一个方面是新闻广告与有偿新闻。新闻广告与有偿新闻都是以新闻报道形式发布有关企业或产品的宣传材料，并直接或变相收取被宣传企业的费用。两者在实质上并没有多大差别，从某种意义上说，新闻广告是从广告管理部门的角度来看待有偿新闻。如果要作某种严格区分的话，新闻广告恐怕应视为发布单位的一种有意识的集体行为，而有偿新闻既可能是一种集体行为的结果，也可能是一种个人行为结果。

新闻广告或有偿新闻对广告业与新闻业的发展增多是有害的。从新闻业角度看，新闻的灵魂和生命在于真实，而有偿新闻恰恰会使新闻工作偏离这一轨道。我国新闻机构的良好声誉是广大新闻工作者在正确宣传党和国家的方针、政策，客观、真实地反映社会主义建设中的新人新事的过程中，经过长期不懈努力而形成的，应当说是来之不易。如果让新闻象广告一样带上浓厚的功利色彩，则不仅会使新闻的真实性消弭殆尽，而且也会使新闻机构信誉扫地。从广告业角度看，混淆新闻与广告的界限，危害很大。一是不利于广告制作水平的提高。新闻广告不是靠创意和技巧取胜，而是靠新闻机构本身的声望和影响达到一般广告所难以达到的效果，并赢得客户。如允许发布新闻广告，新闻机构就没有动力追求广告创意突破和技巧创新，使广告制作水平难以提高。另一方面，新闻广告一般是广告客户直接委托新闻单位发布，不经过广告公司等中间环节。而一国整体广告水平的提高，从长远看，必须依赖于一大批专业或综合性广告公司的崛起，新闻广告却有碍于广告公司的发展，因而对广告水平的提高是极为不利的。二是不利于明确广告和新闻的责任，不利于国家对广告业实行全面管理。广告和新闻都必须讲求真实，虚假、欺骗性广告应主要由广告主承担责任，不实的新闻则应由采访新闻的记者和发布该新闻的编辑部负责，两者在责任承担方式和责任依据方面都是迥然有别的。模糊新闻与广告的界限会导致以新闻形式发布的广告得以规避广告管理限制，使欺骗性广告难以全面有效地被抑制。最后，新闻广告还会助长拿回扣、搞摊派、行贿受贿等不正之风的滋生、蔓延，扰乱广告经营的正常秩序，不利广告事业的健康发展。

新闻广告或有偿新闻对受众的欺骗性也是非常明显的。就广告来说，由于有明确的广告主，广告为广告主服务的目的性一目了然，因此，消费者对广告意图或多或少会产生警觉和防范，对广告内容将是有选择、有鉴别的接受。与此相反，如果广告以新闻报道形式出现，消费者的防范意识将会完全解除，即使是夸张、吹嘘甚至虚假的成分也会被作为事实予以接受。

综上所述，新闻广告或有偿新闻无论是从其对新闻业、广告业的危害性看，还是从其本身的虚假性和它对受众的欺骗性后果看均应遭到谴责和禁止。

新闻广告或有偿新闻的产生固然与一些广告主为追求宣传效果，采取种种手段对新闻机构和新闻记者进行物质引诱、拉拢腐蚀有关，但更为主要的是一部分新闻机构和新闻工作人员缺乏应有的职业道德，抵制不住金钱的诱惑，甚至主动出击，见利忘义。因此，要从根本上防止和杜绝新闻广告和有偿新闻，关键在于新闻机构应加强内部管理，采取切实防范措施，同时强化职业道德教育，形成良好的新闻道德风尚。为此，新闻单位应在严格分工的基础上，分别建立新闻发布与广告发布的机构和制度，并在实践中不断完善。新闻发布与广告发布的程序和要求是不同的，必须建立两套不同的机构、采用不同的发布审批程序。这样，既可以防止新闻部门产生新闻广告，也便于在出现虚假广告和不实新闻时，明确新闻单位内部各部门、各人员的责任。另一方面，应建立内部职业规范，对索取、收受礼品及其它违背职业道德的行为严格约束。另外，对任何付费的宣传应以明显方式加以说明，以与新闻记者独立采访的新闻报道相区别。

广告人手记

邵隆图

广告人是九木人，九木者“杂”也，所以九木人也就是边缘人，很多人选择广告作为一种生活方式，这样才会不觉得苦。因为在白天当客户或整个社会生活秩序正常进行时，广告人必须醒着参与或投入；深夜，当大多数人或客户都已安然入睡了，广告人正为白天签订的合同而困守愁城，秉烛夜耕，他们必须操作视听，必须了解市场，研究消费者，研究传播策略，媒介策略和提防明枪暗箭。这种近乎自虐的生活方式使很多人望而生畏，当然也有很多人迎着苦难，消耗着有限的生命在不断地寻找闪光点，因为广告没有动口专家，每个专家身后都有深深的脚印。

当你在培养员工、学生的同时实际是在不断地培养自己的对手。为了壮大自己的公司增强自己的经营能力，你必须学会团结一批“有野心，有能力”的“狼”在一起工作，唯一的办法就是与“狼”共舞。离开了“狼”也就没有公司。广告业是人的行业，没有人材的广告公司就只有几张桌子、几把椅子。

我们很多年生活在石库门里，合用一个灶头间，一个水龙头，听着张家阿姨，李家阿婆讲着这个、那个的故事，我想，这就是传播，这样的生活方式采用这样的传播方式是合理的，低效率的。现在我们搬进了新公房，墙与墙把人们互相隔开。住了几年，甚至还不知道邻居姓甚名谁。于是人们开始追求电话、电视、电脑，天天听广播，看报纸、杂志，以消除寂寞，媒介形式变化，传播方式变化，时间和空间开始需要付钱。地球开始变小，传统的板块思想开始移动，道德与人情开始冲突，价值观念变化，信息终于爆炸，知识不断老化，广告受人宠爱，遭人讨厌……但是没有办法。除非你把自己关起来，不然你搬到原始森林去住。因为毕竟世界即将面对二十一世纪。

我猜度着哪一天，中国的男士们会不会穿裙子？其实五、六年前我们看到牛仔裤就觉得是流氓阿飞。今天削短发，穿前门襟拉链牛仔裤的女孩满街都是。如果不是西方强势文化向弱势文化的传播，牛仔裤、运动鞋有什么理由进入中国市场？很多人是自愿的，也有些人是被迫时髦起来的。东西多了，生活富裕了，人们总是要寻找些理由、制定一些与文化相关联的理由，形成流行和发展。关键是支点在哪里？所以法国总统在罗浮宫修复后即刻亲临大驾剪彩，当然是弘扬法国传统文化。美国迪斯尼乐园在法国门可罗雀，也当然是由于法国文化的强大，不致于使法国年轻人向美国文化缴械投降。我们在努力贯通东西方文化的同时，不能舍弃自己的文化。因为只有当中国文化成为强势文化时，我们的商品和生活方式才会向弱势文化传播。

有人对我说："不讲究才是真的讲究。"我幡然醒悟，我先前并不讲究，年岁大了，手头宽绰一些开始不亏待自己，讲究一些，但结果反而不讲究。因为讲究太复杂了、太累了，于是开始不讲究，结果又成为真的讲究，讲究其实不容易，容易的是刻意讲究，经常注意自己不讲究，强迫自己不讲究，真累。广告创意和设计就经常会这样的不讲究。所以也就更累。

中黄底色，两只随意站立的蓝色赤足脚印构成了休闲系列"欢腾""HANGTEN"的标志，强烈的色彩对比和形象，从门面到旗幌、POP招贴，拎包，一直到产品上的商标，使人过目不忘、休闲惬意。我突出奇想："要是这两只脚印后跟并在一起呢？人们或许会联想到就是"逃犯。"如果这两只脚印呈"外八字"，"内八字"状呢？人们可能会猜想是"大大咧咧，拘泥小气……"唯有随意站立的，两只一前一后的赤足才显得悠闲随意，显得洒脱大方，才合商品属性，这就是设计，是刻意塑造的有个性的视觉形象，一定量的重复，是为了强化人们的记忆，是为了让人们深深地把它印在脑里，是为了商品尽快进入市场。

酱油、洗衣粉一类生活日常用品，很多企业在广告策划时经常把它们的目标消费者定位在部分有较高支付能力的年轻夫妇身上，说明这类商品具有很高品位和附加值，其实当我们品尝桌上的菜肴或蘸食酱油时，很多人并不知道食用的酱油是什么牌号，人们不过是根据习惯、经验作出决定而已，事实上很多买酱油和洗衣粉的人可能是勤俭持家的母亲和省吃俭用的奶奶。她们买什么，家里人吃什么。至于他们用什么洗衣服，很多娇生惯养的子女甚至都懒得打听。

花生酱，花生米和长生果咀嚼后咽到肚里前的形态都是一样的。它们之所以能独立存至今的主要原因，还是因为花生酱适合年迈，年幼，牙齿不好的人食用，也有用于涂到面包食用；花生米显然能满足口感和磨练牙齿；长生果则还能给人们的体量感、手感、听觉、探索、满足感及消遣解闷。所以，尽管是差异无几的东西。都可以有完全不同的诉求点。

好的广告，往往是可遇而不可求的。有时产品不行，缺乏支点；有时客户不予确认，难以达成共识；有时经费不能支付，难以形成积累效应；有时制作条件制约，难以表现完美；有时媒介不能如期执行……凡此种种。好的广告往往就成为凤毛鳞角。

广告如何能有效传递信息，不能在写字台与设计师近在尺咫之间得到个人满足。因为当我们认真在创作时，我们的视角可能是主观的、有意的，而买主在市场上、街上、报上、电视上等各种媒体接触广告时往往是无意的，所以当我们完成一张平面设计时，我建议把作品放远五米，看看有哪些信息能有效传递信息？有哪些残留信息能被人记住？

现在报纸开始多了，人们阅读报纸的时间不够了，有些报纸开始扩版，容量增大。人们开始有意识地、有选择地阅读与自己工作和生活兴趣有关的文章，所以带来的问题是报纸广告也开始必须研究读者，针对性地选择版面、版式，最大限度地增加与受众的视觉有效接触率。

* * * * * * * * *

市场经济的萌动和社会生产力的分解，使很多人有了自我发展的机会，于是有很多勇敢者勇敢地下海，以独立的、半独立的、部分独立的经济地位，尝试人生苦旅中的滋味，体现人生的价值。其实所谓"价值"不过是体现在其被利用程度的大小而已，不被利用的"价值"实际上是不存在的，因为这种"价值"就象我们所拥有的钱财一样，没有被自己使用过的钱，尽管名义上是属于我们的，其实是没有用的花纸，因为它没有实现其价值，我们也不过是一个管钱的仆人而已。

有心智的人往往比别人多一份痛苦和劳累。心智是一种悟性，不完全是学历意义上的聪明。我们看到过很多有很高学历的人都没有学识，不会做人。学识是生活经验和知识的积累。广告是人的行业、智者的行业，必须是有心智、兼容性强的人才能从事广告；广告又是心的行业，并不象世俗所描述的那样从事欺骗、投机和虚伪，广告必须以真诚、认真的态度投入，是一种内心的描述和坦露，如果没有这份善良、热情、坦率的感情和理性的思维，就很难创作出打动人心的广告来。所以做广告人就很劳累和痛苦，因为在做广告的同时，不断地在努力学做人。

市场经济的导入和发展，使传统的市场发生了很大的变化，也使很多企业陷入被动和迷惘的局面。很多原来优秀的企业家曾经成功地把自己的产品转移到商业仓库就算成功地完成了产值计划，现在在市场的严酷检验下却成了三角债，于是大家都在探索市场在哪里？在上级领导那里？在企业的工程技术人员那里？还是在银行里？商店里？其实都不是。"熟视无睹"的成语用在这里是再恰当不过的了。市场实际近在眼前脚下，就在一部分有支付能力的目标买主那儿。

消费者是"喜新厌旧"的，他们"挑剔"而且难伺候。这也难怪，因为毕竟他们是掏钱养活我们的人吗！不伺候上帝，我们伺候谁去？唯一的办法就是满足他们，在满足他们需要的，同时也就养活了我们自己。窃以为：差异就是市场。制造差异不断地注入新鲜感，就能满足消费者喜新厌旧的需求心理。譬如：性别差异、年龄差异、性格差异、规格差异、区域差异、文化差异、高低差异、大小差异、季节差异、时间差异……。无数个差异细分了无数个市场，创造了千变万化的消费者，也给了我们无穷的机会。所以，制造差异吧，企业家！制造差异吧，广告人。

在万千商品的角逐场上，很多企业和广告公司，把竞争的对手大多设定在同类产品的直接对手上，而忽略了表面上似乎与自己无关的、众多的间接对手，洗衣机的竞争对手可能是劳动力；保温瓶的竞争对手可能是热水器；咖啡的竞争对手可能是茶叶；糖果的竞争对手可能是瓜子；饮料的竞争对手可能是自来水；而化妆品的竞争对手则也可能是蔬菜、水果……。所以，当我们在考虑广告或产品设计时，必须把自己的视角放大，视线转移。

第二次世界大战结束以后，世界经济经历了大工业生产的恢复时期、定位细分期和印象时期。人们满足了从温饱到自我实现的种种需求。改变世界经济和传播方式的另一个方面，是人类所创造的新的三大发明，也就是我们知道的微电子技术的广泛应用、宇宙探索和试管婴儿。如果说微电子技术的应用，使我们享受到了当初帝王都无法享受到的高度物质文明的话，而宇宙探索大大地缩小了时间和空间的距离，试管婴儿则完完全全、彻彻底底地改变了人们的思维方式。时隔多年，当我们面对如此辉煌的现代文明时，我们有什么理由，还停留满足在造纸、活字印刷、火药、指南针等自以为是的灿烂的古代文明呢？

广告中，目标买主的认同感是最重要的。所以，“味道好极了！”、“感冒啦！”、“吃火锅没川崎怎么行呢？”……这些看似平淡无奇的话语却能打动很多人的心，使他们慷慨解囊，视为知己。我想这无非是因为这些广告是根据人们的生活经验、潜在意识，而用文字话语、图画、照片的形式准确表达、反映了而已，所以人们渐渐地把他们的经验和概念、潜意识与广告所表达的商品、服务联系起来，占位以后，广告联想、认同和反射，成为有效而成功的广告。

销售通道是营销策略中重要的一环，计划经济的通道实际是分配、是仓库转移、是强迫消费者接受。现实的情况是消费者选择的余地大了，他们紧紧地捂住口袋，不肯掏钱，所以我们必须改变原来被颠倒的立场，销售通道也随之改变，以化妆品而言，除了原有的通道以外，可能是医生、美容师，也可能是直销、自销。总之，通道是需要不断地探索和开辟的。谁掌握的钥匙越多、越准确、越提前，谁的市场份额就越大。

消费者是市场的终端，所以对消费者的研究，就成为有市场意识的企业特别予以重视的内容。消费者的兴趣欲望尽管是千变万化的，但归纳起来，也就不外乎心理学家马斯洛所提示、分析的温饱、安全、社交、自尊、自我实现等五种。如果他们垂青于我们的商品，足以令我们陶醉的话，那么，我吃惊的是，日本人居然发明了一种电子设备和亮晶晶的唱片，以满足人们实现自我的歌星梦，还叫全世界的人都跟着他们学唱一种叫“卡拉 OK”的东西而大发其财。成功的关键，在于当我们还麻木被动的时候，他们却洞察、了解到，富裕忙碌的现代人已不满足于买票听别人唱歌、唱戏，而是想参与、自娱和社交。除了技术上的难度以外，我想最难能可贵的就是他们对消费者的了解和研究，以及他们在观念上极大的提前量，因此胜券必握。研究人吧！企业家、广告人，研究大写的“人”！

面对联合国大门口猎猎飘扬的一百多面国旗中，从视觉传达角度看，最容易被人记忆的、识别的国旗是哪一面呢？有人说是美国旗，我说是日本旗。美国旗是星条旗，有个性，也好识别，但很难准确说出其究竟有几颗星、几条线，日本旗几乎使人过目不忘。为什么呢？就因 为简单。信息简单、准确是传播学中至为重要的环节，不仅视觉如此，听觉和其他感觉也是如此。由于人类有不可抗拒的遗忘弱点，通常人们对无意义的东西二十分钟以后就已忘记百分之四十几，三十天后则会忘记百分之七、八十，所以我们的设计、我们的广告就在于不断地克服人们的遗忘规律，减少传播障碍，强化记忆功能，时刻不要忘记，越容易被人记住的信息就越简单，就象日本旗、红十字标志一样，简单得不容易忘记而已。

当我们把嘉士伯、海涅根、青岛、力波、生力啤等五种品牌的啤酒倒入五只透明玻璃杯时，肉眼上我们很难判断出它们的明显差异，因为这种差异是相比较而存在的。“大”是因为有“小”才存在，“高”是因为有“低”才存在。没有比较的差异几乎是没有的。所以啤酒口味上的差异，是因为评比时，酿造专家需要在技术上作出鉴定，才制定出标准来鉴别其优劣。当生产力达到一定水平后，产品技术上的差异越来越小，甚至是不相上下这时，所有的差异都集中在商标品牌和形象上。事实上，就啤酒而言，在大多数情况下我们只是喝啤酒，或是喝某一种啤酒，以解决口渴、社交等欲望需求，而不会同时喝上几种啤酒去作评酒专家。当我们面对以上几种品牌的啤酒，必须作出一种选择时，我们可能是从众、可能是偏爱、也可能是受了广告影响而作出的决定。我们选择的并不是啤酒，而是这种啤酒及其生产商的形象。

关于广告的社会学思考

陈宏军

综观学术界对广告学的研究动态，基本上是从两个方面进行的。一方面是从广告学所涉及的学科内容去研究广告活动的内在规律，另一方面则是从广告与市场的关系中去研究广告的外在因素。迄今为止，二者都没有把广告放在整个社会这个大系统中去加以考察、分析和研究，以便从全新的角度（人、社会、广告）去进行系统的研究。换而言之，也就是通过变动着的社会关系和社会行为来系统地研究广告与社会和谐运作的机制及其条件。因此，笔者在这篇不成熟的拙作中，借用社会学的理论与方法，略陈一些肤浅的看法。既希望能起到抛砖引玉之作用，更期待学界专家的赐教。

一、广告与人的社会化

高科技手段的不断创新，大众传播体系的日趋完善，使得地球变成了一个小小的村落，伴随着大众传播工具而成长的一代又一代人，从婴儿期、儿童期、少年期到青年期，都浸没在大众传播网络的春风细雨之中，广告在其中所起的作用更是不容忽视。因为广告以其较高的费用投入，网络各方面的杰出人才，精心策划创意和制作，选择多媒体的组合策略，在不同时间内发出全面的、立体的攻势，从而激起广告受传者的欲望与认同，进而采取购买行动。众所周知，人的社会化是从自然到社会人的进化过程。“经过这一过程，社会文化得以积累和延续，社会结构得以维持和发展，也就是人的个性得以形成和完善。”(1)成为合格的社会成员。当一个人从来到这个世界上的第一天起，直到成为合格的社会成员这一漫长进程中，总是处在大众传播网络的包围中，从娃哈哈到太阳神，从反斗星到小霸王游戏机，从丽花丝宝到绿丹兰……追求时尚、追求品牌，已成为不同年龄人的共同追求。正如美国学者安.E. 韦期所指出的那样：“男士或女士，姑娘或小伙，几乎也都是麦迪逊大街(2)学校的学生。麦迪逊大街这所学校与其它学校不同……人们通过广播和电视学习其课程。人们在报纸和杂志上阅读它们，在电影里看到它们，在广告牌、广告招贴、火柴包装封面、短袖紧身汗衫、海滨浴巾和公共汽车上经常接触到它们。人们还可以从商店区的喇叭里听到它们，从大门前的推销员那里了解它们，人们在信箱里发现它们，在电话里听到它们。

在其他方面，麦迪逊大街学校也与众不同。学生们在摇篮里就已经注册入学，并且毕生都在上课，教学夜以继日地进行，人们从不休假。……广告就意味着教育。在美国各广告公司工作的先生和女士们受雇来教育美国人，他们告诉人们有什么产品可以购买，告诉人们买哪些产品要花多少钱，他们向人们报告新产品信息。而那些纷繁冗杂的广告词汇就是麦迪逊大街学校的课程，这些课程则环绕着所有的人们。……有时，广告教育人们怎样改善自己的生活。一家石油公司的广告列举了许多可以节省家用能源的方法。政治广告使公众了解参加公职竞选的男男女女的有关情况。方便食品和电器广告教育人们改善日常生活，使之更舒适，更愉快。……

除了有关人们自身及它个人的教育之外，麦迪逊大街学校还提供有关社会整体状况的教程，有些麦迪逊大街学校课程有害于身体健康……”[3]由此可见，广告在人的世界观、人生观、价值观、人格、生活方式的定型化的过程中影响极大。正面积极的广告，可有助于上述诸方面向着有益的方向发展，负面消极的广告，则会造成不必要的误导和伤害，其主要表现在两个方面：一是培养不良生活习惯、生活方式的诱导广告，比如英俊的男子汉和美丽的女郎大口大口地猛喷着雪茄烟雾……富有朝气的一群年轻人在一起大口大口地品评着烈性美酒……。另一种则是造成不良社会心理的广告。广告向我们展示的是理想化的社会。英俊潇洒的丈夫、美丽贤惠的妻子、健康活泼的孩子，富有的家庭，宽敞明亮的花园别墅，豪华富丽的小轿车，高档的名牌时装和化妆品……等等。而我们现实生活则是恼人的忙碌，有限的收入，既不有闲，也不有钱。不要说拥有豪华的小轿车，甚至于有些贫困地区的孩子入学都是一个问题，广告的理想化和现实社会的相对贫困化，造成了巨大的反差，使许多人难以在心理上去适应，其结果会造成社会的不安定。同时，我们还必须清醒地认识到，人们在社会化的进程中，不仅仅是被动的接受广告的劝导，而且还主动地创造着与广告相适应的生活方式、社会规范和社会文化。如可口可乐、麦当劳，在美国已经形成了可口可乐和麦当劳特定的文化。广告不仅使城里人和农村人购买同一品牌的商品，而且逐步缩小了城乡生活方式，从而使城市与乡村走向了一体化的发展之路。因此，在某种意义上来说，当代人的社会化进程，就是人的广告化的一个过程。因为我们人类正处在两种基本选择中，政治宣传让我们投票，广告宣传让我们投币，除此之外，别无它路。

二、广告与社会角色

我们这个时代的广告宣传，总是通过所谓独具匠心的创意，把商品、消费者和人性组合在一起，不断地强化现实生活中的人们的角色意识。例如小汽车就其使用价值的本质而言，不过是人们用以扩大自己行动范围的代步工具；服装就其本质属性而言，仅仅是帮助我们抵御风寒、遮挡阳光。可我们的广告，总是善于寻找和赋予商品以不同的角色，以适应和满足消费者的角色。不管人们是否自觉地意识到这一点，但广告界存在的客观事实表明：社会学中角色的社会理论，早已经在我们着意创造和表现的广告中普遍使用。那么什么是社会角色呢？所谓社会角色，就是与人们的特定社会地位、身份相一致的一套权利、义务的规范和行动模式，它对人们及有某种身份的行为的一种期盼。在广告中运用社会学这一理论，就必须研究广告是如何激起受传者的角色意识，进而诱导他们采取角色行动。如美国大卫·奥格尔维为美国伊柔专业护肤公司所创制的广告标题是“如何让三十五岁以上的女人看起来更年轻？”这一标题针对三十五岁以上女性角色的心理所发，一下子就击中要害。试想一下，年轻而美丽，是每个女人永恒关心的主题，人到中年，女士开始担心自己是否芳华已逝？是否人老珠黄，是否已不再拥有女性的魅力？因此，大卫·奥格尔维这句看似平淡无奇的标题，对于与之有着切身关系的女人来说，正是击中角色要害的诉求语言。又如某一电视广告，刻意追求构思新奇，让一个小学生上台领奖，只见这个小学生一个跟斗翻到台上，并振振有词的为所要宣传的产品作广告宣传。这个电视广告，可能会产生一定的促销作用，但从根本上却违背了小学生的角色行为规范，产生了负向、消极的作用。因此，我们的广告工作者必须站在社会学的角度，去深入发掘人们对特定角色的普遍期待。只有这样，才能更有效地让广告受传者所认同。不可否认，在现实生活中的个人，是多重角色的集合体，如上所举电视广告之例，小学生在放学之后，在玩耍时，出现翻跟斗的表现，就是比较符合此时的儿童角色规范。同时，在我们广告表现的宣传过程中，经常会发生角色冲突、角色不清、角色中断以至角色失败等方面的失调。这种失调不仅是使广告主达不到预期的广告效果，而且还会起到负面的、消极的广告宣传效果，进而直接造成对社会机制正常运转的危害。

三、广告与社会群体

广告是针对一定的受传对象而发布的，社会学中的社会群体理论，就是研究人们因一定的社会关系结合而成的大小不等、亲疏不一的共同活动集体。涉及这一研究领域的社会学理论有压力论、交换论、群体结构论等，其中关于家庭和邻里等方面的社会初级群体的研究，与广告传播有着极为密切的关系。例如日本的国际牌海龙洗衣机的卡通广告片，针对当时日本正流行的一句话："女人上位时代"，海龙广告片捕捉到妇女这个群体在家庭中的地位得以提高的这个社会现象，把其诉求重点直接对准闲暇时间，从闲暇时间中又引深到家庭的权力问题，于是至高无上的先生因家庭有了海龙洗衣机后，再也无法指挥妻子，而妻子自从有了海龙洗衣机后，不必自己天天花很多精力去洗衣服，于是便有了空闲的时间去阅读书籍、锻炼身体和打扮娱乐，不再把先生放在眼里，先生忍无可忍，一气之下把洗衣机炸毁。此后，妻子又恢复了往日的劳作，变得温柔体贴，先生看到劳累的妻子，不觉又产生了怜悯之心，于是提议"我们再买一台海龙洗衣机吧！"由此可见，这个广告把在家庭这个初级群体中心理微妙的变化刻划出来了。正因如此，这就要求我们必须根据初级社会群体的具体特征，来研究广告应该怎样诉求才能满足初级社会群体的各种功能，比如针对初级群体具有规模小、成员之间不仅有感情的交流，而且经常是直接的、长期的面对面的互动，各成员之间不仅具有多重角色，而且具有难以替代的特征。广告就必须有选择地进行诉求，以达到在这一群体成员之间的互相传播。例如飘柔洗发液在电视广告里，有这样一组镜头：一个漂亮的空中小姐，有着一头乌黑发亮的长发，她将如何保持秀发的秘密告诉了她的好朋友，好朋友又把这个秘密告诉了他人，结果是小道消费跑得快，从而形成了一传十、十传百的结局。这个电视广告的诉求重点就是针对初级群体直接的互动与相互间的感情交流而精心策划的，从而使飘柔走进了千家万户。

四、广告与社会互动

广告传播的最终目的是广告主使广告受传者产生购买行动，这一过程，在社会学上被称为社会互动。所谓社会互动，就是指社会上人与人、群体与群体之间通过接近、接触或手势、语言等信息的传播而发生的相互依赖性行为的过程。而广告正是广告主通过大众传播媒介而与广告受传者产生互动的一个过程。认真详细地考察和研究这一过程，除广告学外，社会互动理论也为这一过程的研究提供了十分有用的武器。在社会学武器库中，关于社会互动的理论有两种：即他人在场理论和印象管理理论。前者的具体表现形式有竞争、演讲，当众回答或证明等，后者的具体表现形式有流行、冲突、强制、顺从和合作等。从广告作为社会现象的本质属性而言，就必然受到这些规律的支配和制约。如 1986 年春节后的一天，合肥市百货大楼前正举办合肥电容器厂的新产品——塑料蒸汽电熨斗熨衣表演，其中大红横幅上的广告语是："做给你看，让你动手干"，横幅下面是一字儿排开的桌子，放了多种有皱折的衣料衣服，表演者边表演边解答观众的提问，同时还邀请观众自己动手，并当场散发《新一代电熨斗——塑料蒸汽电熨斗》的文字资料，随后又采取这种方式进军北京、天津、南京，取得了年销十万多只的战果。实际上，这一广告的精心策划，就是在不自觉地运用社会互动中的他人在场理论，让消费者在证明这一过程中，乐滋滋地掏钱去买。还有雀巢和麦氏咖啡，在进军中国市场之初，双方进行了一场广告战。此事发生在八十年代初期，当时国门开启不久，选择什么样的诉求重点，才能使中国消费者采取指名购买的行动呢？两大咖啡公司走了不同的道路。雀巢咖啡首先针对中国人的好客，打出了第一个电视广告，随后又针对中国的重视礼和充满爱意的温馨的家，推出第二、第三个广告，这三个经过精心策划的电视广告片，不仅直逼中国人的内心世界，而且其手法也令中国人为之惊奇，从而在不同的消费者阶层中，引发了与之相应的购买行动，使雀巢咖啡成功地打入中国市场。与此同时，麦氏咖啡也推出了精心策划的广告，其第一个电视广告的诉求重点是“注重健康”，这对当时中国人来说，有点阳春白雪之味，因而难以达到预期的广告目的。随后麦氏又推出了第二个电视广告，其诉求重点是突出“美国名牌”，这一诉求满足了部分崇尚洋货的消费者，产生了一定的互动效应，即达到部分受传者的指名购买。再次，又推出第三个电视广告，突出礼品包装，其诉求重点改为“款款皆精品，浓情由此生”，进而引发更多的广告受传者采取行动。其实上述两个咖啡电视广告，都是运用了社会学中的印象管理理论。由此可见，广告要唤起受传者的购买欲望，激发受传者采取购买行动，就必须在广告和受传者之间形成相互依赖、相互制约的双向互动，这种互动既可以是反映性的双向互动，也可以是依赖性的双向互动，不论何种形式的双向互动，都可能在社会上形成一种流行，即在群体中形成一种带有传染性的习惯，以标志着人们价值观念的更替与迁移。只要达到这个目的，广告也就达到了最佳的效果。

综上所述，广告随着国门开启而逐渐被国人所接纳和认同，现在又渗透到我们生活的各个方面。不论你是清晨打开收音机，还是黄昏打开电视机，不论你是阅读报刊杂志，还是去看电影、戏剧；不论你是漫步街头巷尾，还是游览风景名胜，……你时时处处都可以感受到她的存在。可以毫不夸张地说，我们呼吸的空气，是有三种成分组成：氧气、氮气和广告。

广告既然是社会发展到一定阶段而产生的一种社会现象，那么它与构成我们今天社会的其他社会现象必须有着相互作用的关系。在这一相互作用的过程中，广告不仅遵循着广告学的准则和规律，同样也遵循着社会学的准则和规律，因此，顺应时代的要求，就有必要建立一门新的应用型学科——广告社会学，以便系统地探讨和研究广告与其他社会现象，不断作用、影响和发生、发展及其变化的规律，拙作限于篇幅等原因，对广告变迁与社会进步，广告与社会组织，广告与社会阶层，广告与人口，广告与家庭，广告与社会控制及广告业的内部人际关系、正式群体与非正式群体等专题，无法作出深入的研究，在此笔者斗胆抛出粗制之砖，期待引出精美之玉；一门系统的科学——广告社会学的问世。

注释：

(1)郑杭生主编：《社会学概论新编》，中国人民大学出版社，1987 年第一版。

(2)麦迪逊大街：在美国纽约，因这条街上曾经有许多美国最大的广告公司总部设在这里，从而象征着美国广告业。因此，在美国一说到“麦迪逊大街”就意味着广告。——引者注。

(3)安.E. 韦斯特著，黄恒学译：《奇妙的广告世界》，湖北人民大学出版社，1985 年 5 月第一版。

作为时尚文化的广告

潘向光

一

广告作为向选定的消费对象推销商品的传播活动，从其产生之始，就以追求商业利润为最终目的。广告又是一门综合性的推销艺术，这就要求它不能仅仅以直接的方式说服消费者购买商品，而必须运用现代市场学、心理学、传播学、公关学以及艺术表现等手法来影响消费者的心理，激起其购买欲望，才能获得效果。因此，现代广告中，普遍地使用艺术化的表现手法、富于人情味的情感诉求方法。然而，这些归根结底只是最终实现商业利润的途径。美国著名的广告人大卫·奥格威就明确地指出："在现代商业世界里，除非你能把你所创作的东西卖出去，否则，创意、独具匠心都是毫无价值的。"①因此，商业化、市场化是现代广告传播活动的本质特征之一。

随着现代化社会和广告业自身的不断发展，广告的影响已经远远越出经济和商业的范畴，渗透到社会、文化、生活等各个领域。早在1927年，戈公振在《中国报学史》中就说过："广告为商业发展之史乘，亦即文化进步之记录。人类生活，因科学之发明日趋繁密美满，而广告即有促进人生与指导人生之功能。"②在现今所谓的"信息社会"里，广告信息的触角已深深地进入大众的生活，成为一种大众性的商业文化现象。

现代社会，人们的日常生活越来越受到广告的影响和支配。首先，广告已成为人们消费生活的必不可少的指导。据美国零售商协会的一项调查，商场中68.6%的顾客是因广告的影响而来的。③其次，广告改变着人们的消费观念。传统的节俭的观念正被强调消费、强调追随时尚的广告所改变，一种新的消费观念正在大众中形成。此外，广告正逐渐地改变着大众的价值观念和生活方式。这些现象表明，广告已成为信息传播中整体价值观念的体现和对群体行为模式的引导，成为一种大众文化。

众所周知的"万宝路"香烟和"可口可乐"饮料。在大众的心目中，已不仅仅代表着一种香烟或饮料的品牌，而且还代表了美国精神，是美国文化的象征。因此，有人称美国的现代文明为"可口可乐文明"。这表明，广告在追求商业目的的同时，其本身还蕴含了某种文化观念和文化价值。

二

广告作为大众文化形式，以一种独特的方式影响着大众，支配着其生活方式。这种方式就是倡导时尚(modern fashion)。换句话说，作为大众文化的广告，主要体现为时尚文化。

所谓时尚，也常常被称作流行，是一种普遍的社会文化现象。时尚指的是一个时期内广为流传的生活方式，具体地说，是指一个时期里相当多的人对特定的趣味、语言、思想以及行为等各种模式的随从或追求。[4]

时尚作为社会文化现象，具有以下三个特征：

首先，时尚是人们对某种特定的生活方式的随从和追求。如服装的流行、某种饮料的流行、某种香皂的流行等，均表现出对特定趣味的嗜好和趋从。

其次，时尚在同类现象中，表现出数量上的优势。只有相当多的人追求和随从同一种生活模式，才能称为时尚。如可口可乐，在全球的日销量多达三亿杯，是无可争议的流行饮料。同时，时尚还表现出随从人数的不断积聚的特征，也就是说，一种生活方式越是有很多人追随而成为时尚，那就会导致更多的人趋从，呈现量的积累。

此外，时尚还是一个特定时期内的社会文化现象，正如该词本身意义所表明的，它有时间的规定性。特定的生活方式的流行，只在某一段特定的时间内，随着时间的推移，时尚的内容将发生改变。这就是时尚的"短暂性"。

上面三个特征，归结为时尚现象，缺一不可。而由以上特征，我们可以发现，时尚和文化社会心理基础就是从众心理。

从众(conformity)也是一种普遍的社会心理现象。所谓从众，是指人们自觉或不自觉地以某种集团规范或多数人的意见为准则，做出社会判断、改变态度的现象。[5]从众心理包括思想上的从众和行为上的从众。心理学家谢里夫在1935年和阿希在1951年，在其实验中证明了从众现象的存在。

从众心理的存在原因有二：一是社会规范对人们的压力。人在社会中生活，总是从属于某一社会群体，群体的规范或说生活准则会对人的思想和行为起约束作用，使之按照群体中多数人的行为指导自己的行为。如民族文化传统、制度、道德、纪律、风俗等，都会产生规范的压力。二是信息方面对人们的压力。所谓信息压力，即人对世界的认知和理解，主要来自他人及他人所借以表达的信息符号，因此，过多地依赖外界的信息，使得人往往将多数人的意见作为自己的行为准则。

规范的压力和信息的压力产生了从众现象，即使多数人的意见并不正确，还是能够导致少数人的遵从。这种心理的普遍存在，给时尚文化的形成提供了社会心理的基础。时尚正是表现出人们以大多数人的口味为行动准则，并因此获得心理上的满足。

三

时尚是广告作为大众文化现象的集中体现，那么，作为时尚文化的广告，有哪些特点呢？

第一，作为时尚文化的广告，与其追求商业利润的目的是并行不悖的。

大众文化现象的一个显著特点就是其商业性，倡导时尚的广告也不例外。时尚既然是以人数的众多为基础的，而且由于从众现象的作用，体现出人数上的不断积聚的趋势，那么，一旦广告的商品成为时尚，势必能赢得更多的消费者，从而获得更多的商业利润。

这样，以追求商品时尚化为目的的广告，其影响就成为这么一个传播系统：

广告→传播→时尚→消费者认知和接受→购买

在这个系统中，时尚在影响消费者的购买行为中起了最关键的作用。在许多消费者的购买行为过程中，他们并非都是理性地选择和处理广告信息的，他们更容易受到心理上的影响而导致购买行为。也就是说，消费者的认知和接受系统，将时尚作为判断商品优劣和是否值得购买的最主要标准。如果不考虑价格因素，几乎所有的消费者都会选择"时尚商品"，以认同群体规范，从而获得心理上的优越感和满足感。

正是由于这种现象的存在，几乎所有的广告均力图把自己的商品导向时尚这一位置，以获得更多消费者的认可，为自己带来更多的商业价值。这也是广告越来越被包装成时尚文化的潜在因素。

因此，对于任何一种商品，经由广告塑造其时尚形象，追求以普遍的社会文化心理为基础的时尚效应，就能获得一箭双雕的效果：一方面，被消费者普遍承认和接受的时尚商品有助于提高品牌的知名度和偏好度，树立企业或商品的良好形象；另一方面，由时尚而导致众多消费者的趋从，直接带来商品销售量的上升。

第二，从时尚文化的传播途径看，广告传播是个极其重要的环节。

时尚文化主要是由大众传播媒介以大众传播的方式来实现其传播的，并将大众媒介的时尚信息经由人际传播渠道影响更多的消费者。在大众传播的诸多内容里，广告是不可缺少的部分，对时尚而言，尤为重要。广告和时尚，就像一对连体双胞胎，相互影响，休戚与共。只要注意一下，就会发现，街上的时尚商品，总和最近的广告有关。几乎可以如此断定：哪里有广告，哪里就会有相应的时尚商品。著名的可口可乐、雀巢咖啡、太阳神、娃哈哈等时尚商品，无一不是广告传播的结果。

按照美国社会心理学家里斯曼(Riseman)的观点，现代社会的人大多属于所谓的"他人指向型"人格。这种人格的主要特征是消费性人格，强调人的独立性和多样性，对大众传播和大众文化的符号的接受能力和适应能力很强，因此，极容易表现出对时尚的趋从现象。[6]

现代大众文化，是以大众传播媒介来传播扩散的文化。[7]广告是大众传播所传播的信息之一，而时尚又恰恰是大众文化的一种形式。现代大众传播手段使得广告的商品信息迅速为大众(消费者)所知，并由众人的随从和追求而成为时尚。大众传播手段的存在和其巨大的影响力，让时尚更具有大众的基础而益发影响深远。

广告引导时尚、传播时尚的典型例子可以从"万宝路"香烟的成功中发现。"万宝路"香烟，最初只不过是毫无特色的普通香烟，因此，销量一直打不开。经由著名的李奥贝纳广告公司策划后，将香烟与美国西部牛仔的形象联系起来，象征着美国文化中开拓、豪迈的男子汉精神，并通过广告使之成为时尚。结果，经过大量广告传播，"万宝路"形象深入人心，迅速脱颖而成为世界最畅销的香烟品牌。可见，广告传播对时尚形成具有重大的作用。

第三，作为时尚文化的广告，还表现出人格化倾向。

广告传播的是商品或品牌的销售信息，只不过是一种无生命的物质形式。然而，一旦广告与时尚结合在一起，成为时尚文化时，广告信息就被赋予一种人格化倾向，对于广大消费者具有人格的影响力。这时，广告已脱离了单纯的品牌促销方式，而体现为人格影响和商品促销兼而有之的形式。

人格，按照我国心理学家孙本文的观点，是指个人行为特质表现相当统一与固定的组合形式。[8]人格由六种行为特质构成，包括知能的特质(智慧和才能)、意志的特质(推动力及其恒久性)、感情的特质(情绪表现)、应付社会环境的特质(自我表现)、感受社会影响的特质(社会性)以及品格的特质(德性)[9]。

作为时尚文化的广告，从其表现和影响看，也具备了以上六种人格特质，或者说，时尚广告具有模拟的人格特质。以我国著名的时尚商品太阳神口服液的广告为例，广告信息常用情感诉求的方式，唤起消费者的情绪认同，具备了感情特质倾向；广告中表达了商品的有关知识和对社会、生活以及人的理解力与同情心，使之具有知能特质和感受社会影响特质的倾向；其广告对消费者产生的相当大的影响力和支配力，表现出意志特质及应付环境特质的倾向；此外，其广告信息的可信度和对消费者的责任心还体现出品格特质的倾向。

由此可见，时尚广告已被赋予浓厚的人格化倾向，并以其人格化的力量影响着千百万的消费者，这就是时尚广告的"人格化魅力"。那些仅仅告诉消费者商品信息，没有充分运用人格化手段的广告，则不能造成大的影响。而隐藏在时尚广告人格化表现背后的，正是策划和制作广告的人。因此，与其说是时尚广告本身具有人格化的倾向，毋宁说是由于人将自己的人格倾向和特质渗入广告而使之表现出人格化倾向。

四

广告在现代社会里越来越向时尚文化靠拢，并且由于消费者的大量趋从而获得越来越多的商业利益。但是，广告可引导时尚，并不是件简单的事，它必须注意到一些技术性的细节。以下几种途径可能会对引导时尚产生效果：

1. 充分利用名人或权威为商品作推广。

商品或品牌在消费者心中树立良好的形象，是其成为时尚的前提。从众是时尚的社会心理基础，那么，利用名人或权威在大众心目中的巨大影响力，就会导致显著的从众现象。名人或权威是大众注意和模仿的焦点，名人的一举一动，都会对其追随者或崇拜者产生很大的影响，其意见或爱好也会影响着"追星族"的选择和爱好。因此，名人和权威是时尚广告常见的，也是屡试不爽的手法。

世界第二大饮料品牌"百事可乐"，就是以名人广告树立自己的时尚形象而拥有大量的消费者，并以此来对抗可口可乐。走红的著名歌星或影星如迈克尔·杰克逊、莱昂纳尔·李奇、刘德华等均为百事可乐做过广告，并以"新一代的选择"为号召倡导流行饮料的形象，把自己的崇拜者和追随者薰陶成百事可乐的崇拜者和追随者。

但是，在名人广告越来越多的情况下，如何谨慎地、恰如其分地选用名人来做广告，也是需要精心策划的。运用角色的相似性来推荐常常是有效的，如利用体育明星为体育、休闲用品作广告；利用影星歌星为化妆品作广告；利用名模为服装作广告等。

权威机构也常常对消费者有相当大的影响。因为，权威机构给消费者信任感和安全感，使之放下了心理上的怀疑。如宝洁公司(P&G)的"舒肤佳"香皂和"潘婷"营养洗发露，一个以"中华医学会"这个权威的医学机构认可向消费者诉求；另一个以"瑞士维他命研究院"这个权威机构来推荐，很快使商品成为时尚。

名人和权威所潜在的从众心理趋向使许多商品通过广告传播成为时尚。名人→名人使用或推荐的商品→追随者→时尚→更多的追随者，这一流程已成为大众文化中常见的现象。

2. 倡导时尚的广告要能获得发布新闻的效应。

新闻的最大特点是"新"，只要是与众不同的新鲜事物，都会在大众中迅速扩散。所谓发布新闻的效应，也就是这个意思。一方面，时尚广告要创造自己商品的新闻价值，并通过大众传播媒介以新闻的形式传播给大众，获得广告传播以外的额外传播效果，产生更大的影响力；另一方面，经由广告传播，商品具有了时尚的特质，就能带动消费者的趋从而具备某些新闻性质的效应，并通过人际传播的方式迅速扩散，导致更广泛的从众行为。

新闻的价值在于"新"，时尚的特征也是"新"，这样，时尚商品自然地具有新闻价值。广告在此的任务就是找出附在商品或品牌上的新闻价值，并把它告诉大众。

"金利来"系列服饰用品就是通过体现男士风采的广告，使自己成为男性用品的时尚。其电视广告以营造高贵、豪华和成就感来强调自己的男性属性，体现"男人的世界"，并通过开设专卖店，向消费者提示注意仿冒产品等方式，使之迅速成为城市中的热门话题，获得新闻效应，并在男士中形成以穿戴"金利来"而感到优越和自豪的心理。

3. 确立商品时尚形象的广告要强调赞赏

所谓"赞赏"即广告要向消费者诉求商品的价值感，这种价值感往往侧重于心理价值而非实用的价值，并使用这种手法使消费者产生拥有该商品的心理优越感，从而引导时尚。因此，时尚广告的重要手法就是强调赞赏，赞赏商品也就是赞赏消费者的明智选择。

心理学的研究表明，所有人都渴望在大众面前展露自己的优点，掩藏自己的缺点，并获得众人的认可和赞赏。[⑩]基于这种动机，广告若能让消费者觉得能使自己的优点得以体现和突出，那么就会受到欢迎，从而使商品成为时尚。赞赏便因此而成为一种普遍而有效的时尚倡导方式。

赞赏的方式经常由广告传播给消费者，并造成一种"唯尔独知"的效果，让消费者感受到独享的优越。

宝洁公司的"飘柔"洗发水电视广告就运用了这种技巧。广告以空中小姐这一大众心目中较有神秘色彩的职业为模特，向受众诉说她所发现的"秘密"，"令秀发飘柔的秘密，飘柔二合一的秘密"，然后转到"秘密"的扩散："我只将秘密告诉她，谁知一传十，十传百，成为全国皆知的秘密"，引出主题"表现最好，自然全国最流行"。整个广告，充分突出"赞赏"手段来提高消费者对商品的期望值。

注释：

①《一个广告人的自白》，(美)大卫·奥格威著，中国友谊出版公司 1991，P15。

②《中国报学史》，戈公振著，转引自《现代广告专业基础知识》，经济管理出版社 1994，P56。

③《广告趣谈四百例》，厦门大学新闻传播系，P1。

④参见《社会心理学》，沙莲香著，中国人民大学出版社 1987，P326。

⑤《社会心理学》，沙莲香著，P294。

⑥《孤独的群像》，(美)里斯曼著，转引自沙莲香《社会心理学》，P330～332。

⑦《论当代中国大众文化浪潮中的大众传播媒介》(杨瑞明)，见复旦大学《新闻大学》1993年冬季号，P21。

⑧《社会心理学》，孙本文著，商务印书馆 1946，P363。

⑨同⑧，P356～367。

⑩《如何掌握消费者心理》，马家辉著，三联书店 1993，P45。

试论成功广告的三大前提

马少茹

现代广告是现代社会商品经济高度发展的产物，是现代社会及其经济活动的有机组成部分，它不仅是传播经济信息的工具，开拓市场的手段，同时也是诱导公众消费的指南针，广告作为指导公众消费的一种强有力的手段已经广泛而深入地进入人们的日常生活中。

我国的广告业几经波折，终于进入了迅速发展时期，但与发达国家相比较，仍然处于初级发展阶段。目前，我国广告界，虽然做出了不少新颖独特，立意深刻的优秀广告作品，在企业营销中取得了巨大的成功，但大多做的广告仍只是流于一般，缺乏生命力，随着我国商品经济的逐渐发展、企业与企业之间的竞争日趋激烈、广告在商品推销过程中所起的作用也会越来越大，这就需要越来越多的优秀广告作品，而不是满街皆是的粗制滥造层次低级的广告。

纵观国内外广告的一些优秀作品，我们可以看到广告若要获得成功，必须具备三大前提。

一、创意——成功广告的灵魂

美国著名广告专家大卫·奥格威曾说“要吸引消费者的注意力，同时让他们来买你的产品，非要有好的点子不可，除非你的广告有很好的点子，不然它就象快被黑夜吞噬的小船只”。他这里所讲的好点子就是创意。

当今世界广告越来越多，以美国为例，据萨奇广告公司、纽约分部媒介部主任斯梯夫·法因提供的数字：美国人平均每周看电视 47 小时，其中 43.5 小时收看的联播台当地台或有线电视节目。2.75 小时看电视录象，50 分钟看租借或购买的录相片，这 43.5 小时的电视节目提供 7.5 小时的广告。在 2.75 小时录下的电视节目中，广告占 30 分钟，由于人们在广告出现时，往往漫不经心，聊天、上厕所或做事，7.5 小时广告中真正被人看了的只剩下 1 小时 27 分，对自录节目中的 30 分钟广告，人们往往按“快进”跳过，结果被人看的只剩 3 分钟，这相当于每人每周只看 120 条电视广告，而联播网每周播 4000 条广告，不仅如此，在被收看的广告中，只有 1/3 给观众留下一些印象，这 1/3 只有半数被正确理解，仅有 5%能在 24 小时内被记住。若要达到引起观众的注意并相信信息的真实性而去购买，必须要有精彩的创意。

创意——是成功广告的灵魂。“创意”在英文中 Creation，就是通过一定的文字与形象，把商品和与商品有关的要素组合起来，经过艺术加工，创造出美的意境。给人以美的享受，达到传递信息、改变人们购买行为的目的。(钱旭涛《成功言行的设计与创意——实例剖析》)

然而广告创意又怎样作用于购买者呢？

在工业发达的今天，由于生产技术的不断革新，同类商品质量差距越来越小，消费者选择商品，主要靠的是对商品的印象，而这些印象大多来自于广告，但是当今世界广告纷呈，多如牛毛，广告怎样才能一下子打动消费者的心，促使其产生购买欲望、采取购买行为呢？关键在于创意新颖，因为创意新颖、独特的广告总是能给人以强烈的吸引力，给你留下深刻的印象。

如：万宝路香烟的电视广告，无论广告词的写作，还是画面的场景构思，画外音乐的配制，都是商业广告中的佳品，在激荡人心音乐节奏配合下，万宝路香烟与“骏马飞奔，驰骋纵横”的画面形象自然地交融在一起，遂使人产生了这样的意象：享受万宝路香烟就如同享受自由自在、豪放不羁的旷野跑马生活，而这种生活正是受困于世俗尘嚣中的现代人所热切向往而又不能轻易得到的。与这一画面相配，此则广告的广告词非常简练“人马纵横，尽情奔放，这里是万宝路的世界——欢迎你加入万宝路的世界”，语势雄壮、大有渺视一切的气魄，它根本不去提及本香烟质量如何，风味如何，历史如何，它只是告诉观众，画面所展示出来的就是万宝路的世界。由于画面语言音乐的浑然天成，无形中把一种豪迈、奔放的情感灌输到消费者的脑海里，当消费者欲求亲身体会这种情感时就会自然而然地想起万宝路香烟。

又如一则非洲旅游广告，没有一句广告词，说非洲如何好玩，欢迎你来非洲旅游，而是一切着重于视觉，通过茂密的热带原始森林，成群结队的野生动物，草原上嬉戏的儿童，沙漠中跋涉的游人等镜头的组合，注重画面的美感，充分表现了人与自然的和谐。这一主题，使受众的心灵中产生出一种奔放超然的情感，涌起“去非洲看一看”的渴望。

所以一则能让人回味无穷，久久不能忘怀的广告往往是它的独特、巧妙而又耐人寻味的创意，一则广告创意的好坏直接关系到广告效果的大小与市场营销的成败。

但创意从哪里来的呢?任何优秀的广告作品都不是凭空想象的，每一个创意都要付出辛勤的劳动和汗水，记得电通企划中心的一个次长说过：“创意是用脚想出来的”。脚为什么能想出创意呢？他的意思是说只要多走路就会有创意，因为多走路可以遇到很多人，可以看到很多东西，可以摸到很多东西，把这些见闻综合起来，就可有创意，而不是坐在斗室里想出来的，所以走路走的多，看的多，听得多，想的多，创意就可以产生出来。他这即是说创意决不是天马行空般的主观臆造，而是必须具有充分的依据和丰富的内涵，它不仅具有独特性、情节性，而且还含有丰富的想象力，是广告设计人员付出辛勤汗水的结晶。

二、定位——成功广告的眼睛

眼睛是心灵的窗户，通过眼睛可以透视其灵魂，广告何尝不是如此，有人说定位就是一种用于找到通往人们心灵窗户的有效方法，广告仅有好的创意，但如果寻求不到适当的位置，找不到一个好方法去引起人们共鸣就犹如盲人骑马，达不到目标。例如：多年以前，美国骆驼牌香烟有一句名言，享誉全球，“我宁愿为骆驼行一里路”，暗示“烟迷”为了拥护此烟，宁愿走到鞋底见洞，画面是烟民在镜头前跷着二郎腿、皮鞋底的穿洞赫然显露。但骆驼出征泰国一败涂地，因为泰国人认为脚底下乃最污秽之处，绝不可在人前如此高跷，脚底朝天是最不礼貌的象征。所以，创意虽好，但如果位置选择不当，也会抹杀创意的光华。

大卫·奥格威指出“广告活动之效果，不在于怎样规划广告，而在于把广告的主体放在什么位置”，当今社会已经进入了信息社会，在信息社会里，提高产品企业的知名度，树立企业的形象日益重要，而要解决这个问题，首先必须给企业或产品定位，定位就是使企业或产品在未来的消费者心目中占有一个位置，哪一个企业和产品能先在消费者心里占有一个位置，就能在竞争中赢得主动。

近半个世纪以来，世界广告业随着世界经济的发展，发生了巨大的变化。50年代，世界广告业是处于以产品为中心的时代，告知性的强行推销广告在广告运动中占据了统治地位。到了60年代，由于美国的经济进入衰退时期，通货膨胀、市场不景气，强制性的广告推销受到了消费者的强烈低制，面对这种形势，为了改变广告业的不景气局面，美国广告业中的革新派提出广告必须创新，只有创新，广告行业才有可能发展。这一见解问世后，世界广告业进入了以建立产品印象为中心的时代，许多公司率先创作了许多以建立品牌印象、提高品牌声誉的广告。到了70年代初，一方面美国的商品生产有了很大的发展，市场不断扩大，新产品不断涌现，另一个方面股票价格暴跌，通货膨胀，失业人口增加，企业不得不削减广告投资，这样美国广告业又陷入不景气，为解决这个难题，美国广告界从创新时代，进入了定位时代，现在随着商品经济的发展，广告战愈演愈烈。为了促使消费者的购买行为，争取其企业和产品在竞争中的主动地位，"定位"在广告中的位置犹如人们眼睛一样越来越重要，由于它能够左右消费者的购买欲望，因此"产品定位"在现代广告中是一个非常重要的策略思想。

例如在美国只要一提电子计算机人们就会想到IBM(International Business. Machines)，因为消费者已经给IBM公司在心目中定了位置，即计算机第一家的位置，其它的电脑公司要想打入计算机市场一定要建立与IBM相对抗的品牌印象，才有可能在市场上获得一席之地，否则在竞争中就会遭到失败。在现实生活中也是这样，我们往往能记住许多的第一，世界第一高峰，第一个发现美洲的人等，在企业和产品中也是这样，咖啡中名牌我们一提就是雀巢，剃须刀是吉列等，这是因为这些产品在我们的心目中早就占据了一定的地位，而要把这些产品从心目中驱赶出去是非常艰难的事情。那么如何给产品定位呢？

1. 确立领导者的地位。在商品经济迅速发展的今天，人们的心里往往把产品和品牌分等评级，叫产品梯阶，每一阶是一种品牌的名称，而每一梯代表不同的产品，如果消费者的心目中阶梯上的产品有其坚固的立足点，那么你想插上一脚或者上升一级都是非常困难的，如1970年10月号"财星杂志"新闻栏标题"RCA将面对面对付IBM"，同时《广告时代周刊》也说"RCA推出电脑是对IBM所作的面对面撕杀"RCA想取代IBM在消费者心目中占据第一的阶梯，但一年后《商业周刊》报道"2亿5千万美元灾祸打击到了RCA"。IBM在消费者心目中的第一阶梯地位丝毫没有动摇，所以一个新产品在消费者的心目中架起一个新阶梯，这个工作是非常难的。

2. 跟进者的定位

领导者在消费者心目中已经占据了稳固位置，跟随着要想使自己也在消费者心目中有一定位置，就要谨慎地去寻找一个空位即寻求空隙，然后加以填补。例如福斯金龟车既小且短又丑陋，但其广告词却毫不含糊，清楚地说出其所定的位置"想想还是小的好 Think small"，定位实在，正好打入消费者心智的空隙中，所以人们一提小型车想到的就是金龟。

3. 竞争者的定位

在今天的市场上，竞争者的位置和自己的位置同等的重要，艾飞斯广告策划运动是最著名的成功例子，即比附定位。"在租车业中，艾飞斯不过是第二位，那么为什么还租用我们的车，我们更加努力呀"。艾飞斯连赔13年，承认是第二位时，才开始赚钱，因为在消费者心中有一个阶梯，赫兹在第一梯上是领导者，艾飞斯与之竞争时，抢占第二位，而且广告时直接点出，从而把其它广告公司压在第三梯，还可借赫兹抬高自己。另外还有价格、商标、质量、色彩等定位，我们不一一论述。

所以用广告来明确商品或服务的位置，就能加强产品和服务在消费者心目中的印象，这是实现营销目标的一个重要策略，决不容忽视。

三、表现——成功广告的"血肉"

作为一个现实的人来说不仅要有灵魂,同时还要有血有肉,唯其有血有肉才能真正展示其灵魂。作为成功的广告来说,其"血肉"就是广告表现,因为好的创意还需要有精良制作和一定的表现方式,才能完成一则优秀的广告作品。例如,有一则反腐倡廉的广告,作者在画面上以红苹果代表社会,以侵蚀苹果的害虫代表贪污犯,虫子把苹果侵蚀了一半,从而使苹果变得丑陋,使人看一眼此画就会引起对贪污犯的憎恶。"贪污"这一概念比较难以表达,通过这苹果和虫子却形象地把这个词表达了出来。所以广告表现就是把创作人员脑海中的创意转化为可以看得见、听得见、甚至摸得着嗅得着的实实在在的广告作品。表现如果想有效地传达信息,发挥广告的劝服作用,首先必须有一定的艺术性,让人欣赏、引人兴趣;同时又要具有强烈的针对性、要针对消费者的消费心理,购买欲望去选用适当的表现形式。所以广告表现不能完全象艺术表现那样,神秘莫测,它必须遵守一定的原则即醒目鲜明,简洁通俗,统一均衡,创新变化。醒目鲜明可以强烈地吸引大众的目光,简洁通俗使人一目了然容易接受;统一均衡,可以不断地使人们加深印象;创新变化、不断求新求异,使人们不感到厌倦。不但如此,广告表现在内容上还要真实、准确、公正而不能盲目地进行夸张,夸大事实效果。美国广告大师大卫·奥格威也曾提出了在进行广告表现时必须遵循的 11 条戒律,第一条就是讲内容的真实性,其次才是讲创意。只有真实、准确地传达商品和劳务的信息,才能真正地吸引住顾客,使顾客对你的企业和产品产生依赖感,继而购买你的产品。

那么怎样才能把一幅好的广告作品表现出来呢?用胡正荣先生的话讲:将"语言和画面"卷起来,就基本上完成了一幅广告作品。也就是要用语言、用画面、用形体、用音乐等交织成一幅描述企业和产品良好形象的画卷,以使人们看得见、听得见甚至摸得着,嗅得着,让人一看就能留下深刻的印象。例如:"只要青春不要痘",虽然只一句话,还有一幅用扇子遮住半边脸的女孩,你就可以想象有青春痘的女孩的烦恼,那么怎样去除烦恼,用兰丽绵羊霜。让人一见就不能忘记。

又比如"飘柔"广告,一位长相很一般的女孩却有一头乌黑亮泽、飘逸如缎的秀发,倾倒了无数观众,制作者弃如云美女而不顾却选择一位相貌平凡的女孩,就是为了让消费者相信,飘柔能使平凡如斯的你也拥有一头秀发,这就增强了广告的可信度、真实度,拉近了消费者与商品之间的距离,从而引起消费者的购买欲望。

又比如轩尼斯诗 XO 的广告,通过镜头,充分表现出酒的清亮,甘醇的质感,令人见之思饮,不能释怀。

所以一则成功的广告,不仅要有灵魂——创意,要有眼睛看准市场——定位,同时还要有血有肉有美的形体——即广告表现,只有三者具备通过传播手段才能展示其风华,把企业和商品的信息传达给公众,从而达到广告的目的,促成消费者的购买。

纵观我国目前广告界,由于起步较迟,所以许多广告作品,并没有真正地把握好创意、定位和表现这三大前提,不仅创意上缺乏新意,定位上含糊不清,同时制作上表现手法也多有雷同,似乎都在向顾客诉求"我是名牌""我是一流的",奖品奖杯堆积画面,让人无法适从。甚至有些广告非常粗俗,曾有一则这样的广告,一个美女在海边扭捏作态,然后拉一下大腿上的丝袜,一跃而入大海,画面上打出"美女牌火腿肠"。让人看了之后,啼笑皆非,根本产生不了购买的欲望。但我国广告也不乏精品,如"两片""太阳神广告""娃哈哈"系列广告等。又如一汽车广告,一辆小轿车奔驰在大道上推出字幕：速度快；车座可升可降，字幕：方便舒适；画面打向油箱，字幕：节省；字幕上方一只手的大姆指和食指捏着一个数字 1/2，接着，姆指食指渐渐合扰，将 1/2 捏得扁扁的，使人觉得真的很省油。这则广告没有过多的浮华的语句和画面来赞美小轿车，三个画面附字幕，便将小轿车的性能、特征表现的淋漓尽致。

随着我国商品经济的发展，我国广告业前景远大，经济的繁荣必然会导致广告的发展。广告在美国是销售产品的第一手段，在日本是走在最前列的尖兵，相信在不远的将来，我国广告也会走向市场经济浪潮的最前沿。所以，我国现代广告界的设计人员必须充分把握好广告的创意、定位、表现这三方面，制作真正高质量、高水准广告作品，才能真正发挥广告在经济浪潮中的先锋作用。

电子出版物的重要环节——汉字

刘水仙

七十年代随着光、电技术的发展，国际上出版印刷业经历了由古老传统的铅字排版印刷到手动照排、机械照排、CRT 照排、激光照排的巨大变化。

八十年代尤其是“七五”期间，我国印刷技术改造在以“自动照排、电子分色、多色胶印、装钉联动”思想的指导下，计算机激光照排技术得到广泛应用，新闻出版及印刷技术产生了革命性的变化，大量的书报刊印刷厂以计算机激光编辑排版改造传统铅字排版、胶印改造铅印，在印刷技术上告别“铅与火”，跨入了“光和电”的时代，大大改变了我国出版界存在出书慢、周期长、质量差的落后面貌。

九十年代在以计算机技术为核心的信息化变革的冲击下，随着计算机产业与应用在全球范围的蓬勃发展和多媒体热的兴起，国外电子出版物应运而生，即改变传统纸介质出版物，采用以光、磁等非纸介质媒体的电子出版物的浪潮也波及我国出版界。中国是古老东方文明的象征，它所使用的文字——汉字，也是世界上最古老、最独特的文字之一。从甲骨文到竹帛文到纸文化，走过了几千年的历史。中文电子出版物要尽快地跟随日新月异的信息化时代，除了要解决西文电子出版物共同的技术难题外，还要解决由于汉字字数多而带来的编码、输入及汉字字库等技术问题。我国有许多电子出版项目，如一些几万字头的词典，因为这些技术问题而难以深入开发。

随着广告业的蓬勃发展，电脑设计、制作的普遍采用，对于汉字库的要求也越来越精益求精。

下面我们将介绍汉仪字库，以为我国电子出版物和广告业的发展尽力。

随着计算机文字处理技术的发展，汉字字型设计和制作、字型产品等字型信息产业近几年迅速发展。最早国内计算机汉字系统多用点阵字，受点阵密度的限制和压缩还原失真的影响，打印输出时无论是大字小字都不同程度出现锯齿，这对办公室文书处理及一般出版物影响不大。后来出现了用多条直线逼近汉字轮廓方法产生的矢量字库，输出的字型质量有很大的提高，即克服了大字的锯齿现象，但大字出现明显的折线，尤其是汉字的软笔仍不能完全体现汉字优美的形体。近年来国际上流行 PostScript 页面描述语言，采用这种三次曲线描述汉字轮廓的方法制作汉字字库，能够比较完整地体现汉字丰富的内涵，如笔锋、笔道的软硬程度等，使得输出大字时较好地保留了汉字的原字型。目前用这种技术产生的轮廓字库已在印前系统广泛应用。

为了弘扬中华民族文化，创造完美的汉字库，北京汉仪科印信息技术有限公司将国际上先进的字型数字化技术与中国优秀的汉字字型创作技艺相结合，开发出品种全、字数多、质量好并符合国家和国际标准的轮廓字型产品——汉仪字库。汉仪字库采用开放性的 TrueType 与 PostScript 格式，并于 95 年 5 月下旬向社会各界推出文房字宝、专业字宝、激光字宝等系列正式产品。其精心制作的产品和优质的技术服务，使得汉仪字库在问世几个月以来，立刻得到了从一般办公室作业、制作印刷前端文件处理的广告、设计公司到专业照排输出中心、印刷厂等广大用户的好评，并在全国桌面出版行业立刻形成了一股“汉仪风”。现将汉仪公司和公司的产品做进一步的介绍。

汉仪公司是专业的造字公司，设有管理、业务、技术、造字、质量管制、字型开发等部门。其汉字字型的生产规模、生产效率及产品质量已达到相当水平。遵照国家有关印刷字体字型的知识产权保护政策，公司开发汉仪字库的原字稿经合法授权使用。

汉仪公司拥有一批高级字体设计专家、字体技术研发人员和一支具有多年计算机做字经验的技术队伍，采用 SUN 工作站及网络，在先进的软、硬件环境下完成字型数字化运作。生产流程由质量管制部门严格把关，产品完全符合原字稿的设计和风韵，笔形合乎国家规范，整副字经过精心调整达到风格一致、结构均匀、具有良好的均衡性及易读性。

汉仪字库曾通过几次鉴定会的审定，专家认为其字形符合国家规范，质量符合印刷正式出版物要求。经新闻出版署正式推荐，可作为规范字推广应用。并于 95 年 10 月通过国家“八五”印刷技改项目验收。

目前国内的文字处理系统集成大都采取半开放性的结构，因此前端设计与输出作业这两个环节无法分工作业，造成人力、时间等资源的重复与浪费。为了把这些国宝级的字体，以普及化的价格，让社会各界普遍采用，去创造更完美的作品，传达更赏心悦目的文字信息，为我国印刷排版业、广告业及办公室自动化的蓬勃发展再注入新的活力，汉仪公司精心为用户创造一个开放式的总体架构和无平台限制的用字环境。“无平台限制”意指在 PC 机、Macintosh 机以及各种输出设备的各种平台上，尽力做到凡能处理汉字的平台，就能十分方便地用上精美的汉仪字库。使文字处理成为一个整体的系统，稿件的各种前端处理都能和输出中心顺畅连接，真正实现汉仪字库的无平台限制。为此，汉仪公司提供一系列由低分辨率(600dpi 以下)至超高分辨率的可升级输出的字体产品，用户按其实际需求，使用汉仪字库不同层次的产品，可印制出质量佳的中文字体作品。

汉仪字库适用范围：

* 文房字宝采用 TrueType(及 Ctype)格式，可做 Macintosh 或 Power Mac 及 PC 工作平台屏幕显示和 600DPI 以下输出。

* 激光字宝适用于 Apple LaserPro，Apple LaserWriter，DataProduct，Newgen，Gcc，Seiko，Tektronic，Qms……等 PostScript 配有 SCSI 接口的激光印字机输出。

* 专业字宝适用于 AGFA LaserPro，Lino－Hell，ECRM，Mono，Dainippon Screen，Varitype，Scitex，Hyphen，Harlique，Pather，BARCO……等照排机输出高精度的字型。

汉仪公司已在上述激光印字机和照排机上完成了测试工作,并有正式用户。

当前,国内PC上流行的Windows汉字处理平台,是在国标Windows3.1即Pwin以及在Windows3.1上外挂中文之星平台或外挂Richwin(四通利方)、Ucwin(希望),通过pwin能自由选用汉仪的TrueType字库。中文之星上的汉仪曲线字库产品已成为需要高质量文字处理用户的首选产品。汉仪字库与Richwin和Ucwin的高品质结合正在紧锣密鼓地进行着。令世界瞩目的Windows'95的正式产品即将诞生之际,汉仪TrueType字库经过改进以及周密的测试,已能自由地应用在Windows'95的测试版上。国内在PC上最流行的DOS汉字处理平台是UCDOS,广大的UCDOS用户不久将惊喜地用上汉仪三次曲线汉字。

海外流行的Windows平台是BIG5版Windows3.1即Cwin.用户亦能在Cwin上用上汉仪BIG5版的TrueType字库。而中文之星海外版的汉仪曲线字库也随中文之星海外版的产生而产生,前途广阔。

为了方便用户选择,现将汉仪产品的规格及应用环境列表如下:

产品名称	规格	应用环境需求
文房字宝(MAC版)	采用TrueType格式 适合600DPI以下的输出 46款字体(22款简体、24款繁体) 符合GB2312—80字码序 和激光字宝或专业字宝具有互通性 每套字体均配有对应的英文字库 随盘赠送对应的48点阵字宝,可用作屏幕字	Macintosh或Power Mac工作平台 System7.1S或7.1T以上之版本或外挂CLK 8MB以上(建议16MB以上)的内存 300MB以上的硬盘空间 图形、图像、排版等软件
文房字宝(中文之星版)	采用CType格式 适合600DPI以下的输出 46款字体(22款简体、24款繁体) 符合GB2312—80字码序 和激光字宝或专业字宝具有互通性 每套字体均配有对应的英文字库	PC的工作平台 中文或英文Windos3.1版本 4MB以上(建议8MB以上)的内存 300MB以上硬盘空间,若直接在光盘上使用需10MB以上硬盘空间 图形、图像、排版等软件
激光字宝	采用Typel格式 适合解析度600DPI至1200DPI的输出 46款字体(22款简体、24款繁体) 符合GB2313—80字码序 和文房字宝具有互通性 每套字体均配有对应的英文字库	PostScript激光印字机 PostScript Level 2 8MB以上(建议16MB以上)的内存 300MB硬盘空间
专业字宝	采用Typel格式 适合解析度1000DPI以上的输出 46款字体(22款简体,24款繁体) 符合GB2312—80字码序 和文房字宝具有互通性 每套字体均配有对应的英文字库	PostScript激光照排机 PostScript Level 2 16MB以上(建议24MB以上)的内存 300MB硬盘空间

最近，汉仪公司又开发出12款艺术字体供广大用户选择，并将持续不断地开发更多更好更优美的计算机汉字库，还准备制做一副六万字头的汉字库，以满足电子出版物发展的需要，使灿烂的民族文化之花，中华文化的瑰宝——汉字，在世界信息产业中开放得更加绚丽多采！

著名广告经营单位

北 京 市

公司类

中国广告联合总公司

地 址:北京市西城区鲍家街43号
邮 编:100031
机构及电话:
国内客户一部:63074224 66013825
国内客户二部:66036302 66036369
国内客户三部:63072394 63072164
国内客户四部:63072162
国内客户五部:66059594 66036608
国内客户六部:66036361
国际客户部:63072248 66055307
市场部:63074231 66036614
创意部:63072165 66036559
影视制作部:66036576 63074653
媒介一部:63073550 66036620
媒介二部:63074218 63072167
公关部:63074669 63072161
印务部:63072160 66054184
编辑部:63072159 63074320
总经理办公室:3074228
行政事务部:63074229 66055443
财务部:63072163 63073904
人事教育部:63074230
图文传真:(010)63074227
总 经 理:仇学忠
副总经理:王希孟 周 佳

·新华通讯社的直属企业
·中国第一家集团性广告公司
·全国广告业重信誉创优质服务先进单位。
·1981年3月成立,现有成员公司79家,均为独立核算单位,遍布中国60个大中城市。
·北京市广告协会向海内外推荐的九大广告公司之一。
·1995年荣获由国家工商行政管理局和中国企业评价协会共同主办的中国广告公司综合实力排序第二名。
·经营范围:

主营:承办、代理国内外各类广告,承办广告公关活动和室内外装饰工程;广告印刷品的设计、制作和销售;展览展销会的设计、布置和劳务服务;广告业务的市场调查和咨询服务;广告礼品、纪念品的设计、制作;户外广告材料及其制品的生产、销售;广告时装模特表演;商业摄影。

兼营:文体用品、日用百货、家用电器的销售;室内外装饰工程材料的批发、零售;商标及包装装璜设计、印刷(国家有专项专营规定的除外)。

中国机电广告公司

地 址:北京西城区百万庄大街二十二号
邮 编:100037

电　话:68326282　68326677 转 534
传　真:68326295
总经理:蓬铁权
副总经理:陈根德

本公司系机械工业部直属的全国性、综合型专业广告公司,面向全国机械、汽车、电子行业企事业单位和国内外各类工商企业,积极承办、代理各种类型的广告业务,多次举办全国性和国际性大型展览会及公共关系活动,与全国各大传播媒体建立了广告代理关系,策划并开发了北京站电视幕墙和北京地铁等多种形式的广告媒体,为国内外数千家工商企业提供了各种形式的促销服务。经营能力、经营手段和综合实力持续增长,已跻身于全国最具实力的广告公司之列。

公司积极拓展经营领域,建立了以广告、展览业务为主,经济贸易与技术开发并举的多元经营结构,拥有一家境外投资公司、一家中外合资公司、三家全资子公司,在黑龙江、山东、广东、上海、天津等地设立了业务代表机构,逐步走向集团化经营。

主要经营业务:设计、制作、发布、代理国内外各类广告,代理营销策划、市场调查、CIS 设计、公共关系事务,承接印刷品及包装装璜设计制作,组织国内外展览会及经济技术交流与合作,提供经济技术信息咨询服务。

中丝广告有限公司

地　址:北京市北河沿大街 105 号
邮　编:100006
电　话:65137601　65120379
传　真:65137601
负责人:陶孝娴
联系人:俞剑平

中丝广告有限公司是中国丝绸进出口总公司、上海、江苏、浙江、广东省(市)丝绸进出口公司与香港百能广告有限公司合资兴办的中外合资企业。该公司是一个集市场调研、策划、创意、制作、传媒服务于一体的完整体系。公司的主要经营范围包括:设计、制作、发布、代理国内外各类广告。

中丝广告有限公司拥有自己的媒体——《中国丝绸》(ELEGANCE CHINA SILK)杂志,因此具有较强的整体运作能力,能为广告主提供全面的广告服务,并具有良好的信誉保证。欢迎各界朋友与我们携手努力,为我国经济贸易的发展开拓一条通向世界的新丝绸之路。

中体广告公司

地　址:北京市西直门外上园村甲六号
邮　编:100044
电　话:62234402
传　真:62252934
负责人:苗淑宝
联系人:梅春晖
经营范围:

本公司为国家体委所属一类公司,是从事国内、国际体育和商业广告的经济实体,已在中华人民共和国工商行政管理局注册登记,具有独立企业法人资格。本公司代理、承办广告赞助性体育比赛、活动或表演,承办国内外体育展览;代理、承办、发布国内外体育和商业广告;代理国内外厂商提供服装器材业务;代理出售在中国举办的体育比赛、活动或表演的电视、电影、广播的专利权;代理转让体育科研成果专利及体育专家的国际业务;代理承办与体育有关的投资、合资、市场开发、贸易及租赁业务;提供体育及商业信息、咨询、翻译及体育技术指导等有偿服务业务;代理报纸、广播、电视、路牌等各类媒介的广告业务。

中化国际广告展览有限公司

地　址:北京市海淀区阜城路 40 号裕龙酒店 6 层
邮　编:100046
电　话:68426702
电　报:7679

负责人:王明科
联系人:王玉海

北京广告公司

地　址:北京市宣武区莱市口狮子店胡同 11 号
邮　编:100053
电　话:63043780
传　真:63042956　63043058
负责人:胡纪平
联系人:吴　淳　姚　宇

北京广告公司(英文缩写 BAC)是一家全职能,专业化的现代广告企业。它隶属于北京市对外经济贸易委员会,是北京外贸系统的一家全民企业。历经十六年的发展,BAC 已形成了集市场调查、策划、创意、制作、传播服务于一体的整体运作体系。客户第一,信誉第一,服务第一是 BAC 的最高宗旨;全方位、高质量地满足客户的需求是 BAC 各运作部室和全体员工孜孜以求的目标。

BAC 坚持"以人为本",16 年来集合了一群有志于发展中国广告事业的广告专业人才,BAC 的 140 名员工平均年龄 34 岁,受过高等教育的占 85%,近年赴海外进行专业研修培训的有 46 名,形成 BAC 特有的人才优势和专业知识优势。这笔宝贵的财富,BAC 与您共同拥有。

BAC 五个国际业务部配以专业的英、日、法、韩、阿拉伯语言人才,为五大洲广告客户和同行提供全方位的广告服务,国际业务始终占公司总营业额的 70%以上。目前,我们已同世界上 25 个国家和地区的 143 家广告客户与代理公司以及 60 多个海外媒体建立了业务联系,为国内外企业的市场推广与产品传播,构筑起中国大陆与欧、美、日、东南亚、中东和港澳各地区之间的金桥。

BAC 五个国内业务部采用国际上通用的 AE 制,以最大限度地维护客户利益为己任,与公司各协力部室通力合作,为广大客户的广告计划的策划与实施提供高效、有力的保障。BAC 以其卓越的沟通能力和优良信誉,建立了通畅的普及全国的媒体网络。其中包括:中央及省市、自治区电视台 76 个(含有线电视台),广播电台 58 个,中央及省市、自治区报纸 133 种,杂志 130 种。

经营范围:

进口广告、出口广告、国内广告、设计制作、市场调查、国内外展览、SP & PR 大型活动、时装表演、CI 策划、实施、咨询、广告礼品。

北京市公交广告公司

地　址:北京市东城区交道口东大街 64 号
邮　编:100007
电　话:64030528
负责人:宋瑞波
联系人:葛永明
经营范围:

北京市公交广告公司是经营北京市公共交通广告的专业公司。公共交通车辆流动性大,其设施覆盖面广,利于信息传播,被各界公认为理想的广告媒体。

北京拥有公共电汽车四千余辆,站台三千多个。车辆行驶在全市二百多条星罗棋布的交通线路上。

本公司以客运车辆及被开发利用的交通设施为广告媒体,经营车身广告、站台广告、灯箱广告、路牌广告、霓虹灯广告、站牌广告等十余种广告业务。代理国内和外商来华广告。

本公司拥有一批素质较高的专业人才,向不同的客户提供广告整体策划、电脑设计、多种制作和发布等服务。

本公司以"客户至上　信誉第一,热情服务　提高效益,奋力开拓　不断进取,为创建一流企业而奋斗"为宗旨,希望通过我们的广告,为您沟通信息,开拓市场,使您获得更大的经济效益和社会效益。

公交广告使您的企业腾飞。

北京阳光广告展览艺术公司

地　址:中国·北京东长安街12号
邮　编:100742
电　话:65249557(办公室)
　　63081149(业务)
传　真:63081753
联系人:郑谊军

北京阳光广告展览艺术公司是经国家工商行政管理局核准注册的专业从事经营、代理国内和外商来华广告业务的全民所有制企业。

公司实行总经理负责制,下设客户服务部、媒介工程部、创意设计部、市场情报部、计划财务部和行政事务部。部门间缜密配合,组织实施了许多大型有影响的社会活动。同时,公司拥有过硬的广告自有媒体,广告阅报栏构成的长安街沿线、各大购物中心、地铁沿线、主要交通干线四大网络,立柱式灯箱广告路牌贯穿首都著名商业街——西单大街东西两侧。为中外客户提供了宣传企业形象及产品的沃土。

北京阳光广告展览艺术公司愿把"一样的阳光献给一样热爱阳光的人们!"

北京北辰广告公司

地　　址:朝阳区安慧里一区一号楼(首层)
邮　　编:100101
办 公 室:64917765(传真)
客 户 部:64917089(业务)
市场开发部:64933425(业务)
创作设计部:64917123
媒 介 部:64931786

北辰广告公司是北辰集团所属的专业广告公司,具有广告设计、制作、代理、发布权。是亚运村周边户外广告独家经营单位。

北辰广告公司在国家工商局和中国企业评价协会评选的全国最具实力的广告经营单位排行榜上名列前五十名,北京市广告协会向海内外推荐的九家广告公司之一。

北辰广告"优秀创意、优良效果、优质服务"。

北京环宇广告公司

地　址:北京宣武门西大街57号
邮　编:100803
电　话:63073889　传　真:63071104

北京环宇广告公司是新华通讯社参考新闻编辑部所属的综合性广告专业公司,经营并代理国内和外商来华广告业务。

本公司除代理《参考消息》的广告业务外,还拥有新华社编辑出版的报纸杂志的广告版面。本公司还与中央各大报纸及电台、电视台有业务往来。此外,本公司还在世界主要国家和地区以及国内主要城市设有广告代理机构,承办本公司广告业务,欢迎国内外客户来人来函洽谈广告事宜。

北京梁艳体育广告艺术中心

地　址:北京复兴路15号
邮　编:100038
电　话:68573679　68573680
传　真:68573682
负责人:张桐坡
联系人:刘　婷

北京梁艳体育广告艺术中心是以女排五连冠唯一参加者梁艳命名的以体育比赛为主要媒体的广告公司。

公司策划主办了黑龙江漂流探险活动,并拍摄了九集电视艺术片。公司与中央电视台共同合作了以下重大体育比赛的现场直播并代理广告业务:'93、'94丰田杯足球赛;'93—'94、'94—'95意大利足球甲级联赛;'94全国足球甲A联赛;'95飞利浦中国足协杯比赛;'93—'94美国NBA总决赛;'94世界杯足球赛;第43届世界乒乓球锦标赛等共160余场。

先后为数百家企业策划制作代理广告。

策划了国内第一家股份制职业足球俱乐部——辽宁足球俱乐部,并为股东之一。

公司实力雄厚,人才济济,愿为广大客户提供最佳服务。

北京亮京广告有限责任公司

地　址:建外大街1号国贸中心
邮　编:100004
负责人:李向阳
联系人:陈学文
经营范围:

亮京广告有限责任公司是一家新成立的拥有大量户外广告媒体的专业广告公司。

从现在开始,即将在北京各主要大街上陆续出现的新型公共汽车候车亭及其附带的广告灯箱是由亮京广告有限责任公司与北京公交广告公司共同经营的广告媒体。

亮京广告媒体群的覆盖面之大,近二年,可波及整个北京城区,显示出独有的恢宏气势;每处繁华地段及人口流动集中地区,都有亮京广告的候车亭媒体分布,从而很好地保证了传播效果。

亮京广告选择了站台作为媒体,而站台又是北京的重要公共设施之一,其展示作用更是不言而喻。尤其对于产品广告,我们将用较完美的视觉形象和色彩及详尽的语言,表现您高品质的产品,并不断加深人们对您的产品的信任。

事实上,在今后的一年中,北京亮京广告公司将在北京繁华地区陆续建成总数量400个左右的新型广告候车亭,还保证60%至80%的北京人以及在京的外地人、外国人每天能有机会接触亮京广告,并对您的企业或产品产生记忆。

在未来的二至三年中,亮京广告还将在北京主要交通港及高速路旁树立巨型广告牌,为您提供更全面的展示机会。

广告是现代企业必不可少的竞争手段,如果您能藉此赢得竞争,我们将感到由衷欣慰。亮京广告将以您的成功做为我们追求的事业。

在此,我们期待着与您志诚合作,并致美好祝愿。

北京桑夏广告公司

地　址:北京海淀区西三环北路厂洼小区甲4号
邮　编:100081
电　话:68450801　68417361
负责人:张　曦
联系人:孙　琬
经营范围:

桑夏广告详细介绍请看本书彩广。

北京工商广告公司

地　址:北京市朝外东大桥南路10号
邮　编:100020
电　话:65072873　65073012
负责人:高呈德
联系人:陈学立
经营范围:

有朋自远方来,不亦乐乎。

详细介绍请看本书彩广。

北京中外名人影视广告公司

地　址:北京市新街口二条珠八宝胡同27号
邮　编:100035
电　话:62235281　62235283
经营范围:

本公司拍摄制作了《中华热土》等电视系列片200余部(集);创意、拍摄、制作了《南方黑芝麻糊》等30余条电视广告;参与编撰出版了《中国当代名人录》等20余套大型辞书。

本公司成功策划并代理了全国30个省级电视台统一的专栏节目《南方剧场》。

北京大趋势影视广告公司

地　址:北京宣武区先农坛街17号
(先农坛体育场2号楼4层)

邮　编:100050
电　话:63188978　63188977
负责人:陈家驹
经营范围:

承认!当每人正忙碌宣传自己,我们正忙碌宣传客户的广告。

详细介绍请看本书彩广。

大桥国际广告传媒有限公司

北京总公司

地　址:北京西城区南长街103号甲
邮　编:100031
电　话:(010)66071941,63098773
传　真:(010)63095398

上海分公司

地　址:上海淮海中路1375号启华大厦12楼A座
邮　编:200031
电　话:(021)64713338
传　真:(021)64330643

广州办事处

地　址:广州市环市东路472号粤海大厦17—J
邮　编:510075
电　话:(020)7779688—1770/1771
传　真:(020)7609881

香港办事处

地　址:香港告士打道256号信和广场6字楼
电　话:(00852)28928678
传　真:(00852)28928797,28928798

即使有重重障碍,我们也能为你突破

我们作为Bozell国际网络中的一员,始终力求与我们全球的服务相统一。

秉承Bozell国际集团世界知名的策略分析研究和遍及各地的协作体系是我们成功的保证。Bozell国际集团丰富的专业经验使我们具有更敏锐的眼光——善于找到品牌的障碍点,更精于发现品牌的突破点。我们的策略不是出于显耀个人创意的天赋,而完全是为了品牌,致力于它立足市场,在激烈的市场竞争中迅速脱颖而出,树立与众不同的个性。

如果希望您的品牌能够异军突起,请及时拨通我们的电话,我们随时与您交流,并提供您盼望得到的专业服务。

新证广告公司

地　址:北京市宣武区西便门大街16号禾田大厦四层
邮　编:100053
电　话:63040580　63182266—8402、8403
负责人:单亿春
联系人:于　晶
经营范围:

新证广告公司是新华通讯社《中国证券报》社所属的综合性广告专业公司。代理《中国证券报》和全国各大报刊及电视台、电台的广告。杰出的广告专业人材和先进的苹果电脑设备,可承办代理国内外各类广告设计制作。

首钢爱思济广告公司

地　址:北京市石景山区八角路
邮　编:100043
电　话:68292038
传　真:68295655
负责人:王殿臣
联系人:黄　亮
经营范围:

首钢爱思济广告公司是经国家工商局核准,经营国内外广告业务的大型综合性广告公司,可承担影视报刊广告代理、路牌广告、广告摄影、展览、印刷、三维动画、电脑刻字、巨幅图片制作等业务。

本公司现有资金总额1000万元。拥有当代国际先进的电脑广告创作系统，超级电脑刻字系统，广告摄影、灯箱片制作等全套设备，可使广告创意的实现易如反掌。

多年来，本公司运用科学的广告策略和手段，为首钢总公司树立良好的企业形象，使之成为享誉中外的特大型企业做出了卓越贡献；为众多客户进行广告策划和实施，使之在激烈的商战中立于不败之地，取得了辉煌的成就。

本公司雄厚的广告制作实力处国内领先地位，在承担“中国十大摄影名家联展”的图片制作，主办“纪念毛泽东同志诞辰100周年大型摄影展”和“联合国世界妇女环发大会”摄录像活动中受到国内外人士的广泛赞誉。

首钢爱思济广告公司愿以精湛的技术和诚挚的服务与您携手合作，共同创造美好的未来。

诺贝广告有限公司北京分公司

地　址：北京朝阳区农展馆南里10号中国文联招待所四层
邮　编：100026
电　话：65041991　65917456　65091916
负责人：刘文昌
联系人：李　勤
经营范围：

诺贝广告有限公司是由《人民日报》、香港万兴广告公司、中国国际广告公司共同投资创办的专业化广告公司，总公司设在上海市，北京设有分公司。

诺贝广告有限公司采用先进的广告管理方法和电脑设计制作技术，为客户提供市场战略策划、广告战略策划、媒介战略策划、创想与制作、广告评估及信息反馈等服务。北京分公司除具备总公司的特点之外，将策划创意定为公司的工作中心，与客户同发展共繁荣定为公司的奋斗目标。北京诺贝广告有限公司与《人民日报》合办的诺贝信息网，在全国范围内沟通产销渠道，促进社会贸易的发展，成为国内各企业了解市场、展示自我的窗口。

金马广告有限公司北京分公司

地　址：朝阳区东直门外大街26号朝海大夏8层
邮　编：100027
电　话：64169102　64165155
传　真：64169102
总经理：张　京　胡芳芳
联系人：路　霞
经营范围：

调研策划、广告(形象、促销、直销)整体策划及实施、公关、展览、商品形象包装及平面设计、电脑设计、室内设计、室内外摄影、影视制作、户外3M电脑写真物料代理及制作、中国全境及海外媒介全面代理及监测、广告评估等。集合多方面的传播工具、积极推行整合传播服务。希望可以更深入完善的照顾客户的需要。

北京新奥特影视广告公司

地　址：北京安定门安定路一号奥林匹克体育中心英东游泳馆
邮　编：100029
电　话：(010)64910905　64912233－547、303
传　真：(010)64910905
负责人：程　钊
联系人：程　钊

开心见诚　无所隐伏
广学博识　兼收并蓄
光明磊落　以求兴盛
成人之美　成例作证

北京中视影视广告公司

地　址：北京西城区西单北大街30号五层
邮　编：100032
电　话：66081598　66058949

负责人：徐增敏
联系人：袁淑霞
经营范围：

整体策划调研
影视创意制作
平面设计印刷
全面广告代理
独到 精道 尽心 创新
本来得天独厚 故然争创一流
详细介绍请看本书彩色广告。

北京海融资讯系统有限公司创意设计中心

地 址：海淀区兰旗营 214 号
邮 编：100084
电 话：62575342
传 真：64942698
负责人：王奇异
联系人：李劲松
经营范围：

(中美合资)北京海融资讯系统有限公司，主要致力于信息服务和系统开发。她先后完成了中国证券监督委员会以及北京、上海和深圳等地的证券交易所会员公司所交给的各项系统工程的设计与开发。

海融下属的创意设计中心，充分利用先进的设备和优秀的人才，将技术与艺术完美地结合在一起，因此能够圆满地完成客户交办的各种设计制作及输出业务。

该中心同时还经营不同档次的印前系统和电脑器材。特别应该推荐的是 PC 系列三维图形工作站。这种新型工作站，采用美国的最新技术，通过硬件加速，使微机能完成 30 亿次(秒)的超高速运算。举世闻名的 SGI，被公认为三维图形工作站之王，而这种 PC 工作站的神奇速度，却已经达到了高档 SGI 的水准，难得的是，它依然保持着 PC 的价位。再考虑到 PC 操作系统和软件的易用性及通用性，就更显出它适合中国国情的优势。

尤其需要强调的是创意设计中心的图片部已建成一套极为庞大的图片库，无论设计师想要什么内容，都能在里面找到满意的画面。而且，海融对于所提供的每一张图片，都能保证没有版权方面的问题。

最难得的是该部对自己的长期用户，一律免费赠送检索光盘(在每集检索盘内，都包含有 2400 张不相重复的样品彩图，从图库中查选图片时，这是最便利的工具)。图库将不断扩充，赠送也将不断进行，最终要让每一位用户的手中收存一套完整的图片总目，并时刻与海融图库保持同步。

这数十万张精美的图片，必将象种子一样撒遍中国的创意界，通过设计大师这片沃土的培植，一定会盛开出无数美丽的花朵，将社会打扮的更加多姿多彩、美不胜收！

最后，有必要告诉大家，海融的用户对海融，确实抱有两点难以改变的看法：

物美价廉，不比不知！

优质服务，不服不行！！

北京飞梦电脑图片制作有限公司

地 址：北京建外大街 1 号国际贸易中心 B102，103
邮 编：100004
电 话：65055256 67646718
传 真：65055257 67646719
负责人：刘惠雁
联系人：马 龙
经营范围：

北京飞梦电脑图片制作有限公司是中外合资大型专业广告制作公司，拥有良好的设计制作能力及创新的策划创意水平。国贸中心的展示厅，作为公司的窗口，向人们展示飞梦，让人们了解飞梦。设立于芳庄的制作部厂房为 1200 余平方米，拥有各种先进的进口设备，适应各种小型、中型及大型喷绘需求。

美国 NOVOJET 一米宽幅、无限长彩色灯箱、胶片电脑喷绘机；

日本米开朗基罗 V_7 三米宽幅、无限长彩色电脑喷绘机；

美国 VUTEK 威特五米宽幅、无限长彩色电脑喷绘机

目前，飞梦已成为中国广告联合总公司电脑喷绘制作的合作单位，在北京广告协会及同业支持下，经过一年多的开拓，飞梦公司已逐步发展成为较具规模的综合性专业广告制作企业。

北京笔克展览服务有限公司

地　址：北京市朝阳区洼里南口笔克办公楼

邮　编：100012

电　话：64940999

传　真：64916591

董事长：郑心民

总经理：吴应煌

经营范围：

该公司是由北京市朝阳区洼里乡政府下属的朝阳飞宇电器厂和笔克(香港)有限公司共同创办的合资企业，注册资本为 271 万美元。

笔克(香港)有限公司于 1988 年在京建立了驻京办事处，自 1981 年到 1992 年，在中国国际展览中心、国贸中心、北京展览馆、农展馆等处参与承办了近 150 多次各类展览会。作为主办单位指定的承建商，承建历届在中国国际展览中心举办的“国际汽车展”、“国际电子及通讯展”及“国际纺织机械展”等在国际上享有声誉的大型国际性展览会。

1992 年 9 月 2 日正式合资后，该公司成为目前在国内展览行业里一家具有现代化的加工技术设备及具有科学管理水平的大型合资企业。公司拥有近二万多平方米的仓库，所存放的展架可以承建 8000 平方米面积的展台。该公司能够独立作为主办单位指定的承建商，以优惠的价格、便捷的服务为参展商提供设计，搭建各种类型的展台，该公司也经营室内装修、广告牌制作，家具及电器租赁等业务。

该公司作为笔克集团大家庭的一分子，与笔克(香港)有限公司及世界各地的分支机构保持密切的联系，并时刻关注世界展览业务发展的新思维、新技术、新潮流。

北京珠达创意数码影视公司

地　址：崇文区体育馆西路东四块玉南街 35 号

邮　编：100061

电　话：67124851

传　真：67114087

负责人：徐　淳

联系人：李　骞

经营范围：

北京珠达创意数码影视公司，是珠海经济特区珠达工贸(集团)公司于 1993 年在北京创建的高科技企业之一。

我公司以雄厚的经济实力为后盾，引进美国达科美(Dicomed)超级数码影版制作系统的整套设备，凭藉 Dicomed 在当今世界数码影像处理技术领域内的超前水平，使我公司拥有在平面设计、创意制作、色彩保真，以及图像快速处理等诸多方面得天独厚的优势，成为目前国内技术水准最高的平面图像与影版创作加工之专业化企业。

北京珠达创意数码影视公司以先进的设备，卓越的技术与可靠的信誉为您提供尽善尽美的服务，同时作为美国达科美公司在国内的独家代理，将成为您最可信赖的合作伙伴！

在图像制作与加工技术的领域内，达科美数码影版创作系统充分拥有傲视群雄的强劲实力，可广泛应用于所有需要高效率、高品质色彩影像的创作设计领域，诸如图片社、摄影界、广告业和出版业等印前修、拼版及珍贵文献照片的修复。达科美影版创作系统以其无可挑剔的清晰度、动态范围和色彩保真度，为您提供无穷的艺术构思。

北京展视会社

地　址：北京市崇文区东打磨厂北官园7号
邮　编：100062
电　话：65114705　67016240
负责人：吴　强
联系人：罗红杰
经营范围：

头脑＋电脑创出一片天。

详细介绍请看本书彩广。

北京中信霓虹工程公司

地　址：北京市朝阳区安苑里一号院西楼五层
邮　编：100029
电　话：64917666－2518　64934292
传　真：64934291
负责人：王忠心
联系人：唐爱玲
经营范围：

中信霓虹工程公司主要生产制作霓虹灯广告、灯箱、路牌广告，并承办展览设计和制作。本公司生产的"信月牌"节能漏磁变压器被国家经委、计委、科委评为94年优质节能产品。

1992年在大连全国霓虹灯大奖赛中，中信霓虹工程公司荣获一等奖、二等奖。

北京星光影视设备集团公司霓虹灯工程部

地　址：北京大兴县西红门南站
邮　编：100076
电　话：69261184　67095139
负责人：马根成
经营范围：

北京星光集团霓虹灯工程部，系全国最负盛名的霓虹灯生产企业之一，是北京市霓虹灯专业委员会主任会员厂家，北京市电器协会副事理长、北京照明协会理事厂家。本厂技术力量强大雄厚，产品的性能、质量扎实可靠，是集设计、制作、安装、维修为一体的专业实体。建厂9年来，企业实力不断增加，实行24小时全天候维修服务。

在过去的数年中，本厂承接并成功地完成了许多驰名中外的企业之宏大的霓虹灯制作工程，业务范围遍及全国各地，取得了相当的社会效益和经济效益。

在1991年市旅游局"紫禁杯"饭店系统灯饰赛中，荣获金奖、银奖各一个；1992年在大连由中国照明协会、大连经济开发区组织的全国29个省、市、自治区30多个厂家参加的首届霓虹灯大奖赛中，获得一、二、三等奖各一个，系所有参赛厂家中获奖最多的厂家。

1995年元月，马来西亚控股公司来华参观考察中国霓虹灯制作水平，经几个城市考察，确认我公司制作水平符合他们国家的标准。双方已于95年8月在马来西亚首都吉隆坡签订中国向马来西亚出口霓虹灯设备、工艺、材料及代培人员的协议。这是中国霓虹灯行业第一家走出国门进入国际市场进行竞争的厂家。

谁持彩练当空舞？星光人愿继续与社会各界竭诚合作，携手共将祖国装扮得更加绚丽多姿。

北京市海淀区伍豪电子设备经营公司

地　址：北京市海淀区中关村路54号
电　话：62569375　62644617
传　真：62644618
经营范围：

北京伍豪公司是一家从事三维动画、图形图像系统研制、开发和销售的专业性公司，我公司凭借着雄厚的技术实力和完善周到的售后服务，获得了各行各业用户的好评，北京伍豪愿与各界朋友携手共创美好的明天。

·采用国际一流的进口视频动画硬件设备，性能稳定可靠。

·功能强劲的动画创作软件，能够满足

各种三维动画广告的创意、设计和制作要求，实时图文动画、二维动画、三维动画、变形动画等等，应有尽有。

·简便迅捷的字幕制作手段，千变万化的图文播出效果，同时具备卓越的电视字幕图形功能。

·方便地与各种视频录制设备联机使用，制作完成的三维动画广告可精密、实时地录制于视频录像带上。

·广泛适用于各种平面广告的设计制作，设计的图案可供各种彩色印刷系统直接使用，方便快捷。

·我公司同时承接三维动画广告的制作业务，欢迎来电垂询。

中国电子技术应用公司

地　址：北京市海淀区白石桥路15号
邮　编：100081
电　话：68474945　68474934　68452771
负责人：丁诗武
联系人：于晓初
经营范围：

中国电子技术应用公司(CEA)是电子工业部直属企业，是以拓展电子技术应用为己任，集技、工、贸为一体的新型高科技国有企业。

我公司可为广告、印刷、服装、医疗及金融等行业提供先进实用、价廉物美的应用产品与系统，并提供良好的售前售后服务。

我公司现已开发出彩色喷绘系统、服装CAD系统、电话银行系统、医院收费系统、医用收款机及煤气表收费系统等产品。

我公司94年国家火炬计划重点项目——天工CEA系列大幅彩色喷绘系统，是计算机图形图像处理技术与全彩色喷绘技术完美结合的产物。该产品达到了国际90年代水平，一次喷制幅面达2.5M×2.1M，可连续拼接，适用于在各种软硬介质上喷制户内外广告及灯箱广告、室内外装璜、舞台布景等。我公司还承接广告制作并经营喷绘用颜料等各种耗材。欢迎各界朋友前来洽购和洽谈合作。

北大方正出版系统工程公司

地　址：北京市海淀区中关村北段方正大楼
邮　编：100871
电　话：62575117　62563881
联系人：许　兵

广告制作，需要不断更新，方正广告创意系统，令您超越以往，美梦成真。

详细介绍请看本书彩广。

科迪尔技术开发有限公司

地　址：北京市海淀区大泥湾21号
邮　编：100086
电　话：62614506　62645088
传　真：62552587
联系人：唐永青

苹果电脑平面设计系统

·使用著名的苹果Macintosh微机。
·广泛应用于广告、出版、印刷领域。
·易学易用，为非电脑专业人员设计。
·随意编辑，灵活拼版，自动分色。
·安装、培训、维修一条龙服务。

北京市高龙技术开发公司

地　址：北京市石景山区气象局院内
邮　编：100043
电　话：(010)68879182　(010)68872621－4分机
传　真：(010)68846189
负责人：连亚平
联系人：刘亚楠　马　琍

新的空间、新的媒体、新的科技

北京市高龙技术开发公司是一家从事专业设计、制作各种PVC空中广告气球及异型充气物、各种落地充气物的全民所有制企业，同时设计制作各种PVC充气红灯笼及鞭炮气球等。

PVC充气红灯笼，是采用色彩鲜艳的红色软质塑料材料，内部有一根硬质塑料管，管内安装有光源座和光源，夜间接通电源后，红灯笼通体发亮，光彩四射，人们在远处就可以发现它。该产品易于清洗，不怕风吹和雨淋。它的各个部件可以在使用时逐件安装，不用时将气放出即可存放。

气球鞭炮是将气球吹好编成串状，利用气球鞭炮装置，使气球连续不断地破裂，发出酷似鞭炮的声响，给人们带来更加喜庆的气氛。

遥控广告飞艇以它独特、神奇的表演吸引观众，具有很高注目率，它是把现代科学技术应用于广告宣传方面的结果，它将商业广告从地面发展到空中，由静态变为动态，它向广告界展示了一个全新的广告媒体。可进行如下项目的飞行宣传表演：

垂直起落；俯冲爬高；前进后退；空中悬停；空中盘旋；低空飞行；抛撒资料；施放彩色烟雾。

桑瑞斯电脑彩色技术（北京）有限公司

地　址：北京市海淀区双榆树西里15号

邮　编：100086

电　话：62571856　62571857

负责人：孙立博

桑瑞斯电脑彩色技术（北京）有限公司于1992年由美国桑瑞斯高科技服务公司在北京设立，是我国历史较早、技术先进的彩色桌面制版技术、设备销售和售后服务的专业性公司。

美国桑瑞斯是Adobe，Quark，Corcl，Frame Technology，Micromedia等大型国际桌面出版软件公司的授权服务局和授权开发者，因而使北京桑瑞斯公司在彩色桌面出版领域有独到的技术优势，其主要产品包括桑瑞斯中文环境和桑瑞斯高端联网等成熟的系统技术。采用桑瑞斯中文环境和高联网技术的广大国内用户，都迅速进入了批量生产状态，取得了显著的经济效益，并取得了技术与国际水平同步的巨大发展潜力。

在印前技术飞速发展的形势下，桑瑞斯电脑彩色技术（北京）有限公司，持续开发适应国内市场的高速度网络技术和适用制作高档彩色印刷品并与国际市场接轨的开放式印前生产环境。桑瑞斯公司的软件技术产品，兼顾国内和国际市场，得到国内用户和美国、西欧及其它东南亚国家和地区用户的一致好评。

桑瑞斯电脑彩色技术（北京）有限公司在北京开设两家输出中心，三年以来为国内广大用户制作和输出大量设计新颖，制作精致的彩色印刷品。桑瑞斯输出中心的名望，是和长期以来形成的稳定的高质量及周到的服务不可分割的。

北京标正电脑图文有限公司

地　址：北京安定门内（北锣鼓巷）千福巷3号

邮　编：100009

电　话：64066806　64066807

传　真：64067290

负责人：吴　伟

联系人：陈仁华

由中国黄金总公司和加拿大吴祖投资公司合资兴办的北京标正公司，经经贸部批准，在国家工商局登记注册，是全方位电脑图文制作的专业公司。公司引进的美国威特3200型大型双面彩色喷绘机及图文图像处理系统，是室内外广告、路牌和灯箱画面制作质量的优良保证，经过威特公司全面培训的技术人员，更为我们的高品质产品提供信心和承诺。

标正喷绘单幅可制作5米×32米无接缝画面，超长超宽可拼接。清晰度：9—24DPI，适用于多种软体材料，单面和双面喷绘均是一次性完成。交货周期：小样签字同意后7个工作日内。

标正喷绘——亮丽色彩，尽情散发。

赛天使公司

电　话：68498487
传　真：68498158
联系人：宫大兵
经营范围：
　　详细介绍请看本书彩广。

京伦霓虹灯厂

地　址：北京海淀区西三环北路82号院5号楼一层
邮　编：100037
电　话：68472812　68412752
传　真：68472810
负责人：丁万立
联系人：郭杰青

京伦霓虹灯厂为中国霓虹技术协作会主任委员厂家。

本厂技术力量雄厚，产品质量可靠，是集设计、制作、安装为一体的专业实体。1992年曾荣获全国霓虹灯大奖赛优质奖。由本厂设计制作的大型霓虹灯广告有：(国贸中心)"XO马爹利"洋酒、"轩尼诗XO"、"OPEL"(欧宝)汽车等广告；此外，还有"华威大厦"、"隆博广场"、"北京演歌台"、"渔都海鲜城"等霓虹灯场景。

京伦霓虹灯厂愿与广告界朋友携手共进，推动霓虹灯广告更好、更快的发展。

北京东方艺术广告公司

地　址：北京市西城区复外大街10号全总综合楼侧厅4层
邮　编：100865
电　话：68593272　68593274　68593275
传　真：68593277

地　址：北京市海淀区车公庄西路中国工运学院北门
邮　编：100044
电　话：68475284　68475285　68475286
传　真：68471535
负责人：李赫男

北京东方艺术广告公司是中华全国总工会创建并领导的，能为客户提供全方位服务的多功能综合性广告公司。

公司拥有一支由各著名院校广告、文学、编导、摄影、工业设计等专业毕业的优秀人才所组成的富于实力的广告创作群体，由于这样一个广告群体的有机配合，使得公司在从市场调研、整体策划、创意制作、媒介发布到终端信息反馈的一条龙服务中，游刃有余、运作自如。

公司从未间断过探索科学的中国式广告经营模式的努力，针对中国广告市场的特点，结合国际化广告业的运作方法，初步形成了一套适合中国广告业现状和未来发展需要的经营管理模式。同时，在日常行政管理、信息资料运用和广告创意制作等方面已拥有较为完备的现代化服务手段。

公司本着客户至上，市场第一的宗旨，从不局限于单纯的广告活动，始终如一地密切注视瞬息万变的市场脉动，并长期与公司客户群保持密切联系，主动搜集信息反馈，了解企业发展情况。根据企业发展需要和市场形势，多次成功地举办了各种综合性大型活动。

公司将一如既往地为中国广告业的最终目的——扶助民族企业站稳市场，走向世界而不懈努力。

北京康瑞达展览咨询有限责任公司

地　址：北京市海淀区三里河路13号建筑展览馆内
邮　编：100037
电　话：(010)68365651
传　真：(010)68393847
负责人：郑山麓

北京康瑞达展览咨询有限责任公司为建设部建筑展览馆所属股份制企业，常年参与策划组织建筑装饰类型展览会，覆盖全国主要城市。

北京康瑞达展览咨询有限责任公司为中国建筑业协会技术开发专业委员会指定展览、产品发布机构；

北京康瑞达展览咨询有限责任公司为美国3M中国有限公司指定柔性灯箱制作商及装饰材料经销商；

北京康瑞达展览咨询有限责任公司集近40年模型制作经验，热忱为建筑师、设计师及房地产商服务；

北京康瑞达展览咨询有限责任公司为“北京华夏建设工程监理有限公司”的控股公司；

北京康瑞达展览咨询有限责任公司与广东粤财物业发展公司共同出资成立“广东粤财广告设计展视有限公司”专门从事影视、广告设计、制作；

康瑞达公司英文是CRADLE，为“摇篮、发源地”之意。正基于此，本公司以“热情、真诚”为企业行为准则，全心全意地将客户的利益置于首位，为企业服务，谋求共同发展与进步。

真言广告传播有限公司

地　址：北京广外太平桥小区20号楼（鹿鸣春宾馆311室）

邮　编：100073

电　话：63470564　63268777转311

传　真：63470564

负责人：孙克言

联系人：战京石

经营范围：

本公司经营代理国内和外商来华广告业务。体育大赛，大型活动广告的承揽、征集；中央电视台、北京电视台和部分报刊广告代理；霓虹灯，三M宝丽布灯箱、设计、制作和影视广告制作；户外广告：在北京西客站南广场、北广场周围和靠近世界公园的丰台岔路口环岛西南侧，将有2000多平方米的户外广告位置，可直接为客户提供服务。我们不忘老朋友，欢迎新朋友前来考察，洽谈合作。

我们聘请四位广告界和二位社会界知名人士为高级顾问：王国光　曲学官　李　云　刘鸿祥　张　衡　敦国来

公司机构：

董事长兼总经理：孙克言　63240126呼1810

副董事长兼常务副总经理：战京石　62568800呼2053

董事兼副总经理：张晓玲　62911166呼82789

董事兼公关部经理：孙立群　62047788呼1661

董事兼京虹宇联霓虹灯制作中心经理：周复兴　65258866呼9236

董事兼财务部经理：居桂兰　62911166呼80786

副总经理：韩建华　62061133呼820

体育广告信息部：刘震龙　64266666呼625

业务部：王洪祥　66162233呼1369

业务一部：张　进　65128866呼9606

业务二部：陈　杰　6126呼68981

业务三部：徐兆炎　66185588呼87320

影视部：齐跃军　68516999呼8977

影视制作部：周志刚　68414220

展销服务部：田希开　64666666呼1657

客户部：张文广　63813388呼1616

客户一部：王鹏鹏　64258855呼50611

客户二部：李国庆　62010088呼6393

客户三部：迟　伟　68348899呼36959

制作部：王　清　61278187974

制作一部：杨贵文　61278243783

制作二部：王　刚　6126呼52840

信息咨询一部：赵义平　68388888呼991

北京捷先广告公司

地　址：北京市海淀区西土城路4号

邮　编：100088

电　话:62018899－401　461
传　真:62040125
负责人:徐　建
联系人:杨雪涛

北京捷先广告公司的前身是北京电影学院音像出版社广告部。公司依托电影学院和各大学院的优秀人才,艺术创造力量和技术设备,在众多的广告公司中脱颖而出。

北京捷先广告公司是中央电视台、中央广播电台、各省市电台、电视台及全国各大报纸的广告代理商。

五年来,公司聘请各类专、兼职的专家主持市场调查、广告策划、广告定位创意、制作等工作。

我们策划、制作的许多广告如“郑州东风”、“双鸽火腿”、“丰采啫喱水”、“双沟大曲”、“南京依维柯”、“北芪神茶”、“小鸭圣洁奥”等等,不仅受到广告界同仁和客户的好评,也为客户带来巨大的经济效益。

热爱是生命的根基,广告就是我们的热爱。愿客户与我们一道,在不断进取中,用生命和年华书写中国广告史。

北京汉仪科印信息技术有限公司

地　址:北京海淀区翠微路2号
邮　编:100036
电　话:68285008　68285996
传　真:68214454
联系人:刘水仙
经营范围:

汉仪公司是专业的造字公司,设有管理、业务、技术、造字、质量管制、字型开发等部门。其汉字字型的生产规模、生产效率及产品质量堪称同行之冠。遵照国家有关印刷字体字型的知识产权保护政策,公司开发汉仪字库的原字稿经合法授权使用。

汉仪字库曾通过几次国家级鉴定会的审定,专家认为其字形符合国家规范,质量符合印刷正式出版物要求。经新闻出版署正式推荐,可作为规范字推广应用。并于95年10月通过国家“八五”印刷技改项目验收。

详细介绍请看本书彩广。

金鹰国际广告企划有限公司

地　　址:北京市朝阳区惠新东街一号三层
邮　　编:100029
电　　话:64922136　64932508　64932509
图文传真:64932505
总 经 理:汪一林
联 系 人:段　勇

金鹰国际广告企划有限公司成立于1993年6月,由北京文化艺术音像出版社与香港中城企业广告有限公司合资经营。在广告、企划方面集制作、代理、策划、创意、调查、咨询为一体的专业公司。

金鹰公司设计制作的“两面针”牙膏、喜玛拉雅爆米花、东阿阿胶及康地涂料广告片分别荣获了中国广告片优秀奖、连续四届春燕杯优秀广告奖。

1993年底金鹰公司与国家工商局商标局联合拍摄出版发行《商标法与商标战略》录像带。1994年3月与中国人民对外友好协会联合邀请法国莱茵歌剧院芭蕾舞团来京,举行纪念中法两国建交三十周年大型芭蕾舞剧《罗密欧与朱丽叶》的演出。

1993年金鹰公司创意制作了香港鹰牌洋参冲剂的展位,在首届全国医药博览会上获布展特色金鹰公司与中国广播电视部全国电视网合作,在全国省级电视台联网播出的多部电视连续剧中承担剧前独家特约广告代理,如《野樱花》、《佐罗》、《新七侠五义》等。金鹰公司还独家总代理大型都市娱乐杂志《演艺圈》的广告业务。

中国北京天鹅广告有限公司

地　址:北京市海淀区羊坊店甲21号
邮　编:100038
电　话:63405750　63479380　63262874
传　真:(010)63262619

董事长：单成良
副董事长：大久保周
总经理：大谷一英
广告负责人：王世杰
客户部经理：李晓新
媒介部经理：李志生

中国北京天鹅广告有限公司成立于1987年，是经国家对外经济贸易合作部、国家工商行政管理局批准成立的第一家中外合资综合性广告公司。本公司拥有健全的市场调查、策划、创意、设计、制作、代理发布及效果测定体系。

八年来，天鹅广告有限公司培养、集结了一批具有敬业精神且创造力十足的广告人，他们秉承"求实、负责、迅捷、卓越"的经营理念，努力为客户提供以策划为主导，市场调查为基础，创意为中心，媒介策略实施为手段，涵盖多个层面的全方位服务，同时积累了丰富的经验和诸多成功案例。

精心组织、精心企划、精心作业是精心的天鹅广告人奉献给客户的无法以价值衡量的服务。唯有精心方能博得客户永久的认同，我们用自己的知识、智慧赢得了人们对广告人的尊敬与信赖。谦虚、谨慎，学习同业之长，是我们的宗旨。我们坚信，只有在不断的进取中才能使自己的羽毛逐渐丰满！

看！一只令人瞩目的美丽天鹅正在中国广告界展翅翱翔！

中诚证券广告公司

地　址：北京海淀区西苑饭店5423房间
邮　编：100046
电　话：68341298　68341296　68341301
传　真：(010)68341301
负责人：陈立群
联系人：张洪禧

中诚证券广告公司是中国诚信证券评估有限公司的全资子公司。注册资金200万元，具有国内外广告设计、制作、代理、发布权。

本公司拥有一流的广告、策划、创意、制作人员。公司成员来自知名度很高的合资广告公司、中央新闻单位及西影、科影等电影制片厂。中诚证券广告公司成立以来，已有多项为企业策划的成功经历，并长期代理数家国内知名企业的广告业务。在企业界和广告界具有了良好的服务记录和一定的商誉，而与媒介的良好关系更是我们服务于企业的有力保证。

中诚证券广告公司与深圳证券登记公司合资建立了深圳亚星证券广告公司，在海南、湖南、湖北、广州、上海、宁波等地设立了业务代表处。

北京泛太平洋国际广告公司

地　址：北京市朝阳区北三环东路6号(中国国际展览中心院内)
邮　编：100028
电　话：64664433－2012
传　真：64671343
负责人：范贤镕
联系人：李杨松　陈永领
电　话：64664433－2032

北京泛太平洋国际广告公司隶属于中国贸促会和中国国际展览公司，是一家具有综合服务能力的国际广告公司。

公司人员均是多年从事国际展览、广告、设计、公关策划、新闻发布、声像制作、文字编辑和翻译的专业技术人员。

广告业务涉及国内外广告代理、广告策划、发布、设计制作、声像摄录和印刷等。

公司和国内外各种大众传播媒介都建立了持久密切的合作关系，有可靠的广告发布渠道；在户外广告方面，也拥有多种先进的载体和手段；公司地处中国国际展览中心院内，拥有展览中心广告业务的独家代理和经营权；在展览广告方面尤其有着得天独厚的优势。

为同国际大市场接轨，更好地为客户提供高质量的服务，本公司还与日本株式会社大广合资成立了大广太平洋国际广告有限公司(注册资金 423.3 万美元)。近期已正式对外营业。

北京蒙太奇广告公司

地　址:北京市新街口外大街 25 号
邮　编:100088
电　话:62259443　62254488-250
传　真:62250584
负责人:关迎时
联系人:钱月明　任俊生

北京蒙太奇广告公司系中国电影公司的子公司,成立于 1993 年,具有雄厚的经济实力、先进的技术设备和良好的商业信誉。本公司下设公关媒介部、业务部、技术制作部、市场部和财务部,不仅与各种媒体保持着良好的合作关系,而且具有较强的广告创意、策划、设计制作和市场调研能力,承接影视广告、平面广告及其它载体广告的设计、制作和发布业务,代理电视台、广播电台、报刊、杂志、各种户外广告及外商来华广告业务。

北京录像服务公司

地　址:北京市东城区崇内船板胡同 24 号
邮　编:100005
电　话:65244725　65249375
电　报:6780
负责人:刘平生
联系人:陶建英

北京录像服务公司隶属于北京市饮食服务总公司,系国营全民所有制企业,面向国内外承接各类资料片、专题片、广告片、科技片以及电视剧的摄制业务,并可提供单项业务,劳务服务。

北京录像服务公司为中央电视台广告代理单位,中国广告协会会员单位,可以代拍、代制、代送电视广告,收费标准按电视台标准执行,不另收手续费。

北京录像服务公司批零经销录像设备、材料,并设有录像设备维修业务。

北京录像服务公司一贯坚持“客户第一,信誉第一,质量第一”的经营宗旨。经过十几年的奋斗与开拓,现已拥有一整套先进的摄像录像、编辑、特技、录音复制等设备,有雄厚的编导、摄制、维修技术力量;从 1984 年开业以来,为国内外的客户提供广告整体策划,市场调查,信息反馈,设计、制作、发布、代理各类广告服务和为电视台送播十多部电视剧和电视节目。赢得了社会各界的信任和树立了企业的良好信誉。

北京录像服务公司,将一如既往地与国内外各地广告界、贸易界人士建立广泛联系,真诚合作,携手开拓影视、广告新天地。

北京正中广告公司

地　址:北京海淀区西土城路 4 号北京 8019 信箱
邮　编:100088
电　话:62053965　62055903
负责人:杜宇星
联系人:张洪波

北京正中广告公司系北大方正集团直属全民所有制全资专业公司。注册资金 200 万元。其前身是北大方正公关广告部。因为曾经是北大方正的广告部,因而我们有着广告主和广告代理商的双重身份,所以更能理解“合作与服务”的涵义,并将“服务”奉为公司的首要宗旨。公司下设财务部、客户部、调查策划部、制作装璜部、印刷展览部、媒介部、影视部等机构。

人员构成:策划人员来源于北京广播学院广告系和厦门大学新闻传播系。美工人员毕业于中央美院和广州美院并具有多年实践经验。管理人员毕业于北京大学等高等院校,具有较高的综合素质和优秀的管理才能。

在为北大方正宣传的过程中,我们已建立起一个包括新闻记者、广播电台、电视台及各大报刊广告部人员在内的庞大宣传网,并维持着良好的运作方式。我们目前正努力开拓海外市场,致力于中国市场调查、外商广告代理、中国商品及广告的海外发布和售展的工作。总经理杜宇星及全体员工诚望成为您值得信赖的伙伴，与您精诚合作，共同发展。

北京先奇广告有限公司

地　址：北京市海淀区学院南路68号汇智写字楼

邮　编：100081

电　话：68363356　62176622—2205

负责人：杜　宪

联系人：杨　波

常州先奇分公司

地　址：常州纺工大厦欣园写字间C座

电　话：(0519)8856014

北京先奇广告有限公司是杜宪女士凭借她对影视艺术的挚爱创办的。“先奇”汇聚了众多国内优秀的编剧、导演、摄影、技术、编辑，人才济济。创业至今，“先奇”完成了大量的业务工作，为众多企事业单位提供了最佳服务，帮助这些企业赢得了良好的社会效益和经济效益。

北京先奇广告有限公司经营项目：电影、电视片制作，音像制品录制、出版、发行，国内外广告的设计、制作、代理，自制文化娱乐服务，组织国际文化艺术交流。

北京彩银广告中心

地　址：北京市海淀区三里河路39号

邮　编：100037

电　话：68348934

传　真：68348934

负责人：孙　敬

联系人：朱立昇

我中心系机械部、机械工业出版社印刷厂下属全民所有制企业。我公司率先推广“透光彩”灯箱工程，所承制的灯箱遍及数省市，全部使用进口灯箱布，制作速度快，价格合理，并负责保修，因此深得用户好评。

我中心还可承接彩色印制、名片印刷、防伪印刷、组织展览会、销售进口灯箱布等项业务，欢迎接洽。

北京国佳新闻发展公司

地　址：北京市西城区月坛北街25号(国内贸易部三号楼)

邮　编：100834

电　话：(010)68392795　68391590

电　报：1444

负责人：张莉莉

联系人：徐少青

北京国佳新闻发展公司是国内贸易部主管的《中国物资报》社直属广告公司。《中国物资报》立足物资行业，服务生产企业，面向流通产业，渗透经济社会。被广大读者公认具有：权威性高、信息量大、报道面宽、专业性深、实用性强、服务性好六大特色。

北京国佳新闻发展公司除代理《中国物资报》的广告外，还与中央各部委和中央各报刊、电台、电视台均有业务往来。主要业务还包括：代理中外广告、影视广告及广告制作；举办展览、展销活动；从事图书、画册、期刊编辑出版；开办新闻专业人员培训，企业公关策划、经济信息咨询。同时兼营新闻办公设备技术开发和服务。

北京万达广告公司

地　址：宣武区虎坊路7号

邮　编：100052

电　话：63047202　63241394　63241804

传　真：63047202

负责人：孙　磊

联系人：柳　杰

北京万达广告公司是铁道部直属的全民所有制专业广告公司。经营、代理国内及外商来华广告。

目前，子公司已发展到六家，遍布在广州、海南、深圳、北京等地。是一个可信赖的高素质群体。

我公司经营全国铁路系统广告业务，承接企业整体策划，制作、代理。除在火车站及首都繁华地区设有大型户外媒体外，并代理全国各大媒体广告业务。同时，还与日本、台湾、瑞士、以色列、香港、新加坡等国家和地区的广告公司签有代理协议，我公司正在向国际化发展。

北京京铁广告艺术公司

地　址：北京市前门东大街20号前门铁路售票处三楼

邮　编：100006

电　话：65633938　65633948

传　真：65633938

负责人：韩国立

联系人：张木英

北京京铁广告艺术公司是综合性专业广告公司，经营北京铁路分局管辖范围内的火车站、旅客列车广告，承办国内外广告业务，并为您提供创意、设计、制作等一条龙服务。北京铁路分局地处首都，是贯通全国铁路运输的中枢，有200多个车站以及通往全国各地的近50对旅客列车。北京西客站开通使用后，将进一步提高北京地区的铁路运输能力，也必将成为一处新的广告黄金媒介。

铁路广告媒介多，传播快，覆盖面广，视听率高，是使您的企业获得成功的有效选择。

北京京海广告公司

地　址：北京市海淀区白石桥路33号

邮　编：100081

电　话：68419950

传　真：68421834

负责人：王永刚

联系人：李晋春

经营范围：

承办、代理、制作国内外影视广告、印刷广告、广播广告业务。户外广告的策划、制作、实施。橱窗、店面、店内街道各种展示的策划、制作。平面设计、包装、立体造型设计。

北京市房地产广告公司

地　址：北京市东城区北河沿大街甲141号

邮　编：100006

电　话：65129994　65233284　65233285

传　真：65233283

总经理：傅增杰

经营范围：

北京市房地产广告公司成立于1993年，是隶属于北京市房屋土地管理局的全民所有制企业。公司成立以来，借助于行业优势，开发了众多的户外广告媒体，并与国内外广告和媒体单位建立了广泛、密切的合作关系。公司目前开发的主要户外广告媒体有：北京前三门大街高层住宅楼、北京建外永安里住宅楼、北京蓝岛大厦；北京市城近郊区59个汽车加油站；北京市26个消防队车库屋顶等。公司设有客户、媒介、设计、印刷、展览等部门，为国内外客户提供全面优质的服务。

北京电子广告信息公司

地　址：北京市石景山区鲁谷路74号

邮　编：100039

电　话：68272840　68272841　68221122－2141/2142

传　真：68214391

总经理：王少东

联系人：金晓冬

北京电子广告信息公司成立于1989年，是我国电子行业唯一的一家专业广告公司，隶属于电子部情报研究所，是一家独立核算，自负盈亏，自主经营，具有独立法人资格的全民所有制企业。

公司下设：企划部、设计制作部、媒介部、公关部、办公室、财务部

·企划部：为您提供整体CIS方案、广告效果评估及大型活动的策划。

·设计制作部：为您提供全新的广告创

意、设计方案，通过与您的交流，制作出具有视觉冲击力的广告方案。

·媒介部：为您提供二十余家全国主要的电子媒介，以及二十余家全国范围的重要报刊，通过我们广告代理的“桥梁”协助您的事业发展。

·公关部：为您提供各类公关活动的服务，协助您完成组织会议、产品发布、选择礼品等方面的工作。

北京市三原色广告制作有限公司

地　址：北京市宣武区广安门内广义街黄楼106、107室
北京市宣武区广安门内大街337号
邮　编：100053
电　话：63184204　63043660
总经理：高群利
联系人：高群利
经营范围：

本公司是从事广告设计、广告制作的专业性公司。公司新增工艺画廊、系列防盗门、铁柜等多种经营项目。

精心设计、精心创意、精心制作、热情、周到、高质量地为各界客户服务是本公司的宗旨。敬请光临，欢迎合作。

北京罗什曼广告公司

地　址：北京市宣武区广内大街337号
邮　编：100053
电　话：63174222　63184204
负责人：李　云
联系人：孙　月

在广告市场激烈竞争的今天，我们没有响亮的承诺，还是那句老话：为人民服务。

北京新商广告发展公司

地　址：北京市东城区王府井大街255号(百货大楼内)
邮　编：100006
电　话：65126677—557　558
电　报：6590
传　真：(010)65133133
法定代表人：金光才
广告业务负责人：杨若冰
联系人：潘经慧
经营范围：

主营：经营，代理国内和外商来华广告。

兼营：信息咨询及相关的劳务服务，装饰装潢设计。

北京文心堂广告艺术有限公司

地　址：北京朝阳区惠新东街6号乡企大厦1005—1009室
邮　编：100101
电　话：64226841
负责人：杨小平
联系人：马　琳

文心堂跻身广告界时间虽不长，却已汇聚了一批人才。书生气质的背后，掩饰不住高深内功的深厚。虽不敢夸口与高手过招，却也亮得出几手绝活儿，足以自立门户。

本公司具备广告代理、设计、制作、发布职能，拥有广告策划、创意、制作专业人员，建立了良好的媒介关系。年轻的文心堂人秉承“团结协作，共同发展”的精神，以不断的进取和加倍的努力，赢得了客户的信任与支持。相信假以时日的文心堂，定能超越自身的局限性，向日臻完美的目标迈进。

北京八方广告公司

地　址：北京市西城区三里河东路8号
邮　编：100820
电　话：68538070　68531133—6233
传　真：68538070
法人代表：南自卫
经营范围：

北京八方广告公司成立于1992年，注册资金140万元人民币，拥有国内外的广告代

理权，经营范围广，从市场调查、信息咨询、设计制作到媒介发布，实行一条龙服务。同时承揽展览、印刷、户外广告、文体及公关活动的组织策划等各种业务，还经销广告礼品和有关商品。

八方广告，面向八方，依据对消费者的需求和愿望，并对竞争对手的优势条件，进行全面、准确、周到的分析，向您提供科学的市场定位报告，我们愿与广大客户结成血脉相连的整体，为共同建立美好的新世纪进行创造性的劳动。

北京龙歌广告公司

地　址：北京地安门外大街77号（后院）
邮　编：100009
电　话：64052904　64077346
负责人：武　征

一群来自影视界、新闻界的朋友，在经济改革的大潮中，不甘寂寞，在广告园地里，一曲“龙歌”将生命重新点燃，意在积毕生经验，发挥群体智慧，为国内外企业扬帆，共铸辉煌。

正是由于人才优势，才使公司在媒体、制作、策划诸多方面显露优势，活动旺盛。

龙歌，是北京三家电视台一级广告代理，并与全国许多省市电视台交往频繁。龙歌94年在北京有线电视台主办的周末黄金节目《龙韵星空》，95年与北京电视台合办的《说演弹唱》，收视率一直较好，电视专题片、大型电视剧的制作更是专长，15部专题片的播出反响不凡。为企业进行多媒体全方位策划，CI导入，且有影响力的大型社会公关活动、新闻发布、大型文体活动策划已为众人瞩目。主办的《共和国的儿女——老三届》大型综艺晚会，将'94知青年，推向高潮。龙歌“真诚、卓越、有效”的信条，结交了八方朋友。我们真诚地期望与国内外企业界各位朋友通力合作，共创辉煌。

北京市隆福广告公司

地　址：北京市隆福寺街95号
邮　编：100010
电　话：64012037
传　真：64013111
电　报：3316
负责人：高国良
联系人：张继伟、杨红玲、林桂英

北京市隆福广告公司隶属北京隆福大厦股份有限公司，公司实力雄厚，拥有专门的设计创作人员。公司愿为客户们的经营成功助一臂之力！

经营范围：

公司主要经营媒体有隆福大厦店内外的显示屏、灯箱、条幅、广告牌、霓虹灯、宣传画、印刷品、路牌等，同时代理国内和外商来华的报纸、影视、杂志、电台广告。代办新闻发布会，为各企业的宣传和销售进行策划。

隆福广告公司竭诚为您服务！

北京欣阳广告公司

地　址：北京西城区百万庄葡萄园1号
邮　编：100037
电　话：68349303　68321353　68338559
电　报：7633
负责人：李世荣
联系人：金忠利　朱鹤龄

满意、愉快——与北京欣阳广告公司合作之必然。

北京欣阳广告公司是为客户提供全面服务的专业化广告公司，经营、代理国内和外商来华广告业务。中国机电日报社确认我公司为其广告业务总代理，承办《中国机电日报》、《机电新产品导报》国内广告发布和外商来华广告业务。

我公司立足机械、电子、兵工、汽车、船舶、仪器仪表等行业，为企事业单位提供优质的CI策划，市场调查、定位；设计制作各类广告、产品样本、企业简介及各类宣传品；承制广告影视片和影视资料片，提供各种广告礼品。

“突破想象，拒绝平凡”是我们经营的理念，“把自己及客户的优点发挥到极至是我们努力的目标。

北京中润广告艺术公司

地　址：东城区东二环大雅宝路一号空军司令部招待所

邮　编：100730

电　话：(010)65220415　65220640

传　真：65256926

负责人：郑钧瀚

联系人：路培艺

经营范围：

本公司主营：国内外广告代理（包括影视、霓虹灯、灯箱、路牌、报刊杂志等等）。

兼营：设计制作广告礼品、彩色印刷、产品包装盒（袋）、工艺美术品等等。

北京同人广告公司

地　址：北京朝阳区花家地甲一号

邮　编：100015

电　话：64362605　64361144 转 2142

法人代表：马宝善

总经理：赵凤英

联系人：张金芝

经营范围：

设计制作、代理、发布国内及外商来华广告；承办展览会；广告业务咨询服务；销售工艺美术品。

北京凯奇广告公司

地　址：北京市西城区北礼士路甲 98 号西四楼

邮　编：100037

电　话：68349988－2182　2184　2126

传　真：68322046

北京凯奇广告公司系北京凯奇通信总公司全资子公司，注册资金 1100 万元。

・我们的素质：

二十多位受过高等教育的广告人，勤勉敬业，精力充沛，经验丰富，创意求实。

・我们的愿望：

我们渴望成功但更知道那应首先是我们客户的成功。

・我们的装备：

三维电脑创意、设计、输入系统；商业摄影创作系统；轻印刷系统；室内外装饰装璜设计、实施系统。

・我们的工作：

企业 CI、VI 设计；营销、广告、策划，代理；户外广告设计、制作；印刷品设计、制作；商业摄影创意、摄制；市场调查，信息咨询；公关活动的策划、代理。

・我们的承诺：

信任我们，我们将使消费者更信任你们。

北京回声企业策划拓展公司

地　址：北京市东城区和平里民旺南甲 18 号（北京市老干部活动中心北侧）

邮　编：100013

电　话：（010）64218517　64229771　64270167

传　真：(010)64218517

负责人：李文江　晓　林

北京回声企业策划拓展公司始终以“精美、新意、真诚”为企业精神，为广大企事业单位服务。

设计部：企业形象策划(CIS)、包括企业形象识别系统、设计制作、企业理念分析、企业行为规范及发展战略策划并组织实施。

装饰工程部：设计制作彩光广告装饰（透光彩）灯箱、大型户外广告牌、室内外装饰装修。

商贸部：产品营销服务，为企业产品开拓市场，提供全方位的营销方案、市场调查、代理服务、促销活动的组织及实施。

本公司拥有大批专业设计人才，具有多年设计制作经验，彩光广告装饰（透光彩）灯箱遍布首都大街小巷。为企业策划设计的标识被广为采用，并取得明显经济效益和社会效益。

公司同仁热诚欢迎社会各界来人来电洽谈合作。

北京市华人广告公司

地　址：宣武区铁门胡同21号
邮　编：100052
电　话：63041744
负责人：施建国
联系人：石青基

《首都经济信息报》华人广告公司是北京市工商局注册的专业广告公司，可承办国内外商社、企业及个人委托办理的下列业务：

一、办理《首都经济信息报》广告和代理国内各类媒体广告。

二、承接影视策划、制作、霓红灯、路牌、灯箱、空中广告的户外广告业务。

三、承办各种类型的产品介绍会、展销（览）会、新闻发布会，研讨会及其它促销活动。

四、主办本报《信息桥》栏目，内容广泛，手续简便。

五、提供各类经济技术项目及信息咨询服务。

六、承接印刷、礼品、装饰业务。

北京梅迪克广告公司

地　址：北京东城区东四西大街42号
邮　编：100710
电　话：65133609　65133311－365
传　真：65133608
电　报：5442
总经理：李德霖
联系人：文　燕

北京梅迪克广告公司系中华医学会所属中华医学音像出版社主办的全民所有制企业，具有独立法人资格。

主营：经营、代理国内广告，代理外商来华广告。

兼营：信息咨询，中介服务。

本公司配备成套先进的摄、录、编、特技、三维动画制作设备，具有熟练的广告创意、设计、制作和外语翻译人才以及平面和三维动画前后期制作能力。发挥中华医学会专家荟萃、信息畅通以及与医药卫生系统各单位广泛联系的优势，主要承接药品、医疗器械、保健食品和保健用品等广告。

主要媒体：中央电视台，中国教育电视台，北京电视台，中华医学音像出版社出版的医学教育、卫生科普音像制品，各级各类医药卫生杂志、报刊，大陆医药导报（发行台湾），中国医药导报（发行美国），中国新闻月刊（美），美南时报（美）等。

北京天奥广告公司

地　址：北京市海淀区车公庄西路35号花园写字楼225号
邮　编：100044
电　话：68474343
负责人：陈坚
联系人：陈坚

北京天奥广告公司是一个以广告创意和广告发布为中心、提供全方位广告服务的专业性广告公司。

·《中国汽车报》指定广告代理

我公司与中国汽车行业息息相关、紧密联系，可以向用户发布汽车行业最新讯息，提供汽车广告最优服务。

·与体育界联系密切

我公司有多次大型体育活动的策划、操作经验，可以承办从足、篮、排球到台球、围棋、桥牌等的各类体育比赛。并可请相关各界名人到场助兴，达到您所期望的目的和效果。

·承接外商来华及国内各类广告代理

我公司可以为您提供全面广告策划，制定最佳广告方案，选择最优广告媒介，获得满意宣传效果。同时承接广告效果调查和市场咨询等业务。

·专业设计制作水平

我公司拥有专业广告设计、制作人员，可以承接美术设计、广告摄影、电视广告片的创意及拍摄，承接宣传材料的设计、印刷，承办国内外展览、大型文体活动及其它业务。

北京天奥广告公司愿与您广泛交流，互通信息，增进合作，共同发展。

北京文经广告策划中心

地　址：北京市安定门外大街181号
邮　编：100011
电　话：(010)64229265　64229379
传　真：(010)64217305
总经理：周家奎
联系人：李永立　王　莉

北京文经广告策划中心隶属于人民邮电报社(对外也称中国集邮报社)，1995年7月成立，主要为《中国集邮报》代理广告及开展其他广告经营活动。

北京文经广告策划中心以促进中国集邮、收藏市场的进步繁荣，推动中外收藏文化和经济交流活动蓬勃开展，为中外企业借助集邮、收藏及其他文化活动宣传企业形象和推广产品营销服务为经营宗旨。

北京文经广告策划中心以《中国集邮报》为依托，设计、制作、代理、发布国内外产品广告和企业形象广告。

《中国集邮报》是中国集邮、收藏文化界权威的国家级大报，国内外公开发行，在海内外已拥有42万读者；在香港、台湾、美国有发行总代理。

北京通产广告公司

地　址：北京安定门外大街181号
邮　编：100011
电　话：64219568　64202703
电　报：04357
负责人：陈富荣
联系人：赵玉虬

北京通产广告公司隶属于国家邮电部机关报——《人民邮电》报。它全权代理《人民邮电》报、《邮电企业管理》杂志、《邮电商情》杂志广告业务。

北京通产广告公司立足通信全行业，依托《人民邮电》报，承接国内外通信企业的产品广告和企业形象广告，办理其它各类广告业务。

本公司愿为各通信产供销企业的发展助一臂之力。

《人民邮电》报是中国通信业权威的第一产业大报，国内外公开发行，每期发行量19万多份。

《邮电企业管理》杂志系中央级权威性的通信理论刊物，迄今为止已发展拥有百万邮电读者。

《邮电商情》是国内外公开发行的邮电商务杂志，是各通信企业全方位了解邮电通信发展趋势的必备刊物。

北京如意广告公司

地　址：北京复兴门内大街51号民族饭店2204室
邮　编：100031
电　话：66014466－2204
传　真：66059335
总经理：张燕生
经营范围：

本公司是1992年成立的一家为广告客户提供全面服务的综合性专业广告公司，经营国内广告，代理国内及外商来华广告业务，是北京广告协会会员单位之一。

电视广告是本公司的强项，我们曾先后为“四通集团”、“北大方正集团”、“双汇集团”、“天磁公司”、“富豪集团”、“中国联通”、“三宁空调”等国内著名企业制作和代理了广告业务。其中“北大方正企业形象电视广告”被中央电视台为建台三十五周年摄制的《CCTV－35周年》大型专题片作为经典广告收入。

对客户和消费者负责是本公司的第一宗旨，讲究真实，注重信誉是我们的一贯作风。我们将为广大客户提供卓越的创意和优质的服务。

“如意广告”祝您事事如意！

北京天达广告公司

地　址：北京大兴工业开发区内
邮　编：102600
电　话：69242970
负责人：杨风武
联系人：刘立丽
经营范围：

综合广告媒体代理；平面广告企划创意实施；路牌、霓虹灯、灯箱制作；汽球、展板、模型广告制作；电视、电台、报纸广告创意实施。

北京佳易广告公司

地　址：北京市南礼士路头条一号
邮　编：100820
电　话：68574078　68530499
传　真：68530499
负责人：刘贵增
联系人：黄　苏

北京佳易广告公司系全民所有制综合型专业广告公司，注册资金300万元，经营代理国内和外商来华广告业务。拥有九十年代国际先进水平的制作设备，包括美国SGI图形工作站，Wavefront三维电脑动画全套软件，Abekas数码磁盘录像机，高分辨率胶片记录仪等。

本公司聚集了一批具有卓越创意和丰富营销经验的广告专业人才。能为客户提供市场调研、广告策划、影视广告制作、平面设计和印刷、户外广告及媒介实施等一系列服务。

详细介绍请看本书彩广。

北京华艺广告公司

地　址：北京市海淀区紫竹院路10号
邮　编：100044
电　话：68456232　68456233　68456234
传　真：68410175
负责人：杨旭霞
联系人：马　琦

许许多多广告主让我们做广告代理，是因为我们懂得为他们如何花好每一分钱。

详细介绍请看本书广告页。

北京大众经纬广告中心

地　址：北京海淀区大慧寺19号院9号6层
邮　编：100081
电　话：62182755　62182739
寻　呼：62582288－11100
负责人：李　伟
联系人：李　京
经营范围：

设计、制作、代理、发布国内外广告。

详细介绍请看本书彩广。

北京天写广告公司

地　址：北京友谊宾馆乡园公寓62221房间
邮　编：100873
电　话：68498309
负责人：马全奎
联系人：姜　铭
经营范围：

经营代理国内和外商来华广告；技术开发、技术培训、信息咨询、广告设备租赁等，还致力于户外影视、印刷品等广告的加工制作；企业品牌、形象策划与推广；大型公关活动的策划；新型广告媒体与制作技术的开发研制和推广。

公司先后引进了3套计算机大型彩色喷绘系统——PAINT JET（米开朗基罗 V_4）、PAINT JET（米开朗基罗 V_5）、RAMBRAINT（伦伯朗），并拥有数套小型喷绘系统——NOVAJET。在户内外广告牌、灯箱加工制作方面，可为客户提供创意、设计、制作、安装全方位服务。

北京金海岸广告公司

地　址:北京市海淀区复兴路乙12号1009室

邮　编:100814

电　话:68514477—1009、1049

传　真:68515380

公司总经理、总策划:张春甫

联系人:卢幸子、马永平

北京金海岸广告公司是中国有色金属报直属的一家实力型的广告公司,具有高层次的策划、创意和制作人员,与众多媒体有密切联系,是企业通向市场的理想桥梁。

本公司现已接受中国有色金属报社委托代理其广告业务。有要在中国有色金属报上刊登广告的客户,请与我公司联系,本公司愿竭诚为您服务。

中央美术学院电脑美术工作室

地　址:北京朝阳区酒仙桥万红西街2号

邮　编:100015

电　话:64372931—361

传　真:65134140

负责人:张　骏

联系人:张　骏

经营范围:

中央美术学院为您培训电脑广告制作人才,并承接三维动画、平面设计、展示制作。

详细介绍请看本书广告页。

北京市广达汽车维修设备公司

地　址:北京市丰台区南三环西路洋桥西里(9区)32号

邮　编:100077

电　话:67297675　67297678　67293022

电　报:82968

负责人:王通业

联系人:王通业

北京市广达汽车维修设备公司系由北京市交通局汽车维修管理处和北京市公路运输协会联合投资组建的经济实体。于1992年8月3日开始营业。公司主要经营:汽车保修设备、检测设备、仪器、仪表、量具;汽车配件、五金工具;美国杜邦汽车喷(烤)漆,汽车其他涂料和喷烤漆房;各种国产、进口汽车用润滑油和美国温氏汽车维修保养系列产品等。

公司于1993年10月建立了丰台分公司,为美国杜邦漆在北京地区(河北省部分地区)特约经销总代理。主营:美国杜邦漆、涂料、涂装工具和汽车保修机具等。1994年10月建立了朝阳分公司,经营公司的汽车保修设备等全部品种。

围绕经营进行多种形式的咨询服务,定期举办汽车维修技术讲座、专题培训等。

公司下设有丰台、朝阳两个分公司,汽车保修设备、汽车油品和汽车配件3个经营部及财会、办公两个办公室。

公司以团结、开拓、求实、服务的方针为指导,不断扩大服务面,努力为用户提供优质服务。

详细介绍请看本书彩广。

北京京路广告公司

地　址:丰台区六里桥莲花池西里10号北京京石宾馆三楼

邮　编:100073

电　话:63479787

联系人:胡常青

北京市广告艺术公司

地　址:东直门内北小街青龙胡同1号

邮　编:100007

电　话:64041979

中国国际广告公司

地　址:北京建外大街12号5层

邮　编:100022

电　话:65061169

北京国安广告公司

地　址:祁家豁子华严里1号
邮　编:100029
电　话:62040565

中国民航宣传广告公司

地　址:灯市口大街东口同福夹道4号院47楼
邮　编:100006
电　话:65231566

电扬广告有限公司

地　址:复兴门内成方街33号
邮　编:100032
电　话:66077558

凤凰国际广告有限公司

地　址:西单北大街小酱房胡同36号
邮　编:100032
电　话:66023695

天联广告有限公司

地　址:朝阳区新源里6号京城大厦22层
邮　编:100004
电　话:64663318

新世纪广告有限公司

地　址:朝阳区安苑里1号院
邮　编:100029
电　话:64911266

盛世长城国际广告有限公司

地　址:西直门内南草场街甲11号
邮　编:100035
电　话:66184669－4674

长城国际影视广告有限公司

地　址:东城港澳中心写字楼5层
邮　编:100027
电　话:65011540

北京电通广告有限公司

地　址:朝阳区惠新东街8号
邮　编:100029
电　话:65061171

天马旅游开发有限公司

地　址:朝阳区安慧里三区9号楼1单元3层
邮　编:100101
电　话:64916556

华业电视咨询公司

地　址:王府井大街20号6层
邮　编:100006
电　话:65128632

友好广告有限公司

地　址:宣武门外大街甲1号二层
邮　编:100052
电　话:63072333

汇宇国际广告有限公司

地　址:王府井大街2号粤海皇都酒店320室
邮　编:100006
电　话:65136666－320

天和广告有限公司

地　址:朝阳区西坝河东里南区底商7号楼
邮　编:100028
电　话:64633502
负责人:尚恒德

大世界国际广告展览有限公司
地　址:建外大街外交公寓 1—3—71
邮　编:100600
电　话:65325840

科信广告有限公司
地　址:东直门外察慈小区 15 号楼
邮　编:100027
电　话:64616441

胜利国际广告有限公司
地　址:建外大街 24 号华侨村南楼 2 层
邮　编:100022
电　话:65150149

华圣国际广告有限公司
地　址:建外大街 24 号华桥村 2—3—2
邮　编:100022
电　话:65159520

时运国际广告有限公司
地　址:王府井大街 20 号电视大楼 4 层
邮　编:100006
电　话:65135263

海润国际广告有限公司
地　址:安定路 1 号奥体中心英东馆
邮　编:100029
电　话:64910485

麦肯·光明广告有限公司
地　址:东皇城根南街 84 号
邮　编:100006
电　话:65238013

中国国际人才开发中心
地　址:西城大觉胡同 50 号
邮　编:100035
电　话:66033055

通达商标服务中心
地　址:三里河东路 8 号
邮　编:100820
电　话:68529626

中外文广告中心
地　址:百万庄大街 24 号
邮　编:100037
电　话:68326056

中北信息公司
地　址:三里河路 44 号
邮　编:100045
电　话:68594473

中国商标事务所
地　址:展览馆路甲 1 号
邮　编:100044
电　话:68341664

中国工商企业咨询服务中心
地　址:展览馆路甲 1 号
邮　编:100044
电　话:68344264

中国中商广告公司
地　址:复兴门内大街 45 号
邮　编:100801
电　话:66038337

新兴国际信息广告中心
地　址:西三环中路 17 号 713 室
邮　编:100036
电　话:68516688—8713

北京燕兴装璜广告公司
地　址:台基厂大街 18 号
邮　编:100005
电　话:65247983　5125286

刘是广告有限公司
地　址:朝阳区安定路 1 号奥体中心体育场

邮　编:100029
电　话:64910908

北京二十一世纪广告公司

地　址:东城区东直门外新中街11号
邮　编:100027
电　话:64672121

北京飞龙城市广告公司

地　址:右安门外西头条10号
邮　编:100054
电　话:63292798

北京中轻广告公司

地　址:东长安街6号
邮　编:100740
电　话:65234373

北京艺剑影视广告公司

地　址:东城区东四十条21号
邮　编:100007
电　话:64031740

北京市京成广告艺术中心

地　址:海淀区白石桥路乙48号
邮　编:100081
电　话:68421284

北京地铁广告公司

地　址:东城区苏州胡同61号
邮　编:100005
电　话:65248670

北京国旅环球广告公司

地　址:建外大街28号旅游大厦906室
邮　编:100022
电　话:65158844－2903

北京青骑士广告公司

地　址:北京西单饭店116室
邮　编:100032
电　话:66032266－246
联系人:杨洪涛

北京新大陆广告公司

地　址:北京安外安华西里一区一号楼北座
邮　编:100011
电　话:64253014

中国邮政广告公司

地　址:朝阳区光华路50号
邮　编:100600
电　话:65083119

中北广告公司

地　址:朝阳区延静西里2号
邮　编:100025
电　话:65005599－2612

报纸类

人民日报(海外版)

地　址:北京市朝阳区金台西路2号
电　话:65092816　65091903
传　真:65092816－99
广告业务负责人:缪　真

人民日报海外版是中国共产党中央委员会的机关报,创刊于1985年7月1日,是中国向海外传播信息的权威的综合性中文报纸。海外版的主要读者对象是海外华人、华侨、台港澳同胞和中国在各国的留学生、工作人员以及懂中文的各国朋友。同时,供来华旅游、探亲、学术交流、从事经贸活动以及国内关心海外情况的各界人士阅读。消息翔实,栏目众多,图文并茂,雅俗共赏。

海外版奉行的宗旨是竭诚为海内外读者服务,做读者的知心朋友。它在北京编辑,周一至周四8个版,周五12个版,周六8个版,周日无报。除北京外,还远程传版到香港、纽约、旧金山、东京、巴黎、多伦多等地印刷,向世界80多个国家和地区发行。

欢迎订阅,欢迎刊登广告。

中国日报

地　址:北京市朝阳区惠新东街15号

邮　编:100029

电　话:64224488—2108,2103

传　真:64229911

联系人:朱绸娟

《中国日报》(CHINA DAILY)是我国唯一的中央级全国性英文日报,现在发行到海外150个国家和地区,是世界各国政界、金融界、企业界、经贸界、新闻界和文化界有影响力的高层次读者了解和研究中国的最直接的信息源。

中国日报社还出版《北京周末报》(Beijing Weekend)《21世纪报》(21st Century)两份英文周报。

广告业务范围:承办《中国日报》、《北京周末报》和《21世纪报》广告。此外中国日报下设的英闻广告公司,代理国内各类传播媒介广告、广告摄影、广告策划设计及制作、临时性的各类印刷宣传品。

经济日报

地　址:北京市东城区王府井大街277号

邮　编:100746

广告部电话:65232854　65125522转267、265

传　真:010—65232854　65125015

·《经济日报》是以经济宣传为主的全国性综合报纸,是党中央、国务院指导经济工作的重要阵地,是党中央直接领导的三大报纸之一。

·《经济日报》及时、正确、全面地宣传党和政府有关经济工作的方针、政策,报道经济改革、经济建设的新成就,新经验,新问题,探讨经济理论,传播经济信息,推广科技成果,反映群众呼声,介绍经济知识,同时还报道我国对外贸易和国际经济动态。

·《经济日报》与中央各部委有密切联系,在各省、市、自治区及部分计划单列市设有记者站,在国外19个国家派有常驻记者。报道信息面广,权威性强,尤以对经济热点问题的深度报道和评论、理论见长。

·《经济日报》报道内容涉及经济工作和经济生活各个方面,除国内外政治、经济要闻、重点报道外,还设有财政金融、工商贸易、农村经济、科技政法、台港澳侨、证券行情、民营经济等各类专版和《理论周刊》、《社会周刊》、《生活周刊》等专刊及不同副刊、专栏。内容丰富,具有可读性和实用性。

·《经济日报》在海内外公开发行。每周一至周五对开八版,周六、周日出版对开四版。

工人日报

地　址:北京市安外六铺炕

邮　编:100718

电　话:64254708　64219759　64211561—1121、1122

传　真:64219759

广告处负责人:牛大岐

广告业务负责人:张玉玺　王玉琴

《工人日报》创刊于1949年,是以经济宣传为重点的中央级综合性日报,从1995年1月1日起每周1—5出版对开八版,周六为4个版的《新闻周末》周刊,星期日4个版的《星期刊》,国内外公开发行。

《工人日报》在新闻报道上力求实效、信息量大并辟有多种副刊、专刊和多种栏目,内容丰富多彩,富有知识性、趣味性、服务性和可读性。

《工人日报》采用激光照排胶版印刷,除在北京印刷外,在全国设有15个卫星传版代印点。

《工人日报》自创刊之日即开设广告栏目，以其为广告客户传递信息及时、准确和优质的服务赢得了社会的赞誉。

欢迎惠刊广告。

中国青年报

地　址:北京市海运仓二号
邮　编:100702
电　话:64033961　64013619
传　真:64013619
负责人:李　军
联系人:王家齐

中国青年报是中国唯一一张全国性的青年报，每期发行100余万份，是国内发行量最大的报纸之一。

中国青年报每期八版。辟有要闻版、国内国际新闻版、体育新闻版和经济、文化、社会、生活、摄影、教育、军事、法制等专刊。信息量大，内容充实，贴近生活，可读性强。

中国青年报的主要读者是消费者中的最大群体——青年，因此，在本报刊登广告，是使您的产品走进中国最大消费群体的最佳媒介。

中国少年报社广告部

地　址:北京市东四10条23号
邮　编:100007
电　话:64053633　64032233－572,573
传　真:64053633
负责人:王国祺

在中国，大人有大人的报纸，孩子有孩子的报纸。大人的报纸随处可见，而面对一亿三千万少年儿童的权威综合性报刊只有：

中国少年报、中国儿童报、中国初中生报、中国儿童画报、中国少年文摘杂志。

中国少年报社所属的四报一刊，均开辟广告专栏，刊登各类与全国少年儿童有关的广告。

占领未来市场是企业家明智的选择。

中国质量报社

地　址:北京安定门外小关北里45号
邮　编:100029
电　话:64949542　64949535
负责人:万莉蓉
联系人:刘丽敏

中国质量报是国家技术监督局的机关报。由中国质量管理协会、中国质量检验协会、中国标准化协会、中国计量测试学会联合协办。江泽民总书记特为本报题写报名，现发行量居各行业报前列。

本报办报方针：发挥全国质量舆论阵地的作用，坚持面向市场、面向工商企业、面向消费者、打击假冒伪劣、实施舆论监督。传播商品、市场信息、知识，做企业、消费者之友。

中国商报社

地　址:北京市广安门内报国寺
邮　编:100053
电　话:63038648
传　真:63014829
负责人:李　止

《中国商报》是中华人民共和国国内贸易部主办的专业性经济类日报，国内外公开发行，重点刊登党和政府在流通领域的方针、政策，及时报道市场变化，开辟各类经济报道栏目，使读者了解最新经济形态、最新市场走向，最新商情要点，并展现生产、经营、投资、消费等各方面最新动态，以最快的速度传播商品供求信息，提供产销预测情况，为经营者、生产者牵线搭桥。

《中国商报》发行范围广，涉及整个流通领域，特别是商业、物资、粮食系统订阅普及率较高，是全社会民用商品、生产资料生产企业及消费者了解市场、推广产品的重要媒介。

《中国商报》是沟通工商企业的桥梁，可把您的商品信息带到全社会各个商业网点，使您获得最佳经济效益。

欢迎订阅　欢迎刊登广告。

中国企业报

地　址:北京海淀区紫竹院南路 17 号
邮　编:100044
电　话:68420501　68416622－291
传　真:68420501

中国企业报是由国家经贸委主管、中国企业管理协会、中国企业家协会主办的全国综合性报纸。本报为对开四版大报,每周二、四、六出版,国内外公开发行。

本报及时传达和宣传党和政府有关企业的方针政策、法规,反映企业和企业家的呼声,报道国家经贸委及各地经委的活动,传播国内外企业管理的新技术、新方法、新经验和各种经济技术信息。

欢迎刊登广告,本报将竭诚为您服务。

计算机世界报社

地　址:北京万寿路翠微中里 16 号三层
邮　编:100036
电　话:68259401～68259408(8 线)
传　真:68259410
负责人:申　瑶
联系人:汤宝兴

《微电脑世界》月刊(原《计算机世界月刊》)面向购买、使用计算机的管理人员、科研开发人员和计算机爱好者,以报道计算机技术和市场为特色,兼有知识性、实用性和鉴赏性。

《微电脑世界》的报道重点是国内外计算机新产品、新软件、新技术发展动态和趋势,各界科技人员开发、应用计算机系统的技术和经验,计算机评测报告、用机报告、购机要领、市场信息等。

《微电脑世界》的报道内容具有信息快、技术精、实用朴实的特点,通过 PC 世界、PC 应用、PC 市场和 PC 沙龙四大版块全面反映 PC 领域技术、市场机应用水平和技巧,实现应用计算机提高生产、工作效率和生活质量的目的。

《微电脑世界》为月刊,采用大 16 开国际标准开本,精印精装,每期 160 页以上,每月 7 日出版,1996 年定价 3.00 元,季价 9 元,半年价 18 元,全年价 36 元。北京市报刊发行局总发行,全国各地邮局均可订阅。

国内统一刊号:CN11－3642/TP,邮发代号:82－339

《计算机世界》报,国内外并重,取材广泛,是计算机界的权威刊物。我国计算机行业的科研、开发、生产、应用和供销、市场的最新动态,新产品、新工艺、新技术、新成果、新软件、新系统均在重点报道之列,以便为各级主管机关及信息处理部门的决策提供信息。世界各国计算机工业的新进展、新成就、新突破,通过 IDG 集团遍布世界各地的兄弟报刊,利用其国际专用通信网,及时向国内读者介绍国际动态,同时,通过 IDG 在世界各国的出版物宣传我国的发展成就。

《计算机世界》报,中美合资创办,周报,1996 全年 51 期,每期 4 开 160 版以上,单价 1.00 元,年价 51.00 元,邮购价每份 1.50 元。北京报刊发行局总发行,全国各地邮局均可订阅。

国内统一刊号:CN11－0132,邮发代号:1－28。

中国电子报社

地　址:北京石景山路 23 号
邮　编:100043
电　话:68861820　68861810
电　报:1204
社　长:许金寿
广告处长:权彦卿
中电广告公司经理:王甲申

中国电子报社出版《中国电子报》和《电子商报》。《中国电子报》是电子工业部主办的一张具有权威性的经济技术信息类行业报;《电子商报》是一张面向全国通讯和电子市场领域的经济技术类报纸。

我报社所属的中电广告公司可为其它媒介代理广告业务，并可为客户进行市场调查、广告策划、制作设计等。

中国文化报

地　址：北京雍和宫大街戏楼胡同1号
邮　编：100007
电　话：64035591　64035598
传　真：64035144
负责人：刘德一

《中国文化报》是文化部主办的全国唯一文化类综合性大报，在国外100多个国家和地区发行，国内发行覆盖全国省、地、县各级文化主管部门、各类文艺团体、艺术馆、图书馆、博物馆、文化馆、文化站、影剧院、新闻出版单位以及文化市场的歌舞厅、娱乐场、电子游艺厅、文化用品商店等。部队和各厂矿、企事业单位的宣传部门、工会、俱乐部等也都有订阅。《中国文化报》对开四版胶印，每周三、五、日在北京出版。邮发代号1—115。《中国文化报》竭诚为广告客户服务。

欢迎刊登，欢迎惠顾！

中国旅游报

地　址：北京建国门内大街甲九号（国家旅游局大楼内）
邮　编：100740
电　话：65138866—2106
传　真：(010)65236804
社　长：李先辉
总编辑：张永义

《中国旅游报》是国家旅游局主办的、我国目前唯一的全国性旅游专业报纸，创刊于1979年，是宾馆、饭店、旅行社、车船队、旅游景点、旅馆、餐饮等单位和各级旅游行政管理部门的广大干部、职工以及旅游爱好者自己的报纸。

《中国旅游报》为对开四版，报纸的一版为要闻版，主要发表消息、通讯、特写、评论和新闻图片、风光照片等。

二版以知识性、服务性为主，设有“旅游指南”、“锦绣中华”、“读者信箱”等栏目。

三版为综合性副刊，注重知识性、趣味性和文艺性，设有“笔苑”、“五花海”、“娱乐世界”等栏目。

四版是国际版，辟有“他山之石”、“海外名胜”、“异域风情”以及“港澳台旅游”等专栏。

《中国旅游报》为周四刊（每星期二、四、六、日在北京印发），每逢月末彩色印刷。国内外公开发行。国内代号1—40，国外代号D—690，每份0.30元，月价5.20元，季价15.60元，全年62.40元，全国各地邮局均订阅。

中国文物报

地　址：北京雍和宫大街戏楼胡同1号
　　　　中国文物报社广告部
邮　编：100007
广告电话：(010)64031144—2193
　　　　　(010)64010692
传　真：(010)64010693
负责人：彭卿云
联系人：解　冰

《中国文物报》由国家文物局主办。对开周报。面向国内外文物工作者和社会各界文物爱好者。宣传国家文物法令、政策，报道文物抢救维修、考古新发现和文物研究新成果，传播文物知识和文物保护管理经验，开展学术争鸣，交流国内外文物信息。副刊《文博苑》集科学性、知识性和趣味性于一体，图文并茂，雅俗共赏。

《中国文物报》面向文物系统，面向社会各界，面向世界各国。承办各行各业各类广告。价格优惠，服务周到，欢迎合作。

中国教育报

地　址：北京市海淀区文慧园北路10号
邮　编：100088

电　话:62257722—318
电　传:62243718
广告业务负责人:鲍　钢
经营范围:

在《中国教育报》上,承办国内广告业务,发布外商来华广告。

中国引进报社

地　址:北京西城区阜定街一号
邮　编:100009
电　话:66180012
传　真:66180092
广告公司总经理:王书彦
联系人:孙业亭

中国引进报由国家外国专家局主办,广泛介绍中国的引进政策,不断促进中外人才交流和经济合作。

中国引进报兼营国内外各类工商广告。

中引广告公司是中国引进报主办的广告公司。它是中国引进报的广告业务总代理。同时还可为企业代理其他媒体的广告业务。

详细介绍请看本书广告页。

中国有色金属报

地　址:北京复兴路乙12号
邮　编:100814
电　话:68514477—1049,1009
传　真:(010)68515380
广告业务负责人:卢幸子、马永平
经营范围:

在《中国有色金属报》上,发布国内和外商来华广告,承办分类广告。

中国石化报社

地　址:北京安外小关街24号
邮　编:100029
电　话:64266617　64266731—202,204
电　报:0029
负责人:何绍改
联系人:许维周

《中国石化报》是中国石油化工总公司的机关报。本报以服务振兴石化、为把石油化工建成支柱产业鼓与呼为宗旨,以近百万石化职工为主要读者对象。

《中国石化报》已覆盖全国石油化工生产、施工、销售企业和科研、设计、高等院校等事业单位,拥有广泛的读者,是百万读者公认的权威性高、信息量多、专业性强、服务性好、商品广告宣传效果佳的报纸。

中国民航报

地　址:北京东四西大街155号《中国民航报》广告部
邮　编:100710
电　话:(010)64012233—8068,8758
传　真:(010)64012233—8088

《中国民航报》是由中国民航总局主办的综合性行业大报,也是中国民航总局唯一指定的机上必配报纸。目前,本报发行于世界五大洲39个国家、97条国际及地区航线、630条国内航线和国内各机场。中国民航每年近6000万乘客,每两人一份,全国16万民航员工每3人拥有一份。同时还向国务院各部委、新闻单位、旅游部门、航空航天企业、航空客货代理公司、外国驻华大使馆、商社、外国航空企业驻华办事机构及中国民航各航空公司驻外办事处发行,《中国民航报》对开四版,彩色印刷,每周二、四、六出版,每期发行量16万份。

《中国民航报》每日面对数万中外各界的权威人士及决策者,是一张内容丰富、影响深刻、覆盖面甚广的精美报纸。您如希望您的业务在中国及世界市场上得到迅速发展和扩大,《中国民航报》将带您步入一个高层次的读者群,使您如愿以偿。

中国铁道建筑报广告经营部

地　址:北京市复兴路40号

邮　编:100855
电　话:(010)68285070　63228429
　　　78429(路电)
传　真:(010)63228469　(路电)78469
联系人:徐彦平　董立巍

《中国铁道建筑报》创刊于1948年。对开四版,周二刊,国内公开发行,是全国五大建筑行业报纸之一。主要承办工程机械、建筑机械、各类建筑材料等广告业务。

中国铁道建筑报是您理想的合作伙伴!

中国铁道建筑报伴您走向成功!

中国船舶报

地　址:北京月坛北街5号
邮　编:100861
电　话:68585428　68588833－752
传　真:(010)68581579
负责人:霍汝素
联系人:王振清

《中国船舶报》是我国船舶工业唯一向国内外公开发行的行业性产业报纸。它的宗旨是为振兴和发展我国船舶工业服务。

《中国船舶报》重点宣传我国发展船舶工业的方针政策和成就;报道国内外造修船及船用材料、船用设备、经营管理、科技教育等方面的动态、信息和经验;设有副刊,介绍舰船基础知识,刊登文艺作品、文摘等。

《中国船舶报》刊登国内和外商来华广告。

中国林业报社

地　址:北京市和平里东街18号(林业部院内)
邮　编:100714
电　话:64215840　64277762
传　真:64217380
负责人:黎祖交
联系人:杨玉兰

《中国林业报》、《中国林业》杂志由中华人民共和国林业部、全国绿化委员会主办,是全国林业行业唯一的综合性、权威性报刊。在全国各级林业行政、生产、森工企业、多种经营、园林绿化、科研院校及环境保护部门广泛发行。

《中国林业报》目前为周三刊,全国发行。

《中国林业》杂志为国际标准大16开本,月刊,国内外发行。

欢迎订阅。欢迎刊登广告。

国际商报广告部

地　址:北京方庄芳星园三区十四楼
邮　编:100078
电　话:67651302　67651301　67628419
负责人:宋红兴
联系人:薛　蓉

《国际商报》是由中华人民共和国对外贸易经济合作部主办的,对外经贸方面唯一的一张权威性报纸。她对外宣传我国改革开放的方针政策,独家刊载对外贸易经济合作部发布的政策法规,公布配额招标公告和结果,报道和评述世界经贸动态、市场行情及世经热点新闻,传播国际贸易和投资机会等最新信息,展示外经贸企业风采,指导全国对外经贸工作。

《国际商报》为每日出版,对开大报,国内外公开发行,目前已发行到130多个国家和地区。

《国际商报》深受中外企业家、实业家和经济贸易界人士的关注。它不仅是国外企业家开拓中国市场的最佳助手,也是中国经济特区、开放城市和各进出口贸易公司、各从事出口商品的企业、厂矿联系国际市场的桥梁和纽带,是向国内外传播信息的理想媒介。

《国际商报》广告部是本报经工商局批准的唯一经营广告业务的部门。该部下设国际广告业务室、国内广告业务室、广告制作室、内勤管理室,年广告经营额近千万元。在《国际商报》上刊登广告,覆盖面广,见效大,收益快,是您的明智选择。

新华每日电讯报

地　址：北京市宣武门西大街 57 号
邮　编：100803
电　话：总编室　63072641　63073257
　　　　经理室　63073350　63073965
　　　　广告部　63073979　63073411
　　　　发行部　63073389　63072032
　　　　公关部　63072642
　　　　计财部　63073367
传　真：63073441
电　报：1631

由新华通讯社主办的《新华每日电讯》报是一张以新闻报道为主体的、大信息量的综合性日报，堪称"消息总汇"。

《新华每日电讯》报每日出对开 8 版：

一版·国内国际要闻版，刊登国内外各类重大新闻

二版·工商经济新闻版，包括工业、商业、交通、财贸、金融各类新闻

三版·农业新闻以及台港澳消息

四版·政治、军事、民族、外事类新闻

五版·科技、教育、文化、卫生类新闻

六、七版·国际新闻和体育新闻

八版·各地报台新闻摘要和综合新闻

《新华每日电讯》报刊登新华社每天播发的国内、国际新闻和图片，堪称"消息总汇"。在现代紧张的生活节奏中，它是您认识中国、了解世界最有效的工具。

《新华每日电讯》报遵循党的基本路线，反映时代面貌，宣传改革开放，按新闻规律办报，追求迅速、准确、翔实和生动，向读者提供更快、更丰富的国内外信息。

《新华每日电讯》报胶版印刷，精心编排，图文并茂。

《新华每日电讯》报注重时效，刊载当日新闻。为使报纸尽快到达读者手中，《新华每日电讯》报当日卫星传版，在全国 14 大城市分印，国内外发行。

国内统一刊号：CN11－0209，国外发行代号：D1312，邮发代号：1－19；每份定价：0.55 元，每月定价：15.5 元，全年定价：186 元，全国各地邮局均可随时订阅。

科技日报社

地　址：北京市复兴路 15 号
邮　编：100038
电　话：68514042
电　报：1754
负责人：石励军
联系人：侯铁中

国家科委、国家科工委、中国科学院、中国科协联合创办

·国家发布科技政策、科技成果和统计资料的主要窗口。

·科技与经济、科技与社会、科技与文化的桥梁。

·为科技界提供全方位服务，为全社会提供科技服务。

·本报近百个栏目内容丰富多彩，令人赏心悦目。

科技日报开辟广告业务，欢迎国内外科技、工商等企事业客户刊登广告。

检察日报社

地　址：北京市石景山区京原路甲 4 号
邮　编：100043
电　话：68879307　68876061－521，524，525，528
广告业务负责人：杨振侠
联系人：韩　红

《检察日报》由中华人民共和国最高人民检察院主办。它高扬反腐倡廉的旗帜，向读者全方位地展示法制社会、尤其是人民检察机关保护人民、惩罚犯罪的业绩，使读者知法、懂法、守法，知道如何依法保护国家、集体、个人的合法权益。

《检察日报》对开四版，国内外公开发行，

在全国大中城市、部队设有记者站，报道迅速；在北京、长沙、西安、上海、哈尔滨等地同时印刷，发行及时，看报方便，欢迎广大读者订阅。

《人民检察》是最高人民检察院主办的政治、法律、检察综合性月刊，是中国法律类核心期刊。四封进口铜板纸彩印，每期 64 页，国内外公开发行。

《方圆》大型法制月刊，由检察日报社主办，以新闻、法制文学的和谐统一为高格调，拥有高水平的作者群和广泛的读者群。

《检察日报》社一报三刊，欢迎订阅，欢迎刊登广告。

健康报

地　址：北京市旧鼓楼大街双寺胡同 11 号
邮　编：100009
电　话：64014017
传　真：64014017
负责人：郑经国
联系人：谭国城、王亚民、王建福

健康报是中国卫生界久负盛名的全国性卫生新闻性报纸。它创刊于 1931 年，是中华人民共和国卫生部的机关报。

健康报除了及时、准确地报道党和国家的卫生方针政策、卫生医药界改革开放的新成就、新经验外，还翔实地介绍卫生事业发展动态、以及国内外卫生医药科学技术的新进展和新成就。严谨、庄重、真实、准确、信誉好，是本报一大特点。为人民的健康服务是本报的宗旨。

健康报为日报，每周出版六期，每日出版一大张四块版，日发行量近 50 万份。健康报是中国第一大卫生专业报，从中央到地方的各级政府部门、所有的医疗卫生机构以及乡、镇、村的卫生院、所、站和部队、厂矿企业、学校等普遍订阅《健康报》。世界五大洲、130 多个国家和地区均有健康报发行。

健康报是国内外医药、医疗器械、卫生用品生产厂家、经营公司及客户理想的广告媒介。

环球文萃报

地　址：北京金台西路 2 号
邮　编：100733
电　话：65092981　65092781　65091461
负责人：何崇元
联系人：何崇元

环球文萃报由人民日报国际部主办，是一份以报道国际政治、经济、军事、科技、文化、体育等为主的知识性、综合性周报。

本报在 33 个国家有常驻特派记者，一线采写世界各地热点事件。

本报被广大读者和新闻媒介列为最畅销和最受欢迎的周末报纸之一。

欢迎广告公司代理本报广告。

精品购物指南报广告部

地　址：北京市海淀区万泉庄 3 号
邮　编：100080
电　话：62577031　62548817
负责人：乔福刚

《精品购物指南》报是一张以传递最新的市场商品供求信息，介绍最新消费时尚，宣传科学购物消费知识为主的报纸。它既服务于普通消费者，是消费者生活的朋友、购物的参谋；又服务于工商企业，是工商企业宣传的阵地，促销的战场。

《精品购物指南》报辟有封面人物、综合新闻、消费新知、新潮专题、购物天地、绰约风姿、物业广场、甜甜家园、美食天地、广而告之、百货精品、汽车世界、电脑天地、玩的潇洒、时尚服装、健康人生、文化消费、读者之声、家用电器、体育看台、休闲娱乐、家居装饰、商情报价等专版。

《精品购物指南》报彩色印刷，1995 年四开 32 版，每周五出版，每份五角。

法制日报

地　址:北京市朝阳区花家地甲 1 号
邮　编:100015
电　话:64362605　64203746
广告业务负责人:赵凤英
经营范围:
　　在《法制日报》上发布各类广告(含外商来华广告),承办分类广告。

人民日报

地　址:北京市朝阳区金台西路 2 号
邮　编:100733
电　话:65092216

光明日报

地　址:宣武区永安路 106 号
邮　编:100050
电　话:63010636

解放军报

地　址:西城区阜外大街 34 号
邮　编:100832
电　话:68316350

北京科技报

地　址:海淀区北洼路甲 5 号
邮　编:100036
电　话:68417774－226

农民日报

地　址:朝阳区十里堡北里
邮　编:100025
电　话:65072102

中国妇女报

地　址:东城区东四西大街 155 号
邮　编:100006
电　话:6552160

中国老年报

地　址:西城区阜外大街 34 号
邮　编:100832
电　话:68318658

中国市场经济报

地　址:北京崇文区天坛东路甲一号
邮　编:100061
电　话:67016589　67034269

中华工商时报

地　址:北京崇文区金鱼池东街 10 号
邮　编:100050
电　话:67013562　67037138

消费时报

地　址:北京市朝阳区牛王庙
邮　编:100027
电　话:64672233－543　64631287

国际电子报社

地　址:北京 750 信箱国际电子报社
邮　编:100039
电　话:68852110

中国交通安全报社

地　址:北京方庄芳里园三区 15 楼
邮　编:100078
电　话:67633344－225

中国职工技术导报

地　址:北京安定门外六铺炕工人日报社内
邮　编:100718
电　话:64211561－285

中国花卉报

地　址:北京王府井大街 277 号
邮　编:100746

电　话:65125044　64036242

中国石油报

地　址:北京市六铺炕石油部
邮　编:100724
电　话:62095590

为您服务报

地　址:宣武区莱市口教子胡同8号4楼
邮　编:100053
电　话:63031343　63045053
联系人:刘　军

广播电视类

北京人民广播电台

地　址:北京建国门外大街14号
邮　编:100022
电　话:65159028
广告联系人:徐志宏

北京人民广播电台创建于1949年2月2日,是中国建立比较早的省级地方电台。

北京人民广播电台总播出功率156千瓦。现用7套频率播出。共办有386个固定挂牌节目。每天播音120小时。是中国实力比较强的电台之一。

北京人民广播电台的覆盖范围除北京市以外,还可覆盖河北、天津、内蒙古、山西、山东、辽宁等省市的部分地区,可服务人口达5000万左右。

北京人民广播电台始终坚持全心全意为听众服务的宗旨。尤其是近两年来,为了适应改革开放新形势的需要,更好地发挥广播作为党和政府联系群众的桥梁和纽带作用,更好地为听众服务。根据广播特点大胆进行了以综合台与专业台相结合为架构,以主持人直播为主要形式的系列台改革。目前已建成7个专业台:新闻台、经济台、音乐台、儿童台、交通台、文艺台、教育台。

北京人民广播电台系列台的改革,进一步明确了为经济建设服务的方向,加强了新闻的时效与力度;增大了信息量,延长了播音时间,突出了听众参与,给广播带来新的生机。京城一度形成广播热。据北京市统计局抽样调查,电台一些重点节目的收听率高达90%左右。

改革也推动了创收工作。1979年北京人民广播电台广告从业人员只有4人,现在不仅人员发展到24人,而且还成立了一家合资广告公司。广告等收入也从1988年的80万元,增长到1994年的1400万元。1995年可突破2000万元。

中央人民广播电台

地　址:西城区复外大街2号
邮　编:100866
电　话:66092522

中国国际广播电台

地　址:海淀区复外大街
邮　编:100866
电　话:6866170

中央电视台

地　址:北京市海淀区复兴路11号
邮　编:100038
电　话:6862561

北京电视台

地　址:海淀区皂君庙甲2号
邮　编:100086
电　话:62015585

北京有线电视台

地　址:北京建国门外大街14号
邮　编:100022
电　话:65158178

杂志类

今日中国(原名《中国建设》)

地　址:北京百万庄路 24 号
邮　编:100037
电　话:68326089　68326644—4110
传　真:68328338

《今日中国》杂志是由已故国家名誉主席宋庆龄于 1952 年创办的综合性、多语种对外报道月刊。现以英、法、西、德、阿、中六种文字、七个版本出版,发行 150 多个国家和地区。

《今日中国》杂志以多角度、多视野报道今日中国的经济建设、文化艺术、体育卫生、科学技术、政治社会、少数民族和人民生活等内容,还介绍旅游风光、文物考古、历史地理等基本知识。

订阅办法:

请您到当地邮局订阅。代号是:英文版 2—919,汉文版 2—918,法文版 2—927,西文版 2—926,德文版 2—943,阿文版 2—935。

您也可将本订单和订费寄我社开拓发行部,我部收到您的订单订费后,即给您办理入订手续。

订价:每本 2.40 元　全年 28.80 元,亦可破年订阅。

国际广告

地　址:北京建国门外大街 12 号 4 层
邮　编:100022
电　话:65063490
传　真:65921942

俯视当代市场断杀
集粹中外营销诀窍
介绍伟大创意精华
传递信息咨询珍向

《海外文摘》杂志社

地　址:北京西四北五条 26 号
邮　编:100034
电　话:66033920
负责人:介　挺
联系人:王林平

《海外文摘》杂志是专门刊登海外与台、港、澳信息的综合性中文月刊。本刊行销全国,目前拥有 200 万常年读者。

本刊设有海外华人、人物春秋、台湾万象、世界商情、消费新潮、环球采风、体坛内外、海外新产品、新设计、人生百味、影视歌坛、科技新知、婚恋与家庭、经营之道、广角镜、文学之页等二十几个栏目。中间有 8 页彩色插图,选登海外及台、港、澳的精彩图片。

本刊从 1994 年起开辟 6 个彩色广告版面,开展刊登国内外广告业务。

商业周刊/中文版 — Business-Week/China

地　址:北京安定门外大街东后巷 28 号
邮　编:100710
电　话:64215625
传　真:64219392
负责人:曾凡勇
联系人:张　桦

《商业周刊/中文版》创刊于 1986 年,由美国麦格劳·希尔出版公司与中国对外经济贸易出版社合作出版。

本刊内容全部选择自美国 Business-Week(商业周刊)原版文章,旨在传播介绍世界经济、贸易、商品、投资、市场、金融、营销、科技和新兴产业、社会问题等权威信息。本刊有助于中国企业决策者掌握市场行情和提高企业管理水平,是中国的管理人员、经贸界人士、科技人员、师生学者等各界读者不可多得的参考读物。本刊采用高级铜版纸彩印,图文并茂,装帧精美。本刊愿成为中国企业参与市场竞争,走向世界的得力助手。

《大众电影》杂志社

地　址:北京市北三环东路 22 号
邮　编:100013
电　话:64217845
传　真:64216415
主　编:蔡师勇

《大众电影》月刊由中国电影家协会主办,《大众电影》编辑部编辑,本杂志社出版,国内全国各地邮局发行,国外由中国国际图书贸易总公司发行。

《大众电影》是中国拥有最多读者的普及性电影刊物。

《大众电影》遵循"文艺为人民服务,为社会主义服务"的方向,贯彻"百花齐放、百家争鸣"的方针。

、《大众电影》侧重普及电影知识,报道影视动态,为介绍中国电影和促进国际电影文化交流服务。设有银座、银海短波、影人行踪、银河之星、新片评介、新片橱窗、外景地、外面的世界、导演之页、台港娱乐圈、影迷天地、世界电影、读者点登等栏目。图文并茂,有彩色画页 32 页,铜版纸精印,正文 32 面。

本刊在中国中央电视台举办的 1994 年"青少年影视文化兴趣问卷调查"活动中被评为"青少年最喜欢的中国杂志"。

本刊每年举行一次《大众电影》百花奖的观众评选活动,评选上一年度最佳中国影片和最佳男、女演员,迄今已举办了十九届。

本刊的读者对象,以关心中国电影事业和创作动态的电影爱好者与电影从业人员为主。

本刊 16 开本,64 页,每月 1 日出版,国内每册 4.20 元,国外每册 5.00 元。

经济研究杂志社

地　址:北京阜外月坛北小街 2 号
邮　编:100836
电　话:68584153
负责人:路　勤
联系人:欧　宏

《经济研究》向国内外公开发行,拥有众多的读者面。它是经济领导决策者、经济理论研究和教学工作者、经济工作者和企业家,以及一切关心国内国际经济问题、有志于钻研经济理论的广大干部群众不可缺少的读物。

经济研究杂志承办国内外广告,发布外商来华广告。

北京电视电声杂志社

地　址:北京市朝阳区酒仙桥北路甲 2 号
邮　编:100015
电　话:64363131－532、533
电　报:北京 4732
负责人:程广环　宝靖华　李春兰
联系人:王亚克

该社是电子工业部电视电声研究所主管的出版单位,下设《电视技术》编辑部、《电声技术》编辑部、广告部。广告策划主管:程广环、宝靖华、李春兰,业务经理:王亚克。杂志社通过《电视技术》《电声技术》承办国内广告,发布外商来华广告。两刊都是国内外公开发行的中央级科技月刊,每月发行量数万份,兼容技术性、科普性、学术性为一体,在电视、电声界久负盛名,在电子部、国防科工委、国家科委历次组织的科技期刊评比中次次获奖,是国我广播电视、电声工业领域的核心期刊。《电视技术》月刊以电视机、录像机、电视唱机、电视游戏机等家用影视产品为中心,包括广播电视和电视应用整个视频领域,除跟踪高清晰度电视、多媒体技术等新技术外,本世纪内以有线电视、卫星电视、电视节目制作设备等为重点。《电声技术》月刊以收音机、录音机、电唱机、家庭音乐中心等家用音响产品为中心,包括广播电声、通信电声和电声应用等整个声频领域,本世纪内以激光唱机、卫星通信、可录光盘、综合服务性数字网等数字音频范围为重点。欢迎国内外客户在两刊刊登电子产品及书刊广告。

《家用电器》杂志社

地　址:北京市西城区月坛北小街六号
邮　编:100037
电　话:68581220
电　报:4222
广告负责人:张　涵

《家用电器》杂志为国内外公开发行的科普月刊。其特点:普及家用电器知识,介绍使用维修经验,报导国内外新产品、新技术信息。

读者对象:广大消费者、维修人员、家电爱好者及生产厂家。

经营范围:承办和发布国内外家用电器产品广告。

北京《家电维修》杂志社

地　址:北京东城区东四13条73号
邮　编:100007
电　话:010－64072644
负责人:陈　忠
联系人:朱洁玲

《家电维修》创刊于1989年。历时7年,订户连年剧增,已成为中国家电类权威的维修专刊。

求新务实,销量最大,读者誉之为:"案头必备"。

内容丰富,栏目众多,多层次,大容量。大小家电,从电视机、音响到小家电,应有尽有。

通过本刊,帮助专业人员分析故障,提高维修水平;为爱好者提供各种维修技巧,"维修千方";为初学者提供"跟我学维修"、"师傅带徒弟"。

建筑技术杂志社

地　址:北京市复兴门外南礼士路19号
邮　编:100045
电　话:68532554
传　真:68533576
负责人:许庆相
联系人:焦　莲

本社编辑出版《建筑技术》和《建筑工人》两本月刊。《建筑技术》是以建筑业的中上层科技人员和管理人员为主要对象,本刊连续三届被评为北京市优秀期刊,并荣获华北地区十佳期刊称号和首届全国优秀科技期刊二等奖,发行量在科技期刊中名列前茅。《建筑工人》是以建筑业全员职工和建筑爱好者为读者对象,发行量连续15年居全国建筑类刊物之首。两本杂志以推动我国建筑业技术进步为办刊宗旨,受到建筑职工的普遍欢迎。

《建筑技术》和《建筑工人》杂志承办与建筑业有关的国内产品广告,发布外商广告,信誉可靠,效果显著。

中国电子学会广告经营部

地　址:北京市海淀区玉渊潭南路普惠南里13号楼
邮　编:100036
电　话:(010)68233303　68233159
电　报:4881
广告负责人:蔡土根
联系人:张景燕　张　彬
经营范围:

承办《电子世界》、《电子学报》和《电子科技导报》杂志国内广告,发布外商来华广告。

《无线电》、《高保真音响》杂志社

地　址:北京东城区朝内南竹杆胡同111号
邮　编:100700
电　话:65130979　65138161
负责人:李　军
联系人:郭莉莎

《无线电》是青少年的良师益友,无线电技术人才的摇篮。以普及无线电电子技术知识,培养电子科技人才为宗旨。每月11日出版,国内外公开发行,全国各地邮局均可订阅。

《高保真音响》科学地、正确地引导"发

烧”,介绍国内外音响技术、音响知识,荟萃国内外音响、音乐精品,提高广大音响、音乐爱好者的音响技术水平和音乐欣赏水平。每月8日出版,全国各地邮局均可订阅。

中国纺织出版社

地　址:北京市东城区东直门南大街四号
邮　编:100027
电　话:64168239　64168241
负责人:王伏生

中国纺织出版社是中国纺织总会所属的专业出版机构,创建于1953年。下设四个图书编辑部和一个期刊编辑部、发行部及其他职能处室,并建有印刷厂。

本社主要出版纺织、服装专业图书,包括高、中等纺织院校和技工学校教材,学术理论著作、词典、手册、科普读物,生产技术、经营管理等类图书。

《风采》月刊是由我社主办出版的汇集世界名牌服饰、弘扬中华民族风采的现代化服饰杂志。本刊承办国内外有关服饰与美容化妆品等广告业务。

中国纺织出版社将热诚为社会各界服务。

中国地图出版社

地　址:北京市宣武区右内白纸坊西街3号
邮　编:100054
电　话:63034931—2152　63031961
电　报:1955
广告负责人:陈建华
联系人:徐建春　刘淑英
经营范围:

在本社出版的地图上发布国内外广告。设计、制作印刷品广告。

中国制浆造纸工业研究所《中国造纸》编辑部

地　址:北京市朝阳区光华路12号
邮　编:100020
电　话:(010)65060022—3105
传　真:(010)65005677
电　报:0061
广告业务负责人:李　萍
经营范围:

《中国造纸》双月刊,承办国内广告,发布外商来华广告。

中国花卉盆景编辑部

地　址:北京市地安门内大街41号
　　　(北京市少年宫对面大院)
邮　编:100720
电　话:64059573
传　真:64017312
广告业务负责人:张　凡
经营范围:

承办《中国花卉盆景》杂志有关国内广告业务。

《中国花卉盆景》是中央级专门介绍花卉盆景知识的科普月刊,也是国内同类刊物中发行量最大的,集科学性、知识性、实用性、文学艺术性于一体,内容充实、图文并茂、风格新颖、印刷精美。16开本,内文48页,彩页12页。全国各地邮局均可订阅,每册4.20元,邮发代号2—573。

中国循环杂志

地　址:北京市西城区北礼士路167号
邮　编:100037
电　话:68314466—564
广告业务负责人:朱燕嫣
经营范围:

在《中国循环杂志》上,承办国内外与医疗卫生有关的产品广告。

中医杂志社

地　址:北京市东城区北新仓18号
邮　编:100700

电　话:64035632　64014411—3036
传　真:64013971
负责人:黄宏昌
广告业务负责人:刘振海
经营范围:

在《中医杂志》上,承办国内与医学有关的广告及发布上述范围的外商广告。

《中医杂志》创刊于1955年,由中国中医药学会和中国中医研究院联合主办。《中医杂志》英文版、日文版、西班牙文版、意大利文版、比利时文版、德文版和韩文版的出版,促进了中医药学术的国际交流,扩大了中医药在国外的影响。

新体育杂志社

地　址:北京市体育馆路8号
电　话:67112601
电　报:7178
广告业务负责人:宋龙佳
联系人:郑京燕　冯小飞
经营范围:

在《新体育》、《武术健身》、《健康之友》、《围棋天地》、《中国排球》、《体育文摘周报》五刊一报上,承办国内与文化体育有关的广告,刊登上述范围的外商广告。

旅游杂志社

地　址:北京东城区霞公府街13号
邮　编:100006
电　话:(010)65134102
负责人:王桂林
联系人:王桂林　杨乃运

《旅游》是旅游企业的参谋、助手,是各地航空公司、旅游列车、宾馆、饭店、旅游景区、旅游商店的必备刊物。一册《旅游》在手便可神游五洲。《旅游》是我国创刊最早,发行量最大的旅游月刊。她面向旅游企业和旅游爱好者,介绍中外风景名胜、民俗风情、奇闻轶事、历史掌故;她陶冶情操传播知识,报道国内外旅游业动态。《旅游》图文并茂,生动活泼,富于知识性和趣味性。

经营范围:

承办国内广告,发布外商来华广告。

法学杂志社

地　址:北京市崇文门西河沿甲215号
邮　编:100051
电　话:65125323
负责人:周恩惠
联系人:周彦兰

《法学杂志》双月刊是我国历史较久的法学刊物(属于一级刊物),彭真同志题写刊名。发行于国内外。这份刊物,充分利用首都法学家荟萃的优势,立足北京,面向全国,享有较高声誉。《法学杂志》积极推荐我国法学研究新成果,及时报导司法实践的新经验,博得全国公、检、法和广大法学爱好者的青睐。

本刊于封四、封三专门承办各种黑白广告,价格优惠。要求:广告内容货真价实,符合国家有关法律规定。

中国农村杂志社

(原名农村工作通讯杂志社)

地　址:北京市海淀区复兴路61号
邮　编:100036
电　话:68259395
社　长:白富才
总编辑:周鸿飞
联系人:董祐明

中国农村杂志社(原名农村工作通讯杂志社)是全国性的新闻出版单位,目前编辑出版面向全国农村干部的政策性月刊《农村工作通讯》、面向全国农民的文摘性月刊《农民文摘》和外向型农村期刊(双月刊)《中国农村》三种刊物。目前,月发行量300余万份。

中国农村杂志社广告部承办《农村工作通讯》、《农民文摘》和《中国农村》杂志国内广告,发布外商来华广告。

开户行：北京工商行翠微路分理处，帐号：046207－64 收款单位：中国农村杂志社。

民主与法制社

地 址：北京西城区新街口航空胡同32号
邮 编：100035
电 话：66186234
负责人：王厚德
联系人：刘 巍

民主与法制社办有《民主与法制》杂志（半月刊）和《民主与法制》画报（周报）。此一报一刊均为全国发行量最大的法制类报刊之一。愿与全国各地广告公司、新闻媒介机构建立密切的协作关系，并力争提供高质量的广告服务。热诚欢迎国内外广告客户在本社一报一刊刊登广告。

时装杂志社

地 址：北京市东城区北河沿大街105号
邮 编：100006
电 话：65123338－652 65120378
传 真：65120378
电 报：4942
负责人：王 瑞
联系人：王东亮

《时装》自八十年代初随改革开放的号角应运而生，十几年来，作为服饰文化的传播者得到了广大读者的厚爱。《时装》应广大读者要求，自94年春季改为装帧精美的大16开国际流行规格版本。

《时装》从96年起改为双月刊，正文采用双色印胶版纸，中心彩页使用进口铜版纸印制，总页数增至88页，信息量大大扩充，更显绚丽多彩。每册国内定价为12元。

改刊后的《时装》专栏增加，品味提高，集时尚、文化和艺术于一体，但仍以报导国际流行趋势为主，是读者了解世界服装大潮的窗口，也是广大服饰爱好者交流信息的园地。

有色金属编辑部

地 址：北京西直门外文兴街一号
邮 编：100044
电 话：68322211－4409、4412
广告业务联系人：马秀卿

北京矿冶研究总院编辑出版《有色金属》（包括矿山、选矿、冶炼三个双月刊和季刊）、《国外金属选矿》以及《中国无机分析化学文摘》。

各刊辟有广告专栏，欢迎广为利用。

机械工业部北京机电研究所

地 址：北京市海淀区学清路18号
邮 编：100083
电 话：62017766－318或310（热）
62017766－253（锻）
传 真：62017108
电 报：2333
广告负责人：樊东黎
联系人：吴惠文（热） 刘辛荷（锻）
经营范围：

在《金属热处理》、《锻压技术》杂志上，承办国内与本刊专业有关的广告，刊登上述范围的外商广告。

劳动部锅炉压力容器安全杂志社

地 址：北京东直门外牛王庙
邮 编：100027
电 话：64665588－241、211
电 报：6938
负责人：施惠瑞
广告负责人：隋 晶

《中国锅炉压力容器安全》杂志系劳动部主管、劳动部锅炉压力容器检测研究中心和中国锅炉压力容器检测协会联合主办，国内外公开发行的综合性技术刊物。期发行量近1.5万册。以全国从事锅炉压力容器安全监察、检验、设计、制造、安装、运行管理人员、广大操作人员、中高等院校的专业师生及社会各界人士为阅读对象。本刊开展广告业务，包括锅炉压力容器及其安全附件、有关检测仪器设备、无损探伤仪器设备、锅炉水质处理的产品、工艺技术、科研成果、专刊宣传等。

本刊16开64页，双月刊，单月25日出版。

《石油炼制与化工》

地　址：北京学院路18号
邮　编：100083
电　话：62019183
电　报：5075
负责人：王秉钺
联系人：李孝斌

《石油炼制与化工》(月刊)是经国家科委批准的全国综合性重点科技期刊，受到各级领导的关心和支持。曾连续3次被评为中国石化总公司优秀科技情报成果一等奖，2次获中国石化总公司科技进步三等奖，北京全优期刊，获国家科委、中宣部、国家新闻出版署联合评比全国优秀科技期刊二等奖。被国家科委指定为"核心期刊"，被世界权威性检索期刊《工程索引》(EI)、《化学文摘》(CA)和美国石油学会《API文摘》大比例地收录，经计算机国际联机检索，收录率均在80%以上。国内发行量位于同类刊物的前列。本刊大16开，国内外公开发行。

热情欢迎各企业在本刊上宣传自己的新技术、新产品。我们将竭诚为您服务。

金融电脑杂志社

地　址：海淀区复兴路沙沟168号
邮　编：100036
电　话：68217775
联系人：高红

《国际贸易问题》杂志社

月刊广告业务

地　址：北京朝阳区惠新东街对外经贸大学
邮　编：100029
电　话：64225522—2402/2403

《中国标准化》编辑部

地　址：北京市西城区月坛北小街二号3号楼
邮　编：100837
电　话：68312688

航空知识杂志社

地　址：北京市学院路航空知识杂志社
邮　编：100083
电　话：62017322　62017247

青少年读书指南

地　址：北京前门东大街10号
邮　编：100051
电　话：65016655—5303

中国青年杂志社广告部

地　址：北京市西城区官园育强胡同甲22号
邮　编：100034
电　话：66051035　64661330

《工业建筑》编辑部

地　址：北京市海淀区西土城路33号
邮　编：100088
电　话：62015599—3511、3510

北京市畜牧局《当代畜牧》编辑部

地　址：北京市德外冰窖口75号
邮　编：100088
电　话：62014549

中国交通年鉴社

地　址：北京市东城区东四什锦花园胡同23号
邮　编：100007

电　话:64014601

天　津　市

公司类

天津市广告公司

地　址:天津绍兴道21号
邮　编:300203
电　话:3303393　337634
传　真:3317045
电　报:TJAC
经　理:孙宝成
副经理:袁玮大
联系人:巩　固

天津市广告公司隶属于天津市对外经济贸易委员会,具有独立的法人资格,是对外经济贸易专业广告公司。

公司下设市场调查部、创作部、出口广告部、来华广告部、国内广告部、开发部、展览部和业务部等部门。拥有一批具有现代广告意识和素质的广告专业人才,在国内外摄影、展览、广告作品等多次比赛中获奖。

经营范围:

本公司代理和承办天津市及其他省市出口商品在世界各地的各项广告业务;代理和承办世界各国家地区的广告公司和工商企业在中国的各项广告业务;代理和承办国内广告业务;承办广告样本、目录、画册、包装、企业简介等各类印刷业务;承办进出口商品出国及来华的展览会、展销会、品尝会等促销活动;经营有关广告器材、用品、图书、报刊资料的进出口业务。

天津市美术广告公司

地　址:南开区东马路152号
邮　编:300090
电　话:7350298

天津市国际广告公司

地　址:和平区建设路84号4楼
邮　编:300040
电　话:302928

天津市广告策划中心

地　址:天津市南开区顶堤迎水道100号
邮　编:300191
电　话:364698

天津市五环广告公司

地　址:河西区解放南路郁江道33号
邮　编:300221
电　话:285378

天津联谊广告有限公司

地　址:天津经济技术开发区
邮　编:300061
电　话:342222

天津新华快讯屏幕广告有限公司

地　址:天津市河西区友谊路38号
邮　编:300061
电　话:(022)8359597　8359600

天津杰臣广告有限公司

地　址:天津市河西区友谊路宾水道

天津宾馆会议楼三楼
邮　编:300061
电　话:8354575　8354519　8351238

天津市天龙广告公司

地　址:天津市河北区新纬路1号(铁路天津站内)
邮　编:300010
电　话:(市电)2340991　4305193
(路电)31762

天津铁路分局天列广告公司

地　址:天津市河北区民生路19号
邮　编:300010
电　话:(022)4304187　(022)6365714
路电(82)31552

埃迪亚都广告有限公司

地　址:天津市河西区台湾路2号
腾达大厦五楼
邮　编:300202
电　话:2386930　2386932

报纸类

天津日报广告处

地　址:天津市河西区大沽南路873号
邮　编:300211
电　话:8201158　7301168
传　真:8201186　7301168
负责人:陈树林
联系人:朱　霖
经营范围:设计、制作、发布国内外报纸广告。

《天津日报》是中共天津市委机关报,国内外公开发行,日发行六十万份,声誉高、影响大。

《天津日报》是综合性地方报纸。纵观时事,报道翔实。宣传党的政策,反映民众呼声。

《天津日报》信息载量大。除要闻、天津、国内、国际、经济、社会、文化、体育等新闻版外,还辟有经济、市场、跨世纪、万象、七色社会、德与法、艺海星河、科学与生活、海外纵横、海河之声、百科之窗、休闲、百姓家事等十几个专版,日理万"讯"。

《天津日报》每日对开八版,广告创意新奇,设计精美,是刊登广告的理想媒介。

《天津日报》可发布外商来华广告。

东南西北情,尽见《天津日报》中。

今晚报社广告部

地　址:天津市和平区山西路32号
邮　编:300020
电　话:706352

天津工人报社广告部

地　址:天津市河西区尖山路78号
邮　编:300211
电　话:800429

开发报

地　址:天津市和平路287号
邮　编:300041
电　话:316426

天津广播电视报社广告部

地　址:天津市和平区卫津路143号
邮　编:300070
电　话:341114

中国技术市场报

地　址:天津市南京路云峰楼(乙)11层
邮　编:300050
电　话:317565

天津法制报

地　址:天津市和平区常德道119号
邮　编:300050
电　话:304861

中国书画报社

地　址：天津河西区尖山路 108 号长城里 8 号
邮　编：300211
电　话：800329

广播电视类

天津市人民广播电台

地　址：天津市和平区卫津路 143 号
邮　编：300070
电　话：319834

天津电视台广告部

地　址：天津市和平区卫津路 143 号
邮　编：300070
电　话：345034

杂志类

天津市医学科学技术情报研究所

地　址：天津市和平区成都道 131 号
邮　编：300050
电　话：3302570　3311705
联系人：马海燕　陈秀英　郑金荣　李葆林　周福纲　李增耀
经营范围：

在《天津医药》、《国外医学妇产科学分册》、《国外医学计划生育分册》、《国外医学临床放射学分册》和《中国计划生育学杂志》国内外公开发行杂志上，发布国内、外医药卫生及其它广告。

《法制与心理》杂志社

地　址：天津市红桥区咸阳路 2 号
邮　编：300122
电　话：7322278　7711807
负责人：林秉贤
联系人：梁兆君

面向大众　雅俗共赏

欢迎订阅 1996 年《法制与心理》月刊

《法制与心理》月刊是专门发表反映社会各个阶层心理的社会纪实的全国唯一综合性月刊。自创刊以来，运用多种形式，探索办刊道路，在广大读者的热忱支持下，终于有了今天这样的格调和品位。1996 年《法制与心理》将紧紧围绕着办刊宗旨，准确地反映社会生活中的心理波澜和重大社会问题。以高品位、高时效的文章，献给一切热爱本刊的读者。

本刊邮发代号为 36－41，每期 4.30 元全年 12 期，总定价 51.80 元，欢迎各订户到当地邮局办理订购手续。

订户也可直接向编辑部订购，法制与心理杂志社的银行帐号：工商行黄河道分理处 705－249－237035。邮局汇款寄：300122　天津红桥区咸阳路 2 号法制与心理杂志社

《医疗卫生装备》编辑部

地　址：天津市东局子一号
邮　编：300161
电　话：4564242 转 53750
负责人：赵其斌
经营范围：

发布医疗器械、仪器、设备的产品和材料以及零部件及其制造设备的销售广告；药品销售广告；保健、计生、环保器械产品销售广告；厂家及产品介绍、技术转让。

企业之友编辑部

地　址：天津市和平区新疆路 20 号
邮　编：300020
电　话：704602

蓝盾杂志社

地　址：天津市和平区唐山道 20 号
邮　编：300040
电　话：303867

中国房地产杂志社

地　址:天津市和平区南海路和安里 6 号
邮　编:300050
电　话:303342

科学与科学技术管理杂志社

地　址:天津市河西区环湖东里 3 号
邮　编:300060
电　话:318628

《微小型计算机开发与应用》编辑部

地　址:天津市河西区友谊路宾馆南道 5 号
邮　编:300061
电　话:333651

《工业水处理》编辑部

地　址:天津市红桥区丁字沽化工部天津化工研究院内
邮　编:300131
电　话:6374925 转 216

河　北　省

公司类

石家庄市广告总公司

地　址:石家庄市平安北大街副 17 号
邮　编:050011
电　话:6033709　6033544
电　报:1391
负责人:刘振华
联系人:谢志会

石家庄市广告总公司是河北省成立最早、规模较大、实力较强的广告专业公司。有广告整体策划及实施的能力,可承办国内外各类广告业务:路牌、灯箱、霓虹灯、电子显示屏、立杆、护栏、立体模型广告、样本印刷、展览、影视制作、室内外装修、电脑刻字、电脑喷绘、柔性灯箱和公关活动。

该公司是市确定的综合代理的广告公司,承办电视、广播、报纸、杂志、户外等广告的全面代理业务。

河北省中山广告公司

地　址:石家庄市西大街 2 号
邮　编:050011
电　话:6045367　6048096
负责人:李威明
联系人:张　炜

我公司是隶属于河北省民主党派团体机关事务办公室的广告专业公司,是河北省首家获得全面广告代理权的广告经营单位。

本公司依靠专业人员的智慧和才能,运用当代的营销观念,广告技巧,从广告客户的市场出发,通过市场调研、制定广告策略、精选和组合媒介,实施有创意的全面策划,直接测定广告效果,反馈信息,为广大客户提供全面的广告代理服务。

本公司为广大客户提供如下服务:

1. 提供市场调研、制定营销战略,策划全方位广告整体宣传方案;

2. 组织新闻发布会、展览会、展销会、品尝会、体育文艺演出等大型公关活动；

3. 承接室内外装修及装饰业务；

4. 制作并发布霓虹灯、透空板、路牌、民墙等户外广告；

5. 创意并摄制各类企业及产品的电视广告片；

6. 承印各种精巧包装盒，产品说明书，大型画册，广告样本，招贴画，台历，挂历及不干胶等印刷品。

7. 承办各类丝网印刷业务；

8. 制作各种产品的立体充气模型广告(包括气球、飞艇模型广告)；

9. 代理国内外电视台，报刊，杂志广告业务。

承德广告总公司

地　址：承德市南营子大街承德剧场院内
邮　编：067000
电　话：(0314)2021753
总经理：王　琳
经营范围：

承德广告总公司(原承德广告艺术公司)是名列首届中国广告公司综合实力排序全国前 100 家(84 名)的专业广告公司。承办户外、路牌、霓虹灯、灯箱、印刷、售点及代理媒介广告业务。下属机构有承德广告艺术公司、承德商城广告分公司、光电广告装璜公司、直销展销公司、展销厅、编辑部等。

承德广告总公司位于毗邻北京的历史文化名城承德市中心，具有驰名中外的避暑山庄和外八庙的旅游优势及人才密集的雄厚实力。愿与各地同仁在联合中寻找机遇，在协作中赢得效益。愿与媒介、客户一荣俱荣，共展宏图。

河北省广告总公司

地　址：石家庄市体育南大街 5 号
邮　编：050021
电　话：6015108

石家庄铁路广告总公司

地　址：石家庄青年街 23 号
邮　编：050000
电　话：726663

石家庄万得福广告礼品公司

地　址：石家庄市青园街 3 号
邮　编：050011
电　话：641690

邯郸市广告公司

地　址：邯郸市陕西路 34 号
邮　编：056004
电　话：3025531

唐山市美术广告公司

地　址：路南区复兴路 99 号
邮　编：063001
电　话：2861623

唐山市国际广告公司

地　址：唐山市路南区车站路 54 号
邮　编：063003
电　话：224746

泊头市美术广告公司

地　址：泊头市红旗路
邮　编：062150
电　话：223614

任丘市广告公司

地　址：任丘市建设东路 10 号
邮　编：062550
电　话：223341

邢台市美术广告公司
地　址:邢台市美术广告公司
邮　编:054000
电　话:225433

太平洋广告影视公司
地　址:石家庄解放路 108 号
邮　编:050000
电　话:674885

帝神国际广告有限公司
地　址:河北省定州市
邮　编:073000
电　话:212877

廊坊市广告公司
地　址:廊坊市东安市场六栋 1 号
邮　编:102800
电　话:214424

承德市广告装饰公司
地　址:承德市温家沟 2 号
邮　编:067000
电　话:227075

报纸类

石家庄日报、燕赵晚报
地　址:河北省石家庄市长安西路 15 号
邮　编:050011
电　话:(0311)6044587　6045354
传　真:(0311)6044587
广告业务负责人:魏　农

《石家庄日报》、《燕赵晚报》是中共石家庄市委机关报。《石家庄日报》对开八版(星期日四版)周七刊。《燕赵晚报》四开四版,周六刊(周末十二版)。报纸立足省会,面向全国发行。

本报辟有广告专栏,服务性强,信息量大,并具有较强的广告编辑、设计、制作力量。对外省市广大客户刊登广告均提供诸多便利条件。

河北省工人报
地　址:石家庄市工农路 54 号
邮　编:050051
电　话:334767

河北经济报社信息广告部
地　址:石家庄市中华北大街 3 号
邮　编:050081
电　话:26422　26657

河北科技报社广告科
地　址:石家庄市富强大街 33 号
邮　编:050021
电　话:613557

中原经济报社
地　址:河北省邯郸市滏河北大街 42 号
邮　编:056002
电　话:(0310)316350　317825

邯郸日报社广告科
地　址:邯郸市中华大街甲 28 号
邮　编:056001
电　话:22038 转 11

邢台日报
地　址:邢台市新华路 93 号
邮　编:054058
电　话:223442

保定日报社广告信息服务部
地　址:保定市新华路 13 号
邮　编:071000
电　话:225726

张家口日报社信息广告科

地 址:张家口市桥东区建国路 47 号
邮 编:075027
电 话:2819

唐山劳动日报社广告科

地 址:唐山市西山道
邮 编:063000
电 话:221531

秦皇岛日报社广告部

地 址:秦皇岛市海港区迎宾路
邮 编:066001
电 话:334764

沧州市日报社

地 址:沧州市解放中路 269 号
邮 编:061001
电 话:23480

廊坊日报社广告信息部

地 址:廊坊市宾安街
邮 编:102849
电 话:214359

广播电视类

河北人民广播电台广告部

地 址:石家庄市裕华路 4 号
邮 编:050012
电 话:43901

石家庄市人民广播电台广告信息部

地 址:石家庄市中山中路 61 号
邮 编:050061
电 话:22762

河北电视台广告信息部

地 址:石家庄市裕华中路 4 号
邮 编:050012
电 话:49205

石家庄电视台广告信息部

地 址:石家庄市清园街 5 号
邮 编:050011
电 话:48305

杂志类

《油气储运》杂志社

地 址:河北省廊坊市金光道 22 号
邮 编:102849
电 话:(0316)2074711
电 挂:6060
广告业务负责人:褚贵生
联系人:柳广乐

《油气储运》是向国内外公开发行的科技双月刊,16 开本,64 页,双月 20 日出版。本刊主要登载油气储存、管道输送、铁路罐车、油轮运输等有关专业技术性文章。每期重点文章均有中、英文摘要。

本刊兼营广告业务。国内外客商刊登广告请与本社广告信息部联系。广告业务范围:承揽发布与石油天然气储存、运输有关的各类新产品、新设备、新工艺、新技术等国内外广告;承揽广告设计、科技展品制作业务。

女子世界杂志社

地 址:石家庄市南马路 244 号
邮 编:050051
电 话:27871

《建筑机械化》、《中国电梯》编辑部

地 址:廊坊市金光道 5 号
邮 编:102800

电　话:212874

山　西　省

公司类

山西省广告装璜公司

地　址:山西太原五一路 163 号(原 86 号)
邮　编:030001
电　话:2023306　2026548
电　报:8585
负责人:张中青
联系人:周勇妹
经营范围:

经营广告路牌、灯箱、霓虹灯等各类广告设计制作、发布、大型展览设计制作、美术画类、城市雕塑、建筑壁画,代理策划国内广告业务。

室内外装饰装璜。

批发、零售装璜材料。

公司下设广告部、开发部、装饰工程部、设计室、营业部。

室内装饰配套分公司、办公室、财务科。

山西博翔广告公司

地　址:山西省太原市建设南路 168 号
邮　编:030012
电　话:4040712　4050637
负责人:博健春
联系人:耒晓云

山西博翔广告公司从事策划、制作、代理、发布国内各类广告业务。公司拥有一批酷爱广告事业的专业人才,固定资产 200 余万元。配备电视前后期录制设备,三维动画工作站、电脑平面设计、电脑作曲等高档设备和一个电视演播厅。公司创立以来,为省内外客户设计制作了大批高质量的各类广告,并为山西电视台、黄河电视台及太原电视台等设计制作了大量的三维动画栏目片头,受到了广大客户的好评。

山西省国际广告公司

地　址:山西省太原市新建路 15 号
邮　编:030002
电　话:4071520　4047367
电　报:1741
负责人:王国华
联系人:杨　毅

太原市广告公司

地　址:太原新建路 37 号
邮　编:030002
电　话:340182

太原黄河电视广告公司

地　址:太原抑巷南路 86 号赛特大厦四层
邮　编:030002
电　话:4049579　4049240

太原大方市场调研公司

地　址:太原市河西区劳动局一层
邮　编:030024
电　话:(0351)181－108080

大同市美术设计院

地　址:大同市迎宾东路 21 号
邮　编:037008
电　话:525151

报纸类

山西广播电视报

地　址:山西太原迎泽大街318号
邮　编:030001
电　话:4036651
电　报:2330
负责人:李兰翔　刘均平
联系人:王淑景

《山西广播电视报》是山西省发行量最大、读者面最广、阅读周期颇长的一张报纸。

本报预告、介绍山西人民广播电台、长城广播电台、山西电视台、黄河电视台、中央电视台、本省地市台、邻省电视台及上星台的节目内容,并辟有"声屏苑"副刊及文化生活专版等。

本报承办国内商品及服务广告、文化娱乐广告、节日、民俗活动广告、社会保护广告、社团活动广告等。本报逢周二出版,在读者手中的阅读期长达十天以上,是传播信息的理想媒介。

大同日报社

地　址:大同市司令部街42号
邮　编:037004
电　话:253643
负责人:梁淑兰
联系人:梁淑兰

《大同日报》是中共大同市委机关报,1949年5月2日创刊,对开四版。本报立足大同,辐射全省,面向社会、面向生活、面向群众,拥有广泛的读者。

经营范围:本报刊登文娱、体育类,出版、展览类,公告、启事类,产品、商品类及礼仪类广告。

本报广告部拥有优秀的文案编辑人员、美术设计人员、创意策划人员,广告设计新颖别致,印刷精美,社会效果良好。

大同晚报社广告部

地　址:山西省大同市雁同东路甲1号
邮　编:037044
电　话:0352－623935
负责人:王雁翔
联系人:李秉乾

《大同晚报》是中共大同市委机关报,以宣传党的路线、方针、政策,促进社会主义物质文明和精神文明建设为已任。坚持时效性、指导性、可读性的统一,立足大同、宣传大同,面向山西,走向全国;富有历史文化名城晚报特色,是一张深受广大人民群众喜爱的综合性报纸。《大同晚报》前身是《雁北日报》,创刊于1958年。《大同晚报》为周七刊,四开四版,周二、四、六为四开八版。它栏目众多,内容丰富,图文并茂,贴近时代,贴近社会,贴近生活,贴近群众,集思想性、知识性、趣味性、服务性于一体。本报刊登广告迅速、及时、准确,效果颇佳。热诚欢迎国内外朋友来大同投资、开发、旅游,欢迎您在《大同晚报》刊登广告。

山西日报社广告处

地　址:太原市双塔东街24号
邮　编:030012
电　话:441073

山西经济报社

地　址:太原市桃园北路水西关街41号
邮　编:030002
电　话:221829

山西工人报

地　址:太原敦化南路81号
邮　编:030013
电　话:344234　344001

山西农民报

地　址:太原市双塔东街24号
邮　编:030012

电　话:440561—402

太原日报社

地　址:太原市桃园三巷西头

邮　编:030002

电　话:440301

市场信息报

地　址:太原市迎泽大街57号

邮　编:030001

电　话:442039

太原广播电视报

地　址:太原市滨河路广电中心大楼

邮　编:030024

电　话:640045—454

三晋工商报社

地　址:太原市新建南路241号

邮　编:030012

电　话:(0351)4032302

广播电视类

大同人民广播电台二台广告部

地　址:大同市雁同东路新闻大楼五层

邮　编:037044

电　话:621245　621203

负责人:耿建贵

联系人:田　林

经营范围:

承办大同人民广播电台二台国内广播广告业务,代理国内广播广告。大同人民广播电台二台在市区东门外,覆盖范围包括大同市区、各县、朔州市、忻州北部地区以及邻省河北西部、内蒙丰镇、凉城、乌盟一带。大同市已形成一个包括煤炭、化工、电力、轻工、机械、电子、建材等多行业的工业体系。浑源县黄芪、大同县黄花、广灵县大理石也久负盛名;盛产马铃薯、家兔、羊肉等并大量出口。

山西人民广播电台

地　址:太原市迎泽大街52号

邮　编:030001

电　话:442951—303

大同人民广播电台

地　址:大同市新建北路2号

邮　编:037006

电　话:223283

大同电视台广告部

地　址:大同市新开南路七号

邮　编:037006

电　话:234105

广告业务负责人:陈占明

联系人:张瑶琦

大同电视台拥有最先进的电视摄制设备和发送设备,发射塔高150米,发射功率10千瓦,电视覆盖大同全市及周边地区。自办节目丰富多彩,富有地方特色,每周播出7次,日自办节目12小时,播转时间近48小时,拥有广泛的观众及稳定的收视率。

大同电视台广告制作注重创意和摄制技术的完美结合,努力追求为客户塑造良好的企业形象和商品形象,在全国以及省、市广告节目评比中多次获奖。本台与全国60多家城市台有业务联系,可联播广告。

大同电视台广告部全体人员欢迎您的光临,愿用知识和技术为您提供完美、周到的服务,愿我们的服务能使您的企业和商品如虎添翼,展翅翱翔。

山西电视台广告经理部

地　址:太原市迎泽大街52号

邮　编:030001

电　话:441592

内　蒙　古

公司类

内蒙古商友广告公司

地　址:呼和浩特市新华大街 19 号
邮　编:010058
电　话:6968378
广告业务负责人:王　捷
联系人:雄　伟
经营范围:
　　设计、制作、承办、代理国内外各类广告业务。

内蒙古自治区国际广告展览公司

地　址:呼市中山西路 24 号国贸大厦 4 层
邮　编:010020
电　话:661954　661993

内蒙古自治区广告总公司

地　址:呼和浩特市中山西路 53 号
邮　编:010030
电　话:666601　666603　632850

呼和浩特市广告公司

地　址:呼和浩特市公园东路 4 号
邮　编:010020
电　话:24916

包头市广告公司

地　址:包头市昆区学府道南 10 号
邮　编:014026
电　话:22113　23409

报纸类

呼和浩特晚报社

地　址:呼和浩特市锡林南路 33 号
邮　编:010020
电　话:6927735　6923774
传　真:6927735
法定代表人:黄履普
广告负责人:宋玉玲
联系人:赵云民

　　呼和浩特市是内蒙古自治区的首府。现有人口一百四十余万人,辖六个旗(县)区,是内蒙古的政治、经济和文化中心,也是一座发展中的新兴工业城市。

　　《呼和浩特晚报》是中共呼和浩特市委机关报。每日对开八版,全国发行。

　　呼和浩特晚报是广大广告客户刊登广告的理想媒介。本报广告信息部全体人员以真诚赢得信赖,为广大客户创意策划,设计制作、文图并茂,准确迅速地提供全方位服务,竭诚欢迎全国各地刊户前来刊登广告。

　　经营范围:承办呼和浩特晚报国内广告业务,代理国内各类媒介广告业务。

鄂尔多斯日报社广告信息部

地　址:内蒙古伊盟东胜市鄂尔多斯东街北9号
邮　编:017004
电　话:(0477)324896
负责人:刘新民

《鄂尔多斯日报》是中共伊克昭盟委员会机关报，每周七刊，蒙汉文两种版。该报以正确的舆论导向，鲜明的民族特点，地区特点，赢得广大用户喜爱。鄂尔多斯是内蒙古金三角开发区，准格尔煤田、东胜神府煤田、鄂尔多斯羊绒集团有限公司闻名国内外，还有著名的成吉思汗陵园、响沙旅游区。

鄂尔多斯日报社广告信息部以社会效益为重，坚持一流服务，一流信誉，创一流业绩，1993年获得自治区广协"重信誉创优质服务先进单位"称号。

诚交天下朋友，助您事业成功！

内蒙古日报

地　址：呼和浩特市新城西街
邮　编：010016
电　话：666444－414　664914

内蒙古工商报

地　址：呼和浩特市新城乌兰察布西路1号
邮　编：010010
电　话：632858

地　址：呼市新华大街19号
邮　编：010068
电　话：662288－3139、3126

包头日报社

地　址：包头市昆区乌兰道
邮　编：014026
电　话：27151

包头广播电视报

地　址：包头市昆区乌兰道13号
邮　编：401030
电　话：23107

乌海日报广告信息部

地　址：乌海市海渤湾千里山大街5号
邮　编：016000
电　话：228915

赤峰日报

地　址：赤峰市昭乌达路24号
邮　编：012000
电　话：34457

锡林郭勒日报

地　址：锡林浩特市
邮　编：026000
电　话：3684

哲里木报社广告信息部

地　址：通辽市水清大街中段
邮　编：028000
电　话：33494

广播电视类

内蒙古人民广播电台广告信息部

地　址：呼和浩特市新华大街19号
邮　编：010058
电　话：668378

呼和浩特市广播电视局

地　址：呼和浩特市公园西路56号
邮　编：010035
电　话：668371

内蒙古电视台广告信息部

地　址：呼和浩特新华大街19号
邮　编：010058
电　话：663805

辽　宁　省

公司类

沈阳国际广告贸易公司

地　址：沈阳市沈河区北三经街63号
邮　编：110014
电　话：(024)2844851　2844850
传　真：(024)2844851
负责人：李　东
联系人：李克实

沈阳国际广告贸易公司集广告、信息、贸易、高新技术开发于一体的国际性经济实体。

公司经营项目：

· 各类广告的策划、创意、设计、制作和发布，以及室内装饰工程。
· 代理电视、广播、报刊广告，外商来华广告。
· 国内外商品展览、商务考察、信息咨询、中介服务，劳务输出。
· 经营国内一般贸易。

公司执行实干、高效、信誉至上的办事准则，开创广告与贸易并进的独特经营模式，欢迎各界朋友来我公司洽谈业务，通力合作，共创伟业。

沈阳电话号簿公司

地　址：沈阳市沈河区惠工街1号
邮　编：110013
电　话：2733095　2720035
负责人：邹　君
联系人：王志钢

沈阳是东北地区经济、贸易、文化中心，随着市场经济的不断发展，沈阳电话号簿黄页广告的作用尤为显著，是促进产销的良好媒介，如：各类套红，户名放大，加插文字，司徽、司标，加刊联系人，传呼号，电报挂号，传真号等。它具有价格合理，发行量大，宣传面广，周期长等优点，将给您的企业带来更大的效益。欢迎各界广为利用。

大连市广告公司

地　址：大连市西岗区民众街40号
邮　编：116011
电　话：3630145
电　报：3385
负责人：刘锡安

大连市广告公司是市人民政府决定于1980年成立的市直属的综合性广告专业公司，现为中国广告联合总公司成员单位。经营国内外各类广告业务。拥有各种广告媒体和一支素质较好的策划、创意、设计、制作队伍。公司多次承办了大连市人民政府部署的城市环境美化及境内外经贸招商布展，参与国际服装节、大连出口商品交易会及国际马拉松赛事等多项大型国际活动的策划和宣传工作，被中国广告协会授予“全国广告业重信誉创优质服务”先进单位。

抚顺电视广告有限公司

地　址：辽宁省抚顺市新抚区东三路7－1号
邮　编：113008
电　话：2623366　2626784
董事长兼总经理：赵　旭
联系人：刘　侃
经营范围：

一、策划、制作电视广告（一般字幕广告、游动字幕广告、录像广告、创意广告、三维动画）。

二、拍摄、制作各类资料片、专题片。

三、为各电视台代办在抚顺电视台播放的广告，为客户代办在全国各电视台播放的广告。办理外商广告。

四、策划、制作、代办各类户外广告、信函广告、印刷品广告等。

五、经销广告产品。

辽宁省外贸广告公司

地　址：大连中山广场 2 号
邮　编：116001
电　话：2644616

辽宁省广告联合总公司

地　址：沈阳市和平区彩塔街 38 号
邮　编：110003
电　话：3894489

辽宁国际华侨广告公司

地　址：沈阳皇姑区嘉陵江街 33－2 号
邮　编：110031
电　话：6850285

沈阳市广告公司

地　址：沈阳大东区北顺城路 123 号
邮　编：110041
电　话：4849291

沈阳商业广告公司

地　址：沈阳友好大街 7 号
邮　编：110013
电　话：2726906

沈阳远大广告公司

地　址：沈阳市皇姑区华山路 356 号
邮　编：110002
电　话：2023275

沈阳协力广告公司

地　址：沈阳和平区 13 纬路 5 号
邮　编：110003
电　话：3867096－213

沈阳市传播广告公司

地　址：沈阳市铁西区兴华南街 1 号
邮　编：110021
电　话：5878530

广告策划公司

地　址：沈阳市皇姑区崇山东路 40 号
邮　编：110032
电　话：6893600－3206

大连北洋广告公司

地　址：大连市西岗区晨光街 8 号
邮　编：116011
电　话：3640928　3640948(0411)
传　真：(0411)3640968
负责人：郑永瑾
联系人：刁云卓

大连民航广告公司

地　址：西岗区中山路 143 号 4 楼
邮　编：116011
电　话：336380

抚顺市广告公司

地　址：新抚区东四路
邮　编：113008
电　话：2629308

本溪市美术广告公司

地　址：解放路东坟段
邮　编：117000
电　话：2024021

营口市广告公司

地　址:营口西市区文昌里
邮　编:115003
电　话:237205

丹东东方艺术广告公司

地　址:丹东振兴区六经街 113 号
邮　编:118000
电　话:213888

丹东市广告公司

地　址:丹东市振兴区五纬路 58 号
邮　编:118000
电　话:28285

丹东装潢广告公司

地　址:丹东市十纬路 51 号
邮　编:118000
电　话:2123858

铁岭市包装装璜广告公司

地　址:铁岭市银川区南马路文明楼 1 号
邮　编:112000
电　话:25743

锦州市广告公司

地　址:锦州和平路 3 段 35 号
邮　编:121000
电　话:228285

锦州大厦广告信息公司

地　址:锦州市中央大街三段 58 号
邮　编:121000
电　话:(0416)2124051
传　真:(0416)2131791
负责人:俞伟平
联系人:朱长悦
经营范围:

　　制作大型霓虹灯广告、路牌广告、灯箱、护栏、汽球广告、闭路电视广告;开展广告、信息、咨询、创意、策划、中介服务;代理"中国经济时报"广告业务;承揽大型装饰、装修、铝合金、水电焊加工业务;承制"产品样本"照像、产品定货会、开业庆典等业务;开展技术开发、技术合作横向经济联合业务。

报纸类

朝阳日报社广告部

地　址:朝阳市新华路 3 段 10 号
邮　编:122000
电　话:2812131
广告负责人:刘凤和
联系人:崔玉英
经营范围:

　　承办工商产品介绍、承揽加工、通知、通告、启事、声明、招工、招生、招聘、认领、寻人、挂失、文娱及书刊等广告。代办国内外报纸广告业务。

辽宁日报广告部

地　址:沈阳市沈河区中山路 339 号
邮　编:110014
电　话:472476

辽宁经济报广告部

地　址:沈阳市沈河区南顺城路 34 号
邮　编:110011
电　话:445783

辽宁农民报广告部

地　址:沈阳市沈河区中山路 339 号
邮　编:110014
电　话:472488

辽宁体育报广告部

地　址:沈阳市和平区和平南大街 24 号

邮　编:110001
电　话:362345

沈阳日报广告部

地　址:沈阳市沈河区北三经街 67 号
邮　编:110014
电　话:21115

大连日报社

地　址:大连市中山区世纪街 76 号
邮　编:116001
电　话:233004

鞍山日报社

地　址:鞍山市南胜利路 48 号
邮　编:114002
电　话:513948　25044

抚顺日报社广告部

地　址:抚顺市新抚区迎宾路
邮　编:113008
电　话:25783

丹东日报

地　址:辽宁省丹东市十纬路 23 号
邮　编:118000
电　话:224489　230177

广播电视类

大连电视台经济信息部(广告部)

地　址:大连市中山区解放路 222 号
邮　编:116001
电　话:(0411)2808060　2804691
传　真:(0411)2804691
主　任:杨庆典
联系人:杨道志　郭　燕

大连电视台于 1971 年 5 月 1 日正式播出。享受省级台待遇,已与全国省级和市级电视台建立了节目交换关系。大连电视台发射功率为十千瓦,节目覆盖面积为一万一千平方公里。全市居民的电视拥有量已超过一百五十万台。每天从十八点开始播出本台的综合节目。通过微波传送到旅顺口区、瓦房店市、普兰店市、庄河市和长海县。

大连电视台于 1993 年 12 月 29 日播出第二套节目和有线电视节目。第二套节目以经济宣传为主体,融以综艺、体育、娱乐和知识服务节目。有线电视节目已开通十七个频道,即将扩展至三十个频道。现已有联网用户二十万户,并以每天一百五十户的速度递增。

大连电视台经济信息部拥有完善的广告制作中心,电视节目和广告制作手段完备,技术力量雄厚。直接承揽国内外电视广告业务。

辽宁电视台广告部

地　址:沈阳市和平区光荣街 8 号
邮　编:110003
电　话:367736

沈阳电视台广告部

地　址:沈阳市皇姑区崇山路 2 段 6 号
邮　编:110032
电　话:663057

辽宁人民广播电台广告部

地　址:沈阳市和平区光荣街 8 号
邮　编:110003
电　话:267986

沈阳人民广播电台广告部

地　址:沈阳市和平区和平南大街 9 号
邮　编:110003
电　话:362508

铁岭人民广播电台信息部

地　址:铁岭市银州区工人街
邮　编:112000

电　话:(0410)4842783
广告业务负责人:李俊杰
联系人:高晓刚
经营范围:

承办生产资料、生活资料、日用百货、医药、文体用品、食品、承揽加工、展览展销、公告启事、书刊发行、文化教育、体育卫生等项目广告业务。

吉　林　省

公司类

吉林铁路分局铁笛广告艺术公司

地　址:吉林市中康路7号
邮　编:132001
电　话:0432－531945
负责人:王　太　宅电:0432－539586
联系人:刘荣婕
经营范围:

路牌、霓虹灯广告,铁路分局管内各站区广告,装潢材料、美术装潢、牌匾,电视广告、图片广告制作。

长春广告公司

地　址:长春市重庆路41号
邮　编:130061
电　话:814868

长春市美术广告公司

地　址:长春市长春大街100号
邮　编:130042
电　话:874766　870879

通化市广告美术公司

地　址:吉林省通化市民主路43号
邮　编:134000
电　话:215034

报纸类

吉林日报社

地　址:长春市斯大林大街68号
邮　编:130051
电　话:825308

长春日报社

地　址:长春市重庆路41号
邮　编:130051
电　话:825308

长春影视广播图书周报

地　址:长春市重庆路40号
邮　编:130041
电　话:814397

江城广告报

地　址:吉林市珲春街华南小区18号办公楼
邮　编:132011
电　话:225504　221745

延边日报广告处

地　址:延吉市新华街2号
邮　编:133000
电　话:512421　514329

广播电视类

吉林市广播电台经济信息部

地　址：吉林市江南大街 3—6 号
邮　编：132011
电　话：461589

长春人民广播电台

地　址：长春市锦水路甲 2 号
邮　编：130061
电　话：829092

吉林电视台

地　址：长春市新民大街副 5 号
邮　编：130021
电　话：53736

长春电视台

地　址：长春市百花路 4 号
邮　编：130061
电　话：825053

杂志类

银行理论与实践

地　址：长春市同志街 6 号
邮　编：130061
电　话：(0431)8921466　8921467
负责人：原树鸾
联系人：徐晓东

《银行理论与实践》系金融经济月刊，以研讨理论、切磋工作、交流经验、探索改革为主要内容。主要栏目有："金融与经济"、"金融论坛"、"工作研究"、"理论研讨"、"经营与管理"、"调查与分析"、"观察与思考"、"企业家园地"、"精神文明建设纵横谈"、"写作谈"、"业务知识讲座"等。并设有反映金融新业务、新动态、新观点、新主张的"刊中报"栏目。栏目多种，内容丰富，雅俗共赏，融理论与实践于一炉，是该刊的特色。

黑　龙　江　省

公司类

哈尔滨中航广告装潢公司

地　址：哈尔滨市平房区文海街 1 号
邮　编：150060
电　话：(0451)8602324　8602122—7162
电　报：7783
负责人：王福庆
联系人：王　宏　杨福顺

本公司创建于 1988 年，现有职工 26 人，其中高级美术师 2 人，中级美术师 6 人，美工制作 5 人，编辑摄影 4 人，公关业务管理人员 9 人。注册资金 50 万元，年均创利 30 万元。

经营范围：

国内户外广告，外商来华广告，国内影视广告代理，摄制制作企业形象设计(CI)及 POP 广告样本，招贴，画册，彩色艺术名片设计印刷商业橱窗，产品展示，广告礼品设计、室内外装饰设计制作。

黑龙江美术广告公司

地　址：哈市道里红霞街 118 号

邮　编:150010
电　话:4617980

哈尔滨市广告公司

地　址:哈尔滨市道里区地段街68号
邮　编:150010
电　话:414310　418461

哈尔滨铁路局广告美术中心

地　址:哈尔滨市南岗区满州里街118号
邮　编:150006
电　话:(0451)3630781　路电:369－73704

哈尔滨市装潢广告公司

地　址:道外区南五道街132号
邮　编:150020
电　话:866246

哈尔滨国际机场广告公司

地　址:哈尔滨市动力区和平路53号
邮　编:150040
电　话:2621888－2364

哈尔滨装饰·广告·设计总公司

地　址:哈尔滨道里石头道街66号
邮　编:150010
电　话:5670729

鸡西市广告公司

地　址:鸡西市鸡冠区永昌路
邮　编:158100
电　话:53053

鸡西市广告装潢公司

地　址:鸡冠区中心大街83号
邮　编:158100
电　话:353053

牡丹江市广告公司

地　址:牡丹江市东牡丹街
邮　编:157000
电　话:226772

鹤岗市蓝天广告公司

地　址:鹤岗市向阳区二马路
邮　编:154100
电　话:223413

大庆市广告公司

地　址:大庆市萨区会战大街3号
邮　编:163001
电　话:323021

齐齐哈尔市美术广告公司

地　址:市政府二号院东楼207号
邮　编:161005
电　话:474608

双鸭山市装璜广告公司

地　址:双鸭山市尖山区园林路
邮　编:155100
电　话:36703

报纸类

牡丹江日报社

地　址:黑龙江省牡丹江市七星街97号
邮　编:157000
电　话:6223704
负责人:李景山
联系人:张春志

牡丹江日报社现在办两张报,一为《牡丹江日报》、一为《镜泊晚报》。

《牡丹江日报》是中共牡丹江市委机关报,四开四版,日刊,公开发行,兼营国内广告业务;《镜泊晚报》全国发行,四开四版,周三刊,兼营国内广告业务。

牡丹江市位于东北边陲，管辖海林市、宁安市、穆棱市、绥芬河市、东宁县、林口县四市二县，人口300万。这里盛产木材、煤炭、大豆、大米和人参、木耳。有1000多个大中型企业，生产的红旗牌轮胎、草酸等上百种产品远销世界各地。绥芬河市和东宁县的铁路和陆路口岸直接与俄罗斯进行贸易。

牡丹江市被誉为塞北江南。这里有蜚声遐迩的高山明珠——镜泊湖，有地下森林和牡丹峰自然保护区，每年都有大量中外客人来观光游览。

欢迎全国各地朋友到牡丹江市合资、合营、洽谈贸易及出国观光。欢迎各地朋友在《牡丹江日报》、《镜泊晚报》刊发广告(两报整版广告收费均为1万元，34cm×23cm)，招商引资、推销产品，我们将热诚为大家服务。

经济信息报

(牡丹江市委新闻中心广告部)

地　址:牡丹江市太平路82号糖酒公司二楼

邮　编:157000

电　话:0453－6221564　6221191　6232598

电　报:2649

广告业务负责人:窦庆民

联系人:丁文革

经营范围:

报纸广告。代办国内各地报纸广告。俄国俄文传播广告。电视广告，设计、制作发布户内外广告。

大庆科技报社

地　址:黑龙江省大庆市政府楼内

邮　编:163002

电　话:4666235　4665887

负责人:白文广

联系人:潘永翔

本报是全国石油系统唯一的科技类报刊。发行面广，发行量大。刊登新技术推广、科技成果转让、新产品推销等广告效果较理想。尤其是刊登油田专用设备、成果、技术等广告效益更佳。同时，本报价格低，印刷质量好，欢迎广大客户广为利用。

黑龙江日报

地　址:哈尔滨市道里区地段街2号

邮　编:150010

电　话:410461　412567

黑龙江经济报

地　址:哈尔滨市南岗区宣信街27号

邮　编:150001

电　话:222687

黑龙江法制报

地　址:哈尔滨市香坊区香和街10号

邮　编:150036

电　话:5665954　5661358

哈尔滨日报社广告部

地　址:哈尔滨市道里街区井街30号

邮　编:150010

电　话:413138

鹤岗市日报社广告科

地　址:鹤岗市向阳区二马路

邮　编:154100

电　话:223413　223925

齐齐哈尔日报社广告部

地　址:齐齐哈尔市劳卫街1号

邮　编:161005

电　话:72278

鸡西日报社

地　址:鸡西市鸡冠区劳动路7号

邮　编:158100

电　话:52390

双鸭山日报社

地　址:双鸭山市尖山区二马路 3 号
邮　编:155100
电　话:36149

佳木斯日报社广告科

地　址:佳木斯市中山路 132 号
邮　编:154002
电　话:45101

广播电视类

哈尔滨电视台经济信息部

地　址:哈尔滨市南岗区满洲里街 33 号
邮　编:150006
电　话:3638085　3658959　3658964
传　真:3638085　3658959
负责人:张　纯
联系人:陈晓滨　何静华

哈尔滨电视台以 VHF 六频道十千瓦发射功率,每天播出五个多小时综合节目,覆盖半径达六十公里,包括市区及周围七个市(县),观众收视率达 87%。广告播出时间为每天的 20:00—21:30 的黄金时间;文体广告大观节目将文艺、体育精彩片断与广告节目融为一体,周五、六、日、一播出。

哈尔滨电视台制作力量雄厚,设备先进,注重信誉,被评为全国重信誉、创优质服务先进单位。真诚欢迎各界朋友合作。

黑龙江电视台经济信息部

地　址:哈尔滨市南岗区中山路 115 号
邮　编:150001
电　话:229922

黑龙江人民广播电台广告部

地　址:哈尔滨市南岗区中山路 175 号
邮　编:150001
电　话:223561

哈尔滨人民广播电台经济信息部

地　址:哈尔滨市南岗区松花江街 113 号
邮　编:150006
电　话:342725

杂志类

《奋斗》杂志

地　址:哈尔滨市南岗区花园街 294 号
邮　编:150001
电　话:0451—3637784
广告业务负责人:胡建良
联系人:于安祥　刘福臣
经营范围:

承办杂志广告(《奋斗》四封,彩色胶版印刷)。宣传国内名优产品和企事业单位形象。

《奋斗》杂志是中共黑龙江省委主办的综合性政治理论刊物,16 开本,月刊,每月一日出版。国内外公开发行。

本杂志经营国内广告业务。竭诚欢迎各刊登广告单位踊跃投稿。《奋斗》杂志愿为您热情报务。

中国医院管理杂志社

地　址:哈尔滨市香坊区香顺街 41 号
邮　编:150036
电　话:(0451)5663359
电　报:3230
广告业务负责人:张宝库
联系人:张宝库　郝秀兰
经营范围:

以《中国医院管理》杂志为媒介,经营国内广告业务;发布和代理涉外广告单位委托的外商广告。

《中国医院管理》杂志是卫生部主管的综合性国家级核心期刊,它面向全国各级各类医疗卫生机构和卫生行政部门、医学院校,是国内创刊最早、影响最大、发行面最广的卫生软科学期刊。

《中国医院管理》杂志为月刊，16 开本 64 页，国内外发行。

《林业机械》编辑部广告部

地　址：哈尔滨市学府路 374 号
邮　编：150086
电　话：6661136　6661137

家庭生活指南杂志

地　址：哈尔滨市奋斗路 29 号
邮　编：150001
电　话：2636754　2636747

上　海　市

公司类

上海广告公司

地　址：上海市香港路 117 号
邮　编：200002
电　话：63291423
电　报："ADVERCORP"上海
电　传：33286 SACPC
传　真：63290068
总经理：熊景华
联系人：于素贤
公司经营范围：

（1）代理国内外广告业务；

（2）承接美术设计、广告电影、录像、摄影等创作和制作业务；

（3）代办出口商品商标在国外注册业务；

（4）承办外商来华展览、组织出国展览和展览专用品的进口业务；

（5）经营实物广告及广告专用品的进出口业务；

（6）承接各种印刷业务；

（7）组织和提供广告业务的各类劳务、咨询业务和市场调查；

（8）承接非配额的许可证管理商品的出口业务和三类商品的进口业务。

上海美术设计公司

地　址：上海市漕溪路 258 弄 23 号
邮　编：200233
电　话：64836698（总机）　64834155
传　真：64715315
总经理：王濂洪

上海美术设计公司集中了广告、营销、设计、视听、公关、工程等各方面优秀的专业人才，并与国内外广告业同行、各地媒介系统及政府部门建立并保持着良好的合作关系；以一贯的专业广告精神，整合公司各部门的功能，以提升作业品质，为客户提供一流的完全服务。

公司时止今日已有四十年的历史，资产总额已超过 2000 万元，下属全资企业、股份企业有多家，综合实力居国内广告业前列。

上海美术设计公司是上海地区仅有的三家被允许代理进口广告的国有专业广告公司之一，为在全国范围内配合营销、实施媒介计划提供了有力保障。

上海美术设计公司的经营理念是立足国内市场，积极开拓国际市场，向客户提供高品质、全面性的专业广告服务。

上海旭通广告有限公司

地　址:上海茂名南路 59 号锦江饭店西楼 5341—2—3—4
邮　编:200020
电　话:62582582×5341—2—3—4
传　真:(021)62582582×5341、5343
总经理:韩金科
联系人:陈慰慈

本公司成立于 1993 年 2 月,为中日合资全面代理型广告公司。

二年多来,公司通过引进国际广告业的先进技术和先进管理经验,逐步建立了日臻完善的内部经营机构和管理机制,现已拥有市场调查部、国际客户部、国内客户部、创作部、影视部、媒介部等业务职能部门和财务部、统筹部等行政职能部门。由从业多年的资深广告工作者和充满活力的新生广告专业人才组成的员工队伍,通过不断的国内外专业培训,保持着较高的业务水平和良好的专业素质。现代化的电脑设备得到了广泛应用,确保了各项工作的高质量和高效率。

公司奉行"真诚、务实、创新"的企业精神,贯彻"全员经营"的方针,并将这些经营理念落实于每一个环节,受到广大客户的好评,已与国内外众多知名企业精诚合作,建立了良好的业务关系,取得了显著的成绩。我们追求的目标是——在本世纪内努力成为全国一流的广告公司。相信随着我国经济建设的发展,凭藉我们在人才、设备和管理上的优势,上海旭通广告有限公司必将为中国广告事业的繁荣作出新的贡献!

经营范围:承接、代理国内外各类广告业务;提供各类广告策划、创意、设计制作、印刷、摄影等服务;承办国内外展览、展销的布展及国内外市场信息服务;制作、经销广告礼品。

(本公司将于 1996 年 4 月迁入上海永新大厦,地址:上海淮海中路 887 号)

上海东湖广告装饰公司

地　址:上海市新乐路 167 号东湖宾馆五号楼
邮　编:200031
电　话:64156934　64157763
负责人:贾春林
联系人:宣　勤
经营范围:

本公司是一家全面型、综合性的专业广告公司,拥有一批企业管理、广告策划、市场调查、创意设计、生产制作等专业人才,与全国各地的广告公司、新闻媒介建立了长期业务合作关系。代理发布国内外各类广告业务,在广告的发布和制作手段上刻意追求"新、奇、特",设计、制作和发布了一批较有影响的广告,曾多次为客户举行高层次公关活动。本公司将充分发挥自己的优势,竭诚为广告主提供全面服务。

本公司是上海广告业"重信誉、创优质服务"先进单位,坚持"信誉、优质、真实"的企业宗旨。92 年被评入上海十大广告公司之列。94 年在全国首届广告实力评价中综合实力排序为第 42 位。

上海西南广告公司
上海飞帆广告装潢公司

地　址:上海市徐汇区淮海中路 1857 弄 63 号(西南)
邮　编:200030
电　话:64737018　64733674(直线)
地　址:上海康平路 141 号(飞帆)
邮　编:200030
电　话:64746000　64746333(直线)
负责人:应曙光
联系人:王伟成

荒漠甘泉,创造行销奇迹

荒漠上能有绿叶吗?西南、飞帆的广告如滴滴甘泉神水,创造奇迹,整个画面如此辉煌,持丰收的象征。

详细介绍请看本书彩广。

上海工艺广告设计制作公司

地　址:上海市沙市二路3号
邮　编:200002
电　话:63212100—621,622　63216115
负责人:蔡志锋
联系人:陶伟胜、张士城

本公司原系上海市工艺品进出口公司样宣包装部,积数十年外贸广告和包装经验,拥有各类策划、设计、制作、管理人才,备有专业电脑、超大幅刻字机,专业摄影、摄象器材,是集策划、设计、制作、发布、代理、国内外贸易、代办各种印刷、各类包装用品加工等业务于一体的综合性公司。

上海虹桥国际机场广告公司

地　址:上海虹桥路2550号
邮　编:200335
电　话:62688952　62688899—4088,4087
传　真:62689220
总经理:刘润祥
联系人:业务部
经营范围:

承办发布上海虹桥国际机场范围内所有户内、户外各类媒体的广告,代理国内各民用机场的广告业务;承办各类广告设计、加工、制作业务;承办印刷品广告,对外销售纪念品。

广告媒体:灯箱、路牌、胶牌、霓虹灯、电子显示屏、闭路电视、手推车、班期时刻表等。

本公司连续六年荣获上海市广告业"重信誉、创优质服务"称号,在"九五"中国最大广告公司实力评价中列第31位;广告营业额排序列第81位。

上海神兵影视传播企业公司

地　址:上海吴兴路277号锦都大厦1111室
邮　编:200030
电　话:021—64742896　64154157×1111
传　真:021—64742945
负责人:傅　敏
联系人:张　斌

商场是战场　　广告如兵器
神兵是宝剑　　宝剑赠英雄

本公司承接各类广告策划创意设计制作,代理国内广告业务。公司尤擅影视广告创意摄制。公司摄制的多部电视广告片获奖。《延寿清老酒》荣获'94上海市第四届优秀广告展评赛一等奖。

上海长宁广告装潢公司

地　址:茅台路660号二楼
邮　编:200335
电　话:62718215　62417893　624180202
电　报:6377
负责人:周德昌
联系人:刘杏英
经营范围:

承办各类广告业务(设计、制作、发布)、宾馆、商场内外装潢;经营建筑装饰材料、五金交电等业务。

金马广告有限公司

地　址:上海市天钥桥路211号
邮　编:200030
电　话:(021)64380260(总机)
负责人:顾建平
经营范围:

国内外各类广告的代理、发布、咨询、制作、规划;兼营与广告业务相关的商品造型包装、设计及印刷、室内装饰业务。

服务项目:

广告整体策划及实施、直销广告、广告制作、公关活动及广告礼品。

备　　注:

①本公司在1994年中国最大广告公司实力评价中列第9位;广告营业额排序列第15位。

②本公司为美国3M公司广告工业物料中国代理商。

上海和平影视企业公司

地　址:上海市长宁区凯旋路1153号1楼
邮　编:200052
电　话:62821440　62802624
负责人:吴传平
联系人:屠结芳　周福元

上海和平影视系统是从事综合性经营广告的企业,改革开放以来,上海和平影视艺术中心和上海和平影视企业公司(简称和平影视)不断拓展、壮大队伍,提高广告从业人员素质,公司从创办初期的20余人,发展到目前拥有一支50余人集编导、摄录、美工、各种广告代理于一体的实力相当雄厚的专业广告人员队伍,并为各企业代理产品市场调研、产品开发,企业形象设计、策划。代理国内外广告业务,电影、电视剧制作,文艺风光片、专题片制作。

1993年本公司广告经营额在众多同行的排行榜上名列前茅。"和平影视"的宗旨是"客户第一""艺术质量第一""服务质量第一"。和平影视系统总经理吴传平先生(法定代表)热忱欢迎海内外新老朋友光临惠顾,精诚合作,本系统将竭尽全力为您提供最完美的一流服务。

上海外高桥广告公司

地　址:浦东新区草高路460弄1号三楼
邮　编:200137
电　话:58621450×18、19、26、27
负责人:谢刚尧

上海外高桥广告公司——上海外高桥保税区内第一家专业广告公司。在保税区交易市场周围拥有1500平方米广告阵地;在陆家嘴黄金地段的高层上有近700平方米的大型霓虹灯、巨型灯箱广告阵地;能为各企业提供全方位的服务,包括企业形象设计(CIS)、平面广告设计、市场调研、促销及礼仪策划。

黑白广告有限公司

地　址:上海中山东一路27号
邮　编:200002
电　话:63291253　63211540
负责人:王瑞生
联系人:李毓章

本公司由中化国际广告展览有限公司、上海市化工进出口公司和香港兴达明有限公司三方合资组建,以外经贸企业集团为背景,在国际国内拥有广泛的客户网络和信息网络,代理国内外广告业务,承接各类广告设计制作。公司汇集了一批资深广告人,在广告策划、市场调查、媒介策略、创意设计、展览陈列、实物广告等方面均有独到之处。追求一流创意,重在总体策划,并拥有先进的广告制作器材,为客户提供全面、高质、便捷服务。

详细介绍请看本书广告页。

上海大世界广告公司

地　址:上海西藏南路1号五楼
邮　编:200021
电　话:63203953、63263760×53
传　真:021－63552576
负责人:王善德
联系人:张榴妹
经营范围:

主营:承接各类广告设计、制作、发布,代理国内外广告业务。

兼营:工艺美术品、摄影、广告装潢材料。

上海大世界广告公司隶属上海大世界股份有限公司。她已连续六年获"上海市广告业'重信誉、创优质服务'先进单位"称号(87—92)。大世界、黄浦区地处上海市中心,整天车水马龙,游人如云,拥有理想的户外广告媒体。

上海电力广告装潢公司

地　址:河南中路136号
邮　编:200002
电　话:63218297
负责人:范广济
联系人:李维正
经营范围:

上海电力广告装潢公司是上海电力系统的广告企业,专业经营各类广告设计、制作、发布业务。公司在上海主要商业旅游和繁华道路上拥有大量可供广告发布的良好媒体,并承担市、区下达的大型灯光建设、广告设置和配套供电工程任务,公司同时承接各类装潢工程业务并实施供配电一条龙服务。

上海新新广告装潢公司

地　址:广东路417号
邮　编:200001
电　话:63260289
传　真:63260289
负责人:张建国
联系人:张建国
经营范围:

承接广告装潢的设计制作,室内外广告发布。

上海银发广告公司

地　址:上海市梧桐路78号
邮　编:200010
电　话:(021)63286074
传　真:(021)63286074
总经理:贺　仓　副总经理:刘传熙
经营范围:

本公司是上海银发联合发展(集团)总公司和上海市广告装潢公司联合组建的专业广告公司、为银发集团的成员单位。公司以策划、创意、服务为中心。经营各类广告的设计、制作、发布及代理业务。公司设办公室、客户部、市场调查部、企划部、媒介部、创作部,技术力量雄厚,工作经验丰富。公司坚持信誉第一,质量第一,服务第一的宗旨。

上海申客美术广告公司

地　址:中山东二路115号
邮　编:200010
电　话:63260050×350或366
负责人:陈孝明
联系人:陈　宇
经营范围:

在本公司所属场地、设施及南市区范围内承办国内、外广告发布(含霓虹灯),出租场地。

上海中艺美术公司

地　址:上海市江西北路15号
邮　编:200085
电　话:63254633
负责人:刘文荣
联系人:冯沪生

作为有偿的、有责任的传播手段,广告需要有责任心和创造性的广告人。我们正是这样一个群体。在具有策划、设计、制作等整体实力基础上,我们有着强烈的责任心和创作意识。我们曾出色地为第一届亚运会购物中心(上海馆),第一届东亚运动会购物中心,历届上海(全国商品)交易会,'94上海商品博览会暨经济技术协作交流会等提供总体策划、设计、制作等配套服务。同时又是外商在华可信赖的合作伙伴。无需表白自己是最好的,但我们自信是最可靠的。三十多年的历史已证明了这一点,我们将不断地开拓,创造新的未来。

上海扬子江广告公司

地　址:中山东二路630号
邮　编:200010
电　话:63739644(直线)
　　　　63284267(总机)转908、948

传　真:63289150
负责人:薛荣清
联系人:邹焕文
经营范围:

承办各类广告设计、制作、发布;代理国内外广告业务。

上海豫园商城广告公司

地　址:上海南市区松雪街70号
邮　编:200010
电　话:63200836　63203794
经　理:蔡立祥
办公室主任:庄振华

上海豫园商城广告公司是上海豫园旅游商城股份有限公司所属具有独立法人资格的全资公司。

公司主营:承接各类广告设计制作,代理国内外广告业务及发布业务;兼营:装潢材料、工艺美术品、文化用品。

上海锦江广告装饰公司

地　址:上海茂名南路58号锦江俱乐部58539室
邮　编:200020
电　话:62586583　62550717(广告业务部)
电　报:7777
传　真:64331694
公司总经理:潘廷学
广告业务联系人:曹定邦
经营范围:

主营:在锦江(集团)联营公司范围内承接外商来华广告业务,包括广告设计、制作、发布(不含霓虹灯制作),印刷业务,为旅游饭店室内装饰设计与装饰工艺美术品、旅游纪念品、印刷宣传品、室内装饰品。

兼营:材料、灯具、洁具的零兼批。

本公司是上海锦江集团直属公司。公司下设:办公室、广告业务部、设计室、装饰工程部、建筑设计室、礼品门市部。

本公司投资创办了锦江印刷厂(合资)。

上海影视广告公司

地　址:上海市鲁班路388号商务中心208室
邮　编:200023
电　话:63783635(直线)
　　　63781868×3208×3228
负责人:沈培君
联系人:程惠华

本公司为策划制作代理电影电视广告的专业广告公司,由我公司策划、制作的多条影视广告,如:“上菱冰箱”、“上菱空调”、“水仙24型洗衣机”、“超群露美”等作品曾在第二、三、四届上海市广告展评赛获二等、三等奖。“上菱微波炉”曾获长城广告杯佳作奖,“三色牌床垫”获全广展入选奖。公司下设:市场、创意、制作、媒介、礼品各部。

上海新大地广告制作公司

地　址:番禺路222弄48号
邮　编:200052
电　话:62821088
传　真:62823381
负责人:陈卫中
联系人:方　令

一则成功的广告,无疑是大气势的策划、全新的创意和美仑美奂的制作的组合和凝聚。

本公司拥有全国最大的平面拍摄基地和技术精湛的专业人才,集策划、创意和制作于一体,作品曾获全国首届广告摄影大赛二等奖和1991年美国广告摄影评赛摄影奖,在竞争激烈的广告界享有盛誉。

本公司的图片部,跟世界图片公司联网,独家代理全世界专业摄影师的20万幅图片,为客户提供更多更快的创意原点,您可在图片部得到最佳的选择。

新大地,与您同在。新大地,与您同行。

经营范围：

主办各类展览会及布展；承接国内各类广告策划设计制作；图片设计制作。

上海金辰广告有限公司

地　址：上海南昌路 62 号
邮　编：200020
电　话：(021)63279567　63182413
传　真：(021)63182413
负责人：陈备章
联系人：陈欣荣

上海金辰广告有限公司拥有高学历、高素质的专业企划、设计、制作人员，尤以房地产、汽车广告见长。

上海隆图广告创意策划公司

地　址：万航渡路 393 弄 10 号
邮　编：200042
电　话：62584763
负责人：邵隆图
联系人：倪　蓓
经营范围：

当我们开步以前，请把我们的立场一起转向消费者。

上海友谊广告公司

地　址：上海市延安中路 1000 号 2144 室
邮　编：200040
电　话：62476698　62790279×2144
法人代表：张其侠
联系人：邵国荣

上海展览中心地处上海市中心，是市内唯一建于五十年代具有典型俄罗斯风格的标志性建筑，并被列为上海市十大景观和市重点保护建筑。上海展览中心不仅知名度高，人流量大，而且也是目前上海市内规模最大的展览场地以及政治、经济、旅游和科技文化交流活动的涉外窗口之一。本公司是展览中心下属的具有独立法人资格的广告经营单位，利用中心综合优势专业承接国内外各类广告的设计制作和发布，并愿与海内外各广告公司和有识之士建立广泛的业务联系。

经营范围：

各类国内外广告设计制作，在静安区和展览中心范围内发布国内外广告；兼营装潢材料。

上海延中广告装潢厂

地　址：上海泰兴路 227 弄 18 号
邮　编：200040
电　话：62176635
传　真：62176635
负责人：王宁生
联系人：罗梅祥
经营范围：

本厂承办各类广告设计制作，发布室内外国内广告，橱窗、展览会、陈列室设计布置。

兼营：包装装潢、商标、产品样本及说明书、艺术镜框、油画、丝绒画等。

上海轻工广告公司

地　址：上海余姚路 607 弄 19 号
邮　编：200042
电　话：62152758　62173443
　　　　62150956×330
负责人：查国泰　石天龙
联系人：高婉英
广告业务范围：

承接各类广告设计、制作；在轻工系统所属场地设施发布国内外广告；代理国内外广告业务。

上海百乐门广告公司

地　址：上海市南阳路 183 弄 2 号楼 28 层
邮　编：200040
电　话：(021)62475582
传　真：(021)62794333
负责人：林兴宏

联系人：张卫平

经营范围：

进吾此门　　百业兴盛

本公司承接、制作、代理国内各类广告；

发布电子、电视大屏幕国内外广告(引进台湾全套电脑控制大型户外LED彩色显示屏幕三套，位于“中华第一街”南京路上，屏幕每天播出15小时的广告和插播新闻、商业信息，是理想、实用、高品位的大众传播媒体)；

专业承接制作电脑喷绘户外大型灯箱(用MMT公司全套设备专业制作，无接缝喷绘可达6M，色彩艳丽、画面逼真、还原性好、价格合理、欢迎惠顾)。

上海佳依广告有限公司

地　址：常德路305弄25支弄17号

邮　编：200040

电　话：62171558

传　真：62172551

负责人：杨辰曲

联系人：吴齐鸣

经营范围：

佳依广告，为客户提供从市场调研、创意策划到执行推广的全面服务。

上海市华亭集团广告装饰公司

地　址：上海市乌鲁木齐北路505号

邮　编：200040

电　话：62480088×5005

传　真：62485278

负责人：查根华

联系人：邓向阳

经营范围：

承接各类广告设计制作，发布华亭集团所属企业场地国内外广告，代理外商来华广告及室内装潢、印刷样本、礼品等业务。

华亭集团所属主要企业：华亭宾馆、虹桥宾馆、银河宾馆、上海宾馆、新苑宾馆、白玉兰宾馆、金沙江大酒店、华东大酒店、上海国际购物中心、华亭海外旅游公司、上海市旅游汽车公司、上海旅游服务开发公司、中国旅游服务公司等。

上海市艺龙美术广告装潢公司

地　址：上海安庆路410号

邮　编：200071

电　话：63250753

电　报：80118

负责人：邱国隆

联系人：丁邱展

业务范围：

室内外装璜　建筑规划设计　样本设计印刷　宾馆艺术绘画　实物馈赠广告　灯箱霓虹制作　照明制冷装修　电子电器服务　美术咨询培训　展览会布置　橱窗路牌绘制　电脑刻字照排　工业摄影彩扩　横幅锦旗雨蓬　不锈钢铜字牌　电影摄制编辑

上海铁路局美术广告公司

地　址：上海秣陵路203号

邮　编：200070

电　话：63179902　63179894　63179716

电　报：6027

负责人：陆永革

联系人：费欣庆

本公司是局直属广告专业经营单位。承办国内外广告设计、制作、发布，代理全国铁路系统广告业务。

上海铁路局地处上海经济区，管辖的五千公里铁路贯穿安徽、江苏、浙江、江西、福建和上海市，百余列局属客车运行于华东、华北、东北、西北、西南主要铁路干线，具有得天独厚的商品广告宣传阵地。

公司承办的广告项目有：车站广场霓虹灯、路牌、灯箱广告；候车室、站台、通道灯箱、路牌、显示屏广告；火车时刻表、站台票广告；铁路沿线民墙广告等。以及我们将会提供具有铁路特色的一条龙服务。

上海市东方霓虹灯广告公司

地　址:虹口区广灵一路74弄6号
邮　编:200083
电　话:65420240　65258565
传　真:65421837
负责人:严建强
联系人:李　平
经营范围:

承办国内各类广告设计、制作、发布(含霓虹灯),兼营霓虹灯管、变压器、电极、霓虹灯配件(零售兼批发)。

上海医药广告公司

地　址:上海市四川北路841号
邮　编:200085
电　话:63245491
电　报:4885
负责人:王福大

本公司系拥有广告策划、代理、发布及设计制作能力的综合型广告企业,素以国内外医药广告的策划、创意见长。

主要经营:策划、代理和发布国内各类广告和外商来华广告;大型展览总体策划实施;样本编印;编辑、出版、发行中英文《中国医药》杂志;广告摄影,电视摄制;户外广告和医院场所广告及各类印刷等业务。设有印刷厂、经营部、商场、浦东分公司等附属机构。1992年中国广告行业综合实力排行第35位,设计作品多次在全国性大赛中获奖。公司连续三届获上海市优秀广告经营单位荣誉称号。

上海飞鹰广告公司

地　址:上海市浦东新区三林塘人民桥北首
邮　编:200124
电　话:58411654　58410366
总经理:吕文明
联系人:周惠源

上海飞鹰广告公司成立于1988年,是经上海市工商行政管理局审批合格的专业广告经营单位,是中国广告协会单位和上海经济开发区联合会成员。主营:承接各类广告设计制作(不含霓虹灯制作)及在本地区发布(含霓虹灯发布)。

上海飞鹰广告公司实力雄厚,拥有上海市浦东新区黄金地段——南浦大桥、杨浦大桥周围地区及浦东新区东方路商业中心、浦东南路等多处繁华地段发布路牌广告。

具有高水平广告创意、策划、设计、制作发布力量,被上海市工商行政管理局、市广告协会评为1989～1992年度上海市广告业“重信誉、创优质服务”先进单位。

上海飞鹰广告公司办事处:

地址:上海浦东新区浦东南路5055号
邮编:200126
电话:58744008×5

上海浦东美术广告公司

地　址:上海市浦东新区浦东南路1200号
邮　编:200122
电　话:58821737　58781715　58821884
负责人:达　政
联系人:奚文渊

上海浦东美术广告公司是由上海市陆家嘴金融贸易区开发公司和上海美术设计公司共同投资,于1990年12月20日在浦东新区成立的第一家国有资产综合型专业广告公司。

公司承接各类广告设计制作,代理国内外广告及发布户外广告,同时兼营展览、陈列、装饰装潢、舞美的设计、制作、咨询和服饰的设计等。

上海浦东美术广告公司是上海广告业“重信誉、创优质服务”先进单位,在“95′中国最大广告公司实力评价”中列第67位,广告营业额排序列第63位。公司愿与各位新老朋友携手合作、共创辉煌。

上海黄页电信广告公司

地　址:恒丰路601号424室
邮　编:200070
电　话:63178888×424　63173738
负责人:詹茂银(经理)
联系人:王　崴

上海黄页电信广告公司隶属于上海市电话号簿公司,是《上海黄页电话号簿》、《上海工商指南》、《上海消费指南》三大主体电话号簿以及邮电系统诸媒介为广告媒介,集广告策划、设计、发布于一体,具有国内外广告经营权的专业广告公司。

公司设有客户部、市场部、创意部,共有常年客户逾千。公司本着开拓、积累、创意的精神、采用先进技术、确保广告质量。

上海航空广告公司

地　址:上海市长宁区古北新区碧玉公寓14号101室
邮　编:201103
电　话:62753974
负责人:王真智
联系人:冯跃华

上海航空广告公司隶属上海航空企业集团。

主营:承办上海航空企业集团内国内广告的设计、制作发布;在上海航空公司所属设施、业务宣传品、《上海航空》杂志上承办国内外广告业务;代理民航系统内同类媒介的广告业务。

兼营:工艺美术品、旅游纪念品、文化办公机械等的零售、批发业务。

上海大东广告装潢公司

地　址:上海浦东新区川沙临园路31号
邮　编:201200
电　话:(021)58909125
电　报:9785
电　传:(021)58921160
负责人:徐文昶
联系人:黄尤西
经营范围:

本公司是全面服务型广告公司,经营各类广告的设计、制作、发布、人民日报广告代理(聘字165号),CI策划、展览布置和室内外装潢等业务。公司拥有一支经验丰富、技术精湛的广告设计、制作的专业队伍,奉行"团结至上、信誉至尊、质量至优、服务至诚"的企业宗旨,为浦东的开发开放和市场经济的繁荣作贡献。

开发到浦东,
广告找大东!

上海远东广告公司

地　址:上海市淮海中路622弄7号北二楼
邮　编:200020
电　话:63580772　63271170×3018
传　真:64736452
负责人:唐绍武
联系人:商桂芳

本公司是适应社会主义市场经济发展的需要,帮助企业产品更有效地拓展国际、国内市场,在《远东经济画报》广告业务发展的基础上成立的。

公司承办"中国出口商品交易会"专刊和广告,代理路牌、灯箱广告,组织展览设计制作,经营广告礼品、印刷业务和电信通讯设备业务。

公司下设市场调查、策划创意、工艺制作、国内国际客户、广告礼品、印刷业务、影视(与上影音像公司合作)、专辑编辑、保险业务、贸易等部和国际商务服务中心。

上海强生广告公司

地　址:南京西路934号101室
邮　编:200041
电　话:62582866
传　真:62170027

负责人:谢振甫
联系人:朱安平

上海强生广告公司是在改革开放的大潮流中于1992年7月诞生的首家以“的士”为主要媒体的广告经营单位,经过三年的努力已发展成具有雄厚实力的集策划、设计、制作为一体的全方位多媒体的专业广告公司,并代理国内外广告业务。目前已排行于上海百强广告公司之列。公司信奉“强生广告,伴您强盛”的宗旨,竭诚为广大客户服务。

上海高校广告公司

地　址:高阳路171号
邮　编:200080
电　话:65370024
负责人:瞿晨明
联系人:瞿晨明

上海高校广告公司是上海高校群体的窗口。它实力雄厚、人才济济、拥有一批熟悉现代广告和现代装饰工程的专业技术人员。

公司经营各类广告发布媒介及制作业务,承接各类室内外装璜设计,陈列布置设计和商品包装装潢、造型设计、工艺美术品及礼品业务。代理国内外的电台、电视、报刊、印刷编辑出版等广告业务。

公司的宗旨是求实奋斗、开拓进取、矢志创造卓越的全方位广告企划业绩。

公司的承诺是给客户创设一种可供获利机会的投资效应。

上海市浦东新区东上海广告总公司

地　址:上海市浦东大道710号
邮　编:200120
电　话:58787882,58840662—841,842
负责人:黄新农
联系人:周书文

本公司是浦东新区经济贸易局所属专业广告公司,承接各类广告的设计制作,代理国内外各类广告,在浦东新区发布国内外广告。公司处浦东开发开放前沿,享浦东新区综合优势,持广告创意策划之能,着力于“为社会服务,为企业服务”的发展宗旨,以其丰富的经济贸易信息网络,全面的广告代理发布,在浦东新区发挥着经济发展企业进步的推动作用,深得政府、社会和企业的青睐。

上海东辉广告装潢公司

地　址:上海普雄路26弄17号111室
邮　编:200063
电　话:62441744
负责人:陈中平
联系人:陆士钧
经营范围:

公司承办各种广告设计、制作、代理、发布。曾通过各大报、台新闻媒体发布黄金首饰、家用电器、助动自行车、化妆品、净水器、工业球阀、劳防用品、冷饮、啤酒等产品的合格名录公告、汽车销售广告和计量加油机的制造许可证、食品准产证以及物品条码等公告。并承办大型购物中心、商务楼等商场办公楼的装饰装潢及广告工程。

上海柏高广告装潢公司

地　址:松江县松江镇中山中路580号
邮　编:201600
电　话:57814922
负责人:王振新
联系人:董美峰
经营范围:

上海柏高广告装潢公司隶属于上海佘山国家旅游度假区管委会。系松江地区最大广告企业之一。在市郊享有一定的声誉。承接各类广告设计、制作、发布室内外广告。由于设计新颖,制作认真,坚持质量,获得各方好评。

上海大隆广告装潢公司

地　址:上海市泸闵路 6358 号(公司)
　　　　漕东三路 308 号(业务部)
邮　编:201100(司)　200233(部)
电　话:公司 64921566
　　　　业务部 64384795　64823866
负责人:范介山
联系人:徐安宜

大隆广告装潢公司已有近十年的历史,是上海市广告协会会员。本公司专门从事各类广告的设计、制作及路牌、灯箱、霓虹灯、民墙等的发布。公司现有数千平方米的路牌阵地,主要分布在闵行经济开发区的莘庄、锦江乐园、虹桥经济开发区和漕河泾经济开发区中心。为提供商品信息、促进经济繁荣、美化市容作出了贡献。并得到客户的好评。公司还设有专门的制作工场和霓虹灯厂,并拥有丰富经验的广告设计人才。为进一步拓展各种业务媒体,以合理价格、新颖的创意、真诚地为广大新、老客户服务。

上海淀山湖广告装潢公司

地　址:上海市青浦县盈中小区综合楼
邮　编:201700
电　话:59203141　59200341
负责人:岑振平
联系人:余维廉
经营范围:

书法　篆刻　装饰壁画　路牌　灯箱　民墙广告　橱窗　展示　环境布置　刻字　印字　工艺美术　商标　包装　样本设计　标饰　招牌　门头装潢　油画　国画　字画　装裱

上海奥美广告有限公司

地　址:上海娄山关路 55 号新虹桥大厦 707 室
邮　编:200335
电　话:62757894

上海东艺广告公司

地　址:上海宝通路 202 号
邮　编:200071
电　话:56974620

上海金三元设计公司

地　址:浦东新区崂山东路 571 号 3 楼 1603
邮　编:200120
电　话:58782359

上海复氏达市场咨询服务有限公司

地　址:上海国贸中心 2502 室
邮　编:200335
电　话:62190061

上海市公共交通广告公司

地　址:浦东沈家弄路 323 弄 9 号 102 室
邮　编:200120
电　话:63271222

上海铁路上海站广告公司

地　址:上海市穆陵路 303 号(上海站北出口处旁)
邮　编:200070
电　话:3174989　63179234－31585、31595

上海市邮政局广告公司

地　址:上海市淮海中路 1337 号
邮　编:200031
电　话:64336499　64334464

上海地铁广告公司

地　址:上海市雁荡路 107 号雁荡大厦 4D 座
邮　编:200020
电　话:63724659　63585797

中国铁路对外服务上海公司

地　址:上海市秣陵路 203 号上海新站东副楼二楼
邮　编:200070
电　话:63172143

上海铁路分局广告公司

地　址:天目东路 172 号
邮　编:200071
电　话:63252588

上海文化发展电视制作公司

地　址:陵园路 48 号浦江商务楼 402 室
邮　编:200335
电　话:62707839　62707840

上海天宇气球广告公司

地　址:上海市云岭东路 30 号
邮　编:200062
电　话:62590594(直线)
62413550—524、317

上海影视广告公司

地　址:常熟路 112 弄 3 号
邮　编:200040
电　话:62486116　62480424

诺贝广告有限公司

地　址:上海长宁支路 324 号
邮　编:200042
电　话:62403815　62125887

上海宝久广告有限公司

地　址:吴江路 24 号三楼
邮　编:200041
电　话:62538937

上海东亚广告装潢公司

地　址:上海市内江路 467 号
邮　编:200093
电　话:65430617

上海市希望广告公司

地　址:淮海中路 1045 号
邮　编:200031
电　话:64375550

上海工业对外咨询服务公司

地　址:上海市华山路 370 号静安宾馆 1204 室
邮　编:200040
电　话:62481888×1204

上海天王影视广告公司

地　址:上海市汾阳路 92 号
邮　编:200031
电　话:62523584　62514387　64745121

上海市广达广告公司

地　址:嘉兴路 9 号
邮　编:200080
电　话:63258366

华山国际广告公司

地　址:延安中路 1147 弄 8 号楼
邮　编:200040
电　话:62483322

上海电影制片厂

地　址:漕溪北路 595 号
邮　编:200030
电　话:64387100

上海艺达广告公司

地　址:上海斜土路 2570 号
邮　编:200030

电　话:64387021(总机)　64387355

上海开隆广告装潢公司

地　址:上海市陕西南路238号317室
邮　编:200031
电　话:64731088

上海新亚霓虹广告公司

地　址:上海市局门路158号
邮　编:200023
电　话:63779844　63760837

上海市医药公司(广告部)

地　址:延安东路9号
邮　编:200002
电　话:63216260(总机)

上海华联商厦广告公司

地　址:上海天津路478弄21号
邮　编:200001
电　话:63221065

上海王开商业摄影制作公司

地　址:黄浦区南京东路311号
邮　编:200001
电　话:63225627　63222254

上海现代广告图片社

地　址:上海中山东一路24号
邮　编:200002
电　话:63255238

上海万国旅游广告公司

地　址:上海滇池路63号二楼
邮　编:200002
电　话:63238278

上海市体育服务公司

地　址:斜土路3200号运动员之家3号楼
邮　编:200030
电　话:64812559、64385200×2526

上海沪东广告公司

地　址:上海平凉路1500号
邮　编:200090
电　话:65431593

上海美化广告公司

地　址:徐汇区肇嘉浜路687弄4号
邮　编:200032
电　话:64330244　64378137　64744073

上海工合广告展览公司

地　址:上海新乐路47号
邮　编:200031
传　真:64338807
电　话:64338807,64336788,64715603

上海汇诚广告公司

地　址:上海市常德路1043号
邮　编:200040
电　话:62185630

上海山河报刊广告公司

地　址:上海市闵行区莘潭路350号
邮　编:201100
电　话:64922808、64880367

上海新海广告装潢公司

地　址:上海市崇明县新海农场
邮　编:202172
电　话:59655394

上海金鹰广告公司

地　址:安西路674号
邮　编:200050

电 话:62529619

上海浦东金城广告装饰工程公司

地 址:上海光复西路南林家港14号
邮 编:200063
电 话:62577485

上海浦东广告装潢联合公司

地 址:上海市浦东新区潍坊路二号201—202室
邮 编:200120
电 话:58872651 58873507

上海丽光广告公司

地 址:霍山路1141弄2号
邮 编:200082
电 话:65416257

东上海国际文化影视有限公司

地 址:上海市牛庄路704号
邮 编:200001
电 话:63524155

上海可蒙广告公司

地 址:上海平凉路2691号
邮 编:200090
电 话:65432690 65439691

上海协成广告公司

地 址:上海市邯郸路141号4楼
邮 编:200437
电 话:65368813 65429888×43

上海思倍思广告公司

地 址:上海市嘉定区博乐路85号
邮 编:201800
电 话:59525484

上海红叶广告公司

地 址:许昌路426号
邮 编:200082
电 话:65457331

上海侨艺广告公司

地 址:杭州路916号
邮 编:200090
电 话:65433765

上海海派广告公司

地 址:天目中路380号
邮 编:200070
电 话:63175597 63171150

上海中山广告艺术装潢公司

地 址:上海市武夷路508弄193号
邮 编:200050
电 话:62123003
负责人:郑民光

报纸类

文汇报

地 址:虎丘路50号
邮 编:200002
电 话:63211410(总) 63230361(直线)
负责人:徐国亮 王荣洪
联系人:王荣洪

本报创刊于1938年,是在上海编辑出版、发行国内外,具有较大影响的综合性大型日报。日出三大张12版,日发行100多万份,信息量大,涉及面广,各类副刊生活气息浓,文化品位高,可读性强。从1996年元月一日起,上海印区天天出版彩报。

新民晚报

地 址:上海市延安中路839号
邮 编:200040

电　话:62791234
电　报:0600
负责人:陈子琚
广告业务负责人:杨若峥　戚声平
经营范围:

刊登国内外各种产品服务广告。

中国历史最悠久的《新民晚报》,在国内外拥有大量读者。素以报道迅速、翔实著称,信息密集、内容丰富,编排独具一格,达到了老少咸宜,雅俗共赏的意境。在上海200多万户家庭中一半以上自费订阅该报。

1996年1月1日起,《新民晚报》在国内有16个分印点,国外(洛杉矶)一个分印点,每日出版对开三大张,共有24个版面,每版都有很强的可读性,每日发行量170万份。读者面之广,发布量之大,影响之深远,使它成为发展横向经济合作,开拓世界市场,传播商事信息的优良媒介,刊登广告,效益宏大。

中国仪电报(原中国仪器仪表报)

地　址:上海市漕宝路103号
邮　编:200233
电　话:64759039　64368180—275
电　报:9065
负责人:阮伯如
联系人:朱懋生

由机械工业部主管的中央级仪电行业产业报纸,创刊于1985年7月,对开四版周报,以国家发展仪器仪表、电子电器、电脑电讯工业的方针政策及各类仪电产品的生产、经营、使用、科研、教学、管理、计量等多方面的国内外最新信息,为国民经济各行各业服务,融政策、信息、科技、实用于一体,并有《仪苑》和《百草园》副刊,内容丰富,信息量大,可读性强,国内外公开发行,邮局订阅代号3—46,每份订价0.30元,全年订价15.60元。

中国仪电报将在继续办好《综合版》、《科技报》、《新品版》、《市场版》、《用户版》、《副刊版》、《广告版》的基础上,逐步推出《电脑版》、《家电版》、《国际版》、《测评版》、《专题版》、《学习版》等内容,并将随时增版增印,扩大发行,把国内外仪电技术、产品、科技成果、发展动向等及时向读者传播。

《消费报》社

地　址:上海马当路420号
邮　编:200025
电　话:63749517　63111977
负责人:刘炳文
联系人:夏家骏

消费报——中国第一家消费日报

是您良好的合作伙伴　卓有成效的广告发布媒体

为了适应改革开放、市场经济发展的需要,推动维护消费者合法权益运动开展,经上海市新闻出版局批准,《消费报》于1994年1月1日起改出日报。她将以独特的风格成为我国以引导消费,促进生产、流通,为广大消费者服务的第一张国内外发行的消费日报。

劳动信息报

地　址:上海市大连路1601号
邮　编:200092
电　话:65012960
传　真:021—65025513
总编辑:王　群
常务副总编:乔忠芳
广告业务负责人:乔忠芳(兼)
经营范围:

在劳动信息报上刊登广告。

《劳动信息报》是专门宣传党和国家有关劳动工资政策规定,交流劳动工资工作经验,传递劳动力余缺及企业招工信息,指导劳动就业、培训,报道劳动服务公司发挥行政职能和经济职能,促进劳动力合理流动和使用,为改革劳动制度和发展劳动服务事业的专业报。

《劳动信息报》经营广告业务。承办各工矿企事业单位的各种广告;各级劳动部门和企事业单位劳动工资部门的招工广告;为使人才流动承接招聘、待聘广告。编辑、设计、制作各种广告。

华东电力报

地　址:上海南京东路 201 号
邮　编:200002
电　话:63290729
电　报:2032
负责人:黄贤龄
联系人:李德福

《华东电力报》是华东电业管理局主办的综合性报纸,创刊于 1985 年 8 月,于 1989 年起面向社会公开发行。

本报根据电业系统基层单位和有关电器电工产品生产厂的要求,开设了广告业务,以沟通传递供需双方信息,向电力系统和社会介绍、推荐新产品和质量较高的产品。

《华东电力报》为对开四版,全国发行,重点发行华东六省一市各电厂,省、市、县各级供电局,电建单位及社会各行各业用电户,农村电管站。

新金山报

地　址:上海市金山卫石化一村 27 号
邮　编:200540
电　话:57941170　57940556×805
电　报:7619
广告业务负责人:王水华
联系人:朱　平

《新金山报》是上海石化股份有限公司、中国石化上海金山实业公司的综合性企业报,创刊于 1972 年 12 月。国内统一刊号 CN31－0060,石化地区发行。每期发行量为 12000 份,对开版面,周三刊。

《上海盟讯》

地　址:上海市北京西路 860 弄 18 楼
邮　编:200041
电　话:62581270
负责人:尚　丁
联系人:方　荣

《上海盟讯》是中国民主同盟上海市委机关报,创刊于 1949 年 7 月 2 日。本报读者以知识分子为主,包括高教、文艺、科技、医卫、司法、金融、普教等各界人士。本报除台湾省外,全国发行,涵盖面广。

刊登广告,收费合理,服务周到,效果理想。

解放日报

地　址:上海市汉口路 274 号
邮　编:200001
电　话:63221300(总机)

上海经济报社

地　址:上海川万路 109 号
邮　编:200080
电　话:63251670

新闻报社广告部

地　址:上海市武进路 409 号
邮　编:200085
电　话:63244871　63254581

联合时报

地　址:上海市北京西路 860 号
邮　编:200041
电　话:62587456

上海《每周广播电视》报社

地　址:上海康定路 314 号四楼
邮　编:200041
电　话:62151547

青年报社

地　址:上海东湖路 17 号
邮　编:200031

电　话:64735289

上海科技报社

地　址:上海市南昌路59号
邮　编:200020
电　话:63273318　63274621

上海中医药报

地　址:上海市北京西路1623号
邮　编:200040
电　话:62532271

广播电视类

上海东方电视台

地　址:南京东路627号5楼
邮　编:200001
电　话:63223007、63207832、63207714
负责人:穆端正
联系人:黄　伟

东方电视台立足浦东,面向上海和长江三角洲、辐射海内外。收视范围包括上海地区和江、浙、皖三省部分城市,受众人口达一亿多。

东视设报道部、节目部、广告部、总编室和办公室三部、二室,20频道全天播出。东视以全新观念和全新设备生产节目。广告部拥有较强广告创意制作力量,以国际通用形式举办各类广告文艺节目,溶汇文艺、体育和社教节目。东视的全新姿态赢得全国和世界同行注目。

上海有线电视台广告部

地　址:上海市洛川东路487号
邮　编:200072
电　话:56983864,56983865,56983866
负责人:胡运筹　朱升阳

上海有线电视台广告部:利用有线电视台频道资源多、图像清晰和《有线电视》报发行量大的优势,独立承揽国内外广告的创意、制作和发布,为广大客户在有限的时段、版面上创造出最大的广告效益,为发展社会主义市场经济服务。

上海有视广告经营公司:独立承揽国内外广告的创意、策划、制作和发布等业务,为广大客户提供一流服务。

上海教育电视台广告部

地　址:上海阜新路25号10楼
邮　编:200092
电　话:65025106　65025100—19
负责(法)人:张德明
联系人:胡功国

上海教育电视台(SETV)系上海市教育委员会主办的省级专业台,通过26频道由东方明珠发射塔发射,覆盖面为3万多平方公里,受众面达一亿多人口,全天播出15小时教育综合节目,设学历教育、非学历教育、教育信息、卫生体育、科技与文化、法苑写真、儿童天地、影视艺坛等栏目。

本广告部承办上海教育电视台国内外广告设计、制作、发布。

上海市嘉定区广播电视局广告经营部

地　址:嘉定镇塔城路565号
邮　编:201800
电　话:59526830、59529944
负责人:金永祥
联系人:张毛弟、金德龙
经营范围:

承办国内广播电视广告。

市工商局和市广告协会先后授予本台为1987－1988年度“上海市优秀广告经营集体”和1989－1990、1991－1992年度上海市广告业“重信誉、创优质服务”先进单位。

松江电视台、松江人民广播电台

邮　编:201600

电　话:57813956

负责人:马凌云

联系人:张建平

松江人民广播电台、松江电视台、松江有线电视总站位于上海西南松江卫星城。广播电视节目覆盖松江全境及沪、浙、苏部分地区。松江电视台,市郊建台最早,开通两个频道(10CH、17CH)。松江人民广播电台建台近40年,调频立体声广播100.9MHZ。松江有线电视建设方兴未艾,仅城区已开通近三万户终端。新建的广播电视塔集节目发射、旅游观光、高空广告等功能于一体。

松江电视台与多家地、市电视台开展节目交流协作,每晚播出的各类节目精彩纷呈,广播电台调频立体声和有线广播两套节目,每天播出16小时。有线电视14个频道全天候播出。除自办新闻外,两台名牌、特色栏目有:"党的生活"、"工商之声"、"云间彩虹"、"松视600"、"松视扫描"、"好歌由您点"等。

松江广播电视两台信息广告部配备先进的广告制作设备,拥有四套编辑机、三套特技机、十套摄像机,以具新颖独到的创意、精良的制作、优惠的价格,为客户提供策划、制作、播出一条龙服务。

两台广告业务范围:

各类广播电视广告设计与制作。

代办上海经济区50家广播电台广告联播。

各类专题片、资料片拍摄与制作。

上海电视台广告经营部

地　址:上海市南京西路651号

邮　编:200041

电　话:62565899　62550937

上海人民广播电台

地　址:上海市北京东路2号

邮　编:200002

电　话:63217650(直线)　63218177

崇明电视台

地　址:上海崇明城桥镇人民路18号

邮　编:202150

电　话:59621279　59622070

南汇县广播电视局

地　址:南汇县惠南镇工农北路1号

邮　编:201300

电　话:58021880　58020213

杂志类

上海人民出版社

地　址:上海市绍兴路54号

邮　编:200020

电　话:64335250(总机)

电　报:2220

传　真:(021)64331665

广告业务主管社长:郁椿德

广告审查员兼业务员:孙增观　曹　铮

经营范围:

在本社编辑出版的期刊《东方商业周刊》、《青年一代》、《中外书摘》、《少女》等书刊上承接刊登广告。

上海人民出版社系出版社会科学和人文科学为主的大型出版社。

我社的基本任务为宣传马列主义、毛泽东思想和党的路线、方针、政策,传播和积累哲学社会科学知识,丰富人民的精神文化生活。出版范围为哲学、政治、法律、经济、历史等各门学科,包括新兴学科和交叉、分支学科,并编辑出版《东方商业周刊》、《青年一代》、《中外书摘》、《少女》等刊物。我社既出版中级和通俗读物,也出版各类学术著作、资料书;既出版著作,也出版翻译读物。

上海科技教育出版社

地　址:上海市冠生园路 393 号
邮　编:200233
电　话:64367970
电　报:83396
负责人:吴智仁
联系人:陆伟明

上海科技教育出版社出版以下刊物:

实用无线电(双月刊)

本刊是一本内容翔实、资料齐全、实用新颖的综合性无线电刊物。以技术人员、青年学生和无线电爱好者为主要读者对象。

电脑技术(月刊)

以实用性和时代性为主要特色。办刊宗旨是:面向电脑用户,传播电脑技术,培训电脑人才,沟通电脑产业与用户的联系。

中学科技(月刊)

本刊以传播科技知识、启迪智慧、培训能力为宗旨,提供电子技术、海陆空模型、计算机、数、理、化、生等科技活动的资料和经验。

小学科技(月刊)

本刊以辅导小学生进行科技活动,培养动手能力、促进智力发展为宗旨,内容丰富,题材广泛、版面活泼、图文并茂。

以上四本期刊均以大、中、小学师生、青少年和电子爱好者为对象。广告效果好。

上海科学技术文献出版社

地　址:上海市武康路 2 号
邮　编:200031
电　话:64370782
电　报:2115
负责人:项暑烽
联系人:胡流仁

上海科技文献出版社成立于 1978 年。主要出版理、工、农、医各学科各专业的图书、手册、辞典、期刊等,并兼营广告。

华东师范大学出版社

地　址:上海市中山北路 3663 号
邮　编:200062
电　话:62572094
负责人:洪本健
联系人:孔繁荣

本社是国家教委直接领导的中央级出版社,主要出版高等院校的教材、教学参考书、工具书、学术专著、人文社会科学、自然科学图书和教学学术期刊,以及为基础教育服务的中小学教材和教学参考书。年出图书初版约 150 种,重版约 100 种。此外,还出版以配合本版外语图书为主的音像出版物。本社出版的图书期刊均可承接广告。

本社出版期刊杂志有:华东师范大学学报(哲学社会科学版)、华东师范大学学报(教育科学版)、华东师范大学学报(自然科学版)文艺理论研究、中文自学指导、历史教学问题、外国教育资料、中小学英语教学与研究、国外外语教学、数学教学、物理教学、化学教学、地理教学、生物学教学等。本社全部期刊杂志由上海市邮局报刊发行处向全国发行。

上海声像出版社

地　址:上海市陈家宅路 38 号
邮　编:200070
电　话:56624580
传　真:56639690
社　长:胡战英
联系人:黄蓓莉

上海声像出版社于 1983 年 3 月经广播电影电视部批准成立,是我国第一家成立的音像出版社,主管单位为上海市新闻出版局。

上海声像出版社出版文艺、科技、社会教育方面的音像制品,是集音、像带和激光唱片、视盘编辑、出版、复制加工和发行为一体的综合性的专业音像出版单位,现有管理、编辑、录音、录像、计算机、印刷、发行、设备维修等各类专业人员和职工 160 多人,并拥有国内一流的录音录像设备及音像带复制生产设备,音带年生产能力超过 1500 万盒,像带年生产能力超过40万盒。

我社以弘扬民族文化、出版高质量、高品味的音像出版物为己任，坚持高雅艺术和表现民族传统文化精华的音像制品的出版；并出版高格调、适用面广的教育类音像制品，推出了一大批有一定质量、受到消费者欢迎的音像制品。此外，还积极与港台和海外同行开展版权贸易、进行出版合作，引进出版海外和港台的流行音乐；并在引进音像产品版的同时，积极开拓新途径，与滚石公司合作开办了旨在引进先进制作手段的音乐制作公司，以制作出高质量、代表民族文化精华的音像制品。

我社属下的上海声像文化传播公司，承接各类广告设计、制作、音像制品国内广告发布，兼营艺员培训、经纪、文艺演出，并承办我社的有关广告业务。

上海科学技术出版社(高精广告公司)

地　址：上海瑞金二路450号
邮　编：200020
电　话：64736055
传　真：64730679
电　报：5796
负责人：王伟海
联系人：章文琦

本社出版《科学画报》(月刊)、《大众医学》(月刊)、《上海服饰》(双月刊)、《无线电与电视》(月刊)、《科学》(双月刊)。内容丰富多彩，具科学性、知识性及广泛性，深得广大读者好评，并分别荣获上海市及全国优秀期刊称号，刊登广告效应显著。五刊的广告均由上海高精广告公司代理，高精广告公司地址、邮编、电话均与本社相同。

少年儿童出版社

地　址：上海延安西路1538号
邮　编：200052
电　话：62823025总机　62824404直线
电　报：5801
负责人：周舜培
联系人：周柏生
经营范围：

本社出版的八刊一报《幼儿文学》报、《娃娃画报》、《小朋友》、《故事大王》、《少年文艺》、《少年科学》、《儿童文学选刊》、《故事大王画报》、《巨人》等发行全国、面广量大。承接有关文教用品、娱乐、玩具用品、体育用品、服装鞋帽用品、食品、轻工业用品、仪表电器用品、书刊等有关广告业务。

上海科学普及出版社

地　址：上海曹杨路500号
邮　编：200063
电　话：62573983
负责人：毕淑敏
联系人：夏海琴

上海科学普及出版社是隶属于上海科学技术协会的专业出版机构。主要出版科学普及图书和上海市科协系统开展学术、科普活动所必需的各类图书，包括科技专著、当代世界科普名著、工农业应用技术读物、青少年智力开发读物、医学专业图书及现代医药保健和生活实用科普读物。近年来，还大力发展、开发电子读物。

本社还办有全国发行的《科学生活》杂志，该杂志被认定为上海地区的重点科普期刊。

《家具》杂志社

地　址：上海市南京东路石潭弄89号
邮　编：200001
电　话：63221159
传　真：63514639
负责人：杨　强
联系人：吴国耀

本社以促进我国家具工业的科学技术进

步为宗旨，为指导企业发展、提高全行业的经济效益和科技水平服务；为家具科研，开拓设计思路，推广应用“四新”及新产品开发服务；为疏通家具生产企业与配套产品制造商之间的供需渠道，提高国内配套能力服务。

欢迎订阅和刊登广告。

本刊代号：4－308　双月刊　定价：2.50元

《电镀与环保》编辑部

地　址：上海市余姚路 607 弄 19 号
邮　编：200042
电　话：(021)62173415
传　真：(021)62151168
负责人：王华仪
联系人：俞逸彪

《电镀与环保》是我国表面处理领域内最有影响的专业性杂志之一。从 1988 年起即被中国科技情报所列为该所国家科委委托项目所用的统计用期刊；1992 年先后荣获中国轻工业部优秀科技期刊一等奖和国家优秀科技期刊三等奖。美国《化学文摘》(CA)和英国《表面处理技术文摘》(STTA)经常摘发本刊文章的文摘或题录。因此，刊物在海外也有相当影响。

本刊刊登与本专业有关的产品、设备、原材料等广告。

中国广告杂志

地　址：上海市延安东路 284 号
邮　编：200002
电　话：63230702
社　长：姚能珍
主　编：陈　樑
经营范围：

在本刊刊登广告，承接样本广告设计、制作、策划。

兼营代理印刷。

《中国广告》为季刊，创办于 1981 年，是国内第一本广告专业刊物。辟有“广告研究”、“广告策划”、“市场观察”、“广告创作”、“海外广告”等栏目。杂志为大 16 开 52 页，其中彩图 16 页，内容翔实，印刷精良。

国内发行：全国各地邮电局，刊号 4－408

国外发行：中国国际图书贸易总公司、中国国际书店，代号 Q－722。

中国港口杂志社

地　址：上海市中山东二路 12 号 415 室
邮　编：200002
电　话：63280010×8043
负责人：唐绍武
联系人：刘丽珠

《中国港口》杂志是交通部主管、中国港口协会主办、沿海 18 家主要港口协办的国内外公开发行的港口经济专业性刊物。国内统一刊号 CN31－1232。以“立足港口、纵横延伸、面向市场、走向世界”为办刊宗旨，以港口管理、生产、建设、经营，及港口协会的活动、国际港口信息为主要内容。读者对象是从事港口与港口城市工作者、交通运输部门企事业单位各级领导和管理人员，以及有关理论、科研、教育工作者。

《中国港口》杂志为大 16 开、48 页、彩色封面，逢双月 20 日出版，全年 6 期 25.00 元(含邮资)。

上海东方汽车杂志社

地　址：上海市茂名南路 1 号
邮　编：200020
电　话：62533774　62564400×8025
电　报：5246
负责人：罗锦陵
广告业务负责人：江鑫君

《汽车与配件》半月刊
期刊登记证：CN31－1219
广告许可证：沪工商广字 01058

经营范围：

在《汽车与配件》杂志上承接刊登有关广告。

《轿车情报》双月刊

期刊登记证：CN31－1713/V

广告许可证：沪工商广字01283

经营范围：

在《轿车情报》杂志上承接刊登有关广告。

华东电力试验研究院科学技术信息所《华东电力》编辑部

地 址：上海市邯郸路171号

邮 编：200437

电 话：(021)65420052 65420175×2466

电 报：8205

广告业务负责人：王志胜

联系人：王志胜

经营范围：

《华东电力》月刊是电力工业部主管的电力技术综合性期刊，16开56页，国内外公开发行。创刊23年，读者对象是发电、供电、用电单位，电力建设、设计、科研、大专院校、工矿企业动力部门及发供电设备制造厂。

《华东电力》竭诚为各动力、电力设备修造、供销企业交流产销信息服务，承接产品广告。

上海金融学会《上海金融》

地 址：上海市陆家咀路18号802室

邮 编：200120

电 话：58845802

负责人：于英辉

联系人：陆蓉蓉

经营范围：

面向全国 面向企业

读者众多 广告效高

彩色精印 收费公道

上海社会科学杂志社

地 址：上海淮海中路622弄7号237室

邮 编：200020

电 话：63272234 63271170×2237

电 报：5098

社长兼总编：陈招顺

联系人：褚与根

《社会科学》(月刊)，立足上海，面向国内外，致力于探讨新问题，传播新知识，倡导新学科，开展比较研究，促进中西方文化交流，现实性强，观点新颖，信息量大。兼登广告。全国各地邮局(所)随时可订阅。代号：4－273，全年12期48元；国外代号：M256。

《上海社会科学院学术季刊》，高层次，有深度，反映院内外最新成果，鼓励学术争鸣，扶植理论新秀，倡导新兴学派。本刊自办发行，欲订请索取订单。订阅处：本社经理部。全年四期，一律挂号36元(含邮资)。信汇、托付：上海社会科学院 开户银行：卢办海分处，帐号：251－08804235。国外代号：Q926。

《上海劳动》编辑部

地 址：上海市江西中路215号

邮 编：200002

电 话：63212362

负责人：赵建德

联系人：王静珠

《上海劳动》面向广大企、事业单位，宣传党和国家的劳动工资政策、传递劳动用工、工资分配、保险制度改革的经验和信息。是广大劳动人事干部了解劳动政策、改革动态和劳动工作经验的窗口，努力使《上海劳动》成为劳动干部的参谋和助手。

《交通与运输》杂志编辑部

地 址：上海南昌路45号

邮 编：200020

电 话：63721680

单位负责人：吴念祖

广告负责人:龚根泉

《交通与运输》杂志是上海市交通工程学会的会刊。本刊为16开48页,双月刊(逢单月20日出版),立足上海,面向全国。

本刊特色:社会性广　实用性强
知识面宽　发行量大
广告精印　价格合理

欢迎刊登广告。

《青年社交》杂志社

地　址:上海市东湖路17号
邮　编:200031
电　话:64736591　64663770(传真)
负责人:马和宁
联系人:张梅君、卢志良、朱政明

《青年社交》杂志是共青团上海市委主办的文化综合类刊物,它以社交为中心,传播现代科学文明的社交观,与青年朋友共同探索处世交往的艺术,伴随广大读者进入绚丽多彩的社交世界。杂志原名《演讲与社交》,1985年5月创刊,1988年更名为《青年社交》,发行量三十多万份,深受广大读者欢迎。该杂志四封刊登各类彩色广告,内页刊登各类黑白广告、文字广告,竭诚为广大广告用户提供优质服务。

《国外医学》微生物学分册

地　址:上海医学院路138号
邮　编:200032
电　话:64041900×2333
电　报:0833
负责人:汪家禄
联系人:左仁和

《国外医学》微生物学分册由上海医科大学主办,以综述、编译、文摘等形式报道国外医学微生物学基础和临床最新进展。读者对象为卫生工作者及高等医学院校师生。

本刊为16开48页,双月25日出版,单价2.50元。公开发行,统一刊号CN31—1370/R。

本刊承办药品、医疗器材等广告刊登业务。

电气自动化

地　址:上海市斜土路414号
邮　编:200023
电　话:63779011
电　报:1106
负责人:李序葆
联系人:姜雯兰

本刊是国家核心期刊和国家优秀期刊,双月刊,国内外公开发行,是本专业中发行量最大,有广泛影响的技术应用类刊物。凡属本专业的产品,诸如:成套机电设备、仪器仪表、计算机及外国设备、电机电器、电子元器件、电工材料、自动化元件等各类广告,均欢迎刊登。

《自动化仪表》编辑部

地　址:上海市漕宝路103号
邮　编:200233
电　话:(021)64368180(总机)　64368984(直线)
电　报:9065(上海)
传　真:(021)64333566
广告业务负责人:王德柱
经营范围:

本刊承接仪器仪表制造厂家及元器件、材料、配件制造单位的产品广告。

本刊系我国自动化仪表行业的专业性技术刊物,报道我国自动化仪表行业的科研成果,交流仪表生产、使用、维修技术经验,反映国外自动化仪表发展动态。

上海《法苑》杂志社

地　址:上海凤阳路660号
邮　编:200041
电　话:62150702

总　编：徐庆镇
经　理：蒋汉光

《法苑》是发行国内外的法制月刊。

《法苑》采用大16开国际刊本。每期都有重大法制题材的报道以及公民普遍关心的热门话题，深受广大读者喜爱，发行量逐年上升。

《法苑》杂志讲究广告信誉，注重广告效益，具有众多广告客户。1987年以来连续三次被评为上海市优秀广告经营集体。

《法苑》发行面广，广告影响大，效果好。

《柴油机》杂志编辑部

地　址：上海青海路105号
邮　编：200041
电　话：(021)62530009×245
传　真：(0086-021)62551934
负责人：丁志刚
联系人：曹雅翠　孟咸昌

《柴油机》1979年创刊，上海出版邮局发行的中央级杂志，获优秀科技期刊称号，在柴油机行业中发行量最高，覆盖面遍及全国31个省市。本刊着眼柴油机新产品开发，注重发动机使用管理与保养检修，强化市场营销意识，广而告知市场信息。不仅在柴油机单机、发电机组、柴油机附件、零配件等范围内，而且在通用与专用机床、仪表器具、专用装拆与校正工具等方面大力沟通产品供需渠道。

华东计算技术研究所《计算机工程》杂志编辑部

地　址：上海嘉定800－209信箱
邮　编：201800
电　话：59530784－258
电　报：8206
传　真：59529731
负责人：刁烈桑
联系人：樊镜光
经营范围：

本刊系计算机综合性刊物，创刊20年，国内外发行。本刊承接各类计算机系统、软件产品、计算机网络、CAD/CAM开发工具、外部设备、元器件、各种电子产品、各类型计算机应用与服务等彩色或黑白广告业务。

《国外医学》微生物学分册

地　址：上海医学院路138号
邮　编：200032
电　话：64311900×333

《美化生活》杂志社

地　址：上海汾阳路112弄3号
邮　编：200031
电　话：64734736

上海人民美术出版社

地　址：上海市长乐路672弄33号
邮　编：200040
电　话：62474520　62475709

《探索与研究》编辑部

地　址：上海市高安路19号
邮　编：200031
电　话：64370070转

《电视·电影·文学》杂志社

地　址：进贤路53弄6号
邮　编：200020
电　话：62484525

中国福利会儿童时代社

地　址：上海市徐汇区常熟路157号
邮　编：200031
电　话：64335806　64718238

国际市场杂志社

地　址：上海市中山东一路33号一号楼

邮　编:200002
电　话:63212659

《电世界》杂志

地　址:上海市虎丘路 27 号
邮　编:200002
电　话:63211368

《上海改革》杂志社

地　址:上海四川中路 220 号 9 楼
邮　编:200002
电　话:63292662

《中国医药》杂志社

地　址:上海市成都北路 842 弄 27 号
邮　编:200003
电　话:63589906

《现代家庭·为了孩子》杂志社

地　址:上海崇山路 101 弄 7 号
邮　编:200021
电　话:63263041　63733833

江　苏　省

公司类

江苏沸点广告传播公司

地　址:南京市新街口羊皮巷 24 号
邮　编:210002
电　话:(025)4401930
电　报:FIDEO
负责人:孙宝旌
联系人:李　芳

沸点广告传播公司是江苏省广告协会理事单位、南京市广告协会广播电视专业委员会副主任委员单位,在上海、徐州设有分公司。公司拥有二百平方米的专业影视摄影棚。近年来制作了四十余部影视广告片,其中多部在省级以上评选中获奖。

让我们携手,在沸腾的商海中点石成金,共创富有新意的广告精品。

江苏新闻发展公司

地　址:南京市中山东路 46 号
邮　编:210005
电　话:(025)6642219　4516484
电　报:3300
负责人:黄国元
联系人:胡宗钰

江苏新闻发展公司是新华通讯社江苏分社主办的具有独立法人资格的国有企业,1985 年 5 月 16 日经江苏省工商行政管理局核准登记注册。广告经营许可证号为:120051,其广告部的经营范围是:代理国内报刊、影视、印刷品广告业务,十多年来,先后为江苏省近万家企业策划、代理、发布过报纸、书刊、画册、影视等广告,是企业界和全国报刊、影视等广告媒介的忠实朋友。

南京港长江广告音像公司

地　址:南京市下关区江边路 17 号
邮　编:210011
电　话:(025)8802803－2833　8823607
电　报:9876
负责人:姚　翔
联系人:张益波

隶属中国内河第一大港，国有大型企业——南京港

地处津浦铁路线和长江黄金水道两大动脉交汇点，“万贾云集之地”的南京外滩。

拥有实力强劲的人才组合、功能齐配的摄录设备及配套广告制作中心。

从事市场调研、策划创意、设计制作、媒体发布、广告代理等全方位广告活动。

竭诚为您的产品在市场生辉，您的企业在长江经济走廊放彩而奉献所有。

详细介绍请看本书彩广。

常州广告总公司

地　址：常州市和平南路头条弄 2 号
邮　编：213003
电　话：6606066　6684793
负责人：刘国耀

常州广告总公司是中国广告联合总公司在常州的唯一成员公司，是常州地区最大的广告经营单位。

经营范围：

广告制作、代理、印刷、设计、装潢、展览及会议综合服务。总公司下设：1. 常州美仑美装璜工程公司。2. 常州新光广告包装彩印厂。3. 常州美仑美灯具公司。4. 常州包装设计艺术总汇。5. 常州高新技术开发区美仑美广告公司。

公司宗旨：热忱为国内外工商企事业服务。

南京市公共交通广告公司

地　址：南京新模范马路 2－1 号
邮　编：210037
电　话：(025)3611408
法人代表：刘航军(总经理)

南京市公共交通广告公司(汉语拼音缩写 NGG，以下简称 NGG)自 1986 年成立以来，经过十多年开拓发展，不断成长壮大，其整体运作，沿着科学化、规范化、现代化方向，日益向国际先进水平迈进。

NGG 作为一家全职能、专业化国营广告企业，实行总经理负责制，下设业务部、策划部、媒介部、制作部、调研部、财务部等机构，为客户提供以公交广告为主体、集市场调查、创意策划、设计制作、发布于一体的全方位广告服务，成功地为中外企业塑造形象、传播信息、开拓市场。目前，已同国内外数百家客户建立了业务关系，业务网络遍及全国，广告年发布量和营业收入稳步上升，95 年户外广告合同额达 1000 多万元。

NGG 以自身创造的经济效益，连年以较大的投资进行媒体和设备更新，广告设计、制作、管理等已全面采用电脑技术，媒体已由简易平面广告、自然光线和静止画面发展到新技术、新材料、亮化效果、动态画面，具有强烈的冲击力、感染力和市场效应。

NGG 汇聚并造就了一批具有丰富实战经验和专业知识的广告人才，近年来，还不断选派员工到国内高校进修深造。

NGG 是中国广告协会会员，同时是中广协公交广告协会副主任单位，与国际广告组织和国外同行也有着经常性的交流与合作，曾多次派员赴国外参观考察、交流。

NGG 拥有固定资产 1000 万元，除从事公交广告服务和广告代理外，还以独资和合资的方式开设、兴建了广告材料经营公司和江南大酒店等企业，具备了一定经营规模和实力。

NGG 的经营宗旨，是以高品位、高质量、高效率的作业风范，为中外企业开辟广阔的营销通道、塑造卓越的企业形象和享誉世界的品牌。

南京铁路分局美术广告公司

地　址：南京市中山北路 509 号
邮　编：210011
电　话：8804162
负责人：柴浓涛
联系人：杜尔寿

南京铁路分局美术广告公司地处扬子江畔，京沪、宁铜、皖赣铁路线交会处，广告辐射面达苏皖两省的8市、10县的铁路车站和旅客列车。承接路牌、灯箱、霓虹灯、电子显示牌、广播等广告和铁路沿线民墙、印刷品、实物、车体广告等。我公司并拥有一支具有大专以上文化和实践经验的广告、装璜、设计、策划、制作队伍，还配备了先进的设计、设备，已具备一定的经营规模。年度经营收入321.46万元，利润100.9万元。欢迎各方佳宾光临指导，洽谈业务。

锡山市美术广告公司

地　址：无锡市广瑞路80号
邮　编：214011
电　话：2401469　2405583
传　真：2448009
负责人：张源昌
联系人：朱宗欣
经营范围：

本公司是无锡地区最早的专业广告公司之一，系中国广告协会会员，江苏省广告协会会员，无锡市广告协会常务理事成员公司。

本公司通过多年的探索实践，不断吸收国内外广告界的成功经验，适时引进及调整内部运作机制，现已具有策划、设计、生产、发布一整套机构和手段。可为工商企业界承担CI设计；经营和发布各种户外广告、柔性灯箱、车船、样本等广告业务；代办各地电视、电台、报纸、杂志广告；承办商标设计、展览设计布置及室内外装饰设计等项目。

本公司重合同、守信誉，曾荣获江苏省"重合同守信誉"先进单位称号。欢迎各地广告客户前来洽谈。

南通市广告美术公司

地　址：南通市姚港路九号
邮　编：226006
电　话：5518758　5517662　5513920
电　报：1639
传　真：5518537
负责人：蒋晋忠
联系人：董明祥
经营范围：

设计、制作、发布、代理国内各类广告业务；CI设计、举办公关活动。装饰装潢、包装设计、彩照扩放；装潢材料，文教用品、工艺品。

南通市广告美术公司初建于1957年，公司设有广告部、策划部、市场调研室、霓虹电器厂、装饰工程经营部、设计室等部门，公司的宗旨是"坚持以创意为中心，以策划为主导，为客户提供全面优质服务。"坚持以"团结、文明、开拓、进取"的企业精神，立足市场，挚诚欢迎各界人士光临！

靖江市装潢广告公司

地　址：江苏靖江靖城胜利街181号
邮　编：214500
电　话：832518　821443
广告负责人：许基立　黄　峰
经营范围：

承办国内路牌、灯箱、霓虹灯、橱窗、墙壁广告、展览馆、饭店、游乐场、商店内外设置、张贴广告、室内产品、陈列广告。

兼营代理摄影、印刷品、电视、广播、报刊广告业务，室内装饰工程、铝合金、不锈钢制作、安装、工艺品制作、装潢材料、包装设计、建筑咨询。

江苏国际广告公司

地　址：南京珠江路370号
邮　编：210018
电　话：7714606

江苏电声广告公司

地　址：南京市中山东路132号
邮　编：210002

电　话:4404844

江苏省商业广告公司

地　址:南京市中山北路 101 号
邮　编:210009
电　话:6634896

南京市广告公司

地　址:长江路洪武北路
邮　编:210018
电　话:4419488

天地广告公司

地　址:南京市北京西路 75 号
邮　编:210013
电　话:6634892

天南广告公司

地　址:南京长虹路 445 号
邮　编:210012
电　话:2201714

徐州市广告公司

地　址:徐州市淮海东路 106 号
邮　编:221003
电　话:315224

徐州市国际广告公司

地　址:徐州市和平路 106 号
邮　编:221009
电　话:328743

苏州市广告公司

地　址:苏州市竹辉路
邮　编:215007
电　话:292264

无锡市广告公司

地　址:无锡市学前街 77 号
邮　编:214001
电　话:2703551

无锡市广告装璜新技术服务中心

地　址:无锡市复兴路 149 号(市科委大院内)
邮　编:214001
电　话:2703083
电　报:0111
负责人:蒋兆铮
联系人:王晓健

无锡市美术设计公司

地　址:无锡市人民中路 62 号
邮　编:214002
电　话:204394

无锡市外贸广告公司

地　址:无锡市中山路 395 号
邮　编:214001
电　话:221003

镇江市广告公司

地　址:镇江市钓鱼巷 32 号
邮　编:212002
电　话:230001

镇江市广告装璜设计总公司

地　址:镇江市电力路 149 号
邮　编:212002
电　话:5271302
负责人:蔡国民
联系人:张　燕

宜兴市广告公司

地　址:宜兴市人民南路 244 号
邮　编:214200
电　话:702992

金威广告有限公司
地 址:南京三元巷1号2楼
邮 编:210003
电 话:6648239

南京中北广告公司
地 址:南京市淮海路5号
邮 编:210005
电 话:4401258

仪征市广告公司
地 址:仪征市新河路73号
邮 编:211400
电 话:442042

泰州市广告公司
地 址:泰州市青年南路43号
邮 编:225300
电 话:222952

兴化市广告公司
地 址:兴化市牌楼东路51号
邮 编:225700
电 话:231692

扬州市广告公司
地 址:扬州市广陵路358号
邮 编:225001
电 话:233051

昆山市信息广告公司
地 址:昆山市环城北路16号
邮 编:215300
电 话:558786

苏州市体育广告公司
地 址:苏州市五州路91—1号
邮 编:215006
电 话:213452

太仓市广告装璜设计公司
地 址:太仓县府街7号
邮 编:215400
电 话:522742

常熟市华实广告公司
地 址:常熟市虞山北路14—3号
邮 编:215500
电 话:779682

连云港市广告装璜公司
地 址:连云港海连东路9—2号
邮 编:222002
电 话:411144

报纸类

新华日报
地 址:南京市中山路55号
邮 编:210005
电 话:741644 647994

南京日报
地 址:南京市解放路53号
邮 编:210016
电 话:412148 412494

江苏工人报
地 址:江苏省南京市中山北路202号
邮 编:210003
电 话:6635238转35308或35309

体育时报广告经营部
地 址:南京市五台山1—3号
邮 编:210029

电　话:025－6633680

宜兴日报

地　址:宜兴市宜城镇南门
邮　编:214200
电　话:702289

广播电视类

无锡电视台广告部

地　址:无锡市湖滨路4号
邮　编:214061
电　话:(0510)607818—3029、3033
6702239
广告业务负责人:张　恺
联系人:任政伟
经营范围:

无锡电视台广告部负责本台所有电视广告业务的经营及本台栏目、影视节目特约播出和特别节目的经营管理,是无锡电视台唯一的广告及节目经营窗口。

常熟电视台经济信息部
常熟电视台广告服务公司

地　址:常熟湖滨桥堍
邮　编:215500
电　话:05221－773941
传　真:05221－773941
负责人:何坤宝

常熟是具有三千年历史的文化名城,人文荟萃,经济发达。常熟市的国民生产总值,工农业总产值,财政收入、外贸出口、农民人均收入,以及供销、商业物资系统营业额,都进入了全国县级前十名的行列,是全国十大财神县和全国十大出口商品基地,也是全国经济最发达,人均消费水平最高的地区之一。建于1984年的常熟电视台是我国建台最早的县级电视台之一,目前自办节目一套,转播节目五套,每天自办节目5小时。自办栏目有:"CTV"新闻、"常熟经济传真"、"欢迎大点播"、"读书台"、"国际时事"、"农事5分钟"、"长江潮"、"影剧苑"、"体育天地"、"生活杂志"、"综艺广场"等。

连云港电视台

地　址:连云港市新浦解放西路219号
邮　编:222003
电　话:5456586　5453886
经济信息部主任:杨书平
联系人:庄建玉

连云港电视台座落在江苏省西北部的海港城市,覆盖范围为21个县市。主要经营电视广告,电视资料片。代理同行业广告。

江苏电视台

地　址:南京市北京东路4号
邮　编:210008
电　话:647359

南京电视台

地　址:南京市中山东路28号
邮　编:210005
电　话:649078

江苏人民广播电台

地　址:南京市中山东路西祠堂巷8号
邮　编:210002
电　话:642464

南京人民广播电台

地　址:南京市延龄巷50号
邮　编:210002
电　话:643711

涟水县人民广播电台

地　址:涟水县涟城环城南路123号
邮　编:223400
电　话:321448

如东人民广播电台

地　址:如东县掘港镇青园路 30 号
邮　编:226400
电　话:0513—412219、412876

杂志类

经济时刊杂志社

地　址:江苏常州市政府大院 4 号楼四楼
邮　编:213003
电　话:(0519)6600617
负责人:孙祖培
联系人:陈仲华

经济时刊(原名城乡经济),1984 年创刊,是常州市人民政府主管,具有国际标准刊号和国内统一刊号,面向国内外公开发行的综合性经济期刊。1991—1995 年,连续三届荣获"全国城市十佳经济期刊"称号;1995 年在江苏省第一届期刊质量评比认定中,被评为一级期刊。

经济时刊每期的主要栏目有:"新闻追踪"、"焦点透视"、"警世钟"、"经济与生活"、"信息公路"、"热门话题"、"全新动态"、"海外来风"等。

广告经营范围:利用本出版物发布国内广告业务;设计、制作印刷品广告、企业产品样本等。多年来以优质的服务和质量赢得了广告客户的好评。本社被评为"重合同,守信用"单位。并且本社制作的广告作品多次在江苏省及本市举办的广告作品展评活动中获优秀作品奖。

中国水产学会《科学养鱼》编辑部

地　址:江苏省无锡市宝界桥中国水产科学研究院淡水渔业研究中心
邮　编:214081
电　话:(0510)6701424—2116
电　报:3225
传　真:(0510)6703304
主　编:戈贤平(广告业务负责人)
联系人:魏友海
经营范围:

承接与水产有关的各类广告刊登业务。

《徐煤科技》杂志社

地　址:江苏徐州市淮海西路 235 号
邮　编:221006
电　话:(0516)553940 转 22590

江苏青年杂志社 《风流一代》公关广告部

地　址:南京北京西路 70 号
邮　编:210013
电　话:6631393

浙　江　省

公司类

浙江省国际广告公司

地　址:杭州市体育场路 596 号
邮　编:310007
电　话:5150464　5150559　5150669
　　　　5150937　5175709　5150592
传　真:5150444

公司总经理(法人代表):韩明东

联系人:王向东

、印刷、展览、装璜、贸易等于一体的大型广告公司,拥有12个部室、8个下属公司、1个境外机构。在首届中国广告公司实力评价排序中,综合实力排行第九、广告营业额列第十二位。

主要经营设计、制作、代理、发布国内外各类广告;承接各类展览、广告(艺术)摄影、装璜业务;经营广告器材、广告礼品、展览用具、广告印刷制作原辅材料进口业务,承办内外销产品包装装璜、商品样本、画册、年月历的设计、印刷业务。兼营对外经济贸易相关的咨询、信息服务、资信调查业务。

杭州铁路分局广告公司

地　址:杭州环城东路12号

邮　编:310009

电　话:(0571)7806221

负责人:孙子华

杭州是闻名于世的历史文化名城和风景旅游城市,随着改革开放,越来越多地吸引着国内外各方人士的游访投资。我公司系杭州铁路分局唯一的广告经营单位,地处经济繁荣的东南沿海,位于美丽的西子湖畔,经营近千公里铁路沿线的广告业务。具有线长点多,面广的独特优势。我管内每天的流动人员近三十万人次,其影响遍及全国乃至世界,是促进销售、传播信息的捷径。

我公司发布、代理各种广告媒体的广告业务。主要有站、车、场的路牌、灯厢、橱窗、霓虹灯、大屏幕电视墙广告及列车广告、广播广告、印刷品广告、民墙广告。

杭州铁路分局广告公司占尽天时天利,竭诚为您提供优良服务,铁路广告,四通八达。

杭州风巢企划广告公司

地　址:浙江省杭州市延安新村东四幢下城区少年宫四楼

邮　编:310006

电　话:5058575　5107640　5054568

传　真:5058574

负责人:周　菁

联系人:胡燕敏

经营范围:

各类广的设计、制作、代理业务。

宁波市国际广告公司

地　址:宁波市灵桥路190号22楼

邮　编:315000

电　话:(0574)7327873　7327581

负责人:周新波

联系人:颜亚培

宁波市国际广告公司是市外经贸委的直属企业。国际性专业化的广告公司。首届全国广告企业实力排序第五十四位。

经营范围:国内外广告、市场调研、各种媒体代理制作、发布、国内外展览展示、CIS整体规划设计、平面广告包装设计、影视广告三维动画设计制作、促销活动企划执行,装潢设计及广告设备器材贸易等。

业务特长:CIS整体企划、国内外展览展示和影视三维动画广告设计。

宁波海王星装饰广告总公司

地　址:浙江省奉化市大桥镇岳林路东端

邮　编:315500

电　话:(0574)8524441　8524443　8524444　8524446

传　真:0574－8524441

负责人:童海啸

联系人:江孝定

经营范围:

本公司创办于1988年7月,是一家融广告、装饰为一体的综合性配套服务的经济实体。企业占地20亩,建筑面积8000m^2,自有资产1200万元，年施工能力3000万元以上，拥有数名省内一流的广告、装饰设计师和美工、木工、泥工、油漆工、电工、钣金工、铝合金制品工、玻璃制品工等配套齐全的施工队伍。业务辐射宁波地区各县(市)、大榭岛开发区、杭州、上海等地，已在宁波大榭开发区设立分公司和杭州、上海办事处，并已与外商签订其它领域的合作协议。企业是奉化市“重合同、守信用”单位、奉化市先进企业、奉化市文明单位、浙江省“重信誉、创优质服务”先进单位。在1994年11月29日《浙江经济报》公布的浙江省首次“三产”普查中公司综合实力排序全省同行第四位；在国务院“三产”普查办公室公布的企业排序成果表中，本公司实力列全国20164家同行第995位，企业已在宁波地区享有较高的声誉和知名度。

通达理宁波广告公司

地　址：浙江省宁波市西北街1号
邮　编：315010
电　话：7363658　7361604　7363610
传　真：(0574)7363658
总经理：乐明行
联系人：张吉祥

建立于1979年的宁波广告公司是宁波市成立最早、规模大、实力雄厚的专业广告公司，1994年经与通达理广告有限公司合并后，集优秀广告专业人才，引进先进的广告设计制作专业设备，成为拥有外商广告发布权，并领导着上海东达广告娱乐有限公司、宁波东方影视制片公司、宁波霓虹电器装璜厂、宁波通达理酒家等九家分支公司(厂)的宁波市最大专业广告公司之一。现有广告路牌3700平方米，霓虹灯2600平方米，分布在市内三江口、火车站、客运码头等繁华地段和交通枢纽地带。以新技术、高品质为客户提供创意、设计、制作、代理等全方位的一流服务。

浙江省奉化市广告公司

地　址：奉化市兴奉路11号
邮　编：315500
电　话：8525091
负责人：周宁科
联系人：陈建强

本公司是1985年经市人民政府批准建立的奉化市第一家市级广告专业公司。1994年在全国首次第三产业普查中，企业的综合实力名列全省同行前茅，被评为浙江省“信息、咨询服务行业”最大企业。又被浙江省工商局评为(1993－1994)年度我市广告行业唯一的一家省级“重信誉、创优质服务”单位。

公司主要经营(代理)国内各类广告业务，承接宾馆、商厦、写字楼等大、中型装璜工程。承办国家级风景旅游区、蒋介石、蒋经国父子故居——奉化溪口的路牌、霓虹灯广告业务。热忱欢迎全国各客户单位，广告界同行，朋友前来旅游观光，洽谈业务及合作事宜。

杭州阳光创意广告有限公司

地　址：杭州市文三街20号西二楼
邮　编：310012
电　话：(0571)8058460
传　真：(0571)8062352
公司负责人：程　冬
联系人：袁德辉

“阳光创意”是目前浙江省最具专业水准的综合性广告公司之一。公司以“植根本土文化，服务中华企业，研究国人心态，创造健康需求”为经营理念，坚持“做事不做秀”的工作原则，坚持策略性创意导向，始终把“给消费者带来利益，为企业带来市场”作为自己的唯一责任。公司经营上的特色是全方位地为客户进行整体策划，制作并代理。

杭州迅达广告策划公司

地　址：杭州市中山花园“风荷苑”20楼
邮　编：310026

电　话:5158120
负责人:朱晓梅
联系人:王　瀛

浙江民航广告公司

地　址:杭州市笕桥机场
邮　编:310006
电　话:577808

浙江省广告展览公司

地　址:杭州市曙光路 4 号
邮　编:310007
电　话:558365

杭州市广告公司

地　址:杭州菩提寺路萱寿里 17 号
邮　编:310006
电　话:7061949

杭州铁路旅游广告公司

地　址:环城东路 12 号
邮　编:310009
电　话:727395

杭州公共交通广告部

地　址:环城北路 170 号
邮　编:310006
电　话:571717

宁波市广告美术公司

地　址:江北清河路 1 号
邮　编:315020
电　话:356629

宁波市广告艺术公司

地　址:江东虹桥巷 2 号
邮　编:315040
电　话:334275

宁波市广告装潢设计公司

地　址:宁波市泥桥街 3 号
邮　编:315000
电　话:7313186

宁波市广告联印公司

地　址:宁波市开明街 142 号
邮　编:315000
电　话:365243

温州市广告公司

地　址:解放南路 478 号
邮　编:325000
电　话:8222816

海宁市美术广告公司

地　址:海宁市陕西路
邮　编:314400
电　话:24862

义乌市白天鹅广告装璜公司

地　址:义乌市新马路 7 号
邮　编:322000
电　话:23040

兰溪市广告装璜公司

地　址:兰溪市延安路 37 号
邮　编:321100
电　话:22442

嘉兴市广告公司

地　址:嘉兴市勤俭路 125 号
邮　编:314000
电　话:87759

绍兴市广告公司

地　址:绍兴市解放北路 478 号
邮　编:325000

电　话:222816

绍兴市广告装璜公司

地　址:绍兴市县前街22号
邮　编:312000
电　话:33367

湖州市美术广告公司

地　址:湖州市志成路46号
邮　编:313000
电　话:25951

舟山市广告装璜公司

地　址:定海区新河北路10号
邮　编:316000
电　话:26246

舟山市正大广告公司

地　址:舟山市环城东路112号
邮　编:316000
电　话:27269

报纸类

农村信息报

地　址:浙江省杭州市华家池63号
邮　编:310004
电　话:(0571)6099094
传　真:(0571)6099093
负责人:林伟坪
联系人:厉智慧

《农村信息报》是由政府部门主办的省级经济类综合性报纸。对开四版,每周二期,电脑照排,胶版印刷,全国发行。目前已拥有21万长期订户,近100万热心读者。1992年在浙江省省级专业报评比中荣获第一名。1994年10月在华东地区首届报纸编校质量评选中荣获二等奖。在浙江农村具有广泛影响,并在全国各省、市、自治区农村拥有可观的读者群。

农村是一个具有巨大潜力的广阔市场,如果你想在这块尚待开发的处女地独领风骚,在《农村信息报》上刊登广告当为最明智的选择,因为你一旦作此尝试以后,便会惊喜地发现:效果确实不错。

嘉兴日报广告部

地　址:嘉兴市中山西路265号
邮　编:314001
电　话:2085028
传　真:2085902
广告部主任:何稼生

嘉兴市地处杭嘉湖平原,东邻上海,西连杭州,素有"鱼米之乡,丝绸之府"的美誉。改革开放以来,嘉兴市经济快速增长,已成为一座以能源、轻纺为主的新兴工业城市。《嘉兴日报》是嘉兴市(辖7县、(市区))唯一的一张综合性报纸,它指导性强,信息量大,辐射面广,是深受读者欢迎的理想广告媒体。《嘉兴日报》将于95年10月创刊《南湖晚报》。

台州日报

地　址:临海市石林路6号
邮　编:317000
电　话:5116494
电　报:0174
总编辑:王自亮
广告部负责人:杨传明

台州市位于浙江沿海中部,上海经济区南翼,辖椒江、黄岩、路桥3区,临海、温岭2市和玉环、天台、仙居、三门4县,人口525万。《台州日报》是中共台州市委机关报,激光照排,胶版印刷,对开四版,立足台州,面向全省发行。欢迎各工商企事业单位在本报刊登各类广告,并代办全国各媒体广告业务。

浙江日报社

地　址:杭州市体育场路96号

邮　编:310004
电　话:551999　552044

杭州日报社

地　址:杭州市国货路 4 号
邮　编:310001
电　话:726209　726230

浙江法制报社

地　址:杭州市省府路 1 号
邮　编:310007
电　话:754421　754423

金华日报

地　址:浙江金华马路里 18 号
邮　编:321000
电　话:338473　337525 转

宁波日报

地　址:宁波市孝闻街 22 号
邮　编:315010
电　话:366645

温州日报

地　址:温州市公园路
邮　编:325000
电　话:223905—51、52

广播电视类

舟山人民广播电台

地　址:浙江省舟山市昌国路 137 号
邮　编:316000
电　话:0580—2026079
电　报:2330
负责人:傅禹淦
联系人:周国强
经营范围:

本台广告信息部承接各类广播广告,舟山人民广播电台使用调频 684 千赫播出,节目内容丰富,收听率高,覆盖面广,广告收费合理,欢迎社会各界通过我台广播传媒发布广告。

金华有线电视台

地　址:八一北路 120 号(金华市)
邮　编:321000
电　话:0579—2313822
负责人:王永兰
联系人:王晓娜

金华地处浙江中部,是华东地区重要的物资集散地,有各类商品交易市场 500 个,如义乌小商品市场、永康五金城等名扬四方。我台于 1987 年建网,1995 年推出《有线报道》、《社会纵横》、《温馨传送》、《开心大世界》等十多个自办节目,收视率呈阶递式不断增长。电视节目采用光缆传输,目前拥有用户六万多户,并正在建设以金华市区为中心,连接各县市和农村乡镇的大有线电视网络。建成后,我台的有线电视节目将覆盖全金华。同时,利用光缆传输的多功能性,采用多媒体技术进行多功能开发。

我台广告部在承接本台广告业务的同时,还将代理国内各电视台的广告业务。欢迎各单位前来洽谈广告业务!

有线电视,无限空间!

浙江人民广播电台

地　址:杭州市菩提寺路 17 号
邮　编:310006
电　话:764048

杭州人民广播电台

地　址:杭州市莫干山路 46 号
邮　编:310005
电　话:887384　884602

温州人民广播电台
地　址:浙江省温州市县学前 19 号
邮　编:325000
电　话:8223530

浙江电视台
地　址:杭州市庆春路 600 号
邮　编:310003
电　话:725568

杭州电视台
地　址:杭州市莫干山路 100 号
邮　编:310005
电　话:874592

宁波电视台
地　址:宁波市长春路 146 号
邮　编:315010
电　话:7364730

安　徽　省

公司类

安徽省广告公司
地　址:长江路人民巷 61 号
邮　编:230061
电　话:2655855

安徽省对外经济贸易广告公司
地　址:合肥市金寨路 162 号
邮　编:230022
电　话:331186

合肥市广告公司
地　址:寿春路 17 幢新村
邮　编:230001
电　话:2648674

合肥银河广告公司
地　址:合肥市长江路 66 号
邮　编:230001
电　话:275461

滁州市广告公司
地　址:滁州市琅琊东路 24 号
邮　编:239000
电　话:322306

蚌埠市美术广告公司
地　址:胜利中路 51 号科学宫内
邮　编:233000
电　话:242176

淮南市广告装潢公司
地　址:淮南市田家庵人民路
邮　编:232007
电　话:326111

黄山市广告装潢公司
地　址:屯溪黄山西路 19 号
邮　编:245000
电　话:212280

六安市广告公司

地　址:皖西西路 54 号
邮　编:237005
电　话:213261

淮北市美术广告公司

地　址:淮北相山惠黎西路
邮　编:235000
电　话:23313

芜湖市广告公司

地　址:芜湖市九华山路 462 号
邮　编:241001
电　话:36594

黄山市广告装潢公司

地　址:屯溪徽山路 3 号
邮　编:245000
电　话:212280

报纸类

安徽商报社

地　址:安徽省合肥市宁国路 136 号
邮　编:230001
电　话:4659424　4651569
传　真:4651569
负责人:邓修全
联系人:邓修全

《安徽商报》是全国创刊最早的商报之一,在安徽省商界,其发行密度超过省内任何一家新闻媒体。本报除通过邮政部门征订到各行各业及网点外,还向全国各大城市批发零售。并在全省十八个地市及京、津、沪、穗等大城市设特约记者站及通联站。

《安徽商报》发挥其传递商业信息权威、准确、迅速的优势,积极为工商企业策划、塑造形象、发布广告,为企业宣传产品、推销产品,并及时反馈市场信息,协助企业进行市场调研与预测。本报是省内外工商企业打开安徽市场的最佳媒体。

本报广告部具有本报广告的经营发布权。

芜湖日报社广告部

地　址:芜湖市华兴街 4 号
邮　编:241000
电　话:0553—3861164　3835621
负责人:柯　南
联系人:胡维珍

《芜湖日报》为中共芜湖市委机关报,每日对开四版;《星期刊》每周一期,对开八版,《芜湖晚报》,每日四开四版。

欢迎在本报刊登广告。

安徽日报社广告科

地　址:合肥市金寨路 206 号
邮　编:230061
电　话:252356　274359

合肥晚报社

地　址:合肥市阜阳路 100 号
邮　编:230001
电　话:253818

皖东南报社

地　址:安徽省宣州市鳌峰大街地委大院内
邮　编:242000
电　话:324290　322652

广播电视类

安徽电视台广告部

地　址:合肥市长江路 89 号
邮　编:230066
电　话:2618585　2618855
传　真:2673761　2652217
电　报:0669

经　理:吴　涛
联系人:唐宇华
经营范围:

承办代理国内外电视广告。

安徽省地处中国南部,东邻江苏、浙江、山东,西连湖北、河南、江西,跨长江、淮河、钱塘江三大流域,总面积13.9万平方公里,拥有一千四百万户人家,五千八百多万人口,其中城镇人口二千多万。1994年国民生产总值增幅21%,位居全国之首;工业生产总值位居全国第十一位。

安徽电视台共开播两套节目,一套节目从11:50—24:00播映;二套节目从18:00—23:30播映。这些节目通过一千多座功率各异的电视发射台和转播台,覆盖安徽省及江苏、山东、河南、湖北、江西、浙江等省市的部分地区,覆盖地区人口达七千万,电视机拥有量一千多万台。

安徽电视台广告部始终把信誉质量放在第一位,多次受到中国广告协会和省、市广告协会的奖励,并荣获全国广告"重信誉,创优质服务先进单位"称号,是全国首批荣获此项荣誉的15家电视广告媒体单位之一。

合肥电视台

地　址:合肥市金寨路283号
邮　编:230061
电　话:272662

安徽人民广播电台

地　址:合肥长江路89号
邮　编:230001
电　话:257246

福　建　省

公司类

福建省海峡广告公司

地　址:福州市五四路闽江饭店15楼
邮　编:350001
电　话:(0591)7551566
负责人:项仁美
联系人:杨恒茂

福建省海峡广告公司系海峡之声广播电台所属的具有独立法人资格的专业广告公司。以承办本电台广播广告为主,同时经办其他媒体的代理广告业务。海峡之声广播电台地处福州市,面向海内外,除有效覆盖国内多数省市区外,台、港、澳及五大洲几十个国家和地区均有广大听众群。对宣传大中型企业形象和对外招商引资信息以及外向型产品独具优势。

福建广电广告有限公司

地　址:福州市古田路2号福建广电中心大楼
邮　编:350001
电　话:(0591)3349421　3313789—451
传　真:(0591)3349421
法人代表、总经理:林　榕
联系人:梁　宪　黄　斌
经营范围:

福建广电广告有限公司隶属于福建人民广播电台,是以经营广播广告为主的综合性广告公司,具有独立法人资格,全权承办福建人民广播电台及其所属经济台、文艺台、东南(对台)台等系列台的广告。福建人民广播电台覆盖全省80%地区，辐射浙江、江西、广东、江苏、安徽、湖南、台湾等省以及日本、东南亚部分地区，在海峡两岸拥有众多听众。福建广电广告公司充分发挥广播广告优势，竭诚为各界朋友服务。

福建铁路广告公司

地　址：福州华林路408号

邮　编：350013

电　话：7579478　9019815

铁路电话：3210、3220

负责人：陈谟武

联系人：韩泽生　张　平

经营范围：

承办铁路站车广告：路牌、灯箱、霓虹灯广告、大型LED电子显示屏、民墙广告。室内外装潢装修、包装装潢印刷等业务。

本公司立足铁路和特区面向全国，以策划为主导，创意为中心，为客户提供有效服务的国营专业广告公司，并在厦门特区设立厦门分公司（电话：5064486　负责人：张平、陈佳祥）。

厦门艺术广告公司

总　部：厦门禾祥西路3号白鹭苑行谦楼

邮　编：361003

电　话：2028907　2078287　2071321

分　部：中国厦门新华路45号

电　话：2071320　2031151

传　真：2078287

法人代表、总经理：王鹭佳

经营范围：

厦门艺术广告公司为厦门四大老牌专业广告公司之一，主营国内外广告业务。为“可口可乐”福建省各媒介广告发布总代理、《鹭风报》广告总代理。

公司荟萃一批优秀的广告各类专业人才，拥有先进的苹果电脑和创意企划系统。目前，已创作了“可口可乐”、农行金穗卡、厦门烟草公司、洋酒马爹利等系列广告和中国国际航空公司、人民保险等数百个大型广告，同时还策划承办了'93中外企业家大型公关联谊晚会、“艺广杯”中国五大特区首届少儿钢琴比赛、厦广经济台统一形象策划及开播仪式、'94国际名模时装歌舞演出、'94中国优秀帆板选手锦标赛、'95美国杨伯翰舞蹈之旅访华演出等数十项中外大型活动。

“艺术天地、无限风光”。艺广人将以专业精神，服务社会，共求发展，同享成功辉煌。

厦门市商业广告公司

地　址：厦门市中山路167号三楼

邮　编：361001

电　话：2026154　2016654

负责人：陆锦康

厦门商业广告公司成立于1984年，以设计、制作、策划、代理、发布国内外广告业务为主。“凯歌”、“果珍”、“银城啤酒”等广告作品获全国第二届、第三届广告评比一等奖、二等奖，并获多项优秀奖、佳作奖。历年被厦门市政府评为“重合同、守信用”单位，现为中国广告协会会员单位，中国外贸广告协会理事单位。

厦门市天朗广告企划有限公司

地　址：福建省厦门市湖滨北路外贸工业大厦二楼

邮　编：361012

电　话：5074286　5074287　5074289

传　真：5074348

负责人：廖毅林

联系人：曾红忠

厦门市天朗广告企划有限公司是一个讲求群体作业的集体，我们追求的目标是努力为客户创造杰出的广告，将客户产品、市场的优点发挥至极限。

我们致力于运用能为客户提供全面服务的运作标准及规范，从市场调研、广告定位、广告策略、广告创意、媒介计划到广告实施，都以严谨科学的作风力求达到最佳的广告效果。

公司经营范围：国内外广告策划、设计、制作、代理；市场调研及公关、促销活动服务；CI规划及设计；影视广告制作；经营路牌、灯箱、霓虹灯等户外广告。

三明市美术广告公司

地　址：福建省三明市绿岩路3幢（艺术大厦三楼）
邮　编：365000
电　话：8264363　8223840
经　理：王建华
联系人：丁玉凤　李根发
经营范围：

本公司系三明市文化局直属专业广告公司，正式成立于1981年，主要经营本市范围户外广告业务，为客户提供广告策划、创意、制作、发布等全面优质的专业化服务。协助客户举办各类有效促销活动。代理全国报刊、广播、电视、彩色印刷广告业务。

本公司下设永安分公司及装修工程部二个分支机构，其中装修工程部是一支具有较强实力的室内设计、装饰工程施工队伍，承接各类室内外装饰设计及工程施工。

十几年不懈的努力，始终如一的追求，全面优质的服务，赢得了客户的信赖。

三明市美术广告公司将一如既往地与各广告界同仁建立广泛联系，真诚合作，为拓展广告事业做出贡献。

福建省广告公司

地　址：福州市五四路外贸中心展览厅
邮　编：350001
电　话：7554297

福建省体育广告公司

地　址：福州五一广场体育馆内
邮　编：350005
电　话：312297

福州广告公司

地　址：福州市五四路口1号
邮　编：350001
电　话：3654844

福州市美术广告公司

地　址：福州市王庄街53号
邮　编：350001
电　话：3563208

厦门市广告公司

地　址：厦门天一楼1号之2
邮　编：361001
电　话：2024687

汕头市艺术广告公司

地　址：汕头市汕樟路中平街3号
邮　编：515041
电　话：8547509

福建省将乐县华星广告公司

地　址：将乐县城关三华南路25号
邮　编：353300
电　话：23912

永安市广告装潢联营公司

地　址：永安市新府路7号
邮　编：366000
电　话：633899

三明天马广告有限公司

地　址：列东江滨新村46幢新业大厦3层
邮　编：365000
电　话：225334

三明市工商广告公司

地　址:三明市新市新市中路 255 号
邮　编:365000
电　话:252589

福建省闽西广告公司

地　址:龙岩市溪畔路溪南大厦 2 层
邮　编:364000
电　话:312319

龙岩市广告公司

地　址:龙岩市九一北路 50 号
邮　编:364000
电　话:325338

龙岩地区包装广告公司

地　址:龙岩市九一北路 28 号
邮　编:364000
电　话:21439

漳州市美术广告公司

地　址:漳州市瑞金路 15 号
邮　编:363000
电　话:223225

漳州市广告公司

地　址:漳州市胜利路 35 号二楼
邮　编:363000
电　话:231008

邵武市广告装潢公司

地　址:邵武市五四路 9—1 号
邮　编:354000
电　话:23655

报纸类

厦门采风报

地　址:厦门市公园南路 2 号
邮　编:361003
电　话:2020677　2036843
电　报:1688
总　编:钱　真
总经理:郑尚元
副总经理:吴振川
联系人:林　瑛

本报由厦门新闻工作者协会主办,彩色印刷、图文并茂,歌颂伟大中华、赞美特区建设、博采侨乡风貌,是传递信息的窗口。发行美国、俄罗斯、日本、英国、加拿大、新加坡、菲律宾、泰国、马来西亚、澳大利亚及港、澳、台等四十个国家和地区。深受读者的喜爱,经济信息反馈及时。

本报刊登和代理国内外广告业务。

厦门商报社广告部

地　址:厦门市新华路 78 号华建大厦 14 层
邮　编:361003
电　话:2117070　2117071
传　真:0592—2117070
负责人:郑尚元
联系人:陈　青

厦门市唯一通过邮电部门走向全国的大型日报

福建省唯一获准向台湾、金门地区发行的报纸

《厦门商报》——您的良朋益友

《厦门商报》是经国家新闻出版署批准的对开四版综合性经济日报,品位高雅、商味浓郁、信息快捷、面貌清新。她立足厦门,服务闽东南,辐射全国,面向台港澳和东南亚地区。

您想了解厦门经济特区,获悉最新台湾财经信息,请订阅《厦门商报》。

《厦门商报》邮发代号 33—18,每月订价 6 元,全年订价 72 元,全国各地邮局均可订阅。

《厦门商报》广告部,广告创意策划精,电脑设计新,服务态度佳,广告效益好。

欢迎惠顾，共同发展。

厦门广播电视报社

地　址：后滨路55号
邮　编：361004
电　话：2023457　2121736
负责人：王梅惠
联系人：林佩琼

《厦门广播电视报》1984年12月29日创刊，拥有跨地区发行权的国内统一刊号，最高期发行量近三十万份。居闽南各地之首。

《厦门广播电视报》除详细大量刊登中央电视台、各地方电台、电视台节目表和影视剧情介绍之外，还适量刊登一些知识性、娱乐性、服务性、趣味性强的各种信息。辟有：一周论坛、妙语佳句话声屏、视听一品斋、本报专访、记者札记、影视动态、厦门走向世界、本市一周要闻、经济信息、星河、厦视专栏、有线荧屏、银幕新片、镜头人物、热门话题、社会透视、人生絮语等专栏，内容丰富，图文并茂，集引导、知识、趣味、娱乐于一报，是闽南地区广大读者收视收看广播电视不可缺少的收视导报。本报采用激光照排技术，胶版印刷，自办发行投递迅速。覆盖厦门、漳州等地。刊登周一至周日的一周广播电视节目，提早五天出版至读者手中，阅读周期长，读者面宽，影响面大，广告受众命中率高，是广大客户刊登广告效果颇佳的报纸。

泉州晚报社广告部

地　址：泉州市
邮　编：362000
电　话：2385201　2396693
电　报：2011
图文传真：(0595)2384541
广告业务负责人：叶庶民
经营范围：

在本报刊登国内广告、外商来华广告；代理全国各报刊广告业务。

泉州是著名的侨乡和国务院首批公布的24个历史文化名城之一。泉州幅员辽阔，人口众多、地方富庶，资源丰富，经济繁荣，现辖鲤城区，石狮、晋江、南安市，惠安、安溪、永春、德化县等8个(区、市)县，人口610余万。泉州实行中央赋予的特殊政策、灵活措施，外向型经济发达，成为港澳台、外商来大陆投资的重要地区和对外贸易的重要基地。

《泉州晚报》植根于泉州这块历史悠久又特具现代魄力的土地，面向全国，放眼南洋，视野广阔，信息密集，传播迅速，辐射东南亚；《泉州晚报》兼备机关报和晚报特色，展现独特的版面编排艺术，拥有国内一流的电脑照排和彩色印刷，版面精美，发行量居福建省地市报前列。在《泉州晚报》刊登广告，影响于海内外。

福建日报社

地　址：福州市华林路27号
邮　编：350003
电　话：553400

福州晚报社

地　址：福州市西洋路4号
邮　编：350005
电　话：554930

厦门日报社

地　址：厦门市深田路46号
邮　编：361003
电　话：224956

闽北日报社

地　址：南平市八一路134号
邮　编：353000
电　话：(0599)825527(传真)

广播电视类

厦门电视台

地　址:福建省厦门市虎园路9号
邮　编:361003
电　话:(0592)2023896　2044030
传　真:(0592)2070727
负责人:刘晓光
联系人:蔡　弘　朱华夏

厦门电视台广告部是中广协会员,广协电视委员会理事,主管厦门电视台两套节目的广告审核、播放及代理。在广告合同管理及广告编播管理方面,我们已采用先进的电脑管理,确保了广告合同的准时播出,并于95年初开始为广告客户提供详细周全的广告播出监看报告及录相,真诚服务,精益求精是我们的宗旨。

厦门电视台现有两套节目,厦视一套每天播出13小时,厦视二套每天播出6小时,覆盖面可达整个闽南三角,拥有近500万观众。欢迎各地广告公司及客户与我们建立良好的合作关系。

泉州电视台广告部

地　址:福建省泉州市庄府巷31号
邮　编:362000
电　话:2187849
台　长:张　帆
负责人:高应奎
经营范围:

广告制作、播放及代理同媒介广告。

本台设有"泉州新闻"、"周末报道"、"侨乡周末"、"下周荧屏"、"每周一歌"、"交通警报台"、"经济信息"等栏目。

福建电视台

地　址:福州市道山路永祚社15号
邮　编:350001
电　话:553845

福州电视台

地　址:福州市圣庙路23号
邮　编:350001
电　话:556581

江　西　省

公司类

南昌新星广告信息公司

地　址:南昌市洛阳路63号
邮　编:330002
电　话:(0791)6263377
电　报:2424
企业法人:包荣生
广告负责人:王　琪
经营范围:

代理主要媒体:报刊(人民日报华东版、农民日报、江西日报、信息日报、南昌晚报、经济晚报)

电视、电台、户外、车身广告。

公司特点:CI创意设计、全方位策划、代理国内各类广告服务、户外广告、霓虹灯、灯箱设计制作、代办电视、报刊、广播、剧场、影院、车身等各种形式的广告,承办市内外装饰工程，经济信息咨询，策划承办大型活动，组织产品展示、展销活动，及新闻发布会，承接电视、三维动画制作及其发布实施。

南昌铁路美术广告公司

地　址：南昌市天佑路 17 号（站前路口）
邮　编：330002
电　话：268455 铁路电话：3682、3782
电　报：6424
经　理：王敏良
联系人：朱遗生
经营范围：

广告：路牌、民墙、车厢、灯箱、霓虹灯等。

绘画设计：广告、商标、包装装潢、产品介绍、图表、国画、油画、装饰画等。

装潢装饰：商店、橱窗、室内室外、展览厅、会议室、贵宾室、纪念馆、礼堂会场等装饰布置。

根据国家工商行政管理局文件精神，我公司是江西省南昌地区首批通过考评获得广告代理资格的公司之一。

江西省广告公司

地　址：南昌市井冈山大道 491 号
邮　编：330002
电　话：227438

江西省对外贸易广告公司

地　址：南昌市站前路外贸大楼
邮　编：330002
电　话：226611－452、450

南昌市广告公司

地　址：丁公路 737 号（三楼）
邮　编：330002
电　话：6214845

南昌客运段广告公司

地　址：江西省南昌市“二七”南路 165 号（火车站广场南侧南昌客运段内）
邮　编：330002
电　话：221155 转 3455

江西明华广告公司

地　址：南昌市站前路 29 号
邮　编：330002
电　话：261249　铁路电话：5640

景德镇市广告公司

地　址：景德镇市解放路 117 号
邮　编：333000
电　话：223078

九江市广告公司

地　址：九江市北司路 83 号
邮　编：332000
电　话：225677

九江市美术广告公司

地　址：九江市浔阳路 23 号
邮　编：332000
电　话：8225297

萍乡市广告公司

地　址：萍乡市城关区昭萍路
邮　编：337000
电　话：333933

新余市广告装潢公司

地　址：新余市胜利南路小北街 6 号
邮　编：336500
电　话：222004

报纸类

江西日报广告部

地　址：南昌市阳明路 175 号

邮　编:330006
电　话:(0791)769868　773336

信息日报广告经理部

地　址:南昌市阳明路175号
邮　编:330006
电　话:772133—274

企业导报广告经营部

地　址:南昌市省政府大院财政厅三层
邮　编:330046
电　话:227569

地　址:南昌市象山北路252号
邮　编:330008
电　话:772471

南昌广播电视周报

地　址:南昌市经济大楼20层
邮　编:330008
电　话:771369

《景德镇日报》社广告部

地　址:景德镇市:①解放路177号;②广场北路新闻大楼
邮　编:333000
电　话:229078　225465

广播电视类

江西人民广播电台广告部

地　址:南昌市北京西路20号
邮　编:330046
电　话:64040

江西电视台

地　址:南昌市北京西路20号
邮　编:330046
电　话:224939

南昌电视台经济信息部

地　址:南昌市民德路401号
邮　编:330008
电　话:771987

上饶电视台

地　址:上饶市庆丰路
邮　编:334000
电　话:224597　223900

山　东　省

公司类

齐鲁广告公司

地　址:青岛市南海路十一号
邮　编:266003
电　话:(0532)2879851　2862617
电　报:0707青岛
总经理:崔俊国
联系人:黄奉刚
经营范围:

中外媒体代理、海外市场开拓、广告设计制作、包装装潢设计、海外商标注册、宣传品进出口。

大连国际广告公司

地　址：大连市中山路 351 号
邮　编：116021
电　话：0411－3630647
传　真：0411－3630647
负责人：孙立国　姜广金
经营范围：

・代理承办出口广告，来华广告，国内广告，馈赠广告。

・提供国内外市场调查，广告策划。

・承办户外广告的设计、制作、发布。

・承办出国、来华展览会、展销会。

・承办设计印刷产品样本、目录、公司简介。

・经营广告宣传器材、广告礼品等业务。

下属机构

・大连国际广告公司开发区经贸公司

・大连新世界计算机印务公司

・大连星汉光源工程有限公司

青岛市美术广告公司

地　址：青岛市浙江路 1 号甲
邮　编：266001
电　话：(0532)2866905　2866986
传　真：(0532)2866905
总经理：尚　华

本公司系中国广告联合总公司发起单位之一，是以广告业为龙头，商品批发零售业为依托的综合性国营广告企业。是青岛市"重合同、守信用"广告经营单位。

公司拥有高层次的创意策划专业人才，可为您在以下领域提供全方位服务：

全面策划，根据广告客户的意图，进行广泛的市场调查，结合市场需求和消费者心理，制定切实可行的营销广告方案；选择报纸、杂志、广播、电视媒介，提供完美的创意，使客户得到满意的宣传效果；选择、设计、制作路牌、霓虹灯、灯箱、雕塑、实物等户外媒体最佳广告宣传形式；设计企业徽记、产品商标、包装装潢，承制样本、年鉴、年历等印刷品；承制广告摄影及电影、电视广告片、商品宣传专题片的编制和摄制；提供各种广告礼品；承接室内外装饰装潢工程业务，设计、制作电子屏幕、电子喷泉等电子综合工程，提供电脑设计、绘制、写真、雕刻等业务；并负责培训高级电脑美术设计人员。经销代销各类商品，开展国内批发零售业务；承办国内外大型的商贸展览及文化、体育等交流活动。

中国对外建设青岛公司广告部

地　址：青岛市湛流干路 8 号
邮　编：266071
电　话：3869100　4846926
　　　传呼：2800088—16117
负责人：史　钢
联系人：何　军

中国对外建设青岛公司是建设部批准，中国对外建设总公司的派出机构，是全民所有制大型企业，承接国(境)内外各类工程咨询、勘察、设计、施工和监理业务；向国(境)外派遣各类工程、生产和服务行业的劳务人员；承担我国有关的对外经济援助项目；进行国内房地产开发、建筑装饰、园林施工和贸易等多种经营。其所属部门中国对外建设青岛公司广告部，在做好本企业的各种广告企划之外，面向社会各界承接多种广告的策划、设计和发布，采用路牌、灯箱、霓虹灯、礼品、印刷品以及代理电视、报刊等广告形式，竭诚为企业服务。我们的宗旨是："逢山开路、遇水搭桥"，当好企业助手。

青岛市公共交通总公司广告装潢公司

地　址：青岛市道口路 17 号
邮　编：266021
电　话：3822710
电　报：0074

负责人:徐立卿
联系人:王清华
经营范围:

主营:承办公共汽车、电车广告,车站广告。

兼营:装潢美术设计、产品照像,制作灯光图表。代理全国公交系统同行业广告。

青岛高科技工业园广告实业总公司

地　址:青岛鄱阳湖路4号
邮　编:266071
电　话:5827772　5825875
负责人:宋承志
联系人:贾志红

明智的广告主选择有良知的广告人。

明智的广告主适应市场,了解广告的科学性;有良知的广告人尊重客观,真知灼见,以高质有效的广告创意为己任。

明智的广告主选择有良知的广告人。没有好的广告主就没有好的广告人,没有好的广告人就没有好的广告主。沟通,理解,真诚协作,共赋成功,是我们最明智的选择。

济宁市经纬广告有限公司

地　址:济宁市共青团路体育馆内
邮　编:272100
电　话:2313143
负责人:李东军
联系人:赵万昌

济宁市经纬广告有限公司(原济宁市广告公司)始创于1984年,伴随中国广告的起步与发展,进行了11年的奋进拼搏,公司已发展成为综合性广告代理公司,拥有先进装备,68名集高水平管理、创意、设计、制作并具有忘我敬业精神的队伍,业务融影视、报纸、展示、电子屏幕、霓虹灯、空中、路牌、CI策划、印刷、制作、发布、代理等为一体。公司下设业务部、影视部、设计部、策划创意部、印务部、新媒体开发部、工程部、霓虹灯艺术公司、装饰材料商场。精良的装备,专业的人才为客户提供满意的服务。

用我之双手,助您之伟业!

泰安市商业广告装潢装饰公司

地　址:泰安市龙潭路43号
邮　编:271000
电　话:8226290
总经理:周脉斌
联系人:李　明
经营范围:

承办国内各类广告设计、制作、发布、代理及各类装潢装饰业务。承办代理出口广告业务。

主要业务:路牌、霓虹灯、灯箱、橱窗广告,产品样本、各类印刷品广告以及包装装潢设计,商品陈列、展览设计制作。承揽室内外装潢装饰设计制作工程。并为企业策划代理产品市场调研、产品开发、CIS设计等业务。

公司拥有一百余个床位的“商广大酒店”,为旅游者提供食宿、导游一条龙服务。

济南国际广告公司

地　址:济南市经三路157号
邮　编:250021
电　话:33192

山东省广告装潢公司

地　址:南门大街1号
邮　编:250011
电　话:6920660

山东太阳国际广告有限公司

地　址:济南市解放路115号
邮　编:250013
电　话:6943455

淄博市新大帝广告有限公司

地　址:张店区新村西路 114 号
邮　编:255024
电　话:2180090

青岛广告公司

地　址:青岛延安二路 10 号
邮　编:266023
电　话:3839952

青岛天诚广告公司

地　址:青岛市宁夏路 112 号
邮　编:266071
电　话:(0532)5814819、5818668

青岛海尔广告艺术中心

地　址:青岛市小白干路 165 号
邮　编:266032
电　话:(0532)3838888—103、104、111

青岛市崂山广告公司

地　址:青岛市李沧区浮山路中段
邮　编:266100
电　话:7896206

青岛崂山霓虹灯广告公司

地　址:青岛市崂山区金岭路 14 号
邮　编:266100
电　话:8807719

青岛霓虹灯广告公司

地　址:青岛市市北区吴淞路 1 号
邮　编:266034
电　话:(0532)5821116

青岛电力广告公司

地　址:青岛市广绕路 76 号
邮　编:266023
电　话:(0532)3810121

青岛铁路广告公司

地　址:青岛市栖霞路九号乙
邮　编:266003
电　话:市电 2870625　路电 8203

青岛列车广告公司

地　址:青岛市泰安路 4 号
邮　编:266001
电　话:(0532)2867909

青岛现代美术设计公司

地　址:青岛市江苏路 49 号
邮　编:266003
电　话:2823221　2809942

聊城地区广告公司

地　址:聊城市兴华东路 73 号
邮　编:252056
电　话:322097

东营市广告公司

地　址:东营市济南路 24 号
邮　编:257026
电　话:552631

曲阜市广告装潢公司

地　址:曲阜市鲁都工业品市场南首
邮　编:273100
电　话:421448

威海经济技术开发区华宇广告公司

地　址:威海青岛北路 29 号
邮　编:264200
电　话:321132

威海广告公司

地 址:威海威海卫广场东侧
邮 编:264200
电 话:233544

肥城市广告公司

地 址:肥城新城路 038 号
邮 编:271600
电 话:212478

平度市广告公司

地 址:平度市人民路 52 号
邮 编:262800
电 话:762141

滕州市广告公司

地 址:滕州荆河中路 95 号
邮 编:277500
电 话:512174

滨州市广告装潢公司

地 址:滨州黄河五路 533 号
邮 编:256600
电 话:322108

济宁市广告公司

地 址:济宁市环城北路 7 号
邮 编:272137
电 话:313143

济宁市广告装潢公司

地 址:济宁市建设路
邮 编:272100
电 话:6405

龙口市装潢广告中心

地 址:龙口市黄城西大街 78 号
邮 编:265701
电 话:518633

蓬莱市工艺美术广告公司

地 址:蓬莱登州镇石岛村
邮 编:265600
电 话:642666—267

烟台市广告装潢公司

地 址:烟台市厚安街 24 号
邮 编:264001
电 话:255020

莱州市广告公司

地 址:莱州市文泉中路 56 号
邮 编:261400
电 话:212784

招远市广告装潢公司

地 址:招远市商业街 6 号楼
邮 编:265400
电 话:212934

即墨市广告公司

地 址:即墨兰岙路雅的酒楼对面
邮 编:266200
电 话:812899

日照市广告装潢美术公司

地 址:日照市海曲中路
邮 编:276800
电 话:21148

临沂地区美术公司

地 址:临沂市银雀山路南
邮 编:276000
电 话:23395

滨州市广告公司

地　址:滨州市黄河四路
邮　编:256600
电　话:25217

莱芜市广告装潢公司

地　址:莱芜市城关西路48号
邮　编:271100
电　话:23596

潍坊市广告公司

地　址:潍坊市东风大街43号
邮　编:261000
电　话:236856

潍坊市美术广告公司

地　址:潍坊市胜利大街和平路口
邮　编:261000
电　话:223290

青州市广告装潢公司

地　址:青州市市场街4号
邮　编:262500
电　话:22935

诸城市广告公司

地　址:诸城市和平路33号
邮　编:262200
电　话:2886

博山广告公司

地　址:博山区峨嵋山路5号
邮　编:255200
电　话:1214

报纸类

《临沂日报》广告信息部

地　址:山东省临沂市即丘路5号
邮　编:276004
电　话:8313043

《临沂日报》系中共临沂市委机关报,是临沂市唯一综合性日报,对开4版,每日一刊,激光照排,胶版印刷,发行全市12个县区,是一份深受读者喜爱的报纸。

临沂日报广告部是《临沂日报》对外的重要服务窗口。广告部聚集了一批广告人才,具有较强的广告策划手段和市场调查能力,曾连续四年在省同行业中被评为"重信誉、创优质"服务活动先进单位。所设计的广告作品多次在全省报纸广告优秀作品评选中获奖,在首届全国报纸广告评选活动中获优秀奖。

临沂日报广告部愿以优质的服务、优惠的价格,为促进商品流通,繁荣城乡市场,提高企业及其产品的知名度,扩大销售做出应有的贡献。

本部除在《临沂日报》上开辟了专栏、专版广告外,还开辟了中缝广告、分类广告等,为广大客户提供全方位服务。

汇八方信息　集群体智慧
愿您美名　广告天下

济南日报广告部

地　址:山东省济南市经七路纬一路2号
邮　编:250001
电　话:(0531)6920202

大众日报社

地　址:济南市经十路8号
邮　编:250014
电　话:648980

山东经济报

地　址:济南市经四路大纬二路
邮　编:250001
电　话:613305

青岛日报广告处

地　址:青岛市太平路33号
邮　编:266001
电　话:264907

广播电视类

山东人民广播电台

地　址:济南市青年东路11号
邮　编:250014
电　话:614242

济南人民广播电台

地　址:济南经十路14号
邮　编:250014
电　话:615549

山东电视台

地　址:济南市青年东路11号
邮　编:250014
电　话:614242

济南电视台

地　址:济南市经十一路14号
邮　编:250014
电　话:614540

杂志类

山东财会杂志社

地　址:济南市经四路158号
邮　编:250001
电　话:6911900—2292
社　长:常效修
联系人:王　炜

《山东财会》是山东省财政厅主办的财政、税收、财务、会计方面的专业刊物。本刊立足山东,面向全国,是实际工作部门、研究部门、财经院校交流经验,沟通情况,介绍研究成果,讲授业务知识,反映科研动态,开展学术争鸣的园地,具有很强的资料性、时效性、适应性,深受广大读者的欢迎和喜爱。本刊16开本月刊,每月二十日出版,每期定价2.00元,省内邮局发行,省外自办发行。欢迎广大读者订阅。欢迎广大客户在本刊封二、封三、封底上刊登广告。

《沿海经贸》杂志社广告部

地　址:青岛经济技术开发区长江路
邮　编:266555
电　话:6898537

河　南　省

公司类

郑州市广告装潢公司

地　址:郑州市大学路33号

邮　编:450052
电　话:6968533　6963540　6969415
电　报:2211
经　理:张天水
联系人:孟兰英
经营范围:

郑州市广告装潢公司是中国广告联合总公司成员单位。可为客户提供如下服务:路牌、霓虹灯、雕塑、印刷广告,礼品广告,展览广告,公关广告,广告创意,影视制作,市场调查、策划。代理全国各类广告,包装装潢、装饰工程等。

河南省广告公司
地　址:郑州市黄河路东段
邮　编:450003
电　话:5941529

河南省外贸广告公司
地　址:郑州市金水大道 87 号
邮　编:450053
电　话:26071

河南省商标广告美术公司
地　址:郑州市任砦街 2 号
邮　编:450003
电　话:333493

郑州市广告公司
地　址:郑州市二马路 20 号
邮　编:450000
电　话:6968742

郑州市美术广告公司
地　址:郑州市北二七路 115 号
邮　编:450000
电　话:6623957

郑州汽车客运总公司巩义广告部
地　址:巩义市汽车站
邮　编:451200
电　话:52306

洛阳市广告公司
地　址:健康路西路中段
邮　编:471000
电　话:3932964

新乡市美术广告公司
地　址:新乡市卫河公园西门内
邮　编:453000
电　话:221889

开封市实用美术广告公司
地　址:开封市寺后街 70 号
邮　编:475000
电　话:24480

南阳市广告公司
地　址:南阳市新华西路 35 号
邮　编:473000
电　话:22059

许昌市广告装潢公司
地　址:许昌市察院市场
邮　编:461000
电　话:2745

安阳市广告装潢公司
地　址:安阳市东风路
邮　编:455000
电　话:422059

河南省鹤壁市广告公司
地　址:鹤壁市长风路中段
邮　编:458000

电　话:(03812)225108、228383、225615

报纸类

河南日报

地　址:郑州市纬一路1号

邮　编:450003

电　话:555636

河南工商报

地　址:郑州市红专路4号

邮　编:450002

电　话:556333

开封日报社广告科

地　址:开封市劳动路北段

邮　编:475002

电　话:23461

洛阳日报社广告部

地　址:洛阳市定鼎南路22号

邮　编:471000

电　话:335081

广播电视类

河南省人民广播电台

地　址:郑州经五路2号

邮　编:450003

电　话:551286

郑州经济广播电台

地　址:郑州市西流湖1号

邮　编:450007

电　话:775118

河南省电视台

地　址:郑州市经五路2号

邮　编:450003

电　话:552275

郑州电视台

地　址:郑州市黄河饭店

邮　编:450052

电　话:772886

杂志类

矿山机械杂志

地　址:河南洛阳市涧西区重庆路

邮　编:471039

电　话:(0379)4912711—4788

电　传:(0379)4911800

电　报:3157

广告主管:叶文林

主　办:刘兴才

《矿山机械》杂志是中国矿业机电行业的最佳传媒。工程技术月刊,国内外公开发行。专业设计,激光照排,胶版印刷。彩色广告采用进口128g铜版纸,四色胶印一次成型。兼作各类印刷广告。

湖　北　省

公司类

湖北省国际广告公司

地　址：武汉市江汉北路附8号8楼
邮　编：430022
电　话：(027)5775567　5773850　5773838转各部
传　真：5795117
总经理：李祥海
联系人：杨茂林
经营范围：

一、承办出口商品广告，国外来华广告，国内各类广告业务的代理。

二、接受国内外客户委托，承办市场调查、广告策划、广告咨询等服务。

三、承办路牌、橱窗、招牌、霓虹灯、灯箱、电视、电影等各类广告的设计、制作与发布。

四、承办样本、年历、商标、包装等各种宣传品的设计制作与印刷，以及承办各类产品广告展览及有关技术讲座。

五、经营录相设备类、照相器材类、印刷用品类、广告宣传品、旅游用品、服饰礼品及其它商品的进出口业务和国内贸易业务。

武汉市对外贸易广告公司

地　址：武汉市西马路球西小区六号楼
邮　编：430016
电　话：(027)5773791　5796430　5773021
传　真：(027)2811420
电　报：0545
负责人：高光华
联系人：吴　平
经营范围：

一、承办对外经济贸易广告业务。

二、代理国内广告业务；广告设计、制作；设计、制作、发布路牌、灯箱、霓虹灯、电子显示屏广告业务。

三、承办各种展览及陈列布置业务。

四、经营广告旅游产品及广告小礼品，广告用纸张及纸制品，照相器材及摄影设备，和除国家实行配额许可证管理的其他商品的出口业务。

五、经营照相器材，摄影设备，摄像感光材料，音像制品，广告装饰材料，各种广告印刷用纸张，广告设计用具，广告宣传用品及广告小礼品等商品的进口业务。

武汉市东方充气立体广告制品厂

地　址：武汉市阳逻经济技术开发区
邮　编：431415
电　话：(027)6961855、6961363、9014533、9001632
传　真：(027)6961363
电　报：8555
厂　长：邱新明

中国大陆第一家专业研制、规模生产巨无霸——大型充气立体广告的专业厂家。工厂荣获中国广告协会颁发的“全国广告作品展广告、新技术、新媒体开发奖”，1993年荣获武汉市政府表彰。1995年获湖北省广告协会颁发的“湖北明星广告公司”称号。

详细介绍请见1994年《中国广告年鉴》彩色广告。

湖北神州广告公司

地　址:湖北省武汉市武昌黄鹂路 65 号
邮　编:430077
电　话:(027)6833522(直)
电　传:6833523
电　报:5590
总经理:李荣葵
经营范围:

湖北神州广告公司是湖北日报社所属的具有独立法人资格的经济实体,是湖北省大型综合性的专业广告公司,全面代理《湖北日报》广告业务,设计、制作、代理国内外各类广告业务;兼营广告产品及包装装潢的设计、制作。

湖北省美术广告公司

地　址:武汉武昌紫云路 243 号
邮　编:430060
电　话:742805

湖北中兴广告公司

地　址:汉口大道 871 号(化中大厦 13 楼)
邮　编:430002
电　话:2823731

《中国机械工程》杂志社
湖北博通广告公司

地　址:武汉市武昌区石牌岭 14 号
邮　编:430070
电　话:7826482—312(办)—3078(宅)

武汉市美术广告公司

地　址:汉口中山大道 395 号
邮　编:430022
电　话:5865305

宜昌市广告集团公司

地　址:宜昌市致祥路 2 号
邮　编:443000
电　话:222838

随州市广告美术公司

地　址:随州市五眼桥
邮　编:441300
电　话:22205

老河口市科技广告装潢公司

地　址:老河口市北京路
邮　编:441800
电　话:22331

郧阳广告公司

地　址:十堰市人民路 282 号
邮　编:442000
电　话:66668

扬子江广告服务公司

地　址:汉口沿江大道 68 号
邮　编:430014
电　话:535854

鄂州市广告公司

地　址:鄂州市文星路
邮　编:436000
电　话:22381、22470

黄石市鄂东广告公司

地　址:黄石市黄石大道 1145 号
邮　编:435002
电　话:226873　222041

报纸类

湖北日报社广告部

地　址:湖北省武汉市武昌黄鹂路 65 号

邮　编:430077
电　话:(027)6813747
电　报:5590
负责人:陈新民

《湖北日报》是中共湖北省委机关报,是湖北省唯一的大型省级综合性日报,是湖北新闻媒体中的"龙头"。每天对开8版,海内外发行,发行量居全国省报的第八位。

湖北日报广告部拥有一支实力雄厚的策划创意、编辑制作,美术设计、艺术摄影的广告专业队伍,讲究信誉,服务上乘,是湖北新闻媒体中唯一获得全国广告业"重信誉、创优质服务"的先进单位,其广告颇具影响力。广告部以一流的策划为社会各界提供全方位服务。

湖北农民报

地　址:武汉市武昌黄鹂路65号
邮　编:430077
电　话:(027)6813751
负责人:吴咏林
联系人:刘永葆

《湖北农民报》是《湖北日报》农村版,是湖北省面向县、乡(镇)和市郊的最大的综合性报纸。其权威性高、发行量大;月中版"城乡大世界"在大中型城市拥有较多读者,是工商企业开辟城乡市场和社会各界服务于农业、农村、农民的理想的信息传播媒体。

本报为对开四版大报,逢周三六出版,全国发行。欢迎社会各界联系广告业务。

荆门日报

地　址:荆门市象山二路3号
邮　编:448000
电　话:(0724)332788
广告信息部主任:田明银
经营范围:

承办本报广告业务,代理国内报刊广告。

《荆门日报》是中共荆门市委机关报。四开四版,周七刊,胶版印刷,是荆门市唯一的综合性报纸。

"荆门市新闻广告公司"是《荆门日报》社下属公司,主营:广告设计、制作,代理国内各类广告业务。兼营:五交化商品,石油制品、煤炭、钢材、木材、服装销售。

丹江口报社

地　址:丹江口市金岗山路跃进门
邮　编:441900
电　话:222459　223616

中国三峡工程报社

地　址:湖北宜昌东山大道80号
邮　编:443002
电　话:(0717)444572—2511、2510

湖北省新闻出版局《古今故事报》广告部

地　址:武汉市武昌东亭路2号
邮　编:430077
电　话:027(区号)6816507

广播电视类

荆门人民广播电台

地　址:荆门市培影路1号
邮　编:448000
电　话:334567　332340(0724)
负责人:陈志超

荆门市地处湖北中部,人口120万,是一座新兴的石油、化工明星城市。荆门人民广播电台成立于1985年元月一日,副县级,台长许世照。发射频率1162KHI、103MHZ;全天分三次播音,总播出时间11小时,荆门人民广播电台是全国广播广告协会会员单位,兼营广告业务。归口单位台经济信息部,负责人陈志超。目前,该台专业广告业务人员有6

人，其中中级职称2人，初级职称4人。1995年广告收入39万。

湖北人民广播电台

地 址:武汉市江汉区解放大道563号
邮 编:430022
电 话:351532

武汉人民广播电台

地 址:武汉市江岸区建设大道鄂城墩西区
邮 编:430015
电 话:354829

湖北电视台

地 址:武汉市江汉区解放大道563号
邮 编:430022
电 话:351497

武汉电视台

地 址:武汉市江岸区建设大道鄂城墩西区
邮 编:430015
电 话:555480转551

湖 南 省

公司类

湖南省国际贸易广告展览公司

地 址:长沙市五一东路七号长沙大厦八楼
邮 编:410001
电 话:4442871 4442830
负责人:杨时音
联系人:周 莉
经营范围:

经贸部审批的礼品、摄影、录相、影视、展览印刷器材、纸张等商品的进出口业务和承办湖南对外经贸广告、展览、咨询服务业务；承办外贸大楼路牌，灯箱广告，印刷品广告以及其他国内广告和展览，代理外商来华广告，经销百货、纺织品、五金交电、日杂、建材、出口转内销商品，提供装饰设计、照相、冲扩及信息服务。

长沙铁路广告装饰公司

地 址:长沙市车站路18号
邮 编:410001
电 话:3635
负责人:肖 宇
联系人:黄瑞其

十余年的辛勤耕耘，长沙铁路广告装饰公司耕耘出了汗水，也耕耘出了希望。“89全国广告业‘重合同、守信誉’企业”、“95湖南省明星广告企业”、“国家建筑装饰二级企业”等一系列光荣称誉接踵而来，公司现已发展成一家卓具规模的新型国营广告企业。

统，并拥有湖南省内各铁路车站、列车广告场地及长沙市四千多辆“的士”车身广告等媒体，代理国内各类广告业务，竭诚为您提供从广告策划到电脑创意设计及实施的全方位服务。

公司已伸出热情之手，愿以我们的智慧、信誉和能力用广告为您架起一座通向成功之路的桥梁！

常德广播电视广告公司

地　址:湖南常德市武陵大道
邮　编:415000
电　话:0736—7225833—8098
负责人:汪祚安
经营范围:

常德广播电视广告公司由常德人民广播电台广告部,常德电视台广告部、常德有线电视台广告部,常德广播电视报广告部联合组成的专业广告公司。隶属常德市广播电视局,经工商部门批准,专业代理广播、电视、报纸、户外、国内外广告业务。

常德电视台覆盖全市七县二区,有线电视台网络已覆盖整个城区,拥有30多万观众。常德人民广播电台电波传遍湘西北地区。广播电视报深入千家万户。常德声、屏、报联手合作,相得益彰、交织汇集,形成一个综合性的完整的广告体系。

常德广播电视广告公司整体实力雄厚,荟萃广告设计、经营、策划及编、导、拍、制作等方面的专业人才,技术装备精良,能提供从创意设计、制作传播声屏报多媒体全方位的广告服务,在常电广制作播出广告,能取得良好的经济效益。常电广愿竭诚为国内外的企业界、经营界及各阶层客户提供优质服务。

湖南省广告美术公司

地　址:长沙市韶山路60号
邮　编:410007
电　话:5554928

湖南东方广告投资有限公司

地　址:长沙市展览馆路2号
邮　编:410005
电　话:4438650

湖南新潮广告有限公司

地　址:长沙市德雅路110号
邮　编:410003
电　话:4491425

湖南省电视广告制作中心

地　址:长沙市韶山路60号
邮　编:410007
电　话:7252745

长沙市广告公司

地　址:中山路又一村9号
邮　编:410005
电　话:4431412

长沙市美术广告公司

地　址:长沙市建湘南路259号
邮　编:410005
电　话:4435900

长沙市广告装潢公司

地　址:长沙市解放路15号
邮　编:410005
电　话:4423121

长沙市公交广告公司

地　址:长沙市车站路26号
邮　编:410001
电　话:2299012

湘潭市广告公司

地　址:广云路桔子园52号
邮　编:411100
电　话:24210

湘潭市广告装潢公司

地　址:湘潭市中山路363号
邮　编:411100
电　话:21609

株洲市广告装潢公司

地　址:株洲市新华西路 15 号
邮　编:420000
电　话:23369

常德市广告公司

地　址:常德市滨湖东路文联大楼
邮　编:415003
电　话:226353

常德市广告装潢公司

地　址:常德市人民中路
邮　编:415000
电　话:223809

醴陵市装潢美术广告公司

地　址:醴陵市状元洲
邮　编:412200
电　话:3269

沅江市美术广告装潢公司

地　址:沅江市庆云山路 147 号
邮　编:413100
电　话:21077

益阳市装潢广告公司

地　址:益阳市金花湖
邮　编:413001
电　话:22183

怀化市广告公司

地　址:怀化市迎丰西路 41 号
邮　编:418000
电　话:22377

衡阳市广告装潢公司

地　址:衡阳市环城南路 16 号
邮　编:421006
电　话:8223001

邵阳市广告装潢公司

地　址:邵阳市红旗路 94 号
邮　编:422000
电　话:5322148

报纸类

湖南日报广告科

地　址:长沙市建湘路
邮　编:410071
电　话:26191

长沙晚报广告部

地　址:长沙市蔡锷中路 161 号
邮　编:410005
电　话:2224725　4442308
负责人:江　异　李新伟
联系人:文　姬

湖南广播电视报广告信息部

地　址:长沙市黄土岭
邮　编:410007
电　话:31811—338

科技信息报

地　址:长沙市八一西路 27 号
邮　编:410001
电　话:20223—264

株洲日报社

地　址:株洲市新华西路
邮　编:412008
电　话:22004

湘潭日报社

地　址:湘潭市车站路35号
邮　编:411100
电　话:21120

广播电视类

冷水江市广播电台

地　址:冷水江市政法路6号(市广播电视局办公楼2楼)
邮　编:417500
电　话:(07477)212922　212422
负责人:唐廉诚
联系人:阙国宾　袁　方

冷水江市广播电台是我市最早建立且最早开办广告业务的市级新闻单位。信号传输方式:有线与无线并举,无线调频频率为107.1、98.7兆赫,热忱欢迎广大听众收听本台节目和播发节目。

本台广告业务秉承"宣传市场经济、服务市场经济、参与市场经济"的宗旨,大力开展工商广告、产品介绍、商品信息、展销预告、供求指导、技术推广、市场动态、文稿录音、书刊发行、政策解答、专题讲座、公告启事、听众点播、会议录音、寻人找物、为您服务、代办全省广播台站"信息广告协会网"广告服务等业务,一切为了客户的成功,为客户提供优质服务。

本台承揽广播广告的策划、设计、制作和播出等业务,其形式有广播对话、小品、相声、征文、有奖竞猜、听众参与、热线电话、现场直播和礼仪公关等。调频广播城乡覆盖面广、音响效果好,节目形式新颖,制作与播出质量可靠,价格合理,可听性强,对企业商品展示、形象宣传、市场拓展等有很强的影响力。

本台广告节目恭候客户光临,时时愿为客户服务!

湖南人民广播电台经济信息部

地　址:长沙市黄土岭
邮　编:410007
电　话:31811

长沙电台广告部

地　址:长沙市五一西路2号
邮　编:410005
电　话:447580

湖南省电视台

地　址:长沙市工农路
邮　编:410003
电　话:45674　29731转255

长沙电视台广告部

地　址:长沙市五一西路2号
邮　编:410005
电　话:447580

杂志类

法制月刊杂志社

地　址:长沙市韶山路2号
邮　编:410011
电　话:4462722、4462662、4407454
负责人:刘富华
联系人:黄念曾　朱德芳
经营范围:

《法制月刊》

企业家宣传自己的好天地

《法制月刊》创刊十多年来,已在全国乃至海外享有较高的信誉,发行量可观,读者面宽,广告效果好,是企业走向市场、宣传自己产品的好天地。

法律,是经济建设的保障。《法制月刊》为更好地服务经济建设,服务市场经济,拟增加广告版面,满足广大企业家的要求。

《法制月刊》广告分为：封面（整版、彩色）、封底（整版、彩色）、封二、封三（黑白）、插页（彩色）、内芯（62—64页）。

本刊广告必须提前两月办理好刊登手续。

欢迎广大企业家来《法制月刊》做广告。

化工设计通讯杂志

地　址：长沙市雨花路32号
邮　编：410007
电　话：(0731)5534384—8184
电　报：4284
广告业务负责人：邓文高
经营范围：

承办本刊杂志广告业务。

本刊系公开发行的科技期刊，创刊20年，读者面广，发行量大，每版(16开)广告收费700～1000元。

广　东　省

公司类

广东国际广告实业公司

地　址：广州市广州大道北128号四楼
邮　编：510075
电　话：7597236　7597201
传　真：7597236
总经理：武沙南
联系人：车洁华

广东国际广告实业公司是一间以创意策划为中心，从事整体策划、CI设计、印刷、制作、媒介代理、户外广告的大型综合性广告公司。本公司享有国内外广告设计、制作、发布及代理权，与国内多个大型企业及香港、韩国等地的海外广告客户建立长期密切的业务关系；拥有全国报纸、电视台、电台的媒介代理及广州市内大量的路牌、灯箱、霓虹灯等户外广告。公司属下的广州国际无线寻呼台，是广州市最佳无线寻呼台之一。本公司立足广东、面向世界，藉朋友多、传播广、收效大的国际优势，以雄厚的实力、超卓的创意、客户为先的精神为阁下提供完善、高质的专业服务。

广州市广告公司

地　址：广州市大南路49—57号
邮　编：510115
电　话：3335535　3348782
电报：1274
传真：3330246
法人代表：连　达
联系人：王翠英
经营范围：

承办国内外各类广告业务，主要包括：

霓虹灯、路牌、灯箱、街头立体雕塑，磁卡公用电话亭、人行天桥和城区高架路、高速公路等户外广告的设计、制作、发布；

广告整体策划、市场调查、展览及促销、助销活动；

全国报纸、杂志、电视、电台以及境内外客户或同业的广告代理；

广告材料及楼宇装饰材料供应。

广告摄影、图片制作、各种彩色广告宣传品的设计和印刷、商标及商品包装装潢设计。

近年来，广州市广告公司在坚持为客户提供多元化服务的前提下，更致力于新科技、新材料、新工艺、新手段的应用和推广，尤其重视广告策划和代理业务的突破性开发。在未来的岁月里，我们将以更强的实力去迎接市场的挑战和满足广大客户越来越高的要求。

广州市天艺广告有限公司
广州天视广告设计有限公司

地　址：广州东山三育路 44 号东山宾馆
3511、3512、3515、3538、3516、3517、3518、3519、3520、3500
邮　编：510080
电　话：7773722—3520
传　真：7773722—3520
总经理、董事长：韩小鹰
设计总监：邝丹妮

经营范围：

天艺广告成立于 92 年，是广东第一家私营中外合资的广告公司，是全方位、多功能型的大型专业策划、设计、制作公司。下设影视创作部、平面设计一、二部、电脑制作部、客户媒介部、印务制作部、广告策划部、市场拓展部、礼品制作部以及附属大型彩色印刷厂、商业摄影基地等综合配套服务工程。

美国纽约、澳洲悉尼以及香港分别设有天艺分公司及联络处。公司主要业务以大型策划、CI 策划、影视制作、设计印刷、礼品制作、商业摄影为主要项目。

金马广告公司广州分公司

地　址：中山四 路 42 号广州图书馆西大厅
邮　编：510055
电　话：3362815
负责人：冯　微
联系人：梁翠华

经营范围：

金马广告广州公司是金马集团旗下广告集团的主力骨干，是一家具备市场调研、策划、平面设计、媒介代理等系列广告服务的综合性广告公司。在广州乃至华南地区市场，率先实行具有本土特色的广告代理制。

希望广告有限公司

地　址：广州市流花路 117 号交易会大院办公楼 5、6 楼
邮　编：510014
电　话：6678000 转
传　真：6665866
总经理：李德颖

希望广告有限公司成立于 1992 年 9 月 5 日，注册资金 300 万元人民币。经营范围：承办、代理国内外各类广告、代理出口广告业务，承办各类展览（包括来华展览）、演唱会、市场调研活动、信息咨询、广告制作、广告性装饰装修业务。

三年来，希望广告有限公司发展迅速，在众多业务领域中取得较佳业绩。成功地代理了一批中外知名企业、产品的广告业务。

由我公司设计、制作的“邓小平同志视察南方”300m^2 大型电脑喷涂宣传画，在海内外及港澳地区引起了强烈的反响，产生了良好的宣传效果，广州市委、市政府为我公司颁发了“共渡春风拂南粤”的锦旗。由我公司独家赞助、制作的广州市环市东路幻彩灯饰，得到了有关方面的称赞，并获 94 广州市灯饰大赛“贡献奖”。

展览业务方面，我公司受广州市人民政府委托，从 94 年起定期举办一次广州市外商投资企业产品展览会；今年 5 月，由我公司承办的“95 巴黎中国广东出口商品展销会”在法国工商界引起了热烈的反映，取得圆满成功。

出版印刷业务方面，我公司具有相当实力，为不少客户承印精美的广告画及宣传册，其中由我公司负责编印的《中国出口商品交易会参展商名录大全》，定期在每年春秋交易会上发放，由于其资料翔实、实用，而深受赴会客商的欢迎，成为交易会上最具权威的宣传品之一。

广州市广告展览服务中心

地　址:广州市人民中路322号五羊城酒店402、413、513、408室
邮　编:510120
电　话:8862636　8863545　8889889—3402、3513、3408
图文传真:8862636
负责人:林新穗
联系人:陈元基
经营范围:

承办国内、国际广告及展览。

代理国内、国际广告展览业务。

代销广告展览器材。

特设电脑刻字及有机玻璃铣刻工艺。

广州市三和广告有限公司

地　址:广州市滨江东路518号盘龙大厦首层
邮　编:510230
电　话:4188026　4409913—31025
负责人:骆加中
联系人:骆加中
经营范围:

广州市三和广告有限公司秉承"要策划别人,首先要策划自己,要帮助别人,首先要自己强大"的信条。逐步发展为集广告策划、媒介代理、户外发布、工程制作等于一体的大型综合广告公司,拥有各类资深员工、专业人士一百二十多人。在首届中国广告公司综合实力排序中,位列三十二,是前五十名中唯一的一家私营广告公司,1994年底又评为"广州十佳广告公司"。

本公司尤在户外广告方面堪称实力,目前独垄广州四分之一的户外媒体,被业界誉为"户外广告王"。

1994年本公司致力引进国际新型广告物料,已与香港博艺国际广告有限公司合资,专门引进土拉片及电脑喷画先进技术和设备,为繁荣中国的广告市场倾尽全力。

深圳市口岸广告公司

地　址:深圳市罗湖口岸交通楼七楼
邮　编:518001
电　话:2324920
电　报:2628
负责人:庄少双
联系人:孔耀森
经营范围:

深圳市口岸广告公司独家经营深圳各口岸、联检站的广告业务,我公司已开发的媒体有:室内灯箱1000余平方米,电脑喷绘户外高级路牌7000余平方米,并承接广告的设计与制作业务,代理外商来华广告业务,是深圳市拥有广告资源最丰富,营业收入最高的广告公司之一。

详细介绍请看本书彩广。

深圳市旅游广告有限公司

地　址:广东省深圳市乐园路12号4楼
邮　编:518001
电　话:(0755)2204932
电　报:3792
负责人:邹　旭
联系人:杨海珠

我们不断否定自己,于是我们不断前进。

详细介绍请看本书广告页。

招商局蛇口工业区文化广告公司

地　址:深圳市蛇口公园路幸福中心C座
邮　编:518066
电　话:6691970　6692235
负责人:林　伟
联系人:林　伟

与香港仅一水之隔的蛇口,位于深圳南头半岛,是进入深圳特区的西大门。这里交通发达、经济繁荣、环境幽雅。每天吸引着众多国内外商贾和成千上万的中外游客,是广告宣传的理想之地。

文化广告公司是蛇口同时也是深圳西部

历史最为悠久的广告公司，是深圳市6家老牌广告公司之一，是市广告协会成员公司。经营范围为设计、制作、代理、发布国内外各类广告。蛇口整齐美丽的广告牌，正是文化广告公司的作品。近几年来，随着深圳经济发展及广告业竞争的加剧，文化广告公司除了经营传统的路牌广告及招牌制作外，还开拓了报刊、影视广告代理、企业形象设计等业务，信誉卓著。

深圳市龙岗区龙星广告公司

地　址：深圳市龙岗镇平南路口5—118信箱
邮　编：518116
电　话：(0755)8334005　8836315
总经理(法人代表)：陈观兴
联系人：朱卓军

深圳市龙岗区龙星广告公司是全民所有制企业，隶属于深圳市龙岗区政府宝龙实业有限公司，注册资金二百五十万元人民币。总公司下设有五家分公司，是目前深圳市最有实力的广告公司之一；是龙岗新区最大型的广告公司；拥有国内外各类广告发布权，各类媒体代理权，兼营室内外装修、人才信息咨询等，拥有一流的广告策划设计师、制作人员以及最先进的电脑设备。公司宗旨是“您的需要就是我们的义务”。

惠州东亚广告信息公司

地　址：惠州市环城西二路市府上院(惠州日报社一楼)
邮　编：516001
电　话：(0752)2231822　2206671
负责人：郭耀南
联系人：刘秋萍
经营范围：

设计、制作、代理国内(报刊、杂志、广播)广告业务。

清远市广告公司

地　址：清远市区学宫街一号二楼
邮　编：511500
电　话：3333667　3332262
电　报：9529
总经理：苏耀坤

清远市广告公司是中国广告协会团体会员和广东省广告协会理事单位。目前是清远市广告经营单位中首家获准经营外商来华广告的资格单位。

本公司有员工60余人，具有大专学历的设计人员和各类专业人员20余人。公司设行政办公室、业务部、广告策划部、制作部和工艺美术电镀部五大机构。其中广告策划部具有为客户提供全面策划和代理的能力；制作部承制各类路牌、霓虹灯、招牌和灯箱广告；工艺美术电镀部生产制作装饰壁画、工艺美术品和立体广告。

公司从89年起连续五年被清远市人民政府授予“重合同、守信用”单位及被广东省广告协会授予首届“广东省广告业‘重信誉创优质服务’先进单位”荣誉称号。我公司将继续奉行“客户效益第一、社会效益和经济效益并重”的宗旨，为广告客户提供优质服务。

欢迎广告客户和广告经营单位拨冗垂询。

中山市广告艺术总公司

(中山广告公司)
(中山市新形象广告艺术设计公司)
(中山市广告艺术总公司
中山市新形象广告艺术设计公司)
地　址：中山市石岐柏苑路花园新村93幢二楼
邮　编：528403
电　话：8316848　8300626　8320318　8314171
中山市广告公司：
地　址：中山市石岐柏苑路花园新村93幢二楼
邮　编：528403

电　话:8300494　8314059

我们的原则:把您的广告放在人最多的地方

经营范围:

* 经营发布户外广告
（路牌、灯箱、霓虹灯、印刷、影视广告业务）
* 企业形象策划/设计
* 室内外装饰工程/设计
* 展览展示设备/制作

总经理:梁欣基　经理:廖永杰　李君崧

南海市广告公司

地　址:广东省南海市佛平路军桥东
邮　编:528200
电　话:(0757)6332369　6222463
经　理:关瑞祥
副经理:曹毅强
经营范围:

路牌广告、霓虹灯广告、展览橱窗广告、车箱广告、灯箱招牌、商标、包装装璜设计、民墙广告、庆典礼仪广告。

代理国内及外商来华广告业务。

湛江市 7 色广告公司
湛江日报广告科

地　址:广东省湛江市赤坎光复路 33 号
邮　编:524038
电　话:(0759)3312715　3336821
传　真:3312715
经营范围:

湛江市 7 色广告公司是湛江日报社属下的综合性广告经营单位,从事国内外各类广告策划、设计、制作、发布、代理业务。

湛江日报社广告科主要经营《湛江日报》广告。

两单位的经营宗旨是“策划、设计、服务出效益”,为工商企业创造优良的社会形象。

东莞市沙田蓓蕾广告有限公司

地　址:东莞市沙田镇横流大街 6 号
邮　编:511773
电　话:(0769)8861715
传　真:(0769)8861435
负责人:郭树容
经营范围:

设计、制作国内路牌、灯箱、霓虹灯、招牌、墙壁、雕塑广告,代理自制广告的发布业务;广告策划。

广东省广告公司

地　址:广州东风东路 743 号
邮　编:510087
电　话:7770354

广东国际广告公司

地　址:广州环市东 367 白云宾馆 718—719 号
邮　编:510060
电　话:3333998—718

广东省南方信息广告公司

地　址:广东惠州横江 16 号楼 2 楼
邮　编:516001
电　话:209368

广东经济科技总公司广告分公司

地　址:广州市越华路 43 号 7 楼
邮　编:510060
电　话:3353428

广东省商业广告公司

地　址:广州市东山东华北路 50 号 5 楼
邮　编:510080
电　话:7757321　7674263

广东合众广告有限公司

地　址:广州市省供销社大厦七楼 707 室
邮　编:510220
电　话:(020)4420788—8707

广东力臣国际广告公司

地　址:广州市德政北路 407 号华兴大厦八楼
邮　编:510055
电　话:(020)3372142(直线)
(020)3304296 转 3813,3814,3815
传　真:(020)3357564　(020)3317119

广州市对外贸易广告展览公司

地　址:广州市麓景路七号东八楼
邮　编:510050
电　话:3313461　3313463　3313445

中国对外贸易广州广告公司

地　址:广州市流花路 117 号
邮　编:510014
电　话:6681723　6678000 转 88821、88831

广州市艾迪亚广告公司

地　址:广州市越华路 43 号七楼
邮　编:510030
电　话:3337629　3353811

广州白云国际机场广告公司

地　址:广州白云国际机场
邮　编:510406
电　话:6578901—2160、3692

广州铁路广告公司

地　址:广州市白云路 8 号 2 楼
邮　编:510100
电　话:市电 3801522　路电 21723

广州邮政广告信息公司

地　址:广州市沿江西路 43 号邮政大楼
电　话:8885027　8884149—4108
图文传真:8885027

广州招商服务推广中心

地　址:广州市东风东路 733 号羊城晚报大楼 1901、1915 室
邮　编:510085
电　话:7664961;7776211—8858、8859

南国影业广告有限公司

地　址:广州市新港中路 352 号(珠影公司内)
邮　编:510310
电　话:4451421

广州侨艺广告制作有限公司

地　址:广州广苑路矿泉北街 5 号 203
邮　编:510400
电　话:6640057

广州电视广告制作公司

地　址:广州中山 4 路 42 号农讲所综合楼
邮　编:510055
电　话:3353695

广州经济技术开发区广告公司

地　址:广州市正南路 13 号
邮　编:510030
电　话:3338024

广州市天河华侨广告制作公司

地　址:广州市环市东路 327 号八楼
邮　编:510060
电　话:3330037

广州客轮公司广告分公司

地　址:广州滨江西144号
邮　编:510235
电　话:4413527

广州粤海视觉设计公司

地　址:广州沿江东路414号长河大厦409室
邮　编:510100
电　话:3818867

广州从化霓虹灯广告公司

地　址:广州市从化县街口镇东成路32号
邮　编:510900
电　话:(020)7927805

深圳富林广告公司

地　址:深圳市福田区红荔西路莲花楼3楼
邮　编:518026
电　话:(0755)3340383

深圳凯士高科技公司

地　址:深圳市深南中路统建大楼二栋210信箱
邮　编:518031
电　话:3365715　3203900

深圳亚迪广告有限公司

地　址:深圳市燕南路404工业大厦东六层
邮　编:518031
电　话:3224180　3224179　3351926

深圳市罗湖商业广告公司

地　址:深圳市沙头角公园路12号二楼
邮　编:518081
电　话:2281170　5550963　2253711—2302

深圳市美术广告公司

地　址:田贝三路田苑56号
邮　编:518001
电　话:5537257

珠海经济特区东方广告有限公司

地　址:珠海市水湾头南油大厦
邮　编:519000
电　话:889631

湛江市广告公司

地　址:湛江市霞山区解放东路10号
邮　编:524013
电　话:2220491

东莞市广告公司

地　址:广东东莞城区新风路35号
邮　编:511700
电　话:226715

肇庆市广告公司

地　址:肇庆市天宁北路69号
邮　编:526040
电　话:220074

云浮市广告公司

地　址:广东云浮市广告公司
邮　编:527300
电　话:822730

罗定市广告公司

地　址:广东罗定市泷州南路111号
邮　编:527200
电　话:726337

惠州市广告公司

地　址:广东惠州市后所街74号
邮　编:516001
电　话:227091

茂名市广告公司

地　址:广东茂名城四路 43 号
邮　编:525000
电　话:284600

江门市广告公司

地　址:江门市跃进路 86 号
邮　编:529051
电　话:352609　332884

佛山市广告公司

地　址:佛山市南提路 19 号
邮　编:528000
电　话:220907

汕头市艺术广告公司

地　址:汕头市中平街 3 号
邮　编:515041
电　话:234033　244942

汕头经济特区广告公司

地　址:汕头经济特区龙湖公寓 D 座二楼
邮　编:515041
电　话:260595

汕尾市广告公司

地　址:汕尾市大马路水产楼楼下
邮　编:516601
电　话:332638

新会市广告公司

地　址:广东省新会市会城镇南隅路 42 号
邮　编:529100
电　话:(0750)6669899

佛山市商业广告装潢公司

地　址:佛山市同济路 50 号
邮　编:528000
电　话:3335227

报纸类

广州日报社

地　址:广州市人民中路同乐路 10 号
邮　编:510121
电　话:8887294　8855889
负责人:邢　珍
联系人:曾　巨

《广州日报》为对开 20 版,是中国大陆目前版面最多的综合性大型日报,常年辟有 60 多个专版,内容丰富多彩,适合各阶层人士,其中新闻信息占整张报纸的 1/2 左右,具有多功能开放型的特点。

《广州日报》发行面覆盖全国,不仅北京、上海、天津、沈阳、武汉、成都、海口等大城市的读者可以当天看到《广州日报》,同时由香港发行公司在香港发行,并发往日本、英国、美国、加拿大及世界各地。

《广州日报》承办国内外报纸广告,代理国内同行业广告业务。

羊城晚报

地　址:中国广州市东风东路 733 号
邮　编:510085
电　话:(020)7776211(总机转各部门)
广告负责人:唐小洛
广告联系电话:(020)7776763
7776211 转
3392　3373
广告联系传真:(020)7776763

企业市场报

地　址:广东湛江市霞山菉塘路9号
邮　编:524029
电　话:(0759)2285022转21281、2239524
传　真:(0759)2283402
电　报:1083
广告业务负责人:骆赤明
联系人:梁　凌

企业市场报,周二刊、四开四版,在湛江出版,全国公开发行。本报专门报道企业走向市场的情况,独具特色,为企业介绍市场,向市场宣传企业,深受企业、厂家、学校、家庭的欢迎,在本地和全国拥有较多订户。

本报刊登国内外各类广告,主要为企业形象、产品宣传、供货、求售、技术转让、寻访、求职、求医、招聘、求偶、办班、招商、房屋出租、生活服务等实用性信息广告,价格从优,欢迎刊登广告。

开平报

地　址:开平市三埠镇长沙东路3号地下
邮　编:529300
电　话:2218805　2217986
社长、总编:李思泉
副社长、副总编:余文质　关伟生

本报为中共开平市委机关报,周二刊,四开四版逢星期三、六出版。第一版为要闻版,第二版为经济版,第三版为科学知识版,第四版为文艺副刊。欢迎刊登广告。

舞台与银幕报

地　址:广州市应元路15号
邮　编:510040
电　话:3348147
广告业务负责人:陈玉麟
联系人:苏珂珂
经营范围:

发布国内外报纸广告,承揽分类广告。

南方日报

地　址:广州市广州大道中289号
邮　编:510601
电　话:7376527

广东华商时报社

地　址:广州市福今路6号
邮　编:510080
电　话:7756897

汕头日报社广告部

地　址:汕头市金新北路
邮　编:515041
电　话:8312781　8315274

西江日报

地　址:肇庆市沙墩路10号
邮　编:526040
电　话:723865　721330

惠州日报

地　址:惠州市环城西二路市府上院
邮　编:516001
电　话:2231822

广播电视类

广东电视台广告部

地　址:广州市环市东路331号
邮　编:510066
电　话:3324067　3324074　3358049
传　真:3358054　3358081
负责人:何日丹
联系人:冯志诚

广东电视台建台36年来,一直执广东电视传播业的牛耳,特别是举办过两届华语电视周后,在国内外声誉鹊起。

广东电视台自办两套节目,一套呼号为“广东电视岭南台(用普语播出)”;另一套呼号为“广东电视珠江台(用粤语播出)”。每天自办综合节目70多个栏目共30多个小时。广东电视通澳门等地区,收视人口超过9500万。96年广东电视将实行卫星播出,信号有效覆盖45个国家,收视人口将超过16亿。其信号覆盖范围之广及观众之多,在广东省独一无二,在全国省级电视台中,名列前茅。

广东电视台广告部1979年初成立,一直以“求实、进取、精诚服务”这唯一的经营方式致力于国内外广告业务的开拓,坚持以最合理、最有效、最优质的播出为客户提供最完善的服务,广告营业额年年递增,94年超过二点五亿。95年又率先在国内引进目前世界上最先进的索尼“LMS广告自动编播系统”,从广告定位到播出,同系统处理,一气呵成,高效快捷,准确无误。目前广告业务已拓展至亚洲、欧洲、美洲、大洋洲,客户遍及全球。

广告部多年连获“重信誉创优质服务先进单位”称号。“以我媒介,助你成功”,十六个春秋已验证了我们的宗旨。

广东省电视服务中心

地　址:广州市环市东路331号
邮　编:510066
电　话:3316905　3355188—3828、3820
负责人:李　立
联系人:肖华龙
经营范围:

广东省电视服务中心是广东电视台对外经营服务单位,为广大客户设计、制作、代理电视广告片、资料片,为工商企业进行策划设计推介宣传项目;引进影视先进器材、技术设备,经营家电、电子产品。与外商合作经营金视彩色印刷有限公司,引进美国、德国先进设备,承印精美彩图、画册、期刊、挂历、广告系统印刷品,欢迎加工、订印。所属广告省电视影视公司经营影视广播器材、家电产品,设有门市部,欢迎订购。

深圳电视台经营部

地　址:深圳市怡景路
邮　编:518003
电　话:5414007
负责人:李也平
联系人:谢晓红　马　丽
经营范围:

本台经营各类电视广告,或通过电视媒介进行商业性制作和传播。

本台可覆盖深圳及珠江三角洲地区和香港、澳门的部分地区。

中山有线电视台

地　址:中山市柏苑新村龙凤坊第二幢2楼
邮　编:528403
电　话:3328527　3327150
负责人:孙成伯
联系人:李静绮

中山有线电视台是经国家广电部批准建立,实行一业为主,多种经营,效益显著,实力雄厚,拥有本市城区大型有线电视网,用户达五万多户(包括所有酒店、宾馆),为居民传送十八套质量好的电视节目,每天都有二十几万当地固定人口和几万流动人员收看本台播放的电视节目,收视率高,影响面广。所属影声广告公司充分发挥自身优势,精心经营了十多年的电视广告业务,经验丰富,设备先进,并建立了代理广告网,实行一条龙服务,效率快,效果好,在全市一百六十多家广告经营单位中,本公司经营额连年排在首位。

热诚欢迎广大客户来人来电联系。

详细介绍请看本书彩广。

广东省有线电视供片中心

地　址:广州市环市东路331号26层
邮　编:510066
电　话:3322254

广州电视台广告部

地　址:广州市吉祥路中央公园内

邮　编:510030
电　话:3352647

中山人民广播电台

地　址:广东省中山市石岐兴中道
邮　编:528403
电　话:311891　310839

饶平电视台广告部

地　址:饶平县黄冈镇汕汾中路83号
邮　编:515700
电　话:07642—882083

广东人民广播电台

地　址:广州市人民北路686号
邮　编:510012
电　话:6677433

杂志类

广东人民出版社

地　址:广东省广州市大沙头四马路10号
邮　编:510102
电　话:(020)3808714
电　传:(020)3806199
负责人:廖小勉
联系人:曾毅刚

广东人民出版社创建于1951年。业务范围是出版马列主义、毛泽东思想理论著作,以马克思主义为指导的哲学、政治、法律、经济、历史、语言文字、志书、古籍整理等学科、门类的研究著作,上述各门类辞书、工具书,当地党委、政府责成出版的宣传党的方针、政策的读物和时事宣传读物,党史、党建读物和通俗政治理论读物、文化生活、青年思想教育读物,以及台港澳版哲学社会科学图书。

广东人民出版社主办《希望》、《香港风情》、《车主世界》三种杂志。

兼营书刊批发、邮购;代理出书业务,利用本社出版的书刊设计、制作、发布国内广告和外商来华广告。

《质量与市场》编辑部

地　址:广州市八旗二马路38号后五楼
邮　编:510110
电　话:3341934
负责人:何绍浙
联系人:廖　迺

《质量与市场》杂志是广州市经济委员会主管,广州市质量管理协会主办,旨在研究市场与促进质量的刊物。本刊设有质量管理、市场研究、社会扫描、港澳台了望等主要栏目。本刊不仅反映市场有关商品的质量状况及其变动特点,而且传递市场动态以及整个经济变动的信息。本刊溶理论与实践于一体,既报道活生生的现实,介绍有关企业家、名流成功经验和体会,也进行实例分析。反映改革开放中的经济活动和充满时代气息的社会风貌。本刊还反映国家关于调控市场和质量管理的政策与方针、探讨搞好宏观调控和中观管理的相应对策,既提供国家信息又提供国际信息。本刊还体现广东开放改革前沿特色,把广东的好经验好产品推向全面。

《质量与市场》所反映和研究的市场是一种广义的市场,而不仅仅限于商品市场;所研究和促进的质量是一种广义的质量,包括一切产品,过程和行为的质量。所以《质量与市场》是高档次、高品味的刊物,是广大企业家、质量管理工作者必读的有益刊物。办刊多年,深受广大读者欢迎。

《新中医》编辑部

地　址:广州市三元里机场路广州中医药大学内
邮　编:510407
电　话:6591233转2489、2485、2482
负责人:曾德环、程　方
联系人:黎国昌

《新中医》是一份综合性学术月刊。创刊于1969年,坚持努力整理继承中医药文化遗产,积极反映中医药研究的新成果、新动态,活跃学术气氛,促进中医药学术发展,坚持普及与提高相结合,理论与临床相结合,服务于临床的办刊方针。具有传统的中医特色,面向基层,注重临床,由全国著名中医专家、教授及中医临床工作者撰稿,实用性强,内容充实新颖,深受国内外读者的喜爱和好评,是各级中医药人员及中医爱好者的良师益友。本刊连续多年评为中国中医核心期刊,并荣获中国自然科学核心期刊,在美国洛杉矶国际书刊展览会上评为最受欢迎的中医学术期刊。本刊设有老中医经验、学术探讨、名医精粹、临床报道等20多个栏目,从不同的方面反映出当前中医药研究的学术成就,为广大读者提供大量有参考价值的学术资料和临床经验。可供在职的各级中医药教学、科研、临床工作者、中西医结合人员及中医爱好者阅读。本刊邮发代号:46—38,国外代号:M186。

本刊经营设计、制作、发布国内杂志广告业务,主要为医药卫生广告业务(包括中西药品、保健品、医疗器械用品、卫生防治用品、医疗招生、医院介绍、药厂介绍等广告),欢迎刊登广告。

《创业者》

地　址:广州市教育路88号
邮　编:510030
电　话:3352104

《国际经贸探索》杂志

地　址:广州市白云区大朗　广州外贸学院
邮　编:510450
电　话:6621819—3315

《电脑与微电子技术》

地　址:广州市新港西路中山大学微电子所
邮　编:510275
电　话:4446300—6597

《南方建筑》

地　址:广州市流花路97号
邮　编:510010
电　话:6676522

广西壮族自治区

公司类

桂林华顿包装设计有限公司
桂林华顿广告策划公司

地　址:桂林市环城西一路香江饭店18楼
邮　编:541002
电　话:(0773)3833973　3838464
传　真:(0773)3844881
负责人:邬永柳
联系人:何荣萍

桂林华顿广告策划公司,桂林华顿包装设计有限公司是一家实力雄厚的综合性服务公司。多年来,公司一直秉持"诚心、热心、信心、良心"的服务宗旨,以"严谨、卓越、完美、个性"的工作精神,为客户提供全方位的服务:

设计部:包装设计、企业形象CIS设计、POP等各类平面设计,以及激光照排、商业摄影等。

策划部:整体广告策划、CIS策划、产品营销策划、大型公关活动策划、影视广告策划等。

市场部：市场调研、市场开发、营销代理、信息咨询等。

媒介部：媒体策划、媒体开发和拓展、广告发布和代理、广告跟踪和监控。

业务部：负责本公司所有业务的接洽和拓展，承接各类制版、印刷。

广西南方广告公司

地　址：南宁市星湖路 43 号

邮　编：530022

电　话：5874630

中国 50 家最大广告公司排序第 30 位

中国最大广告公司广告营业额排序第 25 位

智慧是无限的，媒体却是有限的。我们在挖掘无限的智慧的同时，更占有了有限的媒体，并凭着这一利器冲向市场，使得我们和我们为之服务的客户“如虎添翼”。

详细介绍请看本书彩广。

南宁市时代广告公司

地　址：广西南宁市星湖路 32 号

邮　编：530022

电　话：(0771)5872486　5866165

联系人：黄远红

追求完美……

- 大小型电脑喷绘广告制作
- 企业形象策划
- 平面、三维设计。

柳州铁路局广告公司

地　址：广西柳州市飞鹅路利民区 1—3 号

邮　编：545007

电　话：(0772)3834889(市电)

24510　21405(路电)

负责人：王林义

联系人：王正海

柳州铁路局广告公司成立于 1984 年 8 月，是柳州铁路局唯一一家广告专营公司。本公司以铁路为依托，从小到大，步弱渐强，1993 年起连年广告营业额突破千万元。在由国家工商行政管理局和中国企业评价委员会共同举办的“首届中国广告公司实力排序”活动中，本公司以较强的综合实力位居全国第 59 位。现为中国广告协会直接会员；中广协铁路委员会常务理事公司。

本公司竭诚为您奉献以下服务项目：中央及各省市电视、电台、报刊广告代理；旅客列车内各式广告、列车广播广告、各火车站台、通道、候车厅标牌、路牌、霓虹灯、灯箱等广告设计、制作和发布。

广西南宁金盾广告公司

地　址：广西南宁市新民路 34 号

邮　编：530012

电　话：(0771)2812711

负责人：马进峰

经营范围：

企业形象策划、广告设计和制作，代理国内广告业务、承接印刷、路牌、画册、招贴画、灯箱、包装装璜业务、室内装修设计。

南宁市模特艺术广告公司

地　址：南宁市东葛路 1—3 号

邮　编：530022

电　话：2809363　2821724

负责人：卢津宁

经营范围：

企业形象、广告策划、各种类型广告设计、制作、发布。

广告模特表演服务，代理国内广告。

广西大学星龙广告公司

地　址：南宁西乡塘东路 10 号

邮　编：530004

电　话：322759—3985

负责人：陆家和

经营范围：

影视、报刊广告设计、制作、代理；霓虹灯、路牌广告的设计、制作和发布；人才培训；装璜、包装设计。

梅高广告策划有限责任公司
梅高形象设计策划有限公司

地　址：广西桂林市龙隐路 18 号 21 栋
邮　编：541004
电　话：5813399
传　真：5812833
法人代表：高　峻
联系人：郑君树

我们是全国首次广告公司综合实力评选 50 强名列 22 位的公司，我们不仅仅是广告公司，我们拥有——沟通、市调、整合企业资源，发展策略规划，创意突破一套完整的企业发展战略顾问服务系统

经营范围：

代理国内外广告业务；承办国内外广告策划、设计、制作、发布；大型公关活动的策划、实施、设计、制作；企业形象策划；印刷制版；商标、广告业务咨询服务；承接商标、包装装璜设计；代销本公司广告商品。

桂林地区大亨广告公司

地　址：桂林市龙珠路 2 号
邮　编：541001
电　话：2820834　2821146
负责人：胡述华
联系人：周　莹

优秀的单兵素质
合谐的团队精神
创造性的思维
稳健踏实的操作

我们把这一切奉献出来，在建立现代人形象的同时塑造自己。

柳州市中兴广告公司

地　址：广西柳州市小南路 31 号
邮　编：545001
电　话：2822550
经　理：韦毅德
联系人：韦毅德　柯建雄
经营范围：

广告设计、制作、发布。

代理电视、广播、报纸广告。

中兴竭诚的广告服务，助您企业兴旺发达。

右江广告装潢美术公司

地　址：广西百色市向阳路 15 号
邮　编：533000
电　话：(0776)225959
负责人：黄义超
经营范围：

承办国内路牌、灯箱、霓虹灯招牌广告，企业产品包装设计，CI 策划，室内外装修。

广西对外经济贸易广告公司

地　址：南宁市七星路 137 号
邮　编：530022
电　话：569380

南宁市装潢广告公司

地　址：南宁市望州南路 1 号
邮　编：530001
电　话：569562　561912

广西南宁策划广告公司

地　址：南宁市新民路 55 号
邮　编：530012
电　话：216996　211696

南宁市沿海影视广告设计公司

地　址：南宁市新竹路 19 号五楼
邮　编：530022
电　话：551232

南宁正美广告公司

地　址:南宁市南方大酒店 911 室
邮　编:530012
电　话:221662—2911

广西南宁金岛广告公司

地　址:南宁市友爱南路 27 号物苑饭店
邮　编:530001
电　话:321202

广西旅游广告发展公司

地　址:广西南宁市新民路 40 号
邮　编:530012
电　话:209404

南宁市兰天广告公司

地　址:南宁市民生路 2—2 号
邮　编:530012
电　话:227349　211920

桂林市广告装潢美术公司

地　址:七星路 22 号
邮　编:541004
电　话:510763

北海八达广告公司

地　址:北海广场西里 5 号
邮　编:536000
电　话:(0779)337007　337089

报纸类

广西商报社

地　址:南宁市桃源路 59 号
邮　编:530021
电　话:2808902　2808959
法　人:刁任胜
广告负责人:朱立煌

广西商报在商言商,又不局限于商,她以及时传递中央和自治区有关市场经济的新政策,新举措,迅速报道大商业、大市场、大流通领域深化改革最新动态为己任,全面、准确传递市场动态、商品信息,沟通产销渠道,引导生产和消费、关注社会生活,是生产、经商、消费的好参谋。

广西商报广告业务经营范围:刊登各类工商、劳务、服务广告,报社所属“南宁华夏商业广告装璜公司”,代理报纸广告,策划等业务。

广西工商报社

地　址:南宁市保爱路 42 号
邮　编:530021
电　话:2828264
负责人:黄耀坤
经营范围:

本报为周二刊,全国发行,承办工商广告业务。

广西侨报

地　址:南宁市大桃路 4 号
邮　编:530021
电　话:2806872
负责人:陈玉荣
经营范围:

本报为周报,国内外发行。

广西右江日报社

地　址:广西百色市中山一路 7 号
邮　编:533000
电　话:(0776)225075
负责人:韦成新
经营范围:

设计、制作、发布国内报纸广告业务。

《人民保健报》社

地　址:广西南宁市天桃路 31 号
邮　编:530022
电　话:2802732　2824337
负责人:古秋娥　陈梓昇
联系人:周东程

《人民保健报》是由广西壮族自治区卫生厅主办。创刊于 1988 年 1 月 28 日,是全国五个少数民族自治区唯一公开发行的卫生报。1995 年前是四开四版小报,1996 年改为对开四版大报周报,每周五出版。她立足大西南出海通道的广西,面向全国全方位向读者展示神奇的医苑新篇、祖国的传统医学、科学的保健指南。

经营范围:药品、保健食品、医疗、医药企业公告等广告。

柳州铁道报社

地　址:广西柳州市鹅岗路二区 16 号
邮　编:545007
电　话:(0772)39—22479
负责人:罗国信
广告业务负责人:马　柳
联系人:马　柳

《柳州铁道》是中共柳州铁路局委员会机关报,于 1953 年 2 月 7 日创刊。报纸为四开四版,周三刊,每星期二、四、六出版,国内统一刊号 CN45—0019。发行面广,覆盖广西、广东、湖南、贵州四省区铁路沿线,其月末版《旅途大观》在全局 20 多个主要车站、30 多趟旅客列车发行,其广告的影响面及渗透度有独特的优势。热忱欢迎管内外各企业、公司、各界朋友在《柳州铁道》报及其月末版《旅途大观》上刊登各类广告。同时承办国内报纸广告。

大西南经济导报社

地　址:南宁市民主路 21 号
邮　编:530026
电　话:(0771)5869938
电　报:0364

《大西南经济导报》是经国家新闻出版署批准,由中共广西壮族自治区委员会对外宣传领导小组领导的外宣报纸,由广西日报社主管主办,是目前全国唯一一份中英文对照,彩色印刷,国内外公开发行三者兼而有之的对开大报,从 1996 年起改为周二刊,年订价 32.40 元。

本报以经济报道为中心,面向全国和海外,介绍广西及大西南地区的物产资源优势,展示大西南时代风貌和推动招商引资。

广西日报

地　址:南宁市民主路 21 号
邮　编:530026
电　话:22600

经贸时代报

地　址:南宁市古城路 9 号
邮　编:530022
电　话:552701　552693

广西科技报

地　址:南宁市古城路 31 号
邮　编:530022
电　话:206680—3339

广西电力报社

地　址:南宁市民主路 7 号
邮　编:530023
电　话:562290

广西交通安全报社

地　址:南宁市新民路 34 号
邮　编:530012
电　话:207613

桂林日报

地　址:桂林市榕湖北路 1 号
邮　编:541001
电　话:224212

经济时报

地　址:柳州市广场路 6 号
邮　编:545001
电　话:226752

河池日报广告部

地　址:广西河池市南新西路 12 号
邮　编:547000
电　话:285603

贵港市报

地　址:贵港市贵城镇贵港市委会内
邮　编:537100
电　话:(07888)215878

广播电视类

广西人民广播电台广告信息部

地　址:广西南宁市民族大道 75 号
邮　编:530022
电　话:5866075　5854181—272
电　报:9288
负责人:覃理爱
联系人:危文彦

北海电视台

地　址:北海市贵州南路广播电视大院
邮　编:536000
电　话:0779—3035424　3055766
负责人:于厚伟
联系人:梁家润
经营范围:

北海电视台广告播出价格(元/次)

96.1 执行

类别	时间段	5 秒	10 秒	15 秒	20 秒	30 秒	45 秒	60 秒
A	19:00～21:00	250	400	600	800	1000	1200	1400
B	21:00～22:30	200	300	500	700	900	1100	1300
C	18:00～19:00	200	300	400	600	800	1000	1200
经济信息:一分钟之内 2000 元播二次含制作费(每晚一次) 特约播映广告在电视剧两集中间出二次(15 秒 1000 元)								

说明:

1、凡在本台播出的广告,必须符合《中华人民共和国广告法》。

2、广告业务项目一律签订合同,款到安排播出。

3、电视广告经客户审定后,客户提出修改酌情收费(每次 500 元)。

4、一条广告连续播三个月以上,可获优惠价。

广西对外人民广播电台

地　址:南宁市民族大道 12 号
邮　编:530022
电　话:43402

南宁人民广播电台

地　址:南宁市朝阳路 7 号
邮　编:530012
电　话:21717

广西有线电视台

地　址:广西南宁市七星路 123 号(区广播电视厅内)
邮　编:530022
电　话:(0771)2837232
传　真:(0771)2804500
负责人:何　丹
联系人:雷守华
电　话:(0771)2837176
经营范围:

发布国内各类广告;承办分类广告。

广西电视台

地　址:南宁市民族大道14号
邮　编:530022
电　话:42118

南宁电视台

地　址:南宁市朝阳路7号
邮　编:530012
电　话:24376

杂志类

《投资管理与研究》杂志社

地　址:广西南宁市桃源路82号区建设银行内
邮　编:530021
电　话:(0771)5311691—337(编辑部)
(0771)5311691—273(广告部)
主　编:黄筱传
副主编:符远宪　黄　斌
经营范围:

《投资管理与研究》为月刊,每月15日出版,全国发行,承办、发布工商广告业务。

广西科技情报所

地　址:南宁市星湖路24号
邮　编:530022
电　话:5853804—3443
负责人:吴隆瑄

本所编辑出版向全国公开发行的《农村新技术》、《家庭科技》和《中小企业科技信息》。均为月刊,读者面广、发行量大,在全国较有影响,广告效果好。欢迎广大客户刊登广告。

广西《生财有道》杂志社

地　址:广西柳州市罗池路十六号
邮　编:545001
电　话:2827189　2827289
总　编:李定余
广告负责人:吕忠初
经营范围:

承办本刊及各报刊广告。

广西支部生活杂志社

地　址:南宁市七星路129号
邮　编:530022
电　话:207665

《计划与市场探索》杂志社

地　址:南宁市民族大道计经大厦11楼
邮　编:530022
电　话:554254

广西武装杂志社

地　址:南宁市植物路49号
邮　编:530021
电　话:200323—33277

沿海画报社

地　址:南宁市纬武路160号
邮　编:530022
电　话:217586

海　南　省

公司类

海南省海口晚报广告部
海南省海口金像广告公司

地　址:海口市市政府大院档案楼一楼
邮　编:570145
电　话:6784601　6768660
负责人:钟石钢
联系人:朱日辉
经营方式:设计、制作、代理、发布
经营范围:
承办《海口晚报》国内报纸广告,代理国内外报纸广告业务

海南省对外贸易(集团)广告公司

地　址:海南省海口市大同路15号
邮　编:570001
电　话:6795445

海南广告影视公司

地　址:海口市海府路九号
邮　编:570003
电　话:332065—203、204

海南五洲广告有限公司

地　址:海南海口市海府大道四号
海口宾馆二楼八号写字间
邮　编:570003
电　话:(0898)5350266—8861、8262

报纸类

海南日报广告部

地　址:海口市新华南路7号
邮　编:570102
电　话:(0898)6223602
传　真:(0898)6227769
负责人:许发宣

《海南日报》是中共海南省委机关报、邓小平同志题写报纸名、是海南省人民政府指定刊登有关法律性质广告之有效刊物。每天出对开8版,是目前海南大特区唯一的日报、大报,发行量居全省之首。

《海南日报》发行全国及国外部分地区。在北京设有代印点,跟省内同步发行。

《海南日报》广告部承办国内外报纸广告,是海南省首家批准代理国内外报纸广告业务的广告经营单位。

海南特区报社广告部

地　址:海口市机场西路杭州大厦C座二楼
邮　编:570203
电　话:6772320
负责人:章群英
经营范围:
承办海南特区报国内报纸广告业务,代理国内报纸广告。

海口日报社广告部

地　址:海口市新华南路7号
邮　编:570001
电　话:223602

海南侨报广告部

地　址:海口市大同路18号侨办大楼四楼

邮　编:570001
电　话:6775292

广播电视类

海南人民广播电台广告部

地　址:海口市海秀路1号
邮　编:570005
电　话:774509

海南电视台广告部

地　址:海口市海秀路1号
邮　编:570005
电　话:772252

海口电视台广告部

地　址:海口市海秀路市委招待所大院内
邮　编:570005
电　话:777127

四　川　省

公司类

四川省锦艺广告公司

地　址:成都市人民东路61号
邮　编:610015
电　话:(028)6664409　6650057
电　报:1023
公司经理:侯国辅
联系人:吴治平　邱　进

本公司创建于1984年,系四川省属综合性全能型广告公司。

本公司旨在与各界任何一次合作的机遇中,让您体味到专业素质之所在及至诚的服务精神,并以您的目的为目标,去寻求表达您完美理想得以实现的最佳设计和创意。

赢得各界的信赖,是我们唯一的财富。

业务范围:设计、制作、发布、代理国内外各类广告;装饰工程;影视制作、舞台装备、灯具、家具、摄影器材、工艺美术品、广告礼品;产品样本、目录及展览、展销会设计制作;企业形象、营销策划等全面服务。

重庆百货大楼百佳艺术广告公司

地　址:重庆百货大楼11楼、12楼
邮　编:630010
电　话:3836353　3833796　3817483
负责人:刘嗣民

重庆百货大楼百佳艺术广告公司是重庆百货大楼股份有限公司全资子公司,是以广告、摄影制作为主营的专业广告公司。

公司1994年成立以来,注重配备各类广告人才,努力提高企业自身形象,先后投资300多万元人民币,大力引进国内外先进设备,在短期内具备了广告、摄影的综合制作能力。目前,公司拥有国内最大的85英寸冲纸机、轨道式放大机等专业设备,可以制作幅宽184cm的照片、188cm的灯箱片,其超现实的创意和高清晰度的质量受到客户好评。今年6月,经重庆市工商局资质评审,被评为重庆A级广告公司。

成都人民商场股份有限公司广告公司

地　址:成都市东御街19号

邮　编:610016
电　话:2654485
人民商场股份有限公司法人:吕根旭
广告公司经理:余继烈
副经理:刘汉书　魏德厚
联系人:何　杨
经营范围:

设计、制作、发布、代理国内外各类广告业务。

成都人民商场位于成都中央商业繁华区,地处黄金口岸——盐市口,并在火车北站出站口处设有分场;是一个集参观、购物、娱乐为一体具有现代设施的大型百货零售企业。商场广告公司具有路牌、灯箱、橱窗、霓虹灯、售点、LED 大型电子显示屏(170m^2)等广告媒体,均属最佳口岸。实力雄厚,欢迎厂家在商场设立信息、广告窗口。

四川省对外广告公司

地　址:成都市金牛区府青路一段 34 号
邮　编:610082
电　话:333014　333088

成都国际广告公司

地　址:成都东城根街 133 号
邮　编:641000
电　话:645796

成都市美术广告总公司

地　址:成都市祠堂街 16 号
邮　编:610015
电　话:6631883

成都华顿设计制作有限公司

地　址:成都火车北站东一路
邮　编:610081
电　话:437932

四川得实广告有限公司

地　址:成都罗家碾峨嵋电影制片厂
邮　编:610071
电　话:783916

成都双流机场广告公司

地　址:成都市羊市街民航宿舍内
邮　编:610015
电　话:660165

成都航空港广告有限公司

地　址:成都双流机场
邮　编:610202
电　话:660165

西南航空广告公司

地　址:成都市人民南路二段 39 号
邮　编:610016
电　话:6673851　5581466—3212、3160

成都铁路分局广告公司

地　址:成都市火车北站东一路
邮　编:610081
电　话:3333212(市电)　52161(路电)

成都市市政广告公司

地　址:成都红星路一段 9 号
邮　编:610017
电　话:616837

重庆市美术广告公司

地　址:市中区邹容路 94 号
邮　编:630010
电　话:3844118

重庆广告装潢公司

地　址:市中区解放西路 201 号
邮　编:630012
电　话:3848093

绵阳市广告美术公司

地　址:绵阳市南河路29号

邮　编:621000

电　话:25986

内江广告公司

地　址:成都市红旗星中路一段35号附1号

邮　编:610017

电　话:6626100—3070

报纸类

四川日报广告处

地　址:成都市红星中路二段70号

邮　编:610012

电　话:6758900—3086　6747676　6742700

电　报:1557

广告业务负责人:刘国熙

联系人:吕　兵　袁　伟

经营范围:

承办《四川日报》、《四川农村报》《文摘周报》的国内报纸广告及《四川日报》外商来华广告业务,代理国内报纸广告。承办《新闻界》国内杂志广告业务。

重庆日报社广告经营部

地　址:重庆市中区解放西路66号

电　话:3843650

负责人:张福华

广告负责人:蓝晓莉

电　话:3836473　3845089

传　真:3836473

重庆为全国十大城市之一,是西南最大的工业重镇,它直辖九区九县三市,是一个拥有1500多万人口的城乡结合型城市。

《重庆日报》是重庆地区影响力最大,发行量最大,普及面最广的唯一综合性日报。它创刊于1952年8月5日,是中共重庆市委机关报。日发行量25万份,覆盖面为九区九县三市及川东大部分地区。《重庆日报》可读性强,栏目众多,信息容量大,每周一至六为对开八版,星期日为对开四版。

《重庆日报》采用电子激光照排,使用美国进口的高斯彩印机印刷。版面美观,印刷清晰,每月不定期出彩报。

电子报

地　址:成都市金河街75号

邮　编:610015

电　话:6241921

电　报:成都5939

广告业务负责人:董　明

联系人:李　兰

成都工人报

地　址:成都市总府街6号省图书馆内

邮　编:610016

电　话:663643　660137　674040

市场与消费报

地　址:成都市花牌坊街37号(少城文化宫内)

邮　编:610017

电　话:(028)7771284

负责人:张泽荣(总编)

联系人:曾冬冬

广播电视类

四川电视台广告部

地　址:四川省成都市东胜街40号

邮　编:610015

电　话:6634844　6693444　6637281

负责人:(法人)曹培俊

联系人:郑禄翰

四川电视台广告部承揽全台各套节目电

视广告经营业务。四川电视台截至95年底自办两套电视节目，采用卫星（中新五号）、微波传输、直接发射三种方式传送电视信息；两套节目每天播出自办节目累计27小时，梯次覆盖成都市、四川省、全国及东南亚地区，覆盖区内电视人口超过十亿。四川电视台广告部具有策划、制作、营销多种服务功能，坚持公正、热情、高效为中外客户服务。

重庆电视台广告部

地　址：重庆渝州路68号彩电中心广告楼
邮　编：630041
电　话：8610810　8613840
传　真：8600860
负责人：宋　林　孟　媛
联系人：孟　媛

重庆电视台创建于1980年。收视频道—8，140多个差转台覆盖全市十一区七县三市及三峡库区的涪陵、万县、达川大部分地区及川南、川中部分市、县和贵州省北部，观众达2000多万。重庆电视台与全国30多家省级电视台和150多家市级电视台同时建有节目交换关系，广电部认可属省级电视台。重庆电视台制作手段完备，节目内容丰富，技术力量雄厚，观众收视稳定，以讲求信誉，服务为宗旨，是厂家商界在长江上游经济中心和三峡库区开拓市场必不可少的、值得信赖的伙伴。

成都电视台

地　址：成都市一环路东三段
邮　编：610051
电　话：23056

四川人民广播电台广告科

地　址：成都市红星中路119号
邮　编：610017
电　话：679053　665401转808

成都人民广播电台

地　址：成都市东城根街76号
邮　编：610015
电　话：24047

杂志类

《分忧》杂志社

地　址：四川省成都市宁夏街树德里三号
邮　编：610031
电　话：028—6632884　6645136
负责人：宋煦谦
联系人：赵庆笙　庄米薇

《分忧》杂志是四川省妇联主办的综合性社会性月刊，创办于1982年4月，1988年元月起改现名。每月一期，图文并茂。

《分忧》杂志向社会宣传妇女，向妇女宣传社会，全方位地关照各类社会问题，传递多方面的信息，具有很强的可读性和接近性，深受读者所喜爱。

《分忧》杂志的广告容量大，受众广，加上提供上乘的服务和价格合理，长期为广告客户所青睐。

欲登广告，请见《分忧》广告刊例函索即寄。

贵 州 省

公司类

贵州省广告公司

地 址:贵阳北京路 29 号
邮 编:550004
电 话:6823572

贵阳市美术广告公司

地 址:贵阳中华中路 44 号
邮 编:550001
电 话:5823086

贵州中亚广告公司

地 址:贵州省贵阳市北京路 18 号
邮 编:550004
电 话:(0851)650259 625912

贵州商业广告公司

地 址:贵阳市陕西路 12 号
邮 编:550001
电 话:(0851)625093

贵阳市美术广告公司

地 址:贵州省贵阳市中华中路 44 号
邮 编:550001
电 话:(0851)523086

贵州工商广告服务公司遵义分公司

地 址:贵州省遵义市碧云路 1 号地区工商局 708
邮 编:563000
电 话:(0852)226856

报纸类

经济信息时报

地 址:贵阳市西湖路 8 号
邮 编:550002
电 话:5893449 5892170
传 真:5822486
电 报:1873
负责人:陈贺林
联系人:周清玲

《经济信息时报》创刊于 1984 年 7 月,由贵州省经贸委等 8 家主办,国内外公开发行。它以"开发信息资源,服务四化建设"为宗旨,及时传递国内外有实际用处、有参考价值的经济、科技信息。为工商企业生产经营提供决策依据。信息量大,实用性强。曾两次被评为全国十佳经济类报纸。面向全国经济部门、科研单位、工商企业、城乡个体读者。

凡本报订户,可享受免费广告或优惠价广告。

邮发代号 65—8,全国各地邮局(所)均可订阅。

贵州日报社广告发行处

地 址:贵阳市外环城东路 360 号
邮 编:550001
电 话:(0851)627859

贵阳晚报社广告部

地 址:贵州省贵阳市中山东路 169 号
邮 编:550001

电　话:(0851)513530

贵州广播电视报社广告科

地　址:贵阳市青云路 271 号
邮　编:550002
电　话:(0851)529626

广播电视类

贵州人民广播电台广告科

地　址:贵阳市青云路 259 号
邮　编:550002
电　话:(0851)523308

贵阳人民广播电台广告部

地　址:贵州省贵阳市遵义路工人文化宫内
邮　编:550002
电　话:(0851)515764

贵州电视台广告部

地　址:贵州省贵阳市青云路 261 号
邮　编:550002
电　话:529108

贵阳电视台

地　址:贵阳市延安中路 21 云岩区少年宫(临时办公)
邮　编:550001
电　话:525951　523903　523907

云　南　省

公司类

云南广告公司

地　址:昆明市南屏街 66 号
邮　编:650021
电　话:3160007

云南省对外广告展览公司

地　址:昆明市北京路 576 号
邮　编:650011
电　话:30723　34881　29684

云南省广告联合总公司

地　址:昆明云瑞西路 29 号
邮　编:650021
电　话:3613659

昆明市广告公司

地　址:青年路小花园 200 号
邮　编:650021
电　话:3191520

昆明白宇现代广告公司

地　址:昆明体育馆 4 号门
邮　编:650041
电　话:3148198

昆明恒通广告公司

地　址:昆明北站信通大楼 4 楼
邮　编:650051
电　话:5153750

云南希恩广告信息公司

地　址:昆明环城东路 19 号

邮　编:650041
电　话:3149690

报纸类

云南日报社广告发行部
地　址:昆明市新闻路 51 号
邮　编:650032
电　话:4141748(传真号相同)

昆明日报
地　址:昆明市后新街
邮　编:650011
电　话:24845

云南广播电视报社
地　址:昆明市人民西路广电中心
邮　编:650031
电　话:42076

云南经济报社
地　址:昆明市东风东路省经委内
邮　编:650041
电　话:33307

云南经济信息报
地　址:昆明市东风东路 155 号
邮　编:650041
电　话:28880　21932

广播电视类

云南人民广播电台
地　址:昆明市人民西路广电中心
邮　编:650031
电　话:22458　41203

昆明人民广播电台
地　址:昆明市北京路 601 号
邮　编:650032
电　话:34963　34969

云南电视台
地　址:昆明市人民西路 47 号
邮　编:650031
电　话:24568

昆明电视台
地　址:昆明市大观路 50 号
邮　编:650032
电　话:41490

杂志类

《云南农业科技》编辑部
地　址:昆明市江岸小区
邮　编:650223
电　话:(0871)5149730—2155
电　报:0004
广告负责人:刘星昌
联系人:武　卫
经营范围:

刊登有关农业和人民生活的产品、书刊等广告。

陕 西 省

公司类

西安世经广告有限公司

地 址:西安市长安北路六十三号大厦四楼
邮 编:710061
电 话:(029)5259056 (029)5259058
传 真:(029)5265234
负责人:寇 骞
联系人:张 磊

西安世经广告有限公司成立于1989年,注册资金100万元。经营范围包括:设计、制作、代理国内外各类广告业务、新媒体开发、研制、企业CI系统的整体策划实施等。

我公司自成立以来,以真诚的心愿,专业的设计,先进的设备,赢得了广大企业单位的信服和好评,其作品屡获殊荣(其中在全国第三届广告作品评选中荣获两项大奖)。为更好的服务于广大客户,并向着多元化、集团化发展,成立了中外合资西安世经影视广告有限公司;陕西世经通信发展有限责任公司,陕西世经策划展览有限责任公司。提高了我公司的综合实力,开展了卓有成效的工作。

世经广告的全体同仁,以"一流意识、一流群体、一流服务"的宗旨,为广大客户朋友提供全面市场服务。热诚欢迎新老朋友垂询。

陕西省交通广告公司

地 址:西安解放路356号
邮 编:710004
电 话:734283

西安国际广告公司

地 址:西安市南大街176号
邮 编:710001
电 话:714025

西安市美术广告总公司

地 址:雁塔路中段5号
邮 编:710054
电 话:905463

西安正远广告公司

地 址:西安市友谊西路115号
邮 编:710068
电 话:5268074

西安亚太广告联合有限公司

地 址:西安东大街109号5楼
邮 编:710001
电 话:787053

西安市友谊礼品广告公司

地 址:西安市雁塔路中段5号
邮 编:710054
电 话:711583

西安南洋广告新技术有限公司

地 址:西安市友谊东路124号
邮 编:710054
电 话:5261561—210 9016765

西安火车站广告公司

地 址:西安火车站候车大厅二楼
邮 编:710005
电 话:7219933—3456

咸阳市广告装潢公司

地　址:咸阳西兰路 53 号
邮　编:712000
电　话:214785

榆林地区广告公司

地　址:榆林市新建北路
邮　编:719000
电　话:25754　22056

报纸类

陕西日报广告处

社　址:西安市环城南路东段 1 号
邮　编:710054
广告处地址:西安市东大街 334 号
邮　编:710001
电　话:(029)7212418
电　报:0091
传　真:(029)7215262
广告处处长:崔广韬
业务联系人:石玉华
简介及经营范围:

陕西日报是西北地区日报发行量最大的一份报纸。它的前身是 1940 年 3 月 25 日在延安创办的《边区群众报》,至今已有 50 多年的历史。周一、周三、周六出八个版,后四个版分别为摄影专刊《社会大视角》、经济专刊《经济特刊》和社会综合副刊《周末》,内容广泛丰富,知识性、可读性强。

陕西日报在国内外发行,发行量 30 万份。刊登国内外各类广告,编印广告画册及产品说明书,并代办全国报刊的广告业务。

咸阳报广告信息部

地　址:咸阳市渭阳西路 64 号(彩电什字西)
邮　编:712000
电　话:313878
负责人:郭增群
联系人:王　贤　杨　军
经营范围:

《咸阳报》是中共陕西咸阳市委机关报,1994 年改为对开周三刊,激光照排,胶版印刷,全国发行。

咸阳报社广告信息部为广告发布者提供市场调查、广告策划、信息反馈等全面服务。本部在广告的采编制作中刻意求新,广采众长,力争创出独特的风格。

咸阳报社广告信息部坚持客户、质量、信誉第一的经营方针,以杜绝虚假广告、提高服务质量为重点,把社会效益始终放在首位,连获 1988—1989、1990—1991 年度"重信誉、创优质服务"省、市级先进单位称号。

竭诚欢迎各界客户及广告界同行与本部密切合作,愿为您在咸阳及西北地区拓展市场助一臂之力。

西安日报、西安晚报

地　址:西安市南四府街九号
邮　编:710002
电　话:7271476(直)　7218722(转)

企业信息报社

地　址:宝鸡市清姜路 9 号
邮　编:721006
电　话:(0917)312355

榆林报社广告经理部

地　址:榆林市新建北路
邮　编:719000
电　话:22056

安康日报

地　址:安康市金州南路 60 号
邮　编:725000
电　话:(0915)212549

广播电视类

陕西人民广播电台

地　址：西安市北大街
邮　编：710003
电　话：712121

西安人民广播电台

地　址：西安市大南门外振兴路副7号
邮　编：710068
电　话：719330

陕西电视台

地　址：西安市新民街33号
邮　编：710004
电　话：718044

西安电视台经济部

地　址：西安市麦苋街12号
邮　编：710003
电　话：712349

杂志类

铸造技术杂志

地　址：西安市金花南路西安理工大学608号信箱
邮　编：710048
电　话：3239700—437分机
电　报：8503
图文传真：(029)335545
广告业务负责人：孙茂中
联系人：魏振双
经营范围：

刊登国内外铸造、冶金、机械、交电、化工、金属及造型和装饰材料、仪表、电子产品等广告。

《工业加热》杂志

地　址：西安市朱雀大街南端222号
邮　编：710061
电　话：5251577—255
电　报：8941
主　编：昂桂兰
广告负责人：祝永清
经营范围：

本刊承办以下广告：各类工业炉产品：如电弧炉、钢包炉、感应炉、热处理炉(包括保护气氛炉和真空炉)、特种炉及燃料炉；电炉配套产品：如耐火材料、电源电控、电热元件、烧嘴、喷嘴、测量仪表、保护气氛装置、真空炉用炭制品等。

《工业加热》杂志面向全国，以技术性为主，学术性和普及性兼顾，理论和实际并重，是我国电炉行业唯一的中央级刊物。

《工业加热》杂志由机械部西安电炉研究所主办，国内外公开发行，双月刊，16开56页。

交通科技杂志社

地　址：陕西西安翠花路西安公路学院
邮　编：710064
电　话：5269602

《高压电器》期刊社

地　址：西安沣惠北路副30号
邮　编：710077
电　话：4244818—8928

陕西省医药管理局情报站

地　址：西安市长乐中路25号
邮　编：710032
电　话：3235366　3233268

甘 肃 省

公司类

兰州铁路广告艺术总公司

地　址:甘肃省兰州市火车站东街143号
邮　编:730000
电　话:8888068
负责人:徐春光
联系人:王惠萍

兰州铁路广告艺术总公司是经甘肃省工商局注册的全民所有制企业,也是甘肃省大型专业广告公司之一。本公司地处丝路重镇—兰州,是连接陇海、兰新、兰青、包兰四条交通干线的交通枢纽,日均客流量达6万多人次,是各企业宣传产品的理想场所。

兰州铁路广告艺术总公司是中国广告协会会员,中国广告协会铁路委员会常委,甘肃省广告协会常委理事。本公司不仅拥有雄厚的技术力量,精良的制作工艺和专业的设计人员,而且拥有多种广告媒体:站内路牌霓虹灯箱、铁路民墙电子显示、美术设计有机制作、宾馆商场装饰装修、室内室外环境设计、目录标志设计印刷、艺术广告模特宣传以及列车时刻表、站台票、列车座卧号广告等。

本公司将一如既往地遵循"质量至上,信誉第一"的服务宗旨,继续与新老客户竭诚合作,共谋发展。

甘肃省广告美术公司

地　址:兰州市金昌路10号
邮　编:730030
电　话:8412071

甘肃省对外贸易广告公司

地　址:甘肃·兰州市定西路188号
邮　编:730000
电　话:(0931)8885609　8883494

中国西北航空宣传广告公司

地　址:兰州市东岗西路258号
邮　编:730000
电　话:23421—3029

兰州铁路广告美术公司

地　址:兰州车站东路143号
邮　编:730000
电　话:20752

国营兰州广告公司

地　址:兰州市天平街11号
邮　编:730000
电　话:26764　418281　27377

报纸类

甘肃科技报

地　址:兰州市庆阳路22号
邮　编:730030
电　话:(0931)8823654
广告部负责人:高晓军

《甘肃科技报》立足甘肃,面向全国,内容充实,栏目繁多,图文并茂,丰富多彩;发行范围广,广告收费合理,信息反馈准确、迅速;四开四版,每周二、五出版,国内统一刊号:CN62—0024,邮发代号:53—3。

代办各类广告业务，欢迎刊登广告。

甘肃日报
地　址：兰州市白银路 47 号
邮　编：730030
电　话：8464364

兰州日报兰州晚报社广告处
地　址：兰州市张掖路 246 号
邮　编：730030
电　话：466439

陇南报
地　址：武都县中山街 44 号
邮　编：746000
电　话：213340

广播电视类

甘肃人民广播电台经济信息部
地　址：兰州市东岗西路 148 号
邮　编：730000
电　话：21208　25715 转 456

甘肃电视台广告经理部
地　址：兰州市东岗西路 148 号
邮　编：730000
电　话：27830

兰州电视台经济部
地　址：兰州市庆阳路 34 号
邮　编：730030
电　话：24347　28306

杂志类

《合成橡胶工业》
地　址：兰州西固区合水北路 1 号兰化公司化工研究院内
邮　编：730060
电　话：(0931)7555368

《农业科技与信息》杂志社
地　址：兰州市七里河区西津西路 3 号
邮　编：730050
电　话：36562

凿岩机械气动工具编辑部
地　址：甘肃省天水市北道区
邮　编：741020
电　话：236732—395

青　海　省

公司类

西宁包装装潢广告公司
地　址：西宁市解放路 20 号
邮　编：810000
电　话：8233386(直拨)　8233384
电　报：3385
法人代表：吕士民

联系人:郭小燕　李玉学

西宁包装装潢广告公司是西宁地区集包装装潢广告为一身的多功能专业经营服务型公司。设计制作各种商品户外广告,承揽各种装饰、装潢工程,各种印刷,并提供包装、装潢材料。我们始终把社会效益放在首位,以社会效益带动经济效益。积极为客户提供全方位服务。

青海省对外贸易广告公司

地　址:西宁市城东区

邮　编:810007

电　话:77788

报纸类

青海日报

地　址:青海省西宁市七一路 211 号

邮　编:810000

电　话:(0971)6130830　6145358

电　报:3189

广告处负责人:马瑞林

联系人:部全意

《青海日报》是中共青海省委机关报,对开四版,星期五为八版,是青海省唯一的综合性大报,创刊于 1949 年 10 月 20 日,面向国内外公开发行。

青海日报广告发行处是青海省最大的一家报纸广告经营单位。主要代理省内外报纸、广播、电视、杂志等广告业务;策划、创意、设计和发布报纸广告。

青海日报广告发行处下设三部三室:广告接待室、创意策划部、对外联络部、发行部、财务室、电脑室。

详细介绍请看本书彩广。

西宁晚报社

地　址:西宁市南关街

邮　编:810000

电　话:48965

青海经济报社广告部

地　址:西宁市五四大街 39 号副 1 号

邮　编:810000

电　话:45901—1108

广播电视类

青海人民广播电台

地　址:西宁市昆仑路 96 号

邮　编:810001

电　话:44944

西宁广播电台广告部

地　址:西宁市南大街 105 号

邮　编:810000

电　话:47464　47941—685

青海电视台

地　址:西宁市昆仑路 94 号

邮　编:810001

电　话:44181

西宁电视台广告部

地　址:西宁市南关街 83 号

邮　编:81000

电　话:47464

宁夏回族自治区

公司类

宁夏广告公司

地　址:银川市民族北街18号
邮　编:750001
电　话:41413　26276

宁夏对外贸易广告公司

地　址:银川市南薰西街64号
邮　编:750001
电　话:43456　45738—237、325

宁夏科技广告公司

(原宁夏电子计算机开发公司科技广告部)
地　址:宁夏银川市公园街8号
邮　编:750001
电　话:(0951)532734

银川市广告美术公司

地　址:银川市解放西街78号
邮　编:750001
电　话:45201

银川广告装潢公司

地　址:银川市民族南街25号国广办公楼
邮　编:750004
电　话:624802　625263　641356

报纸类

宁夏日报广告服务部

地　址:银川市中山南街109号
邮　编:750004
电　话:32801

银川晚报社广告部

地　址:银川市中山南街123号
邮　编:750004
电　话:31733

宁夏广播电视报

地　址:银川市新市区银巴路口
邮　编:750021
电　话:75101

广播电视类

宁夏人民广播电台广告经理部

地　址:银川市文化东街23号
邮　编:750004
电　话:23313

宁夏电视台广告经理部

地　址:宁夏银川新华西街86号
邮　编:750001
电　话:(0951)545765　546379

银川电视台广告部

地　址:银川市中山南街130号
邮　编:750004
电　话:630162　623264

杂志类

《通俗文艺家》编辑部

地　址:银川市新华西街 30 号
邮　编:750001
电　话:624302

宁夏《共产党人》

地　址:银川市新市区朔方路 5 号
邮　编:750021
电　话:75650　75632

宁夏经济信息

地　址:宁夏银川市前进街 14 号
邮　编:750001
电　话:23431—373

新疆维吾尔自治区

公司类

新疆广告公司

地　址:乌鲁木齐市人民路 56 号
邮　编:830002
电　话:2313172　2313173
负责人:张　弢
联系人:关　键

新疆广告公司以其标志任重道远、朴实无华、任劳任怨、默默跋涉的骆驼精神,在曲折漫长的丝绸之路上,在走向市场的广告舞台上,全体员工戒躁、求实、创新,不断提高人才素质和服务质量,逐渐积累了一套创意成功企业及产品的经验,不断研究消费者的心理和企业经营理念,以灵活的经营方式,真诚的服务精神服务于社会与公众。

新疆广告公司承揽国内外从企业标志设计到识别系统开发;从识别系统开发到企业整体形象的设计;从企业整体形象设计到企业整体的广告代理。

乌鲁木齐市广告公司

地　址:人民路 7 号
邮　编:830002
电　话:2816791　2824993　2812186
电　报:0707
经　理:陈玉春
业务部经理:白榕峰

乌鲁木齐市广告公司是新疆成立最早的广告公司,现为全区最大的综合性广告公司之一,技术力量雄厚,服务设施齐备,多年来在区内外享有较高声誉。

经营范围:

市场调查、广告策划、公关促销、路牌广告、招贴挂标、灯箱雕塑、霓虹灯广告。全面经营和代理国际和国内各类广告业务。

新疆天山广告公司

地　址:乌鲁木齐市人民路 142 号
邮　编:830002
电　话:2835550　2835250　2830190
传　真:(0991)2830190
电　报:1818
负责人:于建海
联系人:李　军

在您计划打开新疆市场时,媒体的选择

至关重要……

天山电视台是国家批准成立的具有法人资格的省级经济电视台，拥有10万千瓦的大功率发射机，节目覆盖整个乌鲁木齐市及周边各地、县、市。广告可通过协作联播网覆盖全疆。

新疆天山广告公司是经自治区工商局批准成立的综合性广告公司。本公司将为您的各类产品顺利进入新疆市场提供高质量的整体服务。

新疆人广告公司

地　址：新疆乌鲁木齐市扬子江路1号
邮　编：830051
电　话：0991—5850783　5858561
负责人：贾兆新
联系人：贾兆新
经营范围：

新疆人广告公司成立于1993年，是《新疆日报》所属的全民所有制国营企业。现已成为能够为国内外广告客户进行各类广告的代理、市场调查、总体策划及各类广告的创意设计制作，护栏、布标、路牌广告的发布、宣传品的印刷、展览、展销等多功能的综合型广告公司。该公司拥有一支精悍的广告专业队伍和众多的户外广告的媒体。

该公司优势：以《新疆日报》为媒体依托，拥有自己的创意设计制作系统，同时拥有自己的户外媒体—《新疆日报》新闻大楼。路牌面积1000米^{2}以上和阿勒泰路段400米^{2}的户外媒体。我公司还可在新闻大楼主楼顶约85米高处制作、发布大型豪华霓虹灯广告。

新疆西意广告公司

地　址：光明路4号
邮　编：830002
电　话：2845667　2826547
经　理：闫朝晖

新疆西意广告公司即新疆教育电视台广告公司是一家拥有先进设备，集设计、编辑、摄影、录像、绘制为一体的全民所有制的专业广告公司。

本公司可为各大企业作全面的影视广告设计、制作，帮助企业研究确定产品营销方针，本着客户是上帝的原则，本公司急企业之所急，为企业作周到的市场调查，根据不同的销售渠道、销售方式采用相适应的广告内容和媒体形式，通盘考虑广告的整体效果，促使企业产品迅速占领市场。本公司将尽心竭力为企业节约广告费用，提高广告效益。

本公司服务周到细致、制作精致完美、创意标新立异。

本公司机构完善，下设了业务部、商贸部、制作部、财务部和办公室，可为客户经销、代销产品，为您的各类产品顺利进入新疆市场提供高质量的整体服务。

三郎影视广告发展有限公司

地　址：乌鲁木齐市青年路20号
邮　编：830002
电　话：900041　传呼：181—338
负责人：杨　平
联系人：司明安

为自治区上百家企业及产品作整体策划创意制作及代理刊播宣传业务，以优异的质量、良好的信誉及有效的促销赢得了社会的公认，企业的好评。总经理杨平为中国广告学术委员会委员，曾任乌鲁木齐电视台广告部副主任，创意制作的电视广告作品多次荣获国家政府级大奖，获奖作品总数已达十八项，其中“疆河油漆”与中央电视台“威力洗衣机”齐名荣获92年全国优秀电视广告印象奖一等奖。目前，三郎又最新引进了国际先进制作设备，转入350平米现代化办公环境，正全面开拓新的思路，全力为促进新疆广告业迅速发展作出新的贡献。

三郎的宗旨：洒我汗水，扬你美名

三郎的格言：共同努力，共求发展

奎屯市洁薇广告公司

地 址:奎屯市团结西路 22 号(奎屯市 19#)
邮 编:833200
电 话:0992—224181
负责人:陈洁薇
联系人:陈洁薇

突破 从这开始……

随着市场经济的深入,祖国的边塞城市发生了巨大的变化,奎屯市成为全国明星城市之一,为了更好地为奎屯的市场服务,让全国人民了解奎屯,让奎屯走向全国,洁薇广告公司应运而生。

从客户的最终广告效果出发,是洁薇广告人思维的起点;从客户在市场中的具体情况进行分析研究,在广告策划、设计、制作中,不断注入新鲜“血液”,勇于向新境界挑战,让大众“耳目一新”是洁薇广告人的“创意”追求;以“新、奇、特”独树一帜,是洁薇广告人赋有现代创新意识与进取精神,冲破旧俗观念与思维的束缚的“发布”标准。

洁薇广告人的承诺是“突破 从这开始……”

新疆铁路广告装潢总公司

地 址:乌鲁木齐市二宫北一路
邮 编:830011
电 话:路电:(0991)3835710—22289、20818
市电:(0991)3825710
负责人:康齐民
联系人:杨小炜

新疆铁路广告装潢总公司由新疆维吾尔自治区工商局、乌鲁木齐市工商局审批公告,享有广告设计制作、发布、代理权,系一家综合性广告公司。

新疆铁路广告装潢总公司隶属乌鲁木齐铁路局新闻中心。本公司是新疆铁路系统最大的广告装潢公司,具有较强的人才优势,创意策划水平,综合实力和信誉。

本公司致力于为各企业、单位提供以市场推广为目的的广告策划设计、制作、媒介选择和投放、市场调查、广告效果反馈等全面性的广告服务。承担各类室内外装饰装修工程及相应材料,另有激光照排、印刷业务。

新疆对外经济贸易广告公司

地 址:乌鲁木齐市团结路 11 号
邮 编:830001
电 话:265712 260399

新疆信息广告公司

地 址:乌鲁木齐市人民路 5 号
邮 编:830002
电 话:228059 225614

乌鲁木齐邮政广告公司

地 址:新疆乌鲁木齐市扬子江路 4 号
邮 编:830000
电 话:511318 514668 371188

乌鲁木齐普拉纳广告有限公司

地 址:新疆乌鲁木齐市友好南路 143 号
邮 编:830000
电 话:411230—3017、3019、3020

报纸类

新疆日报广告部

地 址:乌鲁木齐市扬子江路 1 号
邮 编:830051
电 话:(0991)5850783 5859793
传 真:5850783
负责人:刘晓凤

《新疆日报》是全国唯一一家用维吾尔文、汉文、哈萨克文、蒙古文四种文字出版的新疆维吾尔自治区机关党报。

《新疆日报》四开八版,全部使用激光照

排，面向全国发行，发行量20万份，居新疆报刊发行首位。1991年6月，《新疆日报》汉文版在建国以来首次举行的全国59家报纸印刷质量评比中，获全国报纸印刷质量第五名。1991年10月，《新疆日报》汉文版在全国30家省级(同一日期)编校质量评比中获第三名。1995年4月在新疆首届双十佳优秀报纸评比中荣获榜首。

《新疆日报》承揽国内外各类广告的创意、制作和发布，并代理各类广告，是国内外工商企业进行广告宣传的理想阵地。竭诚欢迎广大客户来我报办理广告业务。

乌鲁木齐晚报广告部

地　址:乌鲁木齐市青年路20号

邮　编:830002

电　话:(0991)2622837　2617010

传　真:(0991)2622837　2615552

负责人:任新光

联系人:周　莲

《乌鲁木齐晚报》是新疆发行量最大、读者范围最广的综合性地方报纸之一。她及时准确地报道国内外重大时事，反映乌鲁木齐发展、建设新成就，反映群众呼声，具有良好的声誉。

《乌鲁木齐晚报》信息量大，除党政社会要闻、新疆、乌鲁木齐、国内外经济、社会、文化、体育等新闻版外，还辟有:红山塔下、要闻集粹、市场经济、科星风采、法律咨询、女性、晚霞、校园风、体坛纵横、艺苑人物、周末大特写、问题与思考、文物考古等百余个深受读者欢迎的栏目。

乌鲁木齐广播电视报广告部

地　址:乌鲁木齐市新民路28号

邮　编:830002

电　话:2840887

传　真:2837834

负责人:孙庆东

联系人:孙庆东

《乌鲁木齐广播电视报》每周二出版，四开八版，双周十六版。主要介绍中央电视台一、二、三、四套节目预告、乌鲁木齐有线电视台节目预告及有线电视转播的各电视台节目预告和节目内容简介，以及国内外广播电视、电影动态、本地要闻，生活百科，热点追踪等栏目。集知识性、趣味性、可读性于一体，因而深受读者欢迎。目前已成为新疆较有影响的一个媒体。本报广告部承接发布国内外各类广告业务，在本报发布广告有保存期长、受众面广、效果好、价格低的特点，热诚欢迎委托发布或代理广告。

新疆昌吉报社广告部

地　址:新疆昌吉市延安中路59号

邮　编:831100

电　话:(0994)2343036

负责人:杨春辉

联系人:王新斌

《昌吉报》是中共昌吉回族自治州党委机关报，它以宣传党的方针政策，反映昌吉州改革开放新面貌为使命，报纸辐射昌吉州六县二市以及农六师各团场，是新疆有影响的一家综合性地州级报纸。

《昌吉报》创刊于1958年，已有36年历史。《昌吉报》刊登广告，迅速、及时、收效明显。《昌吉报》广告部以广交朋友，互通信息、为企业服务、为读者服务为宗旨，既重视经济效益，也重视社会效益，欢迎州、区及国内外工商企业、客商刊登各类广告。

新疆经济报社广告处

地　址:乌鲁木齐市人民路5号

邮　编:830002

电　话:228059　219827

伊犁日报社广告信息部

地　址:伊宁市阿合买提江街120号

邮　编:835000

电　话:(0999)23427　20945

石河子报社广告信息部

地　址:石河子市北三路科技大楼内

邮　编:832000

电　话:2013452(区号:0993)

广播电视类

新疆雪莲电视台广告部

地　址:新疆乌鲁木齐市团结路84号

邮　编:830001

电　话:2860449

电　报:6081

负责人:秦　玲

联系人:秦　玲

经营范围:

新疆电视台是全国唯一一家用汉、维、哈三种语言。五套节目(四频道维语,六频道汉语,八频道为文艺台,呼号为"雪莲电视台",十二频道哈语,卫星电视)同时播出的电视台,电视覆盖率达73%,上星节目通过"中星五号"全天16小时播出,覆盖全国及亚洲、太平洋地区。

雪莲电视台隶属新疆电视台,每逢节假日增加一次维语节目播出,其它时间均为汉语节目时间,每天播出电视剧、电影精品、文艺片集数最多,时间最长,深受各族观众欢迎。

朋友,欢迎您到新疆来作客,我们愿与您真诚合作!

新疆有线电视台广告部

地　址:乌鲁木齐市团结路84号

邮　编:830001

电　话:2870717

负责人:兰　天

联系人:赵　辉、景　湛

新疆有线电视台是全国唯一一家同时用维、汉、哈语三种语言、四套节目同时播出的省级有线电视台。它的电视信号传输是以美国MMDS多路微波系统与片区600兆邻频系统相结合的传输方式。具有抗干扰能力强,传输信号好等特点。电视覆盖半径以乌鲁木齐市为中心达80多公里,收视用户达到20万户。目前在乌鲁木齐地区,新疆有线电视台是唯一拥有中央4套加密频道转播权的有线电视台。

新疆有线电视台播出的影视节目及自办节目具有信息量大、播出时间长、收视率高等特点。广告播出时段均在黄金时间播出。广告价格收费合理,是产品推进新疆市场,走进千家万户的理想的广告宣传媒介。

新疆电视台广告部

地　址:乌鲁木齐市团结路84号

邮　编:830001

电　话:266932

乌鲁木齐电视台广告部

地　址:乌鲁木齐市红山路18号

邮　编:830002

电　话:222497

新疆人民广播电台广告信息部

地　址:乌鲁木齐市团结路84号

邮　编:830044

电　话:267584

乌鲁木齐人民广播电台广告部

地　址:乌鲁木齐市新民路36号

邮　编:830002

电　话:218849

香港地区广告单位选介

中国广告展览有限公司

CHINA RESOURCES ADVERTISING &EXHIBITION CO. ,LTD.

香港湾仔港湾道26号华润大厦高座40楼

40/F, HIGH BLOCK, CHINA RESOURCES BUILDING

26,HARBOUR ROAD,WANCHAI,H. K.

TEL:25938831. FAX:28275453

TELEX:76757 CRACL HX

经营范围:

* 提供全面性广告服务
* 开展全面性展览业务
* 承办国外商品来华广告业务
* 承办各种印刷业务

高强国际有限公司

香港九龙新界火炭坳背湾街

33—35号世纪工业中心9楼G室

电话:(852)2687 0266

传真:(852)2687 0260

"真诚、勤恳、敬业、创新"是高强始终如一的承诺。多年来,高强员工齐心协力,为客户创造了一次又一次的圆满,亦在自己的业绩上划上一个又一个的感叹号。

高强所进行的广告和推广,不仅仅是策划和制作,更把自己的诚恳溶入了工作之中。足迹踏遍大江南北、海内海外;高强从不奢望一步登天,唯有兢兢业业的,不遗余力,才能令自己的工作按时按质,功得圆满;高强更不会拘泥于一成不变,固步自封的俗套,往往在天马行空的思想中寻觅闪光的一刻,走进无限创意的境界。

高见当然独到处

强中更有强中手

高级客户总监:姜港威敬启

香港博思达市场拓展顾问公司

广州地址:广州市天河区横枝岗路39号5楼

邮编:510095

电话:(020)3319305

传真:(020)3319305

联系人:项军

香港联系人:方燕珊

电话:(852)28343616 传真:(852)28360527

博思堂于1982年在香港成立,94年在广州设立办事处,乃专业精英、崭新推广概念和技巧的完美组合。

多年来公司素质和信誉均不断提高,设计作品屡获殊荣,曾参与过不少著名商品之广告创作,业务遍及日本、美加等地,并设有分公司。

本公司首次组织数十家南韩企业参加《95广州博览会》并设立《大韩民国馆》,在国内引起了强烈的反响。

公司成员均拥有优良专业背景,经验与才华兼备,能充分发挥个别专长,使服务更臻完善。

业务范围:

市场策划、广告宣传、企业形象推广(公关)、展览、企业形象设计、标志、年报、产品包装、室内设计。

中国太阳神广告(香港)有限公司

地址:香港铜罗湾骆克道 491—499 号京都广场 21 楼 A 座
电话:(852)2572 1088
传真:(852)2575 6089
广州办事处:天河体育东路 58 号 303
邮编:510620
电话:7598741
传真:7598759

本公司是香港上市公司——中国太阳神集团有限公司之全资附属机构,致力拓展中国大陆、香港及东南亚等地区的市场,提供全面的市场策划及广告推广服务。我们一方面协助国内企业迈向国外市场,一方面利用集团遍布中国各地之营销网络,引导境外客户步入中国市场。

我们罗致业内专才,辅之以先进的设施和科学的管理,为客户提供以下服务:中、港及海外媒介企划、代理;市场顾问及整体广告策划;广告创意设计及影视制作;市场资讯及专项研究;公关统筹顾问等。

好伙伴广告事务有限公司

地址:香港湾仔湾仔道 101—103 号
明德商业大厦四字楼
电话:(852)2838 6322
传真:(852)2834 8020
电脑电话:(852)2575 6609
总经理:严启明
主要客户:香港上海汇丰银行、鹰星保险、迪吉多电脑、健辉基金、香港贸易发展局、美联物业、环美家具等。
增资营业额:约 1 亿港元(1995 年)
公司概况:

于上海、广州、深圳、新加坡、泰国等地均有联营公司,全面为国内外客户提供国际高水平的广告设计,包括电视、电台、报章、杂志、户外广告、市场策略、公司形象、直销推广、包装璜饰等。

本公司为香港著名独立广告公司之一。并以独特的 TQM 管理方式,赢得众多实力雄厚、要求严格的大商行为客户。香港的联营公司包括一小时交件的柯式印刷店“印即妥数码彩印有限公司”及专营市务促销的“EMCL 有限公司”。

合作呼吁:

欢迎国内单位洽商在港设计广告,国内播放或合作经营管理国内广告单位。

美加设计有限公司

地址:香港湾仔轩尼诗道三 0 八号
集成中心一一 0 六至八室
电话:(852)2892 0018
传真:(852)2572 2148
负责人:谭镇邦
联络人:张婉华
业务范围:

香港著名设计师谭镇邦先生十六年前创立本公司,提供全面的先进设计及业务推广策划。

曾获奖誉的美加徽号『孙悟空』,标志着灵活善变,本领高强。优质服务对市场策略兼顾周全,设计别开生面而精确,更讲求经济效益;历年来备受客户的口碑及各界人士的好评。

美加的客户包括香港立法局、市政局、香港电话公司、恒生银行、兰克施乐、迪吉多电脑、拜高药厂、加德士石油公司、香港科学馆、太空馆、历史博物馆、自然科学馆及酒店(台湾)。历年来为国际电影节、亚洲艺术节、香港大会堂三十周年、红磡体育馆十周年、香港大球场进行形象识别设计。至于统筹大型活动亦经验丰富,如第八届国际潮团联谊年会、爱新觉罗氏书画展等。

美加设计屡获殊荣,包括香港市政局室内展览设计大奖,以及多项香港设计师协会、包装、刊物、商标及产品设计金、银、铜奖。

JT 广告公司

地址:香港九龙水渠道 36 号
　　东乐大厦 11 字楼 D 座

经营范围:

胶片制品工程
金属字、丝印
会场布景制作
金属玻璃蚀刻

新中国新闻有限公司

香港湾仔云西街五号
5, SHARP STREET, WEST, WANCHAI, HONG KONG.
TEL:(852)28313510 28313565
FAX:(852)28381177 28345114
负责人:何梅荣

新中国新闻有限公司于 1979 年在香港正式注册成立。它是中国新华通讯社新闻和图片在港、澳及东南亚地区的独家代理机构,向各新闻媒介、金融公司、商贸机构、各国驻香港的外交使团和办事处等提供新华社对外播发的中、英文新闻、"中国经济信息"以及传真照片、彩色及黑白新闻和风光照片。

新中国新闻有限公司作为新华通讯社总社设在香港的对外交流与合作的窗口公司。它拥有新华社国内外庞大的信息网络和先进的通讯传输手段,能及时、准确、充分提供中国国内及世界各地发生之重大事件和消息,尤其以中国新闻更具权威性。现每天通过专线向港、澳、台及新加坡等地 130 多家的用户传送各类新闻和图片。经过十多年的经营和发展,公司业务有了较为坚实的基础,已形成一个较完整的销售服务渠道。

新中国新闻有限公司的业务还包括:出版发行、广告、贸易咨询、翻译、剪报等。其中翻译和剪报是公司近年来开发起来的专项服务,可为客户提供各种文字翻译、有关中国内地各省、市、县近千份报纸和刊物的新闻剪报。这项服务已受到客户的欢迎,并享有较高的信誉。

新中国新闻有限公司目前出版发行以下刊物:《了望》(中文版)、《中国年鉴》(中、英文版)、《中国政府机构及官员名录》(英文版)、《世界新闻出版大典》(中文版)、《港澳台工商企业指南》(中文版)、《新华社英文每日电讯》。

本公司竭诚为同仁及各界人士
提供上述新闻服务。

名 词 注 释

〔**商业广告**〕 指商品经营者或者服务提供者承担费用，通过一定媒介和形式直接或者间接地介绍自己所推销的商品或者所提供的服务的广告。

商业广告的主要特点是，广告主承担广告所需费用，广告的目的是介绍广告主自己所推销的商品或者所提供的服务。广告的内容主要是宣传商品或服务、宣传广告主的信誉和形象、扩大知名度等内容。商业广告形式可以分为直接和间接两种。

直接形式是：1. 直接介绍产品和服务；2. 表达在开展经营活动中所需要的某种要求，包括提供某种产品、某种服务等。

间接形式有以下几种类型：1. 在各类广告媒体发布公益广告时，以赞助方式署名取得广告效益；2. 通过新闻媒体，以新闻报道形式（包括其他非广告信息）取得广告效益；3. 通过评比、评奖、推荐等活动，由活动的组织者发布信息，取得广告效益；4. 通过电影、电视片等艺术表现中穿插某些特定的镜头、场面、台词等，取得广告效益。

以新闻报道形式介绍企业的产品或服务，这种广告宣传是《广告法》有关规定中坚决禁止的。

〔**广告主**〕 指为推销商品或者提供服务，自行或者委托他人设计、制作、发布广告的法人，其他经济组织或者个人。

法人包括企业法人、事业单位法人、社会团体法人。经济组织是指不具备法人资格，但依法可以从事商品经营或者提供服务的社会组织。个人是指依法能够从事商品经营或者提供服务的自然人。

〔**广告经营者**〕 指受委托提供广告设计、制作、代理服务的法人，其他经济组织或者个人。如：各类广告公司和兼营广告业务的企业。

广告经营者是接受广告主、广告发布者委托提供广告服务的中介者。这里法人包括企业法人、实行企业化经营的事业单位法人、从事盈利性活动的社会团体法人。其他经济组织是指不具备法人资格，但依法可以从事盈利性活动的社会组织。个人是指依法从事经营活动的自然人，如个体工商户。

〔**广告发布者**〕 指为广告主或者广告主委托的广告经营者发布广告的法人或者其他经济组织。如：电视台、广播电台、报社、杂志社等。

法人包括企业法人、实行企业化经营的事业单位，从事盈利性活动的社会团体法人。

某些广告经营者，利用自有媒介（路牌、灯箱、印刷品等）从事广告发布业务时，依法承担与广告发布者相应的法律义务和责任。

〔**广告活动**〕 指广告主、广告经营者、广告发布者发挥各自职能，为达到向社会公众及用户介绍广告主的产品或服务的目的，对广告进行设计、制作、发布过程中所产生的各种行为。

广告主、广告经营者、广告发布者之间，在广告活动中应当依法订立书面合同，明确各方的权力和义务。广告活动必须遵守国家法律、法规规定，遵循平等、自愿、等价、有偿原则，禁止任何形式的垄断和不正当竞争行为。

〔**特殊商品的广告审查**〕　指根据《广告法》的有关规定，对一些与人民群众生活、工农业生产安全关系密切的商品广告，实行发布前审查制度。

我国目前列为发布前要进行特殊审查的商品广告有四类，即药品、医疗器械、农药、兽药广告。这四类商品的广告审查机关是与这些商品有关的行政主管部门，如药品广告审查的行政主管部门是卫生部。农药、兽药广告审查的行政主管部门是农业部。医疗器械广告审查的行政主管部门是国家医药管理局。

特殊商品广告的审查要依据特殊商品广告的审查标准和审查程序进行。

国家工商行政管理局发布的《农药广告审查标准》、《医疗器械广告审查标准》、《药品广告审查标准》、《兽药广告审查标准》，是有关广告审查机关对广告内容是否真实、合法进行审查的依据。这四类商品广告，不仅要遵守《广告法》有关规定，同时必须符合广告审查标准。违反这四种审查标准的特殊商品广告，广告经营者不得设计、制作，广告发布者不得发布。

国家工商行政管理局分别与卫生部、农业部、国家医药管理局联合发布的《药品广告审查办法》、《农药广告审查办法》、《兽药广告审查办法》、《医疗器械广告审查办法》，是有关广告主、广告经营者申请发布广告及广告审查机构审查广告的依据。

广告主、广告经营者要根据有关特殊商品审查办法的规定，向审查机构提交相应的证明文件和广告样件；广告审查机构核实有关证明文件依据有关广告审查标准对广告内容进行审查。

〔**广告准则**〕　是对广告内容及表现形式做出的规范化要求。广告的语言文字、创意构思、画面形象等都必须符合广告准则。广告准则也是广告是否合法的法律标准。

为保证广告内容符合广告准则的要求，广告主、广告经营者、广告发布者在广告活动中都应认真履行好各自的职责。广告主必须保证广告所宣传的产品或服务与事实相符，所出具的有关证明文件必须真实、合法；广告经营者在承接广告设计、制作业务时要严格按照广告准则的要求，并认真核查广告主所提供的各种广告内容的证明材料，力争把违法广告制止在设计、制作之前；广告发布者要仔细查验有关证明材料，核实广告内容，对与广告准则相抵触的广告，不予发布。

〔**虚假广告**〕　指广告内容不真实的广告，即广告所宣传、介绍的商品、服务等与客观事实不符或不完全相符。

虚假广告可分为下列几种情况：1. 欺诈性虚假广告，指采用虚构、编造事实或歪曲隐瞒事实真相的办法来推销、介绍产品或服务；2. 吹嘘夸大性虚假广告，指滥用各种溢美不实之词，对商品或服务进行过度、过誉宣传；3. 假冒伪称性虚假广告，指假冒他人产品、科技成果、荣誉或假借他人名义推荐、赞扬自己产品的广告。

《广告法》规定，利用广告对商品或者服务作虚假宣传的，由广告监督管理机关责令广告停止发布、在相应范围内公开更正消除影响，并处以等额广告费用一倍以上五倍以下的罚款；对负有责任的广告经营者、广告发布者没收广告费用，并处广告费用一倍以上五倍以下的罚款；情节严重的，依法停止其广告业务。构成犯罪的，依法追究刑事责任。发布虚假广告，欺骗和误导消费者，使购买商品或者接受服务的消费者的合法权益受到损害的，由广告主依法承担民事责任；广告经营者、广告发布者明知或者应知广告虚假，仍设计、制作、发布的，应当依法承担连带责任。广告经营者、广告发布者不能提供广告主的真实名称、地址的，应当承担全部民事责任。社会团体或者其他组织，在虚假广告中向消费者推荐商品或者服务，使消费者的合法权益受到损害的，应当依法承担连带责任。

〔**农药广告**〕　指利用各种媒介或形式发布关于防治农、林、牧业病、虫、草、鼠害和其他有害生物(包括病媒害虫)以及调节植物、昆虫成长的药物广告。

农药广告属特殊商品广告，经国务院农业行政主管部门和省、自治区、直辖市农业行政主管部门审查批准，并取得农药广告审查批准文号后，方可发布。

未经国家批准登记的农药不得发布广告。农药广告内容应当与《农药登记证》和《农药登记公告》的内容相符，不得任意扩大范围。农药广告不得含有不科学地表示功效的断言或者保证；不得贬低同类产品，不得与其他农药进行功效和安全性对比；不得含有有效率及获奖的内容；不得含有农药科研、植保单位、学术机构或者专家、用户的名义、形象作证明的内容；不得使用直接或者暗示的方法，以及模棱两可、言过其实的用语，使人在产品的安全性、适用性或者政府批准等方面产生错觉；不得滥用未经国家认可的研究成果或者不科学的词句、术语；不得含有“无效退款”、“保险公司保险”等承诺；不得出现违反农药安全使用规定的用语、画面。

〔**药品广告**〕　指利用各种媒介或形式发布关于预防、治疗、诊断人的疾病，有目的调节人的生理机能的药物广告。

药品广告属特殊商品广告，经国务院卫生行政部门和省、自治区、直辖市卫生行政部门审查批准，并取得药品广告审查批准文号后，方可发布。

药品广告内容应当以国务院卫生行政部门或者省、自治区、直辖市卫生行政部门批准的说明书为准，不得任意扩大范围。药品广告不得含有不科学地表示功效的断言或者保证；不得贬低同类产品，不得与其他药品进行功效和安全性对比，不得进行药品使用前后的比较；不得含有“最新技术”、“最高科技”、“最先进制法”、“药之王”、“国家级新药”等绝对化的语言和表示；不得含有违反科学规律，明示或者暗示包治百病，适合所有症状等内容；不得含有治愈率、有效率及获奖的内容；不得含有利用医药科研单位、学术机构、医疗机构或者专家、医生、患者的名义，形象作证明的内容；不得使用儿童的名义和形象，不得以儿童为广告诉求对象；不得含有直接显示疾病症状、病理和医疗诊断的画面，不得令人感到已患某种疾病，不得使人误解不使用该药品会患某种疾病或者加重病情，不得直接或者间接怂恿任意、过量使用药品；不得含有“无效退款”、“保险公司保险”等承诺；不得声称或者暗示服用该药能应付现代紧张生活需要，标明或者暗示能增强性功能。

〔**医疗器械广告**〕　指利用各种媒介或者形式发布有关用于人体疾病诊断、治疗、预防、调节人体生理功能或者替代人体器官的仪器、设备、器械、装置、器具、植入物、材料及其它相关物品的广告。

医疗器械广告属特殊商品广告，经国家医药管理局和省、自治区、直辖市医药管理局或者同级医疗器械行政监督管理部门审查批准，并取得医疗器械广告审查批准文号后，方可发布。

医疗器械广告不得含有表示功效的断言或者保证；不得贬低同类产品，不得与其它医疗器械进行功效和安全性对比；不得含有“最高技术”、“最先进科学”等绝对化语言和表示；不得含有治愈率、有效率及获奖的内容；不得含有利用医疗科研单位、学术机构、医疗机构或者专家、医生、患者的名义、形象作证明的内容；不得含有直接显示疾病症状和病理的画面；不得令人感到已患某种疾病；不得使人误解不使用该医疗器械会患某种疾病或者加重病情；不得含有“无效退款”、“保险公司保险”等承诺；不得利用消费者缺乏医疗器械专业、技术知识和经验的弱点，以专业术语或者无法证实的演示误导消费者。

〔**兽药广告**〕　指利用各种媒介或者形式发布用于预防、治疗、诊断畜禽等动物疾病，有目的地调节其生理机能并规定作用、用途、用法、用量的物质(含饲料药物添加剂)的广告。

兽药广告属特殊商品广告,须经国务院农牧行政管理机关和省、自治区、直辖市农牧行政管理机关审查批准,取得兽药广告文号后,方可发布。

兽药广告不得含有不科学地表示功效的断言或者保证,如“疗效最佳”、“药到病除”、“根治”、“安全预防”、“完全无副作用”;不得贬低同类产品,不得与其他兽药进行功效和安全性对比;不得含有“最高技术”、“最高科学”、“最进步制法”、“包治百病”等绝对化的表示;不得含有治愈率、有效率及获奖的内容;不得利用兽医医疗、科研单位、学术机构或者专家、兽医、用户的名义、形象作证明的内容;不得含有直接显示疾病症状和病理的画面,也不得含有“无效退款”、“保险公司保险”等承诺;广告中兽药的使用范围不得超出国家兽药标准的规定,不得出现违反兽药安全使用规定的用语和画面。

〔**临时性广告经营**〕 是指体育比赛(表演)、文艺演出、展览(销)会、博览会、交易会、影视片制作及评选、推荐、纪念庆典等活动的主办单位,面向社会筹集资金,并在活动中为出资者提供一定广告服务的经营行为。该类活动必须由主办单位委托的广告经营者承办;经省级及省级以上广告监督管理机关批准,也可以成立临时性广告经营机构自行承办。承办单位应向工商行政管理机关提出申请,工商行政管理机关对其经营活动的时间、地点、形式和内容等方面进行审查后,决定批准或不批准。经工商行政管理机关审查,符合临时性广告经营条件的发给《临时性广告经营许可证》后,方可从事临时性广告经营活动。

〔**烟草广告**〕 指烟草的生产者和经销者承担费用,通过各种媒介和形式,直接或者间接地宣传烟草产品名称、商标,以及其它与烟草有内在联系的特定事项,以扩大烟草在社会公众中的影响,促进其销售的行为。烟草广告包括直接在广告中出现烟草产品名称、商标、包装等,也包括在广告的语言、画面,背景等处隐含或者显示出来,或者是属于已有特定含义的烟草广告创意和表现,还包括烟草生产、销售者的企业形象。《广告法》第十八条规定:禁止利用广播、电影、电视、报纸、期刊发布烟草广告。禁止在各类等候室、影剧院、会议厅堂、体育比赛场馆等公共场所设置烟草广告。烟草广告中必须标明“吸烟有害健康”。

〔**广告合同**〕 是指广告主、广告经营者、广告发布者在设计、制作、代理、发布等广告活动中,为明确相互权利、义务而订立的协议。广告合同是经济合同,应该具备经济合同的一般条款。广告公司主要有:1. 广告发布业务合同,2. 广告加工制作合同,3. 广告代理合同,4. 广告市场调查合同。有时,当事人也将上述几种合同合并为综合的广告服务合同。《广告法》第二十条规定:广告主、广告经营者、广告发布者之间在广告活动中应当依法订立书面合同,明确各方的权利和义务。

〔**广告证明**〕 是用来表明广告主的主体资格是否合格和广告内容是否真实、合法的文件、证件、资料等。根据《广告法》的规定,广告主自行或者委托他人设计、制作、发布广告,应当具有或者提供真实、合法、有效的证明文件:(一)营业执照以及其他生产、经营资格的证明文件;(二)质量检验机构对广告中有关商品质量内容出具的证明文件;(三)确认广告内容真实性的其他证明文件。发布药品、医疗器械、农药、兽药广告,还应当提交有关行政主管部门的审查批准文件。广告经营者、广告发布者在提供广告服务时,必须查验有关证明文件,对证明文件不全的广告,不得提供设计、制作、代理、发布服务。广告证明文件不得伪造、涂改、转让,广告主提供虚假证明文件的,由广告监督管理机关处以一万元以上十万元以下的罚款。伪造、变造或者转让广告审查决定文件的,由广告监督管理机关没收违法所得,并处一万元以上十万元以下的罚款。构成犯罪的,依法追究刑事责任。广告证明制度是保证广告内容真实、合法的重要法律制度。

〔**广告审核**〕 是广告经营者、广告发布者在承办广告业务中，依法审查、核实广告内容，以保证广告内容真实、合法的行为。广告审核是广告经营者、广告发布者的权利，也是依法履行的义务。对于经审核发现的不符合法律、法规和有关规定的广告内容，广告经营者、广告发布者有权拒绝或提出修改。《广告法》第二十七条规定：广告经营者、广告发布者依据法律、行政法规查验有关证明文件，核实广告内容。对内容不实或者证明不全的广告，广告经营者不得提供设计、制作、代理服务，广告发布者不得发布。广告经营者、广告发布者要按照国家有关规定，建立、健全广告业务的审核制度，有熟悉广告法规的管理人员和编审人员。未查验证明，核实广告内容的，视其情节予以通报批评、没收非法所得，处三千元以下罚款；由此造成虚假广告的，必须负责发布更正广告，给用户和消费者造成损害的，负连带赔偿责任。

〔**广告收费**〕 是指广告经营者、广告发布者因提供广告设计、制作、发布、代理等广告服务而收取费用的行为。广告收费是一种经营性收费，费用流向是由广告主到提供广告服务的广告经营者和广告发布者。广告收费由收费标准和收费方法构成。收费标准是指广告服务费用价格，收费办法是指费用的支付方式和方法，如即时清结、一次付清、分期付款、优惠政策等。在广告收费标准中，广告代理费标准由国家统一规定，目前国内的10%，外商的15%。其他收费标准采用国家宏观调控指导下的市场价格机制，国家实行必要干预。《广告法》第二十九条规定：广告收费应当合理、公开，收费标准和收费办法应当向物价和工商行政管理部门备案。广告经营者、广告发布者应当公布其收费标准和收费办法。不得在广告收费上进行垄断和不正当竞争。

〔**广告法律责任**〕 指广告主、广告经营者、广告发布者以及广告审查机关、广告监督管理机关工作人员因实施广告违法行为而受到的制裁，包括行政法律责任、民事法律责任、刑事法律责任。广告违法行为的行政法律责任方式有：责令停止发布广告，公开更正，没收广告费用，没收违法所得，罚款，停止广告业务。《广告法》重点规定了发布虚假广告应承担的法律责任，除行政法律责任外，民事责任主要由广告主承担，广告经营者、广告发布者明知或应知广告虚假仍设计、制作、发布的，依法承担连带责任。广告经营者、广告发布者不能提供广告主真实名称、地址的，应当承担全部民事责任。社会团体或者组织在虚假广告中向消费者推荐产品或者服务，使消费者的合法权益受到损害的，应当依法承担连带责任。发布虚假广告，构成犯罪的，依法追究刑事责任。《广告法》还规定，广告审查机关对违法的广告内容作出审查批准决定的，对直接负责的主管人员和其他直接责任人员，由其所在单位、上级机关、行政监察部门依法给予行政处分，广告监督管理机关和广告审查机关工作人员玩忽职守、滥用职权、徇私舞弊的，给予行政处分。构成犯罪的，依法追究刑事责任。

广告经营单位名录索引

北京市

公司类

报纸类

广播电视类

杂志类

天 津 市

公司类

报纸类

广播电视类

杂志类

河 北 省

公司类

报纸类

广播电视类

杂志类

山 西 省

公司类

报纸类

广播电视类

内 蒙 古

公司类

报纸类

广播电视类

辽 宁 省

公司类

报纸类

广播电视类

吉 林 省

公司类

报纸类

广播电视类

杂志类

黑 龙 江 省

公司类

报纸类

广播电视类

杂志类

上　海　市

公司类

报纸类

广播电视类

杂志类

江 苏 省

公司类

报纸类

广播电视类

杂志类

浙 江 省

公司类

报纸类

广播电视类

安 徽 省

公司类

报纸类

广播电视类

福 建 省

公司类

报纸类

广播电视类

江 西 省

公司类

报纸类

广播电视类

山 东 省

公司类

报纸类

广播电视类

杂志类

河 南 省

公司类

报纸类

广播电视类

杂志类

湖 北 省

公司类

报纸类

广播电视类

湖 南 省

公司类

报纸类

广播电视类

杂志类

广　东　省

公司类

报纸类

广播电视类

杂志类

广西壮族自治区

公司类

报纸类

广播电视类

杂志类

海 南 省

公司类

报纸类

广播电视类

四 川 省

公司类

报纸类

广播电视类

杂志类

贵 州 省

公司类

报纸类

广播电视类

云　南　省

公司类

报纸类

广播电视类

杂志类

陕　西　省

公司类

报纸类

广播电视类

杂志类

甘肃省

公司类

报纸类

广播电视类

杂志类

青海省

公司类

报纸类

广播电视类

宁夏回族自治区

公司类

报纸类

广播电视类

杂志类

新疆维吾尔自治区

公司类

报纸类

广播电视类

香港地区

公司类

广告刊户索引

《中国广告年鉴》刊例

《中国广告年鉴》是在国家工商行政管理局指导下，由中国广告协会、中国对外经济贸易广告协会、中国广告联合总公司和新华出版社联合编辑出版的一部大型资料工具书、从1994年开始每年出版一册。

1988年《中国广告年鉴》创刊以来，得到国内外广告界朋友的大力支持，在此我们表示谢意。《年鉴》被国内外广告界广泛认为是介绍中国广告情况、研究中国广告问题的权威性刊物，其主要内容有党和国家领导人对广告工作的指示、讲话，我国现代广告事业概况，广告业改革动向，广告法规、条例、方针、政策、广告媒介、广告专业教育，大事纪，国际广告交流活动，重要的广告论述，中国广告协会组织机构，广告经营、兼营单位介绍，广告工作经验交流，广告刊户呼声，广告书目、报刊文章和广告专业名词注释等等。

本书这16开，精、平装本，约100万字，100余幅彩图，拟于1996年底出版。由于改革开放、广告业发展很快，变化较大，新的经营单位、制作单位增加很多，本书将开辟新的广告版面，尽量给予介绍，对于有声望的广告经营单位，我们将给以大力宣传；同时诚挚希望广告界的朋友们协助我们征集工商企业彩色广告（每幅6000元）。

热忱欢迎广告界朋友投稿（包括广告论文等）。

广告价格：

中国广告年鉴 （版面刊例）			
位置	广　告	面　积	人民币
内页	全版彩色	255×185mm	￥5000
	全版黑白	112.5×185mm	￥3000
	半版黑白	112.5×185mm	￥1500
	封二、扉页、封三价格另议		

刊登彩色广告赠书两本，刊登文字小广告赠书一本。

刊户广告费一律预收

刊费请汇至：中国广告联合总公司

开户行：中国工商银行北京营业部

帐号：33—046038—70

认刊表、稿件请寄送：《中国广告年鉴》编辑部

《中国广告年鉴》编辑部地址：北京宣武门西大街57号新华通讯社

中国广告联合总公司《中国广告年鉴》编辑部

邮政编码：100803　**电话**（010）63072159 63074320　　**联系人：柏群 张志伟**

广告经（兼）营单位认刊表

<table>
<tr><td>全　称</td><td colspan="4"></td></tr>
<tr><td>地　址</td><td colspan="2"></td><td>邮　编</td><td></td></tr>
<tr><td>电　话</td><td colspan="2"></td><td>电　报</td><td></td></tr>
<tr><td>负责人</td><td></td><td>联系人</td><td colspan="2"></td></tr>
<tr><td colspan="5">广告内容：

（可另附纸）</td></tr>
</table>

《中国广告年鉴》认刊回执

<table>
<tr><td>刊户名称</td><td colspan="2"></td><td>负责人</td><td colspan="2"></td></tr>
<tr><td>地　址</td><td colspan="2"></td><td>电话</td><td></td><td>邮编</td></tr>
<tr><td>开户银行帐号</td><td colspan="5"></td></tr>
<tr><td>刊登类别</td><td colspan="5">□彩色广告　□黑白广告　□文字广告</td></tr>
<tr><td>刊　费</td><td colspan="2"></td><td>汇款时间</td><td colspan="2"></td></tr>
<tr><td>付款方式</td><td>转帐　托收　邮汇</td><td colspan="4" rowspan="2">刊户单位
公　章</td></tr>
<tr><td>刊户经办人</td><td></td></tr>
</table>

一九九六年五月八日零时（北京时间）
北京本地网电话号码由七位升至八位

升位办法
在原七位电话号码的首位前加“6”
原八位电话号码不变

中国邮电电信总局
北京市电信管理局

CHINA DAILY
China grants 50%
income tax cut
for foreign firms
中國日報

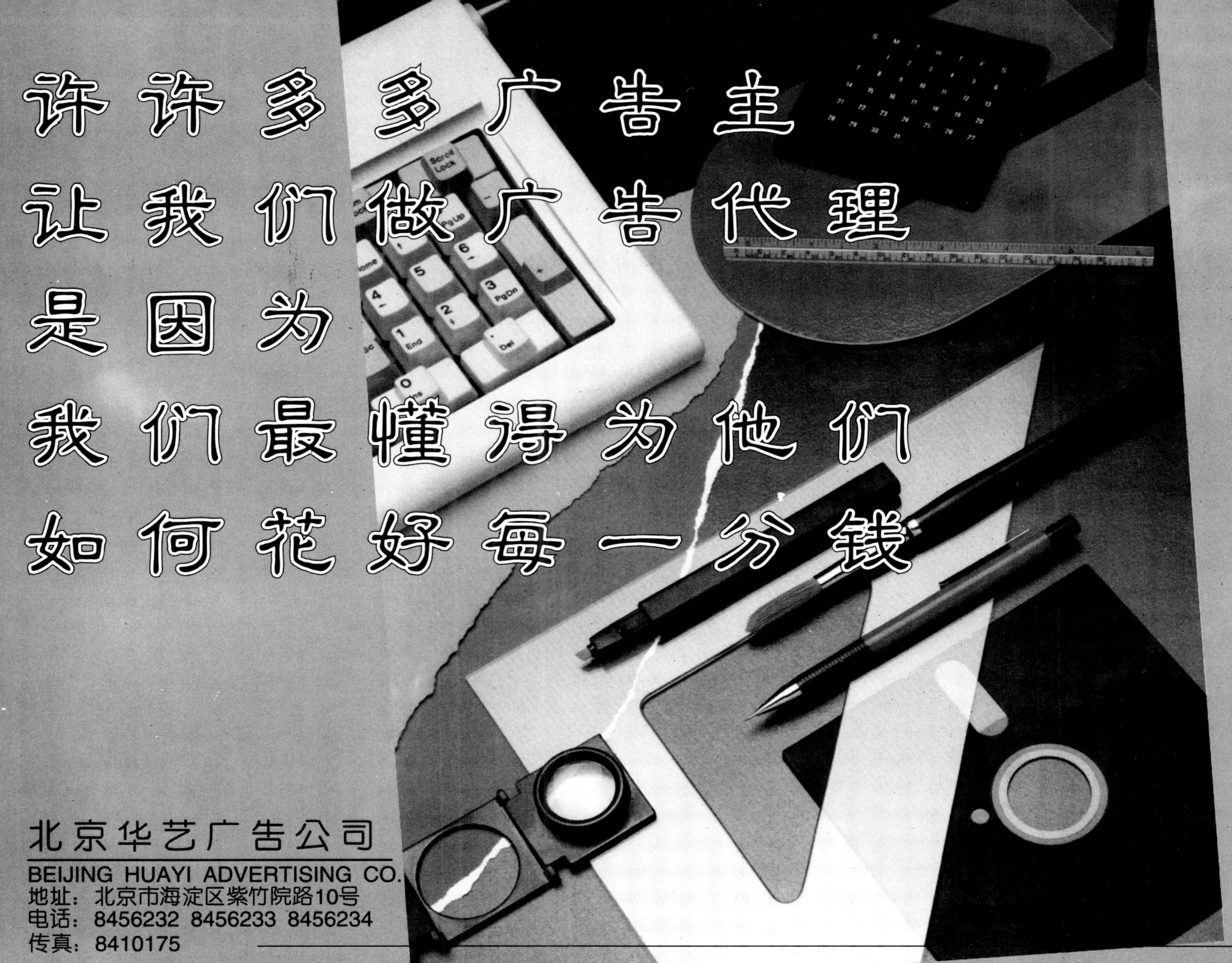
许许多多广告主
让我们做广告代理
是因为
我们最懂得为他们
如何花好每一分钱
北京华艺广告公司
BEIJING HUAYI ADVERTISING CO.
地址：北京市海淀区紫竹院路10号
电话：8456232 8456233 8456234
传真：8410175

深圳市旅游广告有限公司
地址：深圳市乐园路12号旅贸大厦四楼
电话：2177290　2204932　2204931　2177289
传真：2177291　电挂：3792　邮编：518001
我们不断否定自己，于是我们不断前行！

厦门电视台简介

厦门电视台座落于风光秀丽、碧海环绕、青山叠翠的厦门岛市中心，它背靠闽南大陆的漳州市和泉州市，与一水之隔的台湾岛遥遥相望。

厦门电视台始建于1978年11月22日，1982年10月9日经中央批准正式播出，目前厦门电视台有员工二百多名，属副省级电视台，摄、编、播设备已达到中上水平。由厦门电视台摄制的电视剧、专题片连续几年获国家、省市评比的一、二、三等奖，广告片亦多次获国家一、二、三等奖。

厦门电视台现有两套节目，厦视一套每天播出13小时，厦视二套每天播出6小时，覆盖面可达整个闽南金三角(厦、漳、泉)拥有近500万的观众，两套节目每天新闻、社教、经济、文艺等自办栏目时间合计达2个半小时，赢得社会各界的好评。

厦门电视台广告部是中广协会员，广协电视委员会理事，主管厦门电视台两套节目的广告审核、播放及代理。在广告合同管理及广告编播管理方面，我们已采用先进的电脑管理，确保了广告合同的准时播出，并于95年初开始为广告客户提供详细周全的广告播出监看报告及录相，真诚服务，精益求精是我们的宗旨，欢迎各地广告公司及客户与我们建立长期良好的合作关系。

厦门电视台广告部

负责人:刘晓光　联系人:蔡弘　朱华夏

地址:厦门市虎园路9号　邮编:361003

电话:(0592)2023896　2034077　**传真:**(0592)2070727

青海日报简介

《青海日报》是中共青海省委机关报，对开四版，星期五为八版，是青海省唯一的综合性大报，创刊于 1949 年 10 月 20 日，面向国内外公开发行。

《青海日报》主要专栏有：《读者来信》、《经济纵横》、《财贸苑》、《科技潮》、《农牧天地》、《教育方圆》、《人与法》、《卫生大观》、《学习周刊》、《河湟涛声》、《文化园地》、《江河源》、《环球大观》、《周末版》。

国内外发行统一刊号：CN63—0001
邮发代号：55—1；全国各地邮局(所)发行
国外发行代号：D1226；
中国国际图书贸易总公司总代理
每月定价 7.00，每季 21.00，
全年 84.00 元；零售价每份 0.20 元(周末版 0.40 元)

青海日报广告发行处

青海日报广告发行处是青海省最大的一家报纸广告经营单位。

主要代理省内外报纸、广播、电视、杂志等广告业务；策划、创意、设计和发布报纸广告。

青海日报广告发行处下设三部三室：广告接待室、创意策划部、对外联络部、发行部、财务室、电脑室。

广告收费：1 栏 1 厘米 90 元；4 栏 10 厘米 3600 元；8 栏 10 厘米 7200 元；半版，18000 元；整版，36000 元；报眼，8000 元；外商广告 1 栏 1 厘米 25 美元；中外合资企业加收 20%；套红一次加收 30%。

青海日报广告发行处

地址：青海省西宁市七一路 211 号　电话：(0971)6130830、6145358 或 6145961 转 589　590　593　594　596　599 电挂：3189 传真：(0971)6145358 邮编：810000 开户银行：工商银行西宁市支行城中办帐号：3122210036594　户名：青海日报社

廣告黄金地帶　盡在深圳口岸

深圳经济特区与香港交界的一线，分布有罗湖、皇岗、文锦渡、沙头角等四个陆路口岸，年出入境：旅客高达五千余万人次；车辆八百余万辆次，分别是全国的56%和80%。而在二线与内地相连的有：南头、布吉、沙湾、白芒、盐田、背仔角、同乐等联检站，年出入特区人数高达2亿人次。

深圳特区各口岸、联检站是进出特区的必经之路，位置特殊，人流量大，车流集中，广告的影响及辐射面广，是进行广告宣传的黄金地带。

深圳市口岸广告公司独家经营深圳各口岸、联检站的广告业务，我公司已开发的媒体有：室内灯箱1000余平方米，电脑喷绘户外高级路牌7000余平方米，并承接广告的设计与制作业务，代理外商来华广告业务，是深圳市拥有广告资源最丰富，营业收入最高的广告公司。

深圳市口岸广告公司

法人代表：石淦平　地　址：深圳市罗湖口岸交通楼七楼

负责人：庄少双　邮　编：518001　传　真：2324920

联系人：孔耀森　电　话：2324920　2321525　电报：2628

星光集
星光
制作霓虹灯
星光集团
TCL优质电话机
GOOD YEAR
固特异轮胎
北京饱乐
Le Brasserie
CHINA EXPRESS
JIN LANG HOTEL
金朗大酒店
热线
星光集团
24小时维修服务
请拔：(010)9261184　(010)7785467　(010)7095139
制灯车间

团霓虹灯工程部

工程简例

北辰集团四字一徽	北京亚运村
北京王府井全聚德烤鸭店	北京王府井大街
双龙戏珠	北京四环路
转塔霓虹灯	大连开发区
北京国际会议中心	北京亚运村
美国10810直拨电话	北京复兴门外
TCL优质电话	北京建外大街
固特异轮胎	北京建外大街
中国国际贸易中心	北京建外大街
蓝岛大厦	北京朝阳区东大先街
东方饭店	北京万明路
华都饭店	北京亮马桥
和平宾馆	北京金鱼胡同
国际大厦	北京建外大街
金朗大酒店	北京崇文门
前门全聚德烤鸭店	北京前门大街
康佳电子	北京建外大街
赛特大厦	北京建外大街
中苑宾馆	北京西直门大街
珠海丽珠	北京西直门桥
露露公司	承德市
北京空港工业开发区	首都机场

(010) 5125566呼2072
(010) 2568800呼6011
(010) 8348899呼7047
(010) 4993399呼6014

霓虹灯材料

获奖奖杯

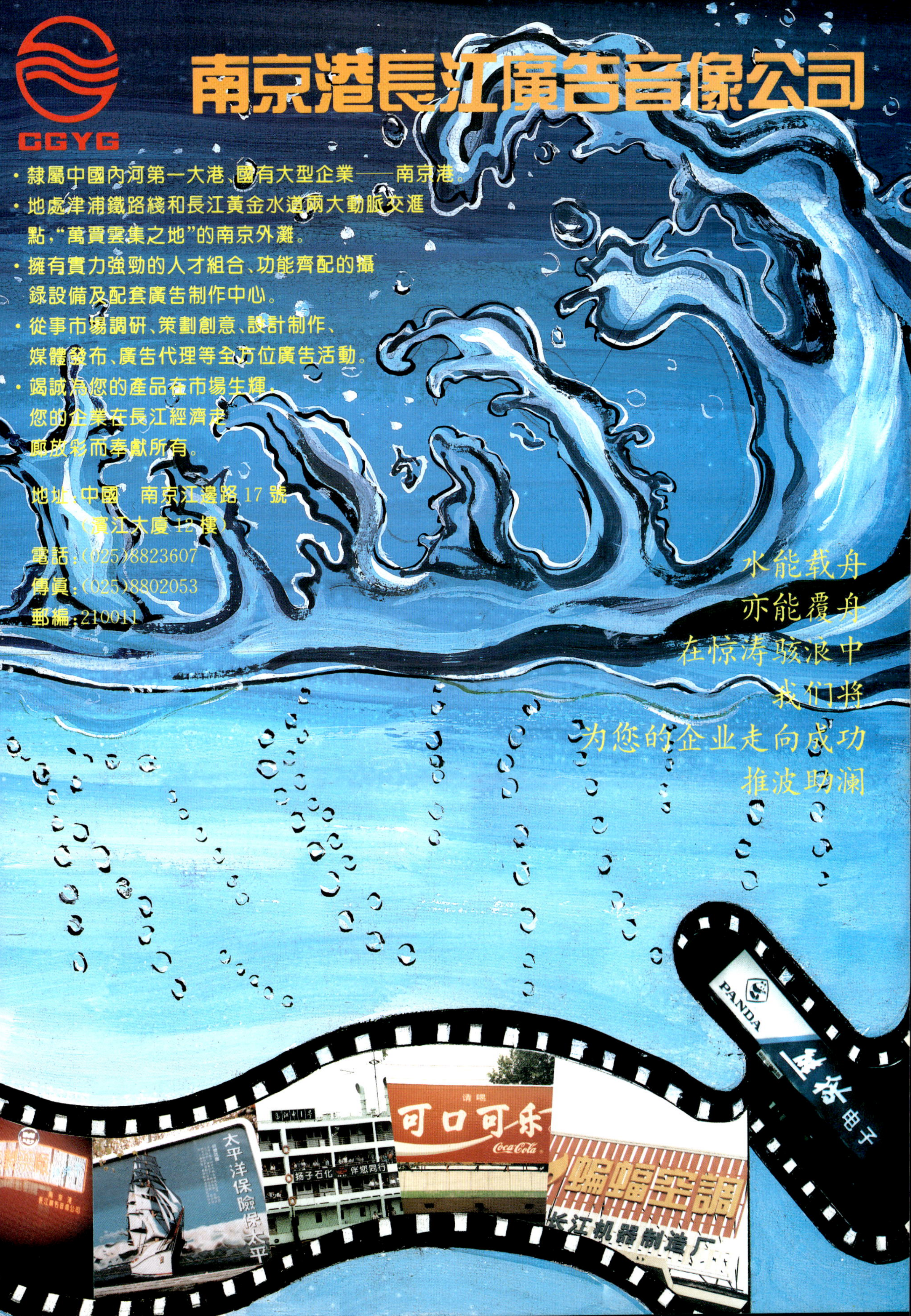
CGYG
南京港長江廣告音像公司
·隸屬中國內河第一大港、國有大型企業——南京港。
·地處津浦鐵路綫和長江黃金水道兩大動脈交滙點，"萬貫雲集之地"的南京外灘。
·擁有實力強勁的人才組合、功能齊配的攝錄設備及配套廣告制作中心。
·從事市場調研、策劃創意、設計制作、媒體發布、廣告代理等全方位廣告活動。
·竭誠為您的產品在市場生輝，您的企業在長江經濟走廊放彩而奉獻所有。
地址：中國　南京江邊路 17 號
（濱江大廈 12 樓）
電話：(025)8823607
傳真：(025)8802053
郵編：210011
水能载舟
亦能覆舟
在惊涛骇浪中
我们将
为您的企业走向成功
推波助澜
PANDA
電子
太平洋保險
保太平
揚子石化
伴您同行
請喝
可口可乐
Coca-Cola
蝙蝠空調
长江机器制造厂

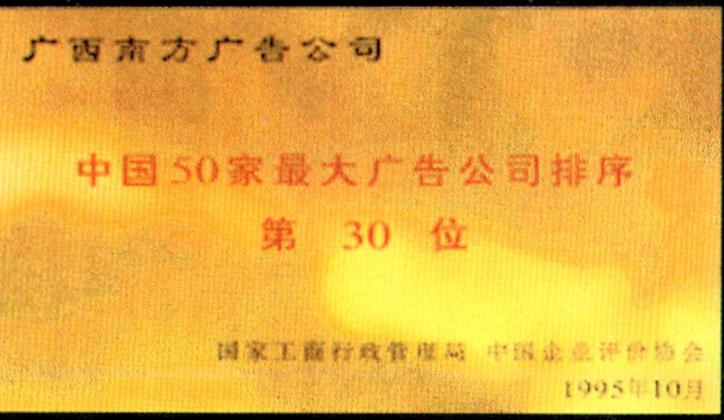
广西南方广告公司
中国50家最大广告公司排序
第 30 位
国家工商行政管理局 中国企业评价协会
1995年10月

公车广告
宣传赠品
平面设计
户外灯箱
横额挂旗
厨窗设计
杂志广告
展览会场
DENON
DENON
高强国际有限公司 广告推广
香港新界沙田火炭坳背湾街33-35号世纪工业中心9楼G室
TEL.: (852) 2687 0233
FAX.: (852) 2687 0260

星光
星光集团
制作霓虹灯
TCL优质电话机
GOOD YEAR
固特异轮胎
北京飑乐
JIN LANG HOTEL
金朗大酒店
CHINA EXPRESS
星光集团
24小时维修服务
请拨：(010)9261184 (010)7785467 (010)7095139

制灯车间